Martin H. Petrich

Vietnam

REISE-HANDBUCH

Inhalt

Zwischen Konfuzius und Coca-Cola 10
Vietnam als Reiseland 12
Planungshilfe für Ihre Reise 15
Vorschläge für Rundreisen 19

Wissenswertes über Vietnam

Steckbrief Vietnam. 24
Natur und Umwelt 26
Wirtschaft, Soziales und aktuelle Politik 36
Geschichte 41
Zeittafel 52
Gesellschaft, Alltagskultur und Glaubenswelten 55
Architektur und Kunst 67

Wissenswertes für die Reise

Anreise und Verkehr 78
Übernachten 83
Essen und Trinken 85
Outdoor 90
Feste und Veranstaltungen 92
Reiseinfos von A–Z 96

Unterwegs in Vietnam

Kapitel 1 – Hanoi und Umgebung

Auf einen Blick: Hanoi und Umgebung 114
Hanoi 116
Stadtgeschichte 116
Hoan-Kiem-See. 117
Westlich des Ho Hoan Kiem. 119
Ehemalige Ville Française 120
Altstadt. 126
Aktiv: Wege durch den Altstadtdschungel 128
Ba-Dinh-Distrikt. 130

Am Westsee	139
Westliche Stadtteile	140
Südliche Stadtteile	142

Umgebung von Hanoi	152
Touren	152
Nördlich von Hanoi	152
Östlich von Hanoi	155
Westlich von Hanoi	156
Südlich von Hanoi	163

Kapitel 2 – Vietnams Norden

Auf einen Blick: Vietnams Norden	168
Am Golf von Tongking	170
Von Hanoi ans Meer · Hai Phong	170
Do Son · Cat-Ba-Archipel	175
Ha-Long-Bucht	178
Aktiv: Kayaking in der Ha-Long-Bucht	182
Bai Tu Long	184

Delta des Roten Flusses	185
Von Ha Long nach Ninh Binh	185
Aktiv: Per Fahrrad nach Hoa Lu und Tam Coc	187
Trockene Ha-Long-Bucht	187
Van Long	192
Kenh Ga	192
Phat Diem (Kim Son)	192
Cuc-Phuong- Nationalpark	193
Aktiv: Touren im Cuc-Phuong-Nationalpark	194

Bergland im Nordwesten	196
Hoa Binh und Umgebung	196
Mai-Chau-Tal und Pu Luong	197
Moc Chau · Son La	199
Aktiv: Trekking im Pu-Luong-Schutzgebiet	200
Dien Bien Phu	202
Ausflüge von Dien Bien Phu	205
Von Dien Bien Phu nach Sa Pa	205
Aktiv: Wanderungen rund um Sa Pa	208
Sa Pa	209
An der chinesischen Grenze	214

Vietnams hoher Norden 216
Ha Giang 216
Zur chinesischen Grenze..................................217
Aktiv: Per Moped durch die Bergwelt 218
Lang Son 220

Kapitel 3 – Zentralvietnam

Auf einen Blick: Zentralvietnam 224
Von Thanh Hoa nach Hue......................................226
Richtung Süden 226
Thanh Hoa und Umgebung 226
Vinh..228
Kim Lien..230
Cua Lo...231
Über den Ngang-Pass......................................231
Dong Hoi...232
Phong-Nha-Ke-Bang-Nationalpark...................................233
Entmilitarisierte Zone 235
Entlang der Nationalstraße 9...............................238

Hue..240
Letzte Königsmetropole 240
Zitadelle (Äußere Stadt)....................................241
Königsstadt 245
Dong-Ba-Markt 251
Europäisches Viertel 252
Im Süden der Stadt 253
Aktiv: Spaziergang durch Kim Long...................................256
Am Parfümfluss entlang 257
Königsgräber 258
In Richtung Meer 264

Über den Wolkenpass nach Hoi An..............................270
Bach-Ma-Nationalpark......................................270
Von Cau Hai zum Wolkenpass................................271
Aktiv: Wanderungen im Bach-Ma-Nationalpark.....................272
Da Nang..275
Strände südlich von Da Nang 281
Marmorberge 282
Ba Na...284

Hoi An 285
Einstiger Welthafen 285
Geschichte 285
Altstadt südlich der Tran Phu..286
Altstadt nördlich der Tran Phu.......................................287
Umgebung von Hoi An...300
My Son..301

Entlang der Küste nach Nha Trang 306
Cham-Türme 306
Quang Ngai und Umgebung...307
Unterwegs nach Qui Nhon...309
An der Nationalstraße 19..309
Duong Long..310
Qui Nhon und Umgebung...311
Küstenstraße nach Nha Trang...313

Nha Trang 315
Geschichte 315
Po Nagar (Thap Ba)..315
Fischerhafen..316
Zentrum...316
Südlich des Zentrums..319
Hon Chong...320
Meeresschutzgebiet Hon Mun..320

Entlang der Küste nach Ho-Chi-Minh-Stadt....................328
Cam-Ranh-Bucht..328
Hoa Lai...328
Phan Rang-Thap Cham...328
Ca Na...330
Phan Thiet..331
Mui Ne 332

Von Kon Tum nach Buon Ma Thuot..............................338
Zentrales Hochland..338
Kon Tum...338
Plei Ku...340
Buon Ma Thuot...342
Umgebung von Buon Ma Thuot 343

Von Da Lat nach Ho-Chi-Minh-Stadt 346
Da Lat..346
Aktiv: Ausflüge in die Umgebung von Da Lat......................352
Entlang der Nationalstraße 20.......................................355
Aktiv: Touren durch den Cat-Tien-Nationalpark 356

Kapitel 4 – Ho-Chi-Minh-Stadt und der Süden

Auf einen Blick: Ho-Chi-Minh-Stadt und der Süden 360
Ho-Chi-Minh-Stadt (Saigon) 362
Rastlose Metropole 362
300 Jahre Stadtgeschichte 362
Orientierung 363
Entlang der Dong Khoi 364
Vom Wiedervereinigungspalast zum Zoo 369
Vom Stadtpark zum Saigon-Fluss 372
Sehenswürdigkeiten im Dritten Distrikt 374
Nordöstlich des Zentrums 376
Cho Lon 377
Nördlich von Cho Lon 381

Im tiefen Süden 395
Can-Gio-Biosphärenreservat · Vung Tau 395
Von Long Hai bis Binh Chau 399
Aktiv: Wandern im Con-Dao-Nationalpark 400
Con-Dao-Archipel 401
Von Ho-Chi-Minh-Stadt nach Tay Ninh 403

Kapitel 5 – Mekong-Delta

Auf einen Blick: Mekong-Delta 410
Von My Tho nach Tra Vinh 412
My Tho 412
Ben-Tre-Provinz 415
Vinh Long 417
Aktiv: Fahrradtour im Mekong-Delta 418
Sa Dec · Tra Vinh 420
Aktiv: Bootstour im Tram-Chim-Nationalpark 422

Südliches Delta 424
Can Tho 424
Cai Rang 428
Von Can Tho nach Ca Mau 431
Ca Mau 433

Am Golf von Thailand 435
Von Can Tho nach Long Xuyen 435
Chau Doc 436
Nui Sam 440
Südwestlich von Chau Doc 441
Von Rach Gia nach Kambodscha 442
Phu Quoc 446

Kulinarisches Lexikon 454
Sprachführer 456

Register 458
Abbildungsnachweis/Impressum 464

Themen

Mekong – Lebensader für Millionen 28
Karstlandschaften 34
Wirtschaftswunder mit Schatten 38
Vergangene Hochkultur – die Cham 44
Yin und Yang des Lebens 61
Áo dài – zwischen Tracht und Fashion 66
Ho Chi Minh – der Übervater 132
Das Dorf – Heimat hinter Bambushecken 159
Vietnamesische Völkerkunde 212
Gejagt und gequält 236
Frauen im Palast – zwischen Pracht und Tristesse 246
Heimat in der Fremde 286
Der lange Schatten von My Lai 308
Die Nord-Süd-Kluft 368
Cao Dai – alles so schön bunt 406

Alle Karten auf einen Blick

Hanoi und Umgebung: Überblick 115
Hanoi..122
Hanoi-Altstadt..126
Umgebung von Hanoi..153

Vietnams Norden: Überblick 169
Hai Phong..172
Ha-Long-Bucht...181
Touren im Cuc-Phuong-Nationalpark 194
Trekking im Pu-Luong-Schutzgebiet 200
Wanderungen rund um Sa Pa..............................208
Per Moped durch die Bergwelt............................218

Zentralvietnam: Überblick 225
Hue: Königsstadt 244
Hue 250
Hue-Zentrum...252
Lang Tu Duc..261
Lang Minh Mang 264
Wanderungen im Bach-Ma-Nationalpark.............272
Da Nang..274
Hoi An...288
My Son..302
Nha Trang 318
Da Lat...348
Ausflüge in die Umgebung von Da Lat.................352
Touren durch den Cat-Tien-Nationalpark.............356

Ho-Chi-Minh-Stadt und der Süden: Überblick 361
Ho-Chi-Min-Stadt-(Saigon-)Zentrum....................364
Ho-Chi-Minh-Stadt (Saigon) 370
Cho Lon..376
Wandern im Con-Dao-Nationalpark....................400

Mekong-Delta: Überblick 411
Fahrradtour im Mekong-Delta............................418
Bootstour im Tram-Chim-Nationalpark...............422
Can Tho..426
Phu Quoc 448

Auch im Götterhimmel gefragt:
Vietnamesische Dong-Scheine

Zwischen Konfuzius und Coca-Cola

Der Krieg ist Vergangenheit, vorbei die sozialistische Tristesse. Mit Schwung und Zukunftsoptimismus bewegt sich das Land zwischen Konfuzius und Coca-Cola, zwischen Ho Chi Minh und Hip-Hop. Quirlige Metropolen, pittoreske Berglandschaften und endlose Strände – Vietnam präsentiert sich als verlockendes und vielseitiges Reiseziel.

Wie ein Bienenschwarm sausen die Mopeds über die Kreuzung, umschwirren Autos und Passanten, um sich bei der nächsten roten Ampel wieder zu stauen. Dazwischen bahnt sich eine alte Frau ihren Weg und balanciert geschickt die Bambusstange. Auf dem Gepäckträger eines Zweirads ist ein Schwein quergelegt, ein anderes Moped ist mit einer vierköpfigen Familie voll bepackt. Auf einer knallbunten Vespa sitzt aufrecht elegant eine junge Frau in ihrem seidendünnen Áo dài, ihre Arme zum Sonnenschutz mit langen Handschuhen überzogen. Neben ihr knattert ein Bauer mit seiner alten Mühle in Richtung Markt, von der Lenkstange baumeln in beängstigender Zahl Hühner mit gesenkten Köpfen. Straßenszenen, die in jeder größeren Stadt zu beobachten sind. Kleinkapitalismus auf zwei Rädern könnte man dies nennen in einem Land, dessen Herz noch immer sozialistisch schlägt.

Vietnam ist in Bewegung. Und das in einer Geschwindigkeit, die selbst hartgesottene Asienbesucher sprachlos macht. Überall wird gebaut und gewerkelt. Der berüchtigte Ho-Chi-Minh-Pfad ist heute eine Autobahn, die Städte breiten sich wie Pilze aus. Wo gestern noch eine einfache Hütte stand, erhebt sich heute ein fünfstöckiges Haus, wo einst Enten schnatternd im Teich ihre Runden drehten, arbeiten nun Menschen schwitzend im Akkord an den Fließbändern der Fabriken. Der bärtige Marx ist in die Amtsstuben verbannt, auf den Straßen herrscht der ungestüme Markt. Im Laufschritt will Vietnam an die anderen Tigerstaaten anschließen. Die Globalisierung hat das Land fest im Griff.

Doch es gibt auch noch die stillen Szenen: gebückte Bauern unter ihren konischen Hüten verborgen, schlafende Fischer im Schatten ihres Bootes, der kleine Junge auf dem mächtigen Wasserbüffel, der alte Mann über seine Kalligrafie gebeugt, einfache Dörfer in den Nebelbergen und bizarre Karstkegel im Morgendunst, endlose Reisfelder in saftigem Grün und einsame Strände in gleißendem Gelb.

Ob bei einer gepflegten Kulturreise oder einem entspannten Badeurlaub, ob auf Abenteuertrip durch die Berge oder im Kaufrausch durch die hektischen Städte – Vietnam hat für jeden Geschmack etwas zu bieten. So vielseitig wie seine Küche, so bunt bietet sich das schmale Land seinen Besuchern dar. Das Delta des Roten Flusses mit seinen weiten Ebenen erstreckt sich im Norden von den Bergen bis zum Südchinesischen Meer. Mit seinen Tempeln und Pagoden, seinen alten Handwerksdörfern und fruchtbaren Feldern präsentiert es sich als abwechslungsreiche Kulturlandschaft. Karstberge liegen wie verlorene Perlen verstreut und bilden einen Kontrast zum dominierenden Grün. In der malerischen Ha-Long-Bucht formen sie eine grandiose Inselwelt. Im Nordwesten wiederum türmen sich hohe Berge, und wilde Flüsse winden sich durch tief eingeschnittene Täler. Hier haben zahlreiche Volksgruppen ihre Heimat. Ein schmales Band von Bergen und Küste zieht sich weiter gen Süden. In der Mitte des Landes liegen nicht weit voneinander entfernt gleich drei UNESCO-Welterbestätten: die letzte Königsstadt Hue, das wie ein Freiluftmuseum anmutende Hafenstädtchen Hoi An und die verwunschene Tempelstadt My Son. Je weiter es nach Süden geht, desto tropischer wird das Klima. Entlang der Küste locken zahlreiche Traumstrände, sei es in Qui Nhon, Nha Trang oder Phan Thiet. Auf dem Hochland siedelt eine Reihe ethnischer Minderheiten; hier liegt auch Da Lat, die Stadt des ewigen Frühlings. Das Land endet, wie es im Norden beginnt: üppig grün, nur schwül-heißer. Im Mekong-Delta schließlich dreht sich alles ums Wasser. Ob als mächtiger Strom oder schmaler Kanal – stetig sein Gesicht ändernd mäandert der 4800 km lange Fluss zum Meer.

Wie zwei ungleiche Geschwister muten die beiden größten Metropolen des Landes an: das ehrwürdige Hanoi im Norden und das ungestüme Saigon im Süden. Vietnams Hauptstadt Hanoi mit Ho-Chi-Minh-Mausoleum, engen Altstadtgassen und historischen Sehenswürdigkeiten ist ein Kaleidoskop der bewegten Geschichte des Landes. Saigon, wie die meisten Vietnamesen Ho-Chi-Minh-Stadt nach wie vor nennen, ist indes ein Brennpunkt des modernen Asien. Die Riesenmetropole zeigt sich rastlos und geschäftig, zuweilen frech und frivol, stets aber neugierig und offen.

Am nachhaltigsten beeindrucken jedoch die Menschen. Wie sie trotz ihrer schweren Vergangenheit nach vorne blicken und das Beste aus ihrem wahrlich nicht einfachen Leben machen, ist ungemein beeindruckend. Für den legendären Fotoreporter Philip Jones Griffiths, der bis zu seinem Tod 2008 wie kaum ein anderer das Land seit den Kriegstagen porträtiert hat, vereinen sie all das, was man an einer Person schätzt: Aufmerksamkeit, Bescheidenheit, Freundlichkeit, Stärke und vieles mehr. Sie sind sicherlich einer der Hauptgründe, wieso das Land immer mehr Besucher in seinen Bann zieht.

Der Autor

Martin H. Petrich
www.dumontreise.de/magazin/autoren

Martin H. Petrich ist Reisejournalist und Studienreiseleiter. Aufgewachsen in Radolfzell am Bodensee, beschäftigte sich der Wahlberliner schon früh mit den Kulturen Asiens. Mit Vietnam fühlt sich der Asienfan seit 1993 verbunden, als er sich dort im Rahmen eines Stipendiums für ein halbes Jahr aufhielt. Als studierter Theologe beeindruckt ihn der religiöse Pragmatismus der Vietnamesen und als kulinarisch verwöhnter Südbadener ihre herrliche Küche. Zu seinen Lieblingsregionen zählen der bergige Norden und das Mekong-Delta. Für DuMont schrieb er u. a. das Reise-Taschenbuch »Sri Lanka« und das Reise-Handbuch »Myanmar«.

Vietnam als Reiseland

Während zurzeit noch sehr viele Besucher das Land im Rahmen einer Pauschalreise besuchen, wollen immer mehr Touristen Vietnam individuell bereisen. Zu Recht, denn es ist überhaupt kein Problem, vor Ort die Route nach eigenem Geschmack zusammenzustellen. In den touristischen Zentren ist die Infrastruktur perfekt auf Individualtouristen eingestellt, nur abseits der ausgetretenen Pfade zeigt sie sich noch etwas rudimentär. Doch auch wenn es mit der Kommunikation hapern mag, findet man sich dank der gastfreundlichen Vietnamesen mit ihrem angeborenen Pragmatismus auch dort schnell zurecht. Vom Aktivurlaub in den Bergen bis zum entspannten Aufenthalt im Wellnessresort, vom gepflegten Golfspiel in schickem Ambiente bis zum Strandaufenthalt unter Palmen ist in Vietnam alles möglich. Derzeit dominiert allerdings noch die Kultur- und Naturreise, die häufig in Hanoi beginnt und in Ho-Chi-Minh-Stadt endet (oder umgekehrt). Beliebt ist auch eine Reisekombination mit den westlichen Nachbarländern Laos und Kambodscha, die dank offener Grenzen und guter Flugverbindungen leicht zu erreichen sind.

Sehenswertes im Norden

Das 1000-jährige **Hanoi** ist mit seiner quirligen Altstadt, seinem kolonialen Flair und vielen Sehenswürdigkeiten nicht nur eine attraktive Touristendestination, sondern auch eine perfekte Ausgangsbasis für einoder mehrtägige Ausflüge ins nähere oder weitere Umland, allen voran in die **Ha-Long-Bucht.** Im weiten Delta des Roten Flusses gibt es noch einige Perlen zu entdecken, seien es alte Pagoden und Tempel, rege Handwerksdörfer oder die wunderbare **Trockene Ha-Long-Bucht.** Immer mehr Besucher erkunden von **Sa Pa** aus den schon recht alpinen Nordwesten mit seinen vielen Bergvölkern. Das unweit der laotischen Grenze gelegene **Dien Bien Phu** ist nicht nur aufgrund seiner Kriegsgeschichte interessant, sondern auch wegen der schönen Berglandschaft. Wenig bekannt ist der hohe Norden, wo der vietnamesische ›Königssee‹, **Ho Ba Be,** zu Bootstouren einlädt und die Grenzregion bei Cao Bang einige landschaftliche Attraktionen birgt.

... im Zentrum

In der Mitte Vietnams liegen gleich drei UNESCO-Welterbestätten nahe beieinander: die letzte Königsstadt **Hue**, die Cham-Ruinen im Tal von **My Son** und das einstige Hafenstädtchen **Hoi An.** Seltener besucht ist der ebenfalls in die UNESCO-Liste aufgenommene **Phong-Nha-Ke-Bang-Nationalpark** mit interessanten Tropfsteinhöhlen bei Dong Hoi. Auch das Zentrale Hochland mit teilweise sehr attraktiven Berglandschaften rund um **Kon Tum** und **Plei Ku** wird häufig links liegen gelassen, obwohl dort in den letzten Jahren einige besuchenswerte Nationalparks entstanden sind, darunter der **Yok Don** in der Provinz Dak Lak. Entlang der Küste bieten sich Qui Nhon, Nha Trang und die Strände zwischen Mui Ne und Phan Thiet für einige Tage Entspannung am Strand an.

... im Süden

Abgesehen von der quirligen Metropole **Saigon** fasziniert im Süden die endlose Ebene des Mekong-Deltas. Hier kann man problemlos mehrere Tage verbringen, um das Labyrinth aus Flussarmen und Kanälen per Boot zu erkunden, sei es von **My**

Tho, **Vinh Long** oder **Can Tho** aus. Schließlich wartet im Golf von Thailand mit der Insel **Phu Quoc** ein wahres Tropenparadies. Ein populärer Ausflug führt von Saigon zu den Viet-Cong-Tunneln von Cu Chi und der Cao-Dai-Hochburg **Tay Ninh**. Wem es zu heiß wird, der kann ins Hochland nach **Da Lat** entfliehen. Stadt und Landschaft muten hier fast europäisch an.

Natur und Abenteuer

Auch wenn Vietnams **Nationalparks** durchaus sehenswert sind, hapert es zumeist noch mit der Infrastruktur. Sehr gut erschlossen ist Vietnams ältestes Schutzgebiet **Cuc Phuong** südwestlich von Hanoi. Südlich von Mai Chau liegt ein Schutzgebiet, das sicherlich das größte Potenzial für Trekkingtourismus hat: **Pu Luong**. Auf der Insel **Cat Ba** am Rand der Ha-Long-Bucht gibt es ebenfalls einige lohnende Wanderrouten.

Auch die Nationalparks im südlichen Hochland haben einiges zu bieten, etwa **Cat Tien** zwischen Da Lat und Saigon mit einer bunten Tierwelt oder **Yok Don** an der kambodschanischen Grenze. Dort wird auch Elefantenreiten angeboten.

Für **Trekkingtourismus** ist die Bergwelt im Nordwesten und Norden Vietnams prädestiniert (s. S. 90). Der Reiz liegt nicht nur in der Landschaft, sondern auch in der Vielzahl von Volksgruppen, die dort leben. Bei mehrtägigen Wanderungen nächtigt man zumeist in Privathütten. Am beliebtesten und leider entsprechend touristisch sind eintägige Wanderungen rund um **Sa Pa**. Schöne Wandervarianten gibt es zudem in der Gegend rund um **Bac Ha**.

Eine äußerst reizvolle mehrtägige Wanderroute führt durch die abgelegene Provinz **Cao Bang** im hohen Norden des Landes. Geführte Touren werden allerdings derzeit nur von wenigen Veranstaltern angeboten. Das sehr pittoresk gelegene **Mai Chau** im Südwesten Hanois ist ebenfalls eine gute Basis für Wanderungen.

Hmong-Frauen beim Schwätzchen

Immer beliebter werden **Motorradtouren** durch Vietnams Berge, besonders rund um **Ha Giang**. Dort liegt der UNESCO-Geopark Dong Van nahe der chinesischen Grenze, eine der beeindruckendsten Karstlandschaften Vietnams.

Entspannen am Strand

Urlaub unter Palmen ist ganzjährig möglich. Zu den Klassikern des Strandurlaubs zählt **Mui Ne** bei Phan Thiet. Das wird sich wohl ändern, wenn sich die Infrastruktur auf der Insel **Phu Quoc** bessert, da dort die Strände schöner sind. **Nha Trang** ist das Richtige für alle, die es etwas lebhafter mögen. Nördlich des Seebads gibt es einige ruhigere Buchten. Dort ist auch die bislang wenig bekannte ›Walfischinsel‹ **Hon Ong** zu finden, ein wahres Schnorchlerparadies.

In **Qui Nhon**, **Cua Dai** bei Hoi An und **Dong Hoi** nördlich von Hue gibt es teilweise sehr schöne Resorts und Strandabschnitte. Das gilt auch für den **China Beach** (My Khe) südlich von Da Nang. Seit sich im Vietnamkrieg die US-Soldaten dort erholten, ist er in aller Welt bekannt. Die beste Reisezeit für die vier genannten Strände sind die Monate März bis Oktober.

Organisierte Touren

In den touristischen Zentren Vietnams gibt es örtliche Reiseagenturen wie Sand am Meer. Wer dort eine Reise bucht, sollte die Programme kritisch vergleichen. Gerade bei verlockend günstigen Angeboten lässt die Kompetenz häufig zu wünschen übrig. Die meisten der in diesem Buch aufgeführten Agenturen sind nicht gerade preiswert, bieten aber dafür einen guten Service und hohe Qualität. Zudem bemühen sie sich in der Regel um einen sozial- und umweltverträglichen Tourismus. Einige Agenturen haben auch Niederlassungen in den Nachbarländern Laos und Kambodscha, sodass sie auch kombinierte Touren arrangieren können.

Gerade für Trekkingtouren in entlegeneren Regionen ist es ratsam, sich an einen nachhaltig operierenden Veranstalter zu wenden (s. auch ›Nachhaltig Reisen‹, S. 80). Beim Besuch in einem Dorf der ethnischen Minderheiten sollte unbedingt ein lokaler Guide engagiert werden, um mit den Bewohnern kommunizieren zu können. Der Guide sollte auch über die nötige Sensibilität verfügen, Bräuche der lokalen Bevölkerung und örtliche Gepflogenheiten zu respektieren. Einige Empfehlungen finden sich in diesem Buch.

Gut zu wissen

In der Hochsaison und rund ums Tết-Fest sollte man Transport und Unterkünfte rechtzeitig buchen. Längere Strecken kann man per Flugzeug oder Zug zurücklegen und sich für Rundtouren vor Ort einen Wagen mit Fahrer mieten. Mietwagen für Selbstfahrer können derzeit von Touristen noch nicht gebucht werden. Dazu bedarf es eines vietnamesischen Führerscheins, den jedoch nur Ausländer mit einem Visum für einen Aufenthalt von mindestens drei Monaten beantragen dürfen. Motorräder bis 50 ccm Hubraum und Elektroscooter dürfen ohne Führerschein gefahren werden, für motorisierte Zweiräder über 50 ccm gilt die gleiche Bestimmung wie für Autos. Beliebt und günstig sind die sog. Open Tours privater Reiseunternehmen, die regelmäßige Busverbindungen zwischen den wichtigsten Orten unterhalten.

WICHTIGE FRAGEN VOR DER REISE

Benötige ich ein **Visum** für Vietnam? s. S. 78

Kann ich problemlos **mit Zug und Bus** durch Vietnam reisen? s. S. 81

Welche lokalen **Gepflogenheiten** muss ich auf der Reise besonders beachten? s. S. 97

Kann man mit **Kreditkarte** bezahlen und braucht man **US-Dollar?** s. S. 100

Welche **Impfungen** werden empfohlen, welche **Medikamente** sollte man unbedingt dabeihaben? s. S. 101

Welche **Kleidung** muss in den Koffer? s. S. 102

Lässt sich das Land auch während der **Regenzeit** bereisen? s. S. 103

Welches **Budget** muss ich für eine zweiwöchige Rundreise einplanen? s. S. 108

Funktioniert mein **Mobiltelefon** in Vietnam? s. S. 109

Wie steht es um die **Sicherheit** im Land? Welche Vorkehrungen sollte man treffen? s. S. 109

Planungshilfe für Ihre Reise

Angaben zur Zeitplanung

Bei den folgenden Zeitangaben handelt es sich um Empfehlungswerte für Reisende, die ihr Zeitbudget eher knapp kalkulieren.

 Kulturerlebnis   Naturerlebnis

Die Kapitel in diesem Buch

1. Hanoi und Umgebung: S. 113
2. Vietnams Norden: S. 167
3. Zentralvietnam: S. 223
4. Ho-Chi-Minh-Stadt und der Süden: S. 359
5. Mekong-Delta: S. 409

1. Hanoi und Umgebung

Mit seiner reichen Geschichte ist Hanoi ein guter Auftakt für eine Vietnamreise, locken doch mit dem Ho-Chi-Minh-Mausoleum und dem Literaturtempel interessante Sehenswürdigkeiten. Auch eine Runde um den Hoan-Kiem-See und ein Altstadtbummel dürfen nicht fehlen. Neben dem Historischen Museum empfiehlt sich der Besuch des äußerst ansprechend gestalteten Ethnologischen Museums. Auch als Ausgangspunkt für mehrere Tagesausflüge bietet sich die Hauptstadt an. Neben der sich nördlich anschließenden Provinz Ha Tay mit ihren Handwerksdörfern lohnt sich eine Ganztagstour zur Parfümpagode (Chua Huong) im Süden inklusive einer idyllischen Bootsfahrt auf dem Yen-Strom. Die But-Thap-Pagode kann man im Rahmen einer Halbtagestour mit dem Besuch verschiedener Handwerksdörfer verbinden.

⭐ *Hanoi*

Gut zu wissen: Zwischen Dezember und März ist Hanoi alles andere als tropisch: Zwar ist es zum Jahreswechsel oft sonnig, aber dafür empfindlich kalt (nachts sinkt die Temperatur zuweilen auf unter 10 °C). Wolkenverhangen und regnerisch präsentieren sich häufig die Monate Februar bis April, schwül und heiß die Monate Juni bis September. Der meiste Niederschlag fällt im Juli und August. Für Ausflüge in die Umgebung mietet man in Hanoi am besten einen Wagen mit Fahrer. Hanois Taxifahrer manipulieren gerne ihre Taxameter.

Zeitplanung:

Hanoi:	2 Tage
Umgebung:	2–3 Tage

Handtuchschmal oder himmelhoch: Häuser an Hanois Truc-Bach-See

2. Vietnams Norden

Um die landschaftliche Vielfalt des Nordens richtig kennenzulernen, benötigt man gut zwei Wochen, denn sie reicht von der fantastischen Inselwelt der Ha-Long-Bucht über das Delta des Roten Flusses mit seinen weiten Ebenen bis zu den hohen Bergen rund um Sa Pa. Wer wenig Zeit hat, kann von der Hauptstadt einen Abstecher in die Berglandschaft rund um Mai Chau unternehmen. Von Ha Long besteht die Möglichkeit zur Weiterfahrt über die Nationalstraße 10 ins Delta des Roten Flusses. Dort ist Ninh Binh ein guter Ausgangspunkt für Abstecher nach Phat Diem, in die Trockene Ha-Long-Bucht oder zum Cuc-Phuong-Nationalpark.

Das Gros der Besucher erkundet die Bergwelt im Nordwesten von Sa Pa aus, das per Zug über Lao Cai zu erreichen ist. Eine intensive Rundtour verläuft über Son La, Dien Bien Phu und Sa Pa.

Der hohe Norden zieht noch relativ wenige Besucher an. Hier liegen der idyllische Ba-Be-See und die fantastische Landschaft rund um Cao Bang an der Grenze zu China.

- *Ha-Long-Bucht*
- *Trockene Ha-Long-Bucht*
- *Cuc-Phuong-Nationalpark*
- *Sa Pa*

Gut zu wissen: Zwischen Dezember und März kann es im Norden ziemlich frisch sein, warme wetterfeste Kleidung gehört daher unbedingt ins Reisegepäck. Ninh Binh eignet sich auch als Ausgangspunkt für die Zugfahrt gen Süden.

Zeitplanung:
Ha-Long-Bucht: 2 Tage
Sa Pa: 2–3 Tage
Son La, Dien Bien Phu und Sa Pa: 5–7 Tage
Ba-Be-See und Cao Bang: 4–5 Tage

Alternative: Die Grenzstädte Lao Cai und Lang Son bieten sich zur Weiterreise nach China an.

3. Zentralvietnam

Besuchermagneten sind die drei UNESCO-Welterbestätten Hue, Hoi An und My Son im Herzen Zentralvietnams. Wer von Norden kommt, kann den 500 km langen Abschnitt zwischen Thanh Hoa und Hue durchaus ignorieren, obgleich dort im Phong-Nha-Ke-Bang-Nationalpark sehr eindrucksvolle Karstlandschaften und Höhlensysteme liegen. Weiter gen Süden reihen sich entlang der Nationalstraße 1 mit Qui Nhon, Nha Trang und Mui Ne bei Phan Thiet einige der bekanntesten Seebäder des Landes aneinander. Das Zentrale Hochland wird häufig links liegen gelassen, auch wenn es rund um die Kaffeestadt Buon Ma Thuot und die alte koloniale Sommerfrische Da Lat durchaus einiges zu sehen gibt.

- *Hue*
- *Hoi An*
- *My Son*
- *Da Lat*

- *Phong-Nha-Ke-Bang-Nationalpark*
- *Nha Trang*
- *Mui Ne*

Gut zu wissen: Von November bis Anfang Dezember ist Taifun-Saison, heftige Regenfälle sind in dieser Zeit keine Seltenheit. Eine interessante, bislang wenig wahrgenommene Reisevariante ist der Besuch des Zentralen Hochlands. Dazu verlässt man in Qui Nhon die Küste und fährt ins 165 km entfernte Plei Ku. Dort kann man das nördlich gelegene Kon Tum besuchen und sich anschließend nach Süden wenden. In Buon Ma Thuot führt die N 26 in Richtung Meer nach Ninh Hoa bei Nha Trang. Es besteht auch die Möglichkeit einer Weiterfahrt ins 180 km entfernte Da Lat. Dieser beliebte Bergferienort ist auch von Thap Chap-Phan Rang an der Küste und von Ho-Chi-Minh-Stadt aus zu erreichen.

Zeitplanung:
Thanh Hoa bis Hue: 2–3 Tage
Hue: 2 Tage
Hoi An und My Son: 2 Tage
Qui Nhon bis Nha Trang: 3 Tage

Im Mekong-Delta

4. Ho-Chi-Minh-Stadt und der Süden

Verglichen mit seiner nordvietnamesischen Schwester besitzt das hippe Ho-Chi-Minh-Stadt zwar wenige Sehenswürdigkeiten, dafür vielfältige Einkaufs- und Ausgehmöglichkeiten. Der klassische Tagesausflug führt nach Cu Chi und Tay Ninh. Die Halbinsel Vung Tau ist ebenfalls an einem Tag zu schaffen (etwa per Schnellboot), allerdings bietet sich angesichts der vielen Übernachtungsmöglichkeiten vor Ort auch ein mehrtägiger Aufenthalt an – wenngleich die Strände nicht sonderlich schön sind. Eine herrliche Inselwelt erschließt sich Besuchern im Con-Dao-Archipel gut 180 km vor der Küste, wo man nicht nur entspannen, sondern auch schnorcheln und wandern

 *Ho-Chi-Minh-Stadt*

kann.

Gut zu wissen: Vorsicht ist auf den Straßen Saigons geboten, wo Moped-Diebe Passanten Taschen und Kameras entreißen. Wertsachen und Papiere sollte man besser gut verschlossen in der Unterkunft lassen. Den Badeort Vung Tau erreicht man am bequemsten mit dem Schnellboot.

Zeitplanung:
Ho-Chi-Minh-Stadt:	2 Tage
Vung Tau:	1 Tag
Con-Dao-Archipel:	2–3 Tage
Cu Chi und Tay Ninh:	1 Tag

5. Mekong-Delta

Um einen kleinen Eindruck vom Leben im Mekong-Delta zu erhalten, lohnt sich ein Tagesausflug von Ho-Chi-Minh-Stadt nach My Tho, doch interessanter ist die Landschaft zwischen Can Tho und Chau Doc. Auf der Fahrt von Can Tho bis Ca Mau an der Südspitze des Deltas locken vogelreiche Nationalparks und Schutzgebiete, während die lebendigen Hafenstädte Rach Gia und Ha Tien authentisches Delta-Leben zeigen. Die Tropeninsel Phu Quoc bietet sich als geografischer und zeitlicher Abschluss einer Vietnamreise von Nord nach Süd an. Angesichts der herrlichen Strände spricht jedoch nichts dagegen, dort den gesamten Urlaub zu verbringen.

 Cai Rang   *Phu Quoc*

Gut zu wissen: In Ho-Chi-Minh-Stadt bieten zahllose Anbieter Ausflüge ins Mekong-Delta an. Dabei sollte man nicht die günstigsten Angebote wählen, denn hier hapert es meist mit der Qualität. Am schönsten sind mehrtägige Delta-Ausflüge mit dem Boot. Und je weiter man ins Delta reist, umso weniger touristisch wird es. Das gilt vor allem für die Fahrt von Can Tho in Richtung Ca Mau an der Südspitze des Deltas.

Zeitplanung:
My Tho:	1 Tag
Can Tho und Chau Doc:	3 Tage
Can Tho bis Ca Mau:	2–3 Tage
Phu Quoc:	2 Tage

Alternative: Die Grenzstädte Chau Doc und Ha Tien bieten sich zur Weiterreise nach Kambodscha an.

Vorschläge für Rundreisen

— Vietnams Norden (1 Woche)

1. Tag: Ankunft in Hanoi, erste Erkundungen in der Altstadt. Spaziergang am Hoan-Kiem-See mit Besuch des Jadebergtempels.
2. Tag: Stadtbesichtigung mit Ho-Chi-Minh-Mausoleum und Literaturtempel als Highlights. Abends Besuch des Wasserpuppentheaters.
3. Tag: Fahrt nach Ha Long, gegen Mittag Ankunft und Bootsfahrt durch die labyrinthische Inselwelt. Übernachtung auf dem Boot oder in Ha-Long-Stadt.
4. Tag: Weiterfahrt von Ha Long nach Ninh Binh mit Stopp beim Chua Keo. Zwei Übernachtungen in Ninh Binh.
5. Tag: Besuch der Trockenen Ha-Long-Bucht inklusive Königsstadt Hoa Lu und Bootsfahrt durch Van Long.
6. Tag: Fahrt zum Cuc-Phuong-Nationalpark, Wanderungen und Fahrradtouren durch das Schutzgebiet.
7. Tag: Rückkehr nach Hanoi, Heimreise.

— Vietnams Süden (1 Woche)

1. Tag: Ankunft in Saigon, erste Erkundungen mit Besuch von Markt und Tempel in Cho Lon.
2. Tag: Vormittags Fahrt nach Cu Chi, nach der Rückkehr Besuch der Altstadt von Ho-Chi-Minh-Stadt inkl. Sundowner auf dem Dach des Rex Hotels.
3. Tag: Fahrt nach Cai Be, von dort mit dem Boot nach Vinh Long, dann Weiterfahrt nach Can Tho.
4. Tag: Morgens Bootstour zum Schwimmenden Markt von Cai Rang. Rundgang durch Can Tho mit Marktbesuch, dann weiter nach Soc Trang.
5. Tag: Besichtigung der Khmer-Klöster, dann Fahrt über Bac Lieu (dort Besuch des Vogelschutzgebietes) nach Ca Mau.
6. Tag: Tagesausflug von Ca Mau zum Mui-Ca-Mau-Nationalpark an der Südspitze Vietnams.
7. Tag: Rückkehr nach Saigon, Heimreise.

Hanoi–Saigon (10 Tage)

1. Tag: Ankunft in Hanoi, erste Erkundungen in der Altstadt. Spaziergang am Hoan-Kiem-See mit Besuch des Jadebergtempels.
2. Tag: Stadtbesichtigung mit Ho-Chi-Minh-Museum und Literaturtempel als Highlights.
3. Tag: Fahrt nach Hai Phong, Stadtbesichtigung mit Blumenmarkt und Dinh Hang Kenh.
4. Tag: Per Schnellboot nach Cat Ba, von dort mit Charterboot durch die Inselwelt der Ha-Long-Bucht, nachmittags zurück nach Hanoi.
5. Tag: Flug nach Hue und Besichtigungen (Königstadt, Bootsfahrt zur Chua Thien Mu).
6. Tag: Besichtigung der Königsgräber, weiter über Wolkenpass und Da Nang (Besuch des Cham-Museums) nach Hoi An.
7. Tag: Halbtagsausflug nach My Son und Besichtigungen in Hoi An.
8. Tag: Flug von Da Nang nach Saigon, dort Rundgang in der Altstadt und Shoppen im Ben-Tanh-Markt.
9. Tag: Tagesausflug nach My Tho, dort Bootstour zu den Inseln.
10. Tag: Weitere Besichtigungen in Ho-Chi-Minh-Stadt (Cho Lon), abends Heimreise.

Hanoi–Saigon (14 Tage)

1. Tag: Ankunft in Hanoi, erste Erkundungen in der Altstadt. Spaziergang am Hoan-Kiem-See mit Besuch des Jadebergtempels.
2. Tag: Stadtbesichtigung mit Ho-Chi-Minh-Museum und Literaturtempel als Highlights.
3. Tag: Fahrt nach Ha Long, dort Bootstour durch die Inselwelt und Übernachtung auf dem Boot oder in Ha-Long-Stadt.
4. Tag: Weiterfahrt nach Ninh Binh mit Halt bei der Chua Keo und Tempeln bei Nam Dinh.
5. Tag: Besuch der Trockenen Ha-Long-Bucht, Nachtzug nach Dong Hoi.
6. Tag: Besuch der Höhlensysteme von Phong Nha inklusive Bootsfahrt und Thien Duong.

7. Tag: Fahrt nach Hue, Besichtigung der Kaiserstadt und Bootsfahrt zur Chua Thien Mu.
8. Tag: Besuch der Königsgräber und der Gartenhäuser von Kim Long.
9. Tag: Fahrt über Da Nang (mit Cham-Museum) nach Hoi An und Besuch der Altstadt.
10. Tag: Halbtagsausflug nach My Son und weitere Erkundungen in Hoi An.
11. Tag: Fahrt nach Qui Nhon mit Stopp bei der Gedenkstädte My Lai und Entspannung am Meer.
12. Tag: Flug nach Saigon, Rundgang in der Altstadt und Shoppen im Ben-Tanh-Markt.
13. Tag: Halbtagsausflug nach Cu Chi und Erkundung von Markt und Tempel in Cho Lon.
14. Tag: Besichtigung in Saigon, Heimreise.

Hanoi–Saigon (21 Tage)

1. Tag: Ankunft in Hanoi, erste Erkundungen mit Besuch des Literaturtempels.
2. Tag: Besuch des Ho-Chi-Minh-Mausoleums und der Altstadt, dann Halbtagesausflug nach Duong Lam.
3. Tag: Flug nach Dien Bien Phu, dort Erkundung der alten Kriegsschauplätze.
4. Tag: Ganztagsfahrt nach Sa Pa mit diversen Stopps.
5. Tag: Wanderungen rund um Sa Pa, etwa nach Ta Van oder Ta Phin.
6. Tag: Weitere Erkundungen in Sa Pa, Nachtzug nach Hanoi.
7. Tag: Morgens Ankunft in Hanoi, dann gleich weiter nach Ha Long mit Bootstour inkl. Übernachtung.
8. Tag: Fahrt von Ha Long nach Ninh Binh mit Halt bei der Chua Keo und den Tempeln bei Nam Dinh.
9. Tag: Besuch der Trockenen Ha-Long-Bucht (Hoa Lu, Bootsfahrt nach Tam Coc), Nachtzug nach Hue.
10. Tag: Besichtigungen in Hue mit Königsstadt und -gräbern sowie Bootstour zur Chua Thien Mu.
11. Tag: Fahrt über Da Nang (dort Besuch des Cham-Museums) nach Hoi An und Besichtigung der Altstadt.
12. Tag: Halbtagsausflug nach My Son, weitere Besichtigungen in Hoi An.
13. Tag: Flug von Da Nang nach Nha Trang, dort Bootstour durch die Bucht und Besuch der Chua Long Son.
14. Tag: Tagesfahrt nach Saigon mit Stopp beim Cham-Heiligtum Po Klong Garai.
15. Tag: Erkundung der Altstadt und Besuch in Cho Lon.
16. Tag: Fahrt nach Cai Be, von dort mit dem Boot nach Vinh Long, dann weiter nach Can Tho, Stadtrundgang mit Marktbesuch.
17. Tag: Morgens Bootstour zum Schwimmenden Markt von Cai Rang, dann weiter nach Chau Doc.
18. Tag: Marktbesuch und Bootstour, Weiterfahrt nach Ha Tien.
19. Tag: Erkundung von Ha Tien, dann Bootsfahrt nach Phu Quoc.
20. Tag: Strandaufenthalt oder Inselexkursion mit Besuch der Pfefferplantagen.
21. Tag: Flug nach Saigon, Heimreise.

Wissenswertes über Vietnam

»Geburt, Alter, Krankheit, Tod
Dies ist das Gesetz der Natur
Je mehr jemand versucht zu entfliehen
Desto mehr verfängt er sich in der Schlinge.«
Lý Ngọc Kiều (Diệu Nhân, 1041–1113)

Fischverkäuferin in Nha Trang

Steckbrief Vietnam

Daten und Fakten

Name: Sozialistische Republik Vietnam (SRV), Cộng Hòa Xã Hội Chủ Nghĩa Việt Nam
Fläche: 331 688 km²
Hauptstadt: Hanoi
Amtssprache: Vietnamesisch
Einwohner: 91,5 Mio.
Bevölkerungswachstum: 1 %
Lebenserwartung: Frauen 76 Jahre, Männer 70,6 Jahre
Währung: Vietnamesischer Dong (VND)
Zeitzone: MEZ + 6 Std., in der Sommerzeit + 5 Std.
Landesvorwahl: 0084
Internet-Kennung: .vn
Landesflagge: Goldener Stern auf rotem Grund. Je einer der fünf Zacken symbolisiert die Arbeiter, Bauern, Intellektuellen, Händler

und Soldaten. Erstmalig 1940 während eines kommunistischen Aufstands gehisst und anschließend von der Viet Minh verwendet, war die Fahne seit 1945 die Flagge der Demokratischen Republik Vietnam (DRV). Seit dem 2. Juli 1976 weht sie als offizielle Flagge der Sozialistischen Republik Vietnam (SRV).

Geografie

Vietnam erstreckt sich zwischen dem 23. und dem 8. Grad nördlicher Breite und bildet den Abschluss des kontinentalen Südostasien. Das Land ist wie ein ›S‹ geformt und ähnelt einer Bambusstange mit zwei Tragekörben. Als der eine ›Tragekorb‹ gilt der Norden einschließlich des 14 700 km² großen Roten-Fluss-Deltas. Die gebogene ›Tragestange‹ in der Mitte besteht aus dem schmalen Küstenstreifen und den teilweise über 2000 m hohen Annamitischen Kordilleren (viet.: Truong Son). Der zweite ›Tragekorb‹ im Süden wird vom 40 000 km² großen Mekong-Delta dominiert. Die Nord-Süd-Ausdehnung des Landes beträgt 1650 km, die Ost-West-Ausdehnung zwischen ca. 50 und 600 km. Die Küstenlänge beläuft sich auf rund 3260 km.

Die größten Städte sind Ho-Chi-Minh-Stadt (ca. 8 Mio. Einwohner), die Hauptstadt Hanoi (ca. 3,5 Mio. Einwohner), Da Nang (ca. 1 Mio. Einwohner) und Hai Phong (ca. 750 000 Einwohner). Mit seinem nördlichen Nachbarn China teilt das Land 1150 km gemeinsamer Grenze, mit Laos 1957 km und mit Kambodscha 982 km.

Geschichte

Zahlreiche Funde belegen eine Besiedlung seit der Altsteinzeit. Um 111 v. Chr. begann die über 1000-jährige Zeit chinesischer Besatzung. Erst 938 erlangte das Land die Souveränität zurück und erlebte zwischen dem 11. und 13. Jh. während der Ly- und Tran-Dynastien eine Blütezeit. Nach einer weiteren Annexion durch die chinesischen Ming von 1407 bis 1428 wurde Vietnam in zunehmendem Maße von den rivalisierenden Klans der Trinh und Nguyen aufgerieben und im 17. Jh. geteilt. Erst 1802 konnte der Gia-Long-König, der erste Nguyen-Herrscher, das Land wieder einen. Doch wenige Jahrzehnte später geriet es in die Machtsphäre Frankreichs und wurde 1887 zusammen mit Laos und Kambodscha Teil der Kolonie Indochina.

Mit dem Ersten Indochina-Krieg (1946–1954) geriet das Land in den Sog des Kalten Krieges, der nach der Teilung Vietnams noch zunahm. 1964 traten die USA in den Konflikt zwischen Nord- und Südvietnam ein. Militärisch haushoch überlegen, wurde ihr Engagement zum Desaster. Nach ihrem Rückzug erfolgte 1976 die offizielle Wiedervereinigung. Seit der 1986 eingeleiteten Reformpolitik, Doi Moi, erlebt Vietnam einen eindrucksvollen wirtschaftlichen Aufschwung.

Staat und Politik

Die einzige zugelassene politische Kraft ist laut Verfassung die Kommunistische Partei Vietnams. Sie wählt alle fünf Jahre auf ihrem Nationalkongress das Zentralkomitee (derzeit 180 Mitglieder), welches wiederum das Politbüro (momentan 19 Mitglieder) unter Vorsitz des Generalsekretärs bestimmt. Auf den großen Parteitagen werden die Weichen für die Politik der kommenden Jahre gestellt. Der letzte (12.) Parteitag fand im Januar 2016 in Hanoi statt. Dort wurde der seit 2011 amtierende, über 70-jährige Generalsekretär Nguyen Phu Trong im Amt bestätigt.

Höchste politische Instanz und Legislative ist die alle fünf Jahre neu gewählte Nationalversammlung mit knapp 500 Mitgliedern. Sie tritt zweimal jährlich zusammen, um Gesetze zu verabschieden. Zudem wählt sie im Fünf-Jahres-Zyklus den Staatspräsidenten als höchsten Repräsentanten des Landes und den Ministerrat. Letzterem gehören der Premier, dessen Vize und die Minister an. Sie erledigen als Exekutive die täglichen Regierungsgeschäfte. Vom blinden Abnicker der Vorgaben des Politbüros hat sich die Nationalversammlung mittlerweile zu einem offeneren Forum entwickelt. Zwar ist der Raum für Kritik größer geworden, doch für private und unabhängige Medien ist nach wie vor kein Platz. Vor allem gegen Blogger gehen die Behörden rigide vor. Dekret 72 untersagt Internetnutzern, sich über private Mails und soziale Netzwerke politisch zu äußern.

Verwaltungstechnisch ist das Land in 59 Provinzen und fünf zentral verwaltete Städte – Hanoi, Ho-Chi-Minh-Stadt, Hai Phong, Da Nang und Can Tho – untergliedert.

Wirtschaft und Tourismus

Seit sich Vietnam 1986 der sozialistischen Marktwirtschaft verschrieben hat, verzeichnet es ein stetes Wirtschaftswachstum – in den letzten fünf Jahren zwischen 6 und 7 %. Wichtigste Exportgüter sind Textilien, Bekleidung und Schuhe (21,3 %), Smartphones (18,8 %) und andere Elektronikprodukte (9,7 %). Auch Meeresfrüchte (über 4 %) und Rohöl (2,3 %) sind von Bedeutung. Im Export von Reis, Kautschuk, Pfeffer und Kaffee zählt Vietnam sogar zu den Weltmarktführern. Wichtigster Importpartner ist mit fast 30 % China. Die Abnehmerstaaten werden von den USA, China, Japan und Korea angeführt.

Der Tourismus verzeichnet enorme Zuwachsraten. 2015 reisten fast 8 Mio. Touristen ins Land, darunter 149 079 Deutsche.

Bevölkerung und Religion

54 ethnische Gruppen haben in Vietnam ihre Heimat. Dominierend sind die Viet (Kinh), die 86 % der Bevölkerung stellen und vorwiegend entlang der Küste und in den Deltagebieten siedeln. Die überwiegende Mehrheit der anderen Volksgruppen lebt in den Bergen und im Hochland.

Die vietnamesische Religiosität präsentiert sich als ein Gemisch aus Ahnenkult, konfuzianischem Ethos und volksdaoistischem Götterglauben. Viele Vietnamesen sind zudem mit unterschiedlicher Intensität Anhänger des Mahayana-Buddhismus. Dazu kommen etwas mehr als 7 % Katholiken, eine halbe Million Protestanten und etwa 100 000 Muslime. Im Mekong-Delta siedelt ein Großteil der 2 Mio. Cao-Dai- und 1,5 Mio. Hoa-Hao-Anhänger.

Natur und Umwelt

Etwa 1650 km liegen zwischen der nördlichen und der südlichen Grenze Vietnams. Entlang der Küste sind es fast doppelt so viele. Das wie ein ›S‹ geformte schmale Land mit seinen lang gezogenen Gebirgsketten und den beiden fruchtbaren Deltagebieten ist die Heimat einer vielfältigen Flora und Fauna.

Vietnam bildet den Abschluss des kontinentalen Südostasien. Geografisch dominieren die **Annamitischen Kordilleren** (Trường Sơn) und die beiden fruchtbaren Deltagebiete – das 14 700 km² große **Delta des Roten Flusses** und das über 40 000 km² große **Mekong-Delta** – das Land. Flächenmäßig etwas kleiner als Deutschland, ist es mit einer Nord-Süd-Ausdehnung von 1650 km fast doppelt so lang. Zwischen dem 23. und 8. Grad nördlicher Breite herrschen subtropische und tropische Klimabedingungen.

Die Landschaft zeigt sich als Wechselspiel von Bergen, Flüssen und Meer. Kilometerlange Strände säumen die 3260 km lange Küste, deren Linie immer wieder Höhenzüge, Flussmündungen und weit geschwungene Buchten unterbrechen. Dazu kommen die vorgelagerten Inseln, deren Zahl in die Tausende geht – wie etwa in der berühmten Ha-Long-Bucht –, das Bergland und die Hochebenen, die mehr als drei Viertel des Gesamtterritoriums einnehmen, sowie die endlosen, von Kanälen und Flüssen unterbrochenen Deltagebiete.

Lang gestrecktes Land

Bac Bo (Der Norden)

Der Norden – von den Vietnamesen Bắc Bộ genannt – besticht durch seine landschaftliche Vielfalt. An der Grenze zu China und Laos erstrecken sich zerklüftete **Gebirge**, die von teilweise schroffen Taleinschnitten unterbrochen werden – im Nordwesten etwa vom Bergmassiv **Hoang Lien Son** mit dem 3143 m hohen Fan Si Pan, Vietnams höchstem Gipfel.

In den **Niederungen** winden sich die Flüsse in Richtung Osten, suchen ihren Weg durch das **Rote-Fluss-Delta**, um sich schließlich ins Meer zu ergießen. Im Roten-Fluss-Delta leben dicht gedrängt oft über 1000 Menschen pro Quadratkilometer. Grund für diese Bevölkerungsdichte sind die fruchtbaren Böden des Deltas, die schon früh Siedler anzogen. Das Gebiet gilt als Wiege der vietnamesischen Zivilisation. Doch Taifune und Überschwemmungen gehören zum Jahreszyklus, weshalb die Flussarme eingedeicht werden müssen. Zu den bedeutendsten **Strömen** des Nordens zählen der **Song Hong** (Rote Fluss), im vietnamesischen Teilstück 510 km lang, der 543 km lange **Song Da** (Schwarze Fluss) und der 426 km lange **Song Ma**.

Zu den landschaftlichen Höhepunkten nicht nur des Nordens zählen die vielerorts anzutreffenden **Karstberge**.

Trung Bo (Zentralvietnam)

Ab Thanh Hoa verengt sich Vietnam zu einem Streifen, der an seiner schmalsten Stelle bei Dong Hoi nur noch 50 km misst. Trung Bộ, so die vietnamesische Bezeichnung für Zentralvietnam, wird landschaftlich von der Küste, mäandernden Flussläufen und den teilweise über 2000 m hohen **Annamitischen Kordilleren** (Trường Sơn) dominiert.

Lang gestrecktes Land

In den Kalksteinbergen haben sich aufgrund der Witterungsprozesse zahlreiche Höhlensysteme gebildet, darunter eines der landesweit größten und spektakulärsten im **Phong-Nha-Ke-Bang-Nationalpark** – seit 2003 UNESCO-Welterbe. Dort schlängelt sich unterirdisch auf etwa 20 km Länge der Song Son durch das Bergmassiv.

Zwischen Kontum und Da Lat breitet sich das **Zentrale Hochland** auf einer Höhe zwischen 500 und 700 m aus. Hier leben Zweidrittel der insgesamt 54 Volksgruppen. Kaffee und Tee gehören zu den wichtigsten Agrarprodukten. Von den einst dichten Regenwäldern ist kaum etwas geblieben.

Der **Küstenbereich** zwischen Thanh Hoa und Quang Ngai wird fast jährlich von Taifunen heimgesucht – besonders im November und Dezember.

Der **Wolkenpass** (Dèo Hải Vân) nördlich von Da Nang bildet eine Wetterscheide. Von hier an zeigt sich die Küstenlandschaft tropisch freundlich. Kokospalmen prägen die Landschaft, pittoreske Buchten wechseln sich mit Bergzügen ab.

Zwischen Cam Ranh und Phan Thiet erstrecken sich die trockensten Gebiete des Landes mit teilweise **savannenähnlichen Landstrichen** – hervorragende Bedingungen für den Anbau der Drachenfrucht.

Nam Bo (Der Süden)

Im Süden öffnet sich das Land zu einer weiten Ebene. Nam Bộ, »Südliches Land« – oder Cochinchine, wie es während der Kolonialzeit hieß – ist dank des feuchtheißen Klimas und der fruchtbaren Schwemmböden das landwirtschaftliche Rückgrat Vietnams: die Flüsse voller Fische, die Felder voller Früchte und Reispflanzen, dazu die endlos erscheinenden Kautschuk- und Obstplantagen. Hier zeigt sich die Natur von ihrer verschwenderischsten Seite.

Das gilt umso mehr für das **Mekong-Delta**, ein gigantisches Fluss- und Kanalsys-

Am Strand von Mui Ne

Mekong – Lebensader für Millionen

Von den Höhen des Tibet-Plateaus führt sein langer Weg in Richtung Süden. Er windet sich durch enge Schluchten und durchfließt weite Ebenen. Schließlich breitet er sich zu einem riesigen Delta aus und endet nach 4800 Kilometern im Südchinesischen Meer. Ohne den Mekong wäre die Geschichte Südostasiens ganz anders verlaufen.

Es ist, als wolle der Mekong am Schluss noch einmal alle Register ziehen. Etwa 220 km bevor er sich ins Südchinesische Meer ergießt, erweitert er sich zu einem riesigen Delta von 40 000 km^2 – eine Fläche fast so groß wie die Schweiz. Respektvoll nennen ihn die Vietnamesen wegen seiner vielen Flussarme dort Sông Cửu Long (Fluss der Neun Drachen). Dabei sind seine Anfänge ziemlich bescheiden. Sein Ursprung liegt auf dem durchschnittlich 5000 m hohen Tibet-Plateau. Dort vereinen sich in der Stadt Ganasongdou (Provinz Qinghai) die beiden Flüsse Dza Kar und Dza Nak. Von den Tibetern wegen seiner bräunlichen Farbe Dza Chu (Lehmiger Fluss), genannt, durchfließt er als Lancang Jiang (Turbulenter Fluss) die chinesische Autonome Region Yunnan. Schließlich führt sein Weg am Nordostrand von Myanmar entlang und durch Laos. Streckenweise als Grenzstrom zu Thailand breitet er sich in Südlaos auf 14 km aus, bevor er Kambodscha durchfließt und sich in Phnom Penh in zwei Arme teilt.

Mae Nam Khong (Mutter aller Wasser) nennen die Thais und Laoten den Strom. Der Name kommt nicht von ungefähr, denn die beiden verwandten Volksgruppen sind auf besondere Weise mit diesem Fluss verbunden. Er bewässert ihre Reisfelder, liefert fischreiche Nahrung und bietet spätnachmittags Gelegenheit zu einem erfrischenden Bad. Was hat er nicht alles gesehen auf seinem langen Weg in Richtung Südchinesisches Meer: An ihm entlang wanderten ab dem 7. Jh. ihre Vorfahren, die Tai, aus dem ursprünglichen Stammesgebiet in Yunnan und Guangxi (China) in Richtung Süden und gründeten an seinen Ufern erste größere Siedlungen, *muang* genannt. Zu den bekanntesten Orten zählen Luang Prabang, Vientiane in Laos sowie Chiang Saen in Nordthailand. Der Mekong sah an seinen Ufern zahllose Handlungsreisende aus ganz Asien entlangziehen und die Geburt des laotischen Königreiches Lan Xang. Auf dem Strom waren französische Forscher ebenso unterwegs wie chinesische Opiumschmuggler, kambodschanische Prinzessinnen und kommunistische Partisanen. Der Mekong brachte Menschen zusammen und trennte sie – wie in den 1970er- und 1980er-Jahren, als er zum Bambusvorhang zwischen Laos und Thailand wurde. Während sich die marxistische Führung von Laos dem Ostblock zuwandte, galt das Königreich als wichtiger Partner der USA. Doch die Zeit der Spaltung ist vorbei, seit in Nong Khai 1994 die erste Freundschaftsbrücke zwischen den beiden Nachbarn eröffnete. Heute gibt es vier Brücken und weitere sind im Bau.

Auch der Aufstieg des Khmer-Reiches wäre ohne den Tonle Thom (Großes Wasser), wie die Kambodschaner ihn ehrfurchtsvoll nennen, nicht möglich gewesen. Lange bevor die Tai-Völker die Region erreichten, hatten ihre Ahnen entlang dem Mekong und in Nordostthailand bereits befestigte Siedlungen etabliert. Dies konnten Archäologen anhand von Ausgrabungen im Mündungsgebiet des Mun-Flusses in den Mekong an der thai-laotischen Grenze, in Angkor Borei südlich von Phnom Penh und Oc Eo im Mekong-Delta bestätigen. Letztere beiden Orte waren die Hauptzentren des ersten indisierten Staatenverbundes Funan, der dank chinesischer Berichte ab dem 1. Jh. nachweisbar ist. Neben dem Tonle-Sap-See war der Mekong für das spätere Angkor-Reich als ökonomisches Rückgrat unverzichtbar.

Mehr als 60 Mio. Menschen sind direkt vom Mekong abhängig

Seine wirtschaftliche Bedeutung kann nicht hoch genug eingeschätzt werden. Mit einer Länge von ca. 4800 km steht der Strom weltweit an zwölfter Stelle. Sein Einzugsgebiet nimmt eine Gesamtfläche von etwa 795 000 km² ein; das entspricht mehr als der doppelten Größe Deutschlands. Zwischen dem Norden von Laos bis zur Mündung sind über 60 Mio. Menschen direkt von ihm abhängig, allein ein Drittel davon lebt im Mekong-Delta. Der Fluss bewässert ihre Felder und liefert mit seinem Fischreichtum lebenswichtige Nahrung. Dank der bis zu drei Jahresernten vermögen die Anwohner über 300 Mio. Menschen mit Reis zu versorgen. Doch extreme saisonale Pegelschwankungen, Stromschnellen und Wasserfälle verhindern seine durchgängige Schiffbarkeit.

Hinsichtlich des Artenreichtums übertrifft nur der Amazonas den Mekong. Über 1300 Fischarten tummeln sich in seinen Fluten, darunter Raritäten wie die Isok-Barbe (*Probarbus jullieni*), der Siamesische Riesenkarpfen (*Catlocarpio siamensis*) und der bis zu 3 m lange Mekong-Riesenwels (*Pangasius gigas*). Alle drei zählen zu den weltweit größten Süßwasserfischarten. Doch sie und ihre Artgenossen sind akut bedroht. Überfischung und vor allem umstrittene Dammprojekte haben schon heute negative Auswirkungen auf den Fischreichtum. Im energiehungrigen China sind bereits sieben Staudämme fertiggestellt und 20 weitere im Bau oder geplant. Laos will mithilfe der von zwei Staudämmen erzeugten Wasserkraft zur ›Batterie Südostasiens‹ aufsteigen. Die Folgen sind schon heute zu spüren: Fischer beklagen einen Rückgang des Fangs um 50 %, der Wasserpegel liegt in der Trockenzeit um ein Drittel unter früheren Werten, dem Mekong-Delta droht die Versalzung. In Thailand und Laos müssen Touristikunternehmen immer häufiger wegen Niedrigwasser ihre Bootstouren einstellen. »Der Mekong wird langsam zu Tode gewürgt«, warnt das International Rivers Network (www.internationalrivers.org). Daran vermag auch die 1995 gegründete Mekong River Commission (www.mrcmekong.org) nur wenig zu ändern. Den Vermittlungsversuchen zwischen den widerstrebenden Interessen der Anrainerstaaten ist bislang nur geringer Erfolg beschieden.

Natur und Umwelt

tem von 40 000 km² Fläche – fast so groß wie die Schweiz. Den Reichtum der Natur kann man mit Händen fassen. Reisfelder bis zum Horizont, Gärten mit tropischen Früchten, durchzogen von Gräben und Kanälen. Auf den breiten Flussarmen herrscht quirliges Treiben. Kaum etwas, was in dieser Gegend nicht angebaut wird. Doch die intensive Landwirtschaft und zunehmende Bebauung gehen auf Kosten der ursprünglichen Natur. Mangrovensümpfe werden durch Garnelenfarmen ersetzt, der Dschungel weicht Kokospalmenhainen. Hinzu kommen die ökologischen Folgen durch die Entlaubungsaktionen während des Vietnamkrieges. Auf den ersten Blick nicht sichtbar sind noch vielerorts die Böden dioxinverseucht. So gibt es nur noch wenige intakte Refugien für die Tier- und Pflanzenwelt. Gerade noch 5 % des Deltas sind bewaldet.

Flora

Vietnam teilt mit seinen asiatischen Nachbarn die für die Tropen und Subtropen typische Pflanzenvielfalt. Bisher wurden über 9400 Arten identifiziert, von denen 30 % endemisch, d. h. nur hier beheimatet sind. Allerdings ist ihr Bestand stark gefährdet; jede zehnte Pflanze ist bedroht. Waren vor 70 Jahren noch über 40 % der Landesfläche von Wald bedeckt, ist es heute gerade noch ein Viertel. Die letzten größeren Gebiete von Primärwäldern liegen vorwiegend in den Bergregionen an der Grenze zu Laos.

Edle Hölzer

Einer der Gründe für den rasanten Schwund an Primärwald liegt in der Abholzung wertvollen Baumbestands. Besonders betroffen sind die artenreichen Monsunregenwälder in den Niederungen bzw. bis 700 m Höhe. Dort werden auf 1 ha Wald nicht selten über 300 Baumarten gezählt. Viele von ihnen gehören zu den Familien **Shorea**, **Hopea** und **Dipterocarpus**. Allein der Shorea-Familie werden 360 Unterspezies zugeordnet. Wegen ihres enormen wirtschaftlichen Nutzens fallen die mächtigen Bäume häufig der Axt zum Opfer: in Vietnam etwa eine unter dem Namen *sao xanh* bekannte Hopea-Art *(Hopea helferi)* oder der *sao đen*, in Forstkreisen auch Thinganbaum *(Hopea odorata)* genannt. Bei beiden wird die Härte und Qualität des Holzes geschätzt, was auch für andere Edelhölzer gilt, allen voran bei **Teak** *(Tectona grandis)*, **Eisenholz** *(Xylia dolabriformis)* und **Rosenholz** *(Dalbergia cochinchinensis)*. Viele Landbewohner verwenden noch heute das Harz des **Yangbaumes** *(Dipterocarpus alatus)* zum Abdichten von Holzbooten. Sein Stamm wird gern zu Möbeln und Baumaterial verarbeitet.

Das **Hinterindische Ebenholz** *(Diospyros mun)* wird wegen seiner schwarzen Farbe und Härte im Tempelbau verwendet oder zu Essstäbchen verarbeitet. Daher ist es mittlerweile so selten geworden, dass es auf die Rote Liste der bedrohten Arten (www.iucn redlist.org) gesetzt werden musste.

Vielseitige Palmen

Tropische Feriengefühle lässt natürlich auch in Vietnam vor allem die **Kokospalme** *(Cocos nucifera)* aufkommen. Sie ist von enormem wirtschaftlichem Nutzen und wird von der Nuss bis zum Saft vielfältig verwertet. Daher werden häufig Plantagen angelegt. Eines der bekanntesten Gebiete dafür ist die Provinz Ben Tre im Mekong-Delta.

Entlang der Kanäle und Flüsse Vietnams kann man sehr oft die aus dem Wasser ragenden Wedel der **Nipapalme** *(Nypa fruticans)* antreffen. Sie schützen das Ufer und finden als Abdeckung von Häusern Verwendung.

Nicht wegzudenken ist auf dem Land die **Arekapalme** *(Areca catechu)*, deren schmaler Stamm wie eine Nadel emporragt. Grund ihrer Popularität ist die unter der Krone in Büscheln wachsende Betelnuss, die zusammen mit dem Betelpfeffer ein beliebtes Genussmittel ergibt – und später schwarze Zähne.

Ebenfalls von großer Bedeutung sind die fächerartigen Blätter der **Latanpalme** *(Latania)*, denn mit ihnen werden die berühmten

Flora

Traditionelle vietnamesische Hüte – gefertigt aus den Blättern der Latanpalme

konischen Hüte *(nón lá)* hergestellt. Auch die jungen Blätter einer kleineren Verwandten der Talipotpalme, der *Corypha lecomtei* oder auf Vietnamesisch *lá buông*, finden dafür Verwendung. Die riesigen Fächer der bis zu 24 m hohen **Talipotpalme** *(Corypha umbraculifera)* wiederum wurden früher für die Palmblattmanuskripte genommen.

Auf dem Esstisch hingegen landen gern die schmackhafte Schlangenfrucht der **Salakpalme** *(Salacca zalacca)* und das Mark der **Sagopalme** *(Metroxylon sagu)*, das zum Dessert verarbeitet wird.

Weniger sichtbar, da nur im Dschungel verbreitet, sind die 30 Arten der **Rotangpalme**, deren stachelige Stränge nach dem Schälen, Trocknen und Formen als Rattanmöbelstück im Wohnzimmer enden.

Weitere Hölzer und Pflanzen

In etwas höheren Lagen ist der **Vietnamesische Zimt** *(Cinnamomum loureirii)* verbreitet, dessen von jungen Ästen abgeschälte Rinde zur Gewinnung des süßlichen Gewürzes gefragt ist.

In Höhen von bis zu 2000 m kann man über 100 Arten von **Bambus** finden. »Der Bambus ernährt uns, löscht unseren Durst, erwärmt und beschützt uns«, lautet ein vietnamesisches Sprichwort in Anspielung auf seinen vielfältigen Nutzen im Alltag. Auf dem Land besteht immer noch fast die Hälfte des Baumaterials aus Bambus.

In Gebieten ab 1500 m sind im Norden Vietnams **Mischwälder** und landesweit je nach Lage **Nebelregenwälder** verbreitet. Typisch für Letztere ist der dichte Bewuchs an Baumstämmen und Ästen mit **Moosen**, **Farnen** und **Orchideen**.

Wer an den Küsten unterwegs ist, trifft dort häufig auf die widerstandsfähigen **Kasuarinen**. Leider sind **Mangrovenwälder** im Mündungsbereich der Flüsse zum seltenen Anblick geworden, obwohl deren Stelz- und Luftwurzeln nicht nur Heimat vieler Wassertiere, sondern auch als natürliche Salzwasserfilter und Erosionsschutz äußerst wichtig sind.

Im nördlichen und zentralen Vietnam leben noch Rotschenklige Kleideraffen

Fauna

Es war eine Sensation, als im Yok-Don-Nationalpark 2003 einige Exemplare des in Vietnam ausgestorben geglaubten **Riesenibis** *(Pseudibis gigantea)* gesichtet wurden. Die Wiederentdeckung des seltenen Vogels nach fast 70 Jahren war nur eine von mehreren Überraschungen. Forschern gelang 1992 mit dem **Vu-Quang-Rind** *(Pseudoryx nghetinhensis)*, auch Sao La oder Vietnamesisches Waldrind genannt, die Entdeckung einer neuen Wildrindart. Zwei Jahre später identifizierten sie eine endemische Hochwildart: den **Riesenmuntjak** *(Megamuntiacus vuquangensis)*.

Einen herben Rückschlag bedeutete jedoch 2010 der Tod des letzten **Vietnamesischen Java-Nashorns** *(Rhinoceros sondaicus annamiticus)*, einer Unterart des einhörnigen Java-Rhinozeros *(Rhinoceros sondaicus sondaicus)*. Es lebte bis zur Ausrottung im Dschungel des Cat-Tien-Nationalparks.

In Vietnam sind 10 % aller weltweit bekannten Säugetiere, Vögel und Fische beheimatet. Bis dato wurden 275 Säugetier-, 850 Vogel- und 180 Reptilienarten gelistet. Geschätzt wird zudem, dass 5500 Insektenarten herumschwirren und -krabbeln.

Leider sind viele Kreaturen aufgrund der schwindenden Lebensräume in ihrem Bestand bedroht. Möglicherweise streifen nur noch etwa 100 wild lebende **Asiatische Elefanten** durch die Wälder entlang der kambodschanischen und laotischen Grenze. Zu befürchten ist, dass die Zahl der **Indochina-Tiger** noch geringer ausfällt. Nur zwischen Vietnam und Thailand beheimatet, wird ihr Gesamtbestand auf weniger als 1500 Exemplare geschätzt. Glücklicherweise ist hingegen der behäbig wirkende **Wasserbüffel** noch häufig anzutreffen – friedlich im Teich badend oder fleißig auf dem Acker seine Kreise ziehend. Als Arbeitstier ist er aus der Landwirtschaft nicht wegzudenken.

Ob die **Schlange** im Reisschnaps, der **Affenschädel** in der Apotheke, das **Elfenbein** im Souvenirshop oder die **Haifischflosse** im Feinkostgeschäft – den meisten Wildtieren ist der Mensch zum Hauptfeind geworden, weil sie seine Speisekarte bereichern, seine Potenz steigern oder schönen Schmuck liefern sollen. Wilderei ist ein lukratives Geschäft. Je seltener die Tierart, desto höher die Preise. Der zunehmende Reichtum in Asien hat zu einer höheren Nachfrage nach raren Tierprodukten geführt. Und angesichts der Armut sind viele Menschen bereit, die bedrohten Geschöpfe zu jagen.

Erst langsam greifen Bemühungen der Regierung, diesen Teufelskreis zu stoppen. Gegen Wilderei und illegalen Tierhandel verhängt sie hohe Haftstrafen. Dazu wächst die Zahl der Projekte zum Schutz bedrohter Tierarten. Eines der renommiertesten ist das **Endangered Primate Rescue Center** im Cuc-Phuong-Nationalpark zur Rettung der Primaten. Es wurde 1993 mit Hilfe der Zoologischen Gesellschaft Frankfurt eingerichtet (s. S. 193). Dank der Finanzierungshilfe durch den Kölner Zoo läuft ein ähnliches Projekt im Phong-Nha-Ke-Bang-Nationalpark. So bleibt die Hoffnung, dass die **Delacour-Languren**, **Plumploris** und **Kleideraffen** in Vietnam auch weiterhin eine Zukunft haben.

Natur auf dem Rückzug

Eine hohe Bevölkerungsdichte, zunehmende Industrialisierung, die ökologischen Zerstörungen während des Krieges, unkontrollierte Abholzung, illegale Wilderei und Brandrodung – es sind viele Faktoren, die für die Umweltzerstörung in Vietnam verantwortlich sind. Sie machen deutlich, dass der Umweltschutz auch im Land eine komplexe Angelegenheit ist. Die arme Landbevölkerung von Brandrodung und Wilderei abzubringen kann nur gelingen, wenn ihnen alternative Einkommensmöglichkeiten erschlossen werden. In den Städten wiederum fordert das rasante Wachstum seinen Tribut. Verpestete Luft, verstopfte Straßen, wachsende Müllberge stellen die Stadtverwaltungen vor immense Probleme. Als wäre dies nicht genug, leidet das Land auch Jahrzehnte später noch an den ökologischen Folgen des Vietnamkrieges.

Der Name **Operation Ranch Hand** klingt eher nach einem Western, doch dahinter verbirgt sich eine der verheerendsten Militäraktionen während des gesamten Vietnamkrieges. Mit diesem Begriff wurde die Strategie bezeichnet, dem Feind durch die Vernichtung des Dschungels und die Vergiftung der Felder den Boden zu entziehen. Bereits 1961 begannen Flugzeuge, Entlaubungsmittel über Wälder und Felder zu sprühen. Insgesamt kamen 15 verschiedene Chemikalien zum Einsatz. Man benannte sie nach den Farben der Banderolen an den Fässern. Mit dem arsenhaltigen **Agent Blue** etwa wurden Reisfelder verseucht, mit **Agent Purple** die Wälder. Als wirkungsvollstes Mittel erwies sich das seit 1965 eingesetzte dioxinhaltige **Agent Orange**, von dem über 45 Mio. Liter versprüht wurden. Neueren Studien der New Yorker Columbia University zufolge fielen bis 1971 ca. 80 Mio. Liter Herbizide auf eine Fläche von der Größe Brandenburgs. 3181 Dörfer waren direkt betroffen. Bis zu 4,8 Mio. Menschen sollen mit den Giften in Kontakt gekommen sein. Die Folgen wirken bis heute nach. Noch Jahrzehnte später sind die Böden verseucht. Bislang kamen mehr als 50 000 Kinder mit Missbildungen auf die Welt. Schätzungsweise 4 Mio. Menschen leiden unter den gesundheitlichen Spätfolgen, die von Krebs bis Parkinson reichen.

Nationalparks

Vietnam zählt weltweit zu den zehn Ländern mit der größten Biodiversität. Um diese Artenvielfalt in Flora und Fauna zu erhalten, hat sich die Regierung in den letzten Jahren mit Hilfe internationaler Organisationen um eine Ausdehnung der Schutzgebiete bemüht. Derzeit sind 164 geschützte Gebiete von zusammen 22 657 km² Fläche ausgewiesen, das sind 7 % des Landes. Von ihnen erhielten 30 den Sta-

Karstlandschaften

Als hätte ein Kalligraf mit seinem Pinsel naive Landschaftsbilder auf ein Blatt Papier gebracht – so unwirklich und poetisch wirken die bizarr geformten, häufig grün bewaldeten Karstberge Vietnams. Zweifellos zählen sie zu den landschaftlichen Höhepunkten des Landes.

Karstlandschaft um Ha Giang

Wenn ein Landstrich mit Vietnam identifiziert wird, dann die Ha-Long-Bucht. Weniger berühmt sind die Trockene Ha-Long-Bucht bei Ninh Binh und der Phong-Nha-Ke-Bang-Nationalpark nordwestlich von Dong Hoi. Die fantastische Bergwelt rund um Ha Giang, die sich entlang der chinesischen Grenze zieht, ist vorwiegend unter Outdoor-Enthusiasten bekannt. Dort wurde das 2356 km² große Dong-Van-Karstplateau wegen seiner schroffen Bergformationen 2010 von der UNESCO zum Geopark erklärt. Alle genannten Gebiete haben eines gemein: Karstlandschaften ersten Ranges. Ihre bizarren Formationen entzücken nicht nur Fotografen, sie geben auch einen wunderbaren Einblick in die Erdgeschichte: Vor etwa 250 Mio. Jahren existierte ein Urmeer – nach einer griechischen Sagengestalt Tethys genannt –, das östlich des Riesenkontinents Pangäa lag und sich nach dessen Aufspaltung in die Kontinente Laurasia und Gondwana auf seiner Westseite bis zum heutigen Mittelmeer erstreckte. Der Meeresgrund wurde nach und nach mit Muschelkalkablagerungen bedeckt und während des Jungtertiärs vor 30 bis 50 Mio. Jahren, als auch Alpen und Himalaya entstanden, angehoben und trockengelegt. Er umfasst die heutigen Gebiete des Indischen Ozeans und Subkontinents, Südostasien und Teile Südchinas. Mit der Zeit begann die Zersetzung dieser Ablagerungen durch Wasser und Luftfeuchtigkeit, woraufhin sich im Laufe von Jahrmillionen trichterförmige Täler und Hohlräume bildeten. Dieser Korrosionsprozess wird Verkarstung genannt, eine Ableitung vom slowenischen *kras* (steiniger Boden), dem Namen eines Karstgebirges in Slowenien.

Beim tropischen Kegelkarst führen die gleichmäßig warmen Temperaturen, die zeitweise starken Niederschläge während des Monsuns und die hohe Luftfeuchtigkeit zur schnelleren und umfassenderen Verwitterung dieser Kalkablagerungen. Auch Pflanzen, etwa der Gattungen *Begonia* und *Ficus*, tragen mit ihrem sich im Fels festkrallenden Wurzelwerk zur schnelleren Verwitterung bei. Die Folge sind jene dicht bewachsenen Kegel und Kuppen, die heute aufgrund ihrer eigentümlichen Formen so fotogen erscheinen. Viele Karsthügel muten wie vertikale Gärten an, die wiederum eine entsprechende Tierwelt anlocken. Dass Teile der Karstkegel zu Inseln wurden, wie in der Ha-Long-Bucht, ist indessen eine Folge der letzten Eiszeit vor 30 000 bis 40 000 Jahren, als der Meeresspiegel angehoben wurde. Die Kraft des Wassers führte auch dazu, dass teilweise gewaltige Höhlensysteme entstanden. Ein gutes Beispiel ist die erst 1991 entdeckte Son-Doong-Höhle im Phong-Nha-Ke-Bang-Nationalpark. Wegen ihres gewaltigen Ausmaßes Hang Sơn Đoòng, Bergflusshöhle, genannt, zählt sie zu den größten Untergrundsystemen der Welt.

Für fantasievolle Betrachter ist die geologische Erklärung sicherlich zu prosaisch. Sie sehen in den eigentümlichen Erhebungen verwunschene Prinzessinnen, versteinerte Tiere und von Drachen ausgespuckte Perlen.

Nationalparks

tus eines Nationalparks. Zwei wurden von der UNESCO zum Welterbe erklärt. Für die Verwaltung der Gebiete sind zwei Ministerien zuständig: das Ministry of Agriculture and Rural Development (MARD) und das Ministry of Natural Resources and Environment (MONRE). Kärgliche Finanzmittel, mangelndes oder inkompetentes Personal sowie fehlendes Umweltbewusstsein lassen jedoch manche Bemühung verpuffen. Zudem sind die Flächen der Schutzgebiete teils recht klein, sodass sie für Tiger, Elefanten oder Gaur kaum Rückzugsmöglichkeiten bieten. Vor allem aber steht der Bevölkerungsdruck wirksamen Maßnahmen entgegen. Viele Nordvietnamesen sind in die dünn besiedelten Provinzen Kon Tum, Gia Lai and Dak Lak eingewandert, wo sich die meisten zusammenhängenden Dschungelgebiete befinden.

Durch die Einrichtung von Pufferzonen und schonendes Ressourcenmanagement soll einerseits der Lebensunterhalt der lokalen Bevölkerung sichergestellt, andererseits der Eingriff in die Natur auf ein Minimum reduziert werden. Dabei spielen auch alternative Einkommensquellen wie etwa der Ökotourismus eine große Rolle.

Bislang finden relativ wenige ausländische Touristen den Weg in die **Nationalparks**. Wer Safaris in den afrikanischen Savannen erlebt hat, mag enttäuscht sein. Der kleine Tonkin-Stumpfnasenaffe und seine Artgenossen zeigen sich selten der Kamera. Trotzdem lohnt sich der Besuch. Eine kleine Auswahl:

Ba Be: Ein traumhaft schöner Bergsee liefert den Hauptgrund für den Besuch dieses nur 7611 ha großen Schutzgebietes nördlich von Hanoi. Eingerahmt von Karstbergen, kann man auf dem 7,5 km langen Gewässer die pittoreske Szenerie genießen. Zudem bieten sich Wanderungen zu Grotten und Wasserfällen an. In der Umgebung leben Angehörige der Tai, Hmong und Dao.

Cat-Ba-Archipel: Ein 15 200 ha großer Teil des Archipels im Süden der Ha-Long-Bucht wurde 1991 zum Nationalpark erklärt. Im Inneren der größten Insel zeigt sich auf Wanderpfaden eine unberührte Dschungellandschaft. Sie ist Heimat seltener Primatenarten, darunter des endemischen Cat-Ba-Languren *(Trachypithecus poliocephalus)*.

Cat Tien: Am Südende des Truong-Son-Bergzuges liegt dieser 73 878 ha große Nationalpark. Von Reiz ist er aufgrund seiner landschaftlichen Vielfalt. Zudem ist er eines der letzten Refugien von Tigern und Leoparden. Der Vogelsee (Båu Chim) macht seinem Namen alle Ehre. Hier kommen Ornithologen auf ihre Kosten.

Cuc Phuong: Vietnams ältestes Schutzgebiet (seit 1962) ist bekannt für seine Primaten und seltenen Baumarten. Auf Wanderungen durch die Karstlandschaft des 22 200 ha großen Nationalparks kann man Schmetterlinge (über 400 Arten!) und Vögel beobachten oder sich auf die Suche nach seltenen Baumriesen begeben, darunter eine 1000-jährige *Terminalia myriocarpa* und Exemplare des Thitpokbaums *(Tetrameles nudiflora)*.

Hon Mun: Seit 2001 existiert in der Bucht von Nha Trang rund um acht Inseln die 10 500 ha große Hon Mun Marine Protected Area zum Erhalt der Korallenriffe und Unterwasserfauna, eines von insgesamt 15 Meeresschutzgebieten in Vietnam. Es soll helfen, die negativen Folgen des Massentourismus und der Überfischung einzudämmen. Von Nha Trang aus bieten zahlreiche Agenturen Boots- und Tauchfahrten in die Bucht an.

Phong Nha-Ke Bang: Erst seit dem Jahr 2001 genießt ein 86 200 ha großes Gebiet 50 km nördlich von Dong Hoi Nationalparkstatus. Es ist Teil einer etwa 2000 km^2 großen Karstlandschaft, die sich in Laos fortsetzt. In dem Park existieren zahlreiche Höhlen, darunter die bekannte Phong-Nha-Höhle. Über 90 % des Gebietes sind mit Primärwald bedeckt. Dort warten vermutlich noch einige unbekannte Tierarten auf ihre Entdeckung.

Yok Don: Etwas abseits in der Provinz Dak Lak liegt der 2002 auf 115 545 ha erweiterte und nun landesweit größte Nationalpark. Er ist ein wichtiges Rückzugsgebiet für Elefanten und Tiger. Ein Eldorado ist die Region für Vogelfreunde. Mit Geduld und Glück erspähen sie Raritäten wie den Ährenträgerpfau *(Pavo muticus)* oder die Mekongstelze *(Motacilla samveasnae)*.

Wirtschaft, Soziales und aktuelle Politik

In atemberaubender Geschwindigkeit entwickelt sich Vietnam zu einer modernen Wirtschaftsnation. Die Ökonomie boomt und die Menschen blicken nach vorn. Kehrseite der Medaille sind ein wachsendes Stadt-Land-Gefälle, zunehmende Korruption und mehr soziale Spannungen.

Sozialistische Marktwirtschaft

Es war einer der tiefgreifendsten Einschnitte in der jüngeren Geschichte Vietnams, als sich die Kommunistische Partei Vietnams (KPV) auf ihrem Sechsten Parteitag im Dezember 1986 zu einer radikalen Kursänderung entschloss. **Đổi Mới** (neue Struktur), so die vietnamesische Bezeichnung des Reformprogramms, bedeutete eine Abkehr von der bis dahin erfolglos praktizierten Planwirtschaft hin zu einer sozialistisch orientierten Marktwirtschaft. Wie einige Jahre zuvor Deng Xiaoping in der Volksrepublik China hatte die vietnamesische Parteiführung erkannt, dass lediglich freie Marktmechanismen das Land vor dem wirtschaftlichen Bankrott retten konnten. Und wie in Beijing schloss die Hanoier Regierung gleichzeitig politische Veränderungen und politische Liberalisierungen oder gar eine Demokratisierung aus.

Seitdem sind in der Sozialistischen Republik Vietnam Hunderttausende **Privatunternehmen** entstanden, die wesentlich für das beeindruckende **Wirtschaftswachstum** von derzeit jährlich 6 bis 7 % verantwortlich sind. Mittlerweile erwirtschaften sie etwa zwei Drittel des Bruttoinlandsprodukts. Um konkurrenzfähig zu bleiben, wurden die Staatsbetriebe in den vergangenen Jahren zum Unmut internationaler und lokaler Investoren häufig teilprivatisiert und mit zahlreichen Privilegien bedacht.

Vietnam und der Welthandel

Mit der Aufnahme des Landes in die Welthandelsorganisation (WTO) im Januar 2007 ist Vietnam endgültig auf der globalen Bühne des Welthandels angekommen. Dank internationaler Hilfe – allen voran mittels Großkrediten der Weltbank und der Asiatischen Entwicklungsbank (ADB) – verbessert sich die **Infrastruktur** des Landes kontinuierlich. Das gilt ebenfalls für die **Energieversorgung.** Neue Kohle- und Wasserkraftwerke sollen den rasant wachsenden Energiebedarf decken.

Vor **Rohöl** (2,3 %), das im Südchinesischen Meer gefördert wird, und **Meeresfrüchten** (4 %) zählen die Bereiche **Textil, Bekleidung** und **Schuhe** mit zusammen 21,3 % sowie Smartphones (18,8 %) zu den wichtigsten Exportprodukten Vietnams. Hauptabnehmerstaaten sind die USA, Japan sowie die Europäische Union, in der wiederum Deutschland der wichtigste Handelspartner ist.

Trotz wachsender Exporterlöse in Höhe von 162 Mrd. US-$ verzeichnete das Land 2015 ein **Handelsdefizit**. Ein Großteil des **Imports** (2015: 165,65 Mrd. US-$) ist dem hohen Bedarf an Konsumgütern wie Unterhaltungselektronik und Fahrzeugen geschuldet. Dieser Bedarf hat im Zuge der in den Städten kontinuierlich gewachsenen Kaufkraft zugenommen. Mit Abstand das Gros der Importe bezieht Vietnam aus China, gefolgt von Südkorea und Japan.

Kaffee, Reis und Meer

Reisanbau

Eine Fahrt durch die endlosen Reisfelder in den Deltagebieten macht deutlich: **Reis** spielt in der Landwirtschaft Vietnams die wichtigste Rolle. Auf etwa 75 000 km² der Landfläche, das übertrifft die Größe Bayerns (70 552 km²), wird Reis angebaut. Drei Viertel aller Bewohner leben davon. Durch die markanten konischen Hüte vor der Sonne geschützt, stehen die Bauern knietief im Wasser, um die zartgrünen Reissetzlinge zu pflanzen. Wasserbüffel ziehen den Pflug. Ein schönes Motiv für die Kameras. Doch welche Mühen sich dahinter verbergen, wird bei diesem Postkartenidyll kaum sichtbar. Seit Jahrhunderten hat sich der arbeitsintensive Reisanbau wenig verändert. Bis zu dreimal jährlich kann in den fruchtbaren Schwemmböden des Mekong-Deltas das goldene Korn geerntet werden – dort wird die Hälfte des gesamten Reises produziert. Im Roten-Fluss-Delta sind es aufgrund des kühleren Klimas knapp ein Fünftel der landesweiten Produktion mit durchschnittlich zwei Ernten pro Jahr. Bis 1988 musste Vietnam noch Reis einführen. Seitdem hat es sich auf den zweiten Platz der Reisexporteure vorgekämpft und liegt nun hinter Indien. Über 7 Mio. Tonnen verlassen jährlich das Land, vorwiegend in Richtung Afrika und zu anderen asiatischen Nationen.

Kaffee und weitere Agrarprodukte

Der **Kaffeeanbau** im Hochland hat immens an Bedeutung gewonnen und ist nach Reis heute Vietnams bedeutendstes Agrarprodukt. Zahlreichen traditionellen Kaffeeanbaugebieten Südamerikas lief das Land den Rang ab. Vor Hauptkonkurrent Brasilien ist es nun weltweit führender Exporteur von Robusta-Kaffeebohnen. 2015 wurden damit 2,5 Mrd. US-$ erwirtschaftet.

Weitere wichtige Agrarprodukte sind **Cashewnüsse, Holz, Maniok, Pfeffer, So-**

Reisernte in der Nähe von Nha Trang

Wirtschaftswunder mit Schatten

Die Wirtschaft Vietnams wächst mit atemberaubender Geschwindigkeit. Rund um die Großstädte entstehen riesige Industriegebiete. Ausländische Unternehmen loben die guten Investitionsbedingungen und die niedrigen Produktionskosten. Doch der Boom hat seine Schattenseiten.

Nguyen Thi Lieu arbeitete in einer der zahlreichen Schuhfabriken im Außenbezirk von Ho-Chi-Minh-Stadt. Von ihrem kleinen Zimmer am Stadtrand der südvietnamesischen Metropole radelte die junge Frau sechsmal die Woche zu ihrer Fabrik, um dort Schuhsohlen zu leimen – vorwiegend Turnschuhe der Marken Reebok und Nike. Acht Stunden täglich atmete sie in der stickigen Halle die ätzenden Dämpfe ein. Als die Kopfschmerzen immer schlimmer wurden und sie sich einmal öffentlich über die gesundheitsschädigenden Arbeitsbedingungen und miserablen Löhne beklagte, bekam sie Probleme mit der koreanischen Unternehmensführung. Wenig später wurde die damals 22-Jährige zusammen mit 2000 Kolleginnen fristlos entlassen – um billigeren Arbeitskräften Platz zu machen, so die offizielle Erklärung.

Trotz immer wieder aufflammender Proteste sind die Arbeitsbedingungen in den Zigtausenden Fabriken Vietnams weiterhin schlecht. Keine unabhängige Gewerkschaft und kein Betriebsrat tritt für die Arbeitnehmerinteressen ein. Dabei hätten sie einiges zu tun: Mangelnder Arbeitsschutz, miserable Entlohnung, keine Umweltstandards – die Liste ist lang. Schätzungsweise 600 000 Arbeiter sind in über 800 Schuhfabriken Vietnams beschäftigt, über 90 % von ihnen Frauen zwischen 15 und 28 Jahren. Mit einem Durchschnittsverdienst von 4–8 € am Tag kommen sie kaum über die Runden, nur wenige Dong können sie für ihre Familien aufsparen. Alternativen gibt es wenige, denn pro Jahr drängt eine weitere Million Vietnamesen auf den Arbeitsmarkt.

Die Konkurrenz im Inland ist groß und der weltweite Wettbewerb knallhart. Nach China ist Vietnam Marktführer in der Schuhproduktion, 2015 wurden Schuhe im Wert von 12 Mrd. US-$ exportiert. Durchschnittlich 8 € kostet ein Paar Lederschuhe im Export. Bis sie in deutschen Schuhgeschäften für 30 oder gar 100 € verkauft werden, verdienen noch zahlreiche Zwischenhändler daran. Mit diesen niedrigen Produktionskosten kann in den Industrieländern keine Schuhfabrik mithalten. So mussten zwischen 2005 und 2010 europaweit ein Drittel aller Produktionsstätten aufgegeben werden, Zehntausende Arbeitsplätze gingen verloren.

Doch auch in Vietnam steht die Schuhindustrie aufgrund steigender Produktionskosten unter Druck. Der Preiskampf wird auf dem Rücken der Arbeiter ausgetragen. Angesichts steigender Lebenshaltungskosten sind viele Arbeiterinnen gezwungen, nach anderen Jobs Ausschau zu halten. Wie auch Nguyen Thi Lieu, die mittlerweile Lotterieschine verkauft. Ihre neue Unterkunft ist nun noch kleiner und schmuddeliger.

jabohnen, Tee, tropische Früchte und **Zuckerrohr**. Auch **Kautschuk** spielt eine zunehmend wichtigere Rolle, weshalb die riesigen Plantagen nordöstlich von Ho-Chi-Minh-Stadt und im Mekong-Delta stetig ausgeweitet werden. In der Weltproduktion des Naturlatex – angeführt von Thailand und Indonesien – liegt Vietnam nun an dritter Stelle. 2015 wurden über 1,1 Mio. Tonnen Kautschuk im Wert von 1,5 Mrd. US-$ exportiert.

Fisch und Meeresfrüchte

Bei 3260 km Küste und riesigen Deltagebieten verwundert es nicht, dass auch Fisch- und andere Meeresprodukte von großer wirtschaftlicher Bedeutung sind. Ob Garnelenfarmen oder Fischzucht-Stationen – die Zeichen stehen auf Wachstum. Angesichts der Überfischung in den Weltmeeren wird die sogenannte **Aquakultur** stetig vorangetrieben. Auf inzwischen über 9000 km^2 Wasser – das entspricht etwa der Hälfte Sachsens – werden **Garnelen**, **Krebse** und anderes Meeresgetier gezüchtet. Exportschlager nach Europa ist der gräten- und fettarme **Haiwels**, auch Pangasius genannt. Der in den Gewässern des Mekong-Deltas heimische Vegetarier wird in Käfigen unterhalb von Hausbooten gezüchtet und anschließend so günstig verkauft, dass die USA die Einfuhr dieses ›Dumping-Fisches‹ durch Zölle massiv eingeschränkt haben.

Tourismus

Wie seine Nachbarländer setzt auch Vietnam auf den Fremdenverkehr, der seit geraumer Zeit enorme Zuwachsraten verzeichnen kann. Etwa 7 % des Bruttoinlandsproduktes werden zurzeit durch den Tourismus erwirtschaftet. 2015 bereisten 57 Mio. einheimische und 7,9 Mio. internationale Touristen das Land, darunter 149 079 aus Deutschland. Dabei wurden insgesamt 8,6 Mrd. US-$ umgesetzt. In manchen Gebieten wie in Ha-Long-Stadt, Hue oder Hoi An ist der Tourismus wichtigster Arbeitgeber. Hotelneubauten schießen dort wie Pilze aus dem Boden.

Doch der Boom ist Segen und Fluch zugleich. Generiert er einerseits zahlreiche Jobs und Einkommensmöglichkeiten, führt er andererseits zur Verteuerung der Lebenshaltungskosten und im schlimmsten Fall durch Landspekulationen zur Verdrängung der lokalen Bevölkerung. Auch nehmen die sozialen und ökologischen Belastungen zu, besonders in sensiblen Regionen wie an der Küste, in den Nationalparks und den Gebieten der Bergvölker im Hochland. Es steht zu befürchten, dass Vietnam angesichts der Wachstumseuphorie die Fehler anderer Touristendestinationen wie Thailand oder Bali wiederholt.

Langer Weg aus der Armut

Stadt-Land-Gefälle

Wenige Länder Asiens setzen sich so beherzt und erfolgreich für die Armutsbekämpfung ein wie Vietnam. Dem Entwicklungsprogramm der Vereinten Nationen (UNDP) zufolge lag die nationale Armutsrate 1993 noch bei knapp 60 %. Bis heute ist sie auf etwa 8,4 % gesunken. Muss etwa jeder Zwölfte mit weniger als 1 € pro Tag auskommen, so war es Anfang der 1990er-Jahre noch fast die Hälfte aller Vietnamesen.

Trotzdem hat das Land noch einen langen Weg vor sich, die Armut zu überwinden und das immense Stadt-Land-Gefälle auszugleichen. Laut UNDP-Entwicklungsbericht rangiert Vietnam unter insgesamt 188 Ländern auf Rang 116. Gerade die Angehörigen der Bergvölker partizipieren kaum an den wirtschaftlichen Entwicklungen. Noch immer lebt über die Hälfte von ihnen unter der Armutsgrenze. Liegt das Bruttoinlandsprodukt pro Kopf in den Wirtschaftsmetropolen Ho-Chi-Minh-Stadt und Hanoi bei über 5500 bzw. 3600 US-$, so sind es im Landesdurchschnitt nur knapp 2100 US-$.

Wirtschaft, Soziales und aktuelle Politik

Durch das Mopedgewimmel bahnt sich eine Luxuskarosse ihren Weg

Der ländlichen Bevölkerung – vier Fünftel der Gesamtbevölkerung – macht die relativ hohe Teuerungsrate am meisten zu schaffen. Nicht zuletzt durch die hohen Energiepreise liegt die **Inflationsrate** derzeit bei etwa 9 %. Als Antwort darauf erhöht die Regierung regelmäßig den monatlichen Mindestlohn. Im Jahr 2016 betrug er je nach Region zwischen 107 und 156 US-$.

Angesichts der internationalen Konkurrenz – allen voran aus China – bleibt jedoch wenig Spielraum, denn schließlich sind es die niedrigen Lohnkosten, mit denen die vietnamesische Regierung ausländische Investoren ins Land locken will. Hier wird besonders deutlich, wie sehr der exportorientierte Staat heute von der Weltwirtschaft abhängig ist.

Soziale Probleme

Infolge der wirtschaftlichen Liberalisierung seit Mitte der 1980er-Jahre steht Vietnam auch im sozialen Bereich vor großen Herausforderungen. So hat die **Korruption** alarmierende Ausmaße angenommen. Auch wenn in den letzten Jahren einige spektakuläre Korruptionsfälle aufgedeckt wurden und prominente Beteiligte verurteilt wurden, verführen niedrige Einkommen und fehlende Kontrollmechanismen in weiten Teilen des gesellschaftlichen Lebens zu Bestechlichkeit und Veruntreuung. Insbesondere im ländlichen Bereich hat die Selbstbereicherung mancher Parteikader innerhalb der Bevölkerung enorme Spannungen und Protestaktionen ausgelöst.

Kriminalität, **Drogenabhängigkeit**, **Prostitution** und andere ›soziale Übel‹ *(tệ nạn xã hội)* – so der Regierungsjargon – werden von der Regierung nur halbherzig bekämpft. Zu lukrativ sind die Geschäfte, die damit gerade auch schlecht bezahlte Polizei- und Staatsangestellte machen.

Vor allem **HIV/Aids** hat sich zu einem Problem im Land entwickelt. Auf 208 000 schätzt das Gesundheitsministerium die Zahl der HIV-Positiven. Zu den Hauptrisikogruppen zählen Drogenabhängige und Prostituierte. Zahlreiche private Gruppen und staatliche Organisationen haben sich des Problems angenommen, organisieren Kampagnen und kümmern sich um die Betroffenen, zu denen auch 30 000 Aids-Waisen gehören.

Geschichte

Keine andere asiatische Nation wird so eng mit Krieg in Verbindung gebracht wie Vietnam. Seine Geschichte ist geprägt von jahrhundertelanger Fremdherrschaft. Im 20. Jh. wurde das schmale Land zum Kriegsschauplatz der großen Machtblöcke. Nun sucht es Anschluss an die boomenden Tigerstaaten.

Frühgeschichte

Vietnam ist reich an frühgeschichtlichen Zeugnissen. Hoa Binh, eine Provinz südwestlich von Hanoi, gab wegen der vielen altsteinzeitlichen Werkzeugfunde der etwa 16 000 Jahre alten **Hoa-Binh-Kultur** ihren Namen. Die Bronzezeit begann spätestens ab Mitte des 2. Jt. v. Chr. und erreichte mit der nach dem Hauptfundort benannten **Dong-Son-Kultur** ihren Höhepunkt. Neben zahlreichen Grabbeigaben wie Waffen, Schmuck und Statuen zeugen die reichlich verzierten Bronzetrommeln von hoher künstlerischer Schaffenskraft. Die Funktion der bis zu 1 m großen Trommeln ist nicht ganz geklärt. Entlang der Küste Zentralvietnams wurden mehrere Grabfelder mit Keramikurnen und Beigaben erforscht. Dabei kamen Eisenleuchter und Schmuck zutage. Diese eigenständige Kultur wird nach dem wichtigsten Fundort südlich von Quang Ngai **Sa-Huynh-Kultur** genannt. Im Mekong-Delta wiederum etablierte sich in den ersten vorchristlichen Jahrhunderten mit **Funan** das erste indisierte Staatengebilde.

Erste Staatengebilde

Die politischen Anfänge Vietnams sind mit den Entwicklungen Chinas eng verwoben. Dort existierten südlich des Yangzi-Flusses kleinere Fürstentümer, in chinesischen Chroniken **Yue** genannt. Von den Han-Chinesen immer mehr verdrängt, siedelten deren Bewohner ab dem 4. Jh. v. Chr. auch im Roten-Fluss-Delta und vermischten sich mit den einheimischen Volksgruppen. Sie gründeten zahlreiche Siedlungen, die sogenannten **Hundert Yue** (chin.: Bai Yue, viet.: Bách Việt). Im 3. Jh. v. Chr. riss in Südchina ein hoher Militärmandarin namens Zhao Tuo (viet.: Triệu Đà) die Macht an sich und gab sich den Herrschertitel **Kriegerischer König über das Südliche Yue**, Nan Yue Wu Wang (viet.: Nam Việt Vũ Vương). Um 207 v. Chr. eroberte er Co Loa nördlich von Hanoi, welches das Zentrum des ersten namentlich bekannten Viet-Reiches **Au Lac** war. Han Wudi (reg. 141–87 v. Chr.), der streitbare chinesische Herrscher, verleibte Au Lac um 111 v. Chr. seinem Großreich ein. Damit begann die über 1000 Jahre währende chinesische Vorherrschaft, die Vietnam kulturell und politisch nachhaltig prägen sollte.

1000 Jahre chinesische Provinz

Sinisierung der Gesellschaft

Während der Han-Dynastie (206 v. Chr.–220 n. Chr.) wurde der Einfluss Chinas immer größer. Einwanderer aus dem Reich der Mitte dominierten das gesellschaftliche Leben, Mandarine besaßen Ländereien und forcierten den Konfuzianismus. Wegen der hohen Abgaben kam es innerhalb der einheimischen Bevölkerung vermehrt zu Un-

Geschichte

ruhen. Als der vietnamesische Fürst Thi Sach 39 n. Chr. nach Protesten hingerichtet wurde, organisierten dessen Frau und Schwägerin den ersten größeren Aufstand. Unter den Namen **Trung Trac** und **Trung Nhi** konnten sie bis 43 n. Chr. in bedeutenden Städten und Militärstützpunkten die Besatzer vertreiben. Dann wurde ihre Rebellion niedergeschlagen. Die beiden Frauen avancierten zu den ersten Nationalheldinnen: Als ›die beiden Großmütter Trung‹, **Hai Bà Trưng,** sind sie bis heute hoch verehrt. In der Folgezeit bauten die chinesischen Machthaber die militärische und zivile Administration radikal um und besetzten Schlüsselposten fast ausschließlich mit chinesischen Verwaltern. Deren Hauptinteresse lag vorwiegend in der persönlichen Bereicherung. Lokale Gepflogenheiten wie das Schwarzlackieren der Zähne oder der relativ hohe Status vietnamesischer Frauen waren in ihren Augen barbarisch.

In den ersten beiden nachchristlichen Jahrhunderten fasste der **Mahayana-Buddhismus** im Roten-Fluss-Delta Fuß. Eines der bedeutendsten Zentren war dort Luy Lau, die Hauptstadt der Provinz Giao Chi östlich von Hanoi. In dieser Hafenstadt machten regelmäßig indische Mönche auf ihrem Weg nach China Halt.

Unter der chinesischen Dominanz wurden die Deichanlagen vergrößert, wodurch sich die landwirtschaftliche Anbaufläche vergrößerte, was wiederum zu einer Zunahme der Bevölkerung führte. Zu größeren **Aufständen** kam es nur gelegentlich – wie etwa 544, als der Adelige Ly Bon während einer politischen Krise in China ein unabhängiges Reich ausrief. Erst nach drei Jahren gelang es einer chinesischen Armee, ihn wieder zu vertreiben.

An Nam – Befriedeter Süden

Infolge der enormen Reichserweiterung unter der chinesischen Tang-Dynastie (618–907) kam es zu einer administrativen Neuordnung. Kaiser Gaozong (reg. 649–683) erklärte Vietnam 679 zum **Generalprotektorat An Nam** (Befriedeter Süden) und teilte es in vier Provinzen auf. Wie die anderen unterworfenen Gebiete wurde An Nam einem Militärgouverneur (chin.: *jiedushi*) unterstellt, der als Quasi-Herrscher agierte. Die kulturelle Blüte unter den Tang trug auch in Vietnam Früchte, allen voran im Buddhismus, der einen enormen Aufschwung erlebte. Inspiriert vom Chan-Buddhismus (jap. Zen) gründete der Mönch Vinitaruci 580 die strenge **Meditationsschule Thien Tong**. Zudem erfuhr die **Mandarinatsausbildung** an den konfuzianischen Akademien eine Vereinheitlichung.

Kampf um Unabhängigkeit

Ab dem 8. Jh. nahm die Zahl der **Rebellionen** zu. 722 rief sich **Mai Thuc Loan**, ein Führer der Muong-Volksgruppe, zum König aus, einige Jahrzehnte später eroberten der Adelige **Phung Hung** und sein Sohn **Phung An** die Zitadelle Tong Binh (heute Hanoi). Auch wenn diese und andere Aufstände von den Tang-Herrschern niedergeschlagen werden konnten, den schleichenden Zerfall ihres Reiches vermochten sie nicht aufzuhalten.

Nachdem die Tang-Dynastie 906 endgültig zerbrochen war, kam es in An Nam zu einer breit angelegten Unabhängigkeitsbewegung, an deren Spitze der brillante General **Ngo Quyen** gelangte. Im Mündungsbereich des Bach-Dang-Flusses nördlich von Hai Phong gelang es ihm 938 durch einen Trick, die entscheidende Schlacht zu gewinnen. In den Flussboden ließ er Holzpfähle mit Eisenspitzen rammen und lockte die chinesischen Dschunken in das seichte Gewässer. Als sie sich bei Ebbe in den Pfählen verfingen, konnte er mit seiner zahlenmäßig kleineren Armee die Flotte zerstören. Damit war Vietnam nach über 1000 Jahren Besatzung frei. Ngo Quyen wurde zum Nationalhelden.

Die großen Dynastien

Der frühe Tod des Helden von Bach Dang 944 hatte den Zerfall des unabhängig gewordenen Landes zur Folge. Verschiedene

Kriegsherren kämpften um die Vorherrschaft, bis es dem von Hoa Lu aus herrschenden Fürsten Dinh Bo Linh 968 gelang, seine Widersacher zu unterwerfen und das **Reich der Großen Viet**, Đại Cồ Việt, zu einen. Wegen seiner Tyrannenherrschaft fielen er und sein ältester Sohn jedoch 979 einem Attentat zum Opfer. Nachfolger wurde sein wichtigster General, der sich ein Jahr später zum König Le Dai Hanh ausrufen ließ. Nur mit Mühe konnte der Begründer der **Frühen Le-Dynastie** Invasionen der Chinesen und Cham abwehren. Seinem Tod 1005 folgten Thronstreitigkeiten, die erst nach einer Intervention des Mönches Van Hanh (gest. 1018) beendet werden konnten. Der einflussreiche Gelehrte verhalf 1009 ein Mitglied des mächtigen **Ly-Klans** zur Macht, der unter dem Namen Ly Thai To (reg. 1009–1028) den Drachenthron bestieg.

Kulturelle Blüte unter den Ly

Dem Begründer der **Ly-Dynastie** gelang es von seiner neuen Hauptstadt Thang Long (heute Hanoi) aus, das Reich der Großen Viet (Đại Cồ Việt) zu konsolidieren. Die ersten Ly-Herrscher schufen auf Kosten des Landadels nach chinesischem Vorbild eine **zentralistische Verwaltung** mit Militär- und Zivilbeamten und ließen ein umfassendes Straßennetz anlegen. Ein 1042 erstmalig veröffentlichtes **Gesetzbuch** regelte Verwaltungsfragen, klärte Steuerangelegenheiten und setzte Strafmaße fest. Zur Ausbildung einer qualifizierten Beamtenschaft gründete Ly Nhan Tong (reg. 1072–1128) in Thang Long die **Akademie für die Söhne der Nation**, Quốc Tử Giám. Obwohl prinzipiell allen Bevölkerungsschichten offenstehend, hatten fast ausschließlich Mitglieder des Adels Zugang zur Lehranstalt. Die Landbevölkerung ließ ihre Kinder in einem der vielen **buddhistischen Klöster** erziehen, die sich unter den Ly-Königen zu bedeutenden kulturellen Zentren entwickelten. Hochrangige Mönche übten als Berater der Herrscher oft großen politischen Einfluss aus.

Die Tran-Dynastie

Durch Heirat einer minderjährigen Ly-Königin gelangte im 13. Jh. der mächtige **Fischer-Klan der Tran** an die Macht. Dessen erster Herrscher, Tran Thai Tong (reg. 1225–1258), konnte durch Ausbau der Deichsysteme und Reformen seine Macht in Dai Viet festigen. Dies war auch notwendig, denn vom nördlichen Nachbarn drohte wieder einmal Gefahr. Dort hatte eine Macht die politische Bühne betreten, die innerhalb weniger Jahrzehnte die politische Landschaft Asiens umkrempeln sollte: die **Mongolen**. Deren Anführer Kublai Khan hatte im Zuge einer Strafexpedition 1257 Thang Long eingenommen, musste sich jedoch bald wieder zurückziehen.

Doch während der Regentschaft von Tran Nhan Tong (reg. 1279–1293) kam es 1285 und 1287 zu weiteren Invasionen des Khan, die durch die geschickte Kriegsführung des Generals **Tran Hung Dao** abgewendet werden konnten. Mit ihm war ein weiterer Nationalheld geboren, zu seinen Ehren entstanden landesweit Gedenktempel. Dai Viet erlebte eine Phase des Nationalismus: Ein eigenes Schriftsystem (viet.: chữ nôm) wurde geschaffen, am Hof und auf dem Land erblühte das kulturelle Leben. Den Dörfern sprachen die Tran mehr Eigenständigkeit zu. Sie konnten über den gewählten Dorfrat wichtige lokale Entscheidungen nun selber treffen. Aufgrund des Bevölkerungsdrucks siedelten immer mehr Vietnamesen weiter südlich und verdrängten die dort lebenden Cham.

Viele Kriege, wenig Friede

Armut, Korruption und Kriege führten Ende des 13. Jh. zum Niedergang der Tran-Dynastie. Einer kurzen Phase der Befriedung durch den Mandarin Le Quy Ly folgte 1407 die brutale Besatzungszeit unter der chinesischen **Ming-Dynastie** (1368–1644). Nach zwanzig

Vergangene Hochkultur – die Cham

Entlang der Küste Zentralvietnams sind noch viele architektonische Zeugnisse der Cham zu finden. Über 1000 Jahre währte ihre Hochkultur, bis sie von den Vietnamesen immer mehr verdrängt wurden. Im heutigen Vietnam ist das Volk eine verschwindende Minderheit von wenigen Zehntausend.

Als der Norden noch chinesische Provinz war, etablierte sich entlang der Küste Zentralvietnams das Reich der Cham. Diese aus dem indonesischen Archipel nach Vietnam eingewanderte Volksgruppe übernahm von dort die heute noch dominierende matrilineare Gesellschaftsform. Ihr Idiom wird der austronesischen Sprachfamilie zugeordnet und ähnelt dem Malaiischen und dem in Aceh auf Sumatra gesprochenen Achinesisch. In der Chronik der Späten Han-Dynastie als Linyi bekannt, begann der Aufstieg Champas im 4. Jh., als die Handelskontakte mit Südindien immer intensiver wurden und zu enormen kulturellen Einflüssen führten. Das Reich war weniger eine territoriale Einheit, sondern bestand vielmehr aus Hafenzentren an den Flussmündungen und einem fruchtbaren Hinterland. Politisch wurde es lange Zeit von zwei großen Klans dominiert: im Norden vom Klan der Kokospalme (Narikela) und im Süden vom Klan der Arecapalme (Kramukavansha). Ersterer kontrollierte Amaravati (heute Tra Kieu) und Vijaya (Binh Dinh), Letzterer Kauthara (Nha Trang) und Panduranga (Phan Rang). Die Cham lebten vorwiegend vom regen Schiffsverkehr zwischen Indien und China. Sie handelten mit Tierprodukten, Gewürzen und Edelhölzern, die sie von den Volksgruppen des Hochlandes bezogen. Ihre Dschunken waren wegen ihrer Schnelligkeit und Wendigkeit berühmt, ihre Beutezüge im Südchinesischen Meer gefürchtet. Auf den fruchtbaren Böden entlang der Flüsse bauten die Cham bis zu dreimal im Jahr ihren Hundert-Tage-Reis an.

Spätestens im 4. Jh. wurde der Hinduismus zum Staatskult erhoben. Zur Verehrung Shivas ließen die Könige Tempel errichten und gaben sich Sanskritnamen mit der Endung -*varman* (geschützt von). Ihren Vorfahren stifteten sie in My Son Heiligtümer und verehrten sie dort als Manifestation Shivas. Doch auch der Mahayana-Buddhismus war präsent, wie das 875 unter König Indravarman (reg. ca. 874–890) erbaute Kloster Dong Duong beweist. Indische Einflüsse sind nicht nur in der Architektur zu erkennen, sondern auch in der Musik und der hierarchisch organisierten Kastenordnung mit einem absoluten Herrscher an der Spitze, umgeben von einer Elite aus Priestern und Aristokraten. Sanskrit wurde sowohl für Inschriften verwendet als auch für Gedichte und Chroniken. Daneben sind auch Inschriften in der Cham-Sprache erhalten. Die dazu verwendete Schrift entwickelte sich aus dem altindischen Brahmi. Zahlreiche Tributgesandtschaften zeugen von engen Kontakten zu China. Mit dem aufstrebenden Zhenla im heutigen Kambodscha pflegte Champa anfänglich freundschaftliche Beziehungen. So heiratete ein Cham-Prinz im 7. Jh. die Tochter eines Königs von Zhenla. Aus ihrer Verbindung ging der große König Vikrantavarman (reg. 653–?) hervor, der von Simhapura (bei Tra Kieu) aus sein Reich lenkte. Seine größte Ausdehnung erlebte Champa im 8. Jh., als es sich entlang der Küste von Hoang Son im Norden bis zum Dong-Nai-Fluss nördlich von Saigon erstreckte.

Mit dem Erstarken des nördlichen Nachbarn Dai Viet ab dem 10. Jh. verschob sich das politische Gleichgewicht auf Kosten der Cham. Immer weiter wurden sie nach Süden abgedrängt. Um 1000 musste der König Yan Pu Ku Vijaya (reg. 999–?) seine Hauptstadt nach Vijaya verlegen. Allein in der ersten Hälfte des 11. Jh. kam es zu drei Zusammenstößen mit Dai Viet. Um

In My Son zeugen eindrucksvolle Relikte von der Hochkultur der Cham

1069 lag die Grenze am Lao-Bao-Pass nördlich des 17. Breitengrades. Den Bedrängnissen zum Trotz zeugen jedoch die Monumente aus dem 10./11. Jh. von einer künstlerischen Hochphase. Zu dieser Zeit erlebte weiter westlich auch das Khmer-Reich seinen Höhepunkt. Dem Angkor-Wat-Erbauer Suryavarman II. (reg. 1112/13–vor 1155) gelang es, die Cham-Metropole Vijaya unter seine Direktherrschaft zu stellen. In einer groß angelegten Invasion um 1177 wiederum vermochten die Cham das glanzvolle Angkor-Reich zu erobern und vier Jahre zu halten. Erst dann konnte der letzte große Khmer-König Jayavarman VII. (reg. 1181–um 1220) die Cham vertreiben und ihr Gebiet zeitweise unterwerfen.

Im 13. Jh. war auch Champa Opfer der aggressiven mongolischen Expansionsbestrebungen. Die Flottenverbände des Kublai Khan nahmen 1283 die wichtigsten Häfen der Cham ein und vermochten sie zwei Jahre lang zu halten. Hauptbedrohung war und blieb jedoch das stetig expandierende Dai-Viet-Reich. Bereits um 1400 gingen alle Gebiete nördlich von Hue verloren. Der Untergang Champas war besiegelt, als 1471 Truppen des Königs Le Thanh Tong die letzte Cham-Metropole Vijaya einnahmen und dem Erdboden gleichmachten. Seitdem leben die Cham verstreut in Siedlungen bei Phan Rang, im Mekong-Delta und in Kambodscha. Viele von ihnen bekehrten sich zum Islam, der ab dem 13. Jh. im südostasiatischen Raum an Bedeutung gewann.

Geschichte

blutigen Jahren konnte ihre Armee jedoch unter Führung des Großgrundbesitzers Le Loi und des Literaten Nguyen Trai im Zuge des sog. **Lam-Son-Aufstands** vertrieben werden.

Späte Le-Dynastie

1427 bestieg Le Loi als König Le Thai To (reg. 1427–1433) den Thron und versuchte wie später auch seine Nachfolger durch ein umfassendes Reformprogramm die Administration wieder zu zentralisieren. Der korrupte Landadel und der einflussreiche buddhistische Klerus wurden entmachtet, das Land zugunsten der Bauern neu verteilt. Im **Hong-Doc-Erlass** aus dem Jahr 1483 verabschiedete Le Thanh Tong (reg. 1460–1497) ein neues Straf- und Erbrecht. Das bis ins 18. Jh. hinein gültige Gesetzeswerk stellte Frauen und Männer in Eigentums- und Erbangelegenheiten gleich. Gemeindeland musste alle sechs Jahre neu verpachtet werden.

Reichsteilung

Der Tod des führungsstarken Le Thanh Tong hatte chaotische Machtkämpfe zur Folge, die mit der Zeit immer heftiger wurden. Vor allem die mächtigen **Klans der Mac**, **Nguyen** und **Trinh** stritten um die Vorherrschaft. 1527 konnte der Militärmandarin Mac Dang Dung mit Hilfe der Ming-Dynastie den Thron an sich reißen, woraufhin die Nguyen und Trinh einen Prinzen der Le-Dynastie zum Gegenkönig erhoben. Doch die Le waren nur noch Marionetten, als die Nguyen und Trinh nach Vertreibung des letzten Mac-Königs 1592 nunmehr gegeneinander um die Macht stritten.

Dies mündete 1673 unter Vermittlung des in Beijing residierenden chinesischen Kangxi-Kaisers der Qing (reg. 1662–1722) in die **Teilung des Reiches** am Giang-Fluss, etwa 30 km nördlich von Dong Hoi. Die **Nguyen** lenkten fortan von Phu Xuan (Hue) aus den Süden, die **Trinh** von Thang Long aus den Norden. Beiden Klans war gemein, dass sie über ihre Untertanen mit Grausamkeit herrschten. Vetternwirtschaft, Bestechung und die ungerechte Landverteilung führten zur Verelendung weiter Bevölkerungsteile. Hinzu kamen wiederkehrende Naturkatastrophen wie Taifune.

Tay-Son-Aufstand

Das Dorf Tay Son in der Provinz Binh Dinh war Ausgangspunkt und Namensgeber der bislang größten Rebellion Vietnams. Dort vermochten die Brüder **Nguyen Nhac**, **Nguyen Lu** und **Nguyen Hue** 1771, landlose Bauern um sich zu scharen und gegen die regierenden Nguyen-Fürsten aufzuwiegeln. Innerhalb kurzer Zeit griff der Aufstand auf andere Regionen über und schloss bald auch Intellektuelle und Mönche ein. 1776 hatten die Aufständischen den wichtigen Militärstützpunkt Gia Dinh (Saigon) eingenommen und fast den gesamten Nguyen-Klan getötet. Der einzige Überlebende, Nguyen Phuc Anh, konnte sich nach Siam absetzen. Nur vorübergehend tolerierten die Tay-Son-Brüder den Einmarsch der Trinh in Phu Xuan Anfang 1775, bald vertrieben sie sie und nahmen 1786 ihre Zitadelle im heutigen Hanoi ein. Drei Jahre später ließ sich Nguyen Hue dort zum **Quang-Trung-König** krönen, doch schon sehr bald begann die Macht der Brüder zu bröckeln, denn die Verelendung der Bevölkerung konnten sie nicht lindern.

Mit Unterstützung siamesischer Truppen und des in Ha Tien residierenden französischen Bischofs Pierre Joseph Pigneau de Béhaine konnte Nguyen Phuc Anh nach anfänglichen Misserfolgen die Macht der Tay-Son-Brüder brechen. 1802 hatte er ganz Vietnam unter seine Kontrolle gebracht. In der Stadt seiner Väter rief er sich zum **Gia-Long-König** aus und begründete die letzte vietnamesische Dynastie.

Glanz und Verfall der Nguyen

Der Gia-Long-Herrscher gab dem geeinten Reich erstmals den Namen **Việt Nam** (Land der Viet). Zur Verbesserung der Infrastruktur ließ er zwischen Hanoi und Saigon eine

Straße anlegen. Die Pracht der chinesischen Kaiser vor Augen, veranlasste er außerdem die Neuerrichtung seiner Königsstadt und restrukturierte das konfuzianische Beamtensystem.

Sein Sohn und späterer Nachfolger, der **Minh-Mang-König** (reg. 1820–1841), machte durch Unterwerfung von Teilen Kambodschas und Laos' seinen regionalen Führungsanspruch deutlich. Durch administrativen Zentralismus und Abschottung seines Reiches konnte er die Machtposition der Nguyen zunächst stärken. Ausländische Schiffe durften nur in der Bucht von Da Nang vor Anker gehen. Um den wachsenden Einfluss katholischer Missionare zu unterbinden, ließ er die christliche Religion verbieten und viele ihrer Anhänger hinrichten. Diese Politik setzten seine beiden Nachfolger fort – mit fatalen Folgen. Denn inzwischen war Frankreich nach der Machtübernahme Napoleons III. (reg. 1852–1870) zu einer bedeutenden Hegemonialmacht aufgestiegen. Als der schwache **Tu-Duc-König** (reg. 1848–1883) einige französische und spanische Missionare hinrichten ließ, nahm das französische Kaiserreich dies zum Anlass, am 1. September 1858 den Hafen von Da Nang zu attackieren. Ein Jahr später hatte die spanisch-französische Strafexpedition Saigon eingenommen.

Die Union Indochinoise

Mit dem Abkommen vom 5. Juni 1862 musste der Tu-Duc-König die drei Provinzen Saigon, Bien Hoa, My Tho sowie die Insel Phu Quoc an Frankreich abtreten. Aus ihnen wurde 1867 die **Colonie Cochinchine** geformt. Als der kinderlose Herrscher 1883 starb, nutzten die Franzosen die folgende Krise und zwangen den erst 15-jährigen **Kien-Phuc-Regenten** (reg. 1883/84) am 6. Juni 1884 zur Unterzeichnung eines Vertrages, der Annam (Zentralvietnam) und Tongking (Norden) zu Protektoraten Frankreichs machte. Drei Jahre später wurden die drei Landesteile mit Kambodscha in der **Union Indochinoise** zusammengeführt. Vietnams Souveränität war erloschen, die Nguyen-Herrscher waren zu Vasallen der Europäer degradiert.

Im späten 19. Jh. begannen die Franzosen schließlich mit der wirtschaftlichen Ausbeutung ihrer Kolonie. Auf der Hochebene kultivierten sie Kaffee, bei Hai Phong bauten sie Kohle ab und im Süden begannen sie mit dem Anlegen von Kautschukplantagen. Das fruchtbare Mekong-Delta avancierte zur Reiskammer Indochinas. Die Einheimischen galten als billige Arbeitskräfte. Sie mussten mehr als 3000 km Eisenbahnschienen verlegen, Straßen bauen und in den Deltagebieten Tausende Kilometer Kanäle graben. Viele starben dabei.

Widerstandsbewegungen

In den verschiedenen Bevölkerungsteilen regte sich teilweise heftiger Widerstand gegen die koloniale Übermacht. Doch alle **Protestversuche** blieben erfolglos: der Ham-Nghi-König (reg. 1884/85) mit seiner Can-Vuong-Kampagne (Helft dem König) ebenso wie der prominente Mandarin Phan Boi Chau (1867–1940) mit seiner 1904 gegründeten Gesellschaft zur Modernisierung Vietnams (Việt Nam Duy tân Hội), die das Land nach japanischem Vorbild reformieren wollte. Auch dem ›vietnamesischen Che Guevara‹ Hoang Hoa Tham, der bis zu seiner Ermordung 1913 durch Sabotage und Überfälle für erhebliche Unruhe sorgte, war kein Erfolg beschieden. Die Kolonialmacht erstickte jegliche Aufstandsversuche mit großer Brutalität. Die Gefängnisse füllten sich mit Aufständischen.

Erst allmählich vermochte die kommunistische Bewegung eine wachsende Zahl von Sympathisanten zu mobilisieren. Mit Gesinnungsgenossen gründete ihr Anführer **Ho Chi Minh** am 3. Februar 1930 in Hongkong die **Kommunistische Partei Vietnams** (Đảng Cộng Sản Việt Nam) und erweiterte sie kurz darauf zur **KP Indochina.** Größeren Zulauf erhielt sie, nachdem die Weltwirtschaftskrise von 1929 zur Verelendung wei-

Geschichte

ter Bevölkerungsteile geführt hatte. Schließlich veränderte der Zweite Weltkrieg das Machtgefüge Asiens.

Vietnam im Zweiten Weltkrieg

Bereits in den 1930er-Jahren hielt das faschistische Japan Korea und Teile Chinas besetzt. Ab 1940 überfiel es zahlreiche südostasiatische Länder, darunter Indochina. Mit der japanfreundlichen Vichy-Regierung handelte es einen Vertrag aus, der Frankreich zwar die Aufrechterhaltung seiner Kolonialadministration gestattete, die militärische Kontrolle aber dem Land der aufgehenden Sonne unterstellte. Damit war die Kolonie faktisch zum **japanischen Protektorat** geworden.

Im Mai 1941 gründeten die Kommunisten die **Liga für die Unabhängigkeit Vietnams** (Việt Nam Độc Lập Đồng Minh Hội), kurz **Viet Minh**, mit der sie vorwiegend in den Bergen Nordvietnams agierten. Nach der Kapitulation Japans am 15. August 1945 begann die Viet Minh einen groß angelegten Aufstand. Die sogenannte Augustrevolution endete mit der Einnahme Hanois, wo Ho Chi Minh am 2. September 1945 die **Demokratische Republik Vietnam** (DRV) proklamierte.

Spielball der Großmächte

Erster Indochina-Krieg (1946–1954)

Bald nach dem Zweiten Weltkrieg wurde deutlich, dass Frankreich seine Kolonie nicht aufgeben wollte. Die vorläufige Anerkennung der Demokratischen Republik Vietnam als souveräner Staat unter der Flagge der Union Française war reine Makulatur, denn die Grande Nation wollte weiterhin die Macht ausüben. **Ho Chi Minh** hingegen forderte die volle Unabhängigkeit. Nach Bombardierungen Hai Phongs durch französische Truppen im November 1946 begann Ho Chi Minh vom Bergland aus einen blutigen Partisanenkampf. Der Erste Indochinakrieg war voll entbrannt und geriet bald in den Sog des Kalten Krieges. Nachdem Mao 1949 die Volksrepublik China ausgerufen hatte, war die Befürchtung groß, dass auch Vietnam kommunistisch werden würde. Daher boten die USA den Franzosen militärische Hilfe an. Den 1949 aus dem Exil zurückgekehrten Nguyen-König Bao Dai betrauten sie mit der Führung einer provisorischen Regierung. Die Demokratische Republik wiederum wurde 1950 von der Volksrepublik China und der UdSSR anerkannt.

Trotz Überzahl vermochten die französischen Truppen – darunter 20 000 deutsche Fremdenlegionäre – der Guerillataktik der Viet Minh wenig entgegenzusetzen. Als fatale Fehlentscheidung entpuppte sich der Plan, den Feind durch Konzentrierung der Kräfte zu einer offenen Schlacht zu zwingen. Die dazu ausgewählte Garnison **Dien Bien Phu** entpuppte sich als tödliche Falle, als die Viet Minh unter Führung des Generals Vo Nguyen Giap einen Belagerungsring um die Festung zog und sie mit schweren Geschützen beschoss. Nach 55 Tagen kapitulierten die Franzosen am 7. Mai 1954. Das war das Ende der französischen Herrschaft in Indochina.

Teilung am 17. Breitengrad

Im Genfer Abkommen schrieben die beteiligten Mächte am 21. Juli 1954 die provisorische Teilung Vietnams entlang des 17. Breitengrads fest. Ausländische Truppen sollten das Land verlassen. Der Teilung folgte eine größere **Völkerwanderung**. Über 1 Mio. vorwiegend katholischer Vietnamesen gingen in den Süden. Sympathisanten Ho Chi Minhs wiederum siedelten im kommunistischen Norden. In **Nordvietnam** kam es jedoch infolge der Kollektivierung des Grundbesitzes und Enteignungen zu Unruhen. Erst nachdem über 200 000 Menschen **Säuberungskampagnen** und Übergriffen zum Opfer gefallen waren, mäßigte die kommunistische Führung ihre radikale Politik.

Spielball der Großmächte

Von den USA unterstützt, gelangte in **Südvietnam** der Katholik Ngo Dinh Diem an die Macht. Zunächst als Premier und ab 1955 – nach der erzwungenen Abdankung des Bao-Dai-Königs – als Präsident, strebte der lebenslange Junggeselle nach der absoluten Macht. Seine Herrschaft stützte sich auf seine Familie, die katholische Minderheit, das Militär und die USA. Die für 1956 geplanten gesamtvietnamesischen Wahlen lehnte er angesichts der großen Popularität Ho Chi Minhs ab.

Diems (sprich: Siem) fanatische **Buddhisten- und Kommunistenverfolgung** führte dazu, dass die 1960 auf Geheiß Hanois gegründete **Nationale Befreiungsfront** (FNL) großen Zulauf hatte. Erklärtes Ziel des **Viet Cong,** so ihre allgemeine Bezeichnung: die Befreiung des Südens. »Ihre Infrastruktur ist weit effektiver als alles, was Diem bislang zustande gebracht hat«, bemerkte ein Agent der CIA besorgt. Als die Unterdrückung der Buddhisten im Mai 1963 einen Höhepunkt erreichte, kam es zu öffentlichen **Selbstverbrennungen buddhistischer Mönche**. Von der internationalen Reaktion aufgeschreckt, ließen die USA den verhassten Diktator fallen. Zusammen mit seinem Bruder Ngo Dinh Nhu fiel er am 1. November einem Militärputsch zum Opfer. Das folgende Ränkespiel des südvietnamesischen Militärs fand erst ein Ende, als 1965 General Nguyen Van Thieu die Macht an sich riss. Mittlerweile war ein neuer Krieg entbrannt, der später als einer der schlimmsten in der jüngeren Geschichte Asiens gelten sollte.

Zweiter Indochinakrieg (1964–1975)

Als am 2. August 1964 der US-Zerstörer USS Maddox im Golf von Tongking angeblich von der nordvietnamesischen Küstenwache beschossen wurde, nahm US-Präsident Lyndon B. Johnson dies zum Anlass, direkt in den Konflikt einzugreifen. Die vom Kongress verabschiedete **Tongking-Resolution** ermächtigte ihn, reguläre US-Truppen nach Vietnam

Der südvietnamesische Polizeichef Nguyen Ngoc Loan erschießt einen Viet Cong

Geschichte

zu entsenden. Nach einleitenden Bombardierungen aus der Luft war es am 8. März 1965 so weit: In der Bucht von Da Nang landeten die ersten Truppeneinheiten. Fünf Jahre später standen 500 000 US-Soldaten auf vietnamesischem Boden. Doch konnten sie trotz gewaltiger technischer Überlegenheit der zahllosen Attacken des Viet Cong kaum Herr werden. Zu keinem Zeitpunkt war dessen Nachschub aus dem Norden über den **Ho-Chi-Minh-Pfad** unterbrochen – obwohl das 20 000 km fassende Wegenetz unter Einsatz von Napalmbomben und chemischen Entlaubungsmitteln wie Agent Orange oder Agent Blue permanent attackiert wurde.

Als zum vietnamesischen Neujahrsfest am 31. Januar 1968 der Viet Cong in über 60 Städten zeitgleich die sogenannte **Tet-Offensive** startete, war dies angesichts der über 500 000 Verluste in den eigenen Reihen ein militärisches Desaster. Es führte jedoch der Weltöffentlichkeit vor Augen, dass dieser zermürbende Krieg von den USA wohl nie zu gewinnen wäre. Hinzu kamen aufgedeckte Gräueltaten der US-Armee, allen voran das **Massaker von My Lai** (s. S. 308). Mit dem Versprechen, den Krieg rasch zu beenden, machte Richard Nixon 1968 erfolgreich Präsidentschaftswahlkampf. Nach seinem Sieg leitete er die ›Vietnamisierung des Krieges‹ ein. Begleitet von massiven Bombardierungen Nordvietnams, Kambodschas und Laos' traf sich sein Sicherheitsberater und späterer Außenminister Henry Kissinger zu Geheimverhandlungen mit der Führung in Hanoi. Nach jahrelangen Verzögerungen kam es am 27. Januar 1973 zum Pariser Abkommen, das den Abzug der US-Armee zur Folge hatte.

Als die südvietnamesischen Truppen auf sich gestellt waren, wurden ihre Schwächen deutlich. Die **Ho-Chi-Minh-Offensive** ab März 1975 führte schließlich zum Ende des langen Krieges. Ohne große Gegenwehr fiel eine Stadt nach der anderen in die Hände der nordvietnamesischen Armee. Am 30. April hatte sie den Präsidentenpalast in Saigon eingenommen. Dort unterzeichnete General Duong Van Minh, der letzte südvietnamesische Präsident, die Kapitulationsurkunde.

Von 1975 bis heute

Bitterer Friede

»Befreiung des Südens« hieß es offiziell, als Besatzung und Unterdrückung empfanden es die meisten Südvietnamesen, nachdem am 2. Juli 1976 das Land als **Sozialistische Republik Vietnam** (SRV) offiziell wiedervereinigt wurde. Hauptstadt wurde Hanoi, Saigon hieß nun Ho-Chi-Minh-Stadt. Angesichts der Tatsache, dass Hunderttausende von Südvietnamesen in Umerziehungslager gesteckt wurden, blieb die erhoffte nationale Versöhnung aus. Bitterer war jedoch 1976 der Beschluss des **Vierten Parteitages** zur »Sozialistischen Umgestaltung der Produktionsverhältnisse im Süden bis 1980«. Sie führte zur Kollektivierung der Landwirtschaft. Als 1978 zudem jeglicher Privathandel verboten wurde, flohen Hunderttausende, vorwiegend enteignete Geschäftsleute, ins Ausland – meist per Boot (*boat people*).

Nach Massakern auf vietnamesischem Territorium durch das **Pol-Pot-Regime** marschierten Ende 1978 Truppen Hanois in Kambodscha ein. Dies hatte nicht nur einen Straffeldzug des Pol-Pot-Unterstützers China zur Folge, sondern isolierte das Land auch weitgehend von der westlichen Welt. Vietnam rutschte in eine schwere ökonomische Krise.

Nach dem Vorbild der Reformpolitik von Deng Xiaoping in China erlaubte das Zentralkomitee der Kommunistischen Partei Vietnams 1979 in geringem Maße **private Wirtschaftsinitiativen**. Langsam verbesserten sich die Lebensverhältnisse.

Wirtschaftsboom nach Doi Moi

Mit ihrer **Politik der Neuen Struktur**, viet.: Đổi Mới, beschloss die KPV auf ihrem Sechsten Parteitag im Dezember 1986 tiefgreifende Wirtschaftsreformen. Vorausgegangen waren ein katastrophales Erntejahr und der Tod ihres Gründungsmitglieds und konservativen Generalsekretärs von 1976 bis 1986, Le Duan. In den Folgejahren wurden ausländische In-

Von 1975 bis heute

vestitionen und private Landwirtschaft zugelassen, auch wenn Grund und Boden Staatseigentum blieben. Schon bald entfachte das bitterarme Land eine eindrucksvolle Wirtschaftsdynamik. Nach der Aufhebung des US-Embargos im Februar 1994 und der Aufnahme von diplomatischen Beziehungen mit den USA sowie der Mitgliedschaft Vietnams in der ASEAN 1995 war das Land nun gänzlich in der globalisierten Welt angekommen. Ende der 1990er-Jahre avancierte Vietnam nach China zu einem der Lieblinge ausländischer Investoren. Seit 2007 ist das Land Mitglied der Welthandelsorganisation. Allerdings kommen die jährlichen Wachstumsraten von 5 bis 6 % vorwiegend den Ballungszentren zugute, die Landbevölkerung profitiert davon wenig. Folglich wandern Hunderttausende in die Städte ab.

Da Doi Moi politischen Pluralismus ausschließt, hat das Land seit geraumer Zeit mit den typischen Problemen eines Landes ohne funktionierende Gewaltenteilung zu kämpfen. Der Alleinherrschaftsanspruch der

Sozialistische Propaganda gehört auch nach Doi Moi zum Alltag

Zeittafel

ca. 30 000 v. Chr. — Frühsteinzeit: Funde belegen die Besiedlung Nordvietnams.

ab 800 v. Chr. — Bronzezeitliche Dong-Son-Kultur im Roten-Fluss-Delta. Austronesische Völker lassen sich in Zentralvietnam nieder.

3. Jh. v. Chr. — Erster nachweisbarer Staatenverbund Au Lac. Dessen Hauptstadt Co Loa wird 207 v. Chr. vom Yue-König Trieu Da erobert.

111 v. Chr. — Mit der Eroberung von Au Lac beginnt die 1000-jährige Oberherrschaft Chinas.

ab 4. Jh. n. Chr. — Hindu-Tempel in My Son zeugen von indischem Einfluss im Cham-Reich.

938–1009 — General Ngo Quyen vertreibt 938 die chinesischen Besatzer. Einer Periode des Bürgerkrieges folgt ab 968 die Reichseinigung unter Dinh Bo Linh. Er wird 979 von der Frühen Le-Dynastie abgelöst.

1009–1407 — Ly Thai To begründet das erste zentralistische Reich Dai Viet. Blüte des Buddhismus, Etablierung des konfuzianischen Bildungssystems. Ab 1225 Fortsetzung der Konsolidierung Dai Viets durch die Tran-Dynastie. Trotz Bedrohung durch die Mongolen (drei Invasionen) erlebt das Land im 13. Jh. eine kulturelle Hochphase. Der Bevölkerungsdruck führt zum ›Zug nach Süden‹ und zum Niedergang der Tran.

1407–1427 — Erneute chinesische Besatzung durch die Ming-Dynastie. 1418 formiert sich der Lam-Son-Aufstand unter Führung von Le Loi.

1427–1673 — Nach Vertreibung der Chinesen begründet Le Loi die Späte Le-Dynastie. Durch die Eroberung Vijayas 1471 ist der Niedergang der Cham endgültig besiegelt. In der Folge streiten die mächtigen Trinh- und Nguyen-Klans streiten um die Macht. 1673 wird das Reich geteilt.

1771–1801 — Die Tay-Son-Rebellion ab 1771 führt zum Sturz der Trinh und Nguyen. Nguyen Phuc Anh, einziger Überlebender der Nguyen, kann das Land nach langen, zähen Kämpfen und dank französischer Unterstützung einen.

1802–1887 — Krönung Nguyen Phuc Anhs zum Gia-Long-König der Nguyen-Dynastie. Sie erlebt unter dem Minh-Mang-König eine Blüte, zerfällt dann unter dem Tu-Duc-Herrscher. Ab 1858 Unterwerfung Vietnams durch Frankreich. 1887 Gründung der Kolonie Union Indochinoise.

Antikoloniale Widerstände scheitern an Frankreichs Übermacht. 1930 Gründung der Kommunistischen Partei Vietnams (später Indochinas).	**frühes 20. Jh.**
Japanische Besatzung und Gründung der Viet Minh. Am 2. Sept. 1945 proklamiert Ho Chi Minh die Demokratische Republik Vietnam.	**1940–1945**
Der Erste Indochina-Krieg endet 1954 mit der Niederlage Frankreichs in Dien Bien Phu. Die Genfer Konferenz beschließt die Teilung Vietnams entlang des 17. Breitengrads.	**1946–1954**
Unterstützt von den USA regiert in Südvietnam Präsident Ngo Dinh Diem mit großer Härte. Ab 1960 kontrolliert die als Viet Cong bekannte Nationale Befreiungsfront (FNL) weite Teile Südvietnams. Diems Buddhistenverfolgung führt 1963 zu seiner Ermordung.	**1954–1963**
Nach der Tongking-Affäre Kriegseintritt der USA. Doch die zeitweise über 500 000 US-Soldaten können nie den Widerstand der Nordvietnamesen brechen. Die Tet-Offensive läutet 1968 die Kriegswende ein. Das Pariser Abkommen beschließt den Abzug der US-Armee. Mit dem Einmarsch nordvietnamesischer Truppen in Saigon am 30. April 1975 endet der Krieg.	**1964–1975**
Etablierung der Sozialistischen Republik Vietnam: Die folgende Kollektivierung der Landwirtschaft und die Abschaffung der Privatwirtschaft lösen eine enorme Flüchtlingswelle aus. Der Einmarsch in Kambodscha (1978) und der Grenzkrieg mit China (1979) führen zur Isolierung des Landes.	**1976–1986**
Der langjährige Parteisekretär Le Duan stirbt am 10. Juli. Auf ihrem Sechsten Parteitag beschließt die Kommunistische Partei das wirtschaftliche Reformprogramm Doi Moi (Erneuerung).	**1986**
Wirtschaftlicher Aufschwung nach Ende des US-Embargos (1994) und Aufnahme Vietnams in die ASEAN (1995).	**1990er-Jahre**
Hohe Wachstumsraten und viele Auslandsinvestitionen. Häufige Proteste gegen schlechte Arbeitsbedingungen und Korruption. 2007 wird Vietnam Mitglied der Welthandelsorganisation (WTO).	**2000–2007**
Auf dem Zwölften Parteitag setzt die KP mit der Wiederwahl ihres Generalsekretärs Nguyen Phu Trong auf Kontinuität. Mit Nguyen Thi Kim Ngan übernimmt erstmals eine Frau den Vorsitz der Nationalversammlung.	**2016**

Geschichte

Und überall grüßt Ho Chi Minh – wie hier in Can Tho

Partei führt häufig zur **Willkürherrschaft** kommunistischer Funktionäre, was regelmäßig **Protestaktionen** nach sich zieht. Angesichts der Gründerzeitstimmung nimmt die **Korruption** frappierende Ausmaße an – laut Transparency International steht das Land auf dem Korruptionswahrnehmungsindex an 112. Stelle (von 167). **Zensur** bestimmt die Medienlandschaft: Eine freie Presse gibt es nicht, auch das Internet unterliegt scharfen Kontrollen. Gegen Blogger gehen die Behörden sehr harsch vor.

Auf ihrem Elften Parteitag im Januar 2011 beschloss die KPV unter Führung ihres Generalsekretärs Nguyen Phu Trong die **Fortsetzung der Wirtschaftsreformen.** Nachdem sich das Durchschnittseinkommen von 200 US-$ im Jahr 1986 auf derzeit rund 1705 US-$ jährlich mehr als verachtfacht hat, soll sich Vietnam bis zum Jahr 2020 zu einem modernen Industriestaat entwickelt haben. Auch hat die KPV entschieden, dass der innerparteiliche **Demokratisierungsprozess** fortgeführt werden soll. Doch versteht sie keinen Spaß, wenn ihr Führungsanspruch infrage gestellt wird. Außenpolitisch hat sich vor allem das Verhältnis zu China verschlechtert, seit der große Nachbar immer aggressiver seinen Besitzanspruch auf die Paracel- (viet.: Trường Sa) und Spratly-Inseln (viet.: Hoàng Sa) durchsetzt. Dies wiederum führte in den letzten Jahren zu einer Annäherung an die USA. Der Zwölfte Parteitag im Januar 2016 läutete einen Generationswechsel ein. Mit Ausnahme des Parteisekretärs wurden alle drei Spitzenämter neu besetzt. Zum Premierminister wurde Nguyen Xuan Phuc gewählt und zum Staatspräsidenten Tran Dai Quang. Mit Nguyen Thi Kim Ngan hat erstmalig eine Frau den Vorsitz der Nationalsammlung inne. Wie zuvor halten Reformer und Konservative sich die Waage.

Solange sie glänzende Wirtschaftszahlen präsentiert, hat die Parteiführung wenig zu fürchten. Die meisten Vietnamesen sind mit sich selbst beschäftigt und froh, ihr Leben weitgehend selbst bestimmen zu können. Das Land blickt optimistisch in die Zukunft.

Gesellschaft, Alltagskultur und Glaubenswelten

Die Religiosität der Vietnamesen ist so verwirrend und pragmatisch wie der Verkehr in den Städten und zeigt sich als ein buntes Gemisch verschiedener Traditionen. Ähnlich vielfältig ist die ethnische Zusammensetzung: 54 Volksgruppen sind in Vietnam beheimatet.

Ahnenkult und Geisterglaube

Die vietnamesische Familie endet nicht bei den Lebenden, sondern schließt die toten Angehörigen mit ein. Dem **Ahnenkult** nach besitzt die Frau neun und der Mann sieben körperbezogene Seelen – *phách* oder *vía* genannt – sowie drei geistbezogene Seelen, *hồn*. Während die körperbezogenen Seelen nach dem Tod beim Leichnam bleiben, wandern die *hồn* nach 49 Tagen ins Totenreich. Um die Seelen des Verstorbenen in der Familie zu halten, errichten die Angehörigen ihnen an exponierter Stelle im Haus einen Altar mit einer Ahnentafel und dem Porträt des Toten. Täglich zünden sie dort Räucherstäbchen an und bringen zu ihren Gedenktagen oder an Familienfesten Opfergaben dar. Vorsteher der Zeremonien ist traditionell der älteste Sohn. Stehen wichtige Entscheidungen oder freudige Ereignisse an, so werden die Ahnen konsultiert und zur Feier eingeladen. Als Teil der Familie bieten die Verstorbenen den Lebenden Schutz und Hilfe, können sie aber auch bestrafen.

Schwierig wird es, wenn das Verhältnis zu ihnen zu Lebzeiten getrübt war oder die Totenrituale nicht korrekt durchgeführt wurden. Gar gefährlich werden können die Seelen kinderloser Verstorbener. Findet sich niemand, der für sie die Zeremonien durchführt, werden sie zu hungrigen Geistern *(ma)* oder gar bösartigen Dämonen *(quỷ)*. Damit sie nicht heimatlos umherirren, errichtet man ihnen vielerorts Schreine *(am)* als Heimstatt. Die Toten werden traditionell an ausgewählter Stelle auf dem Feld oder Familiengrundstück bestattet. Im Norden Vietnams bettete man sie früher nach drei Jahren nochmals um. Infolge der Urbanisierung gehen immer mehr Familien zur Feuerbestattung über.

Über den Ahnenkult hinaus glauben die Vietnamesen an **Natur- und Territorialgeister**. Diese herrschen über ein Gebiet, wohnen in Bäumen oder leben in Flüssen. Sie wandern durch die Berge und fliegen durch die Lüfte. Teilweise besitzen sie außerordentliche Kräfte – positive wie negative –, weshalb auch ihnen geopfert werden muss. Aus diesem Grund entdeckt der aufmerksame Beobachter häufig Räucherstäbchen am Stamm alter Bäume oder kleine Altäre an einem Bergpass. In jedem Dorf steht zu Ehren seines jeweiligen Schutzgeistes *(thành hoàng)* ein Tempel *(den)*.

Konfuzianismus

Der hohe Stellenwert des Lernens, der Respekt vor den Älteren, der Vorrang der Gemeinschaft vor dem Individuum, emotionale Zurückhaltung und Verantwortungsbereitschaft – das sind Werte, die tief in der vietnamesischen Gesellschaft verankert sind. Sie gehen vorwiegend auf die Lehren einer Gestalt zurück, die wie keine andere die ostasi-

Gesellschaft, Alltagskultur und Glaubenswelten

atische Geistesgeschichte geprägt hat: auf den chinesischen Gelehrten Konfuzius.

Meister Kong

Im Westen unter dem lateinischen Namen **Konfuzius** bekannt, begann Kong Fuzi (viet.: Khổng Tử) seine Gelehrtenkarriere im kleinen Staat Lu (heute: Provinz Shandong). Dort wurde er 551 v. Chr. in eine verarmte Adelsfamilie hineingeboren. Im Studium lernte er die alten Schriften und Riten Chinas kennen. Nach eher blassen Jahren in fürstlichen Diensten als Verwalter und Lehrer zog er als Wanderlehrer umher und sammelte eine wachsende Gefolgschaft um sich. Noch in seinem Todesjahr 479 v. Chr. war er jedoch nur regional bekannt.

Es waren spätere **Schüler**, die ihn postum zum großen Lehrmeister werden ließen, allen voran Mengzi (Menzius, 372–289 v. Chr.) und Xunzi (um 310–220 v. Chr.). Während der Han- Dynastie (206 v. Chr.–220 n. Chr.) avancierte der Konfuzianismus in China zur Staatsdoktrin. Der ›Lehrmeister der 10 000 Generationen‹ genoss religiöse Verehrung. Das **Bildungssystem** wurde standardisiert und ein straff hierarchisches Beamtensystem geschaffen, das Mandarinat. In dieser Form gelangte der Konfuzianismus dann auch ins chinesisch besetzte Vietnam. 1076 eröffnete König Ly Nhan Tong im heutigen Hanoi die erste Nationale Akademie zur Ausbildung der Gelehrten und Beamten, Quốc Tử Giám. Bis 1915 fanden dort Beamtenprüfungen statt. Während der Nguyen-Dynastie erstarrte das Bildungssystem in leeren Ritualen. So klagte der Minh-Mang-König (reg. 1820–1840) einmal: »Die Beamten legen Wert auf veraltete Klischees und hohle Formulierungen und wollen durch unnützes Wissen glänzen.« Gegen das westliche Bildungssystem chancenlos, ging das konfuzianische Bildungssystem während der Kolonialzeit unter. Doch ist der Konfuzianismus nach wie vor kulturprägend.

Zu den religiösen Zeremonien des Daoismus gehört das Verbrennen von Räucherwerk

Die Lehre

Konfuzius hat keine Religion begründet. Eher ein Lebensphilosoph, schuf er keine Gedankensysteme, sondern entwickelte seine Lehre im Dialog mit den Schülern. Geprägt von den gesellschaftlichen Erschütterungen seiner Zeit, ist sein Denken von Fragen der Sittlichkeit und Moral bestimmt. Ethisches Handeln und genormtes soziales Verhalten sind für ihn die Schlüssel zu einer harmonischen stabilen Gesellschaft.

Edler Mensch: Vom gewöhnlichen Menschen unterscheidet er sich, weil er handelt, wie er denkt, und erst dann darüber spricht, wie er handelt: Allen gegenüber verhält er sich gleich und steht den Dingen vorurteilslos gegenüber. Nach Gerechtigkeit strebend, geht es ihm um die inneren Werte. Er kennt seine Pflichten. Sein richtiges Verhalten befreit ihn von Sorgen, seine Weisheit bewahrt ihn vor Zweifeln, seine Entschlossenheit überwindet seine Furcht. Zum edlen Menschen wird man nicht durch Geburt, sondern durch lebenslanges Lernen und gutes Handeln. »Erst der Tod beendet sein Streben« heißt es im »Lun Yu« (Gespräche VIII, 7).

Fünf Beziehungen: Das Zusammenleben gelingt nur, wenn jeder Mensch seine Rolle im hierarchisch geprägten Beziehungsgeflecht akzeptiert. »Der Herrscher muss Herrscher sein, der Untertan muss Untertan bleiben. Der Vater sei Vater, der Sohn Sohn«, »Lun Yu« (Gespräche XII, 11). Frauen spielen eine untergeordnete Rolle. Das zeigt sich auch in der Lehre von den Fünf Beziehungen zwischen: 1. dem gütigen Herrscher und seinen loyalen Untertanen, 2. dem großherzigen Vater und seinem gehorsamen Sohn, 3. dem wohlwollenden älteren Bruder und dessen respektvollem jüngerem Bruder, 4. dem gerechten Mann und seiner devoten Frau, 5. zwischen zwei sich in Treue verbundenen Freunden.

Fünf Kardinaltugenden: »Was du selbst nicht wünschst, das tue auch anderen nicht an«, »Lun Yu« (Gespräche XII, 2). Diese globale goldene Regel gilt auch bei Konfuzius. Als ethische Grundtugenden führt er an: 1. Mitmenschlichkeit (chin.: *ren*), 2. Gerechtigkeit (chin.: *yi*), 3. Rücksichtnahme (chin.: *shu*), 4. Befolgung der Sitten und Riten (chin.: *li*) und 5. Einsicht (chin.: *zhi*).

Daoismus

Leben in Harmonie, die enge Verbundenheit mit der Natur und eine pragmatische, wenig spekulative Weltanschauung prägen das Lebensgefühl der Vietnamesen. Vieles davon ist in der geistigen Tradition des Daoismus verwurzelt, wie er sich in China und später auch in Vietnam entwickelt hat.

Der Alte Meister

»Das Dao, das sich aussprechen lässt, ist nicht das ewige Dao« oder »Ist man beim Nicht-Tun angekommen, bleibt nichts ungetan«. Mit nebulösen Aussprüchen dieser Art hat der vermutliche Verfasser der 81 Sinnsprüche des »Daodejing« eine ganz eigene Weltanschauung geschaffen. Ob der »Alte Meister« (chin.: Laozi, viet.: Lão Tử), so die Bedeutung seines Namens, überhaupt existiert hat, bezweifeln jedoch manche Historiker. Der daoistischen Tradition zufolge soll Laozi im 7./6. Jh. v. Chr. in der heutigen nordchinesischen Provinz Henan gewirkt haben.

Im Zentrum seines Denkens steht das **Dao** – mal mit »Sinn«, mal mit »Weg« übersetzt –, das allen Dingen innewohnende Urprinzip. Mit ihm sollen die Menschen in Einklang leben, geleitet von Nicht-Eingreifen (chin.: *wuwei*) und Spontaneität bzw. Natürlichkeit (chin.: *ziran*, wörtlich: »von selbst so«). Dies können sie am besten durch ein Leben in Einfachheit und Zurückgezogenheit. Bildung ist dabei eher hinderlich. Selbst die Mächtigen sollten diese Haltung einnehmen. Wahre Herrscher zeichnen sich dadurch aus, dass sie vom Volk kaum wahrgenommen werden, meint Laozi. Um keine neuen Begierden zu wecken, sollen sie nicht gestalten, sondern das Dao bewahren. Der Mensch soll frei von Zwängen leben. Wie die äußere Natur, so muss er seine innere Natur frei wirken lassen. Eifersucht und Konkurrenzdenken sind ihm fremd.

Gesellschaft, Alltagskultur und Glaubenswelten

Die daoistische Kosmologie folgt dem **Yin-Yang-Schema** (s. Thema rechts). Beide polarisierenden, aber voneinander abhängigen Kräfte gehen aus der alles bestimmenden Lebensenergie (chin.: *qi*) des Dao hervor. Durch ihr Wechselspiel und ihre kontinuierliche Wandlung (chin.: *yi*) manifestiert sich der gesamte Kosmos in Gestalt der **Fünf Elemente** (ngũ hành): Holz *(mộc)*, Feuer *(hỏa)*, Erde *(thổ)*, Metall *(kim)*, Wasser *(thủy)*. Sie schaffen sich gegenseitig und überwinden sich dabei, sind also Teil eines permanenten Prozesses. Der zyklisch angelegte Kosmos ist somit als ein dynamisches organisches Ganzes zu betrachten.

Volksdaoismus

Etwa ab dem 2. Jh. formierte sich in China in ziemlich unorganisierter Weise ein religiöser Daoismus mit Heerscharen von Mystikern, Alchemisten, Einsiedlern und Schamanen. Manche entwickelten magische Methoden, die zur Verlängerung des Lebens oder gar zur Unsterblichkeit verhelfen sollten. Andere stellten strenge Meditation und Körperübungen in den Vordergrund. Wieder andere suchten in asketischen Techniken oder astrologischen Berechnungen ihr Heil. Auch die Götterverehrung gewann an Bedeutung. Je mehr sich die Religion verbreitete, desto gewaltiger wurde die Götterwelt. Darin fanden reale Helden ebenso Aufnahme wie legendäre Gestalten. Auch Laozi als Personifikation des Dao bekam als Laojun Götterstatus. Als Spiegel zur Herrscherelite nahm das Pantheon immer hierarchischere Züge an. Einzelnen Gottheiten wurden Zuständigkeitsbereiche zugeordnet. Die Einflüsse des monastisch organisierten Buddhismus, der sich zeitgleich im Reich der Mitte verbreitete, führten auch im Daoismus zu mehr Strukturen und zur Kanonisierung der Schriften. Nach Vietnam gelangte der Daoismus vermutlich in den ersten Jahrhunderten der chinesischen Besatzung. Die Gottheiten werden heute selten in rein daoistischen Tempeln verehrt, sondern meist in buddhistischen Klöstern und Gemeinschaftshäusern.

Daoistisches Pantheon

Die daoistischen Gottheiten sind für alle Lebenslagen zuständig. Unzählige Tempel und Schreine sind ihnen gewidmet. Ohne die daoistische Himmelsbürokratie läuft nichts.

Ngọc Hoàng: Der Jadekaiser ist oberster Herrscher über Himmel und Erde. In prachtvollen Gewändern sitzt er in seinem Palast auf dem Thron. Vier Wächter, Vier Diamanten genannt, stehen ihm zur Seite.

Nam Tào und **Bắc Đẩu:** Der Gott des Südlichen Polarsterns, Nam Tào, flankiert rechts den Jadekaiser und ist für Geburten zuständig. Bắc Đẩu, der Gott des Nördlichen Polarsterns, zur Linken des Jadekaisers oder eines Tempeleingangs trägt Verantwortung für die Toten.

Tứ Bất Tử: Viele Abenteuer mussten die Helden bestehen, um zu den Vier Unsterblichen (Tứ Bất Tử) zu werden. Entsprechend werden sie in Not angerufen: **Tản Viên**, der Herr der Berge, bei Hochwasser, **Gióng**, der Himmlische König von Phu Dong, bei Eindringlingen, **Chử Đồng Tử** in Karriere-Angelegenheiten, **Liễu Hạnh** wegen ihrer großen Macht bei schwerwiegenden Problemen.

Ông Táo oder **Táo Quân:** Der Herd- oder Küchengott ist in fast jedem Haus zu finden und für die Alltagsanliegen zuständig. Vor dem Tet-Fest wird er mit Geld und Süßspeisen umschmeichelt, informiert er doch zum Ende des Mondjahres den Jadekaiser über die guten und schlechten Taten der Hausbewohner.

Ông Địa oder **Thổ Công:** Der Erdgott ist als Wächter und Beschützer unabkömmlich. Geburtstag feiert er am Mittherbstfest. Beim Drachentanz tritt der Erdgott als freundliche menschliche Figur mit rundem, lächelndem Gesicht auf.

Thần Tài: Der Gott des Geldes ist der Bankier unter den Göttern. Ohne ihn kommt kein Laden und Marktstand aus.

Quan Công (Vũ): Seine Karriere begann er als General Guan Yu im China der Drei Reiche (220–265). Das Kennzeichen des Beschützers vor Dämonen und Streiters für die Gerechtigkeit: rotes Gesicht und rotes Pferd.

Buddhismus

Ein Ausschnitt aus dem Pantheon der daoistischen Gottheiten im Den Ngoc Son in Hanoi

Thiên Hậu: Die Gemahlin des Himmels stammt aus der Provinz Fujian am Südchinesischen Meer. Als Beschützerin der Fischer und Seefahrer genießt sie vor allem unter Auslandschinesen Verehrung. Einst rettete sie als junges Mädchen auf wundersame Weise ihren Vater und ihren Bruder aus Seenot.

Thánh Mẫu oder **Bà Chúa:** Verschiedene weibliche Gestalten erhielten die Titel Göttliche Mutter (Thánh Mẫu) oder Ehrenwerte Dame (Bà Chúa). Im Norden Vietnams finden sich häufig die drei Statuen der Mutter der Erde (Mẫu Địa), des Wassers (Mẫu Thoải) und der Berge und Wälder (Mẫu Thượng Ngàn).

Buddhismus

Parallel zum konfuzianischen Ethos und der daoistischen Erdverbundenheit spielt der Buddhismus eine elementare Rolle in der Kultur Vietnams. Der Glaube an die Vergänglichkeit allen Daseins, an die Wiedergeburt und das moralische Vorbild des Bodhisattva beeinflussen das Handeln und Denken vieler Menschen.

Der Erleuchtete

Die buddhistische Lehre geht auf Siddharta Gautama zurück. In ein nordindisches Adelsgeschlecht hineingeboren, wurde ihm der Titel **Shakyamuni,** der Weise (aus dem Stamm) der Shakya (viet.: Thích Ca Mâu Ni), verliehen. Kern seiner Lehren sind die Vier Edlen Wahrheiten: 1. alles Dasein ist leidvoll, 2. Ursache allen Leidens ist Begierde und Anhaftung, 3. nur durch das völlige Vernichten/das Erlöschen (Sanskrit: Nirvana) von Gier und Hass kann Leiden überwunden werden, 4. zu diesem Ziel führt der Edle Achtfache Pfad. Er besagt, dass jeder Mensch durch sittliches Verhalten, wissende Einsichtigkeit und Konzentration Nirvana erlangen kann.

Zudem lehrt Buddha, dass alle Erscheinungen dem ständigen Prozess des Werdens und Vergehens unterworfen sind. Auch das Ich ist unbeständig. Daher wird nicht die menschliche Person wiedergeboren, sondern die im Laufe eines Lebens angesammelte karmische Energie – das Denken und Tun (Sanskrit: Karma) der Person. Solange das Karma von Gier, Hass und Verblendung

Gesellschaft, Alltagskultur und Glaubenswelten

motiviert ist, bleibt es Teil des Wiedergeburtenkreislaufs. Erst wenn es vollkommen frei davon ist, endet dieser und das Nirvana ist erreicht.

Nach Buddhas Tod – die Datierung variiert zwischen 544/543 und ca. 370 v. Chr. – begann sich die Religion in mehrere Schulen aufzuspalten. Etwa im 2. Jh. v. Chr. entwickelte sich der **Mahayana-Buddhismus**. Großes Fahrzeug wurde diese Richtung genannt, weil sie das Konzept des **Bodhisattva** in den Mittelpunkt ihrer Lehre stellt. Jeder kann zum Erleuchtungswesen (Sanskrit: Bodhisattva) werden, wenn er vollkommene Erleuchtung anstrebt, von Mitgefühl und Weisheit erfüllt ist und aus Mitgefühl zu den leidenden Wesen auf das vollkommene Erlöschen verzichtet. Dabei helfen ihm andere Erleuchtungswesen, deren Bedeutung in vielen religiösen Texten (Sutren) beschrieben wird. Um diese Bodhisattvas entwickelten sich verschiedene Kulte. Zudem gewannen ab dem 2. Jh. n. Chr. zwei philosophische Schulen an Bedeutung, welche die Leerheit allen Seins (Madhyamaka-Schule) und die erfahrbare Welt als Entwurf des menschlichen Bewusstseins (Yogacara-Schule) betrachteten. An die Stelle des historischen Erleuchteten traten die **Transzendenten Buddhas**. Der Buddha wird eher als Wesensbestimmung gesehen. Allen Dingen, so die Überzeugung, wohnt die Buddha-Natur inne.

Richtungen des Mahayana

Im Laufe seiner langen Geschichte entwickelten sich im Mahayana eine Vielzahl von Schulen, darunter ab dem 6. Jh. in China der **Meditations-Buddhismus** (chin.: chan, jap.: zen, viet.: thiền). Bei ihm steht die Lehre von der Leerheit im Zentrum. Sie leitet sich von der Vorstellung ab, dass alle Erscheinungen dem Prozess des Werdens und Vergehens unterworfen sind. Leer sein heißt, ohne bleibende Identität zu sein. »Der Leerheit verdanken alle Phänomene ihr Dasein«, so der berühmte indische Philosoph des 2. Jh., Nagarjuna. Jede Art von Unterscheidung und Abgrenzung wird als rein gedankliches Konstrukt verworfen. Um 580 brachte der indische Mönch Vinitaruci (gest. 591) diese Schulrichtung nach Vietnam. Besonders während der Ly- (1009–1224) und der Tran-Dynastien (1225–1400) entstanden zahlreiche Klöster, die wegen ihrer strengen Meditations- und Lehrpraxis zu bedeutenden kulturellen Zentren wurden. Durch Dichtung und Kalligrafie strahlte der Thiền über die Klostermauern hinaus und beeinflusste aufgrund seiner klaren Bildersprache das Denken der geistigen Elite. Bis heute ist der Ausspruch des Königs und späteren Mönchs Tran Thai Ton (reg. 1225–1258) bekannt: »Nur wer selbst trinkt, weiß genau, ob der Trank warm oder kalt ist.« Damit verwirft er philosophische Spekulationen und stellt die Erfahrung in den Mittelpunkt.

Als Gegenstück zu dieser eher elitären Schule fand ab dem 11. Jh. der volkstümlichere **Reine-Land-Buddhismus** Verbreitung. Bei ihm steht nicht Meditation, sondern die Anrufung des Buddha-Namens im Mittelpunkt der religiösen Praxis. Ziel ist es, an einem Ort ewiger Freude (Sukhavati), dem »Reinen Land des Westens« (viet.: Tây Phương Tịnh Độ), wiedergeboren zu werden. Amitabha (viet.: A Di Đà), der Buddha des Unermesslichen Lichts, hilft dabei. Man muss ihn nur ständig mit den Worten »Nam Mô A Di Đà Phật« (»Verehrung dem Buddha Amitabha«) anrufen. Mit diesem Ausspruch begrüßen sich Buddhisten auch im Kloster oder auf Pilgerfahrt.

Bodhisattvas im Dienst der Welt

In den buddhistischen Klöstern – vor allem des Nordens – stößt man auf die Statuen zahlreicher Bodhisattvas (viet.: bồ tát). Um diese Gestalten kreisen viele Geschichten und religiöse Vorstellungen. Trotz aller Unterschiede haben sie eines gemeinsam: Sie haben das Ideal eines Erleuchtungswesens verwirklicht. Zu den wichtigsten zählen:

Quan Âm: »Der Herr, der (die Welt) betrachtet« (Sanskrit: Avalokiteshvara), ist der Bodhisattva des Mitgefühls bzw. des Mit-Leidens. Häufig mit elf Köpfen und unzäh-

Yin und Yang des Lebens

Ob beim Essen, der traditionellen Medizin oder beim Hausbau – überall folgen die Vietnamesen den Prinzipien des Yin und Yang. Alles sehen sie im Spannungsfeld polarer Kräfte. Ihr ganzes Streben zielt daher auf Ausgleich und Harmonie.

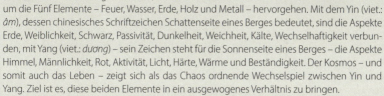

Aus dem Höchsten Einen (chin.: *tai ji*), so der altchinesische Glaube, hat sich die Polarität von Yin und Yang entwickelt, aus denen wiederum die Fünf Elemente – Feuer, Wasser, Erde, Holz und Metall – hervorgehen. Mit dem Yin (viet.: *âm*), dessen chinesisches Schriftzeichen Schattenseite eines Berges bedeutet, sind die Aspekte Erde, Weiblichkeit, Schwarz, Passivität, Dunkelheit, Weichheit, Kälte, Wechselhaftigkeit verbunden, mit Yang (viet.: *dương*) – sein Zeichen steht für die Sonnenseite eines Berges – die Aspekte Himmel, Männlichkeit, Rot, Aktivität, Licht, Härte, Wärme und Beständigkeit. Der Kosmos – und somit auch das Leben – zeigt sich als das Chaos ordnende Wechselspiel zwischen Yin und Yang. Ziel ist es, diese beiden Elemente in ein ausgewogenes Verhältnis zu bringen.

Dies hat ganz praktische Konsequenzen, etwa beim Essen. Dort wirken manche Speisen im Körper kühlend, wie z. B. Tofu und Balsambirne, gekochtes Enten- und Hühnerfleisch oder Bananen. Andere führen zur körperlichen Erhitzung, darunter Gewürze wie Ingwer, Curry, Koriander, Pfeffer, Knoblauch, aber auch Lamm- und Rindfleisch. Ein gutes Gericht muss also eine entsprechende Balance aufweisen.

Gleiches gilt in der traditionellen Medizin. Dort werden die Körperorgane sowohl den Fünf Elementen als auch den beiden Polen zugeordnet. Yin-Organe sind Milz, Niere, Lunge, Leber und Herz. Zu den Yang-Organen zählen Magen, Blase, Galle, Dick- und Dünndarm. Auch die Energieströme im Körper (chin.: *qi*) werden von ihnen bestimmt. Über zwölf Meridiane strömt das Qi zwischen den Organen. Krankheiten führen zur Unterbrechung des Energiestroms. So können Kopfweh und Rückenschmerzen durchaus etwas miteinander zu tun haben. Schmerzen sind nichts anderes als ein Stau des Energieflusses. Heilung heißt, die Energie wieder frei fließen zu lassen. Gesund sein ist somit Harmonie von Geist und Leib.

Bedeutsam ist die Yin-Yang-Beziehung schließlich in der Geomantik, der Lehre von Wind und Wasser (chin.: *fengshui*, viet.: *phong thủy*), d. h. etwa bei der Auswahl eines Bauplatzes oder einer Grabstätte. Der in Hue als Minh-Mang-König regierende Nguyen (reg. 1820–1841) war erst nach 14 Jahren intensiver Suche mit dem Ort für sein Grab zufrieden. Erst dann glaubte er den richtigen Ort gefunden zu haben, an dem die kosmischen Kräfte positiv wirkten und die Energien ungehindert fließen konnten. Für viele Vietnamesen ist dies nach wie vor wichtig. Sie beauftragen Geomantiker, die geeignete Stelle für den Hausbau zu finden. Da die negative Energie aus dem Norden kommt, muss der Haupteingang im Süden liegen. Berge sollten sich im Norden erheben, ein offenes weites Terrain und Wasser sich im Süden erstrecken. Ist dies anhand der natürlichen Gegebenheiten nicht möglich, kann man durch Aufschütten von Hügeln und dem Anlegen von Wasserstellen der Natur nachhelfen.

Gesellschaft, Alltagskultur und Glaubenswelten

Gebetsprozession in der Chua Tran Quoc, Hanoi

ligen Armen dargestellt, ist die weibliche, chinesisch beeinflusste Form als Göttin der Barmherzigkeit (chin.: Guanyin; Töne (der Welt) betrachtend) populärer – sei es stehend mit Flasche oder sitzend mit Kind.

Văn Thù: »Der von lieblicher Schönheit ist« (Sanskrit: Manjushri, chin.: Wenshu) lautet der Name des Bodhisattvas der Weisheit. Er hilft beim Verstehen der buddhistischen Lehre. Er steht auch Gelehrten und Studierenden zur Seite. Sehr häufig wird er auf einem blauen Löwen sitzend (Symbol für Intelligenz) dargestellt.

Phổ Hiền: »Der Allumfassend Gute« (Sanskrit: Samantabhadra, chin.: Puxian) beschützt die buddhistische Lehre und ist an seinem Reittier, dem weißen Elefanten (Symbol für Wahrheit), zu erkennen.

Di Lặc: »Der All-Liebende« (Sanskrit: Maitreya, chin.: Mile) wird im nächsten Zeitalter als zukünftiger Buddha erscheinen. Populär ist seine Gestalt als fröhlicher ›Dickbauch-Buddha‹.

Kinh Địa Tạng: »Dessen Mutterschoß die Erde ist« (Sanskrit: Kshitigarbha, chin.: Dizang), ist Patron der Reisenden und hilft den in den Höllen leidenden Wesen. In seiner Hand den langen Rasselstab der Bettelmönche haltend, steht seine Statue in den Urnenräumen der Klöster.

Thế Chí: »Der große Macht erlangt hat« (Sanskrit: Mahasthamaprapta, chin.: Dashizhi), erweckt im erlösungsbedürftigen Menschen den Wunsch, im Reinen Land wiedergeboren zu werden.

Miss Saigon zwischen Gehorsam und Freiheit

Schön und tadellos *(dung)* soll sie sein, fleißig und geschickt *(công)*, zurückhaltend *(ngôn)* und wohlerzogen *(hanh)*. So besang der große Poet Nguyen Trai im 15. Jh. die vier Tugenden *(tứ đức)* der Frau. Zudem hat sie der konfuzianischen Tradition zufolge drei Pflichten *(tam tòng)* zu erfüllen: als Tochter ihrem Vater zu gehorchen, als Ehefrau ihrem Mann und als Witwe ihrem ältesten Sohn. Durch die Öffnung des Landes versuchen immer mehr Frauen, diesem starren Muster zu entfliehen. Attraktiv wollen sie nach wie vor sein – die Beauty-Industrie boomt –, doch nicht mehr im Schatten der Männer stehen.

Wenn eine Vietnamesin Karriere machen möchte, stößt sie schnell an ihre Grenzen. Noch sind es wenige, die Führungspositionen innehaben. Die oberen Etagen von Wirtschaft und Politik sind die Domäne der Männer, auch wenn in der Verfassung die Gleichberechtigung verankert ist. Erst seit 2016 ist mit Nguyen Thi Kim Ngan als Präsidentin der Nationalversammlung eine Frau an der Parteispitze vertreten.

Viele junge Frauen arbeiten als billige Arbeitskräfte in den Textil- und Schuhfabriken oder in der Servicebranche. Zwei Drittel der Frauen leben auf dem Land. Dort dominieren sie auf den Märkten, Reisfeldern und in den Geschäften. Zu Hause sind sie zwar die Managerinnen des Einkommens, doch lastet auf ihren Schultern die Mehrfachverantwortung von Hausarbeit, Erziehung und Erwerb. Macht sich der Ehemann aus dem Staub, so können sie und ihre Kinder keine Unterstützung erwarten.

Auch wenn ökonomischer Druck und konfuzianisch geprägte Strukturen das weibliche Geschlecht auf die hinteren Plätze verweisen, präsentiert sich ›Miss Saigon‹ heute selbstbewusster denn je. Die Volksweisheit »Er kann der größte Trottel sein und ist doch der Herr« gilt immer weniger. Schließlich können vietnamesische Frauen in der Geschichte auf herausragende Vorbilder verweisen. Unter König Le Thanh Tong (reg. 1460–1497) genossen sie infolge des Hong-Doc-Erlasses in Familien- und Erbangelegenheiten für damalige Verhältnisse ungewöhnliche Rechte. In Zeiten der Not und Unterdrückung waren es in erster Linie Frauen, die die größten Opfer brachten. So kennt jedes Kind die beiden Trung-Schwestern, die im 1. Jh. einen Aufstand gegen die chinesischen Besatzer anführten, oder Trieu Thi Trinh, die 248 ebenfalls eine Revolte gegen China anzettelte. Straßennamen wie Đường Võ Thị Sáu oder Đường Nguyễn Thị Minh Khai erinnern an zwei Heldinnen im Kampf gegen die französische Kolonialmacht. Fast 40 % der Mitglieder des Viet Cong waren weiblich. Doch zählen Frauen auch schnell zu den Verlierern der Globalisierung. Sie sind die Ersten, die Jobs verlieren. Armut treibt viele in die Prostitution. Bis zur wirklichen Chancengleichheit ist es noch ein langer Weg.

Land der ethnischen Vielfalt

Die Kinder von Ao Co

Nach offiziellen Angaben leben insgesamt 54 verschiedene Volksgruppen auf vietnamesischem Territorium. Verglichen mit den 86 % **Viet** (oder Kinh) bilden die meisten jedoch eine verschwindend kleine Minderheit. Während sich die Viet vorwiegend entlang der Küste und in den Deltagebieten drängeln, siedeln 75 % der anderen Volksgruppen in den Bergen und auf den Hochplateaus, also auf fast zwei Dritteln der Gesamtfläche. Unter den Franzosen hießen sie daher *montagnards*, Bergvölker. Sind manche der Gruppen wie etwa die **Cham** schon über 2000 Jahre in Vietnam ansässig, wanderten andere erst in den vergangenen 150 Jahren ein, darunter die **Hmong** und die **Dao**. Neben den Viet überschreiten nur vier Gruppen die Millionengrenze: die **Tay**, die **Thai**, die **Khmer** und die **Muong**. Fünf hingegen zählen weniger als 1000 Angehörige, die **Si La**, **Pu Peo**, **Ro Mam**, **Brau** und **Odu**.

Die geschichtliche Verbundenheit der Viet mit den Bergvölkern wird gerne mit folgender Legende demonstriert: In grauer Vorzeit lebten der Drachengeist Lac Long Quan und die Berggöttin Au Co in glücklicher Zweisamkeit. Au Co wurde schwanger und legte 100 Eier. Daraus schlüpften 100 Söhne. Doch mit der Zeit wurden die unterschiedlichen Naturen von Lac Long Quan und Au Co immer sichtbarer. Er als Drachengeist dem Wasser zugewandt, sie dagegen den Bergen, beschlossen sie, sich zu trennen. Er zog mit der einen Hälfte der gemeinsamen Söhne hinunter in das Deltagebiet. Sie wurden die Vorfahren der Kinh – Bewohner der Ebene –,

Gesellschaft, Alltagskultur und Glaubenswelten

wie sich die Viet daher nennen. Au Co siedelte mit der anderen Hälfte in den Bergen. Von ihnen stammen die Muong und andere Bergvölker ab.

Trotz dieser mythologischen Verbundenheit sind die Bergvölker weit davon entfernt, die in der Verfassung festgeschriebenen gleichen Rechte zu genießen. Zwar werden sie heute nur noch selten als *moi*, Wilde, bezeichnet. Trotzdem sind Formen der Diskriminierung nicht zu übersehen. Jeder Dritte lebt unter der Armutsgrenze. Die fortschreitende Industrialisierung lässt die Kluft nur noch größer werden. Die abgeschiedene Lage, der unzureichende oder gar fehlende Zugang zur staatlichen Fürsorge und das niedrige Bildungsniveau sind nur einige Gründe für diese Situation. Die verstärkten Bemühungen der Regierung in der ländlichen Entwicklung greifen nur langsam.

Acht Sprachfamilien

Die Volksgruppen werden in acht Sprachfamilien eingeteilt. Zur **austronesischen Familie** zählen die Cham, Ede und Giarai (Jarai), die vermutlich aus dem malayo-indonesischen Raum nach Vietnam migrierten. Bei ihnen ist noch die matrilineare Gesellschaftsordnung verbreitet. Zu den ältesten Bewohnern des kontinentalen Südostasien zählen die Angehörigen der **Mon-Khmer**. Benannt nach den beiden größten Gruppen, den in Myanmar lebenden Mon und den Khmer, gehören ihnen in Vietnam 21 Volksgruppen an. Zu den **Kadai-Familien** zählen acht Ethnien, zur **Tai-Gruppe** vier, darunter mit 1,5 Mio. Tay und 1,3 Mio. Thai (Tai) die größten Minderheiten des Landes. Seit Jahrhunderten siedeln sie vorwiegend im Nordwesten und sind auch in Thailand, Laos, Myanmar und Yunnan beheimatet.

Relativ späte Einwanderer sind die seit dem 17. Jh. auf vietnamesischem Boden siedelnden Angehörigen der **tibeto-birmanischen Sprachgruppe,** wie etwa die wenige Tausend Mitglieder zählenden Lo Lo oder Ha Ni. Das gilt auch für die im nordwestlichen Bergland lebenden **Hmong-Dao**. Politische und soziale Umwälzungen in China führten zu ihrem Zug nach Süden. Ebenfalls politische Gründe ließen die Vorfahren der heute etwa eine Million **Chinesen** *(hoa)* nach Vietnam einwandern, vor allem nach dem Zusammenbruch der Ming-Dynastie 1644.

Das Rote-Fluss-Delta gilt als das alte Stammland der Viet. Zusammen mit den 1,2 Millionen Muong, die im nördlichen Bergland siedeln, sind sie die einzigen Angehörigen der nach ihnen benannten **Viet-Muong-Gruppe**.

Die vietnamesische Sprache

Bedeutung durch Tonhöhe

Auf den ersten Blick meint man die einsilbigen Wörter einfach aussprechen zu können. Kompliziert wird Vietnamesisch jedoch aufgrund der sechs **Tonhöhen**, denn nur diese definieren die Bedeutung der Wörter. Es ist ein gewaltiger Unterschied, ob der böse Geist *(ma)*, das Pferd *(mã)* oder im südvietnamesischen Dialekt die Mama *(má)* gemeint sind.

Viele vietnamesische Grundbegriffe sind dem Chinesischen entlehnt, moderne Bezeichnungen wie etwa *ga* für Bahnhof oft aus dem Französischen *(gare)*. Durch die Kombination der zumeist einsilbigen Grundwörter bilden sich neue Begriffe. So entsteht aus den zusammengesetzten Bezeichnungen für Vater *(bố)* und Mutter *(mẹ)* das Wort für Eltern *(bố mẹ)*.

Die **Grammatik** folgt strikt der Subjekt-Prädikat-Objekt-Regel. Mehrzahl und Zeitangaben erkennt man an den eingesetzten Hilfswörtern, während das Grundwort immer unverändert bleibt.

Zur näheren Bestimmung von Wörtern werden Klassifikatoren verwendet, beispielsweise *người* für Menschen, *cái* für Dinge oder *con* für Tiere. Dadurch wird klar, ob es

Die vietnamesische Sprache

Die Blumen-Hmong zählen zur tibeto-birmanischen Sprachfamilie

sich um das lebendige Huhn *(con gà)* oder das Hühnerfleisch *(thịt gà)* handelt.

Das Erbe von Alexandre de Rhodes

Einem französischen Jesuitenmissionar ist es zu verdanken, dass Europäer die vietnamesische Schrift zumindest entziffern können. Nach seiner Ankunft 1627 schuf Alexandre de Rhodes (1591–1660) ein **Transkriptionssystem** mit lateinischen Buchstaben. Aus dem Griechischen entlehnte der aus Avignon stammende Gelehrte für die Kennzeichnung der Tonhöhen die dort verwendeten diakritischen Zeichen. Anfangs wurde die Umschrift nur von Ausländern verwendet, setzte sich ab dem frühen 20. Jh. jedoch auch im vietnamesischen Volk immer mehr durch. Trotz des Widerstands der einheimischen Bildungselite avancierte es schließlich zur **nationalen Schrift** *(quốc ngữ)*.

All die Jahrhunderte zuvor wurde das **chinesische Schriftzeichensystem** *(chữ nho)* benutzt, blieb letztlich jedoch einer intellektuellen Minderheit vorbehalten. Parallel dazu hatte sich unter den Tran-Königen im 13. Jh. das Schriftsystem *chữ nôm* durchgesetzt. Durch die Neukombination chinesischer Zeichen wurde ein schlichteres System geschaffen – ähnlich wie in Korea und Japan –, um vietnamesische Begriffe besser wiedergeben zu können. Durch die **Nom-Schrift** entstand eine eigenständige vietnamesische Literatur. Heute beherrschen jedoch nur noch wenige Gelehrte dieses System. Angesichts der wachsenden Bedeutung des nördlichen Nachbarn lernen hingegen immer mehr junge Vietnamesen wieder die chinesischen Schriftzeichen.

Áo dài – zwischen Tracht und Fashion

Anmutig und grazil wirken die Schulmädchen in ihren weißen Áo dài. Das lange Oberkleid über der weiten Hose darf auch bei Familienfesten nicht fehlen. Trotz der westlichen Konkurrenz hat die vietnamesische Nationaltracht mittlerweile wieder ihren festen Platz in der Modewelt.

Im Fashion Design Institute (Fadin) von Ho-Chi-Minh-Stadt herrscht aufgeregtes Treiben. Mit flinken Händen zupft Dang Thi Minh Hanh an den jungen Models die Seidenstoffe zurecht, bevor ein Fotograf sie für eine geplante Fotostrecke in Szene setzt. In allen Variationen tragen die Mannequins den Áo dài, Vietnams Nationaltracht. Mal das Obergewand mit überlangen Ärmeln, mal ärmellos, mal weit ausgeschnitten und transparent, dann wieder eng anliegend und hochgeschlossen. Seit Eröffnung des Modeinstituts 1995 hat die Designerin Minh Hanh mit ihren eleganten Varianten des »langen Gewands«, so die Übersetzung von Áo dài, wichtige Impulse gesetzt. Auf lockere Weise kombiniert sie die über weiten Hosen getragene, seitlich geschlitzte Tunika mit westlichen Schnitten oder Mustern der ethnischen Minderheiten. Immer mehr vietnamesische Designer besinnen sich auf die eigene Tradition und finden damit auch im Ausland Anerkennung. Labels wie Ha Linh Thu, Hoang Hai, Nhat Minh Hulos, Khanh Shyna oder LNKK by Kim Khanh erfreuen sich in der modebewussten Mittelklasse zunehmender Beliebtheit.

In Vietnams Mode hat der Áo dài erst seit dem 18. Jh. seinen Platz. Während der Tran-Dynastie (1225–1400) trugen die Adligen weite Hosen und schwarze Seidenhemden. Unter der Herrschaft der chinesischen Ming ab 1407 mussten die Männer kurze Hemden über Hosen tragen. Dann erließ 1744 der Fürst Nguyen Phuoc Khoat (reg. 1738–1765) ein Dekret, das den Untertanen beiderlei Geschlechts das Tragen einer lang geschnittenen Tunika über weiten Hosen vorschrieb. Die bei Frauen beliebten Röcke wurden 1837 durch ein Verbot des Minh-Mang-Königs gänzlich aus dem Kleiderschrank verbannt. Sein zweiter Nachfolger, der Tu-Duc-König, erließ eine bis ins Detail ausgearbeitete Kleiderordnung. Goldgelb und Tangerine (Rotorange) mit Drachenmotiv waren dem Herrscher vorbehalten, Violett den höheren und Blau den niederen Mandarinen. Das Design des Áo dài ähnelte jenem, das heute noch im Norden zum Tet-Fest getragen wird: ein vierteiliges erdfarbenes Obergewand, das über der Satinhose mit einem Stoffband zusammengebunden wird.

Der heutige körperbetonte Schnitt des Áo dài geht auf europäisch beeinflusste Künstler der Hanoier École Supérieure des Beaux-Arts zurück. Sie experimentierten in den 1930er-Jahren mit gepolsterten Schultern, runden Kragen, engen oder aufgeschlagenen Ärmeln. Zudem wurden die Stoffe farbenfroher und transparenter. Nach 1975 fiel die Nationaltracht in einen Dornröschenschlaf, der Áo dài war als Schuluniform verboten. Erst seit den 1990er-Jahren erlebt er eine Renaissance. Bunt bedruckt, bestickt oder in schlichten Farben, taillenbetont und seitlich geschlitzt, versprüht er den Charme Vietnams weit über die Landesgrenzen hinaus.

Architektur und Kunst

Krieg, politische Ideologie und das aggressive Klima haben die zahlreichen architektonischen Zeugnisse Vietnams stark in Mitleidenschaft gezogen. Nun werden sie liebevoll restauriert oder gar neu aufgebaut. Auch die moderne Kunst erlebt derzeit eine Blüte.

Traditionelle Architektur

Die vietnamesische Tempelarchitektur folgt chinesischen Vorbildern. Im Gegensatz zur indischen Tradition, die Sakral- und Profanbauten durch die Verwendung des Baumaterials unterscheidet – Stein war religiösen Bauten vorbehalten –, kennt die chinesische Tradition diese Trennung nicht. Zunächst ist daher kaum zu erkennen, ob es sich um eine Palasthalle oder einen Tempel handelt, ob eine daoistische Gottheit oder ein Schutzgeist verehrt wird. Denn sowohl Profan- als auch Sakralbauten besitzen in Vietnam denselben Aufbau: Mehrere Gebäude reihen sich entlang einer Nord-Süd-Achse, der Eingang ist nach Möglichkeit gen Süden ausgerichtet. Die einzelnen Gebäude sind länglich und einstöckig, mit zuweilen tief geschwungenem Walmdach. Die Größe und Bedeutung des Bauwerks lassen sich an der Anzahl der *gian* (chin.: *jin*) ablesen. So nennt man die Abstände zwischen je vier Stützsäulen, die das Walmdach tragen. Das Gebäude besteht fast komplett aus Holz, nur die Seiten sind gemauert. Das schwere Walmdach ist mit Ziegeln gedeckt, die auf einem stabilen Dachstuhl mit ineinander verzapften Längs- und Querbalken ruhen. Die Stämme sind traditionell aus Eisenholz, heute wird auch Teak verwendet.

Đình

Das Gemeinschaftshaus – **Đình** genannt – ist Symbol des Dorfes und Stolz seiner Bewohner. Hier wird der Schutzgeist des Ortes verehrt, hier finden aber auch Zusammenkünfte des Dorfrats, Versammlungen der Bewohner und Gemeindefeste statt. Für den Erhalt ist die Dorfgemeinschaft verantwortlich. Daher lässt die Größe des Đình auf deren Reichtum schließen. Die ältesten noch erhaltenen Bauwerke gehen auf das 16. Jh. zurück und haben zumeist die Form eines umgedrehten T. Größere Đình sind mit Seitengebäuden versehen und liegen am Ende eines großen Vorplatzes. Der künstlerische Wert zeigt sich vor allem an den Schnitzarbeiten im Dachgebälk. Bis ins frühe 18. Jh. griffen die Kunsthandwerker eher Naturmotive auf wie Wolken, Flammen, Pflanzen oder die vier mythischen Tiere, allen voran den Drachen. Ab dem 19. Jh. wurden höfische Szenen populär. Im Süden, besonders im Mekong-Delta, finden sich schöne Beispiele von Đình aus dem frühen 20. Jh., die vorwiegend aus Stein errichtet sind. Im Inneren der länglichen Hallen befinden sich teilweise sehr bunte und große Altäre zur Verehrung des Schutzgeistes.

Nghè und Đền

Kleinere Tempel zur Verehrung eines Schutzgeistes werden **Nghè** genannt. An den Dachbalken im Innern können sie feine Schnitzarbeiten aufweisen. Bedeutendere Anlagen zur Verehrung von Schutzgeistern, verstorbenen Königen oder nationalen Helden – etwa die beiden Schwestern Hai Ba Trung oder die Generäle Ngo Quyen und Tran Hung Dao – heißen **Đền**. Die verehrte Gestalt wird durch eine Statue oder einen

Architektur und Kunst

leeren Thron sowie eine Namenstafel repräsentiert. Für den Transport bei Prozessionen stehen häufig Sänften, hölzerne Pferde oder Elefanten bereit. Vor dem Altar sind beidseitig Waffen und Standarten als Zeichen der Würde des Verehrten aufgestellt.

Chùa

Kaum ein anderes religiöses Bauwerk hat die vietnamesische Kulturlandschaft so geprägt wie die buddhistische Pagode, **Chùa** genannt. Sie steht pittoresk auf der Anhöhe eines Flusses wie die Chua Thien Mu in Hue, am Fuß eines Hügels wie die Chua Thay oder mitten in der Ebene wie Chua But Thap oder Chua Keo. Ihre erste Blütezeit erlebten die buddhistischen Kultstätten während der Ly- und Tran-Dynastien zwischen dem 11. und 14. Jh., als sie zudem bedeutende Stätten des Lernens waren. Auch im 17./18. Jh. entstanden berühmte Klöster, nachdem infolge des Zusammenbruchs der chinesischen Ming-Dynastie 1644 buddhistische Mönche nach Vietnam einwanderten und dort zu wichtigen religiösen Impulsgebern wurden.

Stilistisch werden die Anlagen in erster Linie hinsichtlich der Anordnung der Bauten unterschieden. Man benennt sie nach chinesischen Schriftzeichen, denen sie in ihrer Form ähneln.

Die Chùa Thien Tru zählt zu den wichtigsten spirituellen Zentren Vietnams – wer hier fegt, tut auch etwas fürs Karma

Nội công ngoại quốc: Die Gliederung der Gebäude des Innenbereichs *(nội)* ähnelt einem liegenden H bzw. dem chinesischen Zeichen *công* (chin.: *gong* 工). Die äußere *(ngoại)* Umfassungsmauer ist rechteckig angelegt und entspricht dem äußeren Teil des chinesischen Zeichens *quốc* (chin.: *guo* 国).

Tam: Schlichtere Klöster oder einzelne Ensembles innerhalb einer Anlage (s. Chua Thay) bestehen aus drei hintereinander parallel gelegenen Querbauten. Sie gleichen dem chinesischen Symbol für die Zahl Drei (viet.: *tam*, chin.: *san* 三).

Tam quan: Viele größere Klosterkomplexe – darunter Chua But Thap oder Chua Tay Phuong – sind im *tam-quan*-Stil errichtet, benannt nach dem dreiteiligen Eingangstor. Eingerahmt von einer Umfassungsmauer folgen auf einer Nord-Süd-Achse mehrere Querbauten, die häufig wie ein liegendes H angeordnet sind. An eine Vorhalle *(tiền đường)* schließt sich der Saal der Räucheropfer *(thiêu hương)* an, dem die Haupthalle *(thượng điện)* mit dem Hauptaltar folgt. Es reihen sich weitere Querbauten zur Verehrung der verstorbenen Äbte oder Stifter an. Seitlich als Grabmal für Mönche, aber auch manchmal an prominenter Stelle steht der Pagodenturm *(tháp)*.

Götterwelt auf dem Altar

Auf den Altären einer Chùa zeigt sich, wie sehr der Buddhismus mit anderen Glaubensvorstellungen verwoben ist. Da vereinen sich Erdgott und Höllenwächter mit Buddhas, Bodhisattvas stehen neben dem Jadekaiser. Die Gesamtzahl geht nicht selten weit über die Hundert hinaus. Bei aller verwirrenden Vielfalt gibt es eine klar strukturierte Hierarchie. Die wichtigste Gestalt thront in der Mitte und im hinteren Bereich. Meist ist sie von Begleitern flankiert.

Auf dem aufsteigenden Hauptaltar eines buddhistischen Tempels ist häufig folgende Anordnung zu finden: Vorne stehen Bodhisattvas, zumeist mit Buddha Amitabha in der Mitte; es folgt der kindliche Buddha (Thích Ca), stehend und mit erhobenem Zeigefinger; danach macht es sich der dickbäuchige Buddha Maitreya (Di Lặc) gemütlich, zuweilen von zwei Wächterfiguren flankiert; gelegentlich gibt es Darstellungen der Buddhaschüler Ananda und Kasyapa; etwa im vorderen Drittel thronen der Jadekaiser mit seinen Ministern Nam Tào und Bắc Đầu sowie die Göttin der Barmherzigkeit (Quan Âm). Am Altarende sind oft mehrere Dreiergruppen von Buddhastatuen zu sehen. Den Abschluss bilden die Buddhas der Drei Zeiten (Tam Thế Phật), von links nach rechts die Buddhas der Vergangenheit (Amitabha), der Gegenwart (Shakyamuni) und der Zukunft (Maitreya).

Auf Seitenaltären stehen die 18 Arhats (La Hán), die als erleuchtete Nachfolger Buddhas für die Ausbreitung des Mahayana-Buddhismus eine wichtige Rolle spielten. Neben ihnen oder im hinteren Tempelbereich auf eigenen Altären werden die zehn Höllenrichter oder -könige *(diêm vương)* verehrt.

Traditionelle Kunst

Holzschnitzkunst

Traditionelle Schnitzarbeiten sind in erster Linie im Sakralbereich zu finden: bei den Holzskulpturen und den Verzierungen an Dachbalken und Stützsäulen eines Tempels. Die Figuren – zumeist aus dem Holz des Jackfruchtbaumes *(Artocarpus heterophyllus)* geschnitzt und mit mehreren Schichten Lack überzogen – künden von höchster künstlerischer Qualität. Leider haben nur wenige frühe Exemplare die Zeit überstanden. Älteste Zeugnisse sind mehrere Buddhafiguren aus dem 6. Jh., die im Mekong-Delta gefunden wurden, wo zu jener Zeit ein unter dem Namen Funan bekannter indisierter Staatenverbund existierte (s. S. 436).

Zu den schönsten **Skulpturen** Vietnams zählt die 1656 geschnitzte Quan-Am-Figur aus dem Chua But Thap. Sie entstand während der Mac-Dynastie (1527–1667), als die Sakralkunst einen Aufschwung erlebte. Darüber hinaus zeigt sich die Kunstfertigkeit der Holzschnitzer bei den **Balken- und**

Architektur und Kunst

Säulenverzierungen eines Tempels. Neben religiösen und höfischen Themen sind Darstellungen der vier heiligen Tiere (Drache, Einhorn, Kranich und Schildkröte) oder der vier heiligen Pflanzen (Aprikose, Orchidee, Chrysantheme und Bambus) beliebt. Schöne Beispiele dafür lassen sich im Dinh Hang Kenh in Hai Phong (s. S. 172) und im Chua Giac Lam in Saigon (s. S. 381) bewundern.

Lackkunst

Wie die meisten Handwerkstraditionen Vietnams hat auch die Lackkunst ihren Ursprung in China. Dort wurde das Harz des Lacksumach *(Rhus vernicifera)* bereits in der Shang-Zeit (ca. 1600–1030 v. Chr.) als Schutzanstrich und Bindemittel verwendet. Während der Westlichen Han-Dynastie (206 v. Chr.–9 n. Chr.) benutzte man den Lack für **Schnitzereien** und **Einlegearbeiten**. In dieser Zeit verbreitete sich die Kunst auch im chinesisch besetzten Vietnam, wie frühe Funde beweisen. Dort wurde zudem der klebrige Saft des Talgsumach *(Rhus succedanea)* genommen.

Spätestens im 11. Jh. begannen die Künstler damit, neben Einlegearbeiten **Holzskulpturen** zu lackieren und zu bemalen. Da unter den Ly- und Tran-Königen (11.–14. Jh.) viele Tempel gebaut wurden, gab es einen enormen Bedarf an religiösen Figuren.

Mitte des 15. Jh. führte der Mandarin Tran Tuong Cong die Technik der **Lackmalerei** aus China ein. Er organisierte die Handwerker in Gilden und wies Dörfer an, sich auf bestimmte Künste zu spezialisieren, darunter den Ort Dinh Bang in der Provinz Bac Ninh auf Lack. Schnell gewannen bemalte Schirme, Sänften, Schatullen, Schränkchen und vieles mehr unter Vietnams Reichen und Schönen an Popularität. Ab dem 18. Jh. erfreuten sich auch lacküberzogene Perlmutteinlagen für Paravents und Mobiliar großer Beliebtheit. Zur Popularisierung dieser Kunstform trug Meister Nguyen Kim bei, dem bis heute Gedenktempel gewidmet sind.

Eine ganz neue künstlerische Ausrichtung erhielt die Lackmalerei im frühen 20. Jh. durch Mitglieder der Hanoier Kunstakademie, die mit neuen Farben und verschiedenen Materialien wie etwa Eierschalen experimentierten.

Malerei

Ein Blick in die Kunstgeschichte zeigt, dass deren Entwicklung eng mit jener in China verwoben ist, selten aber die dortige Qualität erreicht hat. Das betrifft vor allem die **Kalligrafie**, die **Lack**- und die **Landschaftsmalerei**. Gerade Letztere erlangte nie die Bedeutung wie an den Höfen Ostasiens.

Holzschnitt

Wohl wegen seiner kulturellen Bedeutung und der volkstümlichen Motive genießt der **Holzschnitt** bis heute ungebrochene Popularität. Dies liegt insbesondere an den Neujahrsbildern *(tranh tết)*, die alljährlich zum Tết-Fest als Glücksbringer gekauft werden. Das Dorf Dong Ho, ca. 40 km nordöstlich von Hanoi, hat sich seit Generationen deren Herstellung verschrieben. Die dortigen Künstler fertigen die Bilder im Holzdruckverfahren an. Dabei zeichnen sie zunächst das Motiv auf den Druckstock und schnitzen es anschließend heraus. Die gestaltete Fläche des Druckstocks bestreichen sie dann mit schwarzer Farbe und pressen ihn schließlich auf Papier. Später bemalen sie die freien Flächen mit bunter Farbe.

Traditionell wird das Papier aus der Rinde der Dó-Pflanze (Familie der Kreuzdorngewächse) hergestellt.

Moderne Kunst

Für Bilder und Skulpturen aus Vietnam werden auf dem asiatischen Kunstmarkt teilweise hohe Beträge gezahlt. Der Besuch einer der vielen Galerien zeigt, wie kreativ und lebendig die Kunstszene des Landes ist. Das war nicht immer so.

Holzschnitzer in Hoi An

Architektur und Kunst

Die École Supérieure des Beaux-Arts

Für die Anfänge der künstlerischen Avantgarde spielt der Maler **Le Huy Mien** (1873–1943) eine wichtige Rolle. Der Absolvent der Pariser Kunstakademie machte europäische Maltechniken auch in Vietnam bekannt. Von großer Bedeutung war vor allem die 1925 in Hanoi etablierte École Supérieure des Beaux-Arts de l'Indochine. Dort bemühten sich die französischen Begründer, **Victor Tardieu** (1867–1937) und **Joseph Inguimberty** (1896–1971), um eine fundierte akademische Ausbildung der Studenten. Dabei experimentierten sie auch mit traditionellen vietnamesischen Verfahren wie Lack- und Seidenmalerei (s. S. 70). Die Kunstakademie brachte namhafte Künstler hervor, darunter **Nguyen Phan Chanh** (1892–1984), ein Experte der Seidenmalerei, und **Nguyen Gia Tri** (1906–1993), der in seinen Lackarbeiten mit neuen Farben und Materialien experimentierte.

Der kreativen Anfangsphase folgten kriegs- und teilungsbedingt schwierige Zeiten für die Künstler. Kaum einer konnte von der Kunst leben. Erschwerend kam hinzu, dass die Kreativität durch ideologische Vorgaben eingeschränkt war. Die Bilder sollten die Ideale des Sozialismus verkörpern. Von diesen Zwängen waren Maler wie **Bui Xuan Phai** (1921–1988), **Nguyen Sang** (1923–1988) und **Nguyen Tu Nghiem** (geb. 1922) geprägt.

Lebendige Kunstszene

Erst seit den 1990er-Jahren genießen die Künstler größere Freiheiten. Inspiriert von der internationalen Kunstszene können sie ihrer individuellen Richtung folgen und sind damit teilweise sehr erfolgreich. Zu ihnen zählen **Le Hong Thai** (geb. 1966) und **Bui Huu Hung** (geb. 1957), die sich mit Lackbildern einen Namen gemacht haben, oder **Do Quang Em** (geb. 1942), ein Meister des Realismus, und **Nguyen Trung** (geb. 1940), der führende Vertreter der abstrakten Malerei. Zu den Protagonisten der jüngeren Generation zählt **Le Thiet Cuong** (geb. 1960), dessen von klaren Linien und Formen geprägte Bilder mittlerweile in aller Welt ausgestellt werden. Ebenfalls von internationalem Renommee ist **Dinh Q. Le** (geb. 1968), dessen Spezialität Collagen mit verfremdeten Fotografien sind. Aufgewachsen und ausgebildet in den USA, verbringt er heute die meiste Zeit in Saigon.

Frauen zählen unter den Künstlern noch zur Minderheit. Die Filmemacherin **Nguyen Trinh Thi** (geb. 1973) aus Hanoi ist mit ihren Dokumentarfilmen und Videoinstallationen bekannt geworden, **Nguyen Thi Chau Giang** (geb. 1975), ebenfalls aus Hanoi, mit ihren Seidenmalereien.

Musik

Vielseitige Stile

Für europäische Ohren klingt die vietnamesische Musik recht gewöhnungsbedürftig, da sie dem Prinzip der für Ostasien typischen **Fünftonmusik** (Pentatonik) folgt. Einerseits von der chinesischen Musik beeinflusst, finden sich andererseits auch Einflüsse aus der Musikkultur der Cham. Dies verwundert nicht, waren doch Musiker der Cham seit König Ly Thai To im 11. Jh. am vietnamesischen Hof beliebt. Musik zählte neben Bogenschießen, Reiten, Rechnen, den Riten und dem Schreiben von Briefen zu den sechs freien Künsten, durfte also von jedem Freien ausgeübt werden. Entsprechend vielseitig hat sie sich im Laufe der Zeit entwickelt: höfisch förmlich und streng – wie etwa die **Hofmusik von Hue** *(nhã nhạc)* oder **volkstümlich** lebendig und humorvoll. Ähnlich vielseitig zeigt sich die **zeitgenössische Musik,** in der sich durchaus traditionelle mit westlichen und anderen asiatischen Richtungen verbinden können.

Instrumente

Ein Ensemble für klassische vietnamesische Musik besteht traditionell aus acht Musikern. Neben Trommeln, Tamburinen und Zimbeln spielen sie primär Saiten- und Blasinstrumente.

Đàn Bầu (Đàn Độc Huyền): Der Ursprung des einsaitigen Instruments mit länglichem Resonanzkörper soll bis auf das 7. Jh. zurückgehen. Meist übernimmt es die Melodieführung. Der Ton verändert sich durch Berühren der Saite bei gleichzeitigem Bewegen des Saitenhalters am Ende des Klangkörpers.

Đàn Tranh (Đàn Thập Lục): Die aus China stammende Zither (chin.: *guzheng*) kann bis zu 21 Saiten haben und besticht mit einem klaren, durchdringenden Ton. Er wird dadurch erzeugt, dass der Spieler mit der rechten Hand die Saite anzupft und mit der linken die gleiche Saite herunterdrückt oder schwingt.

Đàn Nguyệt und **Đàn Nhật:** Die zweisaitige Mondlaute (Đàn Nguyệt) hat einen langen, schmalen Hals und einen rundlichen Klangkörper, im Gegensatz dazu weist die fünfsaitige Sonnenlaute (Đàn Nhật) einen kurzen Hals und einen großen runden Klangkörper auf.

Đàn Tỳ Bà: Ursprünglich kommt die viersaitige Laute mit dem birnenförmigen Klangkörper, der elegant in den schmaler werdenden Hals übergeht, aus China (chin.: *pipa*). Sie ist ein beliebtes Soloinstrument.

Đàn Nhị (Đàn Cò): Mit einem schmalen Bogen gestrichen, gibt die zweisaitige Fiedel durchdringende Töne von sich. Der mit Schlangenhaut bespannte Klangzylinder ruht auf den Knien des Spielers, der dünne lange Hals wird senkrecht gehalten. Sie ist chinesischen Ursprungs (chin. *erhu*).

Ống Sáo: Die Bambusflöte mit normalerweise sechs Löchern gibt es in verschiedenen Ausführungen.

Kèn: Ziemlich schrill kann die vietnamesische Oboe (chin.: *suona*) mit sechs Öffnungen und trompetengroßem Trichter klingen, besonders wenn es in die höchste der drei möglichen Oktaven geht.

Đàn T'rưng: Das Xylophon aus Bambus ist nicht immer Teil des Ensembles. Seinen Ursprung hat es bei den Völkern des zentralen Hochlands.

Moderne Musik

Inspiriert von westlichen Strömungen, entwickelte sich ab den 1940er-Jahren auch in Vietnam eine moderne Musiktradition (Tân nhạc Việt Nam). Als die ›Drei Väter‹ gelten **Pham Duy** (1921–2013), der mehr als 1000 Lieder komponierte, von denen wegen ihrer kritischen Inhalte noch immer viele auf dem Index stehen, **Van Cao** (1923–1995), der neben Liebesballaden und patriotischen Liedern auch die Nationalhymne komponierte, sowie der aus Hue stammende **Trinh Cong Son** (1939–2001). Letzterer komponierte mehr als 500 Stücke, darunter viele Liebeslieder. Bekanntheit erlangte er jedoch mit seinen Antikriegssongs, die sowohl in Südvietnam als auch nach 1975 im vereinigten Vietnam verboten waren.

Während im Süden die Präsenz der US-Amerikaner zum Aufblühen einer eigenständigen vietnamesischen Popmusik führte, hatte im Norden die moderne Musik im Dienst der Partei zu stehen. Erlaubt waren tendenziell nur patriotische Lieder. Das änderte sich auch nach 1975 nicht, viele südvietnamesische Musiker emigrierten deshalb in die Vereinigten Staaten.

Im Zuge von Doi Moi und mit Aufkommen einer Mittelklasse ist seit den 1990er-Jahren **V-Pop** (*nhạc pop Việt Nam*, auch *nhạc trẻ*, Jugendmusik) angesagt. Bei zahlreichen Festivals, Liveacts und TV-Shows wird die zunehmende Vielfalt deutlich, die von R & B bis Hip-Hop reicht und sehr stark von der koreanischen Popmusik beeinflusst ist. Zu den aktuell angesagtesten Interpreten zählen **Ho Ngoc Ha** (geb. 1984), ein ehemaliges Model, **Ho Quynh Huong** (geb. 1980), die aufgrund ihrer klaren Stimme schon viele Jahre Erfolg hat, und **FB Boiz**, eine Boygroup, die R & B und Hip-Hop spielt.

Literatur

Die vietnamesische Literatur wurde bis in die Neuzeit von zwei Hauptquellen gespeist: der mündlich überlieferten **Volksdichtung** (*văn*

Architektur und Kunst

học dân gian) in Form von Märchen, Sagen und Sinnsprüchen sowie der **Gelehrtenliteratur** *(văn học bác học)*, die am Königshof, den Akademien und in den buddhistischen Klöstern zu Hause war. Aus dem Mund bekannter Mönche entstanden viele bis heute bekannte **Verse** *(gatha)*, in denen sich buddhistische Lehre und Dichtkunst vermischten. Allein der Mönch Van Hanh (gest. 1018) soll Hunderte solcher *gathas* verfasst haben, darunter folgendes: »Der menschliche Leib ist wie ein Aufleuchten des Blitzes, der nur existiert, um ins Nichts zurückzukehren. Wie der Frühling erblüht, um im Herbst zu verwelken. Verschwende keine Gedanken über den Fortlauf, denn er ist ohne Zweck. Kommen und Gehen sind wie Tau.«

Am Hof und in den Akademien benutzten die Gelehrten das chinesische Schriftsystem, ab dem 13. Jh. auch die Nom-Schrift. Erstes bedeutendes Werk in *chữ nôm* war das 1272 erschienene »Geschichte von Dai Viet« (»Đại Việt Sử Ký«) aus der Hand des Chronisten **Le Van Huu**.

Als bedeutendster Literat des 15. Jh. gilt **Nguyen Trai** (1380–1442), ein Mitstreiter von Le Loi im Kampf gegen die Ming-Besatzer. Aus seiner Feder stammen über 200 Gedichte in Nom-Schrift. Um die Nom-Dichtung weiteren Gesellschaftskreisen zugänglicher zu machen, gründete König Le Thanh Tong eine **Literaturakademie**.

Hellster Stern am vietnamesischen Literatenhimmel ist fraglos **Nguyen Du** (1765–1820). Seine 1802 auf Basis einer chinesischen Erzählung in vietnamesischer Prosa geschriebene »Geschichte von Kim Van Kieu« (»Truyện Kiều«) gilt als wichtigstes literarisches Werk. Fast jedes Kind kennt die Abenteuer der jungen Kieu, die ihre Liebe zu dem jungen Gelehrten Kim Trong aufgeben muss, um einen anderen Mann zu heiraten. Denn nur so glaubt sie, Vater und Bruder aus der Gefangenschaft befreien zu können. Ganz unten angelangt, muss sie sich sogar im Bordell verdingen. Doch schließlich werden Kieu und Kim Trong wieder vereint. Das Werk ist voller Kritik an den sozialen Verhältnissen.

Auch die ›Königin der Nom-Dichtung‹ und Zeitgenossin von Nguyen Du, **Ho Xuan Huong** (1768–1839), sparte nicht mit Gesellschaftskritik. Ihre Gedichte sind voller Hintersinn und erotischer Anspielungen, mit denen sie die Doppelmoral und Selbstverliebtheit der Männergesellschaft thematisierte. So schreibt sie, die Konkubine eines Mandarins: »Die Hand, die mich knetet, mag grob sein, aber ich halte mein wahres rotes Herz rein.«

Mit dem 1922 unter dem Pseudonym Song An erschienenen Liebesroman »Tố Tâm« läutete **Hoang Ngoc Phach** (1896–1973) die literarische Moderne ein. Die folgenden Jahrzehnte dominierten die Themen Krieg und Unabhängigkeit. Seit den 1980er-Jahren lässt sich in den Romanen eine eher kritische Auseinandersetzung mit der eigenen Geschichte beobachten. Dies gilt vor allem für die Werke von **Vu Trong Phung, Ma Van Khang, Le Minh Khue** und **Nguyen Huy Thiep**. Die Hauptwerke von **Duong Thu Huong**, die aufgrund der in ihnen geübten Gesellschaftskritik zeitweise Schreibverbot erhielt, liegen in deutschen Übersetzungen vor. In Zeiten des globalisierten Buchmarktes, der auch Vietnams Buchhandlungen mit westlicher Literatur überschwemmt, wird es für vietnamesische Autoren jedoch immer schwieriger, eine interessierte Leserschaft zu finden.

Theater

Derzeit lassen sich für das vietnamesische Theater zwei gegenläufige Trends beobachten. Einerseits nimmt in Zeiten elektronischer Medien das allgemeine Interesse am Bühnenspiel ab. Andererseits findet die traditionelle Schauspielkunst nicht zuletzt dank des Tourismus deutlich mehr Beachtung als in der jüngeren Vergangenheit. Im Rahmen von Tempelfesten und Festivals werden heute wieder häufiger Theaterstücke aufgeführt.

Die Anfänge des Schauspiels in Vietnam lassen sich bis ins 12. Jh. zurückverfolgen. Damals förderte das Königshaus Aufführungen und die Zahl der Tempelfeste nahm zu.

Doch erst im 17. Jh. hatten sich jene beiden klassischen Formen herausgebildet, die auch heute noch dominieren: das Volkstheater und das höfische Theater.

Volkstheater (Chèo)

Das volkstümliche Theater findet sein Auditorium vor allem auf dem Land. Zu den Dorf- und Tempelfesten bauen die herumreisenden Theaterensembles für einige Tage ihre Wanderbühne auf. Die zumeist religiösen Feste bestehen aus dem rituellen *(lễ)* und dem weltlichen Part *(hội)* mit Jahrmarkttreiben und Schauspiel. Die Hauptakteure in den Stücken – eine Mischung aus Satire, Melodram und Gesang – sind niedrige Beamte, Mönche, Studenten oder Bauern, aber auch Geister, Dämonen und Götter. Es geht vor allem um moralische Themen mit dem Fazit: Gutsein zahlt sich aus, Bosheit wird bestraft. Aktuelle Bezüge dürfen nicht fehlen, so kommen heute auch Themen wie HIV/Aids, Korruption und Auswüchse des Kapitalismus zur Sprache.

Höfisches Theater (Tuồng)

Das höfische Theater ist thematisch stark von China beeinflusst und präsentiert sich wie dort als eine Mischung aus Gesang, Akrobatik und Mimenspiel. Im Zentrum des Geschehens steht in den meisten Stücken der Königshof. Eine typische Geschichte kann so verlaufen: Dem Tod eines Königs folgt eine Rebellion. Königin und Thronfolger werden festgenommen. Trotz aller Versuche vermögen die Rebellen den kleinen Kronprinzen nicht zu töten. Nach vielen Abenteuern gelingt es jenem schließlich, zusammen mit loyalen Untertanen den Thron zurückzuerobern. Die über 500 bekannten Stücke sind oft Lobeshymnen auf konfuzianische Tugenden wie Opferbereitschaft und Loyalität. Mimik und Tonlage im Sprechgesang der bunt geschminkten Akteure sind exakt festgelegt.

Auch Herrscher wie der Minh-Mang- und der Tu-Duc-König griffen zu Tusche und Schreibfeder, um Tuồng-Stücke zu schreiben. Modernere Inszenierungen greifen allgemeine Themen auf. Mit dem Niedergang der Monarchie hat das Tuồng an Bedeutung eingebüßt.

Reformtheater (Cải lương)

Im Saigon der 1920er-Jahre entstand eine Reformbewegung in der Schauspielkunst. Beeinflusst vom europäischen Theater ist die Themenwahl im Gegensatz zum Chèo und Tuồng hier relativ flexibel. Die Stoffe können historisch, aber auch modern sein, die Stücke kurz oder lang. Aufgrund dieser Offenheit hat sich diese Theaterform im ganzen Land schnell ausgebreitet und regionale Eigenheiten entwickelt. Heute spielen über die Hälfte aller Schauspielensembles Cải lương.

Wasserpuppentheater (Múa rối nước)

Am ehesten kommen Touristen mit dem Wasserpuppentheater in Berührung und erfreuen sich an den lustigen Szenen: wie der Fuchs dem Entenhüter das Federvieh stibitzt oder die Phönixe sich tief in die Augen schauen, wie Bauern singend den Reis pflanzen und Drachen rauchend Feuer spucken. In dieser Form ist das Puppentheater weltweit einmalig. Die Puppenspieler stehen hüfttief im Wasser und bewegen hinter der Kulisse mit langen Bambusstangen und Fäden die bis zu 70 cm großen Figuren. Nicht selten wiegen die mit Lackfarben bemalten Puppen 15 kg und sind aus dem leichten, doch festen Holz der Trauben- *(Ficus racemosa)* oder Doldenfeige *(Ficus glomerata)* geschnitzt.

Seinen Ursprung hat das Mua roi nuoc in den Reisfeldern des Roten-Fluss-Deltas. Möglicherweise wurde es erstmals im 12. Jh. an der Chua Thay aufgeführt, bis heute ist das Dorf Phu Da unweit der Chua Tay Phuong für seine Wasserpuppenspieler bekannt. An den Königshöfen des 17./18. Jh. erlebte es einen Höhepunkt. Auch die Nguyen-Herrscher liebten das Puppenspiel. Wie beim Chèo zogen die Puppenspieler von Tempelfest zu Tempelfest, um die Dorfbewohner zu belustigen und zu belehren.

Wissenswertes für die Reise

Anreise und Verkehr
Übernachten
Essen und Trinken
Outdoor
Feste und Veranstaltungen
Reiseinfos von A bis Z

Auf subtile Weise figurbetont: Vietnams Nationaltracht, der Áo dài, erlebt in jüngster Zeit ein Revival

Hochverehrt und vielbesucht: der Ba Chua Xu-Tempel am Sam-Berg

Im Töpferdorf Bat Trang blüht das Geschäft mit blau-weißer Keramik

Anreise und Verkehr

Einreisebestimmungen

Einreisedokumente und Visumantrag

Deutsche Staatsbürger sind bei einem Aufenthalt von bis zu 15 Tagen von der Visa-Pflicht befreit (Aktualität der Regelung auf www.vietnambotschaft.org checken!). Ansonsten muss vor der Einreise bei der diplomatischen Vertretung Vietnams ein Visum beantragt werden (Bearbeitungszeit mindestens eine Arbeitswoche). Auf den Websites der Botschaften (s. S. 96) kann das Antragsformular heruntergeladen werden. Einzureichen sind ein Reisepass mit mindestens sechs Monate Gültigkeit, der Antrag, ein aktuelles Passfoto, die Visagebühr in bar plus ein ausreichend frankierter Rückumschlag für Einschreiben.

Seit dem Inkrafttreten EU-weiter Passregeln im Juni 2012 benötigen alle **Kinder** ab Geburt bei Reisen ins Ausland ein eigenes Reisedokument: den Kinderreisepass. Folglich muss auch jeder mitreisende Nachwuchs bei der diplomatischen Vertretung von Vietnam ein eigenes Visum beantragen.

> **VISADATEN UND VERLUST VON REISEPAPIEREN**
>
> Nach Erhalt des Visums sollten Sie unbedingt die Einreisedaten überprüfen, denn die Visumgültigkeit richtet sich nach dem Passeintrag, nicht nach dem tatsächlichen Einreisetag, sollte dieser später erfolgen. Eine Kopie des Reisepasses vereinfacht bei Verlust das Ausstellen eines Ersatzpasses. Nähere Infos dazu unter www.hanoi.diplo.de. Man sollte auch weitere Passfotos mitnehmen.

Ein 30 Tage gültiges **Touristenvisum** kostet 65 €, bei zweimaliger Einreise (Double Entry) 80 €. Für ein Visum mit Gültigkeit von 85 Tagen und mehrmaliger Einreise werden 90 € verlangt. Abholung am selben Tag ist gegen Zuzahlung von 25 € möglich.

Visum bei Einreise: Über eine vietnamesische Reiseagentur oder www.vietnam-destination.de ist das Visum auch bei der Ankunft (Visa on Arrival) für 45 US-$ erhältlich. Dazu ist jedoch ein Einladungsschreiben (Invitation Letter) des Immigration Office erforderlich, das der Veranstalter vorab gegen eine Gebühr besorgen muss. Diese Möglichkeit besteht jedoch nur bei der Einreise über die internationalen Flughäfen in Hanoi, Da Nang und Ho-Chi-Minh-Stadt.

Visumverlängerung

Bei den Einwanderungsbehörden (Immigration Office) kann das Visum für 20 US-$ um 14 Tage verlängert werden. Viele örtliche Agenturen übernehmen diese zeitraubende Arbeit gegen eine Servicegebühr.

Einfuhr von Waren

Ausländische Währungen können in unbegrenzter Höhe eingeführt werden, müssen jedoch ab einem Wert von 5000 US-$ deklariert werden. Vietnamesische Dong (VND) müssen ab einem Wert von über 15 Mio. (ca. 600 €) deklariert werden.

Für den Eigenbedarf kann Folgendes zollfrei eingeführt werden: 200 g Zigaretten oder 100 Zigarren oder 500 g Tabak; 1,5 l Spirituosen mit über 22 % Alkohol oder 2 l Spirituosen mit weniger als 22 % Alkohol oder 3 l andere alkoholische Getränke wie etwa Bier. Wertsachen bis zu 10 Mio. VND (ca. 400 €). Dass Waffen, Munition, Drogen und Pornografie nicht ins Land eingeführt werden dürfen, muss wohl nicht betont werden.

Anreise

Flugzeug

Vietnam verfügt über drei **internationale Flughäfen:** in Hanoi, Da Nang und Ho-Chi-Minh-Stadt. Da fast jede größere Fluglinie sowohl Hanoi als auch Ho-Chi-Minh-Stadt anfliegt, bietet sich ein Gabelflug an.

... aus Europa

Lufthansa (www.lufthansa.com) steuert 3 x wöchentlich von Frankfurt aus Ho-Chi-Minh-Stadt mit Zwischenstopp in Bangkok an. **Vietnam Airlines** (www.vietnamairlines.com) bedient täglich nonstop die Strecke Frankfurt–Ho-Chi-Minh-Stadt und Frankfurt–Hanoi. Über ihre Drehscheiben Bangkok bzw. Singapur fliegen **Thai Airways International** (www.thaiairways.com) und **Singapore Airlines** (www.singaporeair.com) teilweise 2 x tgl. von Frankfurt, München und Zürich nach Hanoi und Ho-Chi-Minh-Stadt. Eine gute Anreiseoption ist **Qatar Airways** (www.qatarairways.com), die von Berlin, Frankfurt, München, Wien und Zürich aus über Doha nach Ho-Chi-Minh-Stadt fliegt.

Der **Noi Bai International Airport** befindet sich 45 km nördlich von Hanoi und ist über eine Schnellstraße in knapp einer Stunde zu erreichen. Es verkehren Minibusse und Flughafentaxen (3 US-$ bzw. 18 US-$). Der **Tan Son Nhat International Airport** in Ho-Chi-Minh-Stadt liegt etwa 7 km nördlich des Stadtzentrums. Taxis (am besten von Mai Linh oder Vinasun) warten vor der Ankunftshalle (ab 10 US-$). Zudem fährt Bus Nr. 152 direkt in die Innenstadt. Die **internationale Flughafensteuer** ist im Ticketpreis enthalten.

... aus der Region

Die zentralvietnamesische Stadt Da Nang ist international mit folgenden Städten verbunden: Hongkong, Macau, Singapur und Siem Reap. Vom 3 km westlich des Stadtzentrums gelegenen **Da Nang International Airport** hat man gute Verbindungen, u. a. auch nach Hoi An (30 km, 45 Min., Taxi ab 15 US-$) oder nach Hue (106 km, durch den Hai-Van-Tunnel etwa 3 Std.).

Vietnam Airlines unterhält ein dichtes Streckennetz in der Region mit Zielflughäfen in Thailand (Bangkok), Laos (Vientiane, Luang Prabang), Kambodscha (Phnom Penh, Siem Reap und Myanmar (Yangon). **Cambodia Angkor Air** (www.cambodiaangkorair.com), ein Ableger von Vietnam Airlines, fliegt die kambodschanischen Städte Phnom Penh und Siem Reap an. Auch viele ostasiatische Airlines haben Vietnam in ihrem Programm. Die Billigfluglinie **Air Asia** (www.airasia.com) verbindet 1–2 x tgl. Bangkok und Kuala Lumpur mit Hanoi und Ho-Chi-Minh-Stadt. Vom Budget-Terminal des Changi Airport in Singapur steuert **Tiger Airways** (www.tigerairways.com) Hanoi und Ho-Chi-Minh-Stadt an.

Rückbestätigung von Flügen

Einige Airlines – von Fall zu Fall vorab aktuell nachfragen – verlangen 72 Std. vor Abflug eine Rückbestätigung. Am einfachsten ist es, wenn man sich bei der Landung im Zielgebiet die Rufnummer vom Flughafenschalter seiner Airline geben lässt.

Landweg

Die Zahl der offiziellen Grenzübergänge nahm in den vergangenen Jahren stetig zu, sodass es nun eine Reihe attraktiver Landverbindungen mit den Nachbarländern gibt. Während bei der Einreise nach Vietnam immer ein Visum benötigt wird, erhält man bei der Einreise nach Laos und Kambodscha an wichtigen Grenzübergängen **Visa on Arrival** (V.o.A.).

... von/nach China

Von Beijing verkehren 2 x wöchentlich Züge nach Hanoi (2300 km, 42 Std.) mit Stopps u. a. in Zhengzhou, Guilin und Nanning. Zwischen Nanning und Hanoi (Gia-Lam-Bahnhof) gibt es zudem eine Direktverbindung (tgl., 396 km, 12 Std.). Der Grenzübertritt erfolgt in **Dong Dang.** In Hanoi kann man mit dem Zug nach **Lao Cai** (296 km, 8 Std.) fahren, dort über die Grenze gehen

NACHHALTIG REISEN

Die Umwelt schützen, die lokale Wirtschaft fördern, intensive Begegnungen ermöglichen, voneinander lernen – nachhaltiger Tourismus übernimmt Verantwortung für Umwelt und Gesellschaft. Die folgenden Websites geben Tipps, wie man seine Reise nachhaltig gestalten kann.

www.fairunterwegs.org: »Fair Reisen« anstatt nur verreisen – dafür wirbt der schweizerische Arbeitskreis für Tourismus und Entwicklung. Außerdem erhält man hier ausführliche Infos zu Reiseländern in der ganzen Welt.

www.sympathiemagazin.de: Länderhefte mit Infos zu Alltagsleben, Politik, Kultur und Wirtschaft; Themenhefte zu den Weltregionen, Umwelt, Kinderrechten und Globalisierung.

In Vietnam gibt es eine Vielzahl von Initiativen, um etwa das lokale Handwerk zu fördern. Entsprechende Geschäfte befinden sich derzeit in Hanoi, Hoi An und Ho-Chi-Minh-Stadt. Zudem gibt es zunehmend sogenannte »Community Based Tourism«-Projekte, also Initiativen, die eng mit lokalen Gemeinden und Gemeinschaften zusammenarbeiten. Ein gutes Beispiel ist CBT Vietnam, www.cbtvietnam.com, die mit ethnischen Gruppen rund um Sa Pa zusammenarbeiten.

Über 100 Veranstalter bieten auf www.forumandersreisen.de nachhaltige Touren auch für Vietnam an. Die auf S. 143 genannten lokalen Agenturen bemühen sich ebenfalls um einen umwelt- und sozialverträglichen Tourismus.

---

und im chinesischen **Hekou** per Bus oder Zug nach Kunming (410 km, 6–10 Std.) fahren. Ein weiterer Grenzübergang liegt in **Mong Cai/Dong Xing**. Genannte Übergänge sind tgl. von 8.30 bis 17 Uhr geöffnet.

... von/nach Laos

Im Nordwesten Vietnams kann man über den Übergang **Muang Khua/Dien Bien Phu** (V.o.A.) ein- und ausreisen. Dies ermöglicht attraktive Reisekombinationen mit Nordlaos. Von Vientiane verkehren tgl. Direktbusse über Vinh (14 Std.) nach Hanoi (20 Std.). Grenzübertritt ist in **Cau Treo/Lak Xao** (8–17 Uhr, V.o.A.). Von der laotischen Hauptstadt fahren auch Busse über **Lao Bao/Dan Savan** (7.30–19 Uhr, V.o.A.) nach Hue (16 Std.) und Da Nang (19 Std.). Denselben Grenzübergang nehmen Direktbusse zwischen Dong Ha und Savannakhet (9 Std.). Die Stadt am Mekong ist dank einer Brücke mit dem thailändischen Mukdahan verbunden, wo es Anschluss nach Bangkok und in andere Städte gibt. Von Vinh fährt regelmäßig ein Bus über **Nameo/Xam Neua** nach Phonsavan. Kleinere Grenzübergänge gibt es in **Chalo/Mahaxai, Ky Son (Nam Khan)/Nong Het** (V.o.A.) und in **Bo Y/Phou Keua**, 80 km nordwestlich von Kon Tum.

... von/nach Kambodscha

Inzwischen gibt es viele Grenzübergänge mit Visa on Arrival für Kambodscha. **Moc Bai/Bavet** mit Bus- und Taxiverbindungen zwischen Ho-Chi-Minh-Stadt und Phnom Penh ist der populärste. Im Mekong-Delta fahren von Chau Doc aus Boote über **Vinh Xuong/Kaam Samnor** nach Phnom Penh. Weitere Übergänge: **Nha Bang–Tinh Bien/Phnom Den, Xa Xia (Ha Tien)/Prek Chak** (Weiterfahrt nach Sihanoukville) und **Binh Hiep/Prey Vor**. Der Übergang **Xa Mat/Trapeang Phlong** eignet sich für Fahrten nach Kompong Cham. Interessant für das Zentrale Hochland sind **Le Thanh/O'Yadaw, Hoa Lu/Trapeang Sre** und **Dinh Ba/Banteay Chakrey**.

Verkehrsmittel im Land

Flugzeug

Vietnam Airlines (www.vietnamairlines.com) hat ein dichtes Streckennetz innerhalb Vietnams und fliegt mit modernen Maschinen von den Drehscheiben Hanoi und Ho-Chi-Minh-Stadt aus die meisten Provinzstädte an. **Jetstar** (www.jetstar.com) und **Viet Jet Air** (www.vietjetair.com) unterhalten von Hanoi und Ho-Chi-Minh-Stadt aus zunehmend mehr Verbindungen zu populären Inlandszielen.

In den Monaten Dezember bis März sollte unbedingt rechtzeitig gebucht werden, allen voran in den Wochen um Tet (s. S. 92). Viele Strecken sind aber ganzjährig stark ausgelastet, darunter Hanoi–Saigon (Ho-Chi-Minh-Stadt), Hanoi–Hue und Saigon–Phu Quoc.

Die **Flughafensteuer** ist im Ticketpreis enthalten.

Eisenbahn

Nach vierjähriger Bauzeit fuhr am 20. Juli 1885 der erste Zug von Saigon nach My Tho. Heute unterhält das Staatsunternehmen **Vietnam Railways** (www.vr.com.vn) ein Streckennetz von insgesamt über 2600 km. Es verläuft vorwiegend eingleisig als Schmalspur (1 m) und ist hoffnungslos veraltet. Zwar gibt es große Pläne, das Schienennetz zu verbessern, aber bislang ist wenig geschehen. Da die Ausstattung der Züge jedoch in Ordnung ist, ist eine Bahnreise unbedingt empfehlenswert. Die **Hauptlinie** führt von Hanoi entlang der Küste über Hue, Da Nang und Nha Trang ins 1726 km weiter südlich gelegene Saigon. **Weitere Linien** führen von Hanoi gen Norden nach Dong Dang (162 km) an der chinesischen Grenze, in Richtung Nordwesten nach Lao Cai (296 km) und nach Hai Phong (102 km).

Hanoi–Saigon: Die schnellsten Züge (SE 3/4) benötigen knapp 30 Std. und verfügen über drei klimatisierte Klassen: Weichliegen im Vierer-Abteil, Hartliegen im Sechser-Abteil und Waggons mit Weichsitzen.

Hanoi–Lao Cai: Den Zügen zwischen Hanoi und Lao Cai werden von den privaten Unternehmen Fanxipan, Orient Express und Sapaly Express komfortable Schlaf- und teilweise Speisewagen beigestellt. Am edelsten fährt man auf dieser pittoresken Strecke jedoch mit Victoria Express Train (www.victoriahotels.asia). Das Unternehmen hängt zwei Schlafwagen- und einen Speisewagen an.

Saigon–Phan Thiet–Nha Trang: Auf der 450 km langen Strecke sind den Zügen SNT1/2 und SPT1/2 Waggons von Golden Express angehängt.

Fahrpläne, Ticketpreise und viele Infos gibt es unter www.seat61.com. Online-Buchung über www.dsvn.vn. Wie überall auf der Welt sollte man in den Zügen das Gepäck vor Diebstahl schützen und gut verstauen.

Bus

Mit Bussen gelangt man in Vietnam zu den abgelegensten Orten. Sie sind das am meisten genutzte und auch günstigste Verkehrsmittel Vietnams. Auch wenn zumindest auf den Hauptstrecken neuere Busse eingesetzt werden, sind sie zumeist überfüllt und aufgrund der engen Sitze unbequem. Fernziele werden mit guten **Expressbussen** *(xe đò tốc hành)* angesteuert, die zu festen Zeiten – vorwiegend frühmorgens oder abends – vom Busbahnhof *(bến xe buýt)* abfahren und nur wenige Stopps einlegen. Die **lokalen Busse** *(xe buýt)* fahren los, wenn sie voll sind, und halten an jeder Gießkanne. Die größte Fahrfrequenz besteht vormittags.

Alternativ kann man auf den Hauptrouten die privaten **Open-Tour-Busse** nutzen. Sie sind komfortabel, pünktlich und günstig – die Fahrt von Hanoi nach Hue kostet 14 US-$. Man wird von der Unterkunft abgeholt. Fast alle Busse verkehren auf der Strecke **Hanoi–Ninh Binh–Hue–Hoi An–Nha Trang–Da Lat–Saigon** bzw. **Nha Trang–Mui Ne–Saigon**. Man kann problemlos bei einem der vielen Reisebüros vor Ort die Tickets für die jeweilige Teilstrecke besorgen. Zu den **etablierten Unternehmen** zählen Sinh Tourist (www.thesinhtourist.vn), FUTA Buslines Phuong Trang (www.futabuslines.com.vn) und Kim Cafe Travel (www.kimcafetravel.com).

Mietwagen

In Vietnam ist es Touristen nicht gestattet, selbst ein Auto zu steuern, da hilft auch der internationale Führerschein nicht. Ein Wagen mit Fahrer ist an nahezu jedem Ort aufzutreiben und fraglos die komfortabelste Option, das Land zu bereisen. Etablierte Agenturen stellen gute Fahrzeuge zur Verfügung und verlangen entsprechend mehr als jene kleinen Reisebüros, die Wagen mit Fahrer vermitteln. Dort ist es wichtig, Route und Preis exakt festzulegen, um Missverständnisse auszuräumen – etwa die Frage, ob Kost und Logis des Chauffeurs inbegriffen sind oder nicht. Die meisten Fahrer sprechen nämlich kaum Englisch, was die Kommunikation unterwegs erschwert. Pro Reisetag muss man je nach Entfernung pauschal mit 50–70 US-$ rechnen. Dabei sind die Fahrkilometer bereits eingerechnet. Alternativ kann man einen Basispreis mit Kilometerpauschale vereinbaren. Es herrscht Rechtsverkehr.

Boote und Fähren

Die Bootstouren gehören in Vietnam zu den schönsten Reiseerlebnissen, allen voran in der **Ha-Long-Bucht**, wo tagtäglich eine Armada von Touristenbooten unterwegs ist. Zwischen **Hai Phong** und der Insel **Cat Ba** verkehrt ein Schnellboot chinesischer Bauart.

ÜBERLEBEN IM VERKEHR

Als Fußgänger merkt man sofort, wer das schwächste Glied im Verkehr ist. Zebrastreifen sind ihre Farbe nicht wert, immerhin haben Ampeln mehr als Symbolwert. Die größte Herausforderung ist das Überqueren einer belebten Straße. Hier heißt es, nicht in Panik zu geraten. Am besten atmet man tief durch (falls die Luft nicht zu sehr verpestet ist) und beginnt langsam zu gehen. Nicht rennen und nur notfalls anhalten. Auf diese Weise gelangt man einigermaßen heil auf die andere Seite.

Das Mekong-Delta mit seinen zahlreichen Flussarmen und Kanälen bietet viele Reisevarianten auf dem Wasser. In **My Tho**, **Vinh Long** bzw. **Cai Be** und **Can Tho** unterhalten die Fremdenverkehrsämter der jeweiligen Provinzen Flotten kleiner Ausflugsboote. Man kann sie an den Schaltern bei den Anlegern buchen.

Rach Gia und **Ha Tien** sind Ausgangspunkte für Fähren auf die Insel **Phu Quoc**.

Von **Saigon** aus fahren täglich Tragflügelboote von Vina Express (www.vinaexpress.com.vn) nach **Vung Tau** und von Green Tours über **My Tho** nach **Can Tho**.

Eine beliebte Reisevariante ist mit dem Schnellboot von **Chau Doc** nach **Phnom Penh** in 4 Std.; zzt. bedienen Tu Trang Travel, Blue Cruiser und Victoria Hotels die Strecke.

Nahverkehr

In jeder größeren Stadt gibt es **Taxis** *(xe tắc xi)* mit Taxameter. Der Grundbetrag variiert je nach Stadt zwischen 10 000 und 15 000 Dong, der Rest wird nach gefahrenen Kilometern berechnet. Allerdings sind vor allem in Hanoi, Nha Trang und Ho-Chi-Minh-Stadt nicht selten die Taxameter manipuliert. Bei Fahrtende werden dann die hohen Fahrpreise unter Gewaltandrohung eingefordert. Ein national agierendes, recht zuverlässiges Taxiunternehmen ist Mai Linh (www.mailinh.vn).

Die berühmte, aus der Kolonialzeit stammende Fahrradriksha, das **Cyclo** *(xích lô)*, ist eine aussterbende Spezies und wird zum Transport von Gütern (z. B. bei Märkten) und für Touristentouren eingesetzt. Wichtig ist, den Preis vorher auszuhandeln und hart zu feilschen, denn Cyclo-Fahrer sind für überzogene Forderungen berüchtigt. Eine einstündige Rundtour durch Hanoi sollte um 100 000 Dong kosten.

Die schnellste Option im Nahverkehr ist das **Mopedtaxi** (*Honda ôm* oder *xe ôm*). Oft warten die Fahrer an Kreuzungen oder kurven durch die Straßen. Man winkt sie herbei, vereinbart das Ziel, handelt den Preis aus und los geht es. Schutzhelme gibt es selten, obwohl sie Pflicht sind! Zudem besteht in großen Städten ein funktionierendes öffentliches **Bussystem**.

Übernachten

In den Touristenzentren nimmt die Zahl der Unterkünfte rasant zu. Da die Konkurrenz größer wird, sinken die Preise, sodass in Vietnam insgesamt ein gutes Preis-Leistungs-Verhältnis herrscht. Von 10 bis 1000 US-$ ist alles zu haben. In abgelegenen Orten ist die Auswahl zuweilen jedoch sehr eingeschränkt. Die wenigen Unterkünfte sind oft gesichtslos und auf den lokalen Geschmack abgestimmt.

Bei den Hotelneubauten kann man unterschiedliche architektonische Trends beobachten: klotzige Hochhäuser mit eher gesichtslosen Zimmern und stimmungsvolle Hotels mit kolonialem oder lokalem Flair.

Die Übernachtung in einfachen Gästehäusern und Minihotels kostet im Schnitt 10 bis 20 US-$ pro Zimmer. Mittelklassehotels verlangen für ihre Standard-, Superior- und Deluxe-Räume ca. 25 bis 50 US-$. Zimmer in Hotels der gehobenen Kategorie sind für 70 bis 100 US-$ zu haben, während Luxusherbergen ihre Gemächer selten unter 100 US-$ vermieten. Die teuren Unterkünfte addieren auf ihre Rechnung noch 10 % Mehrwertsteuer (VAT = value-added tax) und 5 % Service Charge. Die Zimmerpreise sind stark saisonabhängig. In der Hauptsaison sollte man frühzeitig reservieren, in der Nebensaison gibt es starke Preisnachlässe. Für gewöhnlich besteht zwischen Einzel- und Doppelzimmer kaum ein preislicher Unterschied. Die in Vietnam von staatlicher Seite vergebene Sternekategorie ist nur bedingt auf den internationalen Standard übertragbar.

Hotels und Resorts

Die **internationalen Hotelketten** von Hyatt bis Sheraton haben auch in Vietnam kräftig investiert und Häuser eröffnet. An den Stränden sind teilweise sehr stilvolle Luxusresorts entstanden. Darüber hinaus haben **lokale oder regionale Hotelgruppen** wie Victoria Hotels (www.victoriahotels.asia), Anantara (www.anantara.com) oder Six Senses (www.sixsenses.com) eigene Akzente gesetzt, etwa im Wellness-Bereich. Schließlich existieren einige wenige **Hotels mit kolonialem Flair**, allen voran das Sofitel Metropole in Hanoi, das Saigon Morin in Hue und das Majestic in Ho-Chi-Minh-Stadt.

Ferner gibt es eine Vielzahl optisch wenig ansprechender **Touristen- und Geschäftshotels**, die mit ihren Karaoke- und Massage-Angeboten eher die asiatische Klientel ansprechen. Aber für jene, die nicht viel Wert auf Ambiente legen, sind sie angesichts der oft günstigen Preise eine durchaus gute Wahl.

Minihotels und Gästehäuser

Angesichts der touristischen Entwicklung mancher Orte haben Privatleute ihr Haus in ein **Minihotel** umgewandelt. In größeren Orten handelt es sich dabei meist um schmale Gebäude mit mehreren Stockwerken. Gewöhnlich stimmt das Preis-Leistungs-Verhältnis. Zimmer mit Klimaanlage und Warmwasser-Bad gibt es nicht selten ab 10 US-$, Frühstück inkl. Bei diesen ›Handtuchhäusern‹ sind die der Straße zugewandten Zimmer häufig recht laut, die mittleren meist fensterlos und die hinteren zuweilen etwas dunkel. Viele einfache Gästehäuser verfügen nur über Zimmer mit Ventilator, Moskitonetzen und Gemeinschaftsbad. Da in Billigunterkünften selten Bettwäsche bereitgestellt wird, sollte man von zu Hause einen Leinenschlafsack oder ein Bettlaken mitnehmen.

Homestays und Herbergen

Wer auf Trekkingtour in den Bergen unterwegs ist, wird zwangsläufig in einem **Privathaus** übernachten. Der Standard ist so ein-

Entspannte Atmosphäre bietet die Poolanlage des Six Senses Ninh Van Bay

fach wie das Leben der Bewohner. Als Toilette dient zuweilen der nächste Fluss. Zudem kann es in der Nacht empfindlich kühl werden. Hier empfiehlt es sich, den eigenen Schlafsack ebenso mitzunehmen wie Toilettenpapier und andere Hygieneartikel. Es gibt aber auch komfortablere Übernachtungsmöglichkeiten in Privathäusern, allen voran im Mekong-Delta. Dies kann über die örtlichen Fremdenverkehrsämter oder lokale Agenturen arrangiert werden.

In den Touristenorten nimmt die Zahl der **Hostels** rapide zu. Oft gibt es einen Schlafplatz bereits für 10 US-$, also perfekt für sparsame Einzelreisende. Je nach Größe verfügen die Hostels neben Schlafsälen mit Stockbetten auch über einige Doppelzimmer. Teeküchen und Gemeinschaftsräume sind obligatorisch.

Zimmerreservierung

Schnäppchenjäger können auch in Vietnam glücklich werden, wenn sie auf den Online-Portalen großer heimischer Veranstalter nach Last-Minute-Angeboten Ausschau halten. Bei Hotels der gehobenen Klasse empfiehlt sich die Reservierung über eine vietnamesische Reiseagentur, einen Veranstalter oder das Internet – eventuell in Kombination mit einer Flugbuchung. Bei Luxushotels lohnt der Blick auf deren Website – häufig gibt es Specials. Im Allgemeinen ist es jedoch kein Problem, ohne Reservierung ein Zimmer zu bekommen. Beim Einchecken muss in der Regel der Reisepass hinterlegt werden.

Buchung im Internet

Folgende Seiten stellen eine kleine Auswahl an **Buchungs-Websites** dar:
www.agoda.com
www.vietnamhotels.net
www.laterooms.com
www.booking.com

Hotelbewertungen finden Sie bei:
www.holidaycheck.de
www.tripadvisor.de

Essen und Trinken

»Glücklich sein heißt satt sein«, lautet ein bekanntes vietnamesisches Sprichwort. Kein Wunder, dass Essen zu den Lieblingsbeschäftigungen der Vietnamesen zählt. An jeder Straßenecke wird gebrutzelt und gekocht. Zwar gibt es immer mehr Edelrestaurants mit schönem Ambiente, doch die besten Gerichte stammen nicht selten aus der Garküche. Eine Reise durch Vietnam geht auch immer durch den Magen.

»Ăn cơm chưa«, »Hast du schon gegessen?«, schallt es zur Mittagszeit durch die Büroräume und Straßen. Dann bewegen sich Chefs und Angestellte in Richtung Garküche oder Restaurant, um sich zu stärken. Oft kommt das Essen auch direkt zu ihnen. Frauen ziehen durch die Straßen und verkünden lautstark ihr Angebot, die Tragekörbe sind voll mit Gekochtem und Gegrilltem.

Die Offenheit der Vietnamesen Fremdem gegenüber hat auch ihre Küche beeinflusst. Im Laufe der langen Geschichte vermischte sie sich mit Chinesischem, Indischem und Französischem. So schmeckt das Hummer- und Süßkartoffel-Curry, *ca ri tôm hùm với khoai lang,* unverkennbar südasiatisch. Dass die Vietnamesen passionierte Kaffeetrinker sind und gerne Baguettes (*bánh mì*) verzehren, etwa mit gegrilltem Schweinefleisch (*bánh mì thịt nướng*), ist ein Relikt aus jener Epoche, als die Grande Nation das Sagen hatte.

Die drei Unverzichtbaren

Ohne die folgenden drei Elemente kommt die vietnamesische Küche einfach nicht aus: Reis, frische Kräuter und Fischsoße. Allein ca. 20 Sorten **Reis** (*cơm*) finden ihren Weg in die Küchen des Landes, pro Tag konsumiert ein Vietnamese über 500 g des weißen Korns (China: ca. 250 g).

Ein Teller mit duftenden **Kräutern** (*rau thơm*) darf ebenfalls nicht fehlen. Dazu gehören: Basilikum (*rau quế*), Vietnamesische Melisse oder Kammminze (*rau kinh giới*), Koriander (*rau mùi* oder *ngò*), Minze (*rau húng cây*), Petersilie (*rau mui tay*), die Reisfeldpflanze (*rau om*), Schwarznessel oder Rotes Perillakraut (*rau tia to*) und der Vietnamesische Koriander (*rau ram*). Die frischen Kräuter werden einfach mit den anderen Beigaben gemischt und geben dem Gericht Vitamine und die nötige Frische.

In einem kleinen Schälchen oder einem Fläschchen kommt **Fischsoße** (*nước mắm*) auf den Tisch. Um diese streng riechende, wie Bernstein hellbraun leuchtende Flüssigkeit wird ein Kult getrieben wie in Europa um Wein und Whisky. Zu den bekanntesten Produktionsstätten gehören Phan Thiet und die Insel Phu Quoc. Kleine Fische – zumeist Sardellen (*cá cơm*) – legt man in Salz ein und lässt sie über mehrere Monate in großen Fässern fermentieren. Das abgelassene Wasser wird oben wieder hineingefüllt. *Nước mắm* liefert die richtige Würze und deckt den Salzbedarf.

Kulinarische Vielfalt

In Vietnam gibt es eine erstaunliche Vielfalt an **Frühlingsrollen**. Gebraten und mit einer Gemüse-Fleisch-Mischung gefüllt nennt man sie im Norden *nem Sài Gòn,* im Süden *chả giò.* Als gedämpfte Reismehlrollen heißen sie *bánh cuốn,* mit Schweine- und Garnelenfleisch gefüllt *bánh cuốn tôm,* mit Rind *bánh cuốn thịt bò* und vegetarisch *bánh cuốn chay.* Bei den rohen ›Glücksrollen‹, *gỏi cuốn,* kommen die Beigaben getrennt zum Selberwickeln auf den Tisch.

Salate

Gaumenfreuden verheißen auch **Salate** (*gỏi*), etwa jene mit Schweinefleisch und Pomelostücken, *rau trộn thịt xay của và bưởi.* Beim *gỏi ngó sen* werden Lotusstängel klein geschnitten und mit Karotten, Garnelen und Zwiebeln gemischt. Ähnlich wird *gỏi bắp chuối* zubereitet, wobei statt Lotosstängeln das kleingehackte Innere der Bananenblüte genommen wird. Genannte Salate werden gern als Entree mit Garnelen-Crackern *(bánh phỏng tôm)* gegessen.

Nudeln

Nudeln gibt es in vielen Varianten, etwa als weiche runde Reisnudeln *(bun)* oder als etwas härtere Reisnudeln *(bánh phở)*, die in sehr dünner Ausführung *bánh hỏi* genannt werden. Außerdem gibt es gelbe Weizennudeln *(mi)*, etwas dickere aus Bohnenmehl hergestellte Glasnudeln *(miến lớn; lớn* bedeutet dick) und die sehr dünnen Glasnudeln aus Tapiokamehl *(miến nhỏ; nhỏ* bedeutet dünn).

Hunde, Schlangen und andere Delikatessen

Die putzigen Hündchen, die sich im beengten Käfig vor dem Laden drängen, werden wohl nie mit Kindern durch eine Wohnung tollen. Sie sind für den Verzehr gedacht. **Hundefleisch** *(thịt chó)* ist im Norden Vietnams eine Delikatesse. Mit *thịt chó* oder *thịt cầy* locken die einschlägigen Lokale ihre Kundschaft. Traditionell wird Hund jedoch nur in der zweiten Hälfte des Mondmonats verspeist. Was auf den Tisch kommt, sieht durchaus schmackhaft aus: gebratener Hund *(thịt chó xào bận)* mit Galgant *(riềng)*, einer Ingwerart etwa, oder gekochter Hund *(thịt chó hấp)* mit Reisnudeln *(bún)*. Zum Dippen gibt es Garnelensoße *(mắm tôm)* und zum Löschen Reisschnaps.

> ## KULINARISCHER LESETIPP
>
> Bingemer, Susanna/Gerlach, Hans: Vietnam. Küche und Kultur. München 2004. Schon beim Blättern läuft einem angesichts der leckeren Rezepte und tollen Fotos das Wasser im Mund zusammen. Dazu gibt es spannende Reportagen über die Kultur Vietnams.

Auch **Schlange** *(rắn)*, **Frosch** *(ếch)*, **Schildkröte** *(rùa)*, **Stachelschwein** *(nhím)*, **Wiesel** *(chồn)* oder **Makaken** *(khi)* bereichern den Speiseplan einschlägiger Lokale. Oder soll es *tiết canh vịt*, **warmes Entenblut mit Innereien** sein, das traditionell zum Jahrestag eines Verstorbenen verzehrt wird? Die Liste gewöhnungsbedürftiger und Arten vernichtender Gerichte ließe sich fortsetzen. Dass die Jagd auf Wildtiere in Vietnam nach wie vor ein großes Problem ist, hat damit zu tun, dass immer mehr Vietnamesen bereit sind, für solche ›Köstlichkeiten‹ viel Geld zu bezahlen.

Regionale Besonderheiten

Bei diesem lang gezogenen Land verwundert es nicht, dass sich regionale Eigenheiten herausgebildet haben. Durch die verstärkte Mobilität der Bewohner verändert sich jedoch der Geschmack. So sind in Saigon nun auch viele nordvietnamesische Gerichte populär.

Nordvietnamesische Speisen

Im kühleren Norden wird weniger gewürzt, dafür mehr Suppe gegessen. Am bekanntesten ist sicherlich *phở bò*, **Reisnudelsuppe mit Rindfleisch.** Seit eine wachsende Zahl von einschlägigen Lokalen, wie etwa die Nudelsuppen-Kette Pho 24, sich darauf spezialisiert hat, avanciert die *phở* zum nationalen Schnellgericht.

Eine beliebte Freizeitbeschäftigung ist das gemeinsame Sitzen rund um den **Feuertopf** *(lẩu)*. Salatblätter, Kräuter, Fleisch und Fisch werden dazu wie beim Fondue in einer Brühe gegart und gegessen.

Eine Spezialität aus Hanoi ist *chả cá*, **gebratener Fisch mit Dill.** Sie erfreut sich unter Touristen ebenso einer wachsenden Fangemeinde wie *bún chả*, **kalte Reisnudeln**, die mit gebratenem Schwein oder Rind und frischen Kräutern kredenzt werden.

Etwas gewöhnungsbedürftig ist das bitter schmeckende *canh khổ qua nhồi thịt*, **mit Schweinefleisch gefüllte Balsambirne** *(khổ qua)*, die wegen ihrer heilenden Wirkung geschätzt wird.

Zentralvietnamesische Speisen

Die feine Küche der letzten Könige hat ihre Spuren hinterlassen, ließen sich die Herrscher doch pro Mahlzeit Dutzende Gerichte kredenzen. Hue gilt als die Stadt der Haute Cuisine Vietnams. Über 600 Rezepte sollen heute noch verbreitet sein, darunter Leckereien wie *bò lá lốt*, **in Blätter des Betelpfeffers gelegte Rindfleischröllchen**, oder *bánh bèo*, **gedämpfter Reispudding mit zerkleinerten Garnelen**.

Wie ein **Pfannkuchen** wird *bánh khoái* zusammen mit Schwein oder Garnele und Sojabohnensprossen zubereitet und vor dem Verzehr in eine Erdnuss-Sesamsoße getunkt. *Khoái* ist der Name der verwendeten Pfanne. *Cơm sen*, **Klebreis mit Samen der Lotosblume**, oder *bánh ít*, **gemahlener Klebreis**, sind weitere Spezialitäten aus der Mitte Vietnams. Gemahlenen Klebreis gibt es in verschiedenen Variationen: *bánh ít ram* sind kleine Klebreisbällchen mit Shrimps- und Schweinefleischstückchen, *bánh ít lá gai* besteht aus Klebreis, Zucker, Gemüse und grünen Bohnen. Eine eigene Variante davon findet sich in Hoi An: *bánh ít lá gai trân*.

Als eine Delikatesse gilt **auf einem Zuckerrohrstück gegrilltes Garnelen- und Schweinefleisch**, *cháo tôm với thịt lợn xay*. Auch **Schweinefleisch oder Fisch in Karamellsoße**, *thịt heo kho tộ* bzw. *cá kho tộ*, erfreut sich großer Beliebtheit. Das Gericht wird in einem Tontopf serviert. Als Zwischenmahlzeit dient *chè đậu xanh*, eine **süße Suppe mit Bohnen, Tapioka und Bananenblüte** oder **Lotossamen**.

Südvietnamesische Speisen

Den Bewohnern des tropischen Südens wird eine gewisse Tendenz zur Hitzköpfigkeit nachgesagt. Möglicherweise liegt dies daran, dass sie ihr Essen stärker würzen, zuweilen auch recht scharf. Bevorzugte Gewürze sind alle Varianten und Größen von **Chili** – sei es frisch (*ớt*), als Pulver (*ớt màu*), Soße (*tương ớt*) oder Paste (*tương ớt tươi*) – sowie **Ingwer** (*gừng*), **Zitronengras** (*cây sả*) und **Sternanis** (*hôi hương*). Aus Kambodscha kommt vielleicht die Vorliebe, bei der Zubereitung der Gerichte im

Schnelle Küche im Victoria

Wok auch **Kokosnuss** (*dừa*) beizumischen, sei es in Raspeln (*cơm dừa*) oder als Milch (*nước cốt dừa*). Vom Nachbarn stammt auch *Hủ tiếu Nam Vang* (Nam Vang = Phnom Penh), eine im Mekong-Delta populäre Nudelsuppe mit Schweineinnereien und Garnelen.

Zu den populären Gerichten Südvietnams zählen *nem nướng*, **Schweinefleischbällchen auf Spießchen**, und *bún thịt nướng*, **gegrilltes Schweinefleisch mit Reisnudeln**. Auch **Hühnerfleisch mit Zitronengras**, *gà xào xả ớt*, landet gern auf dem Teller. Zu **Pfannkuchen aus Reismehl mit Fleisch oder Garnelen** (*bánh xèo*) gehören Sojabohnensprossen.

Fischgerichte sind zwar im ganzen Land populär, aber auch da gibt es lokale Spezialitäten. Phu Quoc ist nicht nur für seine Fischsoße bekannt, sondern auch für *cá thu chiên*, **frische Makrelen**, die mit Pfeffer eingerieben, gebraten und mit Gemüse serviert werden. Die Insulaner schlürfen auch gerne *canh chua tôm*, eine **süßsaure Garnelensuppe**.

Essen gehen

Wie in vielen Ländern Asiens stellt man auch in Vietnam eine Auswahl von Gerichten zusammen, um sie mit den Tischgenossen zu teilen. Jeder bedient sich mit seinen Stäbchen.

Isst man mit Vietnamesen, so bekommt man nicht selten das beste Stück. Wer ins Restaurant oder nach Hause eingeladen ist, sollte die Teller mit den Beilagen nie leer essen; täte man es, würde dies signalisieren, dass der Gastgeber nicht ausreichend aufgetischt hat.

In einfachen Lokalen und Garküchen ist **Trinkgeld** unüblich, wer will, kann ein paar Scheine liegen lassen. In besseren Restaurants wird die Rechnung oft in einem kleinen Mäppchen gebracht. Dort kann man etwas Restgeld (etwa 10 % des Rechnungsbetrags) hineinlegen. Einzelabrechnungen sind unüblich, traditionell übernimmt einer die Gesamtrechnung.

Restaurants

Wer Vietnam zu Beginn der 1990er-Jahre besuchte, hatte große Schwierigkeiten, ein einigermaßen gutes Lokal zu finden. Dies hat sich völlig geändert. In den Metropolen konkurrieren heute die großen Hotels mit Themen-Dinners wie etwa Summer Italian Flavours oder Seafood Night. Auch ansonsten ist die internationale Küche gut vertreten. Doch auch die vietnamesische Küche wird immer raffinierter präsentiert, sei es mit kolonialem Touch, in traditionell vietnamesischem Ambiente oder im hypermodernen Lounge-Stil.

Fernab der Touristenzentren zeigt sich die Küche bescheidener – und unverfälschter. Mit *cơm* oder *phở* weisen die Lokale darauf hin, ob sie Reisgerichte, Suppen oder beides im Angebot haben. Die *cơm bình dân* genannten Lokale bereiten zur Mittagszeit einige Speisen vor, aus denen die Gäste wählen können. Gaststätten mit vegetarischen Gerichten – oft in der Nähe buddhistischer Tempel zu finden, da Mönche, Nonnen und fromme Gläubige kein Fleisch essen – werben mit *cơm chay*. Das Ambiente der Lokale ist eher schlicht, auch lässt die Reinlichkeit zu wünschen übrig, doch was auf den Tisch kommt, kann sich sehen lassen. Wie überall auf der Welt lässt sich auch in Vietnam die Popularität eines Lokals daran erkennen, wie voll es ist.

Verlockende Garküchen

Das beste Essen gibt es meist in den Garküchen. Sie bieten zwar nur wenige Gerichte an, doch die wurden über die Jahre verfeinert. Oft ist nur Platz für wenige Kunden, die sich auf Hockern um einen Tisch zwängen. Vor allem abends breiten sich vielerorts größere Garküchen aus, die Feuertopf oder Fischgerichte bieten. So schmackhaft alles oft aussieht, um den Genuss nicht zu verderben, sollte man die Faustregel der Weltgesundheitsorganisation beherzigen: ungekochte oder nicht gebratene Nahrungsmittel ebenso meiden wie ungeschältes Obst und Gemüse. Wer aber allzu ängstlich ist, wird einige wunderbare kulinarische Erlebnisse versäumen.

Essenszeiten

In Vietnam wird traditionell früh gegessen. Zum **Frühstück** sind Nudelsuppen beliebt. Das **Mittagessen** wird nach Möglichkeit zwischen 11 und 13 Uhr eingenommen, das **Abendessen** nicht selten bereits ab 18 Uhr.

Stäbchen, Löffel, Schale

Stäbchen und **Reisschale** gehören zur Grundausstattung. Die Beigaben werden in die Schale gelegt und zusammen mit dem Reis gegessen. Der Umgang mit dem Stäbchen ist sicherlich gewöhnungsbedürftig, aber weniger schwierig, als es scheint. Während das untere Stäbchen fest auf dem Ringfinger und in der Falte zwischen Daumen und Zeigefinger ruht, bleibt das obere Stäbchen beweglich, indem man den vorderen Teil zwischen Zeige- und Mittelfinger einklemmt und den hinteren mit dem Daumen gegen den Zeigefinger drückt. Es gilt: Übung macht den Meister.

Für Suppen gibt es **Porzellanlöffel**, größere Ingredienzien werden mit Stäbchen herausgefischt, was Hungrigen bei langen Reisnudeln eine gewisse Fingerfertigkeit abverlangt.

Kochschulen

Was hat es mit dem Yin und Yang des Essens auf sich, wie kann ich die vielen Kräuter auseinanderhalten? Wie koche ich am besten die

Reisnudeln, welche Gewürze nehme ich? Fragen, die immer mehr Hotels und Restaurants ihren Gästen erläutern und Letztere in die Kochkünste Vietnams einführen.

Als Trinh Diem Vy im Jahr 1991 ihr erstes bescheidenes Restaurant in Hoi An eröffnete, ahnte sie nicht, welche Entwicklung der Tourismus in ihrer Heimatstadt nehmen würde. Heute leitet sie drei Restaurants und auch eine Kochschule, denn immer mehr Gäste wollen nicht nur die vielen Köstlichkeiten probieren, sondern auch wissen, wie sie gekocht werden.

Für Europäer sind all die Zutaten und Gewürze fremd und exotisch. Vietnams Küche ist ganz anders als jene in Thailand, und was dort schon lange erfolgreich geboten wird, wollen nun viele vietnamesische Hotels und Restaurants ihren Gästen bieten: einen Kochkurs.

Zunächst geht es auf den Markt, um die Zutaten kennenzulernen und einzukaufen. Bei Fisch und Fleisch scheint das noch unproblematisch zu sein, aber bei der Auswahl von Kräutern wird es schon schwieriger. Was ist das nun Basilikum, was die Reisfeldpflanze? Und wie unterscheide ich Koriander vom Vietnamesischen Koriander? Beim Kochen wird es dann spannend. Mit großen Hackmessern wird zerkleinert, in Mörsern zerstampft und mit Stäbchen verrührt, und dann brutzeln die Köstlichkeiten im Wok oder liegen auf dem Grill.

Möglicherweise ist das Gericht nicht perfekt geworden, aber die Schüler sind um einige Erfahrungen reicher. Vielleicht wissen sie nun mehr über die Zutaten und Gewürze für die berühmte Fischsoße oder wie ihnen die Frühlingsrollen am besten gelingen. Sie haben gelernt, welche Gerichte zusammenpassen, um das Yin und Yang ins Gleichgewicht zu bringen. Und vielleicht ist ihnen nun auch klar, warum die bittere Balsambirne *(khổ qua)* so gesund ist.

Getränke

Tee und Kaffee

Es ist fast schon ein kleines Begrüßungsritual: Kaum hat man sich bei einem Geschäftstermin oder Privatbesuch gesetzt, bietet der Gastgeber **Tee** an. Dazu stehen auf dem Tisch ein kleines Teeservice und eine Thermoskanne mit heißem Wasser bereit. Der **grüne Tee** – im Norden *chè xanh* und im Süden *trà xanh* genannt – ist Vietnams Nationalgetränk und wird zu jeder Gelegenheit getrunken. Als Varianten gibt es **Lotos-** *(trà sen)* oder **Jasmintee** *(trà hoa lài),* gelegentlich auch **Schwarztee** *(trà đen).*

Vietnam zählt zu den führenden Exportnationen für **Kaffee**, kein Wunder also, dass das schwarze Gebräu auch im Land selbst gern konsumiert wird. Zumeist serviert man ihn im Glas mit Filteraufsatz. Schwarzer Kaffee ohne Milch und Zucker heißt *cà phê đen*, Kaffee mit (meist süßer) Kondensmilch wird *cà phê với sữa* (sprich: schua) genannt. Wer zusätzlich noch Zucker will, bestellt *cà phê với sữa và đường.*

Alkoholische Getränke

An alkoholischen Getränken gibt es – zumindest in den Städten – nahezu alles erhältlich. Jede Region in Vietnam hat ihr eigenes **Bier**, sei es bia Ha noi in der Hauptstadt, Huda in Hue, Larue in Da Nang oder bia Saigon in der Südmetropole. Landesweit gibt es das bia 333 (sprich: bababa) sowie eine Reihe internationaler Marken, allen voran Tiger Beer. Anfangs wurde Fassbier *(bia hơi)* nur im Norden ausgeschenkt, doch inzwischen ist es im ganzen Land zu finden.

Auch in Sachen **Wein** *(rượu vang)* hat sich einiges getan. Aus der Gegend um Da Lat stammt der gleichnamige Vang Da Lat (www.dalatwine.com). In der Stadt des ewigen Frühlings werden auch **Fruchtweine** und **Liköre**, beispielsweise aus Erdbeeren, produziert.

Lieblingsgetränk der (männlichen) Vietnamesen ist und bleibt der **Reisschnaps** *(rượu đế),* den es in verschiedenen Varianten gibt. Der *rượu nếp* wird aus Klebreis gebrannt. Beim *rượu rắn*, dem Schlangenschnaps, ist etliches Getier eingelegt, nicht nur Schlange. Er soll gesundheitsfördernd sein und der männlichen Potenz auf die Sprünge helfen. Den Zöllner erfreut das beliebte Mitbringsel bei der Einreise allerdings nicht.

Outdoor

Golf

Sehr gute Anlagen mit internationalem Standard sind der **Dalat Palace Golf Club** (www.dalatpalacegolf.com) in Da Lat, der **Sea Links Golf & Country Club** (www.sea linkscity.com) bei Phan Thiet und **Montgomerie Links** (www.montgomerielinks.com) bei Da Nang.

Stadtnah liegen der **Vietnam Golf & Country Club** (vietnamgolfcc.com) bei Ho-Chi-Minh-Stadt und **BRG Island Golf** (www.brggroup.vn) bei Hanoi.

Infos zu diesen und weiteren Plätzen unter www.vietnamgolftours.com.

Radfahren

Beliebt ist es, Vietnam mit dem Fahrrad *(xe đạp)* zu erkunden. Mancherorts, etwa in Hoi An, Ninh Binh oder Hue, verleihen Gästehäuser einfache Drahtesel für Fahrten in die Umgebung. Wer anspruchsvollere Touren unternehmen möchte, sollte sein eigenes Gefährt samt Ersatzteilen mitbringen oder im Land ein Mountainbike *(xe đạp leo núi)* kaufen. Trotz Rechtsverkehr ist der Fahrstil gerade in den Städten gewöhnungsbedürftig.

Einige Veranstalter bieten schöne Radtouren an, etwa in der Trockenen Ha-Long-Bucht, bei Hoi An oder im Mekong-Delta. Ungeachtet der Strapazen lohnen sich zudem Touren in der Bergwelt mit fantastischen Ausblicken.

Taiji

Ob in Hanoi rund um den Hoan-Kiem-See, im Tao-Dan-Park in Ho-Chi-Minh-Stadt oder am Strand von Nha Trang – frühmorgens sieht man oft Gruppen von meist Älteren, die Taiji-Übungen machen. Gern kann man ihnen nacheifern, denn *thái cực quyền* sieht zwar kompliziert aus, lässt sich aber erlernen. Manche Hotels und Strandresorts bieten Kurse an. Oder man wendet sich bei ernsterem Interesse an den Hanoi Taiji Club, 14 Trịnh Hoai Duc, Tel. 09 03 27 57 00, www.facebook.com/hanoitaijiclub.

Trekking

Bevorzugte Wandergebiete sind die Nationalparks und Bergregionen. Vor allem der Norden bietet sich für ein- oder mehrtägige Trekkingtouren an. Gute Ausgangspunkte sind **Sa Pa** und **Bac Ha** im Nordwesten oder **Mai Chau** und **Pu Luong** südwestlich von Hanoi. Man sollte nie ohne einheimische Führer unterwegs sein, denn weder gibt es gute Pläne noch ausgeschilderte Wanderwege. Zudem spricht kaum ein Einheimischer Englisch. Es empfiehlt sich, bei anspruchsvollen Touren die eigene Ausrüstung (Wanderschuhe, Daunenjacken und -schlafsäcke etc.) mitzunehmen. Bei mehrtägigen Touren wird meist in Privathäusern – einfache Holz- oder Bambushütten – übernachtet. Man muss sich auf fehlenden Komfort und mangelnde Hygiene einstellen. Zudem sollte man die lokalen Gepflogenheiten berücksichtigen (s. S. 97).

Vogelbeobachtung

Mit 884 gelisteten Vogelarten, davon zehn endemischen, ist Vietnam ein interessantes Land für Vogelfreunde. Zu den besten Orten zählt der **Bac-Ma-Nationalpark** 40 km südlich von Hue mit über 300 Arten, darunter einige endemische Fasanenarten. Eine interessante Vogelwelt bietet sich auch **rund um Da Lat** und im südwestlich davon gelegenen **Cat-Tien-Nationalpark**. Für die Beobachtung von Wasservögeln eignet sich das

Mekong-Delta, allen voran der **Tram-Chim-Nationalpark** westlich von Chau Doc und der **Mui-Ca-Mau-Nationalpark** südlich von Ca Mau. Von Chau Doc aus kann man auch das kleine Schutzgebiet **Tra Su**, Heimat Hunderter Störche und Kraniche, besuchen.

Wassersport

Wer an Vietnams Stränden nicht nur in der Sonne liegen möchte, hat vielerlei Möglichkeiten, sich sportlich zu betätigen. Die großen Resorts verleihen gewöhnlich entsprechendes Equipment. Am China Beach südlich von Da Nang und in Mui Ne bestehen gute **Windsurf-Bedingungen.**

Kajakfahren

Die schönste Kulisse für Meereskajak-Touren bietet die **Ha-Long-Bucht.** Bei mehrtägigen Bootstouren durch die Bucht sind Kajakboote meist an Bord. Es ist ratsam, sich vorher etwas einweisen zu lassen.

Tauchen und Schnorcheln

Vietnam zählt zwar nicht zu den klassischen Tauchzielen wie die Malediven oder das Rote Meer, doch auch hier gibt es eine faszinierende Unterwasserwelt – etwa in der **Bucht von Nha Trang.** Dort bieten einige Tauchschulen ihre Dienste an. Rund um die **Walfischinsel** (Hòn Ông) in der Ben-Goi-Bucht entdeckte Jacques Cousteau 1933 seine Leidenschaft für das Tauchen – angesichts der schönen Korallen kein Wunder.

Eine gute Ausgangsbasis für Tauchgänge bildet außerdem die **Cham-Insel** (Cù lao Chàm) vor Hoi An.

Vor **Phu Quoc** und dem **Con-Son-Archipel** befinden sich weitere interessante Tauchgründe, allerdings steckt hier der Tauchsport noch in den Kinderschuhen.

Bei den meisten der genannten Orte lässt sich die Meeresflora und -fauna auch schnorchelnd beobachten. Nähere Infos zu den Tauchgründen bietet **Rainbow Divers** (www.divevietnam.com). Viele gute Tipps gibt es zudem unter **www.taucher.net.**

Vietnamesen halten sich gerne mit Taiji fit

Feste und Veranstaltungen

Der vietnamesische Festkalender ist prall gefüllt. Kaum eine Woche, in der nicht in irgendeinem Dorf der Jahrestag des Schutzgeistes mit prächtigen Prozessionen gefeiert wird. Hinzu kommen die regional bedeutenden Tempelfeste, die Feiern der ethnischen und religiösen Gemeinschaften und nicht zuletzt die staatlichen Feiertage. Im Jahreslauf folgen die meisten – allen voran die Jahreszeiten-Feste *(tết)* – dem Mondkalender. Er besteht der sino-vietnamesischen Tradition folgend aus zwölf Monaten mit 29 oder 30 Tagen. Um ihn immer wieder an den Sonnenkalender anzupassen, wird etwa alle drei Jahre zwischen dem dritten und vierten Mondmonat ein Schaltmonat *(tháng nhuận)* eingeschoben.

Tết Nguyên Đán

Das wichtigste Ereignis im Jahreslauf der Vietnamesen ist das **Neujahrsfest**, schlicht Tết oder Tết Cả (großes Fest) genannt. Es beginnt am Vortag des ersten Neumondes nach der Wintersonnenwende und dauert offiziell drei Tage, meist jedoch länger, und fällt zwischen den 21. Januar und 19. Februar. Die Wochen davor sind mit hektischem Treiben ausgefüllt. Einkäufe werden erledigt, Wohnungen gereinigt und mit Blumen geschmückt, Schulden beglichen und Streitigkeiten möglichst beendet. Nicht fehlen darf der Gang zum bunten Blumenmarkt, um im Norden Kumquat-Bäumchen *(cam quất)* oder im Süden gelb blühende *Ochna integerrima (hoa mai)* zu erstehen. Auch die zartrosa Blütenzweige des Pfirsichbaums *(hoa đào)* sind beliebte Mitbringsel.

Am 23. Tag des zwölften und letzten Mondmonats muss alles blitzblank sein, denn dann geht der Küchengott Ong Tao zur Berichterstattung zum Jadekaiser und soll nur Gutes zu vermelden haben. Wer kann, reist zum Fest nach Hause, weshalb die Verkehrsmittel um diese Zeit hoffnungslos ausgebucht sind. Tết ist ein Fest der Familie. Sie kommt zusammen, um das Jahr zu Ende zu bringen und das neue gut zu beginnen. Höhepunkt ist in der Neujahrsnacht das gemeinsame Festessen, bei dem als Spezialität *bánh chưng*, in Bananenblätter gewickelter Klebreiskuchen, gereicht wird. Früher wurde das neue Jahr mit Feuerwerksknallern begrüßt, heute ist dies verboten.

Am ersten Tag des Jahres besucht man gerne buddhistische Pagoden, Kirchen oder Gedenktempel. Anschließend geht es zu Freunden und Bekannten, um ihnen »chúc mừng năm mới«, ein gutes neues Jahr, zu wünschen.

Weitere Tết-Feste

Tết Thanh Minh: Am fünften oder sechsten Tag des dritten Mondmonats besuchen Vietnamesen zum Fest der Helligkeit die Gräber ihrer Vorfahren. Dort gedenken sie mit Opfergaben und einem Picknick der Toten der Familie.

Tết Đoan Ngọ: Zum Mittsommerfest am fünften Tag des fünften Mondmonats werden zur Besänftigung der bösen Geister und zur Wiederherstellung der Yin- und Yang-Kräfte Tempel aufgesucht, um durch Opfergaben potenzielle Gefahren abzuwehren, die dem Glauben nach im Hochsommer besonders häufig lauern. Manche fahren zum Sammeln von Heilkräutern hinaus in die Natur. Wahrsager und Amuletthändler haben Hochkonjunktur.

Tết Trung Nguyên: Am 15. Tag des siebten Mondmonats kommen die umherirrenden Seelen auf die Erde zurück. Zu ihrer Besänftigung werden vor den Ahnenaltären Speiseopfer zubereitet und Papieropfer verbrannt. Auch an diesem Tag besuchen viele Vietnamesen die Gräber ihrer Vorfahren.

Tết Trung Thu: Am 15. Tag des achten Mondmonats, wenn der Mond am weitesten von der Erde entfernt ist, findet das Mitt-

Zum Laternenfest in Hoi An schmücken bunte Lichter die Straßen der Altstadt

herbstfest statt. Es ist besonders bei Kindern beliebt, die zu diesem Anlass mit Masken und Laternen durch die Straßen ziehen. Als kulinarische Spezialität wird der Mondkuchen *(banh trung thu)* aus Klebreis gereicht. Rund um dieses Fest finden häufig Verlobungen und Hochzeiten statt.

Tết Trùng Thập: Das letzte größere Ereignis im Jahreslauf findet am zehnten Tag des zehnten Mondmonats statt. Zu diesem Fest des neuen Reises, eine Art Erntedankfest, zieht der Jadekaiser Bilanz bezüglich der guten und schlechten Taten. Um seine Berichterstatter gut zu stimmen, werden ihnen – ebenso den Ahnen – Opfer dargebracht.

Familienfeiern

Wie in vielen anderen Ländern Asiens werden auch in Vietnam Familienfeste besonders ausgiebig gefeiert. Nicht nur beim Tết-Fest demonstriert man Zusammenhalt, sondern ebenso bei den Festen im Lebenslauf.

Geburt

Einen Monat nach der Geburt wird am sogenannten Tag des ersten Monats, **Ngày Đầy Tháng,** im kleinen Familienkreis die Namensgebungszeremonie abgehalten. Denn aus Angst, böse Geister anzuziehen, wird vermieden, das Kind im ersten Lebensmonat beim Namen zu rufen. Es endet auch die Zeit, in welcher Mutter und Neugeborenes das Haus nicht verlassen dürfen. Zum Segen des Kindes streichen die Angehörigen mit einer Blume über seinen Mund, dazu gibt es ausgesuchte Speisen.

Hochzeit

Auch wenn die Zeit arrangierter Ehen schon lange vorbei ist, wird bei einer Hochzeit, **Lễ Cưới,** deutlich, dass eine Eheschließung nach wie vor eine Familienangelegenheit ist. Das Einverständnis der Eltern muss eingeholt, Geburtsdaten beim Astrologen gecheckt und der richtige Hochzeitstermin gefunden werden. Die Feierlichkeiten sind rein säkularer Natur und bestehen aus einem großen Fest

Beim Kate-Fest führen die Cham in Po Nagar und anderen Tempeln heilige Tänze auf

Ordentlich Schlamm aufgewirbelt wird bei den traditionellen Kuhrennen der Khmer-Bauern im Mekong-Delta

mit Hunderten von Gästen. Auf dem Land findet die Feier im Haus des Bräutigams statt, in größeren Orten oft in Restaurants und Hotels. Vor Beginn der Feier holt der Bräutigam seine Zukünftige im Haus ihrer Eltern ab und überreicht Geschenke. Dann wird gegessen und getanzt. Die Braut trägt heute vielfach Weiß, ist aber traditionell in einen roten Áo dài gewandet.

Bestattung

Aufgrund des Ahnenkults (s. S. 55) sind Totenfeiern, **Lê Thanh Phúc**, sehr aufwendig. Stirbt ein Vietnamese, wird er traditionell zu Hause aufgebahrt, damit Angehörige und Freunde Abschied nehmen können. Der Leichnam wird gewaschen, in einen Sarg gelegt und davor ein Altar mit dem Bildnis des Verstorbenen aufgebaut. Die Hinterbliebenen tragen eine weiße Tunika und ein weißes Stirnband. Nach einem vom Astrologen bestimmten Tag wird er im Rahmen einer Prozession zum Grab oder zum Krematorium gebracht. Drei Tage, 49 Tage, 100 Tage nach dem Tod und dann jeweils zum Jahrestag finden Ahnengedenkfeiern, **Giỗ**, statt.

Festkalender

Januar/Februar

Tết Nguyên Đán: Das »Fest des ersten Morgens am ersten Tag«, wie das Neujahrsfest offiziell heißt, fällt zwischen den 21. Januar und 19. Februar (s. S. 92).

März/April

Tết Thanh Minh: Am 5. oder 6. Tag des 3. Mondmonats wird der Toten gedacht.
Giỗ Tổ Hùng Vương: Seit 2007 ist der 10. Tag des 3. Mondmonats (April) der offizieller Gedenktag zu Ehren der 18 legendären Hung-Könige (Hùng Vương). Sie sollen von der Urmutter Au Co (s. S. 63) abstammen und gelten als Begründer des ersten vietnamesischen Reiches Van Lang (Land der Tätowierten).
Po Nagar Festival: Vom 20.–23. Tag des 3. Mondmonats findet in Nha Trang das Fest zu Ehren der Himmlischen Mutter, Thiên Y Thánh Mẫu, statt. Dazu pilgern Zigtausende Gläubige zum Cham-Heiligtum Po Nagar.
Chol Chnam Thmay: Immer zwischen dem 12. und 15. April feiern die Khmer zum Neujahr ihr wichtigstes kulturelles Fest. Dazu gehört der Familien- und Pagodenbesuch.

Mai/Juni

Lễ Phật Đản: Am 15. Tag des 4. Mondmonats, dem Vollmond im Mai/Juni, findet weltweit das buddhistische Vesakh-Fest statt (Sanskrit: *vaisakha*). Die Gläubigen gedenken der Geburt Buddhas, schmücken die Pagoden mit der buddhistischen Flagge und halten Prozessionen ab. Mönche und Nonnen geben religiöse Belehrungen, während auf dem Pagodengelände diverse kulturelle Veranstaltungen stattfinden.
Tết Đoan Ngọ: Am 5. Tag des 5. Mondmonats feiern Vietnamesen ihr Mittsommerfest.

Juli/August

Tết Trung Nguyên: Am 15. Tag des 7. Mondmonats, dem Vollmond im Juli/August, findet das Fest der Wandernden Seelen statt.

September/Oktober

Tết Trung Thu: Zum 15. Tag des 8. Mondmonats, dem Vollmond im Sept./Okt., begehen die Vietnamesen das Mittherbstfest.
Mbang Kate: In den ersten drei Tagen des 7. Mondmonats nach dem Cham-Kalender, Ende Sept./Anfang Okt., feiern die Cham mit diversen Zeremonien und Tänzen an den Tempeln Po Nagar, Po Rome und Po Klong Garai das Kate-Festival zu Ehren der obersten Gottheiten.

November/Dezember

Tết Trùng Thập: Der 10. Tag des 10. Mondmonats wird als Fest des neuen Reises gefeiert.
Lễ hội Ok om bok: Am 14. Tag des 10. Mondmonats (am Vorabend des Vollmonds im Nov./Dez.) feiern die Khmer in Soc Trang im Mekong-Delta das Fest zur »Verehrung des Mondes« mit Bootsrennen und kulturellen Veranstaltungen.

Reiseinfos von A–Z

Auskunft

... in Deutschland, Österreich und der Schweiz

Es gibt kein offizielles Fremdenverkehrsamt in diesen Ländern. Folgende Agentur hilft:
ICS Travel Group
Steinerstr. 15, Haus A, 81369 München
Tel. 089 219 09 86 60
www.icstravelgroup.com

... in Vietnam

Vietnam National Administration of Tourism
80 Quan Su, Hanoi
Tel. 04 39 42 37 60, 04 39 42 10 61
www.vietnamtourism.com

Barrierefrei reisen

Menschen mit Handicap begegnen den ›üblichen‹ Barrieren: fehlenden Liften, steilen Treppen, schlechten Gehwegen, hohen Bordsteinrampen. Vietnam hat eine recht unterentwickelte Infrastruktur für Behinderte. Nur große Hotels und Resorts verfügen über entsprechende Einrichtungen. Doch helfen die Einheimischen bei Bedarf gerne.

Ein erfahrener Reiseveranstalter ist **Mare Nostrum**, Oudenarderstr. 7, 13347 Berlin, Tel. 030 45 02 64 54, www.mare-nostrum.de.

Mit Informationen und Kontakten hilft die **Nationale Koordinationsstelle Tourismus für Alle**: Fleher Str. 317a, 40223 Düsseldorf, Tel. 0211 336 80 01, www.natko.de.

Bettler

In den Augen der Einheimischen sind ausländische Touristen automatisch reich. Bettler erhoffen sich daher besonders von ihnen Geld. So mitleiderregend sie aussehen mögen, man sollte bedenken, dass Almosengeben das Betteln fördert. Das gilt allemal bei Kindern, die nicht selten von ihren Eltern oder einem Bandenchef geschickt werden. Wer Notleidenden effektiv helfen möchte, kann einer gemeinnützigen Organisation vor Ort oder im Heimatland spenden. Viele internationale Hilfsorganisationen fördern Projekte in Vietnam.

Botschaften und Konsulate

Deutsche Botschaft
29 Tran Phu, Hanoi
Tel. 04 32 67 33 35, Notfall-Tel. 090 340 70 33
www.hanoi.diplo.de

Deutsches Generalkonsulat
126 Nguyen Dinh Chieu, G 6, Dist. 3
Ho-Chi-Minh-Stadt, Tel. 08 38 29 19 67
www.ho-chi-minh-stadt.diplo.de

Österreichische Botschaft
c/o Prime Center, 8th floor, 53 Quang Trung
Hanoi, Tel. 08 39 43 30 50-1
www.bmeia.gv.at/hanoi

Österreichisches Honorarkonsulat
121/40 Nguyen Van Huong, Compound Eden
Thao Dien Ward, Dist. 2, Ho-Chi-Minh-Stadt
Tel. 08 35 19 31 28, trung.dao@daohitech.com

Schweizerische Botschaft
c/o Hanoi Central Office Building, 15th Floor
44B Ly Thuong Kiet, Hanoi
Tel. 04 39 34 65 89
www.eda.admin.ch/hanoi

Schweizerisches Generalkonsulat
Bitexco Financial Tower, 37th Floor
2 Hai Trieu, Dist. 1, Ho-Chi-Minh-Stadt
Tel. 08 62 99 12 00
hcm.vertretung@eda.admin.ch

Vietnamesische Botschaft Berlin
Elsenstr. 3, 12435 Berlin
Tel. 030 53 63 01 02, 53 63 01 08
www.vietnambotschaft.org

Vietnamesische Botschaft Bern
Schlösslistr. 26, 3008 Bern
Tel. 031 388 78 74, www.vietnam-embassy.ch

Vietnamesische Botschaft Kambodscha
436 Monivong Blvd, Phnom Penh
Tel. 023 72 62 74
www.vietnamembassy-cambodia.org

Vietnamesische Botschaft Thailand
83/1 Witthayu (Wireless) Rd.
Bangkok 10330
Tel. 022 51 35 52, 022 51 58 38
www.vietnamembassy-thailand.org

Vietnamesische Botschaft Wien
Felix-Mottl-Str. 20, 1190 Wien
Tel. 01 368 07 55 10
www.vietnamembassy.at

Vietnamesisches Generalkonsulat Frankfurt a. M.
Villa Hanoi, Kennedy-Allee 49
60596 Frankfurt/Main
Tel. 069 79 53 36 50
www.vietnamconsulate-frankfurt.org

Vietnamesisches Konsulat Genf
Chemin Taverney 13
1218 Grand-Saconnex
Tel. 022 791 85 40, 022 798 24 85
www.vietnameseembassy.org

Dos and Don'ts

Im Allgemeinen sind Vietnamesen Ausländern gegenüber aufgeschlossen, freundlich und tolerant. Man kommt mit den Einheimischen schnell ins Gespräch – und wenn es nur mit Händen und Füßen ist. Sie erwarten nicht, dass man die vietnamesische Lebensweise vollständig versteht und nachahmt. Folgende Hinweise mögen dabei helfen, kulturelle Fettnäpfchen zu vermeiden.

Begrüßung

Bei der Begrüßung die Hände nur schütteln, wenn die Initiative von einem Einheimischen ausgeht. Zur Untermauerung der Wertschätzung wird die rechte Hand gerne von beiden Händen umfasst. Ansonsten reicht ein wohlwollendes Nicken und Lächeln. Die Anrede ist im Vietnamesischen etwas kompliziert, daher genügt ein freundliches »xin chào«.

Besuch bei Minderheiten

Ein Besuch bei den Bergvölkern ist nur mit einem einheimischen Führer sinnvoll, der mit den Bewohnern kommunizieren kann und sie bereits kennt. Es geziemt sich, Zurückhaltung zu zeigen und ein Haus nur auf Einladung zu betreten. Fotografieren sollte man nur auf Nachfrage (evtl. Zeichensprache). Respekt vor dem Hausaltar und die Achtung von Tabuzonen oder -zeichen, das Vermeiden von Berührungen sind weitere Grundregeln. Zur Unterstützung des Dorfes anstelle willkürlicher Geldspenden besser lokale Produkte erwerben.

Gastgeschenke

Ist man irgendwo eingeladen, so freuen sich die Gastgeber über Mitbringsel. Beliebt sind Souvenirs aus dem Heimatland – von der Schweizer Schokolade über Berliner Ampelmännchen bis zu Salzburger Mozartkugeln. Postkarten, Wandkalender oder kleine Spielsachen für Kinder kommen auch immer gut an.

Kommunikation

So freundlich die Vietnamesen Ausländern gegenüber sind – die Kommunikation ist nicht nur aufgrund der fehlenden Sprachkenntnisse oft von Missverständnissen geprägt. Folgende Grundregeln vereinfachen die Begegnung mit den Einheimischen: Auch bei Auseinandersetzungen höflich bleiben und auf Kompromisse bedacht sein. Ein zögerndes Ja oder verlegenes Lächeln ersetzt bei Vietnamesen häufig ein Nein. Nie laut werden oder gar schreien. Als oberstes Prinzip gilt, dass jeder sein Gesicht wahren kann. Bitte keine überschwänglichen Gefühlsregungen zeigen. Älteren und Höhergestellten mit besonders freundlicher Zurückhaltung begegnen.

Kopf und Fuß

Als bedeutendster Körperteil darf der Kopf nicht berührt werden, was auch bei Kleinkindern gilt. Die Füße sollte man niemals gegen Personen oder religiöse Objekte wie etwa Buddhafiguren ausstrecken. Vor dem Betreten von Privathäusern und bestimmten Orten (meist mit Matten gekennzeichnet) oder Räumen in einem Tempelgebäude bitte die Schuhe auszuziehen.

Lächeln

Grundsätzlich gilt: Ein Lächeln öffnet viele Türen, und Humor hilft über manche Unzulänglichkeit hinweg.

Mimik und Gestik

Freundschaftliches Schulterklopfen, mit dem Finger auf jemanden zeigen, herzhaftes Lachen oder wildes Gestikulieren – in Europa völlig selbstverständlich – sind in Vietnam verpönt. Dies gilt auch für verschränkte Arme vor der Brust oder in die Hüften gestemmte Hände. Überschwängliche Gefühlsregungen sollte man genauso vermeiden wie Körperkontakte. Das gilt auch dem noch so geliebten Partner gegenüber. Zärtlichkeitsbekundungen sollte man in der Öffentlichkeit unterlassen.

Drogen und Prostitution

Die vietnamesischen Behörden sind bei Rauschgiftdelikten nicht zimperlich. Schon der Besitz geringer Drogenmengen führt zu hohen Freiheitsstrafen. Ab dem Besitz von 20 kg Opium bzw. 600 g Heroin droht die Todesstrafe.

Auf sexuellen Missbrauch von Kindern steht ebenfalls die Todesstrafe. Im Heimatland werden die Täter auch dann strafrechtlich verfolgt, wenn die Tat im Ausland stattfand (Infos unter: www.ecpat.de). Prostitution ist in Vietnam illegal.

Einkaufen

Soll es moderne Kunst sein oder ein typisch vietnamesischer Hut, wollen Sie sich einen Anzug auf den Leib schneidern lassen oder ein gesticktes Bild erwerben? In Vietnam ist das alles kein Problem. Das Land ist ein Einkaufsparadies. Wäre nicht gelegentlich die Hammer-und-Sichel-Flagge zu sehen, nie käme man auf die Idee, in einem sozialistischen Land zu reisen. Von der gefälschten Rolex über Computerprogramme bis zum Tigerzahn ist alles zu haben.

Ausfuhrverbote

Beim Einkauf empfiehlt es sich jedoch, dem Rat des Zolls zu folgen: Am besten keine Souvenirs erstehen, zu deren Herstellung seltene Tiere oder Pflanzen oder Teile davon verwendet wurden. Das gilt allemal für jene, die dem Washingtoner Artenschutzübereinkommen unterliegen. Dazu zählen Korallen, Schildkröten und Orchideen genauso wie Schlangenschnaps. Gefälschte Marken und Produkte dürfen nur für den eigenen Gebrauch innerhalb der Einreisefreimenge von derzeit 430 € bzw. 300 CHF mitgebracht werden. Andernfalls ist mit Beschlagnahme und einem Straf- oder Bußgeldverfahren zu rechnen. Wer Antiquitäten kauft, muss sich vor der Ausreise mit der

Hmong-Frauen sind exzellente Händlerinnen

vietnamesischen Zollverwaltung in Verbindung setzen. Bei teuren Souvenirs daran denken, dass sie im Heimatland zu verzollen sind.

Kunsthandwerk

Rund um Hanoi gibt es eine Reihe von **Handwerksdörfern**, die sich auf die Herstellung eines Produktes spezialisiert haben – etwa auf Keramik, Neujahrsbilder oder Holzschnitzereien. Eine Vielfalt an kunstgewerblichen Produkten, u. a. **Lackarbeiten,** sind in der Altstadt von Hanoi im Angebot. Sa Pa im Nordwesten wiederum ist bekannt für **Web- und Flechtarbeiten** der Bergvölker. Galerien in Hanoi und Saigon offerieren **moderne Kunst. Seidenstoffe** kann man in Hue erstehen oder in Hoi An, wo man sich über Nacht etwas schneidern lassen kann.

Märkte und Einkaufszentren

Wie überall in Asien ist der Besuch eines **Marktes** *(chợ)* eine Wonne für alle Sinne. Für gewöhnlich sind die Stände für Haushaltswaren, Konsumgüter, Kleidung oder Souvenirs in den Markthallen untergebracht, während außerhalb oder in einem abgetrennten Bereich Lebensmittel feilgeboten werden. Gut und günstig bekommt man Gewürze, Tee, Kaffee oder lokale Spirituosen. Auch Kleidung und Schuhe (jedoch vorwiegend asiatische Größen) sind zuweilen billig zu erstehen.

Die Zahl der **Supermärkte** *(siêu thị)* und **Einkaufszentren** nimmt stetig zu. Dort ist alles zu Festpreisen erhältlich, was der globale Markt zu bieten hat.

Bitte feilschen

Beim Einkauf auf dem Markt oder am Souvenirstand heißt es hart feilschen. Mit etwas Verhandlungsgeschick erzielt man einen Preis, der um 30 bis 50 % unter dem liegt, den der Händler zuerst genannt hat. Hat man sich geeinigt, so gilt der Handel als abgeschlossen. Ein Rückzug ist nur unter Gesichtsverlust möglich. In etablierten Geschäften ist die Handelsspanne geringer. Oft gibt es für die Waren Festpreise oder es wird nur ein Nachlass um 10 % gewährt.

Elektrizität

Die Netzspannung beträgt fast überall 220 V/ 50 Hz. Da es verschiedene Steckernormen gibt, leistet ein Weltreiseadapter gute Dienste. In abgelegenen Orten ist das Stromnetz oft schwach oder schlicht gar nicht vorhanden.

Feiertage und Staatliche Gedenktage

Gesetzliche Feiertage

An gesetzlichen Feiertagen *(các ngày lễ)* sind Behörden, Ämter und Banken geschlossen. Außer zum vietnamesischen Neujahrsfest haben die meisten Geschäfte dennoch geöffnet.

1. Jan. – Neujahr
30. Tag des 12. Mondmonats – letzter Tag des Mondjahres. Termine bis 2020: 27. 1. 2017, 15. 2. 2018, 4. 2. 2019, 24. 1. 2020
1.–3. Tag des 1. Mondmonats – Neujahrsfest (Tết Nguyên Đán). Termine bis 2020: 28.–31. 1. 2017, 16.–20. 2. 2018, 5.–9. 2. 2019, 25.–29. 1. 2020
10. Tag des 3. Mondmonats – Gedenktag der Hung-Könige (Giỗ Tổ Hùng Vương). Termine bis 2020: 6. 4. 2017, 25. 4. 2018, 14. 4. 2019, 2. 4. 2020
30. April – Tag der Befreiung
1. Mai – Tag der Arbeit
2. Sept. – Unabhängigkeitstag

Staatliche Gedenktage

3. Febr. – Gründungstag der KP Indochina
19. Mai – Geburtstag Ho Chi Minhs

Fotografieren

Da auch in Vietnam Digitalkameras weit verbreitet sind, erhält man in Fotogeschäften und manchen Souvenirläden die gebräuchlichen Speicherchips. In guten Internetcafés kann man die Bilder auf eine CD-ROM zu brennen. Fotobatterien werden in allen Variationen verkauft, meist wesentlich billiger als in Europa.

Fotografieren ist fast überall gestattet, sogar in den meisten Museen. Ausnahmen sind militärische Einrichtungen und Flughäfen. Dass bei der Motivwahl die Privatsphäre der Einheimischen gewahrt werden sollte, versteht sich von selbst. Dies gilt vor allem an religiösen Orten und bei Angehörigen der Bergminderheiten.

Frauen

Frauen können in Vietnam recht unbehelligt reisen. Die Einheimischen begegnen ihnen höflich distanziert. Allerdings empfiehlt es sich, hinsichtlich Kleidung und Kontakt mit einheimischen Männern etwas zurückhaltend zu sein. In alkoholisiertem Zustand können auch in Vietnam die Herren der Schöpfung aufdringlicher werden. Man sollte sie in so einem Falle ignorieren oder den Ort wechseln.

Geld

Es empfiehlt sich, von zu Hause folgende Zahlungsmittel mitzunehmen: Euro/US-$ in bar, Kredit- und Bankkarten. Bei mehrtägigen Reisen in abgelegene Gebiete sollte man angesichts mangelnder Tauschmöglichkeiten und schlechterer Kurse genügend US-$ und vietnamesische Dong (VND) mit sich führen. **Euro** in bar lassen sich in jeder besseren Wechselstube eintauschen. Die **US-$-Scheine** müssen sauber und unbeschädigt sein. Zudem sollte man eher kleinere Einheiten (10, 20, 50 US- $) mitnehmen, denn nicht selten mangelt es an Wechselgeld.

Reiseschecks sind nicht mehr zu empfehlen, da man sie heutzutage fast nirgendwo umtauschen kann.

Bessere Unterkünfte, Restaurants oder Geschäfte akzeptieren gängige **Kreditkarten** wie MasterCard, Visa, American Express und Diners Club. Manchmal wird eine Gebühr von 1 bis 3 % des Rechnungsbetrages verlangt. Zum Schutz vor Missbrauch bitte die Karte während des Zahlvorgangs immer im Auge behalten, damit kein Zweitbeleg erstellt wird.

Mit Kreditkarten erhält man vietnamesische Dong auch an **Geldautomaten** (ATM = Automated Teller Machine), die an jeder größeren Bankfiliale zu finden sind. Falls sie das Maestro- oder Cirrus-Zeichen tragen, sind Bargeldabhebungen auch mit **Bankkarten** möglich. In beiden Fällen wird nach der PIN gefragt. Es wird zum aktuellen Tageskurs abgerechnet und ein Zuschlag (ca. 3,50–4 €) erhoben. Wegen der verschärften Sicherheitsbestimmungen sollte man mit der eigenen Bank eine individuelle Obergrenze bei Geldabhebungen im Ausland festlegen. Zudem empfiehlt es sich, die Automaten in geöffneten Banken zu nutzen.

Banken

Unter den einheimischen Geldinstituten verfügen **Vietcombank** und **Sacombank** über das dichteste Filialnetz. In den großen Städten sind auch internationale Banken vertreten. Bei internationalen Bargeldtransfers kann man sich an **MoneyGram** oder **Western Union** wenden, die in Deutschland und Vietnam mit verschiedenen Banken kooperieren.

Öffnungszeiten der Banken

Mo–Fr 8–11.30, 13–16 Uhr, in Touristenorten gelegentlich auch länger und am Wochenende geöffnet.

SPERRUNG VON BANK- UND KREDITKARTEN

bei Verlust oder Diebstahl*:
+49 116 116
oder +49 30 4050 4050
(* Gilt nur, wenn das ausstellende Geldinstitut angeschlossen ist, Übersicht: www.sperr-notruf.de)
Weitere Sperrnummern:
– MasterCard: +1 636 722 71 11
– VISA: +1 201 02 88, dann nach dem zweiten Wählton 888 710 778
– American Express: +49 69 97 97 2000
Bitte halten Sie Ihre Kreditkartennummer, Kontonummer und Bankleitzahl bereit!

Wechselkurse

Der Wechselkurs in den großen Hotels ist zumeist ähnlich wie der Bankenkurs.
Stand Juli 2016:
1 € = 24 800 VND
1 US-$ = 22 200 VND
1 CHF = 22 800 VND
10 000 VND = 0,39 €, 0,43 CHF, 0,44 US-$
Aktuelle Kurse unter www.oanda.com oder www.vietcombank.com.vn.

Gesundheit

Apotheken

Recht gut sortierte Apotheken *(hiệu thuốc)* gibt es in jeder Stadt. Auf dem Land wendet man sich an die – schlechter bestückten – Ambulanzstationen *(trạm y tế)*. Zuweilen ist das Haltbarkeitsdatum überschritten. Vorsicht vor gefälschten Medikamenten, die auf Märkten oder auf der Straße verkauft werden!

Ärztliche Versorgung

Die Versorgung hat sich gebessert, ist aber von westlichen Standards weit entfernt. Während in den Städten immer mehr Privatkliniken öffnen, ist die Lage auf dem Land schlechter. Notfalls sollte man sich nach Bangkok oder Singapur ausfliegen lassen, also eine Auslandskrankenversicherung mit Rücktransport abschließen: Behandlungskosten werden nach Einreichung einer detaillierten Rechnung (Name, Behandlungsort, -datum, Diagnose, Leistungsbeschreibung, Unterschrift des Arztes) erstattet. Kliniken mit internationalem Standard gibt es in Da Lat, Da Nang, Hanoi, Ho-Chi-Minh-Stadt, Hue, Nha Trang und Phan Thiet.

Schutzimpfungen

Schutzimpfungen sind nur notwendig, wenn man aus einem Infektionsgebiet einreist. Es empfiehlt sich eine Auffrischung des Impfschutzes gegen Diphtherie, Tetanus, Polio, Hepatitis A und B. Vor der Abreise sollte ein mit Tropenkrankheiten vertrauter Arzt konsultiert werden – ins besondere wegen der Wahl der Malariaprophylaxe (s. rechts) wichtig.

Gesundheitsrisiken

Dengue-Fieber: Es wird über infizierte Mücken übertragen und tritt sporadisch auf. Während der Regenzeit kann es zu epidemischen Ausbrüchen kommen. Zu den Symptomen zählen Muskel- und Gelenkschmerzen sowie Fieber. Eine Impfung oder Prophylaxe ist nicht möglich – Mückenschutz verwenden!

Magen- und Darmerkrankungen: Sie sind meist Folge unhygienischer Nahrungsmittel. Nur abgekochtes Wasser oder Wasser aus geschlossenen Behältern trinken, Kaltspeisen, ungeschältes Obst, Salat, Eiswürfel meiden.

Malaria: Ein ganzjähriges Malariarisiko besteht vorwiegend in Gebieten unter 1500 m Meereshöhe. Besonders betroffen sind die Provinzen Dak Lak, Gia Lai und Kon Tum im Zentralen Hochland, das Gebiet nordwestlich von Saigon sowie die Provinzen Ca Mau und Bac Lieu im Mekong-Delta. Kein Malariarisiko besteht in den Großstädten, dem Delta des Roten Flusses und entlang der Küste nördlich von Nha Trang. Erhöhte Übertragungsgefahr besteht im Norden von April bis Oktober. Neben dem Schutz vor Moskitostichen durch lange helle Kleidung, Mückenschutzmittel und eventuell Moskitonetze ist ein Standby-Mittel unerlässlich. Die Weltgesundheitsorganisation rät zu einer Prophylaxe. Die Auswahl des Medikaments sollte mit einem Tropenmediziner besprochen werden.

Vogelgrippe: Ihr Erreger konnte noch nicht nachhaltig bekämpft werden. Daher nur durchgegartes Geflügel und gut gegarte Eier(speisen) essen. Bei Marktbesuchen den Kontakt mit Geflügel vermeiden. Bei 70 °C stirbt das Virus ab. Es gibt bisher keinen Impfstoff.

Reiseapotheke

Mitnehmen sollte man Mittel gegen Übelkeit, Magenbeschwerden, Darmerkrankungen und Erkältungen, Sonnen- und Mückenschutz, Schmerzmittel sowie Einwegspritzen. Bei Wunden und Entzündungen sind Desinfektionsmittel, Wundheilsalben und Verbandszeug hilfreich. Chronisch Kranke sollten daran denken, regelmäßig einzunehmende Medikamente in genügender Menge einzupacken.

Internetzugang

Internetcafés dienen heute in erster Linie der lokalen Jugend fürs Computerspiel und sind in jeder Stadt verbreitet, aber ziemlich ungemütlich. In Zeiten von Notebook, Smartphone und Tablet gibt es in fast allen Unterkünften und Cafés, aber auch in größeren Einkaufszentren und Überlandbussen **WLAN-Hotspots**, die den drahtlosen Internetzugang größtenteils kostenlos ermöglichen. Alternativ stellt jedes bessere Hotel einen Breitbandanschluss zur Verfügung, allerdings sehr häufig gegen Gebühr. Wer unabhängig sein möchte, besorgt sich am besten eine lokale **Prepaid-Data-SIM-Karte** (schon ab 50 000 VND) mit aufladbarem Datenvolumen. Der Vorteil: Damit kann man nicht nur online gehen, sondern auch billig im Land telefonieren. Gute Anbieter sind Viettel und Mobifone.

Karten

Eine Gesamtkarte »Thailand-Vietnam-Laos-Kambodscha« (1 : 2 000 000) findet sich bei MAIRDUMONT im Angebot, die Marco-Polo-Länderkarte für 9,99 €. Gute Städte- und Regionalkarten gibt es günstig vor Ort in Buchgeschäften und an Straßenständen zu kaufen.

Die derzeit beste Vietnamkarte ist die »Nature Tourism Map« (1 : 250 000) mit einigen Detailkarten zu den Schutzgebieten. Leider ist sie nur schwer erhältlich. Informationen bei **Flora & Fauna International**, 340 Nghi Tam, Hanoi, Tel. 04 37 19 41 17.

Mit Kindern unterwegs

Der lange Flug und die Zeitverschiebung sind immer beschwerlich. Gerade mit Kindern sollte man am besten Flüge mit kurzen Umsteigezeiten wählen. Eine Rückentrage für die Kleinsten hat sich bewährt, man kann sie notfalls auch im Flugzeug aufstellen und dem Kind somit ein Minimum an Bewegungsfreiheit geben. Es empfiehlt sich, Windeln, Babynahrung und Wechselwäsche für zwei Tage ins Handgepäck zu nehmen, falls der Koffer nicht ankommen sollte. Für die ersten Nächte besser ein möglichst ruhiges Hotel reservieren und in der Nacht etwas Ess- und Trinkbares bereithalten.

Als familienfreundliches Land ist Vietnam auch für ausländische Besucher mit Kindern problemlos bereisbar. Wenn Eltern den richtigen Mix von Kultur, Natur und Strand wählen, dann wird der Nachwuchs viel Spaß haben. Fast in jeder größeren Stadt gibt es Parks mit Karussell und Rutschbahn. Auch das Wasserpuppentheater in Hanoi oder ein Dorfbesuch sind spannend. Und eine Bootsfahrt begeistert nicht nur Erwachsene.

Andererseits können das Gedränge, der immer wuselige Straßenverkehr und die zuweilen überschwängliche Kinderliebe der Einheimischen – besonders bei Blonden und Lockenköpfen – ziemlich anstrengend sein.

Es hat sich bewährt, beim Reisen ein gemächlicheres Tempo einzulegen und stundenlange Fahrten zu vermeiden. Wichtig ist, Kinder bei der Reiseplanung zu Hause und der Ausflugsgestaltung vor Ort mit einzubeziehen.

Kleidung und Ausrüstung

Vietnamesen legen Wert auf saubere, korrekte Kleidung. Diese sollte bequem, leicht und nicht zu empfindlich sein. Shorts und knappe T-Shirts sind am Pool oder Strand angebracht, nicht jedoch unterwegs und schon gar nicht an religiösen Stätten. Empfehlenswert sind leichte, strapazierfähige Schuhe. Für den Aufenthalt in klimatisierten Räumen oder Fahrzeugen empfiehlt es sich, eine leichte Jacke oder ein Halstuch griffbereit zu halten. Unabhängig davon, zu welcher Jahreszeit man in Vietnam unterwegs ist, wird ein Regenschutz nützlich sein. Wer zwischen November und Februar reist, sollte die niedrigen Temperaturen im Norden nicht unterschätzen. Warme Pullover und windfeste Jacken sind dann unabdingbar. Dies gilt besonders für die Bergregionen.

Taschenmesser, Taschenlampe, Schirm und Tuch sind gute Reisebegleiter, denn immer wieder gibt es etwas zu schneiden, kommt man in unterkühlte Räume oder fehlt ein schattiges Plätzchen. Ein Moskitonetz oder ein Schlafsack sind nur dann sinnvoll, wenn man eine längere Trekkingtour plant.

monsun für eine mehrmonatige Trockenphase. Da der Nordostmonsun auf seinem Weg über das Südchinesische Meer Feuchtigkeit aufnimmt, führt er an der Küste von Zentralvietnam zu starken Regenfällen.

Klima und Reisezeit

Land der zwei Monsune

Wie ganz Südostasien unterliegt Vietnam dem Einflussbereich zweier Monsune, dem **Südwestmonsun** zwischen Mai und Oktober und dem **Nordostmonsun** zwischen Oktober und April. Sie haben ihre Ursachen in folgender klimatischer Konstellation: Ein von März bis Mai über Süd- und Zentralasien dominierendes umfangreiches Hitzetief nimmt feuchte Luftmassen aus dem Indischen Ozean auf und führt als Südwestmonsun zu ergiebigen Regenfällen. In dieser Zeit gehen im Süden von Vietnam 90 % der jährlichen Niederschlagsmenge nieder.

Umgekehrt ist es im Winter, wenn sich die aus einem kräftigen Kältehoch über Sibirien entstehenden trockenen Luftmassen in Richtung Indischer Ozean bewegen. Dabei erwärmen sie sich und sorgen als kühler Nordost-

Regionale Unterschiede

Da sich das Land von Norden nach Süden auf über 1800 km erstreckt, besitzt es kein einheitliches Klima. Aktuelle Wetterdaten unter www.wetteronline.de.

Norden: Hier sind die vier Jahreszeiten am stärksten ausgeprägt. Während die Monate Oktober und November bei Durchschnittstemperaturen um 22 bis 26 °C und gelegentlichen Niederschlägen recht angenehm sind, führt der Nordostmonsun zwischen Dezember und Januar zu einer relativ stabilen Hochdrucklage mit sonnigem Wetter, aber kalten trockenen Böen. In den Bergen kann die Quecksilbersäule auf den Gefrierpunkt fallen. Ostwinde führen ab Februar bei höheren Temperaturen zu beständigem feinem Nieselregen. Es folgt von Mai bis September der feuchtheiße Sommer. Ihn kennzeichnen regelmäßige Regenfälle, hohe Temperaturen bis über 38 °C (vor allem Juni–Aug.) und gelegentliche Taifune.

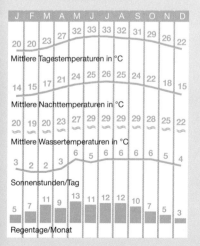

Klimadaten Hanoi

Klimadaten Saigon (Ho-Chi-Minh-Stadt)

Zentrum: Die Landesmitte liegt von November bis März im Einflussbereich des feuchten Nordostmonsuns. Nördlich des Wolkenpasses kann es dann zu tagelangem Dauerregen kommen. In Hue liegt die jährliche Niederschlagsmenge bei fast 3000 mm. Im November und Anfang Dezember wird die Region regelmäßig von gelegentlich zerstörerischen Taifunen heimgesucht. Im April und Mai sorgen aus Westen kommende heiße Winde für trockenes Wetter. Der Südwestmonsun wird von den Truong-Son-Kordilleren abgehalten, führt aber von Juni bis Oktober in Küstennähe zu einem feuchtheißen Klima mit Temperaturen zwischen 35 und 40 °C. Es gibt jedoch erhebliche regionale Unterschiede. So wirkt der Wolkenpass je nach Großwetterlage als Klimagrenze. Die Temperaturen südlich von Da Nang sind meist angenehmer als in Hue und nördlich davon.

Süden: Hier kann man drei Jahreszeiten unterscheiden. Der Winter von November bis Anfang März mit angenehmen Temperaturen und viel Sonne; die heiße Zeit von Mitte März bis Mai, in der die Quecksilbersäule auf 40 °C klettern kann; die Regenzeit von Mai bis Oktober, die im Mekong-Delta nicht selten zu Überschwemmungen führt. Im 1500 m hoch gelegenen Da Lat ist das Wetter mit durchschnittlich 18 °C ganzjährig recht wechselhaft. Da das Zentrale Hochland von beiden Monsunen betroffen ist, fallen die Niederschläge regelmäßig, wobei es von Dezember bis März am trockensten ist.

Reisesaison

Angesichts der großen Unterschiede gibt es im lang gestreckten Vietnam nicht *die* beste Reisezeit. Während man im Dezember in Hanoi eine Winterjacke benötigt und in Hue den Regenschirm aufspannen muss, kann man in Saigon mit dem T-Shirt herumlaufen. Andererseits braucht man im Juli im Süden einen Schirm, während in Zentral- und Nordvietnam feuchtheißes Badewetter herrscht. Das Land ist folglich ganzjährig bereisbar, wobei für Europäer die Monate Januar bis März sicherlich am besten geeignet sind. November und Dezember können im Norden recht kalt sein, während in Zentralvietnam viel Regen fällt.

Links und Apps

Links in Deutsch

www.vietmok.de
www.ngungon.de
Private Website und Blog bekennender Vietnam-Fans. Sie geben gute Einblicke in den Alltag und liefern so manche interessante Hintergrundinformation.

www.vietnam-aktuell.de
Nicht mehr ganz so aktuelle, aber trotzdem schön aufgemachte Website engagierter Studenten mit vielen Infos, Reiseberichten und Tipps, auch zum Heiraten in Vietnam.

www.vietnam-guide.de
Dieses informative Reiseforum ermöglicht es Interessierten, Insidern Fragen aller Art zu stellen.

www.vietnam-freunde-forum.com
Hier geben Vietnam-Enthusiasten Tipps und Hintergrundinformationen. Im Reiseforum stößt man auf Aktuelles und Wissenswertes.

www.vietnam-dvg.de
Die Website der Deutsch-Vietnamesischen Gesellschaft besticht durch vielfältige Hinweise zu Land und Leuten und berichtet über einschlägige Veranstaltungen.

www.vietnam-infothek.de
Die gut geführte Website bietet viele Informationen und Tipps. Sehr informativ ist auch der ständig aktualisierte Pressespiegel.

Links in Englisch

www.vietnamtourism.com
Offizielle Website der Vietnam National Administration of Tourism mit Informationen zu Attraktionen, Festivals und aktuellem Wetter.

www.english.vietnamnet.vn
Hier findet man täglich Neuigkeiten zu Politik, Wirtschaft und Gesellschaft.

www.viettouch.com
Gut aufgemachte Website über Geschichte und Kultur Vietnams mit vielen Bildern.

www.thanhniennews.com
Umfangreiche Website mit aktuellen News zu Politik, Gesellschaft, Wirtschaft, Sport, Bildung und Kultur.

www.vietnamnews.vn
Hier gibt es auf der Website der englischsprachigen Tageszeitung »Viet Nam News« die aktuellsten Nachrichten. Informativ, aber nicht objektiv.

Apps
Vietnam & Hanoi offline map, guide, weather, hotels. Free GPS navigation
Kartenmaterial, das auch offline genutzt werden kann. Fürs iPhone.

Vietnam Offline Map & Guide
Ebenfalls offline nutzbares Kartenmaterial fürs Smartphone.

Collins Vietnamese Phrasebook
Praktisches Wörterbuch fürs iPhone.

Vietnamesisch lernen mit Mondly
Über 800 vietnamesische Sätze und Vokabeln für den Alltag. Sehr praktisch.

Literatur

Sachbücher

Frey, Ernst: Vietnam, mon amour. Ein Wiener Jude im Dienst von Ho Chi Minh. Wien 2013. Lebensgeschichte des Autors, Wiener Jude und Kommunist, der 1938 vor den Nazis flieht und über Umwege nach Vietnam gelangt, sich dort Ho Chi Minh anschließt und für die Unabhängigkeit Vietnams kämpft.
Frogier de Ponlevoy, David: Vietnam 151. Meerbusch 2014. Das unterhaltsame und sehr informative Lesebuch präsentiert in 151 Momentaufnahmen die vielen Facetten Vietnams. Sehr empfehlenswert.
Greiner, Bernd: Krieg ohne Fronten. Die USA in Vietnam. Hamburg 2009. Exzellente Studie über die umstrittene Kriegsführung der US-Armee. Der Historiker geht auf der Basis von Archivrecherchen den Ursachen der Gewaltexzesse seitens der US-Soldaten nach.
Grünfelder, Alice (Hg.): Vietnam fürs Handgepäck. Zürich 2012. Eine wunderbare Sammlung vietnamesischer Geschichten und

> **ENGLISCHSPRACHIGE SACHBÜCHER IN VIETNAM**
>
> In Vietnam sind in größeren Buchhandlungen oder in den Läden wichtiger Sehenswürdigkeiten teilweise sehr interessante englischsprachige Sachbücher zu kulturellen Themen zu finden. Besonders der Hanoier Verlag The Gioi Publishers (www.thegioipublishers.vn) ist in diesem Bereich sehr engagiert.

Berichte namhafter Autoren, die einen guten Einblick in die Eigenheiten dieses faszinierenden Landes geben.
Macchietto della Rossa, Elle: Frühlingsrollen auf dem Ahnenaltar. Vietnamesische Aufbrüche. Wien 2010. Der einstigen Vietnam-Korrespondentin gelingen eindringliche Porträts unterschiedlichster Persönlichkeiten. Tolles Lesebuch.
Skrobanek, Walter: Nach der Befreiung. Bad Honnef 2008. Als Mitarbeiter des Kinderhilfswerks terre des hommes blieb Skrobanek nach der Einnahme Saigons 1975 in der Stadt und schildert in seinem Tagebuch den dramatischen Umbruch.

Belletristik
Duong, Thu Huong: Roman ohne Namen. Zürich 1997. Der Krieg in Vietnam ist bereits in der Endphase, als der Kommandant Quan auf geheime Mission geschickt wird. Erinnerungen an seine Jugend und der Schrecken des Kriegsalltags prallen aufeinander. Haben sich all die geleisteten Opfer gelohnt?
Duras, Marguerite: Der Liebhaber. Frankfurt a. M. 2004. Tropisch-schwül geschilderte Liebesgeschichte zwischen einer jungen Französin und einem doppelt so alten Chinesen im kolonialen Vietnam.
Frogier de Ponlevoy, David: Hanoi Hospital. Vietnam-Krimi. Meerbusch 2015. Der ausgewiesene Vietnam-Kenner liefert mit seinem Krimidebüt nicht nur eine spannende

Geschichte über mysteriöse Todesfälle in einem Krankenhaus, sondern lässt die Leser auch tief in die Kultur des Landes eintauchen.

Greene, Graham: Der stille Amerikaner. München 2003. Der mehrfach verfilmte Vietnam-Klassiker schildert die Dreiecksbeziehung zwischen dem ambitionierten Agenten Pyle, dem alternden Engländer Fowler und der jungen Vietnamesin Phuong im Indochina der 1950er-Jahre. Ein spannender Krimi und hochpolitisch.

Luttmer, Nora: Der letzte Tiger. Kommissar Ly ermittelt in Hanoi. Berlin 2013. Nach ihrem Debüt »Schwarze Schiffe« Luttmers zweiter Hanoi-Krimi, der Kommissar Ly bei seinen Ermittlungen in die dunkle Welt des illegalen Tierhandels führt.

Nguyen, Hue Thiep: Der pensionierte General. Halle 2009. Die elf Erzählungen des renommierten Schriftstellers thematisieren das Leben zwischen Tradition und Moderne.

Pham, Thi Hoai: Sonntagsmenü. Zürich 2009. In elf Geschichten analysiert die 1960 geborene Autorin scharfsinnig und voller Ironie die Licht- und Schattenseiten der vietnamesischen Gesellschaft. Ein wahres Lesevergnügen.

Philipps, Carolin: Made in Vietnam. Berlin 2014. Die Autorin greift in ihren Romanen häufig aktuelle Themen auf, die auch für Jugendliche verständlich und eindrücklich beschrieben sind. In diesem Fall beschreibt sie am Beispiel der minderjährigen Lan die aufgrund des globalen Preiskampfes miserable Lage in den vietnamesischen Schuhfabriken.

Thuy, Kim: Der Geschmack der Sehnsucht. München 2014. Nach ihrem Bestseller »Der Klang der Fremde« (München 2010) legt die Autorin einen weiteren Exilroman vor, in dem die Protagonistin sich in Kanada als Köchin durchschlägt, aber durch die ›Sprache der Gewürze‹ Erfüllung und Anerkennung erfährt.

Tran-Nhut: Das schwarze Pulver von Meister Hou. Ein Kriminalfall für Mandarin Tân. Zürich 2010. Die beiden in Frankreich lebenden Schwestern Thanh Van und Kim tauchen mit ihrem unterhaltsamen Kriminalroman in das Vietnam des turbulenten 17. Jh. ein.

Medien

Radio und Fernsehen

Vietnam Television (VTV) sendet zzt. auf sechs Programmen. In VTV 1 gibt es in der Regel tgl. um 22 Uhr englischsprachige Nachrichten. Die meisten großen Hotels verfügen über Satellitenfernsehen, wo neben CNN und BBC World auch DW TV zu sehen ist. Infos über das Programm (auch Radiofrequenzen) unter www.dw.de.

Zeitungen

Unter den 600 Publikationen sind trotz Zensur die englischsprachigen Tageszeitungen »Viet Nam News« und »Saigon Times« lesenswert. Wöchentlich erscheinen »Vietnam Economic Times« und »Vietnam Investment Review«.

Nachtleben

Ein Land für Nachteulen ist Vietnam nicht. In den meisten Bars und Diskotheken ist gegen Mitternacht Schluss. Die Ausnahme bilden einige Clubs in den Metropolen Ho-Chi-Minh-Stadt und Hanoi.

Unter einheimischen Männern sind **Bierhallen** oder **Ausschänke** mit *bia hơi* (Fassbier) populär. Zuweilen entsenden die Brauereien kurzberockte Hostessen, um den Konsum anzukurbeln.

Die **Kneipen- und Barszene** ist in den beiden Metropolen bunt und kreativ. Regelmäßig öffnen neue Läden, die eine anspruchsvoller werdende Gefolgschaft an sich binden möchten. Von Hardrock bis Asienpop, von cooler Lounge-Musik bis zu heißen Salsa-Rhythmen reicht das Angebot.

Livemusik wird vorwiegend in den großen Hotels geboten. Zumeist handelt es sich dabei um Bands aus den Philippinen. Zudem gibt es gute lokale Bands, die regelmäßig auftreten. Gepflegtem **Jazz** kann man in einigen Lokalen in Hanoi und Saigon lauschen.

Da auch die Vietnamesen dem panasiatischen Karaoke-Wahn verfallen sind, gibt es in nahezu jeder Stadt und jedem besseren Hotel

Abendprogramm der besonderen Art: Aufführung eines traditionellen Wasserpuppentheaters

Karaoke-Bars. Nicht selten wird dort versteckt **Prostitution** ausgeübt.

Nachtclubs und **Diskotheken** mit edlem Design und modernen Musikanlagen sind vorwiegend in den großen Hotels zu finden. Meist wird Eintritt erhoben, in dem ein oder zwei Getränke enthalten sind.

Veranstaltungshinweise findet man in der Tageszeitung »Viet Nam News« und den Monatsmagazinen »The Guide« (Beilage der Vietnam Economic Times) und »Timeout« (Beilage der Vietnam Investment Review).

Für Freunde der kultivierten Unterhaltung finden in der **Oper von Hanoi** und dem **Stadttheater** in **Ho-Chi-Minh-Stadt** Konzerte und Theatervorführungen statt. Auf Einladungen der Botschaften gastieren dort ausländische Ensembles.

Wer lokales Theater erleben möchte, hat es etwas schwerer – eine Ausnahme bildet das **Than-Long-Wasserpuppentheater** in Hanoi (s. S. 118). Gelegentlich finden Aufführungen im **Hoa-Binh-Theater** in Ho-Chi-Minh-Stadt (s. S. 392) statt. Sog. **Phong Tra** präsentieren lokal bekannte Schlagersänger.

Notfälle

Allgemeiner Notruf und Polizei: 113
Feuerwehr: 114
Unfallrettung: 115

Öffnungszeiten

Geschäfte: tgl. ca. 8–21 Uhr, allerdings kann dies individuell sehr unterschiedlich sein.
Museen: Di–So 8–11.30, 14–16.30 Uhr.
Behörden: Mo–Fr 7.30–16.30 Uhr. Die Zeit zwischen 11.30 und 13.30 Uhr sollte man wegen der ausgiebigen Mittagspausen meiden.

Personennamen

Vietnamesische Personennamen bestehen überwiegend aus drei Teilen: Nach- bzw. Familienname, Mittel- und Vorname. Der Nachname wird zuerst geschrieben, dann folgt der Mittel- und zuletzt der Vorname. Mit dem Mittelnamen wird häufig auf das Geschlecht verwiesen,

Alte Post in Saigon

da der Vorname nicht immer geschlechtsspezifisch ist. Bei dem Namen Le Van Lien verweist das Văn auf einen Mann, bei Nguyen Thị Phung das Thị auf eine weibliche Person. Trotz Heirat behalten Frauen meist ihren Familiennamen, die Kinder nehmen den Nachnamen des Vaters an.

Post

Eine Post *(bưu điện)* gibt es selbst in kleinen Dörfern, geöffnet Mo–Sa 6.30–21 Uhr, mancherorts täglich. Von größeren Orten benötigt eine Postkarte eine gute Woche. Eine Karte nach Europa kostet 10 500 VND, ein Brief 15 000 VND. Oft werden am Schalter Aufkleber angebracht – wer eine Briefmarke *(tem)* möchte, sollte das sagen. Pakete verschließt man besser erst auf dem Postamt. Auf dem Luftweg sind sie gut zwei Wochen unterwegs, über den günstigeren Seeweg bis zu zwei Monate.

Reisekasse

Vietnam ist bislang noch ein relativ günstiges Reiseland. Anspruchslose Reisende, die in Gästehäusern wohnen und in einfachen Lokalen einkehren, kommen problemlos mit einem Tagesbudget von 20 bis 25 US-$ aus.

Wer etwas gediegener reisen will, wird Ausgaben von 40 bis 60 US-$ pro Tag haben. Nach oben hin sind keine Grenzen gesetzt. Folglich ist Vietnam sowohl für Rucksacktouristen als auch für Luxusurlauber attraktiv.

Essen und Trinken

Eine Nudelsuppe kostet in der Garküche weniger als 25 000 VND. Im einfachen Lokal können zwei Personen bereits ab 100 000 VND speisen. Ein gepflegtes Restaurant ist mit Menüpreisen, die unter 150 000 VND liegen, immer noch günstig. Softdrinks kosten etwa 15 000 VND, ein Kaffee auf der Straße 6000 VND, ein Glas Bier vom Fass ab 4000 VND und aus der 0,33-l-Flasche etwa 10 000 VND. In besseren Lokalen ist mit 25 000 bis 40 000 VND pro Flasche zu rechnen. Eine Flasche Reisschnaps (0,7 l) ist bereits für 60 000 VND erhältlich.

Übernachten

Auch das Übernachten ist in Vietnam preislich annehmbar, kosten doch Betten im Schlafsaal eines Hostels ab 8 US-$. Ein schlichtes Zimmer im Gästehaus bekommt der Reisende manchmal für unter 10 US-$, im Mittelklassehotel zahlt man 25 bis 50 US-$, Zimmer in Vier-Sterne-Hotels sind für 60 bis 90 US-$ zu haben, in Fünf-Sterne-Häusern ab 90 US-$.

Transport

Ein Ticket für die Open-Tour-Busse ist für die Strecke Saigon–Hanoi unter 40 US-$ zu bekommen, eine Bahnfahrt zwischen den beiden Städten kostet 28 bis 60 US-$. Bei den Flügen offeriert Vietnam Airlines Tarife zwischen 70 und 120 US-$. Für einen Halbtagesausflug mit Mietwagen sind ca. 35 US-$ zu veranschlagen, für eine Ganztagstour ab 60 US-$.

Eintritt

Die Eintrittspreise sind relativ günstig und liegen in den Museen im Schnitt bei 30 000 VND. In Hue werden die Eintrittskarten für Königspalast und -gräber zu je 150 000 VND verkauft, ein Sammelticket in Hoi An für 120 000 VND pro Person. Studenten zahlen vielerorts nur die Hälfte (Ausweis mitnehmen).

Sicherheit

Blindgänger

Auch Jahrzehnte nach Kriegsende schlummern noch Zigtausende Blindgänger in der Erde. Immer wieder kommt es zu Todesopfern. Besonders betroffen: das Gebiet rund um den 17. Breitengrad bei Dong Ha und entlang des einstigen Ho-Chi-Minh-Pfads im Zentralen Hochland.

Kriminalität

Auch wenn Vietnam recht sicher ist, sollte man Vorsicht walten lassen, Wertsachen und Reisedokumente im Hotelsafe einschließen und das Geld am Körper sicher verstauen. Es hat sich bewährt, von Pass und Reisedokumenten eine Kopie anzufertigen, diese separat aufzubewahren oder einen Scan abzuspeichern. In Ho-Chi-Minh-Stadt und Nha Trang ist größere Vorsicht als im übrigen Land geboten: Hier sind Mopeddiebe unterwegs, um Taschen und Kameras zu entreißen. Taschendiebe sind an belebten Touristenorten eine Plage. Auf den Internetseiten der Auswärtigen Ämter finden Sie aktuelle Informationen zur Sicherheitslage, aber auch allgemeine Reisetipps:
Deutschland: www.auswaertiges-amt.de
Österreich: www.bmaa.gv.at
Schweiz: www.eda.admin.ch

Telefonieren

IDD-Telefone (International Direct Dialling) sind in jeder Post und fast jedem Hotel vorhanden. Die Gebühren für internationale Telefonate betragen weniger als 1 US-$/Min. Günstiger sind Telefonate mit den Call-by-Call-Nummern 171, 177 oder 178. Nach Berlin wählt man z. B. 171-00-49-30-Nummer des Teilnehmers.

Im vietnamesischen **Mobilfunknetz** ist man mit eigenem Handy erreichbar. Alle führenden Anbieter haben Verträge mit einem vietnamesischen Roaming-Partner abgeschlossen. Ausnahme sind manche Pre-Paid-Tarife. Die Roaming-Gebühren – sie gelten auch für eingehende Anrufe – sind sehr hoch (bitte beim eigenen Anbieter informieren!). Vieltelefonierer können bei **Vinaphone** (www.vinaphone.com.vn), **Viettel** (www.vietteltele com.vn) oder **Mobifone** (www.mobifone.com.vn) eine SIM-Karte mit neuer Nummer besorgen. Sie sind in jedem Handy-Laden mit Einsteigerpaketen ab 50 000 VND erhältlich und können bei aufladbarem Datenvolumen auch zum Surfen genutzt werden.

Vorwahlen
nach Vietnam: 00 84
von Vietnam:
... nach Deutschland   00 49
... nach Österreich: 00 43
... in die Schweiz: 00 41
Internationale Vermittlung: 110

Hinweis: In den kommenden Jahren soll den bisherigen Vorwahlnummern eine 2 vorangestellt werden. Für Hanoi gilt dann die Vorwahl 024 und für Ho-Chi-Minh-Stadt 028.

Trinkgeld

Trinkgeld ist traditionell unüblich, doch wird es heute in Hotels und Restaurants erwartet, da das Einkommensniveau der Angestellten entsprechend ausgelegt ist. Im Restaurant sind je nach konsumierter Menge bis zu 10 % auf den Rechnungsbetrag zu addieren. Für Kofferträger sind 10 000 VND angemessen, für Fahrer oder Reiseführer pro Reisegast und Reisetag umgerechnet ca. 1,50 bis 2 €. Die großen Hotels addieren auf die Rechnung neben 10 % Mehrwertsteuer (VAT = value-added tax) eine Service Charge von 5 %.

Zeit

Wie Thailand, Kambodscha und Laos ist Vietnam der Mitteleuropäischen Zeit (MEZ) im Winter 6 Std., im Sommer (MESZ) 5 Std. voraus. Für China stellt man die Uhr von Vietnam kommend 1 Std. vor.

Unterwegs in Vietnam

»Umspült vom Wasser, umgeben von Blumen,
umhüllt von einer Wolke.
Blaugrün spiegelt sich das Nass,
der See reflektiert die Formen.«
Unbekannt, Gedicht über den Jadeberg-Tempel in Hanoi

An alte Tuschezeichnungen erinnert der Jadeberg-Tempel mit seiner zierlichen rot lackierten Holzbrücke

Kapitel 1

Hanoi und Umgebung

Mit anderen Hauptstädten Asiens kann sich Hanoi wahrlich nicht messen – und will es auch nicht. Die Hochhäuser sind schnell gezählt und mehrspurige Stadtautobahnen muss man mit der Lupe suchen. Hier glitzern weniger die Fassaden als die Gewässer des Hoan-Kiem- und Westsees. Auch wenn vielerorts Neubauviertel aus dem Boden gestampft und neue Ring- und Ausfallstraßen gebaut werden, verliert die Stadt am Roten Fluss nicht den Blick auf ihre 1000-jährige Geschichte. Sakralbauten werden liebevoll restauriert und die Spuren der einstigen Kolonialherren fein herausgeputzt. Kaum eine Großstadt Asiens besitzt noch so viele Alleen, französische Villen und Prachtbauten. Die nach Pariser Vorbild erbaute Oper lässt manche europäische Kulturmetropole vor Neid erblassen.

In seinen Sehenswürdigkeiten präsentiert sich Hanoi als Kaleidoskop einer bewegten Geschichte – sei es im Nationalmuseum, im Literaturtempel, dem Ethnologischen Museum oder in der Tran-Quoc-Pagode. Ein Besuch wäre jedoch nicht vollständig ohne einen Streifzug durch die Altstadt, eine Nudelsuppe am Straßenrand, die Einkehr ins Café oder den Besuch des Wasserpuppentheaters. Eingebettet in eine außergewöhnliche Kulturlandschaft lohnt sich der Blick über den Stadtrand Hanois hinaus: zu geschäftigen Handwerksdörfern, altertümlichen Pagoden, geschichtsträchtigen Orten und wunderschönen Landschaften.

Erholsamer Zeitvertreib: Männer beim Brettspiel am Hoan-Kiem-See

Auf einen Blick: Hanoi und Umgebung

Sehenswert

⭐ **Hanoi:** Die Metropole des Nordens präsentiert sich als Mix aus kolonialem Charme und asiatischer Emsigkeit, gespickt mit einer Prise Sozialismus und konfuzianischem Pflichtbewusstsein (s. S. 116).

Chua Tay Phuong: Der 42 km westlich von Hanoi auf einem Hügel gelegene Tempel birgt über 60 buddhistische und daoistische Holzfiguren (s. S. 157).

Ba-Vi-Nationalpark: Etwa 60 km südwestlich von Hanoi lädt das Schutzgebiet rund um die drei Gipfel des Ba-Vi-Berges zu Wanderungen ein (s. S. 160).

Schöne Routen

Östlich von Hanoi: An das Ostufer des Roten Flusses schmiegt sich das berühmte Keramikdorf Bat Trang. Von dort führt der Weg in Richtung Nordosten zu den beiden Pagoden Chua Dau und Chua But Thap. Hier liegt die Wiege des vietnamesischen Buddhismus. Nicht weit entfernt werden im Dorf Dong Ho am Ufer des Duong-Flusses die bekannten Neujahrsbilder per Holzschnittverfahren hergestellt (s. S. 155).

Westlich von Hanoi: Die Tagestour führt zunächst ca. 50 km in Richtung Nordwesten zum Dorf Duong Lam. Neben dem Versammlungshaus sind im Ortsteil Mong Phu einige jahrhundertealte Häuser sehenswert. Nicht weit entfernt liegt in Dong Sang die buddhistische Chua Mia. Weiter geht es in Richtung Osten zur Chua Tay Phuong auf einem Hügel sowie zur Chua Thay, die pittoresk am Fuß eines Hügels liegt (s. S. 156).

Meine Tipps

Taiji am Hoan-Kiem-See: Frühaufsteher können etwas für ihre Gesundheit tun und mit den Hanoiern Taiji praktizieren (s. S. 117).

Frauenmuseum: Besuch bei starken Frauen – das Museum zählt zu den interessantesten Hanois und porträtiert berühmte Widerstandskämpferinnen ebenso wie Frauen der ethnischen Minderheiten (s. S. 142).

Café La Terrasse: Das Café im Sofitel Metropole Hotel ist der perfekte Ort, um das geschäftige Treiben auf der Straße zu beobachten (s. S. 143).

Chua But Thap: Die 2,40 m große Holzskulptur des Bodhisattva Avalokiteshvara in der Haupthalle der ehrwürdigen Pagode des Pinselturms zählt zu den Meisterwerken vietnamesischer Holzschnitzkunst (s. S. 155).

Unterwegs zur Parfümpagode

Wege durch den Altstadtdschungel: Das geschäftige Leben Hanois ballt sich in den verwinkelten Gassen der Altstadt mit ihren Läden, Lokalen und Galerien. Man erkundet sie am besten zu Fuß oder mit der Fahrradrikscha (s. S. 128).

⭐ Hanoi

▶ J 6

Die Stadt des aufsteigenden Drachen wendet sich liebevoll ihrer 1000-jährigen Geschichte zu und wandelt sich dennoch zu einer modernen Metropole. Auf eine unkomplizierte Art vereint sie koloniale Lässigkeit mit konfuzianischem Arbeitseifer, kommunistischen Drill mit kleinkapitalistischer Anarchie.

Stadtgeschichte

Seit König Ly Thai To vor 1000 Jahren eine alte Zitadelle zu seinem Herrschersitz erkor und ihr den Namen Thăng Long, Aufsteigender Drache, gab, sah sich die Stadt am Roten Fluss vielen Bedrohungen ausgesetzt: Überschwemmungen, Taifunen, chinesischen Gewaltherrschern, französischen Besatzern, amerikanischen Bomben, sozialistischer Misswirtschaft.

Doch der Drache hat sich nicht unterkriegen lassen. Nun steigt er wieder auf. Mit den rasanten wirtschaftlichen Entwicklungen im ganzen Land macht auch Hanoi Tempo in Richtung Fortschritt. Und führt dabei ein Doppelleben. Während das Politbüro die Vorzüge der Kommunistischen Partei rühmt, fahren Zigtausende mobile ›Ich-AGs‹ durch die Straßen. Politische Kontrollsucht und kleinkapitalistische Anarchie gehen Hand in Hand. Liefert sich Hanois Jugend nachts mit Mopeds halsbrecherische Wettrennen, stehen die Soldaten tagsüber stocksteif vor dem Mausoleum des Freiheitshelden. Unter den strengen Blicken Ho Chi Minhs vom Bild an der Wand probieren kichernde Mädchen die neueste Minirock-Kollektion.

Dieses verspielte Nebeneinander von Ernsthaftigkeit und Lebensfreude, von Traditionsergebenheit und Zukunftsverliebtheit macht Hanoi so sympathisch. Hanoi ist nicht so erschlagend wie viele andere Städte Asiens und nicht mehr so provinziell wie sein Ruf. Die Stadt hat viele Gesichter: der ernst blickende Kriegsveteran bei der Parade und das lebenslustige Mädchen im Café, der experimentierfreudige Künstler in seinem engen Atelier und die emsige Geschäftsfrau auf dem Moped.

Aufstieg und Niedergang

Lange schon war der Norden Vietnams Teil des chinesischen Riesenreiches, als die dort herrschende Tang-Dynastie (618–907) zur Befestigung ihrer Provinzkapitale Tong Binh um 866 die Zitadelle Dai La errichten ließ. Doch schon bald begann die Vorherrschaft der Tang zu bröckeln, 72 Jahre später war Vietnam unabhängig.

Nach Jahrzehnten des politischen Chaos erwählte Ly Thai To die alte Zitadelle um 1010 zu seiner Hauptstadt Thăng Long und gestaltete sie nach chinesischem Vorbild. Als Zentrum der Macht entstand die quadratische Königsresidenz (Hoàng Thành) mit Thronhalle und Verwaltungsgebäude samt Purpurner Verbotener Stadt (Tử Cấm Thành). Um sie herum lag wie ein Ring die ebenfalls quadratische Äußere Stadt (Kinh Thành) mit den Vierteln der Handwerker und Händler. Zum Schutz vor Überschwemmungen und Feinden ließen die nachfolgenden Ly- und Tran-Könige die Metropole am Westufer des Roten Flusses immer wieder durch Deichbau und Befestigungsanlagen sichern.

Der Niedergang der Kapitale begann um 1400, als der Emporkömmling Ho Quy Ly seinen Herrschersitz in die Gegend von Thanh Hoa verlegte. Wenige Jahre später wurde die alte Hauptstadt durch Truppen des chinesischen Ming-Imperiums zerstört. Nachdem Le Thai To (reg. 1428–1433) die Besatzer aus dem Reich der Mitte endlich vertrieben hatte, ließ sich der Begründer der Späten Le-Dynastie wieder in der Stadt seiner früheren Vorgänger nieder. Ab 1430 hieß sie Đông Kinh, Östliche Königsstadt – daraus sollte sich später der französische Name für den Norden Vietnams, Tongking, ableiten. Ab dem 16. Jh., als das Land unter den beiden Klans der Trinh und Nguyen politisch aufgerieben und sogar geteilt wurde, versank Dong Kinh in die Bedeutungslosigkeit. Dies spiegelte sich letztlich auch im Namen wider, als der von Hue aus regierende Minh-Mang-König (reg. 1820–1841) ihr 1831 die schlichte Bezeichnung Hà Nội (hà = Fluss und nội = innerhalb), Stadt zwischen den Flüssen, gab.

Metropole mit europäischem Flair

Mit der Ankunft der Franzosen 1883 begann ein neues Kapitel. Die damals 150 000 Einwohner erlebten, wie ihre Stadt ein zusehends europäisches Gesicht erhielt. Der Hoan-Kiem-See wurde zur Hälfte zugeschüttet, die Zitadelle geschleift und die engen Stadtteile dem Erdboden gleichgemacht. Sie machten Platz für breite Alleen, Kirchen, Prachtvillen und Geschäftshäuser. Auguste Henri Vildieu, Frankreichs Hofarchitekt in Indochina, wollte aus Hanoi ein »Paris de l'Annam« machen.

Seit Ho Chi Minh am 2. September 1945 auf dem Ba-Dinh-Platz die Unabhängigkeit verkündete, ist Hanoi wieder Hauptstadt. Ende der 1960er-/Anfang der 1970er-Jahre mussten die Bewohner die Bombardierungen durch die US-Luftwaffe ertragen. Am schlimmsten war es in den Weihnachtstagen 1972 während der Operation ›Linebacker II‹, als B-52-Flieger über 20 000 t Bomben auf strategische Ziele fallen ließen. Nach der Wiedervereinigung avancierte Hanoi 1976 schließlich zur Hauptstadt Gesamtvietnams, litt aber wie das gesamte Land unter der sozialistischen Mangelwirtschaft. Heute leben weit über 3,6 Mio. Menschen in der Metropole, die immer weiter ins Umland hinauswächst. Der rasante Zuwachs und der daraus resultierende Bevölkerungsdruck stellen die Stadtverwaltung vor große Herausforderungen – von der Müllentsorgung bis zur Verkehrsplanung.

Hoan-Kiem-See 1

Cityplan: S. 121
Der **Ho Hoan Kiem** (See des Zurückgegebenen Schwertes) im Zentrum Hanois ist für Besucher ein guter Orientierungspunkt. Von hier aus kann man zu Fuß oder mit dem Rad eine Reihe interessanter Touren starten, sei es in das alte Französische Viertel, das sich zwischen dem Ostufer des Sees und dem Roten Fluss erstreckt, oder durch die Altstadt. Dieses Labyrinth von Straßen und Gassen breitet sich im nördlichen Anschluss bis zur Bahnlinie aus. Die knapp 2 km entfernten Sehenswürdigkeiten im Westen – vom Ho-Chi-Minh-Mausoleum bis zum Literaturtempel – sind mit dem Taxi oder dem Cyclo leicht erreichbar.

Am Hoan-Kiem-See geben sich die Hanoier gerne ein Stelldichein. Hier treffen sich am frühen Morgen die Aktiven zum Taiji, tagsüber die Jungen zum Tête-à-Tête und frühabends die Alten zum Schwätzchen. Dazwischen mischen sich die Touristen, schlendern entlang der netten Uferpromenade oder sitzen in einem der Cafés. Der 2 m tiefe Ho Hoan Kiem ist wie viele andere Seen im Stadtbezirk Hanois, allen voran der Westsee, das Überbleibsel eines natürlichen Reservoirs, welches die Wassermassen des Roten Flusses aufnahm.

Schildkrötenpavillon 2

In der Seemitte erhebt sich auf einer kleinen Insel der Schildkrötenpavillon, **Tháp Rùa** genannt. Er erinnert, wie auch der vietnamesische Name Hoan Kiem, an die Legende von dem Wundersamen Schwert und der Goldenen Schildkröte Kim Qui: Als der Anführer des antichinesischen Widerstandes Le Loi im Jahr 1427 auf dem damals noch größeren Gewässer einen Triumphzug zum Sieg gegen die Ming-Besatzer veranstaltete, erschien Kim Qui und verlangte von ihm die Herausgabe seines Schwertes. Jenes soll

Hanoi

ihm auf wunderbare Weise zum Sieg verholfen haben. Einer Version zufolge hatte er es zuvor von einem Fischer erhalten, einer anderen zufolge von der Schildkröte selbst. Wie auch immer, mit dem Schwert im Maul verschwand Kim Qui im Wasser.

Bis zu ihrem Tod im Jahr 2016 lebte noch eine 200 kg schwere Jangtse-Riesenweichschildkröte *(Rafetus swinhoei)* im See, die etwa 100 Jahre alt gewesen sein soll. Sie war eines von weltweit nur fünf bekannten Exemplaren. Eine 1967 aufgefundene, kurz danach verendete und nun ausgestopfte Schildkröte wird im Jadeberg-Tempel (s. unten) gezeigt.

Jadeberg-Insel

Die rote **Cầu Thê Húc** (Brücke der aufgehenden Sonne), ein beliebtes Fotomotiv, führt vom Nordostufer hinüber auf die **Jadeberg-Insel** (Ngọc Sơn). Bevor man die Brücke betritt, passiert man ein Zugangsportal, das rechts mit dem chinesischen Schriftzeichen für Glück *(phúc)* und links mit dem für Reichtum *(lộc)* geschmückt ist. Links dahinter erhebt sich auf einer Steinaufschüttung der **Tháp Bút** (Pinselturm) zum Gedenken an die Literaten.

Auf der Insel verbirgt sich hinter alten Bäumen der **Jadeberg-Tempel** 3 (Đền Ngọc Sơn). Der lang gezogene Haupttempel ist nach Süden hin geöffnet. 1865 erbaut, wurde er später immer wieder renoviert. Sein Inneres ist dreigeteilt. Dem Raum der Zeremonien folgt der Hauptraum mit dem Altar zur Verehrung dreier daoistischer Gottheiten: Quan Cong, der rotgesichtige General mit seinem Pferd, La To, der Gott der Heilkundigen, und Van Xuong (chin.: Wenchang), der auf einem Thron sitzende Schutzgott der Literaten. Im letzten Raum verehrt man Tran Hung Dao, den gegen die Mongolen siegreichen General und Nationalhelden (tgl. 8–17 Uhr, 30 000 VND).

Thang-Long-Wasserpuppentheater 4

57 Dinh Tien Hoang, Tel. 04 38 24 94 94, tgl. ab 15 Uhr mehrere Aufführungen, s. auch S. 149

Das an der Nordostseite des Sees gelegene **Thang-Long-Wasserpuppentheater** (Nhà Hát Múa Rối Thăng Long) ist seit 1993 in einem architektonisch nicht sehr überzeugenden Bau untergebracht. Doch was im Inneren allabendlich mehrmals aufgeführt wird, ist weltweit einmalig. Begleitet von einem Musikensemble mit traditionellen Instrumenten präsentieren die Puppenspieler in der knapp einstündigen Aufführung

Westlich des Ho Hoan Kiem

An Hanois zentralem Stadtsee, dem Ho Hoan Kiem, geben sich morgens viele Frühsportler ein Stelldichein

ein lustiges und unterhaltsames Repertoire mit tanzenden Elfen, Reis pflanzenden Bauern, Enten jagenden Füchsen, Furcht einflößenden Drachen und turtelnden Phönixen. Auch die Legende vom zurückgegebenen Schwert wird präsentiert.

Die im Wasser stehenden Spieler sind hinter einem Bambusvorhang verborgen und bewegen kunstvoll die an langen Stangen befestigten Puppen über Schnüre.

Westlich des Ho Hoan Kiem

Cityplan: S. 121

Der Bezirk zwischen Ho Hoan Kiem und St.-Josephs-Kathedrale hat sich in den letzten Jahren zum Trendviertel mit gemütlichen Cafés, avantgardistischen Galerien und schicken Boutiquen entwickelt. Sie ziehen vor allem ein

Hanoi

modebewusstes junges Publikum an. Neben dem katholischen Gotteshaus lohnt auch ein Besuch in der ehrwürdigen Chua Ba Da.

Chua Ba Da [5]
3 Nha Tho, tgl. 7–18 Uhr, Eintritt frei
Westlich des Hoan-Kiem-Sees versteckt sich hinter einer Häuserzeile die **Chùa Bà Đá**. Um das buddhistische Kleinod zu finden, muss man von der parallel zum Westufer des Sees verlaufenden Le Thai Tho in die links abgehende Hang Trong einbiegen. Von dort zweigt die Nha Tho in Richtung Kathedrale ab. Auf der linken Straßenseite führt beim Haus Nummer Nr. 3 ein schmaler Weg schließlich zur Pagode der Steinernen Frau. Dieser Name stammt aus der Ära des Königs Le Thanh Tong (reg. 1460–1497), als Bauarbeiter beim Neubau seiner Zitadelle eine Frauenplastik fanden. Da sie als wundertätig galt, wurde ihr das Kloster gestiftet. Die Steinstatue ist heute verschollen, nur die Grabstupas im ersten Innenhof stammen noch aus dieser Zeit. Alle anderen Gebäude sind späteren Datums, wie etwa die Haupthalle aus dem 19. Jh. In ihrem Inneren birgt sie eine attraktive Skulpturensammlung, darunter die drei Buddhas der Vergangenheit, Gegenwart und Zukunft sowie den dickbäuchigen Di Lac und den kindlichen Shakyamuni auf dem Hauptaltar. Dem Erdgott Ong Dia ist ein Seitenaltar gewidmet.

St.-Josephs-Kathedrale [6]
Tgl. 17–19 Uhr und zu Gottesdienstzeiten
Die nur 100 m lange Nha-Tho-Straße führt zu einem großen Vorplatz, an dessen Ende sich der düster wirkende neogotische Bau der **St.-Josephs-Kathedrale** (Nhà Thờ Chính Toà Thánh Gui Se) wie ein Gruß des alten Europa erhebt. Hier hat der katholische Erzbischof von Hanoi seinen Sitz. Die Pariser Notre Dame stand Pate für die Kathedrale mit den beiden quadratischen Ecktürmen. Auf Initiative des zielstrebigen Missionsbischofs Paul-François Puginier errichtet, wurde sie Weihnachten 1886 nach fünfjähriger Bauzeit eingeweiht. Ihr musste eines der bedeutendsten buddhistischen Heiligtümer der Stadt, die Chua Bau Thien, weichen.

Ehemalige Ville Française

Cityplan: S. 121
Ein Spaziergang führt durch das einstige **Französische Viertel** mit einer Reihe architektonischer Perlen aus der Kolonialzeit. Ausgangspunkt ist die parallel zum Ostufer des Sees verlaufende **Dinh Tien Hoang.** Hier befinden sich das mit Marmor verkleidete **Rathaus,** zugleich der Sitz des Volkskomitees, sowie das **Post- und Telegrafenamt.**

Ly-Thai-To-Park [7]
Zwischen den beiden wenig attraktiven Funktionalbauten liegt der schmale, 1886 angelegte **Ly-Thai-To-Park** (Công Viên Lý Thái Tổ) mit einer imposanten 9 m hohen Statue des namensgebenden Stadtgründers. Sie wurde 2004 aufgestellt, als der Grünstreifen auch seinen heutigen Namen (zuvor hieß er Chi-Linh-Park) erhielt. Die beiden parallel zum Park verlaufenden Straßen Le Lai und Le Thach führen zur Querstraße Ngo Quyen, die sich hier mit der Ly Thai To kreuzt.

An der Ngo Quyen
Östlich von dieser Kreuzung ist in einem größeren Komplex die **Außenhandelsbank** [8] untergebracht. Das imposante, im Art-déco-Stil erbaute Gebäude mit mächtigen Rundsäulen war nach seiner Vollendung 1930 Sitz der Banque de l'Indochine.

Durch ein elegantes schmiedeeisernes Tor von der Straße getrennt, beeindruckt an der Ecke Le Thach/Ngo Quyen das attraktive **Palais du Résident supérieur du Tonkin** [9]. 1918 nach Plänen von Adolphe Bussy erbaut, dient der einstige Amtssitz des Gouverneurs von Tongking seit 1954 als Gästehaus der Regierung.

Ebenfalls faszinierend ist das schräg gegenüber liegende **Sofitel Metropole Hanoi** [10] mit seiner gleißend weißen neoklassizistischen Fassade. Seit es 1901 als Le Grand Hôtel Métropole Palace seine Pforten öffnete, hat es manch illustren Gast beherbergt, darunter 1923 William Somerset Maugham und 1936 Charlie Chaplin, der mit Paulette Goddard auf Hochzeitsreise durch Asien reiste. Während des Indochinakriegs logierte hier Graham Greene, der für »Paris Match« als Reporter in Hanoi war, Joan Baez nahm im Metropole während eines US-Luftangriffs Weihnachten 1972 Lieder für ihr Album »Where Are You Now My Son« auf.

Entlang der Trang Tien

Im Süden stößt die Ngo Quyen auf die belebte Trang Tien mit einer Vielzahl an Geschäften, Galerien und Bürogebäuden. Die Trang Tien zählt zu den ersten von den Franzosen gebauten Straßen und erfreute sich in der Kolonialzeit unter dem Namen Rue Paul Bert als Flaniermeile großer Beliebtheit. Der

Hanoi

(Karte S. 122–123)

Sehenswert

1 Hoan-Kiem-See
2 Schildkrötenpavillon
3 Jadeberg-Tempel
4 Thang-Long-Wasserpuppentheater
5 Chua Ba Da
6 St.-Josephs-Kathedrale
7 Ly-Thai-To-Park
8 Außenhandelsbank
9 Palais du Résident supérieur du Tonkin
10 Sofitel Metropole Hanoi
11 Oper
12 Hilton Hanoi Opera
13 Revolutionsmuseum
14 Historisches Museum
15 – 25 s. Cityplan S. 127
26 Ba-Dinh-Platz
27 Ho-Chi-Minh-Mausoleum
28 Präsidentenpalast
29 Ho-Chi-Minh-Haus
30 Einsäulenpagode
31 Chua Dien Huu
32 Ho-Chi-Minh-Museum
33 Botanischer Garten
34 B-52-Bomber
35 Chi-Lang-Park
36 Zitadelle von Thang Long
37 Flaggenturm
38 Museum für Militärgeschichte
39 Museum der Schönen Künste
40 Literaturtempel
41 Westsee
42 See der Weißen Seide
43 Den Quan Thanh
44 Chua Tran Quoc
45 Chua Kim Lien
46 Zoologischer Garten Hanoi
47 Den Voi Phuc
48 Chua Lang
49 Ethnologisches Museum
50 Hoa-Lo-Gefängnis
51 Chua Quan Su
52 Frauenmuseum
53 Den Hai Ba Trung

Übernachten

1 Hotel de l'Opera Hanoi
2 Sunway Hotel
3 Zéphyr Hotel
4 Hanoi Delight Hotel
5 Ritz Boutique Hotel
6 – 15 s. Cityplan S. 127

Essen & Trinken

1 Verticale Restaurant
2 Pots'n Pans
3 Cha Ca Anh Vu
4 KOTO
5 Dieu's Cuisine
6 Pho Thin
7 Chim Sao
8 Quan An Ngon
9 Café Mai
10 The Hanoi Social Club
11 The KAfe
12 – 17 s. Cityplan S. 127

Einkaufen

1 Le Chat Studio
2 Vietnam Designers House
3 Craft Link
4 54 Traditions
5 Vincom City Towers
6 Thang Long Bookshop
7 Bookworm
8 Chula
9 – 13 s. Cityplan S. 127
14 Thanh Binh Gallery
15 Green Palm Gallery
16 Dong Phong Art Gallery
17 – 19 s. Cityplan S. 127

Abends & Nachts

1 Binh Minh Jazz Club
2 Bar Betta
3 Hanoi Rock City
4 Twenty One North
5 Cong Ca Phe
6 Nhà Hát Chèo Hà Nội
7 Hanoi Cinematheque
8 – 14 s. Cityplan S. 127
15 Bach Van Ca Tru

Aktiv

1 Hanoi Kultour
2 Zen Spa – West Lake
3 s. Cityplan S. 127
4 Ho Tay Water Park
5 Exo Travel

Hanoi

Namensgeber war 1886 zum ersten Gouverneur des damaligen Protektorats Annam-Tongking ernannt worden.

Am östlichen Ende dominiert die **Oper** 11, offiziell heute Nhà Hát Lớn (Stadttheater) genannt, das Straßenbild. Sie wurde 1901 bis 1911 nach dem Vorbild des 25 Jahre zuvor eröffneten Pariser Opernhauses Palais Garnier von François Lagisquet im Beaux-Arts-Stil errichtet und steht jenem an Pracht wenig nach. Nach Jahren der kulturellen Erbauung für die Franzosen diente sie während der Augustrevolution als Versammlungshalle der Viet Minh. Hier holten die Revolutionäre am 17. August 1945 erstmalig die Trikolore ein und ersetzten sie durch ihre rote Flagge mit dem goldenen Stern. Zu Beginn des Millenniums grundlegend renoviert, erstrahlt das Haus nun in neuem Glanz. Neben dem Hanoi Symphony Orchestra (HSO) treten zahlreiche Gastensembles aus dem Ausland auf.

Das benachbarte Nobelhotel **Hilton Hanoi Opera** 12 schmiegt sich architektonisch passend an das Opernhaus an.

Revolutionsmuseum 13

216 Tran Quan Khai, tgl. 8–12, 13.30–17 Uhr,
40 000 VND, gilt auch für Historisches Museum
Wer wissen will, wie der kommunistische Staat seine Errungenschaften bejubelt, kann einen Blick in das 1959 eröffnete **Revolutionsmuseum** (Bảo Tàng Cách Mạng) werfen. Es liegt gegenüber dem Historischen Museum zwischen den Straßen Tong Dan und Tran Quan Khai. Das 1926 erbaute Kolonialgebäude diente einst als Zollhaus. Die mäßig interessanten Exponate – Foto- und Textdokumente, Memorabilien und Kunstwerke – veranschaulichen auf zwei Etagen den revolutionären Kampf gegen die »französischen Kolonialisten, japanischen Faschisten und amerikanischen Imperialisten«.

Historisches Museum 14

1 Trang Tien, tgl. 8–12, 13.30–17 Uhr,
40 000 VND, gilt auch für Revolutionsmuseum
Gegenüber dem Revolutionsmuseum besticht das **Historische Museum** (Bảo Tàng

Lịch Sử) durch seine bemerkenswerte Architektur. Das von Ernest Hébrard im ›style indochinois‹ errichtete Gebäude mit dem achtseitigen Eingangsbereich öffnete 1932 als Musée Louis Finot seine Pforten. Hébrard, von 1923 bis 1931 Direktor des Architektur- und Stadtplanungsamtes in Hanoi, gilt als Begründer des ›style indochinois‹, bei dem er europäische und asiatische Bauelemente vermengte.

Auf dem Gelände hatte auch die um 1900 in Hanoi gegründete École Française de l'Extrême Orient (EFEO) ihren Sitz. Auf zwei Etagen wird auf informative, wenn auch ideologisch gefärbte Weise die Geschichte Vietnams von der Frühgeschichte bis 1945 präsentiert.

Ehemalige Ville Française

Handtuchschmale Privathäuser mit kolonialem Touch in Hanoi

Erdgeschoss: Während in zwei Seitenräumen des vorderen Bereiches Funde aus prähistorischer Zeit (rechts) und wechselnde Ausstellungen (links) untergebracht sind, beginnt der lang gezogene Hauptraum mit Exponaten der zentralvietnamesischen Sa-Huynh- und der nordvietnamesischen Dong-Son-Kultur. Von Letzterer sind mehrere Bronzetrommeln aus der Zeit zwischen dem 1. Jt. v. Chr. und der Zeitenwende ausgestellt. Sie sind meist gut erhalten und zählen mit den feinen Verzierungen zu den Highlights des Museums. In je eigenen Abschnitten geht es dann im Galopp durch die Geschichte Vietnams: von der 1000-jährigen chinesischen Besatzungszeit (sehenswert ein Bauernhaus als Terrakotta-Modell) zu den goldenen Jahrhunderten der Ly- und Tran-Dynastien (11.–14. Jh.). Mangels Originalstücken illustrieren Modelle, Kopien berühmter Statuen und monumentale Gemälde wichtige geschichtliche Ereignisse, wie etwa am Raumende der Sieg des Generals Tran Hung Dao über die Mongolen im 13. Jh.

Obergeschoss: Im Turm-Oktogon wird eine kleine Skulpturensammlung aus der Cham-Kultur präsentiert. Dann geht es erneut rasant durch die Geschichte des Landes, beginnend mit dem Kampf Le Lois gegen die Ming-Besatzung in den Jahren 1407 bis 1427 über die Nguyen-Dynastie im 19. Jh. bis zur Unabhängigkeitserklärung am 2. September 1945, die ebenfalls in einem großen Gemälde verewigt ist.

Altstadt

Cityplan: oben

Die Altstadt von Hanoi ist einer jener Orte, in denen man sich gerne mit Absicht verläuft. Dieses verwirrende Gewirr von Straßen und Gassen breitet sich zwischen Hoan-Kiem-See und Bahnlinie aus, die zunächst entlang der Phung Hung in Richtung Norden und dann weiter östlich zur Long-Bien-Brücke verläuft, um schließlich den Roten Fluss zu überqueren. Im Osten begrenzt die parallel zum Fluss verlaufende Tran Nhat Duat das Viertel.

Geschichte

In diesem Gebiet lag seit dem 13. Jh. das Viertel der Handwerker. Sie wurden von den Königen aus ihren Dörfern teilweise zwangsumgesiedelt und entsprechend ihrer Produkte in Zünften organisiert. Hier lebten und arbeiteten sie in eigenen, durch Mauern abgeschlossenen Quartieren *(phường)*. Aus ihren Heimatdörfern brachten sie ihre Schutzgottheiten mit, denen sie jeweils eigene Tempel widmeten. Im 15. Jh. kristallisierten sich 36 Gilden heraus, weshalb das Viertel heute noch **Ba Mươi Sáu**

Hanoi-Altstadt

Sehenswert
1 – **14** s. Cityplan S. 121
15 Chuong-Vang-Theater
16 Haus Nr. 87
17 Den Huong Tuong
18 O Quan Chuong
19 Dong-Xuan-Markt
20 Den Huyen Thien Tu
21 Haus Nr. 48
22 Den Dau
23 Dinh Nhan Noi
24 Dinh Yen Thai
25 Den Bach Ma
26 – **53** s. Cityplan S. 121

Übernachten
1 – **5** s. Cityplan S. 121
6 Hanoi La Siesta Hotel and Spa
7 Golden Lotus Hotel
8 Viet House
9 Quoc Hoa Hotel
10 Hanoi Moment Hotel
11 Hong Ngoc Dynastie Hotel
12 Luminous Viet Hotel
13 Classic Street Hotel
14 Hanoi Old Centre Hotel
15 Hanoi Backpackers' Hostel

Essen & Trinken
1 – **11** s. Cityplan S. 121
12 Highway 4 (2x)
13 The Gourmet Corner
14 Green Tangerine
15 Bun Bo Nam Bo
16 Banh Cuon Nong
17 Manzi Art Space Café-Bar

Einkaufen
1 – **8** s. Cityplan S. 121
9 Heydi Fashion House
10 Khai Silk
11 Kenly Silk
12 Le Dinh Nghien
13 Thai Khue

14 – **16** s. Cityplan S. 121
17 Mai Gallery
18 Apricot Gallery
19 Hanoi Gallery

Abends & Nachts
1 – **7** s. Cityplan S. 121
8 Polite Pub
9 Tet Bar
10 Mao's Red Lounge
11 Funky Buddha
12 Le Pub
13 Ca Tru Ha Noi Club
14 Ca Tru Thang Long
15 s. Cityplan S. 121

Aktiv
1, **2** s. Cityplan S. 121
3 SF Spa
4, **5** s. Cityplan S. 121

Phố Phường, Stadt der 36 Straßen und Gilden, genannt wird.

Da die Quartiere im Laufe der Zeit infolge der wachsenden Bevölkerung aus allen Nähten platzten, ließen die Franzosen nach ihrer Ankunft die alten Gebäude abreißen. Sie mussten neuen Straßenzügen weichen. Die Kolonialherren ließen außerdem die im Westen der Altstadt liegende Zitadelle schleifen, um auch dort neue Straßen (phố) anzulegen. 1898 kam die Eisenbahnlinie hinzu, die über die 1682 m lange Paul-Doumer-Brücke – heute Cầu Long Biên – in Richtung Norden führte. Die Jungfernfahrt fand am 28. Februar 1902 statt. Mit an Bord waren der namensgebende Generalgouverneur von Indochina, Paul Doumer (reg. 1897–1902), und der Tanh-Thai-König aus Hue.

Die ältesten Gebäude stammen aus dem ausgehenden 19. Jh., sind nur wenige Meter breit, aber teilweise bis zu 80 m tief. Daher nennt man sie **Rohr-** oder **Tunnelhäuser** (nhà ống). Dieser Architekturtyp ist auch in Südchina weitverbreitet und findet sich daher häufig an jenen Orten, wo sich Chinesen niedergelassen haben, etwa in Hoi An. Der vordere, an der Straße gelegene repräsentative Teil dient als Werkstatt oder Laden, der hintere, meist von einem offenen Lichthof abgetrennt, als Wohnbereich. Trotz Bemühungen, die Gebäude zu erhalten, werden viele aufgrund der beengten Verhältnisse durch mehrstöckige Neubauten ersetzt.

An den **Namen der Gassen** kann man ablesen, was Handwerker dort einst produzierten und es teilweise noch heute tun. Denn sie wurden nach den hergestellten Waren (hàng) benannt. So gibt es die Gasse der konischen Hüte (Hang Non), die Gasse der Trommelfelle (Hang Trong), die Gasse der Seidenfärber (Hang Dao) und die Bambusgasse (Hang Tre), Nudeln bekam man in der Hang Bun und Fisch in der Hang Ca (s. Aktiv unterwegs S. 128).

WEGE DURCH DEN ALTSTADTDSCHUNGEL

Tour-Infos

Route 1
Start: Hoan-Kiem-See
Länge: 2,5 km
Dauer: ca. 1,5 Std.
Karte: s. Route 1 auf dem Cityplan S. 127

Route 2
Start: Hoan-Kiem-See
Länge: 1,8 km
Dauer: ca. 1 Std.
Karte: s. Route 2 auf dem Cityplan S. 127

Angesichts der verwinkelten Gassen und des Gewimmels von Straßenverkäufern und Mopedfahrern verliert man schnell die Orientierung. Aber eigentlich macht das nichts, denn überall gibt es etwas zu sehen und zu erleben. Und wer hungrig wird, findet sehr schnell um die Ecke eine Garküche oder ein Café. Hier zwei Vorschläge für Spaziergänge:

Altstadt

Route 1: Vom Hoan-Kiem-See gen Norden gewandt, geht es in die Hang Dao, die Straße der Seidenfärber. Sie ist nach dem bevorzugten Pink, der Farbe des Pfirsichbaumes *(dào),* benannt. Nur wenige alte Häuser sind dort noch erhalten, darunter die Nummern 18, 20 und 38. Bald geht es rechts hinein in die Silberstraße, Hang Bac, deren Ursprünge bis ins 13. Jh. zurückgehen. Hier hatten sich einst die Silberschmiede niedergelassen. An der Kreuzung zur Dinh Liet steht das 1920 erbaute **Chuong-Vang-Theater** 15 (Nhà Hát Chuông Vàng), in dem regelmäßig Cai-Luong-Stücke (s. S. 149) aufgeführt werden. Dahinter empfiehlt sich ein Besuch des **Dinh Kim Ngan**, der dem Schutzgeist der Silberschmiede, Hiên Viên, geweiht ist. Folgt man links der Ma May, in der es noch einige Tunnelhäuser gibt, passiert man das **Haus Nr. 87** 16 (tgl. 8.30–17 Uhr, 5000 VND), das aus dem ausgehenden 19. Jh. stammt und zu einem Museum umfunktioniert wurde. An der Kreuzung zur Luong Ngoc Quyen steht ein weiterer Gedenktempel **Den Huong Tuong** 17 (64 Ma May, tgl. 9–11, 14–17 Uhr, Eintritt frei). Die Straße der Papieropfer *(ma)* und des Rattans *(mây)* macht einen Linksbogen hinein in die Hang Buong, deren frühere Bewohner Segelmacher aus dem Reich der Mitte waren. Während der Kolonialzeit war dieser von Chinesen dominierte Straßenzug bekannt für seine Opiumhöhlen und Bordelle. Diese sind alle verschwunden, doch sehenswert ist der Schutzgeisttempel **Den Bach Ma** (s. S. 130) an der Ecke zur Hang Giay. Ihr folgt man bis zur Nguyen Sieu. Gen Osten gewandt und über die Dao Duy Tu nach links trifft man auf der Höhe der Hang Chieu auf das einzige erhaltene Stadttor, **O Quan Chuong** 18. Das alte Osttor wurde zusammen mit 20 anderen Eingängen 1749 errichtet und 1817 rekonstruiert. Um von dort zum **Dong-Xuan-Markt** 19 (Chợ Đồng Xuân; tgl. 6–18 Uhr) zu gelangen, kann man einen kleinen Umweg über die Nguyen Thien Thuat nehmen, in der zahlreiche Garküchen zu einer Rast einladen. Die 1889 von den Franzosen erbaute Markthalle an der Hang Dong Xuan wurde 1996 nach einem Großbrand durch einen Markthallenneubau ersetzt. Innen macht das üppige Angebot dem alten Spruch alle Ehre: »Was immer Du brauchst, geh zu diesem Markt und kauf es.« Nördlich des Marktes, hinter der Süßkartoffelgasse, Hang Khoai, liegt der **Den Huyen Thien Tu** 20 (tgl. 8–17 Uhr, Eintritt frei). Einer Stele zufolge wurde er 1643 zu Ehren des Schutzgottes Tran Vu gestiftet. Der Hauptteil des Tempels ist jedoch buddhistisch. Der Weg zurück führt entlang der Dong Xuan, die in der südlichen Verlängerung Hang Duong, Zuckergasse, heißt, um schließlich Hang Ngang genannt zu werden. Die Franzosen nannten sie Rue Cantonnaise, da hier ab dem 17. Jh. viele Chinesen siedelten. Von gewisser historischer Bedeutung ist das **Haus Nr. 48** 21, denn hier wohnte Ho Chi Minh in der letzten Augustwoche 1945 und verfasste die berühmt gewordene Unabhängigkeitserklärung. Heute erinnert ein kleines Museum daran (Mo–Fr 8–11.30, 14–16.30 Uhr, Eintritt frei). Von hier führt die Straße zurück zum Hoan-Kiem-See.

Route 2: Zunächst geht es vom See ein Stück in die Hang Gai und von dort rechts in die schmale To Tich. Sie endet an der Hang Quat, die, wegen der dort zum Verkauf angebotenen bunten Fahnen und Hausaltäre, zu den fotogensten Gassen zählt. Dort kann man auch einen Blick in den **Den Dau** 22 werfen, der zu Ehren von Lieu Hanh, einem der Vier Unsterblichen, errichtet wurde (unregelmäßig geöffnet, Eintritt frei). Über die Straße der konischen Hüte, Hang Non, geht es rechts in die Hang Thiec hinein. Die Straße der Zinnschmiede trägt angesichts der vielen Blechnereien noch zu Recht den Namen. In der Bat Dan, wo einst vorwiegend Keramik feilgeboten wurde, ist der **Dinh Nhan Noi** 23 sehenswert (Nr. 33; unregelmäßig geöffnet, Eintritt frei). Biegt man dann nach links in die Hang Dieu und folgt ihr nach Süden, gelangt man über die Yen Thai in die Ngo Tam Tuong. Hier steht der **Dinh Yen Thai** 24 (unregelmäßig geöffnet, Eintritt frei). Die Gasse mündet in die Baumwollstraße Hang Bong, die in östlicher Verlängerung Hang Gai, Hanfgasse, heißt. Hier wird jedoch kein Hanf mehr verkauft, sondern in vielen Boutiquen schicke Mode.

Hanoi

Den Bach Ma [25]
Ecke Hang Buom/Hang Giay, Di–So 8–11, 14–17 Uhr, Eintritt frei

Als König Ly Thai To (reg. 1009–1028) den Tempel des Weißen Pferdes, **Đền Bạch Mã**, stiftete, lag er noch außerhalb der Stadt und diente mit drei anderen Tempeln dem spirituellen Schutz der neuen Metropole Thang Long. Der Legende zufolge soll dem König ein weißes Pferd erschienen sein und ihm die beste Position der schützenden Wallanlagen gezeigt haben. Der liebevoll renovierte Schutzgott-Tempel geht in seiner heutigen Gestalt auf das 19. Jh. zurück.

Das Innere der länglichen ummauerten Tempelanlage ist mehrfach untergliedert. Einem Innenhof folgt die Haupthalle, in der vor dem Hauptschrein eine Pferdestatue verehrt wird. Der meist verschlossene Schrein ist dem Schutzgeist Long Đỗ geweiht. Ein Altar auf der rechten Wandseite ist den Drei Müttern gewidmet, einer zur Linken den Buddhas der Drei Zeiten.

Ba-Dinh-Distrikt

Cityplan: S. 121

Der **Ba-Dinh-Distrikt** (Quận Ba Đình) breitet sich südlich des Westsees (Hồ Tây) aus. Hier liegt das politische Zentrum des Landes, und hier befand sich das Herrschaftszentrum der frühen Dynastien. Doch davon ist nahezu nichts erhalten geblieben. Bereits die Franzosen hatten die Zitadelle geschleift und das Gebiet zu einem noblen Stadtteil mit mondänen Villen und schattigen Alleen umgestaltet. Neben Ministerien und politischen Einrichtungen haben sich hier zahlreiche Botschaften angesiedelt.

Ba-Dinh-Platz [26]
Der 35 000 m² große **Ba-Dinh-Platz** (Quảng Trường Ba Đình) im Süden des Westsees wirkt etwas einschüchternd. Wenn Hanois Herz noch links schlägt, dann hier. Eingerahmt vom klobigen Ho-Chi-Minh-Mausoleum im Westen und dem neuen, vom deutschen Architekturbüro gmp entworfenen Nationalversammlung (Hội Trường Ba Đình) im Osten, herrscht rund um die mächtige Landesflagge ein strenges Regiment. Der Verkehr ist verbannt und die Ordner achten darauf, dass die Besucher des Mausoleums sich ordentlich in die Warteschlange einreihen. Das vier Fußballfelder große Areal ist ein geschichtsträchtiger Ort, denn auf dem damaligen Place Puginier verkündete Ho Chi Minh am 2. September 1945 um 14 Uhr vor einer halben Million Menschen die Unabhängigkeit Vietnams. Alljährlich finden zum Jahrestag Paraden statt.

Der Name Ba Đình bezieht sich übrigens auf eine Region in der Provinz Thanh Hoa, wo 1886 eine antikoloniale Rebellion ausbrach.

Ho-Chi-Minh-Mausoleum [27]
April–Okt. Di–Do 7.30–10.30, Sa/So 7.30–11, Nov.–März Di–Do 8–11, Sa/So 8–11.30 Uhr, Eintritt frei

Das **Ho-Chi-Minh-Mausoleum** (Lăng Chủ Tịch Hồ Chí Minh) steht mit seiner protzigen Klobigkeit in Kontrast zu jenem schmächtigen Mann, der in seinem Inneren aufgebahrt ist. Der am 2. September 1969 verstorbene Landesvater hatte es in seinem Testament anders bestimmt: Sein Leichnam solle verbrannt und die Asche über dem Land verstreut werden – doch sein Letzter Wille blieb ihm verwehrt. Und so ruht er, in ein schwarzes Seidenhemd gekleidet, von vier Soldaten ständig bewacht, seit Jahrzehnten in einem gläsernen Sarkophag. Ehrfurchtsvoll frierend ziehen kommunistische Kader, Abordnungen vom Land und Touristen durch die unterkühlte Halle an ihm vorbei. Den Eingangsbereich ziert ein berühmter Spruch des Präsidenten: »Es gibt nichts Wertvolleres als Unabhängigkeit und Freiheit.« Außen beschwört ein Banner: »Nước Cộng Hòa Xã Hội Chủ Nghĩa Việt Nam Muôn Năm« (»Möge das Land immer die Sozialistische Republik Vietnam sein«).

Der knapp 22 m hohe kubische Bau wurde zwischen 1973 und 1975 nach Vorbild des Moskauer Lenin-Mausoleums aus grauem Marmor errichtet. Vor dem Besuch müssen Kameras und Taschen abgegeben werden, es wird ordentliche Kleidung verlangt.

Ba-Dinh-Distrikt

Präsidentenpalast und Ho-Chi-Minh-Haus

Ho-Chi-Minh-Haus April–Okt. tgl. 7.30–10.30, 13.30–16.30, Nov.–März tgl. 8–11, 13.30–16.30 Uhr, 15 000 VND

Eingebettet in den Botanischen Garten liegt nördlich des Mausoleums der **Präsidentenpalast** 28 (Phủ Chủ Tịch), ein herrliches Beispiel der Beaux-Arts-Architektur. Der ockerfarbene Prachtbau wurde nach Plänen des Straßburger Architekten Charles-Guillaume Lichtenfelder zwischen 1900 und 1906 erbaut und diente bis 1954 den französischen Generalgouverneuren als Dienstsitz. Heute werden die 60 Säle für offizielle Empfänge genutzt. Das Gebäude ist nicht zugänglich.

Von Ho Chi Minh wurde der Palast nie bewohnt. Der anspruchslose Junggeselle residierte ab 1954 in Nebengebäuden, bis er am 17. Mai 1958 ein schlichtes, auf Pfählen errichtetes **Holzhaus** 29 (Nhà Sàn Bác Hồ) bezog. Pate dafür standen die Stelzenhäuser der Bergvölker, in denen er während des langen antikolonialen Kampfes oft nächtigte. Im unteren Bereich steht ein großer Konferenztisch für die Treffen mit dem Politbüro. Im Obergeschoss kann man sein Arbeits- und Schlafzimmer sehen. Der schmucklose Bau liegt an einem Teich und strahlt zusammen mit den mächtigen Mango- und Indischen Mandelbäumen eine natürliche Schönheit aus. Am Uferrand stehen einige Sumpfzypressen *(Taxodium distichum)* mit ihren eigentümlichen, aus dem Boden ragenden Kniewurzeln.

Einsäulenpagode und Chua Dien Huu

Doi Can, tagsüber geöffnet, Eintritt frei

Die **Einsäulenpagode** 30 (Chùa Một Cột) wirkt im Schatten des Mausoleums und des nur einen Steinwurf entfernten Ho-Chi-Minh-Museums wie eine Miniaturanlage. Und doch zählt sie zu den bekanntesten Pagoden Hanois. Dies hat vor allem mit ihrer Ursprungsgeschichte zu tun. König Ly Thai Tong träumte eines Nachts von der Göttin der Barmherzigkeit. Sie stand auf einer Lotosblüte und streckte ihm einen Knaben entgegen. Der zweite

Auf Pfählen und aus Holz errichtet: das Wohnhaus Ho Chi Minhs

Ho Chi Minh – der Übervater

Kein öffentliches Gebäude ohne sein Bild, keine Stadt ohne seine Statue, keine offizielle Feier ohne ein Zitat von ihm. Auch noch vier Jahrzehnte nach seinem Tod ist der schmächtige Mann mit dem schütteren Bart überall im Land präsent. Ho Chi Minh ist die Ikone des souveränen Vietnam.

»Etwas zum Lächeln
Der Staat ernährt mich mit Reis; ich bewohne seine Paläste
Seine Wachen lösen sich ab, mir zu dienen als Geleit.
Auf seine Berge und Flüsse seh ich wie ich will.
Mit solchen Privilegien überhäuft ist man wirklich Mensch.«
Aus dem Gefängnistagebuch

»Die Menschen werden frei und gleich an Rechten geboren und bleiben es.« Dieses Zitat aus der französischen Menschen- und Bürgerrechtserklärung von 1789 rief Ho Chi Minh seinen langjährigen Widersachern entgegen, als er am 2. September 1945 in Hanoi die Unabhängigkeitserklärung verlas. Der Tag war der Höhepunkt im bisherigen entbehrungsreichen Leben des damals 55-Jährigen. Doch die schlimmsten Jahre lagen noch vor ihm.

Wer ist dieser Mann, der wie Che Guevara zur internationalen Ikone des Befreiungskampfes geworden ist? Obwohl er im Land überall präsent ist, bleibt seine Persönlichkeit merkwürdig vage. In seiner Biografie ist vieles unklar, vor allem seine frühen Jahre. So soll der lebenslange Junggeselle zweimal verheiratet gewesen sein. Nach offiziellen Angaben kam er am 19. Mai 1890 als Nguyen Sinh Cung im Dorf Hoang Tru, Gemeinde Kim Lien, unweit von Vinh zur Welt. Sein Vater, Nguyen Sinh Sac, hatte eine konfuzianische Ausbildung durchlaufen und arbeitete als Dorfschullehrer. Bei der Einschulung ins Quoc-Hoc-Gymnasium in Hue 1906 ließ er seinen lerneifrigen Sohn unter dem Namen Nguyễn Tất Thành eintragen. Der blieb bis 1909 an dieser Eliteschule.

Zwei Jahre später verließ der inzwischen 21-Jährige Vietnam und heuerte auf einem französischen Dampfer an. Einige Jahre tingelte er als Matrose durch die Welt und arbeitete nach Ausbruch des Ersten Weltkriegs zwei Jahre lang als Küchenhilfe im Londoner Carlton-Hotel. 1917 kam er nach Paris und schloss sich dort der Sozialistischen Partei an. Um seine in Frankreich lebenden Landsleute zu mobilisieren, gründete er die Association des Patriotes Annamites. Von nun an arbeitete er unter dem Pseudonym Nguyễn Ái Quốc (Nguyen, der Patriot). Als sich 1920 der radikale Flügel der französischen Sozialisten in der Kommunistischen Partei zusammenschloss, gehörte Nguyễn Ái Quốc zu den Gründungsmitgliedern. Sein Engagement sollte Früchte tragen. 1923 lud ihn die Kommunistische Internationale (Komintern) nach Moskau ein. Dort erhielt er den ideologischen Schliff für seinen Kampf gegen den Kolonialismus, der in seinen Augen der »Kopf der Schlange des Kapitalismus« war. In Hongkong gründete er am 3. Februar 1930 die Kommunistische Partei Vietnams, die auf Anweisung der Komintern zur KP Indochina erweitert wurde. Ein Jahr später inhaftierte ihn dort die Polizei der britischen Kronkolonie. Nach der Flucht aus einem Gefängniskrankenhaus setzte er sich 1932 nach China ab, um von dort aus den antifranzösischen Widerstand zu organisieren.

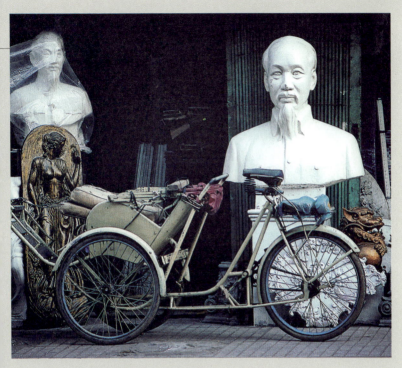
Über 40 Jahre nach seinem Tod immer noch verehrt: Ho Chi Minh

Mit einem Rattankoffer und seiner geliebten Schreibmaschine in der Hand betrat der unbeugsame Mann Anfang 1941 erstmalig seit drei Jahrzehnten wieder heimatlichen Boden. Hier gründete er kurz darauf die Liga für die Unabhängigkeit Vietnams, Việt Nam Độc Lập Đồng Minh Hội – besser bekannt als Viet Minh. Unter seinem neuen Namen Hồ Chí Minh (Ho, der nach Erleuchtung strebt) avancierte er zum unumstrittenen Führer der Unabhängigkeitsbewegung. Als er in China für Unterstützung werben wollte, wurde er 1942 von den chinesischen Nationalisten der Guomindang für zwei Jahre interniert. In dieser Zeit entstanden seine im Gefängnistagebuch gesammelten Gedichte. Derweil vermochte sein Mitstreiter, General Vo Nguyen Giap, die Viet Minh zu einer effektiven Guerillatruppe zu formen. Bis 1945 konnten sie weite Gebiete Nordvietnams unter ihre Kontrolle bringen und marschierten im August in Hanoi ein.

Nachdem die Viet Minh von den Franzosen 1946 wieder vertrieben worden war, leitete Ho Chi Minh als erster Präsident der Demokratischen Republik Vietnam (DRV) von Cao Bang aus die Exilregierung. Nach Jahren des Guerillakampfes konnte er sich jedoch erst 1954 nach dem Sieg von Dien Bien Phu endgültig in Hanoi niederlassen. 1960 übernahm Ho Chi Minh auch das wichtige Amt des Generalsekretärs der KPV. Während des Vietnamkrieges avancierte er weltweit zur Symbolfigur für den antiimperialistischen Kampf. Der Schlachtruf »Ho! Ho! Ho Chi Minh!« hallte auch durch die Straßen der westdeutschen Städte. Seinen Traum eines vereinigten Vietnam sollte er nicht mehr erleben. Er starb am 2. September 1969.

Ly-Herrscher betrachtete dies als Zeichen dafür, dass ihm doch noch ein Thronfolger geschenkt würde. Schon sehr bald gebar ihm ein Bauernmädchen den lang ersehnten Sohn. Aus Dankbarkeit stiftete er 1049 eine Pagode in Form einer Lotosblüte. Leider wurde das Heiligtum mehrfach zerstört, zuletzt 1954 beim Abzug der Franzosen.

Die heutige schlichte Konstruktion aus dem Jahr 1955 wirkt etwas unglücklich, denn der Tempelbau aus Holz mit quadratischem Grundriss (3 x 3 m) ruht auf einer massiven Betonsäule, die aus einem Teich ragt. Über eine Treppe können Gläubige zum Schrein gelangen, um die dortige Figur der Quan Âm zu verehren.

In direkter Nachbarschaft liegt die **Chua Dien Huu** 31 (Pagode des lange währenden Glücks), ein einfacher Bau mit schönem Innenhof.

Ho-Chi-Minh-Museum 32

Di–Do, Sa/So 8–16.30, Mo, Fr 8–12 Uhr, 25 000 VND

Das Thema Lotosblume griffen die Architekten auch beim **Ho-Chi-Minh-Museum** (Bảo Tàng Hồ Chí Minh) auf, denn der weiße Bau soll den edlen Charakter des ersten Präsidenten symbolisieren. Zu dessen 100. Geburtstag wurde es am 19. Mai 1990 feierlich eröffnet. Auf 13 000 m² haben Künstler und Historiker anhand von Installationen und Dokumentationen die Schlüsselrolle Ho Chi Minhs in der jüngeren Geschichte Vietnams herausgearbeitet und in Beziehung zu weltgeschichtlichen Entwicklungen gesetzt. Ein geeigneter Ort, um sich mit dem berühmten Vietnamesen zu beschäftigen.

Botanischer Garten 33

Eingänge über die Hoang Hoa Tham und Ngoc Ha, tgl. 7.30–22 Uhr, 2000 VND

Der 20 ha große **Botanische Garten** (Vườn Bách Thảo) erstreckt sich westlich des Präsidentenpalastes und wurde 1890 angelegt.

Wandernde Marktstände: Kleinhändler patrouillieren auf der Suche nach Kunden durch die Straßen Hanois

Ba-Dinh-Distrikt

Mit seinen schattigen Bäumen und Teichen eignet er sich für einen entspannenden Spaziergang. Am Morgen treffen sich die Hanoier hier zum Taiji und Joggen, nachmittags Alt und Jung zum Schwätzchen.

B-52-Bomber 34

157 Doi Can, Di–Sa 8–11.30, 13–16.30 Uhr, Eintritt frei

Von der Hoang Hoa Tham zweigt am Westende des Botanischen Gartens die Ngoc Ha in Richtung Süden ab. Folgt man ihr und biegt dann rechts in die Ngo Ngoc Ha ein, so gelangt man über einen Seitenweg zu einem See (ausgeschildert). Hier liegen seit dem Abschuss am 27. Dezember 1972 die Reste eines amerikanischen **B-52-Bombers** (Bảo Tàng Chiến Thắng B 52) und erinnern an die verheerende Weihnachtsoffensive von 1972, als während der Operation ›Linebacker II‹ vom 18. bis 29. Dezember US-amerikanische Langstreckenbomber über 700 Einsätze flogen. Nach nordvietnamesischen Angaben wurden 23, nach US-Angaben zehn Maschinen abgeschossen. Hunderte Bewohner Hanois verloren ihr Leben.

Chi-Lang-Park 35

Im **Chi-Lang-Park** (Công Viên Chi Lăng) an der Ecke Hoang Dieu/Dien Bien Phu hat Lenin noch nicht »Good bye« gesagt, sondern steht nach wie vor auf dem Podest. Seit 1985 wacht die 5 m hohe Statue des russischen Revolutionärs in diesem gepflegten Park, der von den Franzosen anstelle eines Teiches angelegt wurde.

Zitadelle von Thang Long 36

Hoàng thành Thăng Long, zwischen Dien Bien Phu und Phan Dinh Phung, www.hoang thanhthanglong.vn, tgl. 8.30–11.30, 14–17 Uhr, 30 000 VND

Gegenüber dem Chi-Lang-Park erstreckt sich das längliche, knapp 16 ha große Gelände der einstigen **Zitadelle** fast 1 km bis zur Straße Phan Dinh Phung. 2010 wurde das Areal zum UNESCO-Welterbe erklärt, nachdem bei Grabungen zahllose Relikte aus den vergangenen 1000 Jahren zutage kamen. Jahr-

Hanoi

zehntelang war das Gebiet von der Armee okkupiert und nur teilweise zugänglich. Seit 2013 kann das Areal besucht werden, auch wenn nicht sehr viel zu sehen ist. Aber es ist ein Gang durch die 1000-jährige Geschichte Hanois. Was die Könige von Hue Anfang des 19. Jh. restaurierten, rissen die Franzosen größtenteils ab und errichteten Militärbaracken, die wiederum teilweise den US-Bombardierungen zum Opfer fielen.

Übrig blieben Reste der Befestigungsmauer und der 33,4 m hohe **Flaggenturm** 37 (Cột Cờ Hà Nội) im südlichen Bereich. Der in Hue residierende Gia-Long-König ließ ihn 1812 auf zwei quadratischen Terrassen errichten. Ihm schließt sich im hinteren Bereich das **Museum für Militärgeschichte** 38 (Bảo Tàng Lịch sử Quân sự Việt Nam, 28 A Dien Bien Phu, Di–Do, Sa/So 8–11.30, 13–16.30 Uhr, 20 000 VND) an. 1959 zum 15. Jahrestag der Volksarmee eröffnet, verherrlicht es die heroischen Taten und Schlachten der vietnamesischen Soldaten. Neben zahlreichen Waffen und Fotodokumentationen kann man im Garten neben US-amerikanischem Kriegsschrott sowjetische Waffen und Flugzeuge bestaunen. Prunkstück ist eine Mig 21.

Nördlich des Museums erstreckt sich ein offenes Gelände bis zum massiven, u-förmigen **Südtor** (Đoan Môn), dessen fünf Durchgänge zur Verbotenen Stadt führen. Von Letzterer sind keine Gebäude erhalten geblieben. An ihrer Stelle befinden sich koloniale Gebäude und Hallen, darunter das unterbunkerte **Haus D 67** (Nhà D67), in dem während des Krieges das Politbüro tagte. Den Abschluss der Anlage bildet an der Phan Dinh Phung das **Nordtor** (Cửa Bắc).

Museum der Schönen Künste 39

66 Nguyen Thai Hoc, tgl. 8.30–17 Uhr, 30 000 VND

Gegenüber dem Literaturtempel liegt das äußerst sehenswerte **Museum der Schönen Künste** (Bảo Tàng Mỹ Thuật Việt Nam). Seit 1966 präsentiert es auf drei Stockwerken die Geschichte der vietnamesischen Kunst und organisiert in einem Seitengebäude wechselnde Ausstellungen zeitgenössischer Künstler.

Erdgeschoss: Anhand von Originalen und teilweise wenig gelungenen Nachbildungen sind in acht Räumen prähistorische Funde (Dong-Son-Trommeln, Leuchter), Statuen und Reliefs aus nordvietnamesischen Tempeln sowie hinduistische Plastiken der Cham ausgestellt. Im letzten Raum schmücken Königs- und Beamtenporträts aus dem 18./ 19. Jh. die Wände.

Erster Stock: Neben volkstümlicher Handwerkskunst sind die Ölgemälde mit vorwiegend ländlichen Genreszenen sehenswert. Sie sind meist in den ersten vier Jahrzehnten des 20. Jh. entstanden. Bei den Lackbildern im Hauptraum ist schön zu sehen, wie westlicher Malstil mit asiatischen Techniken verbunden wurde – etwa bei den Werken »Landschaften« und »Kleine Mädchen im Garten« von Nguyen Gia Tri. Vorwiegend unter dem Eindruck von Krieg und Sozialismus stehen die nach 1975 gemalten Bilder.

Zweiter Stock: Auch hier greifen viele Arbeiten das Thema Krieg auf. Besonders eindrucksvoll ist das 1984 entstandene Bild von Dang Duc Sinh, »In jedem Dorf«, das drei Witwen mit den Porträts ihrer gefallenen Männer zeigt. Ein kleiner Raum ist den auf Seide gemalten expressionistischen Werken von Nguyen Phan Chanh gewidmet.

Literaturtempel 40

Tgl. 7.30–17 Uhr, 30 000 VND

Zwischen den Straßen Nguyen Thai Hoc und Quoc Tu Giam erstreckt sich der lang gezogene **Literaturtempel** (Văn Miếu, chin.: wenmiao), der als Nationalakademie, Quốc Tử Giám, über 800 Jahre hinweg Vietnams Zentrum für konfuzianische Bildung war. Als Vorbild diente der Konfuziustempel im chinesischen Qufu, dem Geburtsort des Gelehrten.

Die Anfänge des Van Mieu gehen auf König Ly Thanh Tong (reg. 1054–1072) zurück, der 1070 einen Tempel zu Ehren des Konfuzius (Khong Tu) und seiner Schüler stiftete. Sein Nachfolger Ly Nhan Tong (reg. 1072–1128) erweiterte ihn sechs Jahre spä-

Ba-Dinh-Distrikt

Über Jahrhunderte das Zentrum konfuzianischer Bildung in Vietnam: der Literaturtempel

ter und gliederte ihm die Nationalakademie an. Zunächst konnten hier nur männliche Sprösslinge des Herrscherklans studieren, später auch Söhne aus den Aristokratenfamilien. Mit den Jahren entwickelte sich der Van Mieu zum Zentrum der Gelehrsamkeit. Im Rahmen einer grundlegenden Bildungsreform unter König Le Thai To (reg. 1427–1433) wurden ab 1428 ausschließlich erfolgreiche Absolventen der Regionalakademien zugelassen. Die maximal 300 Studenten *(giám sinh)* wohnten und studierten hier etwa drei Jahre. Sie mussten die fünf konfuzianischen Klassiker und vier klassischen Bücher auswendig lernen sowie offizielle Schriftwerke, literarische Texte und Gedichte verfassen. Nur Wenige schnitten bei den abschließenden dreitägigen Prüfungen erfolgreich ab und erlangten den begehrten Doktortitel *(tiến sĩ)*. Als der Gia-Long-Herrscher die Nationalakademie 1807 nach Hue verlegte, stufte er die Quoc Tu Giam zur Regionalakademie herunter und widmete sie den Eltern des Konfuzius. Die letzten Prüfungen fanden 1915 statt. In den vergangenen Jahren wurde die im Krieg beschädigte Anlage grundlegend renoviert.

Der 350 m lange und 75 m breite Van Mieu ist auf einer Nord-Süd-Achse ausgerichtet und in fünf ummauerte Innenhöfe untergliedert. Der **Eingang** befindet sich im Süden an der Straße Quoc Tu Giam, auf deren anderer Seite der See der Literatur (Hồ Văn) liegt. Vier parallel zum Eingang stehende **Obelisken** dienen dem Lob der konfuzianischen Lehre.

Durch das prächtige zweistöckige **Tor des Literaturtempels** (Văn Miếu Môn) gelangt man zum unbebauten **I. Hof,** der durch die beiden Teiche und Seitenwege ausgesprochen harmonisch wirkt. Damit soll die Ausgewogenheit der polarisierenden Kräfte ausgedrückt werden.

Drei Portale führen zum zweiten Hof: Das dem König vorbehaltene Große Mittlere Tor (Đại Trung Môn), links das Tor des Erworbenen Talents (Đạt Tài Môn) und rechts das Tor der Gewonnenen Tugend (Thành Đức Môn). Am Ende des **II. Hofes,** der durch den alten

Baumbestand und die beiden parallelen Lotosteiche ebenfalls sehr wohlproportioniert wirkt, erhebt sich das Wahrzeichen von Hanoi: der **Pavillon des Sternbildes der Literatur** (Khuê Văn Các). Unter dem Gia-Long-König 1805 errichtet, diente der von vier Säulen gestützte Holzpavillon *(các)* den Gelehrten zu Rezitationen und Diskussionen. Seine vier runden Öffnungen symbolisieren den Himmel, die quadratische Basis die Erde. Flankiert wird er von zwei weiteren Portalen.

Der **III. Hof** wird von einem quadratischen Teich, der **Quelle des Himmlischen Lichts** (Thiên Quang Tỉnh), dominiert. An den seitlichen Außenmauern stehen in je zwei Reihen insgesamt 82 von Schildkröten getragene Steinstelen, die **Kandidatenstelen.** Sie listen in chinesischen Schriftzeichen die Namen von 1306 Doktoren auf, die zwischen 1442 und 1779 erfolgreich die harten Prüfungen absolviert hatten. Jede Stele steht für einen Prüfungsjahrgang. Die von Dächern geschützten Stelenreihen sind jeweils in der Mitte von Pavillons unterbrochen, in denen die beiden ältesten Stelen stehen.

Tor des Großen Erfolgs (Đại Thành Môn) heißt der mittlere Durchgang zum vierten und wichtigsten Innenhof. Er wird links vom Tor des Jade-Echos (Ngọc Chấn Môn) und rechts vom Tor des Goldenen Klangs (Kim Thanh Môn) flankiert. Im **IV. Hof** befinden sich vier größere Flachbauten. Die beiden **Seitengebäude** dienten der Verehrung der 72 wichtigsten Schüler des Konfuzius und werden heute als Andenkenladen und Aufenthaltsraum genutzt. An der Stirnseite des Hofes liegen parallel hintereinander das **Große Haus der Zeremonien** (Đại Bái Đường) und die **Halle des Großen Erfolgs** (Đại Thành). Die vordere Zeremonienhalle birgt einen Altar zu Ehren des Konfuzius und darüber ein Paneel mit den Worten »Lehrer der 1000 Generationen«. Zwei auf Schildkröten stehende Bronzekraniche vor dem Altar symbolisieren Langlebigkeit und Weisheit. Im hinteren Gebäude stehen die Statuen des

Der Hauptaltar in der Chua Tran Quoc

Konfuzius und seiner vier Schüler, darunter vorne links die Statue des Menzius (Mạnh Tử). Auf Tafeln an den Seitenaltären sind die Namen weiterer bedeutender Schüler aufgeführt.

Im letzten Komplex, dem Thái Học genannten **V. Hof,** waren seit 1076 die Lehrräume der Nationalakademie und ab dem 15. Jh. auch die Schlafsäle der Absolventen untergebracht. Erst 2001 wurde das gegenwärtige Ensemble fertiggestellt. Wiederum sind vier Gebäude zu finden. Zwei seitliche Flachbauten dienten einst als **Wohnhaus des Tempelwächters** (links) bzw. **Rastplatz der Beamten** (rechts). Heute birgt das linke eine interessante Dauerausstellung zur Geschichte des Van Mieu. Der einem liegenden H gleichende Gebäudekomplex am Hofende unterteilt sich in die vordere **Zeremonienhalle** und den zweistöckigen **Khai-Thanh-Tempel.** Dort befindet sich im Erdgeschoss die mächtige Bronzestatue des berühmten Akademieleiters Chu Van An (1292–1370). Im Obergeschoss thronen auf drei Altären die Statuen der Könige Le Thanh Tong, Ly Thanh Tong und Ly Nhan Tong.

Am Westsee

Cityplan: S. 121
Hanoi gilt als Stadt der Seen und Alleen, was sie nicht zuletzt dem **Westsee** 41 (Hồ Tây) zu verdanken hat. Das 538 ha große Gewässer war ursprünglich Teil des Roten Flusses, der mit der Zeit seinen Lauf änderte. Seinen Namen erhielt der See im 15. Jh., zu anderen Zeiten hieß er Froschsee (Dâm Dàm) und weniger schmeichelhaft Fuchskadaver (Xác Cáo). Da er weniger als 2 m tief ist, muss er regelmäßig ausgebaggert werden. Einst lagen an seinem Ufer die Sommerpaläste der Könige und Landsitze der Adligen, heute stehen hier die Villen der Neureichen und kommunistischen Funktionäre. Zudem ist der Ho Tay ein beliebtes Naherholungsgebiet.

Die Südostecke des Sees wurde 1620 durch einen Damm abgetrennt, um dort Fische zu züchten. An dessen Ufer ließ der Fürst Trinh Giang (reg. 1729–1740) das Lustschlösschen Truc Lam für seine Konkubinen erbauen. Später wurden dort ungehorsame Palastdamen unter Hausarrest gestellt, die für ihren Lebensunterhalt Seidenstoffe weben mussten, die im ganzen Land heiß begehrt waren. Daher wird dieser Teil **See der Weißen Seide** 42 (Hồ Trúc Bạch) genannt.

Den Quan Thanh 43
Tgl. 8–16.30 Uhr, 20 000 VND
An der Straßenkreuzung Thanh Nien/Quan Thanh liegt unweit des südlichen Seeufers der **Đền Quán Thánh** (Tempel des Himmelswächters). Er geht auf das Jahr 1010 zurück und ist eines von vier Heiligtümern, die der Stadtgründer Ly Thai To zum spirituellen Schutz der Metropole errichten ließ. Der Tempel ist Trấn Vũ, dem Herrscher des Schwarzen Himmels gewidmet. Im daoistischen Pantheon Chinas ist er unter dem Namen Zhuanxu bekannt und für die Bewachung des Nordens zuständig. Für die Vietnamesen ist Trấn Vũ zudem Beschützer vor Kriegen, die aus ihrer leidvollen Erfahrung heraus immer aus dem Norden, nämlich von China, drohten. Einer Legende zufolge soll Trấn Vũ nach heftigen Kämpfen einen grausamen Fuchs mit neun Schwänzen besiegt haben. Dabei gruben sich die Kontrahenten immer tiefer in die Erde ein, sodass ein tiefes Loch entstand, aus dem Wasser sprudelte – auf diese Weise soll sich der Westsee gebildet haben.

»Gewaltig verströmt sich die heilige Stimmung und erstrahlt hell in der Nacht«, heißt es in einem Gedicht über den Tempel, und in der Tat wirkt die 1893 neu gestaltete Anlage nicht zuletzt dank der über 100 Jahre alten Mangobäume im Innenhof sehr friedlich. Besonders eindrucksvoll ist die im hinteren Bereich des länglichen Tempelgebäudes verehrte 3,7 m große und 4 t schwere Bronzefigur des Schutzgottes. Sie wurde ab 1677 in einem dreijährigen Prozess gegossen und zeugt von großer Kunstfertigkeit. An den Gießermeister Duc Ong Trum Trong erinnert eine Statue.

Hanoi

Chua Tran Quoc 44
Tgl. 7.30–11.30, 13.30–18.30 Uhr, Eintritt frei
Von der Dammstraße Thanh Nien ragt eine Halbinsel in den Westsee. Hier liegt Hanois ältestes buddhistisches Heiligtum, die Pagode der Verteidigung der Nation, **Chùa Trấn Quốc.** Ihre Geschichte geht auf das 6. Jh. zurück, als sie in einem nahe gelegenen Dorf am Roten Fluss stand. Nach einem Dammbruch wurde sie 1615 an die jetzige Stelle verlegt. Von der Thanh Nien führt ein von Arekapalmen gesäumter Weg auf die Halbinsel. Dabei passiert man den ummauerten **Tempelfriedhof** mit zahlreichen Grabstupas verstorbener Mönche. »Ruheplatz der Erwählten« heißt es über dessen Eingangsportal. In einem kleinen Raum dienen Altäre dem Gedächtnis der Toten und der Verehrung der drei Himmelsmütter (Thánh Mẫu). In den anschließenden ummauerten Tempelbereich führt ein Seitentor. Den **Vorplatz** beherrscht ein prächtiger Bodhi-Baum, ein Geschenk des indischen Präsidenten Rajendra Prasad von 1959. Besonders stattlich ist der mit Statuen bestückte **Hauptaltar** im Inneren der Haupthalle. Von zwei Dharma-Wächtern und jeweils fünf Höllenrichtern flankiert, folgen einer schönen Darstellung des liegenden Buddha der Erleuchtete als Kind, eine vielarmige Quan Âm, der dickbäuchige Di Lac mit den Bodhisattvas Manjushri und Samantabhadra an seiner Seite, Buddha Shakyamuni mit seinen Schülern Ananda und Kashyapa, Buddha Amitabha, von den Bodhisattvas Avalokiteshvara (links) und Mahasthamaprapta (rechts) begleitet, zuletzt die Buddhas der Drei Zeiten. Auf dem linken **Seitenaltar** wird General Quan Cong, auf dem rechten der Erdgott, Ong Dia, verehrt.

Chua Kim Lien 45
Tgl. 7–11.30, 13.30–18 Uhr, Eintritt frei
Ein Juwel buddhistischer Architektur entdeckt man an der Nordostseite des Westsees, die Pagode des Goldenen Lotos, **Chùa Kim Liên.** Sie ist über die Ausfallstraße Yen Phu zu erreichen. Das Heiligtum soll im 12. Jh. anstelle eines Palastes der Prinzessin Tu Hoa gestiftet worden sein. Dort hatte die Tochter des Königs Ly Than Tong (reg. 1128–1138) eine Farm für Seidenraupen angelegt. In ihrer heutigen Form geht die Chua laut Inschrift auf das Jahr 1792 zurück. Durch ein dreiteiliges Tor betritt man den Innenhof. Dort beeindrucken die doppelten Fußwalmdächer mit geschwungenen Ecken, welche die drei hintereinander liegenden und miteinander verbundenen Hallen bedecken. Das Innere ist aufgrund der meisterhaften Figuren auf den Altären sehenswert.

Westliche Stadtteile

Cityplan: S. 121
In den Westen Hanois verlieren sich wenige Touristen, obwohl hier einige interessante Sehenswürdigkeiten liegen, allen voran das Ethnologische Museum (s. Tipp). Darüber hinaus warten einige sakrale Stätten auf ihre Entdeckung.

Zoo 46
Tgl. 9–17 Uhr, 10 000 VND
Zwischen dem gewaltigen Hanoi-Daewoo-Hotel und der Kreuzung der Straßen Buoi und Cau Giay breitet sich rund um den Thu-Le-See der **Zoologische Garten Hanoi** (Vườn Thú Hà Nội) aus. Das 28 ha große Gelände mit Tiger-, Vogel- und Affengehegen ist ein beliebtes Naherholungsgebiet für die Einheimischen, für Touristen eher mäßig spannend.

Den Voi Phuc 47
Tgl. 8–11.30, 13.30–18 Uhr, Eintritt frei
Wesentlich sehenswerter ist der auf dem westlichen Teil des Geländes liegende Tempel des Knienden Elefanten, **Đền Voi Phục.** Er ist einer der vier Schutzgeisttempel der Stadt und soll auf Anordnung König Ly Thanh Tongs (reg. 1054–1072) zu Ehren seines im Kampf gegen chinesische Invasoren gefallenen vierten Sohnes Ly Hoang Chan, alias General Linh Lang, errichtet worden sein. Einer originellen Geschichte zufolge war nicht Ly Thanh Tong der leibliche Vater, sondern ein Drache. Auch starb der Sohn nicht im Krieg, sondern verjagte die Chinesen mit einer Elefantenarmee und kehr-

Westliche Stadtteile

ETHNOLOGISCHES MUSEUM

Etwa 7 km westlich des Hoan-Kiem-Sees liegt an der breiten Straße Nguyen Van Huyen das **Ethnologische Museum** 49 (Bảo Tàng Dân Tộc Học Việt Nam). Wer sich für die verschiedenen Volksgruppen des Landes interessiert, ist hier genau richtig. Aufgrund der kreativen Präsentation wird es auch Kindern nicht langweilig. Unter Mitwirkung französischer Experten 1997 eröffnet, wurde das Museum in den Folgejahren erweitert.

Im zweistöckigen **Rundbau** werden in mehreren Abschnitten die 54 Volksgruppen Vietnams vorgestellt – sei es anhand von Kleidungsstücken, religiösen Alltagsgegenständen oder nachgestellten Szenen, beispielsweise der Zeremonie eines Tay-Schamanen. Zudem wurde ein Haus der Schwarzen Thai nachgebaut. Schautafeln und Kurzfilme informieren über Sprache, Musik, Rituale, Sitten und Gebräuche.

Im **Freigelände** stehen Nachbauten oder rekonstruierte Originalhäuser einiger Volksgruppen. Zu sehen sind ein über 100 Jahre altes vietnamesisches Haus mit Ahnenaltar und Kräutergarten sowie ein 42,5 m langes Haus der Ede. Ganz besonders beeindruckend ist das mit deutscher Hilfe errichtete Gemeindehaus der Bahnar aus der Provinz Kon Tum. Dessen wie ein Segel wirkendes 19 m hohes Dach soll den Reichtum des Dorfes und die Stärke der Bewohner widerspiegeln.

Schließlich sind einige **Grabstätten** interessant, darunter eines der Gia Rai. Dort drücken die Holzfiguren von Männern mit erigierten Penissen und schwangeren Frauen die Fruchtbarkeit des Toten aus. Mit dem Taxi sind es vom Zentrum etwa 20 Min. Für den Besuch sollte man einen halben Tag einplanen (Di–So 8.30–17.30 Uhr, 40 000 VND).

te auf einem Dickhäuter reitend als siegreicher General zurück. Später soll er sich in einen schwarzen Drachen (oder eine weiße Schlange) verwandelt haben und im Westsee verschwunden sein.

Zwei am Tempeltor kniende Steinelefanten erinnern an die Legende. Im hinteren Bereich der Haupthalle steht die Statue des Generals. Dort wird auch ein Stein aufbewahrt, auf den Ly Hoang Chan sein Haupt gelegt haben soll, bevor er verschwand. General Linh Lang zu Ehren finden alljährlich zwei Feste statt: das eine zum Gedenken an seinen Tod am 10. Tag des zweiten Mondmonats und das andere zum Gedenken an seine Geburt am 13. Tag des zwölften Mondmonats.

Chua Lang 48

Tgl. 7–11.30, 13.30–18 Uhr, Eintritt frei

Etwa 1 km südwestlich des Zoos stößt man auf ein buddhistisches Kleinod, auf die **Chùa Láng** aus dem 12. Jh. Die Pagode liegt an der gleichnamigen Straße und soll eine Stiftung König Ly Anh Tongs (reg. 1138–1175) zu Ehren Tu Dao Hanhs (gest. 1117) sein. Dieser berühmte Mönch wuchs in dem damals an diesem Platz gelegenen Dorf Lang auf und wird auch in der Chua Thay (s. S. 159) verehrt. Im 19. Jh. wurde das Kloster neu gestaltet.

Die in Nord-Süd-Richtung ausgerichtete ummauerte Anlage gliedert sich in mehrere Teile: Einem lang gezogenen Hof mit schattigen Bäumen folgt ein freier Platz mit einem achteckigen Pavillon und einem Gebäudeensemble mit der Struktur eines liegenden H. Sehenswert sind in dessen Inneren Reliefs, welche die drei Welten darstellen: unten die Hölle, darüber die Erde in Gestalt eines Berges, der in den oberen Götterhimmel ragt. Den Blickfang in der Haupthalle bildet der fantasiereich gestaltete Hauptaltar mit einer Vielzahl von Statuen des buddhistischen Pantheons.

Südliche Stadtteile

Cityplan: S. 121
Die Straßen südlich des Hoan-Kiem-Sees sind wie ein Schnittmuster angelegt. In diesem Geschäftsviertel residieren viele internationale Unternehmen und Organisationen. Die hier herrschende eher mondäne Atmosphäre bestand schon während der Kolonialzeit, an die noch viele Kolonialvillen erinnern. Hier zeigt sich Hanoi aber zugleich von seiner modernen Seite, was vor allem an einer wachsenden Zahl glitzernder Hochhäuser liegt – etwa dem Hotel Melia Hanoi an der Ly Thuong Kiet oder den Hanoi Towers in der Hai Ba Trung.

Hoa-Lo-Gefängnis 50

1 Hoa Lo, tgl. 8–17 Uhr, 30 000 VND
Im Schatten der Hanoi Towers liegt der übrig gebliebene Flügel des einst berüchtigten **Hoa-Lo-Gefängnisses** (Di Tích Nhà Tù Hoả Lò). Nach Plänen des französischen Stadtarchitekten Auguste-Henri Vildieu 1899 eröffnet, erlangte das damalige Maison Centrale schnell einen zweifelhaften Ruf. Die Räumlichkeiten waren für 450 Insassen ausgerichtet, doch drängelten sich hier oft viermal so viele. Beengte Zellen, Fußfesseln und die Guillotine erinnern daran, dass die Kolonialherren mit ihren Gefangenen wenig zimperlich umgingen. Dies taten sicherlich auch nicht die Kommunisten nach ihrer Machtübernahme 1954 – worüber jedoch nichts geschrieben steht.

International bekannt wurde das Hoa Lo erst, als zwischen 1964 und 1973 US-amerikanische Kriegsgefangene – meist Piloten abgeschossener Flugzeuge – interniert wurden. Ihnen soll es im ›Hanoi Hilton‹, wie sie es spöttisch nannten, den Umständen entsprechend gut gegangen sein.

Chua Quan Su 51

Tgl. 7–11.30, 13.30–18 Uhr, Eintritt frei
An der Ecke Ly Thuong Kiet/Quan Su liegt die Botschafter-Pagode, **Chùa Quán Sứ**. Sie ist der offizielle Sitz des hier 1981 gegründeten Vietnam Buddhist Sangha (Giáo Hội Phật Giáo Việt Nam). In dieser Vereinigung sind heute fast alle buddhistischen Einrichtungen des Landes zusammengeschlossen. Die Ursprünge der Pagode reichen in das 15. Jh. zurück, als sie während der Späten Le-Dynastie für Abgesandte aus buddhistischen Ländern zur Ausübung ihrer Religion errichtet wurde – daher ihr Name. Die erhöht liegende Haupthalle stammt von 1942. Im Inneren ist eine Quan Âm mit 1000 Armen sehenswert. In der angeschlossenen Hochschule gehen Mönche und Nonnen den höheren Studien nach.

Frauenmuseum 52

36 Ly Thuong Kiet, Di–So 8–17 Uhr, 30 000 VND
Dank umfassender Umbauarbeiten zählt das **Frauenmuseum** (Bảo Tàng Phụ Nữ Việt Nam) heute zu den interessantesten Museen von Hanoi. Auf vier Etagen widmet es sich den zahlreichen Widerstandskämpferinnen in Vietnams Geschichte und der Rolle der Frau innerhalb der Gesellschaft. Sehr sehenswert sind die Trachten der 54 Minderheiten sowie die Porträtgalerie von Frauen in ihren vielzähligen Funktionen und Rollen.

Den Hai Ba Trung 53

12 Huong Vien, Mo–Sa 7–11.30, 13.30–18 Uhr, Eintritt frei
Etwa 1,5 km südlich der Oper liegt unweit eines kleinen Sees der **Đền Hai Bà Trưng**. Er wird nach dem Viertel auch Den Dong Nhan genannt und ist am besten über die Straße Lo Duc und die von ihr abzweigende Tho Lo zu erreichen. Die Anlage zählt auf-

Adressen

Im Herzen der Ville Française liegt das luxuriöse Sofitel Metropole

grund der Schnitzereien im Inneren zu den schönsten Hanois. 1143 ließ König Ly Anh Tong (reg. 1138–1175) sie zum Gedenken an die Schwestern Trung Trac und Trung Nhi (s. S. 42) am Ufer des Roten Flusses errichten. Nachdem das Gebäude kollabierte, wurde der Tempel 1819 hierher verlegt. Er weist im Inneren schöne Schnitzereien auf. Die beiden Heldinnen sind in Siegespose mit erhobenen Armen dargestellt. Zu ihren Ehren findet jährlich am 5. Tag des zweiten Mondmonats ein großes Fest statt.

Infos

Tourist Information Center: 7 Dinh Tien Hoang, Tel. 04 39 36 33 69, tgl. 8–21 Uhr. Infobörse der Agentur A–Travel Mate mit hilfsbereitem Personal, Stadtplänen und Broschüren. Gute Infos über Events unter www.hanoigrapevine.com. **Handspan Travel Indochina:** 78 Ma May, Tel. 04 39 26 28 28, www.handspan.com, tgl. 9.30–17 Uhr. Vermittelt Unterkünfte und organisiert anspruchsvolle Touren auch über Hanoi hinaus. **Diethelm Travel:** 44 B Ly Thuong Kiet, Tel. 04 39 34 48 44, www.diethelmtravel.com, Mo–Fr 9.30–17 Uhr. Der Veteran im Tourismusgeschäft bietet viele Informationen und maßgeschneiderte Rundreisen. **EXO Travel:** 66 A Tran Hung Dao, Tel. 04 38 28 21 50, www.exotravel.com, Mo–Sa 8.30–18 Uhr. Die renommierte Agentur legt Wert auf Nachhaltigkeit und Qualität. Sie bietet auch themenspezifische Ausflüge und Adventure-Touren an.

Übernachten

Außerhalb der Altstadt, Cityplan: S. 121
Mondän – **Sofitel Metropole** 10 : 15 Ngo Quyen, Tel. 04 38 26 69 19, www.sofitel.com. 1901 als Le Grand Hôtel Métropole Palace im Herzen der Ville Française eröffnet, ist es noch immer die Grande Dame unter den Hotels von Hanoi. 265 Zimmer und Suiten mit allem Komfort. Im **Le Beaulieu** kann man französisch, im **Spices Garden** vietnamesisch schlemmen oder nachmittags im Café La Terrasse stilvoll entspannen. Das Angebot reicht von einem Schwimmbad über vier Bars bis zum Fünf-Gänge-Menü. DZ/F ab 280 US-$.
Opernkulisse – **Hotel de l'Opera Hanoi** 1 : 29 Trang Tien, Tel. 04 62 82 55 55, www.mgallery.com. Als würde hier der Fundus der nahen Oper ausgestellt, so wirkt das Innere des

Hanoi

originellen Hotels der M Gallery Collection der Accor-Gruppe. Wunderbar zentral gelegen, besticht das Hotel mit 105 individuell gestalteten Zimmern und Suiten. Das **Café Lautrec** entfaltet kolonialen Charme, sehr atmosphärisch ist auch die Bar. DZ/F ab 176 US-$.

Nobel elegant – **Hilton Hanoi Opera** 12 : 1 Le Thanh Tong, Tel. 04 39 33 05 00, www.hilton.com. Architektonisch behutsam an die benachbarte Oper angepasst, verbindet es koloniale Vergangenheit mit heutigen Komfortansprüchen. Die geräumigen Zimmer haben einen vietnamesischen Touch. Außenpool, Spa und Bar sorgen für Entspannung. Vier Restaurants und Cafés stehen zur Auswahl, u. a. das **Ba Mien** mit regionaler Küche. DZ/F ab 135 US-$, Suite ab 295 US-$.

Etabliert – **Sunway Hotel** 2 : 19 Pham Dinh Ho, Tel. 04 39 71 38 88, www.hanoi.sunwayhotels.com. Das Drei-Sterne-Hotel ist ebenfalls wegen seiner Lage und dem guten Service beliebt. Die 145 heimeligen Zimmer sind im Superior-Segment etwas klein. Im **Allanté Restaurant** wird durchweg gute Küche geboten. Lauschige Bar im Lobby-Bereich. DZ/F ab 93 US-$.

Zentral und funktional – **Zéphyr Hotel** 3 : 4–6 Ba Trieu, Tel. 04 39 34 12 56, www.zephyrhotel.com.vn. Wenige Schritte vom Hoan-Kiem-See. 44 funktional eingerichtete Zimmer und Suiten, teilweise sehr klein und mit Teppich ausgelegt. Ordentliches Restaurant im Erdgeschoss. DZ/F ab 75 US-$.

Modern & elegant – **Hanoi Delight Hotel** 4 : 93 A Doi Can, Tel. 04 62 88 62 62, www.hanoidelighthotel.com. Wie ein wuchtiger Turm erhebt sich das Drei-Sterne-Hotel in Fußnähe zum Ba-Dinh-Platz und besticht im Inneren durch modernes, elegantes Design. Ein Großteil der 68 Zimmer ist etwas schmal geschnitten, aber mit Flachbildschirmen und WLAN auf Traveller-Bedürfnisse eingestellt. DZ/F ab 66 US-$, Apartment ab 100 US-$.

Sauber und geschmackvoll – **Ritz Boutique Hotel** 5 : 23 Au Trieu, Tel. 04 39 38 16 36, www.ritzboutiquehotelhanoi.com. Eine freundliche Bleibe mit persönlichem Service und in guter Lage (hinter der Kathedrale). Die 25 Zimmer mit Bad sind sauber, es lohnt sich, die Deluxe-Kategorie zu buchen. Nach Discount fragen! DZ/F ab 40–60 US-$.

In der Altstadt, Cityplan: S. 127

Beliebt – **Hanoi La Siesta Hotel and Spa** 6 : 94 Ma May, Tel. 04 39 26 36 41, www.hanoilasiestahotel.com. Ein zu Recht beliebtes Boutiquehotel mit 50 recht schmalen Zimmern, das zentral in der Altstadt liegt. Das Interieur ist geschmackvoll, der Service gut, das Essen auch. Schönes Spa. DZ/F ab 80 US-$.

Dezenter Komfort – **Golden Lotus Hotel** 7 : 39 Hang Trong, Tel. 04 39 38 09 01, www.goldenlotushotel.com.vn. Dieses Boutiquehotel verfügt über 51, teilweise etwas kleine Zimmer. Nette Bar im 12. Stock. Nahebei, in der 53–55 Hang Trong, gibt es das Golden Lotus Luxury Hotel. DZ/F ab 60 US-$.

Deutsche Oase – **Viet House** 8 : 23 C Hang Hanh, Tel. 88 84 43 01, www.viethouse.org. Von der deutschen Eignerin liebevoll ausgestaltet, ist das Hotel mit neun Zimmern ein wahres Hideaway im Herzen der Altstadt. Vom Penthouse im zehnten Stock bietet sich ein toller Ausblick. DZ/F ab 60 US-$.

Haus mit Charme – **Quoc Hoa Hotel** 9 : 10 Bat Dan, Tel. 04 38 28 45 28, www.quochoahotel.com. Die 1991 eröffnete Unterkunft hat sich zu einem charmanten Boutiquehotel gemausert. 46 recht kleine Zimmer und Suiten in modernem Design warten auf Gäste. Business- und Fitnesscenter. Im obersten Stock gibt es ein schönes Restaurant. DZ/F ab 50 US-$, Suite ab 92 US-$.

Klassisch-modern – **Hanoi Moment Hotel** 10 : 42 Hang Cot, Tel. 04 39 27 69 99, www.hanoimomenthotel.com. Auf sieben Etagen verteilen sich 23 freundliche Zimmer. Erhält gute Kritiken. DZ/F ab 50 US-$.

Zentral und charmant – **Hong Ngoc Dynastie Hotel** 11 : 29-30-34 Hang Manh, Tel. 04 38 28 50 53, 09 04 42 83 87, www.hongngochotel.com. Freundlicher Service, Toplage und 51 teils sehr geräumige Zimmer, die mit Möbeln im klassisch chinesisch-vietnamesischen Stil eingerichtet sind.

Adressen

Angesichts des guten Preis-Leistungs-Verhältnisses ist dieses Hotel eine exzellente Option. In der Altstadt liegen zwei weitere Hotels der Gruppe. DZ/F ab 50 US-$.

Preislich gut – **Luminous Viet Hotel** 12 : 79 Hang Bac, Tel. 04 39 35 01 23, www.luminousviethotel.com. Die 35 Zimmer in drei Kategorien bekommen durch das Asia-Dekor einen wohnlichen Touch. Auch der kompetente Service wird von den Gästen immer wieder gut bewertet. Empfehlenswert. DZ/F ab 40 US-$.

Solides Haus – **Classic Street Hotel** 13 : 41 Hang Be, Tel. 04 38 25 24 21, www.hanoiclassicstreethotel.com. Das komfortable Mittelklassehotel im Herzen der Altstadt besitzt 31 kleine, stilvolle Zimmer. Das Speisenangebot im einfachen Restaurant ist ausreichend. Das Haus bietet ein gutes Preis-Leistungs-Verhältnis. DZ ab 32 US-$.

Fußläufig zum See – **Hanoi Old Centre Hotel** 14 : 19 Hang Hanh, Tel. 04 39 38 15 13, www.hanoioldcentrehotel.com. Das Hotel mit 18 Zimmern in fünf Kategorien liegt zentral in einer Kneipenstraße. Das Frühstück wird im siebten Stock mit tollem Blick auf den Hoan-Kiem-See serviert und das Personal gibt hilfreiche Tipps für die Weiterreise. DZ/F ab 25 US-$.

Backpacker-Treff – **Hanoi Backpackers' Hostel** 15 : 9 Ma May, Tel. 04 39 35 18 91, www.vietnambackpackershostels.com. Populärer Treff kontakt- und partyfreudiger Traveller mit kunterbunten Räumen und netter Bar. Tolle Lage. Betten im Schlafsaal ab 6 US-$, DZ ab 20 US-$.

Essen & Trinken
Außerhalb der Altstadt, Cityplan: S. 121

Frankreich meets Hanoi – **Verticale Restaurant** 1 : 19 Ngo Van So, Tel. 04 39 44 63 17, www.verticale-hanoi.com, tgl. 11–14, 18–22 Uhr. Hanois Haute-Cuisine-Tempel. In einer Villa aus den 1940er-Jahren zelebriert der renommierte Chefkoch und Autor Didier Corlou französisch-vietnamesische Fusionsküche. Da wird selbst eine einfache *phở* zum kulinarischen Ereignis. Reservierung empfehlenswert. Gerichte ab 230 000 VND.

STRASSENKINDER ALS MEISTERKÖCHE

Straßenkindern eine Berufsperspektive zu eröffnen ist der Sinn des **Restaurantprojekts KOTO** 4 . Man kann es unterstützen und dabei köstlich speisen. Im Angebot finden sich asiatische ebenso wie westliche Gerichte. Im dritten Stock lockt die **Temple Bar** und auf der Dachterrasse der tolle Blick auf den Literaturtempel nebenan (59 Van Mieu, Tel. 04 37 47 03 37, www.koto.com.au, Di–So 7.30–22, Mo 7.30–17 Uhr, Gerichte ab 60 000 VND).

Fusionsküche – **Pots 'n Pans** 2 : 57 Bui Thi Xuan, Tel. 04 39 44 02 04, www.potsnpans.vn, tgl. 11.30–23 Uhr. Von Absolventen des KOTO (s. Tipp oben) geführt, zählt das feine Lokal zu den innovativsten in Hanoi. Sehr stilvolle und entspannte Atmosphäre in der Lounge. Empfehlenswert. Hauptgerichte ab 150 000 VND.

Typisch Hanoi – **Cha Ca Anh Vu** 3 : 116 k1 Giang Vo, Tel. 04 35 12 12 79, tgl. 8–23 Uhr. In diesem schlichten Restaurant wird nur ein Gericht aufgetischt: *chả cá*, Fischpfanne mit frischem Dill. Gute Alternative zum touristischen Cha Ca La Vong in der 14 Cha Ca. Portion ab 60 000 VND.

Nachhaltig gut – **KOTO** 4 : s. Tipp oben.

Feinste Küche – **Dieu's Cuisine** 5 : 25 Xuan Dieu, Tel. 04 37181501, 09 87 34 68 43, tgl. 9–23 Uhr. Jedes vietnamesische Gericht ist ein Erlebnis, was für die längere Anfahrt und Wartezeit entschädigt. Ziemlich angesagt, von daher reservieren. Gerichte ab 50 000 VND.

Hanoi

Stadtbekannt – **Pho Thin** 6 : 13 Lo Duc, Tel. 04 38 21 27 09, tgl. 5–21 Uhr. Das Lokal ist bei den Hanoiern bekannt für die schmackhaften Reisnudelsuppen mit Rindfleisch, *phở bò*. Das liegt vor allem an der leckeren Brühe, weniger am schlichten Ambiente. Suppen ab 45 000 VND.

Authentisch – **Chim Sao** 7 : 65 Ngo Hue, Tel. 04 39 76 06 33, www.chimsao.com, tgl. 11–22 Uhr. In entspanntem Ambiente werden hier hervorragende vietnamesische Gerichte aufgetischt. Teils sitzen die Gäste auf Kissen. Tipp: *chim bồ câu nướng lá chanh*, gegrillte Tauben in Limettenblättern. Einzelgerichte bereits ab 40 000 VND.

Kulinarisch vielfältig – **Quan An Ngon** 8 : 18 Phan Boi Chau, Tel. 04 39 42 81 62, tgl. 7–22 Uhr. Die Vielfalt der vietnamesischen Küche wird an verschiedenen Ständen demonstriert. Ziemlich gut, aber oft voll. Gerichte ab 30 000 VND.

Cafés – **Café Mai** 9 : 52 Nguyen Du, westlich der Kreuzung mit der Ba-Trieu-Straße, Tel. 04 38 22 77 13, tgl. 7–23 Uhr. Seit 1936 ist das Café Mai Hanois erste Adresse für Arabica-Kaffee. Schon der Gründer Pham Duy Sen war ein Liebhaber der schwarzen Bohne. Einfaches Café-Ambiente. Nicht weit, in der 96 Le Van Huu, Tel. 04 38 22 77 51, gibt es Kaffee zum Mitnehmen. **The Hanoi Social Club** 10 : 6 Hoi Vu, Tel. 04 39 38 21 17, tgl. 8–23 Uhr. Versteckt in einer Seitengasse, besteht das kleine Lokal aus zwei Etagen plus Dachterrasse. Kaffee und Kuchen sind lecker, darüber hinaus gibt es Frühstück und westliche Gerichte. Nettes Retromobiliar. Ab 45 000 VND.

The KAfe 11 : 18 Dien Bien Phu, Tel. 04 37 47 62 45, tgl. 7.30–23 Uhr. Die nackten Mauern, rustikalen Tische und der gute Kaffee machen das Lokal zu einem beliebten Treff der Hanoier Jugend. Es gibt aber auch ordentliche Reisgerichte. Ab 40 000 VND.

In der Altstadt, Cityplan: S. 127

Schnaps zum Seafood – **Highway 4** 12 : 24 Bat Su, Tel. 04 39 26 06 39 und 3 Hang Tre, Tel. 04 39 26 42 00, www.highway4.com, tgl. 9–23 Uhr. Nicht nur die vielen Reisschnaps-Varianten locken die Gäste, sondern auch der Feuertopf (ab 350 000 VND) und die guten Seafoodgerichte (ab 135 000 VND).

Kreative Küche – **The Gourmet Corner** 13 : 32 Lo Su, Tel. 04 39 35 16 32, www.elegancehospitality.com, tgl. 11.30–22 Uhr. Das Restaurant im zwölften Stock des Elegance Diamond Hotels tischt optisch ansprechende Fusionsküche auf. Schöne Aussicht von der Außenterrasse (besser reservieren). Hauptgerichte ab 220 000 VND.

Haute Cuisine – **Green Tangerine** 14 : 48 Hang Be, Tel. 04 38 25 12 86, tgl. 11–23 Uhr. Eine kulinarische Oase in der geschäftigen Altstadt. Chefkoch Stéphane Yvin versteht sein Handwerk und bietet originale französische Küche mit asiatischen Zutaten zu soliden Preisen. Menüs ab 200 000 VND.

Einfach und gut – **Bun Bo Nam Bo** 15 : 67 Hang Dieu. Tel. 04 39 23 07 01, tgl. 7.30–22.30 Uhr. Der Name ist Programm: In diesem schmalen Familienlokal gibt es *bún bò*, kalte Reisnudeln mit Rind. Dazu passt *nem chua*, deftige Schweinewurst. Gerichte ab 60 000 VND.

Reismehlrollen – **Banh Cuon Nong** 16 : 72 Hang Bo, tgl. 17.30–21.30 Uhr. Nur ein paar Hocker und Tische, aber Frau Anhs köstliche gedämpfte Reismehlrollen, *bánh cuốn*, machen das Lokal zur Pilgerstätte. Ein guter Start in den Abend. Ab 30 000 VND.

Cafés – **Manzi Art Space Café-Bar** 17 : 14 Phan Huy Ich, Tel. 04 37 16 32 97, tgl. 9–24 Uhr. Untergebracht in einer schicken Kolonialvilla, kann man sich hier der zeitgenössischen Kunst widmen, bei Lounge-Musik entspannen und Kaffee und Drinks schlürfen. Auch regelmäßige Veranstaltungen und Performances. Getränke ab 10 000 VND.

Einkaufen

Angesichts der unzähligen Geschäfte, Galerien und Souvenirshops wird spätestens beim Gang durch die Altstadt deutlich, dass Hanoi ein Einkaufsparadies ist. In den Straßen rund um die **St.-Josephs-Kathedrale** 6 gibt es trendige Shops und Boutiquen. Die **Hang Gai** hat sich mit Boutiquen am laufenden Meter zur ›Seidenstraße‹ von Hanoi entwickelt.

Papierlampen in allen Größen gibt es in der **Hang Giay** und Schuhe in der **Hang Dau**. Am Wochenende findet entlang der Hang Dao ein Nachtmarkt statt. Die meisten Geschäfte sind tgl. 9–21 Uhr oder länger geöffnet.

Außerhalb der Altstadt, Cityplan: S. 121
Designerkleider – **Le Chat Studio** 1 : 14 A Hang Chuoi, Tel. 04 39 71 85 85, www.lechatstudio.com, tgl. 8–18 Uhr. Schöne Seiden- und Baumwollkleider, darunter viele Einzelstücke, aus der Hand der jungen Modeschöpferin Quynh. Dazu gibt es Schmuck, den ihre Mutter gestaltet hat.

Mode aus Vietnam – **Vietnam Designers House** 2 : 60 Ly Thuong Kiet, Tel. 04 22 10 61 66. Hier gibt es Kreationen diverser vietnamesischer Modeschöpfer, von T-Shirts bis Áo dài, für Mann und Frau.

Handarbeiten – **Craft Link** 3 : 43–51 Van Mieu, Tel. 04 37 33 61 01, www.craftlink.com.vn. In dem Fair-Trade-Laden gibt es tolle Qualitätsarbeiten aus den Dörfern der ethnischen Minderheiten.

Ethnokunst – **54 Traditions** 4 : 30 Hang Bun, Tel. 04 37 15 01 94, www.54traditions.com.vn. Hochwertige Arbeiten der 54 Volksgruppen Vietnams.

Einkaufszentrum – **Vincom City Towers** 5 : 191 Ba Trieu, Tel. 04 39 74 33 33, www.vincom.com.vn. Schicker Shoppingkomplex samt Kino.

Lesestoff – **Thang Long Bookshop** 6 : 53–55 Trang Tien. **Bookworm** 7 : 44 Chau Long. Auch englischsprachige Literatur.

Hippe Klamotten – **Chula** 8 : 6 Nhat Chieu, Tel. 04 37 10 11 02, www.chula.es. Kunterbunte Kleider mit originellem Design.

In der Altstadt, Cityplan: S. 127
Geschneidertes und mehr – **Heydi Fashion House** 9 : 12 Chan Cam, Tel. 09 06 23 02 84, www.heydifashionhouse.com. Von einer Hanoier Designerin 2013 gegründet, bietet das Geschäft eine breite Palette von anmutigen Kleidern bis zu trendigen Accessoires. Schneidert auch nach Maß.

Aus Seide – **Khai Silk** 10 : 113 Hang Gai, Tel. 04 39 28 98 83, und 26 Nguyen Thai Hoc, Tel. 04 37 33 39 91. Bekannte Boutique mit tollen Seidenstoffen und Kleidern, die allerdings ihren Preis haben. Hier gibt es auch Maßgeschneidertes. **Kenly Silk** 11 : 108 Hang Gai, Tel. 04 38 26 72 36. Hier gibt es eine große Auswahl an Seidenkleidern und -accessoires vom Ao Dai bis zur Handtasche.

Holzdrucke – **Le Dinh Nghien** 12 : 22 Cua Dong. Einer der letzten Künstler für traditionelle kolorierte Holzdrucke (viet.: *tranh hàng trống*).

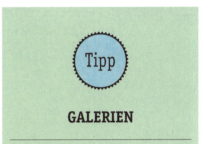

GALERIEN

Hanoi ist das Zentrum der vietnamesischen Kunstszene. Hier leben die bekanntesten Künstler des Landes. Nicht wenige haben sich auch weit über die Grenzen hinaus einen Namen gemacht. In vielen Galerien, meist tgl. 9–21 Uhr geöffnet, kann man ihre Werke bewundern.
Hier eine Auswahl.

Außerhalb der Altstadt, Cityplan: S. 121
Thanh Binh Gallery 14 : 25–27 Trang Tien, Tel. 04 38 25 15 32, www.thanhbinhgallery.com.vn.

Green Palm Gallery 15 : 39 Hang Gai, Tel. 04 38 28 92 93, und 15 Trang Tien, www.greenpalmgallery.com.

Dong Phong Art Gallery 16 : 205/206 K12 Bach Khoa, Tel. 04 38 68 02 57, www.dongphonggallery.com.

In der Altstadt, Cityplan: S. 127
Mai Gallery 17 : 113 Hang Bong, Tel. 04 39 38 05 68, www.maigallery-vietnam.com.
Apricot Gallery 18 : 40 B Hang Bong, Tel. 04 38 28 89 65, www.apricotgallery.com.vn.
Hanoi Gallery 19 : 42 Cau Go, Tel. 04 38 24 18 54. Hat vorwiegend Replikate alter Propagandaposter im Angebot.

Hanoi

Die Apricot Gallery ist eine der zahlreichen Kunstgalerien Hanois

Musikinstrumente – **Thai Khue** 13 : 1 A Hang Manh, Tel. 04 38 28 94 69, www.thaikhue.com. Alteingesessener Familienbetrieb mit traditionellen Instrumenten.

Abends & Nachts

Die Zeiten, als Hanoi kollektiv um 22 Uhr in Tiefschlaf versank, sind lange vorbei. Doch verglichen mit anderen asiatischen Metropolen ist das Nachtleben der Stadt noch bescheiden. Gegen Mitternacht ist mit einigen Ausnahmen überall Schluss, einem unterhaltsamen Abend steht trotzdem nichts im Wege.

Außerhalb der Altstadt, Cityplan: S. 121
Livemusik – **Binh Minh Jazz Club** 1 : 1 Trang Tien, Tel. 04 39 33 65 55, www.minhjazzvietnam.com, tgl. 8–23.30 Uhr. Allabendlich ab 21 Uhr wird hier Livemusik geboten, zumeist ist auch der Eigentümer und Saxophonist Quyen Van Minh mit von der Partie.
Retro-Stil – **Bar Betta** 2 : 34 C Cao Ba Quat, tgl. 9–24 Uhr. Witziges Dekor im Retro-Stil mit Schallplatten an der Wand, Sesseln zum Fläzen und netter Dachterrasse. Die Cocktails schmecken, das Essen nicht, der Service ist langsam.
DJs und Liveacts – **Hanoi Rock City** 3 : 27/52 To Ngoc Van, tgl. ab 19 Uhr. Einer der angesagtesten Musikclubs von Hanoi. Zwei Bars und ein Open-Air-Bereich bieten den perfekten Rahmen für die Auftritte bekannter DJs und Livebands.
Chillout am See – **Twenty One North** 4 : 49 Ven Ho Tay (via 77 Yen Phu), www.facebook.com/21northhanoi, tgl. 17–24 Uhr. Hideaway am Westsee, liegt ziemlich ver-

Adressen

steckt. Schöne Terrasse, bequeme Sofas, selbstgebrautes Bier.

Cooles Café – **Cong Ca Phe** 5 : 32 Dien Bien Phu, Tel. 04 66 86 03 44; 4 F Tower, Trung Hoa, Cau Giay, Tel. 04 37 83 13 13, www.congcaphe.com, tgl. 7.30–23 Uhr. Gehört mit 19 Filialen zu den angesagtesten Cafés in der Hanoier (Lebens-)Künstlerszene. Regelmäßige Livekonzerte im 4 F Tower.

Theater, Oper – **Wasserpuppentheater** 4 (Nhà Hát Múa Rối Thăng Long): 57 Dinh Tien Hoang, Tel. 04 39 36 43 35. Täglich ab 15.30 Uhr mehrere Aufführungen (s. S. 118), Tickets 100 000 VND. **Stadttheater/Oper** 11 (Nhà Hát Lớn): 1 Trang Tien, Tel. 04 39 33 01 13, www.hanoioperahouse.org.vn. Aufführungen in- und ausländischer Ensembles, u. a. des Vietnam National Symphony Orchestra (VNSO). **Nhà Hát Chèo Hà Nội** 6 : 15 Nguyen Dinh Chieu, Tel. 04 39 43 73 61. Wöchentlich mehrere Aufführungen von Cheo-Dramen. Obwohl in vietnamesischer Sprache gespielt, sind sie für Theaterinteressierte durchaus sehenswert.

Kino – **Hanoi Cinematheque** 7 : 22 A Hai Ba Trung, Tel. 04 39 36 26 48. Der richtige Ort für Cineasten. Hier werden regelmäßig nationale und ausländische Filme gezeigt. Selbst bei kurzem Aufenthalt lohnt sich die Mitgliedsgebühr von 200 000 VND pro Jahr.

In der Altstadt, Cityplan: S. 127

Entspanntes Trinken – **Polite Pub** 8 : 5 B Ngo Bao Khanh, Tel. 04 38 25 09 59, tgl. 16–24 Uhr. Beliebte Bar und immer gut für ein Bier und einen Snack.

Für Nachteulen – **Tet Bar** 9 : 2 A Ta Hien, Tel. 04 39 26 30 50, tgl. ab 19 Uhr. Ein netter, unspektakulärer Ort, um zu trinken, zu reden und mit anderen ins Gespräch zu kommen. Gute Cocktailauswahl. Zu später Stunde treffen sich hier die tanzmüden Nachteulen.

Nachttreff – **Mao's Red Lounge** 10 : 7 Ta Hien, Tel. 04 39 26 31 04, tgl. 16–1 Uhr. Gut für einen Drink in asiatischem Dekor.

Cooler Hangout – **Funky Buddha** 11 : 2 Ta Hien, Tel. 04 32 92 76 14, tgl. 17–1 Uhr. Eine der besten Adressen in Hanois Kneipenstraße. Die Cocktailliste ist lang, die Musik laut, die Klientel lässig.

Touristenbar – **Le Pub** 12 : 25 Hang Be, Tel. 04 39 26 21 04, tgl. 7–24 Uhr. Bei Travellern beliebte Bar, die ganztägig auch akzeptables Essen bietet. Regelmäßige Ausstellungen und Konzerte.

Ca Tru – s. Tipp oben

Theater – **Nhà Hát Cải Lương Hà Nội** 15 : 72 Hang Bac, Tel. 04 38 25 78 23, www.nhahatcailuonghanoi.com.vn. In dem schönen Bau des 1920 eröffneten Chuong-Vang-Theaters finden regelmäßig traditionelle Cai-Luong-Aufführungen statt.

Aktiv

Außerhalb der Altstadt, Cityplan: S. 121

Stadtrundgänge – **Hanoi Kultour**, c/o Goethe-Institut 1 : 56–58 Nguyen Thai Hoc, Tel. 09 04 14 62 40, www.hanoikultour.com. In Partnerschaft mit dem deutschen Kulturinstitut unternimmt Christian Oster spannende Rundgänge mit Themenschwerpunkten nach Wunsch. Ebenfalls interessante Touren führen junge Reiseleiter von den **Hanoi Free Tour Guides,** www.hanoifreetourguides.com.

Wellness – Neben den großen Hotels offerieren **Zen Spa** 2 , 17 C Tu Hoa, Nähe Sheraton Hotel, Tel. 04 37 19 98 89, www.zenspa.vn, tgl. 8.30–21.30 Uhr, und **SF Spa** 3 , 30 Cua Dong, Tel. 04 39 26 20 32, www.sfintercare.com, tgl. 9–22 Uhr, ausgezeichnete Massagen und andere Therapien, ab 280 000 VND.

Familienspaß – **Ho Tay Water Park** (Công Viên Nước Hồ Tây) 4 : 614 Lac Long Quan, www.congvienhotay.vn, tgl. 9–20 Uhr. Am Nordufer des Westsees werden auf 35 ha Wasser- und Landvergnügungen aller Art angeboten. Genau das Richtige für einen Familientag. Mo–Fr 240 000 VND, Sa/So 270 000 VND.

Vespatour – **Exo Travel** 5 : 66 A Tran Hung Dao, Tel. 04 38 28 21 50, go.vietnam@exotravel.com. Organisiert abendliche Touren mit der Vespa durch die Stadt.

Termine

Neujahrsfest (Tet): In Hanoi wird das Fest prächtig gefeiert. Besonders fotogen sind in den Tagen zuvor die Blumenmärkte mit

Hanoi

CA TRÙ – POETISCHE GESÄNGE

Als »Reiswein-Mädchen«, *đào rượu*, zur Unterhaltung von Herrenrunden hatten die Ca-Trù-Sängerinnen zuletzt einen zweifelhaften Ruf. Dabei galten ihre Darbietungen über Jahrhunderte als hohe Kunst. Während der Ly-Dynastie (1009–1225) im Norden des Landes entstanden, waren die 65 Liedvariationen wegen ihrer feingeistigen Poesie und zarten Melodien vor allem unter Adligen und Gebildeten beliebt. Als ›bourgeoise Kunst‹ verpönt, erlebte Ca Trù unter den Kommunisten einen Niedergang. Seit 2009 steht der Ca-Trù-Gesang in der UNESCO-Liste zum Schutz des immateriellen Kulturerbes, denn die Kunstform droht zu verschwinden. Erst in den letzten Jahren erlebte Ca Trù eine Wiederbelebung.

Ein Ensemble besteht aus einer Sängerin und zwei Musikern, welche die Lieder mit einer dreisaitigen Laute *(đàn đáy)* und einer Trommel *(trống châu)* begleiten. Die Sängerin schlägt dazu mit zwei Stäben auf ein längliches Bambusstück, den *phách*.

Traditionell finden die Darbietungen in einem Versammlungshaus, dem *đình*, statt. Weil die Zuhörer den Künstlerinnen früher zur Belohnung Bambuskarten übergaben, die später in Geld umgetauscht werden konnten, nennt man die Sangeskunst bis heute *ca trù* (*ca* = Gesang; *trù* bedeutet auf Chinesisch »Karte«).

Ca-Trù-Aufführungen können an folgenden Orten in Hanoi erlebt werden: **Ca Tru Ha Noi Club** 13 : 42–44 Hang Bac, Tel. 09 71 32 96 46, www.facebook.com/CaTruHanoi Club, Mi, Fr und So 20 Uhr, 210 000 VND; **Ca Tru Thang Long** 14 : 28 Hang Buom, Tel. 01 223 26 68 97, www.catruthanglong.com, Di, Do und Sa 20 Uhr, 210 000 VND; **Bach Van Ca Tru** 15 : Fansipan Restaurant, 6. St., 34 Hoang Cau, Tel. 09 13 54 48 76, Sa 20.30 Uhr, Eintritt frei.

Kumquat- und Pfirsichbäumchen. In der Neujahrsnacht finden Feuerwerke statt.
Unabhängigkeitstag: 2. Sept. Er wird mit Paraden auf dem Ba-Dinh-Platz begangen.

Verkehr

Flugzeug: Der **Noi Bai International Airport** liegt 45 km nördlich von Hanoi und besteht aus je einem Terminal für die nationalen (T1) und internationalen (T2) Flüge. Zwar ist er über die Schnellstraße gut zu erreichen, trotzdem dauert die Fahrt über 1 Std. Die Taxen verlangen etwa 12 US-$. Airport Minibus und Noi-Bai-Minibus starten von 5 bis 21 Uhr alle 30 Min. unweit des Hauptbüros von Vietnam Airlines (Tel. 04 38 86 88 88, 45 000 VND). Ansonsten kann man Bus Nr. 7 (5–21 Uhr, alle 15–20 Min. bis Busbahnhof Kim Ma) oder Nr. 17 (5–21 Uhr, alle 15–20 Min. bis Busbahnhof Long Bien) nehmen. **Internationale Anbindung:** s. S. 79. Die **Inlandsflüge** werden von drei Fluglinien bedient. Vietnam Airlines fliegt von Noi Bai nahezu alle Inlandsflughäfen an, darunter nonstop nach Da Nang, Dien Bien Phu, Hue und Ho-Chi-Minh-Stadt. Jetstar verbindet die Hauptstadt u. a. mit Da Nang, Ho-Chi-Minh-Stadt und Nha Trang-Cam Ranh. Als weitere Billigairline baut Viet Jet Air sein Flugnetz ständig aus. **Wichtige Airlines** sind: Air Asia, 9 Hang Manh,

Adressen

Tel. 04 39 28 82 82; Jetstar, 152 Le Duan, Tel. 04 35 16 29 80, 19 00 15 50 (Call Center); Lao Airlines, 40 Quang Trung, Tel. 04 39 42 53 62; Singapore Airlines, International Centre, 17 Ngo Quyen, Tel. 04 38 26 88 88; Thai Airways, 44 B Ly Thuong Kiet, Tel. 04 38 26 79 21; Viet Jet Air, 32 Tran Hung Dao, Tel. 04 37 28 18 28; Vietnam Airlines, 25 Trang Thi, Tel. 04 38 32 03 20, 62 70 02 00.

Bahn: Der **Hauptbahnhof** (Ga Hà Nội), 120 Le Duan, www.gahanoi.com.vn, liegt etwa 1 km westlich des Hoan-Kiem-Sees. Es empfiehlt sich, die Fahrkarten spätestens am Vortag der Abreise zu besorgen. Für die jeweiligen Destinationen gibt es eigene Ticketschalter in der Eingangshalle. Dort ist auch der Informationsschalter, Tel. 04 39 42 36 97, tgl. 8–11, 14–16 Uhr, zu finden. **Züge nach Süden:** tgl. 5 Züge über Ninh Binh (3 Std.), Thanh Hoa (3,5 Std.), Vinh (5 Std.), Dong Hoi (11 Std.), Hue (13 Std.), Da Nang (16 Std.), Quang Ngai (18,5 Std.), Nha Trang (25,5 Std.), Thap Cham (27 Std.) nach Saigon (30–34 Std.). **Züge nach Nordwesten:** 2 Züge via Yen Bai (4 Std.), Pho Lu (7 Std.) nach Lao Cai (8–9 Std.). **Züge nach Norden:** tgl. 3 Züge über Bac Ninh (1 Std.), Bac Giang (1,5 Std.), Bac Le (2,75 Std.) nach Dong Dang (5,75 Std.).

Bus: Hanoi besitzt vier **Busbahnhöfe.** Die meisten Fernbusse starten zwischen 5 und 10 Uhr. Auch Ziele in der näheren Umgebung werden vormittags am häufigsten angefahren. Vom **Bến Xe Lương Yên,** 3 Nguyen Khoai, Tel. 04 39 72 04 77, starten Busse von Hoang Long u. a. zur Insel Cat Ba (inkl. Fähre 4 Std.), nach Ha Giang (319 km, ca. 8 Std.), Hai Phong (103 km, 2,5 Std.), Lang Son (154 km, 4–5 Std.), Mong Cai (360 km, 7 Std.) und Thanh Hoa (153 km, 4 Std.). Vom **Bến Xe Giáp Bát,** 6 Giai Phong, Tel. 04 38 64 14 67, ca. 6 km südlich des Stadtzentrums, fahren alle Busse in Richtung Süden ab, darunter nach Cao Bang (272 km, 8 Std.), Da Nang (759 km, 20 Std.), Ninh Binh (93 km, 3 Std.) und Vinh (291 km, 8–9 Std.). Der **Bến Xe Gia Lâm,** Nguyen Van Cu, Tel. 04 38 27 15 29, jenseits des Roten Flusses, ist Ausgangspunkt für Fahrten u. a. nach Hai Phong (103 km, 2,5 Std.), Bai Chay (160 km, 5 Std.) oder Thai Binh (109 km, 4 Std.). Für Busse nach Nordwesten muss man sich zum **Bến Xe Mỹ Đình,** 20 Pham Hung, Tel. 04 37 68 55 48/9 begeben. Er liegt nahe dem National Stadium, ca. 10 km westlich des Zentrums. Dort starten Busse nach Dien Bien Phu (504 km, 12 Std.), Hoa Binh (76 km, 2 Std.), Mai Chau (145 km, 4 Std.) und Son La (308 km, 14 Std.). Die Hauptstrecken werden auch von den **Open-Tour-Bussen** bedient. Beliebt sind die Fahrten von Hanoi über Ninh Binh und Dong Hoi nach Hue. Tickets und Infos gibt es in den zahlreichen Agenturen in der Altstadt.

Stadtbus: Fünf Gesellschaften unterhalten ein dichtes Busnetz mit 60 Linien zu günstigen Ticketpreisen (3000–5000 VND), Tel. 04 38 43 63 93, www.tramoc.com.vn. Die Linien verkehren von 5–21 Uhr alle 10–20 Min. Bus Nr. 3 verbindet die Busbahnhöfe Giap Bat und Gia Lam, Bus Nr. 16 Giap Bat und My Dinh, Bus Nr. 34 My Dinh und Gia Lam. Bus Nr. 9 passiert bei seiner Rundtour von und zur Endstation Bo Ho, am Nordende des Hoan-Kiem-Sees, wichtige Straßen der Innenstadt, darunter Ly Thai To, Ngo Quyen, Hai Ba Trung, Tran Hung Dao, Nguyen Du und Le Duan.

Taxi: Unzählige Unternehmen buhlen um Kundschaft. Daher muss man in Hanoi nicht lange warten, bis ein Taxi vorbeifährt. Zudem stehen sie vor Hotels und Sehenswürdigkeiten. Die legalen Firmen haben ihre Wagen mit einem Taxameter ausgestattet. Trotzdem sollte man vorsichtig sein: Viele Fahrer haben den Kilometerzähler ihres Fahrzeugs manipuliert, ein kritischer Blick auf den Taxameter ist daher immer angebracht. Zusätzlich zum Grundpreis (ca. 15 000 VND) fallen ca. 11 000 VND pro Kilometer an. Zu den **etablierten Anbietern** zählen: Airport Taxi, Tel. 04 38 86 66 66; Hanoi Taxi, Tel. 04 38 53 53 53; Noi Bai Taxi, Tel. 04 38 86 88 88; Hanoi Transfer Service, Tel. 04 39 91 55 99.

Fahrradrikscha und Motorradtaxi: Während sich ein Cyclo vor allem für eine gemütliche Besichtigungstour empfiehlt, ist die Fahrt auf dem *Honda ôm* (Umarmungs-Honda) für Eilige sinnvoll. Bei beiden Varianten muss man vorher den Preis aushandeln und am Schluss bezahlen.

Umgebung von Hanoi

Vietnams Hauptstadt liegt in einer geschichtsträchtigen Kulturlandschaft mit geschäftigen Dörfern, altertümlichen Tempeln und den endlosen Weiten der Reisfelder. Neue Häuser künden vom wirtschaftlichen Aufschwung. Gleichzeitig legen die Menschen Wert auf Tradition. Altes wird restauriert und Handwerkskünste werden lebendig gehalten.

Touren

Im fruchtbaren Umland von Hanoi liegen viele Ausflugsziele: Handwerksdörfer, die sich auf die Herstellung eines Produktes spezialisiert haben, jahrhundertealte Tempel, historische Dörfer und schöne Landschaften. Sie alle zu besuchen würde fast eine Woche in Anspruch nehmen. Im Rahmen einer Halbtages- oder Tagestour kann man zumindest einige besichtigen.

Verkehr

Die im Folgenden genannten Routen und Sehenswürdigkeiten können mit öffentlichen **Verkehrsmitteln** nur umständlich besucht werden. Am besten mietet man sich daher in Hanoi einen **Wagen mit Fahrer und Guide** (Adressen s. S. 143 und S. 151). Für eine Tagestour muss man je nach Programm und Komfortanspruch mit 60 bis 80 US-$ rechnen. Da kaum ein Fahrer Englisch spricht, ist es durchaus sinnvoll, auch einen lokalen Reiseführer zu engagieren.

Nördlich von Hanoi

Karte: rechts

Co Loa 1

Nördlich des Roten Flusses liegt ca. 18 km vom Stadtzentrum Hanois unweit der Nationalstraße 3 eine der ältesten Siedlungen Vietnams, Co Loa. Es ist einer jener Orte, in denen historische Wahrheit und Legende schwer zu trennen sind. Chroniken zufolge soll König An Duong Vuong von 257 v. Chr. an über 50 Jahre lang hier das Au-Lac-Reich regiert haben. Über sein trauriges Ende heißt es: Viele Male hatte sein Gegenspieler, der chinesische Yue-König Zhao Tuo (viet.: Triệu Đà), vergeblich versucht, Au Lac zu erobern. Schließlich entsandte Zhao Tuo seinen Sohn, um die Tochter An Duong Vuongs, My Chau, zu ehelichen. Nach der Hochzeit zeigte My Chau ihrem Gemahl das Geheimnis, dem An Duong Vuong seine Unbesiegbarkeit verdankte – einen Zauberbogen, den der König einst von einer goldenen Schildkröte erhalten hatte. Heimlich ersetzte Zhao Tuos Sohn den Bogen durch eine Kopie. Als An Duong Vuong den bald darauf anrückenden Truppen des Yue-Königs nichts entgegensetzen konnte, bemerkte er den Betrug und schlug seiner Tochter wutentbrannt das Haupt ab. Angesichts ihres Todes bereute ihr Mann seinen Verrat und stürzte sich in einen Brunnen. Au Lac war nun in der Hand von Zhao Tuo.

Archäologische Funde wie Pfeilspitzen und Bronzetrommeln belegen, dass Co Loa etwa ab dem 3. Jh. v. Chr. eine befestigte Siedlung war. Gesichert ist auch, dass hier über ein Millennium später von 939 bis 965 der Bezwinger der chinesischen Besatzer, Ngo Quyen, und sein Sohn residierten. Mit etwas Fantasie lässt sich heute noch die ovale Form der Wallanlagen aus der Anfangszeit erahnen, die zum Schutz der Königsstadt auf eine Höhe von fast 10 m

Nördlich von Hanoi

Umgebung von Hanoi

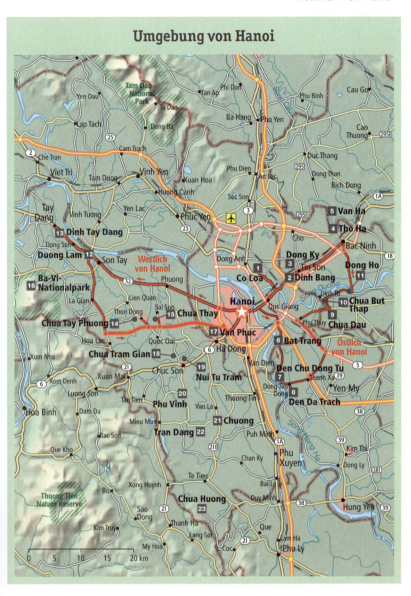

aufgeschüttet wurden. Da sie aus der Vogelperspektive wie eine Meeresmuschel aussieht, erhielt die Stadt den Namen Thành Cổ Loa (Muschelstadt). Zwischen dem 7,6 km langen äußeren und dem 6,1 km langen inneren Schutzwall verlief wahrscheinlich ein Wassergraben.

Die heutige Anlage: Zum Gedenken an den Gründerkönig von Au Lac wurde bereits im 11. Jh. unter den Ly-Herrschern

Umgebung von Hanoi

der **Den An Duong** errichtet. Die heutige Gestalt des Gedenktempels stammt jedoch aus dem frühen 20. Jh. Damals war er umfassend restauriert worden. Das dreiteilige Eingangstor zur länglichen Anlage erhebt sich fotogen hinter einem Teich. In der Haupthalle wird An Duong Vuong durch eine Bronzestatue dargestellt. Alljährlich am 6. Tag des ersten Mondmonats findet das **Tempelfest** statt.

Nicht weit entfernt liegt der kleine **Den My Chau** zum Gedächtnis an die unglückselige Königstochter. Sie wird durch einen dreieckigen Stein symbolisiert, der von einem goldenen Gewand umhüllt ist und wie der Torso eines Menschen aussieht. Außerhalb steht ein über 1000 Jahre alter Banyanbaum. Sehenswert ist auch der benachbarte **Dình Ngu** aus dem 17. Jh., in welchem der Schutzgeist des Dorfes Co Loa verehrt wird. Die rot lackierten Stützsäulen und die Schnitzarbeiten im Inneren zeugen von großer Kunstfertigkeit.

Aufgrund der vielen sehenswerten Statuen, darunter die 18 La Han, lohnt sich auch ein Blick in das buddhistische Nonnenkloster **Chua Bao Son** (tgl. 8–17 Uhr, 10 000 VND).

Dinh Bang [2]

Tgl. 7.30–11.30, 13.30–16.30 Uhr, Eintritt frei
Kurz vor dem Ort Tu Son, etwa 15 km nordöstlich von Hanoi, liegt ganz in der Nähe der Nationalstraße 1 A eines der schönsten Gemeinschaftshäuser der Region, der **Đình Bảng.** Die 20 m lange Halle kündet vom einstigen Reichtum des Dorfes, das Geburtsstätte des Begründers der Ly-Dynastie, Ly Thai Tho (reg. 1009–1028) ist.

Die Bewohner waren über 30 Jahre mit der Holzkonstruktion beschäftigt, bis sie 1736 den Dinh zu Ehren ihrer Schutzgeister einweihen konnten. 60 massige Eisenholzsäulen tragen das schwere, tief nach unten reichende Walmdach. Sehenswert sind die Holzschnitzereien im Inneren, vor allem an den Balkenenden, wo fein herausgearbeitete Drachenmotive dominieren. Das **Hauptfest** wird am 12. Tag des zweiten Mondmonats begangen.

Dong Ky [3]

Eine kurz vor Tu Son links abzweigende Straße führt zum 4 km entfernten Dorf **Đồng Ky.** Ursprünglich waren seine Bewohner vorwiegend mit der Produktion von Feuerwerkskörpern beschäftigt, die in ganz Vietnam zum Tet-Fest gekauft wurden. Doch als die Regierung 1995 die Knallerei verbot, mussten sie sich auf ihr zweites Standbein konzentrieren: die Herstellung von Möbeln und Figuren mit Perlmutteinlagen. Entlang der Hauptstraße des Dorfes gibt es mehrere Werkstätten mit Verkaufshallen. Die Auftragslage ist gut, was auch an den vielen neuen Häusern zu erkennen ist.

Tho Ha [4]

Über Bac Ninh, 30 km nördlich von Hanoi, gelangt man zum Dorf **Thổ Hà.** Es liegt einige Kilometer westlich der Provinzhauptstadt in einem Knie des Flusses Song Cau und ist nur per Fährboot zu erreichen. Seit dem 11. Jh. war es neben Bat Trang und Phu Lang eines der drei bedeutendsten Töpferdörfer, aber davon ist nichts mehr geblieben. Die sich am Fluss entlangziehende Siedlung strahlt mit ihren engen Gassen, den geduckten Häusern und dem frei stehenden Dorftor eine beschauliche Atmosphäre aus. Schon deshalb lohnt sich der Ausflug. Sehenswert sind zudem der 1692 erbaute Đình Thổ Hà mit tiefgezogenem Walmdach und schönen Schnitzarbeiten sowie die benachbarte Chua. Höhepunkt des Dorflebens ist das Schutzgeistfest vom 20.–22. des ersten Mondmonats mit Prozessionen und Wettkämpfen.

Van Ha [5]

Auf größeres Interesse mag jedoch der Nachbarort **Vân Hà** (Làng Vân) stoßen, der in der Region zum Markennamen für guten Reisschnaps geworden ist. Mehrere Familien haben sich auf seine Herstellung spezialisiert. Dazu wird Klebreis in Tongefäßen über eine Woche lang fermentiert, um danach die abgeschöpfte Flüssigkeit zu brennen. Zum Sortiment zählt auch Likör aus Tapioka. Man kann einige Familienbetriebe besichtigen, darunter den von Nguyen Van Tuong.

Östlich von Hanoi

Karte: S. 153

Eine abwechslungsreiche Tagestour führt in das Gebiet östlich der Hauptstadt. Dabei lernt man Handwerksdörfer und eine der schönsten Pagoden des Landes kennen.

Bat Trang 6

Erste Station ist das Keramikdorf **Bát Tràng**. Es liegt am Ostufer des Roten Flusses, 13 km von Hanoi entfernt. Bereits der Name des Dorfes weist auf die dort ausgeübte Handwerkstradition hin: *bat* bedeutet Schüssel und *trang* Werkstätte. Schon im 12. Jh. war die Region bekannt für den hellen Lehm, der sich hervorragend für die Keramikproduktion eignete. Technik und Design sollen von vietnamesischen Gesandten aus Guangdong in Südchina mitgebracht worden sein. Besonders im 18. und 19. Jh. war die Bat-Trang-Keramik sehr gefragt. Auch heute blüht das Geschäft mit den weißblauen Vasen, Teeservice und Schalen wieder. Der Jahresumsatz beträgt mehrere Millionen US-$. Bei einem Rundgang kann man die Werkstätten und Verkaufsräume besichtigen und natürlich die edlen Stücke kaufen.

Bat Trang kann auch im Rahmen einer schönen Fahrradtour entlang dem Roten Fluss besucht werden. Sie wird u. a. von **EXO Travel** in Hanoi (s. S. 143) organisiert. Sie schließt neben Bat Trang auch den Besuch des Tempels Chu Dong Tu ein.

Den Chu Dong Tu 7

Tgl. 8–17 Uhr, Eintritt frei

Ca. 12 km südöstlich von Bat Trang liegt im Weiler Da Hoa (Gemeinde Binh Minh) am Roten Fluss der **Đền Chử Đồng Tử** idyllisch in Flussnähe. Er ist nach einem der Vier Unsterblichen (s. S. 58) benannt. Chu Dong Tu war ein armer Fischer, der den Unmut des dritten Hung-Königs auf sich zog, als er dessen schöne Tochter Tien Dung ehelichte. Als jener eine Strafexpedition gegen sie losschickte, entschwanden beide gen Himmel. Später stand er dem König bei einer Invasion der Chinesen bei. Vom 10. bis 13. des zweiten Mondmonats findet im Dorf eines der größten religiösen Feste in der Umgebung mit Prozessionen zu Land und Wasser statt.

Den Da Trach 8

Tgl. 7–17 Uhr, Eintritt frei

Ein ebenfalls dem mächtigen Schutzgeist gewidmeter Gedenktempel, der **Đền Dạ Trạch,** liegt ca. 1 km vom Den Chu Dong Tu im Dorf Yen Vinh. Die hinter einem See liegende Halle wurde 1819 errichtet. Das Tempelfest findet vom 10. bis 12. des zweiten Mondmonats statt.

Chua Dau 9

Tgl. 8–17 Uhr, 10 000 VND

Im Ort Phu Thuy zweigt eine Landstraße von der Nationalstraße 5 Richtung Norden ab. Sie führt an Reisfeldern und mehreren Ziegeleien vorbei. Nach einigen Kilometern gelangt man zum Dorf Thanh Tuong mit der Pagode des Maulbeerbaumes, **Chùa Dâu.** Historiker vermuten in diesem Gebiet die Wiege des vietnamesischen Buddhismus, denn hier lag im 2./3. Jh. wahrscheinlich die Hafenstadt Luy Lau. Viele Schiffe legten dort auf ihren Fahrten zwischen China und Indien einen Zwischenstopp ein. Neben Händlern waren buddhistische Mönche aus Indien an Bord, welche die Lehre des Erleuchteten im Land verbreiteten.

Von fern grüßt bereits der 17 m hohe **Hoa-Phong-Glockenturm.** Im Jahr 1737 wurde das massive quadratische Bauwerk aus Ziegelsteinen errichtet. Die heutigen Gebäude, die wie ein liegendes H angeordnet sind, bergen im Inneren zahlreiche Statuen. Hinter dem Hauptaltar werden die Statuen der weiblichen Regengottheit Phap Vu verehrt. Die Pagode ist auch unter den Namen Chùa Pháp Vân Tự und Chùa Diên Ứng Tự bekannt. Am achten Tag des vierten Mondmonats findet das **Pagodenfest** statt.

Chua But Thap 10

Tgl. 8–17 Uhr, 20 000 VND

Einige Kilometer weiter liegt am Ortsrand von Dinh To im Schatten eines Deiches, der sich am Südufer des Duong-Flusses entlangzieht, die **Chùa Bút Tháp**, die Pagode des

Umgebung von Hanoi

Pinselturms. Von Weitem wirkt die auf einer Nord-Süd-Achse ausgerichtete Tempelanlage eher unscheinbar. Doch in ihrem Inneren birgt sie eine hervorragende Sammlung von buddhistischen Figuren.

Auf der Basis eines älteren Klosters aus dem 13. Jh. wurden die heutigen Gebäude in den Jahren 1646 und 1647 errichtet. Den erhaltenen Steleninschriften zufolge gehen sie auf eine Stiftung der Königin Trinh Thi Ngoc Truc und der Prinzessin Le Tho Ngoc Thuyen zurück. Hier fanden die nach dem Zusammenbruch der Ming-Dynastie (1644) aus China geflohenen Mönche Chuyet Cong (Chuyet Chuyet) und Minh Hanh eine neue Heimat. Bis zum Jahr 1993 wurde die Anlage mit bundesdeutscher Hilfe restauriert.

Durch das **Tor der Drei Einsichten** (Tam Quan) und den **Glockenturm** gelangt man in den ummauerten Bereich mit den wichtigsten Tempelhallen.

Der erste Gebäudekomplex ist wie ein liegendes H angeordnet. In der **Vorhalle** schüchtern zwei mächtige, auf Löwen sitzende Dharma-Wächter (Hộ Pháp) durch ihre grimmigen Blicke ein. Durch den schmalen **Raum der Weihrauchopfer** gelangt man in die düstere **Haupthalle**, die aufgrund der vielen Statuen sehr beengt wirkt. An deren beiden Wandseiten sind die lebendigen Darstellungen der 18 La Han genauso sehenswert wie die beiden Bodhisattvas seitlich des Hauptaltars: links Samantabhadra auf dem weißen Elefanten und rechts Manjushri auf dem blauen Löwen. Ein Meisterwerk vietnamesischer Bildhauerkunst ist auf dem rechten Seitenaltar zu finden, die 2,40 m große Holzskulptur des Avalokiteshvara. »An einem schönen Tag im Herbst 1656«, so die Inschrift, hat sie Meister Truong vollendet. 42 große und 900 kleine Hände mit jeweils einem Auge in der Handfläche sowie die elf Köpfe drücken das allumfassende Mitgefühl (Mit-Leiden) dieses Bodhisattva aus. Im Haarschmuck ist Buddha Amitabha zu erkennen.

Die gebogene **Steinerne Brücke** führt zum **Haus der Güte**, das eine fast 8 m hohe Gebetsmühle birgt. Die Gebetsmühlen sind eher im tibetischen Buddhismus populär und ›ersetzen‹ durch ihre Umdrehungen das Rezitieren von Mantras. Hier verkündet eine Drehung 3 542 400 Mal den Namen Buddhas. Während im **Stifterhaus** die Porträtstatuen der Königin und späteren Nonne Trinh Thi Ngoc Truc sowie von Prinzessin Le Tho Ngoc Thuyen zu finden sind, werden im **abschließenden Gebäude** auf mehreren Altären verstorbene Äbte, der Mönch Minh Hanh und die Himmlischen Mütter verehrt.

Außerhalb des Pagodenkomplexes erhebt sich im Osten der achtseitige **Bao-Nghiem-Turm** mit den sterblichen Überresten von Chuyet Cong und im Norden der **Ton-Duc-Turm** mit jenen von Minh Hanh.

Dong Ho 11

Einige Kilometer östlich des Chua But Thap liegt das Künstlerdorf **Đông Hồ,** das für die hier gefertigten Neujahrsbilder berühmt ist. Dabei handelt es sich vorwiegend um kolorierte Holzschnitte, deren Motive Glück und Wohlstand symbolisieren – kugelrunde Schweine, lachende Kinder, stolze Hähne oder prächtige Fische. Die Bilder zieren zum Tet-Fest die Wohnungen und Geschäfte.

Naturgemäß sind die Auftragsbücher der vielen Familienbetriebe besonders in den Monaten vor dem Neujahrsfest voll. Beim Gang durch das Dorf Dong Ho kann man neben den Bildern auch Bücher und Papierbögen erstehen. Das Papier wird aus der Rinde eines in Vietnam als Giấy Dó *(Rhamnoneuron balansae)* bekannten Strauches gewonnen, der zur Familie der Seidelbastgewächse gehört.

Westlich von Hanoi

Karte: S. 153

Das von zahlreichen Kanälen und Flussarmen durchzogene Gebiet westlich von Hanoi ist ein Hort vietnamesischer Kultur. Etwa 2,5 Mio. Menschen leben hier, die meisten von der Landwirtschaft. Keine andere Region birgt eine solche Vielzahl an historisch bedeutsamen Orten. Hier liegen die be-

Westlich von Hanoi

Chua But Thap: 2,40 m hoch ist die Holzskulptur des Avalokiteshvara in der Darstellung als tausendarmige Quan Âm, Göttin der Barmherzigkeit

rühmtesten buddhistischen Pagoden, über 200 anerkannte Handwerksdörfer und mehrere historische Dörfer. Bei einer Tagestour kann man einige der schönsten Sehenswürdigkeiten kennenlernen. Zunächst geht es zum Dorf Duong Lam und zum Dinh Tay Dang. Von dort führt der Weg zu den beiden Pagoden Chua Tay Phuong und Chua Thay.

Dinh Tay Dang 13
Tgl. 8–11.30, 13.30–17 Uhr, Eintritt frei

Nur 5 km nordwestlich von Duong Lam steht etwas außerhalb des namensgebenden Dorfes der **Đình Tây Đằng,** ein wunderbares Beispiel einer Versammlungshalle aus dem 16. Jh. Die drei um einen Platz gruppierten offenen Hallen wurden 1583 erbaut und sind dem Bergschutzgeist Tan Vien Son Tinh geweiht, der die Bewohner vor den Fluten des nahen Roten Flusses beschützen soll. Er wird auch zu den Vier Unsterblichen gerechnet (s. S. 58). Sehenswert sind in erster Linie die gut erhaltenen Holzschnitzereien mit Darstellungen der vier mythologischen Tiere an den Balkenenden sowie im Dachstuhl volkstümliche Szenen aus dem Alltag der Dorfbewohner.

Chua Tay Phuong 14
Tgl. 8–17 Uhr, 10 000 VND

Von Son Tay kommend erreicht man über die Nationalstraße 21 die **Chùa Tây Phương** (Pagode im Westlichen Land des Vollkommenen Glücks). Sie liegt im Kreis Thach That, 42 km westlich von Hanoi. Die Pagode erstreckt sich auf einer nur 50 m über der weiten Deltaebene herausragenden Erhöhung, dem Câu Lâu Sơn (Angelhakenberg). Aufgrund ihrer eindrucksvollen Galerie von Holzskulpturen zählt sie zu den sehenswertesten Pagoden im Roten-Fluss-Delta. Möglicherweise entstand sie im 11./ 12. Jh. wäh-

Umgebung von Hanoi

ZEITREISE IN DUONG LAM

Eingebettet in eine fruchtbare Ebene mit sanften Hügeln und dem träge dahinfließenden Song Tich liegt **Đường Lâm** 12. Die nächstgrößere Stadt ist Son Tay, etwa 50 km nordwestlich von Hanoi. Die Gemeinde ist Heimat von zwei berühmten Helden: Phung Hung, der 791 einen landesweiten Widerstand gegen die chinesischen Besatzer organisierte, und Ngo Quyen, der 938 Vietnam die Unabhängigkeit brachte. Die Regierung stellte in den neun Ortsteilen viele Häuser unter Denkmalschutz, allein in Mong Phu über 140, darunter mehrere Hundert Jahre alte Gebäude. Als Baumaterial fand oft Laterit Verwendung, ein eisenhaltiger Lehm, der durch Lufttrocknung steinhart wird und wie ein löchriger Käse aussieht. Von den engen Gassen durch eine hohe Mauer abgetrennt, öffnen sich die einstöckigen Häuser innen zu einem Hof. Einige der Gebäude können besichtigt werden, z. B. das **Haus von Herrn Ha Nguyen Huyen**, in dem die Familie seit zehn Generationen Sojasoße produziert. Sehenswert ist auch die dem Bergschutzgeist Tan

Skulpturen in Chua Mia

Westlich von Hanoi

Vien Son geweihte Versammlungshalle **Đình Mông Phụ** von 1638 (20 000 VND).
Im wenige Kilometer entfernten Ortsteil Cam Lam sind zu Ehren von Phung Hung und Ngo Quyen in der Nähe des Tich-Flusses je eigene **Gedenktempel** errichtet worden. Ein weiterer Ortsteil, Dong Sang, birgt eine der bekanntesten Pagoden der Region, die **Chùa Mía (Chùa Sùng Nghiêm Tự)**. Eine betuchte Dame namens Nguyen Thi Ngoc Dong ließ sie 1632 am Fuß eines Hügels errichten und mit vielen Statuen ausstatten. Heute sind es 287 unterschiedlich große Figuren aus Holz oder Ton. Zu den bekanntesten zählen ein Buddha von dem Schneeberg (Tuyết Sơn) und die Göttin der Barmherzigkeit mit Kind (Quan Âm Thị Kính). Eindrucksvoll sind auch die Vier Himmelskönige (Thiên Vương).
Anfahrt: Um Duong Lam zu besuchen, mietet man sich am besten in Hanoi einen Wagen mit Fahrer (ca. 60 US-$). Die Tempel sind in der Regel tgl. 8–17 Uhr geöffnet.

rend der Ly-Dynastie. Laut Inschrift wurde sie 1632 erweitert, nach Zerstörungen 1794 in der heutigen Gestalt errichtet. Nach Beschädigungen im Indochinakrieg wurde sie zuletzt 1958 umfassend restauriert.

237 Stufen sind zu erklimmen, bis über einen **Vorplatz** mit schönen Frangipani- und Jackfruchtbäumen das aus drei Hallen bestehende **Haupttheiligtum** erreicht ist. Schon die schweren, zweistufigen Walmdächer auf den Hallen sind eindrucksvoll. Deren elegant geschwungene Ecken sind mit Drachen- und Phönixdarstellungen aus Terrakotta verziert.

Im Gebäudeinneren sind über 60 Skulpturen zu finden, die größtenteils am Ende des 18. Jh. aus dem harten Holz des Jackfruchtbaumes geschnitzt und mit Lack überzogen wurden. In der Vorhalle stehen als Wächter der buddhistischen Lehre acht mächtige Halter des Diamantzepters *(kim cương)*. Auf dem Hauptaltar ragt aus den Buddha- und Bodhisattva-Darstellungen der abgemagerte Fasten-Buddha (Tuyết Sơn) heraus. Berühmt ist die Chua Tay Phuong jedoch aufgrund der 18 La Han an der Stirnseite des Raums. La Han (skt. Arhat) sind Nachfolger Buddhas, die auf jeweils individuelle Weise Erleuchtung erlangt haben. Den unbekannten Bildhauern ist es hervorragend gelungen, diese Individualität durch die lebhafte Gestik der Plastiken darzustellen. Bemerkenswert sind zudem die insgesamt zehn Höllenrichter *(diêm vương)*, die auf einem eigenen Altar am Raumende stehen.

Chua Thay [15]
Tgl. 8–17 Uhr, 10 000 VND

Die **Chùa Thầy** liegt knapp 10 km östlich der Chua Tay Phuong im Quoc-Oai-Distrikt, 30 km südwestlich von Hanoi. Die »Pagode des Meisters« bezieht ihren Namen auf den seinerzeit berühmten Mönch Tu Dao Hanh (gest. 1117), dem zu Ehren König Ly Nhan Tong (reg. 1072–1128) das Kloster errichten ließ. Tu Dao Hanh war ein Lehrer von Meditation, Magie und Heilkunde sowie ein Förderer der Künste. So wird ihm die Erfindung des Wasserpuppentheaters zugeschrieben. Die auch unter dem Namen Thiên Phúc Tự (Himmlischer Segen) bekannte Pagode ist nicht nur wegen Tu Dao Hanh ein beliebtes Pilger- und Ausflugsziel, sondern auch wegen ihrer fotogenen Lage am Fuß eines 105 m hohen Karsthügels, der sich im künstlichen Drachensee (Long Chiêu) spiegelt. Anlässlich des **Pagodenfestes** vom 5. bis 7. Tag des dritten Mondmonats finden Aufführungen des Wasserpuppentheaters statt.

Zwischen dem **Drachensee** mit dem aus dem Wasser ragenden **Thuy-Dinh-Pavillon** und dem Berg liegen jeweils etwas erhöht hintereinander drei längliche Hallen. Richtet sich in der **vorderen Halle** das Augenmerk insbesondere auf die beiden grimmig blickenden Dharma-Wächter, so sind es in der **dritten Halle** die Darstellungen des Tu Dao Hanh in seinen drei Erscheinungsformen: als Buddha auf einem Lotusthron aus Stein, als in eine gelbe Robe gewandeter Mönch und drittens als der auf einem Thron reside-

Umgebung von Hanoi

rende König Ly Than Tong (reg. 1128–1138). Da dieser Regent ein großer Förderer der buddhistischen Lehre war, wurde er später als eine Wiedergeburt des Mönchs angesehen. Unter den Statuen auf dem Hauptaltar ragen der im 17. Jh. geschaffene Buddha Amitabha, flankiert von den Bodhisattvas Avalokiteshvara (links) und Mahasthamaprapta (rechts) hervor.

Der Aufstieg auf den Berg lohnt sich nicht nur der Aussicht wegen. Dort finden sich auch einige **Grotten,** darunter die Hang Thanh Hoa, in der Tu Dao Hanh nach sieben Monaten kontinuierlicher Meditation gestorben und ins Nirvana eingegangen sein soll. Die Jugend aus dem Umkreis trifft sich gern zum Tête-à-Tête in der weiter oben liegenden Hang Cac Co.

Ba-Vi-Nationalpark 16

Tgl. 7–18 Uhr, 40 000 VND

Der 60 km südwestlich von Hanoi gelegene 7377 ha große **Ba-Vi-Nationalpark** (Vườn quốc gia Ba Vì) ist vor allem in den heißen Monaten ein beliebtes Naherholungsgebiet der Hanoier. Da die Biodiversität in den Primärwäldern rund um die drei Berggipfel *(ba vi)* äußerst vielfältig ist, wurde das höher als 400 m ü. d. M. liegende Gebiet 1991 zum Nationalpark erklärt. Unter den 5000 bekannten Pflanzenarten wurden über 250 Spezies medizinisch wertvoller Bäume identifiziert. Ornithologen indes hoffen, eine der 114 Vogelarten zu erspähen. Bergpfade laden zu Wanderungen ein. Sie führen zu Wasserfällen oder zu einem der drei oft wolkenverhangenen Gipfel: dem 1296 m hohen **Dinh Vua,** dem 1226 hohen **Tan Vien** oder dem 1120 m hohen **Ngoc Hoa.**

An vielen Stellen eröffnen sich bei klarer Sicht herrliche Ausblicke auf die nahe Ebene des Schwarzen Flusses (Sông Đà). Beliebte Stopps sind die Gedenktempel **Den Thuong** und **Den Tung** am Südhang des Berges. Dem Berggott Tan Vien Son Tinh ist an der höchsten Erhebung ein **Schrein** gewidmet. Dieser »Herr der Berge« (Sơn Tinh) ist mit dem Dinh Vua besonders verbunden, hatte er der Legende nach diese Erhebung doch aufgeschüttet, um die Menschen vor den Fluten des Wassergottes (Thủy Tinh) zu schützen. Seinen Rivalen im Kampf um die Tochter des 18. Hung-Königs konnte er schließlich besiegen.

Übernachten

Landidylle – **Tan Da Spa Resort:** Tan Linh, Ba-Vi-Distrikt, Tel. 04 33 88 01 94/5, www.tandasparesort.com.vn. 30 ha großes Resort am Rand eines Sees in der Nähe des Nationalparks. Mehrere Bungalows und Häuser im historischen Stil, mit heißen Quellen, Spa, Schwimmhalle und einem aus Quellwasser gespeisten Schwimmbad. Wirkt ziemlich vernachlässigt. DZ/F ab 80 US-$.

Rustikal und sportlich – **Family (Yen Bai) Resort:** Mai, Yen Bai, Ba-Vi-Distrikt, Tel. 09 64 20 35 35, www.familyresort.vn. Das weitläufige Resort liegt landschaftlich schön am Rand des Nationalparks und offeriert 25 mäßig saubere Zimmer. Beliebt für Konferenzen und an Wochenenden bei einheimischen Familien. Tennis, Schwimmen u. a. DZ/F ab 40 US-$.

Essen & Trinken

Lokale und Essensstände – Im Dorf **Ben Duc** und an der Hauptanlegestelle **Ben Tro** sorgen sie für das leibliche Wohl der Pilger.

Aktiv

Mithilfe in der Landwirtschaft – **Bavi Homestead:** Agrotourismus c/o ATC Vietnam, 1 Nguyen Dinh Chieu, Hanoi, Tel. 04 39 43 82 05, www.bavihomestead.com. Die Besucher können auf dieser Farm unweit des Ba-Vi-Nationalparks an agrotouristischen Programmen teilnehmen und beim Teepflücken, Reispflanzen und Fischen helfen. Es gibt auch Tourenangebote in die Umgebung und Übernachtungsmöglichkeiten in einfachen Häusern.

Verkehr

Individuelle Anreise mit Wagen und Fahrer ab 60 US-$. Am besten informiert man sich bei einer der zahlreichen Agenturen in Hanoi, s. S. 143.

Das Dorf – Heimat hinter Bambushecken

Selten verspürt man die kulturelle Identität der Vietnamesen so deutlich wie in einem Dorf im Norden Vietnams. Das enge Zusammenleben der Bewohner wirkt wie ein Bollwerk gegen äußere Bedrohungen – seien es despotische Könige oder aggressive Besatzer. Mit der Globalisierung droht nun eine neue Gefahr.

Drei Bauwerke symbolisieren traditionell die Eigenständigkeit eines Dorfes im Delta des Roten Flusses: das Dorftor *(cửa làng)* mit Banyanbaum und Bambushecke *(lũy tre)* als Einfriedung, das Gemeinschaftshaus *(đình)* und die buddhistische Pagode *(chùa)*. Dorftor und Bambushecke stellten früher die weitgehende politische und wirtschaftliche Unabhängigkeit der Gemeinschaft sicher. Zwar mussten die Bewohner auf ihr Einkommen und Land Steuern an den König abführen, wurden zu Kriegen eingezogen und hatten Arbeitsdienste zu verrichten, etwa beim Deich- oder Straßenbau. Darüber hinaus waren die Dorfgemeinschaften jedoch recht autonom. Kommunale Angelegenheiten wie die Verteilung des Gemeindelandes oder die Schlichtung von Konflikten lagen in ihrer Hand. Der Einzelne ging in der Gemeinschaft auf. Fast jede Tätigkeit wurde zusammen verrichtet, ob auf dem Reisfeld oder beim Hausbau. Dank ihres ausgeprägten Zusammengehörigkeitsgefühls konnten sich die Bewohner den Zentralisierungsbestrebungen der Herrschenden meist erfolgreich widersetzen. Für sie waren ihre Dorfsitten *(lệ làng)* wichtiger als die Gesetze des Königs *(phép vua)*. Ein altes Sprichwort besagt: »Das Gesetz des Königs weicht den Sitten des Dorfes« *(phép vua thua lệ làng)*.

Doch mit der Kolonialisierung begann die dörfliche Trutzburg zu bröckeln. Verwaltungsreformen ab dem frühen 20. Jh. führten zur Stärkung der französischen Zentralmacht. Tiefgreifender waren die Landenteignungen und die Kollektivierung der Landwirtschaft ab 1954. Damit wurde jegliche kommunale Eigenständigkeit aufgehoben. Seit den 1990er-Jahren feiern die Dörfer infolge der wirtschaftlichen Liberalisierung ein Comeback. So ist etwa bei den Handwerksdörfern zu beobachten, wie sie sich als Gemeinde erfolgreich vermarkten. Der Dinh ist wieder Zentrum des kulturellen und religiösen Lebens. Die alljährlichen Feste zu Ehren des Dorfschutzgeistes (Thành Hoàng) werden ausgiebig gefeiert. Mit ihren Prozessionen, Märkten und Wettspielen scheinen sich die Dörfer gegenseitig überbieten zu wollen. Gleiches gilt für die Pagodenfeste zu Ehren eines buddhistischen Heiligen. Dank des zunehmenden Wohlstands stehen mehr finanzielle Mittel zur Verfügung, um die alten Sakralbauten zu restaurieren oder durch einen Neubau zu ersetzen.

Doch heutzutage interessiert sich die Jugend mehr für Coca-Cola und Karaoke als für alte Dorftraditionen. Sie trifft sich zum Tête-à-Tête auch nicht mehr im Schatten des Banyanbaums, sondern im Chatraum des Internetcafés. Durch die zunehmende Urbanisierung werden die Dörfer im Großraum von Hanoi Teil eines riesigen Siedlungskonglomerats. Schließlich führt der Wirtschaftsboom zu einer verstärkten Abwanderung in die Städte. Auf dem Land zurück bleiben die Alten und Kranken.

EINKAUFSTOUR IN DIE HANDWERKSDÖRFER

Viele Dörfer rund um Hanoi haben sich auf die Fertigung bestimmter Produkte spezialisiert. Teilweise blicken sie auf eine 1000-jährige Tradition zurück. Mancherorts lag die traditionelle Kunst jahrzehntelang brach und wurde erst im Rahmen der wirtschaftlichen Liberalisierung wieder belebt. Allein in der Region südlich von Hanoi sind mittlerweile über 300 Handwerksdörfer von der Regierung anerkannt. Zumindest einige von ihnen können im Rahmen von Halb- oder Ganztagsausflügen problemlos besucht werden. Sie bieten hervorragende Einkaufsmöglichkeiten, und man unterstützt damit das traditionelle Handwerk. Hier einige Vorschläge:

Bat Trang: Die Dorfbewohner widmen sich der Keramikherstellung (s. S. 155).

Chuong: Im Dorf der Hüte werden die markanten konischen Kopfbedeckungen, *nón lá*, gefertigt. An den Tagen des Mondkalenders, die mit einer Vier oder Null enden, findet ein bunter Markt statt, wo sie stapelweise verkauft werden (s. S. 163).

Dong Ho: Der Ort am Südufer des Song Duong ist für seine Neujahrsbilder im Holzdruckverfahren bekannt (s. S. 156).

Dong Ky: Bis 1995 hatten sich die Dorfbewohner auf die Produktion von Neujahrsböllern spezialisiert, heute zimmern sie verschiedene Möbel und Wohnungseinrichtungen (s. S. 154).

Ha Thai: Gehört zur Gemeinde Duyen Thai, ca. 15 km südlich von Hanoi an der N 1 A, und produziert schöne Lackarbeiten.

Keramiktransport bei Bat Trang

> **Phu Vinh:** Der Ort im Bezirk Chuong My südwestlich von Hanoi ist seit dem 17. Jh. auf die Herstellung von Rattan- und Bambusprodukten spezialisiert. Das Repertoire reicht von Bilderrahmen bis Untersetzern (s. S. 163).
> **Van Ha (Làng Vân):** Seit Generationen wird hier aus Klebreis Hochprozentiger gebrannt. Darüber hinaus lädt der Ort am Cau-Fluss unweit von Bac Ninh zu einem gemütlichen Spaziergang ein (s. S. 154).
> **Van Phuc:** Die hier gewobene Ha-Dong-Seide ist weit über die Grenzen hinaus begehrt. In den Geschäften des Dorfes südwestlich von Hanoi werden Taschen, Kleider und Stoffe verkauft (s. S. 163).

Südlich von Hanoi

Karte: S. 153

Van Phuc 17

Der Ort **Vạn Phúc**, ca. 10 km südwestlich von Hanoi unweit der Stadt Ha Dong, ist nicht nur in ganz Vietnam als Seidendorf bekannt. Bereits im 11. Jh. hat sich die Siedlung am Song Nhue auf handgefertigte Webarbeiten spezialisiert. Heute reicht der gute Ruf der Ha-Dong-Seide weit über die Grenzen hinaus. Mit Erfolg wird auch ins Ausland exportiert. In vielen Werkstätten kann man die Produktion von Brokatstoffen, Ao dai, Satinwäsche oder Handtaschen aus Rohseide beobachten und die Waren auch kaufen. Mehr als die Hälfte der 1300 Haushalte im Dorf lebt vom Webgeschäft.

Chua Tram Gian 18

Tgl. 8–17 Uhr, 5000 VND)

Etwa 4 km westlich des Song Day verbirgt sich beim Dorf Tien Phuong (Hoai-Duc-Distrikt) auf einer Anhöhe hinter hohen Bäumen die **Chùa Trăm Gian** (Pagode der 100 Zwischenräume). Zusammen mit dem alten Baumbestand zaubert das wenig besuchte Heiligtum eine beschauliche Stimmung. Das Kloster wurde 1185 gegründet und im Laufe der Jahrhunderte mehrfach erweitert. Beim Rundgang passiert man eine Gruppe von Grabstupas für verstorbene Mönche, darunter jenen für den berühmten Nguyen Binh An aus dem 14. Jh. Der Mönch soll bei Trockenheit Regen gebracht haben. Etwas erhöht liegt der zweistöckige Turm mit einer 1794 gegossenen Glocke.

Nui Tu Tram 19

Eine äußerst pittoreske Szenerie erwartet Besucher auch am **Núi Tử Trầm** einige Kilometer östlich der Chua Tram Gian. Der schönste Stern am Himmelszelt, so erzählt es die Legende, habe sich in diesen markanten Karstberg verwandelt. Rund um die bewaldete Erhebung kann man noch einige Pagoden besichtigen, u. a. die 1669 gestiftete **Chùa Long Tiên** (auch Chùa Trầm genannt). Auf dem Berg sind einige **Grotten** zu finden.

Phu Vinh 20

Ca. 10 km südlich von Chuc Son erstreckt sich entlang der Landstraße 60 im Bezirk Chuong My das Dorf **Phú Vinh** (auch Phú Nghĩa). Es ist eines von 18 Dörfern im Süden Hanois, die sich auf die Herstellung von Rattan- und Bambusprodukten spezialisiert haben. In Phu Vinh wird das Handwerk seit dem 18. Jh. betrieben. Bereits 1712 wurden acht Kunsthandwerker aufgrund ihrer Fertigkeiten vom König geehrt. Heute verdient ein Großteil der 600 Haushalte sein Einkommen mit der Verarbeitung dieser Naturprodukte. Zahlreiche Geschäfte entlang der Straße bieten die Endprodukte wie Mobiliar, Bilderrahmen und viele Arten von Haushaltsgegenständen an. Der gute Ruf reicht nunmehr bis ins Ausland, wohin viele Produkte exportiert werden. So wird die Ortsbezeichnung immer mehr zur Realität: *phú* bedeutet Reichtum, *vinh* heißt Ruhm.

Chuong 21

Die alte Frau mit den betelgeschwärzten Zähnen sitzt entspannt vor ihrem Haus und näht auf einem konischen Gestell mit Bambusringen die geglätteten Blätter der Latan-

Umgebung von Hanoi

palme zusammen. Nach einem Tag hält sie das fertige Produkt in ihren Händen: den berühmten vietnamesischen Hut, *nón lá*. Ihre Mutter ging schon dieser Beschäftigung nach und auch ihre Töchter und Enkel tun es. Vier von fünf Familien des Dorfes **Chuông** sind seit Generationen vorwiegend mit der Herstellung der markanten Kopfbedeckung beschäftigt. Der Ort liegt knapp 30 km südlich von Hanoi an der Nationalstraße 21 B und lohnt vor allem zum Markttag einen Besuch. Er findet an jenen Tagen im Mondkalender statt, die mit einer Vier oder Null enden, also dem 4., 10., 14., 20., 24. und 30. Tag. Bei Mondmonaten mit 29 Tagen fällt der letzte Markttag auf den 1. des Folgemonats.

Tran Dang 22

Mithilfe deutscher Restaurateure wurden bis 2011 einige historische Bauten im Ortskern des Dorfes **Trần Đăng** restauriert. Herzstück ist das Gemeindehaus, der Dinh, welches zwischen Teichen in Gestalt einer Schildkröte liegt. Es wurde gegen Ende der Tran-Dynastie um 1400 erbaut und ist dem Schutzgeist, dem legendären General Cao Lo, geweiht. Die anderen Gebäude wie der Glockenturm, der Brunnen und das Haupttor stammen aus dem frühen 19. Jh. Tran Dang ist Teil der Gemeinde Hoa Son im Bezirk Ung Hoa, etwa 15 km südwestlich von Chuong und über die Straße Nr. 21 zu erreichen.

Chua Huong 23

Ganztägig geöffnet, 49 000 VND plus
40 000 VND Bootsmiete pro Person

Etwa 60 km südlich von Hanoi liegt das wichtigste Pilgerziel im Roten-Fluss-Delta, die Parfümpagode, **Chùa Hương.** Während der Saison, die am 6. Tag des ersten Mondmonats beginnt und am 15. des dritten Mondmonats endet, pilgern Hunderttausende Buddhisten zu den Tempeln und Grot-

Auf dem Weg zur Parfümpagode

Südlich von Hanoi

ten rund um den bis zu 381 m hohen »Berg der Wohlriechenden Spur«, Hương Tích Sơn. Ausgangspunkt ist das Dorf **Ben Duc,** wo Heerscharen geschäftstüchtiger Frauen in ihren flachen Ruderbooten aus Metall auf Kundschaft warten. Die einstündige Bootsfahrt auf dem Yen-Strom ist angesichts der grünen Reisfelder und Karsthügel äußerst malerisch. Unterwegs hält man beim **Den Trinh,** dem Gedenktempel zu Ehren eines Generals der Hung-Könige. Diesem Wächter der Berge bringen die Gläubigen die Gründe ihrer Pilgerfahrt vor, damit er sie passieren lässt. An der Hauptanlegestelle **Ben Tro** gibt es Andenken- und Essensstände für die materiellen Bedürfnisse. Dem Geistigen dient die auf mehreren Ebenen angelegte »Pagode, die zum Himmel führt«, **Chùa Thiên Trù.** Sie geht auf die Zeit des Königs Le Thanh Tong (reg. 1460–1497) zurück und wurde später immer wieder erneuert. Die Karstberge im Hintergrund bilden eine wunderschöne Kulisse. Ein Weg seitlich der Pagode führt einige Hundert Meter bergauf zum Höhlenheiligtum **Tien Son** mit zauberhaften Tropfsteinformationen im Innern.

Von der Chua Thien Tru führt der mühsame 2 km lange Pfad zum wichtigsten Pilgerziel, dem Grottenheiligtum **Hàng Hương Tích.** Bei feuchter Witterung ist gutes Schuhwerk angebracht, bei schönem Wetter Sonnenschutz und Wasser. Für den Aufstieg benötigt man etwa eine Stunde. Alternativ kann man die Seilbahn mit kleinen Kabinen nehmen, die für die 1200 m nur einige Minuten benötigt. Für die Berg- und Talfahrt werden zusammen 140 000 VND verlangt. Die Bahn macht einen Zwischenstopp bei einem kleineren Höhlentempel, der **Quelle der Reinigung,** Giải Oan. Das dort hervortretende Quellwasser soll die Pilger von ihren schlechten Taten reinigen. Es gibt noch einige weitere kleine Tempel in dem Gebiet.

Wie ein Drachenmaul öffnet sich schließlich die geräumige **Grotte des Hàng Hương Tích.** Fürst Trinh Sam (reg. 1767–1782) beschrieb sie in fünf chinesischen Zeichen über dem Eingang als »schönste Höhle des Südens« – allerdings sind viele ausländische Besucher eher enttäuscht, da es außer ein paar Statuen wenig zu sehen gibt. 120 Treppenstufen führen hinunter ins Innere der Grotte, wo die Gläubigen der Göttin der Barmherzigkeit ihre Bitten und Danksagungen vorbringen. An Pilgertagen drängen sich so viele Menschen, dass man fast Platzangst bekommen kann. Besonders voll wird es an geraden Mondtagen und Wochenenden. Es empfiehlt sich, diese Zeiten zu meiden.

Warum die Quan Âm gerade hier so sehr verehrt wird, hängt mit der Erzählung »Göttin der Barmherzigkeit vom Südlichen Meer« (Quan Âm Nam Hải) zusammen. Dabei geht es um die Königstochter Dieu Thien, die sich gegen den Willen ihres Vaters ganz der Lehre Buddhas widmete, sich in diese Höhle zurückzog und durch aufopfernde Taten – so überließ sie ihrem schwer erkrankten Vater Augen und Arme – zu einem Bodhisattva wurde. Ihr legendärer Geburtstag wird am 19. des zweiten Mondmonats gefeiert.

Kapitel 2

Vietnams Norden

Im Norden zeigt sich Vietnam von seiner landschaftlich und kulturell vielfältigsten Seite. In den fruchtbaren Ebenen des Roten-Fluss-Deltas liegen zahlreiche altertümliche Sakralbauten verstreut. Während die zum UNESCO-Welterbe zählende Ha-Long-Bucht weltberühmt ist, schätzen die pittoreske Karstlandschaft der Trockenen Ha-Long-Bucht vorwiegend Einheimische.

Das wilde Bergland im hohen Norden mit einer bunten Mischung von Volksgruppen ist das Richtige für Entdecker. Der Nordwesten bietet mit der höchsten Erhebung des Landes und vielen fotogenen Reisterrassen zahlreiche landschaftliche Highlights. Diese Region ist ein Eldorado für Trekkingtouristen, die zwischen vielen Wandermöglichkeiten wählen können.

Wer die landschaftliche Vielfalt des Nordens intensiv erkunden möchte, benötigt zwei Wochen. In vier Tagen erhält man mit dem Besuch der Ha-Long-Bucht und den Bergen bei Mai Chau einen kleinen Eindruck. Im Rote-Fluss-Delta ist Ninh Binh ein guter Ausgangspunkt für Abstecher nach Phat Diem, in die Trockene Ha-Long-Bucht oder zum Cuc-Phuong-Nationalpark. Das Gros der Besucher erkundet die Bergwelt im Nordwesten von Sa Pa aus. Wer eine intensive Rundtour über Son La, Dien Bien Phu und Sa Pa unternehmen möchte, sollte eine Woche einkalkulieren. Der hohe Norden schließlich lässt sich von Hanoi aus in drei Tagen bereisen, wenn man sich auf den Ba-Be-See beschränkt.

Thai-Frauen unterwegs

Auf einen Blick: Vietnams Norden

Sehenswert

 Ha-Long-Bucht: Eine Bootsfahrt durch die bizarre Inselwelt im Golf von Tongking zählt zu den landschaftlichen Höhepunkten einer Vietnamreise (s. S. 178).

 Trockene Ha-Long-Bucht: Ländliches Idyll mit Reisbauern, Frösche fangenden Frauen und Hirten mit Wasserbüffeln – ein Stück altes Vietnam (s. S. 187).

 Cuc-Phuong-Nationalpark: Das älteste Schutzgebiet des Landes beeindruckt durch eine intakte Dschungellandschaft und gewaltige Baumriesen (s. S. 193).

 Sa Pa: Der beliebte Ferienort am Fuß des höchsten Berges Vietnams lädt zu spannenden Trekkingtouren und Begegnungen mit Bergvölkern ein (s. S. 209).

Schöne Routen

Von Ha Long nach Ninh Binh: Entlang der Nationalstraße 10 geht es von der Ha-Long-Bucht ins Delta des Roten Flusses, vorbei an geschichtsträchtigen Tempeln und Pagoden (s. S. 185).

Rundtour über Dien Bien Phu und Sa Pa: Von Hanoi führt die erlebnisreiche Rundtour durch fruchtbare Flusstäler und eine abwechslungsreiche Berglandschaft (s. S. 205).

Von Thai Nguyen bis Lang Son: Diese Reise im hohen Norden erschließt ein bislang wenig besuchtes Gebiet. Höhepunkte sind die Bootsfahrt auf dem Ba-Be-See und der Besuch des Ban-Gioc-Wasserfalls (s. S. 217).

Meine Tipps

Opernhaus von Hai Phong: Das 1912 erbaute Nhà Hát Lớn verströmt koloniales Flair. Mit etwas Glück kann man einen Blick ins Innere werfen (s. S. 171).

Bootstour bei Trang An: Eine Kahnpartie durch die idyllische Karstlandschaft führt durch Grotten und zu malerisch am Wasser gelegenen Pagoden (s. S. 191).

Mai Chau Lodge: Die Unterkunft liegt wunderschön im Tal von Mai Chau und ist ein guter Startpunkt für Wanderungen und Radtouren (s. S. 198).

Dien Bien Phu: Noch vieles erinnert hier an die Entscheidungsschlacht im Französischen Indochinakrieg 1954, etwa der heiß umkämpfte Hügel A 1 (s. S. 202).

Kayaking in der Ha-Long-Bucht: Labyrinth aus Wasserwegen, Felseninseln und schwimmenden Dörfern (s. S. 182).

Per Fahrrad nach Hoa Lu und Tam Coc: Bizarre Kalkfelsen und grüne Reisfelder in der Trockenen Ha-Long-Bucht (s. S. 187).

Touren im Cuc-Phuong-Nationalpark: Tropischer Regenwald mit artenreicher Tier- und Pflanzenwelt (s. S. 194).

Trekking im Pu-Luong-Schutzgebiet: Schöne Bergpanoramen, Reisfelder und ursprüngliche Dörfer (s. S. 200).

Wanderungen rund um Sa Pa: Hohe Berge, Wasserfälle und faszinierende indigene Völker (s. S. 208).

Per Moped durch die Bergwelt: Die Karstlandschaft nördlich von Ha Giang ist ein Dorado für Mopedfahrer (s. S. 218).

Am Golf von Tongking

Am Golf von Tongking gleicht der Küstenverlauf mit den zahlreichen Buchten, Flussmündungen und ufernahen Inseln einer am Rand zerbrochenen Glasscheibe. Hier zaubern der Cat-Ba-Archipel ebenso wie die bizarren Karstinseln der Ha-Long- und Bai-Tu-Long-Buchten fantastische Bilderbuchlandschaften.

Von Hanoi ans Meer

Dank der gut ausgebauten Nationalstraßen 5 und 18 erreicht man von Hanoi aus in drei bis vier Stunden die Hafenstadt Hai Phong bzw. die Touristenhochburg Ha-Long-Stadt. Der Übergang von Hanoi zum Umland wirkt verschwommen, denn die vielen Dörfer am Rand werden immer mehr von den vielen Neubausiedlungen verschluckt. Entlang der Straße künden bunte Handtuchhäuser ebenso vom wirtschaftlichen Aufbruch wie nüchterne Fabrikhallen. Moderne Industrieanlagen und altertümliche Anbaumethoden bilden faszinierende Parallelwelten.

Der in Vietnam als **Vịnh Bắc Bộ** bekannte Golf von Tongking war immer wieder Schauplatz historisch bedeutsamer Ereignisse. Zweimal gelang es den Vietnamesen am Bach-Dang-Fluss nördlich von Hai Phong, die chinesischen Eindringlinge endgültig in die Flucht zu schlagen – 938 unter Führung von General Ngo Quyen und 1288 unter General Tran Hung Dao. Beide Male wählten sie die gleiche Taktik: Sie ließen metallbeschlagene spitze Holzpfähle in den Flussboden rammen und lockten die feindliche Flotte in den Mündungsbereich. Bei Ebbe verfingen sich die schweren Dschunken aus dem Reich der Mitte und waren damit leichte Beute für die in Unterzahl kämpfenden Vietnamesen.

In der Bucht fand zudem der bis heute umstrittene Tongking-Zwischenfall statt: Am 2. August 1964 sollen Boote der nordvietnamesischen Küstenwache den US-Zerstörer »USS Maddox« beschossen haben. Der Konflikt bildete den Startschuss für den verheerenden Vietnamkrieg. In der friedlicheren Gegenwart machen sich immer mehr Touristen auf, um eine der schönsten Landschaften Vietnams zu erkunden – die Ha-Long-Bucht.

Hai Phong ▶ K/L 6

Cityplan: S. 173

Die Hafenstadt **Hải Phòng** liegt am Verbotenen Fluss, dem Sông Cửa Cấm, etwa 20 km von dessen Mündung entfernt. Für die nordvietnamesische Wirtschaft spielt Hai Phong als Warenumschlagplatz eine bedeutende Rolle. Da infolge der Verlandung das Flussbett jedoch immer wieder ausgebaggert werden muss, läuft ihr der Tiefseehafen Cang Cai Lan nördlich von Ha Long den Rang ab. So hinkt die Hauptstadt der 1507 km² großen gleichnamigen Provinz dem wirtschaftlichen Wachstum anderer Metropolen sichtbar hinterher. Neben der kleinindustriellen Produktion von Elektrogeräten ist Hai Phong für die Werft- und Stahlindustrie von Bedeutung.

Vom Gros der Touristen wird Hai Phong mangels Attraktionen links liegen gelassen. Zumeist dient die Stadt lediglich als Zwischenstation auf der Weiterreise zur Insel Cat Ba. Doch so unspektakulär sich Hai Phong in den Randbezirken auch präsentieren mag, besitzt es im Zentrum mit seinen Flamboyant-Alleen und einigen kolonialen Gebäuden doch genügend Charme, um einige Stunden zu verweilen.

Hai Phong

Geschichte

Der Stadtname leitet sich vom vietnamesischen *hài tấn phòng thủ* ab, was »Verteidigung am Meer« bedeutet. Hier nämlich soll die Generalin Le Chan den antichinesischen Aufstand der Trung-Schwestern von 39 bis 43 n. Chr. mit ihrer Armee unterstützt haben.

Bevor die Franzosen ab 1873 den Norden Vietnams zu besetzen begannen, lagen entlang dem Cua-Cam-Fluss nur einige Fischerdörfer. Als offizielles Gründungsdatum gilt das Jahr 1888, als der französische Präsident die Etablierung einer Metropole anordnete. Dank des drei Jahre zuvor angelegten Hafens erlebte Hai Phong einen rapiden Aufstieg. Nach Fertigstellung der Bahnlinie konnten ab 1901 Güter und Personen in das 100 km entfernte Hanoi gelangen. Der Hafen diente als Umschlagplatz für die bei Ha Long abgebaute Kohle, für Edelhölzer und Mineralien. Hier landeten aber auch heiß begehrte Konsumgüter aus Europa wie die neuesten Citroën-Modelle oder alte Bordeaux-Weine.

Hai Phong war Anfangs- und Endpunkt des Ersten Indochinakriegs, denn mit der Bombardierung der Stadt am 23. November 1946 begann die militärische Rückeroberung der Kolonie. Im Mai 1955 verließen von hier die letzten französischen Truppen das Land. Während des Vietnamkrieges wurde die strategisch wichtige Stadt oft bombardiert, vor allem während der Weihnachtsoffensive 1972. Damals ließ der amerikanische Präsident den Hafen fast ein Jahr lang verminen. Schließlich verließen Ende der 1970er- und Anfang der 1980er-Jahre Zehntausende Flüchtlinge von Hai Phong aus per Boot ihre Heimat. Heute ist Hai Phong mit rund 750 000 Einwohnern Vietnams viertgrößte Metropole.

Altes Quartier Français

Das einstige Viertel der Franzosen breitet sich zwischen Song Cua Cam, dem schmalen Zufluss Song Tam Bac und der Bahnlinie aus. Zu Beginn des 20. Jh. lebten hier ca. 1200 Europäer. Noch heute erinnern einige Stellen an koloniale Zeiten, vor allem entlang der Straße Dien Bien Phu.

Oper und Blumenmarkt
Blumenmarkt tgl. 7–19 Uhr

Als dritte Stadt Vietnams kann Hai Phong neben Saigon und Hanoi mit einer **Oper** **1** (Nhà Hát Lớn) aufwarten. Das schmucke Gebäude liegt an der Tran Hung Dao und wurde 1912 eröffnet. Nahezu alle beim Bau verwendeten Materialien stammen aus Europa. Der nur zu Veranstaltungen geöffnete Zuschauerraum fasst 400 Plätze und birgt schöne Deckengemälde. Anstelle von Verdi und Mozart wird heute eher vietnamesischer Pop geboten. Gegenüber der Oper bietet der **Blumenmarkt** **2** auf dem Grünstreifen zwischen Tran Hung Dao und Tran Phu wunderschöne Fotomotive.

Kathedrale **3**
Nur zu Gottesdiensten geöffnet

Einige Hundert Meter weiter nördlich erhebt sich auf einem großen Platz an der Hoang Van Thu die **Kathedrale** (Nhà Thờ Chính Toà) zu Ehren der Rosenkranzkönigin (religiöser Titel der Gottesmutter Maria). Der mächtige Bau stammt aus dem frühen 20. Jh. und ist seit 1960 Sitz eines katholischen Bischofs.

Stadtmarkt Cho Sat
Tgl. 9–17 Uhr

Am westlichen Ende der Quang Trung wirkt der sechsstöckige Betonkoloss des **Stadtmarkts Cho Sat** **4** aus dem Jahr 1992 von außen eher abweisend, doch im Inneren und rund um ihn herum herrscht stets ein geschäftiges Treiben.

Den Nghe und Le-Chan-Statue
Tgl. 9–17 Uhr, Eintritt frei, Spende

An der Me Linh wurde 1919–26 der kleine, mit reichem Schnitzwerk ausgestattete **Den Nghe** **5** zu Ehren von Le Chan erbaut. Diese Generalin hatte im 1. Jh. mit ihrer Armee die beiden aufständischen Trung-Schwestern im Kampf gegen die chinesischen Besatzer unterstützt. Ihr Todestag wird am 8. Tag des zweiten Mondmonats gefeiert. Eine moderne **Statue** **6** erinnert einige Hundert Meter nördlich des Gedenktempels an der Nguyen Duc Canh an die Heldin.

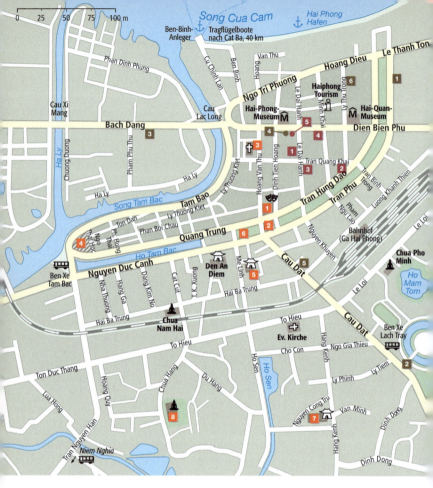

Dinh Hang Kenh [7]
Tgl. 9–17 Uhr, 10 000 VND

Etwa 1 km südlich des Stadtzentrums lohnt der Besuch des **Đình Hàng Kênh**. Er ist über die gleichnamige Straße zu erreichen. Im 1856 errichteten und 1905 erweiterten Gemeinschaftshaus wird General Ngo Quyen als Schutzgeist verehrt. Die von einem schweren Walmdach getragene Halle beeindruckt durch hervorragende Schnitzarbeiten an den 32 Eisenholzsäulen und Dachbalken im Inneren. Dabei handelt es sich um mehr als 300 unterschiedlich gestaltete Drachenmotive, die reliefartig aus dem Holz geschnitzt wurden. Der verehrte Sieger über die chinesischen Besatzer aus dem 10. Jh. wird auf dem Hauptaltar durch Kopfbedeckung und Schuhe repräsentiert. Seitlich stehen Pferd und Elefant sowie ein großes Tragegestell mit leerem Thron. Sie werden zum Jahresfest vom 16. bis 18. des zweiten Mondmonats bei einer Prozession feierlich mitgeführt.

Chua Du Hang [8]
Tgl. 9–18 Uhr, Eintritt frei

Einige Hundert Meter westlich des Dinh Hang Kenh liegt die bunte **Chùa Dư Hàng** mit einem schönen Innenhof und buddhistischen Figuren im **Dhyana-Garten,** dar-

Hai Phong

Sehenswert
1. Oper
2. Blumenmarkt
3. Kathedrale
4. Stadtmarkt Cho Sat
5. Den Nghe
6. Le-Chan-Statue
7. Dinh Hang Kenh
8. Chua Du Hang

Übernachten
1. AVANI Hai Phong Harbour View Hotel
2. Nam Cuong Hai Phong Hotel
3. Lac Long Hotel
4. Monaco Hotel
5. Hoang Hai Hotel
6. Maxim's Hotel

Essen & Trinken
1. Nam Giao
2. Big Man Restaurant
3. Hai Phong Club
4. Maxim's
5. Phono Box

---

unter Buddha Shakyamuni, Maitreya und buddhistische Erleuchtete (La Han). Der Ursprung der Pagode geht auf das 10. Jh. zurück, doch wurde sie mehrfach umgebaut. 1672 erhielt der auch unter dem Namen Phúc Lâm Tự (Wald des Glücks) bekannte Tempel seine heutige Gestalt.

Infos
Haiphong Tourism: 18 Minh Khai Street, Tel. 031 382 26 16, www.haiphongtourism.gov.vn, Mo–Fr 9.30–17 Uhr. Man weiß kaum mehr als bei jeder besseren Hotelrezeption, sondern ist eher an der Vermittlung von Zimmern und Touren interessiert.

Übernachten
Koloniales Ambiente – **AVANI Hai Phong Harbour View** 1 : 4 Tran Phu, Tel. 031 382 78 27, www.avanihotels.com/haiphong. Bestes und mit Abstand schönstes Hotel der Stadt. Es verbindet Nostalgie mit modernen Komfortansprüchen. Die 122 Zimmer sind auf drei Etagen verteilt und es gibt u. a. zwei gute Restaurants, einen Pool, eine lauschige Bar und ein Spa. DZ/F ab 100 US-$.

Stadthotel – **Nam Cuong Hai Phong Hotel** 2 : 47 Lach Tray, Tel. 031 382 85 55, www.namcuonghaiphonghotel.com.vn. Das moderne, in der Lobby etwas protzige Geschäftshotel mit 76 komfortablen Zimmern liegt zentral; alle Annehmlichkeiten von Spa bis Bar. DZ/F ab 85 US-$.

Hafennähe – **Lac Long Hotel** 3 : 83 Bach Dang, Tel. 031 382 07 77, www.laclonghotel.vn. Typisches vietnamesisches Stadthotel mit 30 sauberen, etwas sterilen Zimmern, gefliesten Böden und etwas nüchternem Restaurant. Spa vorhanden, der Service ist freundlich. DZ/F ab 45 US-$.

Familienfreundlich – **Monaco Hotel** 4 : 103 Dien Bien Phu, Ecke Dinh Tien Hoang, Tel. 031 374 64 68, www.haiphongmonacohotel.com. Die 30 Zimmer sind geschmackvoll eingerichtet, für Familien eignen sich die vier kleinen Apartments. DZ/F ab 30 US-$.

Nüchtern-funktional – **Hoang Hai Hotel** 5 : 109 Cau Dat, Tel. 031 384 66 66, www.hoanghaihotel.com.vn. Die 44 Zimmer des achtstöckigen Hotelkastens sind etwas nüchtern, aber für den Preis völlig in Ordnung. Zuweilen hapert es mit der Kommunikation. DZ/F ab 25 US-$.

Zentral – **Maxim's Hotel** 6 : 3 K Ly Tu Trong, Tel. 031 374 65 40, www.maximshotel.vn. Das Minihotel bietet 24 funktionale, saubere Zimmer (Bad, TV) und ist die richtige Wahl für Sparsame. Das Restaurant **Maxim's** im ersten Stock hat Flair, ist kulinarisch aber eher Mittelmaß (s. S. 174). DZ/F ab 20 US-$.

Essen & Trinken
Auf den Trottoirs der Tran Phu und Tran Hung Dao gibt es eine Vielzahl kleiner Lokale und *bia hơi*, urige Ausschankstellen mit Fassbier und ein paar Tischen. In der geschäftigen Dien Bien Phu liegen ebenfalls einige nette Lokale. Eine Spezialität ist *bánh giò*, in Bananenblätter gewickelter Reiskuchen.

Dezent vietnamesisch – **Nam Giao** 1 : 20 Le Dai Hanh, Tel. 031 381 06 00, www.namgiao.weebly.com, tgl. 7–22.30 Uhr. Das Interi-

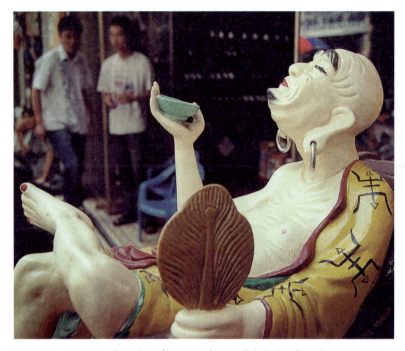

Humorvolle Werbung für einen Laden mit alkoholischen Getränken

eur wie ein Antiquitätenladen, die Atmosphäre gediegen und der Service freundlich – der richtige Ort für kulinarische Ästheten. Solide vietnamesische Küche. Mittagsgerichte ab 90 000 VND.

Bierschwemme – **Big Man Restaurant** 2 : 7 Tran Hung Dao, Tel. 031 381 02 57, tgl. 7–22.30 Uhr. Stadtbekannt wegen des selbstgebrauten Bieres, kann man hier auch ganz ordentlich speisen, u. a. *bún tôm Hải Phòng*, Reisnudeln mit Garnelen. Hauptgericht ab 50 000 VND.

Für den Abend – **Hai Phong Club** 3 : 17 Tran Quang Khai, tgl. 8–24 Uhr. Tagsüber speisen hier die Geschäftsleute, häufig ist Livemusik angesagt. Es gibt Tiger-Bier vom Fass. Snacks und Gerichte werden zu moderaten Preisen ab 45 000 VND angeboten.

Solide Küche – **Maxim's** 4 : 51 Dien Bien Phu, Tel. 031 382 29 34, tgl. 7.30–24 Uhr. Nicht gerade ein Gourmettempel, aber die asiatischen Menüs sind für den Preis in Ordnung. Bier vom Fass, ab 20.30 Uhr meist Livemusik. Solide Gerichte ab 40 000 VND.

Bar-Atmosphäre – **Phono Box** 5 : 79 Dien Bien Phu, Tel. 031 382 33 33, tgl. 7.15–23 Uhr. Hier gehen die Einheimischen hin, um Musik zu hören, entspannt zu trinken und die westliche Küche zu probieren. Das kleine Lokal mit nackter Ziegelwand und dunklem Mobiliar ist gut für einen Absacker. Gerichte ab 40 000 VND.

Verkehr

Flugzeug: Der **Cat Bi Airport,** Tel. 031 382 33 22, liegt 5 km südöstlich von Hai Phong. Von ihm starten mehrmals tgl. Maschinen nach Ho-Chi-Minh-Stadt und tgl. nach Da Nang. Eine Taxifahrt aus der Stadt kostet ca. 100 000 VND. **Vietnam Airlines:** 166 Hoang Van Thu, Tel. 031 381 08 90; **Jetstar:** 36 Hoang Van Thu, Tel. 031 355 95 50.

Cat-Ba-Archipel

Bahn: Vom **Bahnhof** (Ga Hải Phòng) fahren tgl. vier Züge nach Hanoi, zwei davon jedoch nur bis zur Station Long Bien östlich des Roten Flusses. Dauer: 2,5 Std.

Bus: Die Stadt Hai Phong verfügt über drei Busbahnhöfe. Vom **Bến Xe Niệm Nghĩa** an der Tran Nguyen Han, etwa 2 km südwestlich des Stadtzentrums, starten Busse Richtung Süden, darunter nach Ninh Binh (197 km, 4–5 Std.). Für Busse nach Hanoi (102 km, 3 Std., alle 15 Min.), Ha Long (75 km, 2 Std.) und Mong Cai (265 km, 8 Std.) ist der **Bến Xe Tam Bạc** gegenüber dem Sat-Markt (Chợ Sắt) Ausgangs- und Endpunkt. Der **Bến Xe Lạch Tray,** an der gleichnamigen Straße unweit des Volkstheaters (Nhà Hát Nhân Dân) gelegen, ist Abfahrtsort für Busse nach Do Son.

Boot: Vom **Anleger Bến Bính** unweit der Mündung des Song Tam Bac in den Song Cua Cam starten von 7 bis 16 Uhr bis zu 4 x tgl. Tragflügelboote (vé tàu cao tốc) von diversen Anbietern nach Cat Ba (40 km, weniger als 1 Std., ab 180 000 VND). Dazu zählen **Mekong Hoang Yen,** Tel. 090 438 53 46, und **Hadeco,** Tel. 031 382 23 33, www.hadeco.vn. **Hoang Long,** 4 Le Thanh Tong und 5 Pham Ngu Lao, Tel. 031 355 28 66, 031 392 09 20, www.hoanglongasia.com, unterhält eine eigene Verbindung Hanoi–Hai Phong–Cat Ba. Morgens verkehrt ein Tragflügelboot nach Mong Cai (200 km, 4 Std.). Vorsicht vor den Schleppern: Sie versuchen gefälschte oder übertuerte Tickets zu verkaufen.

Do Son ▶ L 7

Von Einheimischen wird der 21 km südöstlich von Hai Phong gelegene Strand **Do Son** besonders an heißen Wochenenden im Juli und August geschätzt. Er erstreckt sich entlang einer hügeligen, etwa 4 km langen Halbinsel. Allerdings ist der Strand steinig und schmal, das Wasser häufig trübe. Das stört aber jene ausländischen, vorwiegend ostasiatischen Besucher nicht, die ihr Glück im 1994 als Joint Venture eröffneten **Do-Son-Casino** versuchen. Einheimischen ist der Zutritt in die Welt der Spieler verwehrt. Als Tourist kann man Do Son ruhig links liegen lassen, da mit der Insel Cat Ba eine weitaus bessere Badealternative besteht.

Termine
Büffelfestival (Hội Chọi Trâu): am 9. Tag des achten Mondmonats. Das Büffelfestival von Do Son ist im ganzen Land berühmt. Bereits Monate zuvor suchen die beteiligten Dörfer aus der Umgebung geeignete 4- bis 5-jährige Wasserbüffel aus, um sie entsprechend zu trainieren und aufeinander loszulassen. Mit dem Spektakel, das von einer feierlichen Prozession begleitet wird, soll der Schutzgeist des Wassers geehrt werden.

Cat-Ba-Archipel ▶ L 6/7

Wer mit dem Boot in den Hafen von **Cat-Ba-Stadt** einfährt, hat eine Miniversion von Hongkong vor sich. Zahlreiche schmale mehrstöckige Minihotels reihen sich an den steilen grünen Berghängen des größten Inselortes aneinander – ein wahrlich beeindruckender Anblick. In den letzten Jahren hat sich der **Cat-Ba-Archipel** (Đảo Cát Bà) zu einer beliebten Touristendestination entwickelt. Während in den heißen Sommermonaten von Juni bis August vor allem Hauptstädter anreisen, um ihre Ferien zu verbringen, sind es zwischen November und April vor allem Rucksacktouristen, die hier im Rahmen der beliebten Open-Tour-Programme nächtigen.

Flora und Fauna
Der an den südlichen Teil der Ha-Long-Bucht grenzende Archipel besteht aus 366 Inseln, wovon die Cat-Ba-Insel mit 285 km^2 die größte ist. 2004 wurde das Gebiet zum UNESCO-Biosphärenreservat erklärt. Nicht ohne Grund, denn es weist eine enorme Artenvielfalt auf. Über 1400 Pflanzenarten wurden bislang identifiziert, darunter 357 medizinische Nutzpflanzen und der äußerst seltene Kim-Giao-Baum (Podocarpus fleuryi Hickel), dessen Holz traditionell für Ess-

Am Golf von Tongking

stäbchen und Ornamente Verwendung findet. Unter den 32 bekannten Säugetierarten sind seltene Spezies wie die Bengalkatze *(Prionailurus bengalensis)* und das Malaysische Riesenhörnchen *(Ratufa bicolor)* zu finden. Der nur auf der Insel heimische Goldkopflangur *(Trachypithecus poliocephalus)* hat Cat Ba unter Primatenforschern berühmt gemacht. Das scheue Tierchen mit dunkelbraunem Fell und goldgelbem Schopf ist extrem bedroht. Zählte man 1960 über 2500 Exemplare auf der Insel, so sind es heute nur noch um die 50. Am Schutz des Primaten ist die Zoologische Gesellschaft für Arten- und Populationsschutz e.V. (www.catbalangur.de) federführend beteiligt.

Cat-Ba-Nationalpark
Tgl. 7–17 Uhr, 40 000 VND
Das Innere der Hauptinsel **Cat Ba** steigt zur Mitte hin an und ist durch die vielen bewaldeten Kalksteinhügel extrem zerklüftet. Höchste Erhebung ist mit 322 m der **Cao Vong**. 1986 wurde ein Teil der Insel zum **Nationalpark** erklärt. Heute sind 109 km² der Landfläche und 52 km² Küstengewässer samt Mangrovenwäldern geschützt. Einen Teil des Schutzgebietes kann man im Rahmen einer Wanderung oder bei einer Kajaktour durch die östlich gelegene Lan-Ha-Bucht erkunden. Der Parkeingang liegt etwa 16 km von Cat-Ba-Stadt entfernt.

Auf halbem Weg von der Stadt zum Nationalpark passiert man die **Lazaretthöhle**, Hang Quân Y, eine Tropfsteinhöhle, die während des Vietnamkrieges mit Betonwänden versehen wurde, damit man in den Räumen Verletzte behandeln konnte (tgl. 8–17 Uhr, 30 000 VND). Eine weitere Höhle, **Hang Trung Trang**, liegt kurz vor dem Parkeingang – Taschenlampe nicht vergessen! Sie birgt im Inneren schöne Tropfsteinformationen (tgl. 8–17 Uhr, 30 000 VND).

Hat man den **Parkeingang** passiert, so führen interessante Wanderungen durch die fantastische Dschungellandschaft, z. B. zum 20 ha großen **Kim-Giao-Wald** mit den gleichnamigen Bäumen. Von dort führt ein steiler Pfad hinauf zum 215 m hohen Berg **Ngu Lam**, von dessen Gipfel aus sich ein schöner Ausblick bietet (hin und zurück 2–3 Std.).

Abwechslungsreicher, aber auch sehr anspruchsvoll ist die ca. 18 km lange Wanderung zum **Ao Éch** (Froschsee), und dann weiter zum Fischerdorf **Viet Hai** (5–6 Std.). Von dort kann man ein Boot zurück nach Cat-Ba-Stadt nehmen.

Es empfiehlt sich, zumindest für die längere Tour, über das Hotel einen Führer zu engagieren. Gutes Schuhwerk, Mückenschutz und Trinkwasser sind unverzichtbar.

Übernachten
In Cat-Ba-Stadt konkurrieren zahlreiche einfache Minihotels mit ähnlichem Angebot, sodass das Preis-Leistungs-Verhältnis recht gut ist. Zwei schöne Resorts liegen an den Stränden Cat Co 1 und 3 an der Südostseite der Insel. Wer es ruhiger haben möchte, sollte die Wochenenden meiden. Während der vietnamesischen Ferien (Juni–Aug.) kann es zu Engpässen kommen. In der Nebensaison locken Preisnachlässe.

Stilvoll logieren – **Sunrise Resort:** Cat Co 3 Beach, Tel. 031 388 73 60, www.catbasunriseresort.com. Das direkt am Strand gelegene Boutiqueresort verfügt über 38 sehr geschmackvoll eingerichtete Zimmer. Bei freundlichem Service und großem Pool lässt es sich hier wunderbar entspannen. DZ/F ab 145 US-$.

Inselluxus – **Catba Island Resort & Spa:** Cat Co 1 Beach, Tel. 031 368 86 86, www.catbaislandresort-spa.com. Das etwas angestaubte Resort liegt zurückversetzt auf einem Felsrücken direkt am Strand und offeriert in seinen 165 Zimmern und Suiten jeden Komfort. Gutes Freizeitangebot mit Swimmingpool, Tennis und Sauna. DZ/F ab 110 US-$, Suiten ab 220 US-$.

Hideaway im Hinterland – **Cat Ba Eco Lodge:** Lan Ha Bay, Tel. 033 368 89 66, www.catbaecolodge.com. Das ›Öko‹ sollte man nicht zu ernst nehmen, außer dass die Lodge recht einsam 13 km vom Trubel in Cat-Ba-Stadt entfernt in einer wunderschönen Berglandschaft liegt. Die Zimmer sind in drei Holzhäusern auf Stelzen verteilt. Zum nächs-

Cat-Ba-Archipel

Hunde bewachen die schwimmenden Wohnungen

ten Strand sind es 10–15 Gehminuten. DZ/F ab 50 US-$.

Schmal wie ein Handtuch – **Duc Tuan Hotel:** 210 1 Thang 4, Tel: 031 388 87 83, www.ductuancatbahotel.com. Das Hotel liegt direkt an der Hafenpromenade im Zentrum und bietet von den meisten seiner teils recht geräumigen Zimmer einen tollen Blick auf die Bucht. Das Restaurant ist im Lobby-Bereich untergebracht und lässt etwas Charme missen. Netter Service, gute Wahl für den Preis. DZ/F ab 20 US-$.

Essen & Trinken

Naturgemäß ist auf Cat Ba Seafood angesagt und entsprechend groß ist das Angebot. Im Hafen gibt es zahlreiche ›Floating Restaurants‹, schwimmende Restaurants, die alle gute und frische Fischgerichte offerieren, jedoch bei der Rechnung gerne saftig aufrunden – Preise daher vorher ansehen.

Gute Fusionsküche – **Green Mango:** 1 Thang 4, nahe dem Anleger, Tel. 031 388 71 51, tgl. 11–23 Uhr. Das modern eingerichtete Restaurant tischt gute Fusionsküche auf und hat eine große Auswahl an Weinen. Menüs um 120 000 VND.

Europäische Küche – **The Noble House:** 1 Thang 4, Tel. 031 388 83 63, tgl. 7–21 Uhr. Das Restaurant in dieser dreistöckigen Jugendherberge ist insbesondere bei Rucksackreisenden beliebt. Wer Heißhunger auf Europäisches hat, kann sich von (mittelmäßiger) Pasta und Pizza ernähren, doch gibt es darüber hinaus gute Fischgerichte ab 50 000 VND.

Zum Abhängen – **Flightless Bird Café:** Am Westende der Hafenpromenade, tgl. 18.30–24 Uhr. Die von einem Neuseeländer geführte Kneipe ist ein beliebter Treffpunkt für Brot und Spiele. Gutes Fassbier, essbare Kleinigkeiten, Dart und heiße Rhythmen ziehen vor allem ein junges Publikum an. Gute Infobörse. Fingerfood ab 40 000 VND.

Einfaches Familienlokal – **Phuong Nhung:** 184 1 Thang 4, tgl. 7–22 Uhr. Gemütlich ist es hier nicht, aber was auf den Tisch kommt, schmeckt. Naturgemäß empfiehlt sich das Seafood, zum Frühstück mundet die Pho-Suppe. Gerichte ab 40 000 VND.

Aktiv

Radfahren/Wandern – Eine interessante **Tagestour mit dem Rad** führt entlang der südlichen Küstenstraße zum Fischerdorf **Hien Hao**. Die Gemeinde mit 400 Einwohnern liegt von Cat-Ba-Stadt etwa 20 km entfernt am Rand der Karstberge. Die Fahrt ist sehr pittoresk und es bieten sich immer wieder herrliche Blicke in die Landschaft. In der Nähe des Ortes befindet sich die Grotte **Hang Ma**. Rund um das Dorf gibt es auch einige **Wanderwege**. Beliebt ist zudem ein Spazierweg von Cat-Ba-Stadt zum **Cannon Fort** (Pháo Đài Thần Công) auf einem 177 m hohen Hügel mit tollem Ausblick und einem 1942 etablierten Wachposten samt diverser Geschützstellungen (tagsüber geöffnet, 40 000 VND). Neben dem **Flightless Bird Café** vermieten viele Hotels **Mountainbikes** und **Mopeds** (ab 3 bzw. 5 US-$ am Tag) für Rundfahrten auf der Insel und arrangieren Wanderungen im Nationalpark.

Kayaking – Zu den schönsten Gebieten für Kajakfahrten zählt die **Lan-Ha-Bucht** (Vịnh Lan Hạ) auf der Ostseite des Archipels. Touren kann man entweder über Veranstalter in Hanoi oder über die Hotels in Cat Ba buchen. Kajaks werden ab 3 US-$/Std. vermietet.

Baden – Im Südosten der Cat-Ba-Insel liegen drei schöne Strandabschnitte: **Cat Co 1 bis 3**. Man kann sich auch zu einigen Inseln fahren lassen, etwa Cat Trai Gai oder Duong Gianh.

Verkehr

Boot: Zwischen Hai Phong und Cat Ba verkehren tgl. mehrere **Tragflügelboote** (1 Std.) und **Fähren** (2,5–3 Std.). Vom Anleger in Gia Luận startet mehrmals tgl. eine Fähre zur Insel Tuan Chau (ca. 50 Min.; dort Anschluss nach Ha-Long-Stadt). Hoang Loang, Tel. 031388 72 24, unterhält Verbindungen nach Hanoi. Die privaten **Charterboote** für Fahrten durch die Ha-Long-Bucht machen an der Anlegestelle Ben Beo an der Ostseite der Insel Halt.

Ha-Long-Bucht

▶ L 6/7

Karte: S. 181

Zu den Höhepunkten einer Vietnam-Reise zählt fraglos eine Bootsfahrt durch die **Ha-Long-Bucht** (Vịnh Hạ Long). Ob im Morgendunst, bei Nebel oder im Abendlicht – die Insellandschaft zaubert zu allen Zeiten eine grandiose Kulisse. Die zarten Farben lassen die üppig grünen Karstinseln verwunschen wirken, getrübt wird der Ausflug leider durch die vermüllte See.

»Ein Wunder der Erde, das in den Himmel ragt«, besang der große Literat Nguyen Trai schon im 15. Jh. diese poetische Landschaft. Der Name Hạ Long (herabsteigender Drache) erinnert an die Legende ihrer Entstehung. Um die bedrängten Bewohner vor fremden Angreifern zu schützen, sei auf Befehl des Jadekaisers eine Drachenmutter mit ihren Kindern herabgestiegen und habe Perlen ausgespien. Jene hätten sich in Jadeinseln verwandelt und wie eine Zitadelle den Eindringlingen den Zugang versperrt. Der Landeplatz der Drachenmutter war Ha Long, der Ort, wo ihre Kinder niedergingen, die nordöstlich sich anschließende Bucht Bái Tử Long.

Die Geowissenschaft hat für die auf 1553 km² verteilten 1969 Karstinseln (đảo) eine ebenso faszinierende Erklärung. Sie bildeten einst als Ablagerungen von Muschelkalk den Grund des Urmeeres Tethys, der infolge der alpidischen Faltung vor etwa 30–50 Mio. Jahren freigelegt wurde.

Durch den bis heute andauernden Verwitterungsprozess entstanden die unterschiedlich geformten Karstkegel. Seit der Anhebung des Wasserspiegels nach der letzten Eiszeit vor 30 000–40 000 Jahren ragen diese als Inseln aus dem Wasser. Im Jahr 1994 nahm die UNESCO einen 434 km² großen Teil der Ha-Long-Bucht in die Welterbeliste auf.

Faszinierende Karstkegel und ein schwimmendes Fischerdorf in der Ha-Long-Bucht

Am Golf von Tongking

Ha-Long-Stadt 1

Ausgangspunkt für eine Fahrt durch die Ha-Long-Bucht ist **Ha-Long-Stadt**, die aus den beiden Orten Bai Chay und Hong Gai besteht. Obwohl die einst eigenständigen Siedlungen bereits seit 1994 administrativ zusammengefasst sind, werden ihre Namen unter Einheimischen und bei öffentlichen Verkehrsmitteln zumeist noch benutzt. Bai Chay und Hong Gai sind durch eine Brücke miteinander verbunden, welche die dazwischen liegende Meerenge Cua Luc überspannt. Über diesen schmalen Durchfluss zu einer Bucht gelangen die Frachter zum Tiefseehafen Cang Cai Lan, einem wichtigen Warenumschlagplatz.

Hong Gai 2

Hong Gai schmiegt sich an einen Berghang und konnte trotz vieler Neubauten etwas von seinem ursprünglichen Charakter bewahren. Sehenswert sind der Markt am Hafen und die freundlich bunte **Chua Long Tien** von 1941. Das buddhistische Heiligtum liegt am Fuß des Núi Bài Thơ (Berges der Poesie). Dieser Name geht auf das Jahr 1468 zurück, als König Le Thanh Tong hier vorbeikam und beim wunderbaren Ausblick ins dichterische Schwärmen geriet. Auch heute zeigt sich von der 106 m ü. d. M. liegenden Erhebung die Bucht mit den im Wasser schaukelnden Fischerbooten und Karstinseln besonders pittoresk.

Bai Chay 3

Bai Chay hingegen hat sich in den letzten Jahren zu einem modernen Touristenort entwickelt, der etwa so viel Charme versprüht wie die vielen Bettenburgen am Mittelmeer. Entlang dem Berghang reihen sich moderne Hotels wie Dominosteine aneinander. Eine saubere breite **Strandpromenade** lädt zum Flanieren ein. Der 8 ha große **International Royal Park** (Hoàng Gia) verläuft entlang dem Strand und offeriert mit vielen Geschäften, Restaurants, Galerien und Kulturveranstaltungen ein abwechslungsreiches Programm (tgl. 7–24 Uhr, Eintritt für Veranstaltungen). In Bai Chay befindet sich auch die Anlegestelle für die Touristenboote.

Tuan Chau 4

Auf der landnahen Insel **Tuan Chau** westlich von Bai Chay gibt es einen Freizeitpark mit Hotels, Theater, Swimmingpool und einem künstlich aufgeschütteten Strand.

Die Bucht

Eintritt 120 000 VND plus 50 000 VND pro Besichtigungspunkt plus 320 000 bis 520 000 VND für ein bis drei Übernachtungen (exklusive Bootsfahrt)

Die meisten Besucher unternehmen eine Fahrt durch die **Ha-Long-Bucht** als Teil einer organisierten Reise, Rucksacktouristen bevorzugt im Rahmen der preiswerten Open-Tour-Programme. Man kann aber auch zur Anlegestelle gehen und direkt buchen (s. S. 184). Um den Touristenstrom zu kontrollieren, sind von der Behörde bestimmte, vorwiegend halbtägige Bootsrouten festgelegt. Hier eine Auswahl:

Route 1

Die vierstündige Fahrt führt zunächst zur »Treibholzinsel« **Đầu Gỗ** 5. Der Legende nach soll auf ihr General Tran Hung Dao die Pfähle für seine Falle am Bach-Dang-Fluss gegen die Mongolen (s. S. 43) versteckt gehalten haben. Auf dem Eiland gibt es drei Höhlen, darunter die 140 m lange »Grotte des Himmlischen Palastes«, **Động Thiên Cung** 6. Die Beleuchtung verwandelt die fantastischen Tropfsteinformationen im Inneren in eine bunte Märchenwelt. Vorbei an den markanten, aus dem Wasser ragenden Felsen **Hòn Đỉnh Hương** (Räucherstäbchengefäß) und **Hòn Gà Chọi** (Insel des Kampfhahns) geht es zurück.

Route 2

Bei dieser etwa sechsstündigen Fahrt ankert das Boot zusätzlich noch vor der Insel **Đảo Bồ Hòn** 7. Dort ist die 10 000 m² große **Hang Sửng Sốt** 8 (Höhle der Überraschung) mit bunt illuminierten Tropfsteinformationen sehenswert. Das abschließende Ziel ist die Insel **Ti Tốp** 9 mit einem sehr schönen Sandstrand. Die Insel ist nach dem

Ha-Long-Bucht

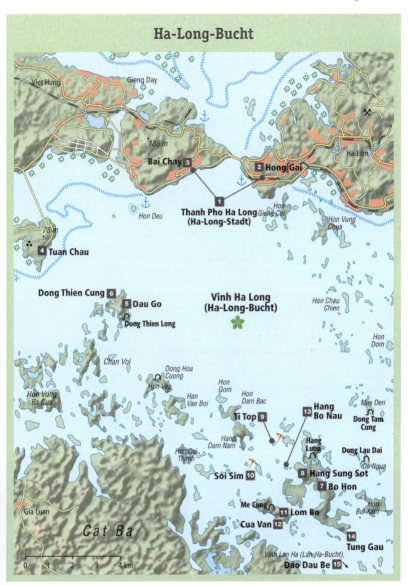

sowjetischen Kosmonauten Titov German Stepanovich benannt, der 1961 mehrfach die Erde umrundete. Alternativ kann man die Insel **Soi Sim** 10 ansteuern, die ebenfalls einen schönen Sandstrand besitzt.

Route 3

Diese vierstündige Tour hat die Eilande **Soi Sim** und **Lờm Bò** 11 samt **Grotte Động Mê Cung** zum Ziel. Die auf Lom Bo gelegene Grotte beeindruckt durch fantasiereiche For-

Am Golf von Tongking

KAYAKING IN DER HA-LONG-BUCHT

Tour-Infos
Karte: S. 181
Start: Ha-Long-Stadt oder Cat-Ba-Archipel
Dauer: 2–4 Std. pro Kajaktour
Veranstalter: Es empfiehlt sich, eine mehrtägige Kreuzfahrt durch die Ha-Long-Bucht zu wählen und vom Boot aus mit den Kajaks zu starten. Zu den Pionieren von Kajaktouren (seit 1992) zählt das im thailändischen Phuket stationierte Unternehmen **John Gray's Sea Canoe,** www.johngray-seacanoe.com, das in Vietnam durch **Inserimex Travel,** 125 Bui Thi Xuan, Hanoi, Tel. 04 39 36 46 04, www.inserimextravel.com.vn, vertreten wird.

Angesichts der vielen Inseln, Grotten und der ruhigen See sind die Ha-Long-Bucht und der Cat-Ba-Archipel ein Eldorado für Seekayaking. Mit etwas Übung können auch Laien diesen Sport ausüben und werden mit einem Naturerlebnis der besonderen Art belohnt. Die besten Bedingungen herrschen aufgrund der angenehmen Wassertemperaturen zwischen April und Oktober, allerdings kann zuweilen die See recht stürmisch sein.
Sehr reizvoll für Kajaktouren ist die Höhle **Tùng Gấu** 14, südlich der Bo-Hon-Insel, die nur bei Ebbe durchfahren werden kann und in das Innere eines kleinen Karsteilandes führt. Auf **Đảo Bồ Hòn** 7 selbst kann man mit den Kajaks durch die Grotte **Hang Luồn** ins Inselinnere paddeln. In der **Lan-Ha-Bucht** im Osten des Cat-Ba-Archipels zählt **Hồ Ba Hầm,** eine von hohen Karstwänden umschlossene Lagune auf der »Kalbskopfinsel« **Đảo Đầu Bê** 15, zu den schönsten Spots für Paddler.

mationen von Stalagmiten und Stalaktiten. Archäologische Funde ergaben, dass sie bereits vor 10 000 Jahren während des Neolithikums besiedelt war. Zu guter Letzt wird auch noch das schwimmende Fischerdorf **Cửa Vạn** 12 angesteuert, wo seit Generationen ca. 800 Menschen in Hausbooten leben.

Route 4
Diese Ganztagsfahrt ist eine Verlängerung der Route 2 und führt weiter zur offenen »Pelikangrotte« **Hang Bồ Nâu** 13, die sich wie ein Drachenmaul öffnet und einen sehr fotogenen Blick auf die umliegenden Karstinseln freigibt. Alternativ kann man auch die Grotte **Me Cung** auf der Insel **Lom Bo** besuchen.

Infos
Tourist Information: Am Hafen, Tel. 033 655 11 12, 384 65 92, www.halongbay.com.vn, tgl. 6.30–16 Uhr. Hier kann man sich über die Routen durch die Bucht informieren, den Eintrittspreis für die Höhlen entrichten und ein Boot mieten.

Übernachten
Es herrscht Goldgräberstimmung in der Tourismusbranche. Einer Hotelneueröffnung in Ha Long folgt die nächste. Zumeist handelt es sich dabei um funktionale, austauschbare Drei- oder Viersternehotels mit wenig Charakter. Die Internet- und Agenturpreise für die Zimmer sind meist wesentlich güns-

Ha-Long-Bucht

tiger als die offiziellen Tarife. Viele Minihotels mit Zimmerpreisen um 20 US-$ konzentrieren sich im Zentrum von Bai Chay entlang der Vuon Dao.

Modern-sachlich – **Royal Lotus Hotel:** 13, Block 1, östl. der Thang 2, Tel. 033 629 99 99, www.royallotushotelhalong.com. Das abseits des Zentrums gelegene Hotel bietet 147 in zurückhaltendem Design eingerichtete Zimmer und Suiten mit Meerblick. Innenpool, japanisches Restaurant, Rooftop-Bar. DZ/F ab 95 US-$, Suiten 200 US-$.

Modern und stylish – **Novotel Ha Long Bay:** 160 Ha Long Rd., Bai Chay, Tel. 033 384 81 08, 369 68 08, www.novotelhalong.com.vn. Die Lobby und die 214 Zimmer mit Meerblick bestechen mit japanisch angehauchtem Design. **The Square** bietet eine hervorragende Küche, der Swimmingpool lädt zum Planschen ein und die Bar zum entspannten Drink. DZ/F ab 80 US-$.

Komfortresort – **Paradise Suites Hotel:** Paradise Town, Tuan Chau, Tel. 033 381 50 88, www.halongparadisesuites.com. Das Hotel liegt direkt am Jachthafen der Insel und verfügt über einen eigenen Strand (etwas weiter weg) und eigene Boote. In der Umgebung wird noch gebaut. Die 156 Zimmer wirken mit dem dunklen Interieur gediegen und komfortabel, das Essen in den beiden Restaurants ist gut. Gäste loben den aufmerksamen Service. Spa vorhanden. DZ/F ab 80 US-$.

Etwas steril – **Halong Plaza:** 8 Ha Long Rd., Bai Chay, Tel. 033 384 58 10, www.halongplaza.com. Ein gutes Vier-Sterne-Hotel mit 12 Etagen und glitzernder Lobby. Die 200 Zimmer und Suiten sind geräumig, fast alle bieten Meerblick. Im etwas unpersönlichen Restaurant gibt es gute Speisen; schöner Pool. DZ/F ab 60 US-$.

Grundsolide – **Heritage Halong Hotel:** 88 Ha Long Rd., Bai Chay, Tel. 033 384 68 88, www.heritagehalonghotel.com.vn. Das etablierte Hotel mit freundlichem Service ist vor allem bei Europäern beliebt und verfügt über 101 geräumige Zimmer mit Blick auf die Bucht. Im Restaurant wird Fusionsküche geboten. Netter Swimmingpool, außerdem unterhaltsamer Nachtclub. DZ/F ab 50 US-$, Suiten 175 US-$.

Fort vom Trubel – **Viethouse Lodge:** Tuan-Chau-Insel, Tel. 033 384 22 07. Das Gästehaus unter deutschsprachiger Leitung liegt abgelegen auf der 675 ha großen Insel und bietet tolle Blicke auf die Bucht. Die Ausstattung der 28 rustikalen Zimmer ist stilvoll, der Service freundlich. Swimmingpool, interessante Ausflugsangebote. DZ/F 49–79 US-$.

Preisgünstig wohnen – **The Light:** 108 A Vuon Dao, Bai Chay, Tel. 033 384 85 18, www.thelighthalong.vn. Familiengeführtes, freundliches Gästehaus mit 20 einfachen, aber sauberen Zimmern mit Warmwasser-Bad. Die unteren Räume sind etwas dunkel. Kein Frühstück. DZ ab 15 US-$.

Essen & Trinken

Die kulinarische Auswahl ist ziemlich bescheiden, da die meisten Touristen in den Hotelrestaurants essen. In Bai Chay reihen sich westlich des Postamtes *(buu điện)* entlang der Hauptstraße einige gemütliche Seafoodlokale aneinander.

Gruß aus Italien – **Rock House Pizza:** 12 Van Lang, Hong Gai, Tel. 012 76 68 88 44, tgl. 9–22.30 Uhr. Ordentliche Pizza in drei Größen, Burger und westliches Frühstück. Pizza ab 60 000 VND.

Essen mit Musik – **Royal Restaurant:** International Royal Park, Ha Long Rd., Bai Chay, Tel. 033 384 72 08, tgl. 11–23 Uhr. Zwar etwas touristisch und überteuert, trotzdem kann man zu den Klängen traditioneller Musik gute vietnamesische Küche genießen. Gerichte ab 60 000 VND.

Gegen den Hunger – **Quang Vinh:** 24 Vuon Dao, Tel. 033 384 69 27, tgl. 9–22 Uhr. Das auch als Asia Restaurant bekannte Lokal bietet keine große Küche, aber solide vietnamesische Speisen. Der Eigentümer spricht etwas Deutsch. Gerichte ab 40 000 VND.

Leckeres Seafood – **Van Song:** Ha Long Rd., Bai Chay (unweit des Postamts), Tel. 033 384 60 84, tgl. 9–23 Uhr. Gute und günstige Speisen mit Fisch und Meeresfrüchten ab 40 000 VND.

Am Golf von Tongking

Abends & Nachts

Theater und mehr – **International Royal Park (Hoang Gia):** Ha Long, Bai Chay, Tel. 033 384 66 58. Neben Ausstellungen und kulturellen Veranstaltungen finden allabendlich 45-minütige Aufführungen des Wasserpuppentheaters statt (60 000 VND).

Aktiv

Bootstouren – **Bai Tho Tourist:** 175 Cao Xanh, Tel. 033 382 62 74, www.baithojunk.com. Kabinenboote für 4–36 Passagiere und Touristenboote für Tagestouren (Tagespreise ab 35 US-$/Person. **Bhaya Cruises:** 47 Phan Chu Trinh, Hanoi, Tel. 04 39 44 67 77, www.bhayacruises.com. Bietet mit seinen auf Nostalgie getrimmten Booten zwei- bis dreitägige Fahrten an (ab 170 US-$/Pers.). **Emeraude Classic Cruises:** T 7 Villa, Tuan Chau Marina, Tuan Chau, Tel. 04 39 35 18 88, www.emeraude-cruises.com. Das Boot mit 36 Kabinen ist ein Nachbau jener Schaufelraddampfer, die im frühen 20. Jh. einige Jahre lang durch die Bucht schipperten. Tgl. Kreuzfahrten mit einer Übernachtung (ab 180 US-$/Pers.). **Treasure Junk:** Handspan, 78 Ma May, Hanoi, Tel. 04 39 35 00 53, www.treasure-junk.com. Die weiß getünchte Dschunke mit 15 Kabinen startet zu zwei- und dreitägigen Touren (ab 160 US-$/Pers. inkl. Hanoi-Transfer).

Wellness – **Paradise Suites Hotel:** s. S. 183, Tel. 033 381 50 88, tgl. 10–22 Uhr. Ragt unter den Hotel-Spas in Halong an Qualität und Komfort heraus. Die Räume sind stilvoll eingerichtet, die Atmosphäre ist sehr entspannt. Anwendungen ab 500 000 VND.

Verkehr

Bus: Vom **Bến Xe Miền Tây** in Bai Chay fahren Busse u. a. nach Hai Phong (75 km, 2 Std.) und jede halbe Stunde nach Mong Cai (190 km, 5 Std.). In Hanoi (165 km, 4 Std.) werden in kurzen Abständen die Busbahnhöfe Bến Xe Lương Yên, Gia Lâm und Mỹ Đình angesteuert.

Boot: Tragflügelboote (vé tàu cao tốc) verbinden je 2 x tgl. Ha-Long-Stadt mit Mong Cai (3 Std.) und mit der 50 km nordöstlich gelegenen Insel Van Don (Đảo Cái Bầu, 1 Std. 15 Min.). Abfahrt ist von einem Ableger in Bai Chay, einige Hundert Meter vor der Brücke. Von der Insel Tuan Chau starten mehrmals tgl. Tragflügelboote nach Cat Ba.

Bai Tu Long ▶ M/N 6

Nordöstlich von Ha Long schließt sich die Vịnh **Bái Tử Long** (Bucht der Drachenkinder) an. Hier sind der Legende nach die Kinder der Drachenmutter gelandet. Bislang sind die unzähligen Inseln touristisch wenig erschlossen, obwohl auch hier pittoreske Landschaftsszenerien und ursprüngliche Dschungellandschaften zuhauf zu finden sind. Wem Ha Long zu trubelig ist, der sollte hierher kommen. 2001 wurde eine Fläche von 158 km^2 zum Nationalpark erklärt, um die Artenvielfalt zu schützen. Das Schutzgebiet umfasst neben vielen kleinen Eilanden die 20 km lange Insel **Ba Mùn** (Cao Lô), wo sich auch das Hauptquartier der Parkverwaltung befindet.

Auf der »Insel der Wolkenburg«, **Vân Đồn** (Đảo Cái Bầu), locken einsame Strände. Von deren Hafen Cảng Cái Rồng starten Fähren zu den Inseln Quan Lạn, Ngọc Vừng, Trà Bản (Bản Sen) und Cô Tô (100 000 VND Eintritt für den Besuch der Bucht). Buchungstipp: Ethnic Travel, 35 Hang Giay, Hanoi, Tel. 04 39 26 19 51, www.ethnictravel.com.vn.

Übernachten

Gepflegt – **Minh Chau Beach Resort:** Minh-Chau-Strand, Quan Lan, Tel. 033 399 50 16, www.minhchauresort.vn. Das Resort liegt auf der Insel Quan Lan in Fußnähe zum schneeweißen Strand und verfügt über 60 Zimmer und Suiten, die sich auf ein klobiges Haupthaus und mehrere Nebengebäude verteilen. Netter Swimmingpool, Fahrradverleih. DZ/HP ab 100 US-$.

Verkehr

Zwischen Ha-Long-Stadt und Van Don verkehrt 2 x tgl. ein **Tragflügelboot,** alternativ kann man ein **Boot** mieten oder von Ha-Long-Stadt per **Bus** nach Cua Ong fahren und von dort mit der **Fähre** übersetzen.

Delta des Roten Flusses

Die von Kanälen durchzogenen weiten Ebenen muten wie ein holländisches Landschaftsbild an. Mit 14 700 km² etwas kleiner als Schleswig-Holstein, zählt das Delta des Roten Flusses zu den am dichtesten besiedelten Gebieten des Landes. In dieser uralten Kulturlandschaft liegt die Wiege Vietnams.

Jahrtausende haben die gleichförmige Landschaft des Deltas geformt. Eigentlich sind es drei Flüsse – Sông Hồng, Sông Đà und Sông Mã –, die aus den Bergen kommend sich immer mehr verästeln, um sich schließlich ins Meer zu ergießen. Für die Menschen sind die gewaltigen Wassermassen Fluch und Segen zugleich. Zwar werden ihre Felder bis in die letzten Winkel mit so viel Wasser gespeist, dass sie zwei Reisernten im Jahr einfahren können. Doch drohen alljährlich in der Regenzeit die Flüsse über die Ufer zu treten. Daher gehört es seit jeher zur Überlebensstrategie der Bewohner, die Ströme einzudeichen.

Um diese eigentümliche Region kennenzulernen, benötigt man mehrere Tage. Zu den Höhepunkten zählen die Karstlandschaft in der Trockenen Ha-Long-Bucht, einige sehenswerte Sakralbauten und der Cuc-Phuong-Nationalpark.

Von Ha Long nach Ninh Binh ▶ J–L 6–8

Von Ha Long führt die gut ausgebaute Nationalstraße 10 in die 257 km entfernte Provinzstadt Ninh Binh. Entlang der Route sollte man sich Abstecher zu einigen reizvollen Heiligtümern nicht entgehen lassen.

Chua Keo
Tgl. 8–17 Uhr, 10 000 VND
Etwa 10 km südlich von Thai Binh steht im Vi-Tien-Distrikt unweit des Dorfes Vu Nghia die **Chùa Keo**. Das buddhistische Kloster liegt herrlich eingebettet in die Deltalandschaft und zählt zu den schönsten der Region. Der längliche Komplex erstreckt sich am Fuß eines Deiches, hinter dem sich der Rote Fluss in Richtung Meer windet, das nur 10 km entfernt liegt.

Das Thần Quang Tự, (Kloster des Heiligen Lichts) wie die Chua Keo auch genannt wird, wurde laut Inschrift 1611 an die jetzige Stelle verlegt, nachdem der ursprüngliche Bau aus dem 11. Jh. durch Überschwemmungen zerstört wurde. Im Zentrum der Verehrung steht der als wundertätig geltende Mönch Duong Khong Lo (1066–1141), zu dessen Ehren alljährlich vom 13. bis 15. des neunten Mondmonats ein großes Fest mit Umzügen, Bootsrennen und Aufführungen des Wasserpuppentheaters begangen wird. Ein weiteres Fest findet am vierten Tag des ersten Mondmonats statt.

Die Gebäude sind von einer Außenmauer umgeben und reihen sich auf einer Nord-Süd-Achse hintereinander. Einem halbmondförmigen **See** folgt das dreiteilige **Eingangstor** *(tam quan)* mit schönen Drachen- und Wolkenmotiven an den 300 Jahre alten Holzflügeln des Mittelportals. Das **erste Bauensemble** gleicht einem liegenden H und wird von einem schweren Walmdach geschützt. Im Inneren der Vorhalle wachen die beiden mächtigen Statuen des weißgesichtigen Khuyen Thien, Förderer von Edelmut und Großzügigkeit, und des rotgesichtigen Trung Ac, Richter über die Bösewichte. In der Haupthalle zeigen die Figuren auf dem Hauptaltar die für nordvietnamesische Pagoden typische An-

Delta des Roten Flusses

ordnung (s. S. 69). Ein weiteres, zumeist verschlossenes **Hallenensemble,** ebenfalls in Form eines liegenden H, dient der Verehrung von Duong Khong Lo. Hauptattraktion ist jedoch der 11,5 m hohe **Glockenturm:** Im frühen 18. Jh. aus Eisenholzstämmen errichtet, weisen die Säulen und Querbalken hervorragende Schnitzarbeiten auf.

Die länglichen **Boote** an der Stirnseite der Außenmauer der Tempelanlage werden beim Tempelfest für eine Regatta eingesetzt.

In der Nähe von Nam Dinh

Etwa 3 km nordwestlich der Provinzhauptstadt Nam Dinh, einem wenig ansehnlichen Zentrum der Textilindustrie mit etwa 250 000 Einwohnern, liegt im Dorf Tuc Mac der **Đền Trần** (Thiên Trường). Die Anlage besteht aus drei Gedenktempeln zur Verehrung der Tran-Dynastie, die hier ihre Heimat hatte. 14 Könige brachte der einstige Fischerklan hervor, dessen von 1225 bis 1400 dauernde Ära als eine Zeit der politischen Stärke und kulturellen Blüte Vietnams gilt. In der linken Halle werden die Statuen der 14 Könige, in der mittleren Halle deren Ahnenaltäre gezeigt. Das rechte Gebäude, der Đền Trần Hưng Đạo, dient der Verehrung eines berühmten Generals. Der um 1300 verstorbene Tran Hung Dao war der Sohn eines Halbbruders von König Tran Thai Tong (reg. 1225–1258) und konnte dank seiner brillanten Taktik dreimal die Angriffe der Mongolen abwehren. Aus diesem Grund gilt er als besonders mächtiger Schutzgeist. Ein kleines Museum erinnert an die Dynastie und illustriert mit Plänen und Exponaten vor allem die Schlachten gegen die Mongolen (tgl. 8–17 Uhr, Eintritt frei).

Wenige Hundert Meter entfernt liegt die **Chùa Phổ Minh,** wegen ihrer Hauptsehenswürdigkeit auch Chùa Tháp (Turm-Pagode) genannt. In ihrer heutigen Gestalt geht sie auf König Tran Thanh Tong (reg. 1258–1278) zurück, der sie 1262 zusammen mit einem heute verschwundenen Palastgebäude errichten ließ. Das kleine Bauensemble wirkt aufgrund der beiden runden Lotosteiche und dem sich dahinter erhebenden 21 m hohen Turm sehr beschaulich. 1305 erbaut, birgt er die Asche des hochgeachteten Königs Tran Nhan Tong (reg. 1278–1293), der nach seiner Abdankung zurückgezogen als Mönch lebte und zur Übung strenger Meditation eine Schule für Mönche, die sog. Bambuswaldschule, Truc Lam, gründete. Er verstarb 1308.

Die **Haupthalle** ist dreigeteilt und stellt im hinteren Teil in einem gläsernen Schrein die wertvollste Figur aus – eine liegende Buddhastatue, die als Manifestation von König Tran Nhan Tong gilt. Gleich links daneben stehen die Figuren der beiden Mitbegründer der Bambuswaldschule, Phap Loa (1284–1330), ein hochbegabter Prediger, und Huyen Quang (1254–1334), der dritte Patriarch der Truc-Lam-Schule (tgl. 8–17 Uhr, Eintritt frei).

Ninh Binh

Die Hauptstadt der 1387 km² großen Provinz Ninh Binh ist ein guter Ausgangspunkt für die Erkundung der Umgebung. Mit ihrer Zementindustrie ist sie zwar keine Schönheit, aber ein Besuch des **Marktes** lohnt durchaus. Es gibt einige passable Unterkünfte.

Übernachten, Essen

Solides Stadthotel – **Ninh Binh Legend Hotel:** Tien Dong Zone, Tel. 030 389 98 80, www.ninhbinhlegendhotel.com. Das elfstöckige Hotel überragt die Umgebung und bietet 108 mindestens 35 m² große, modern eingerichtete helle Zimmer. Zur Auswahl stehen zwei etwas sterile Restaurants und eine Bar im 10. Stock. DZ/F ab 80 US-$.

Im Zentrum – **The Vancouver Hotel:** 75 Luong Van Tuy, Tel. 030 389 32 70, www.thevancouverhotel.com. Ein familiäres Mittelklassehotel mit 15 gut ausgestatteten Zimmern im Herzen der Stadt. Einige Zimmer in den oberen beiden Etagen eröffnen schöne Ausblicke. Gäste loben den guten Service. DZ/F ab 40 US-$.

Gut geführt – **Thuy Anh Hotel:** 55A Truong Han Sieu, Tel. 030 387 16 02, www.thuyanhhotel.com. Das freundliche Familienhotel verfügt über 37 saubere Zimmer und Suiten

Trockene Ha-Long-Bucht

PER FAHRRAD NACH HOA LU UND TAM COC

Tour-Infos
Start: Ninh Binh
Ziel: Ninh Binh
Länge: 30 km

Dauer: 1 Tag (einschließlich Besichtigungen und Bootsfahrt)
Fahrradverleih: in den meisten Unterkünften von Ninh Binh, s. S. 186

Eine insgesamt etwa 30 km lange Fahrradtour führt von **Ninh Binh** zunächst in Richtung Nordwesten ins 12 km entfernte **Hoa Lu.** Nach der Besichtigung der dortigen Sehenswürdigkeiten geht es weiter durch eine idyllische Karstlandschaft. Eine schmale Teerstraße verläuft in Richtung Süden, vorbei an Gehöften, Siedlungen und Reisfeldern. Zusammen mit den markanten Erhebungen ergeben sich immer wieder neue Motive. Nach etwa 12 km mündet der ebene Weg in die breite Zufahrtsstraße nach **Tam Coc.** Ihr folgt man in Richtung Westen bis zum Dorf **Van Lam,** wo die Bootstouren beginnen. Zum Abschluss geht es in Richtung Nationalstraße 1 A und dort zurück nach **Ninh Binh** (ca. 7 km).

und wird gern von Reisegruppen gebucht. Im Erdgeschoss offeriert das Restaurant solide asiatische Gerichte. Im 6. Stock befindet sich eine offene Bar. Fahrradverleih, Tourbuchung und gute Informationsquelle. DZ/F 25–35 US-$.

Essen & Trinken

Die größte Menüauswahl wird von den Hotels geboten. Wer außerhalb essen möchte, findet entlang der Hauptstraße des Ortes, der Tran Hung Dao, einige Essensstände und Cafés. Spezialität von Ninh Binh sind Gerichte mit Ziegenfleisch *(thịt dê)*.

Aktiv

Touren – Nahezu jedes Hotel verleiht **Fahrräder** und **Mountainbikes** für Touren in die Umgebung. Sie kosten ab 35 000 VND/Tag. Wer nicht in die Pedale treten möchte, kann sich für die Ausflüge stattdessen **Mopeds** mit Fahrer *(honda om)* ab ca. 6 US-$/Tag mieten.

Verkehr

Bus: Vom **Busbahnhof** an der Ecke Tran Hung Dao/Le Dai Hanh starten unweit des Flusses Busse in Richtung Hanoi (92 km, 2 Std.), Hai Phong (197 km, 3,5 Std.), Phat Diem/Kim Son (28 km, 1 Std.) und Thanh Hoa (60 km 1,5 Std.). Ninh Binh ist auch Haltepunkt der Open-Tour-Busse zwischen Hanoi und Hue. Infos und Tickets in den Hotels.
Bahn: Im kleinen **Bahnhof Ga Ninh Binh** (Tel. 030 388 13 85) halten 5 x tgl. Züge in Richtung Süden und gen Hanoi (2,5 Std.).

✿ Trockene Ha-Long-Bucht ▶ J 8

Im Westen von Ninh Binh erstreckt sich eine der schönsten Karstlandschaften des Roten-Fluss-Deltas. Wegen der bizarren Hügel-

Wasserbüffel helfen bei der schweren Arbeit in der Trockenen Ha-Long-Bucht

Delta des Roten Flusses

formationen wird sie **Trockene Ha-Long-Bucht** (Vịnh Hạ Long Cạn) genannt. Hier befinden sich einige äußerst reizvolle Ziele, die man im Rahmen einer Tagestour von Hanoi aus oder (noch besser) als Teil einer mehrtägigen Rundfahrt durch die Deltaregion besuchen kann: Hoa Lu, die einstige Königsstadt aus dem 10. Jh., Tam Coc, Trang An und Van Long, die zu Bootspartien einladen, die Chua Bich Dong, eine alte buddhistische Einsiedelei, und der neue Pagodenkomplex Chua Bai Dinh.

Hoa Lu

Tgl. 7–18 Uhr, Eintritt zu den Tempeln
10 000 VND

Ca. 12 km nordwestlich von Ninh Binh liegt die einstige Königsstadt **Hoa Lu.** Sie ist mit dem Fahrrad gut zu erreichen. Im Schutz der Karstberge – daher auch der Name Trockene Ha-Long-Bucht – etablierte hier 968 Dinh Tien Hoang (Dinh Bo Linh, reg. 968–979) seine Hauptstadt für das neu geeinte »Reich der Großen Viet«, Đại Cồ Việt. Nach elf Jahren wurde der gefürchtete Autokrat samt Sohn und potenziellem Thronfolger, Dinh Lien, von seinem General Le Hoan ermordet. Dieser ließ sich 980 zum Herrscher Le Dai Hanh ausrufen und begründete die Frühe Le-Dynastie. Sein Tod 1005 führte zu Thronstreitigkeiten zwischen seinen drei Söhnen, bis schließlich ein Mitglied des Ly-Klans 1009 zum König erhoben wurde und unter dem Namen Ly Thai To (reg. 1009–1028) seine Residenz in das von ihm gegründete Thang Long (heute Hanoi) verlegte.

An einer überdachten Ausgrabungsstelle kann man einige **Fundamentreste des Palastes** sehen, ansonsten ist nichts mehr erhalten geblieben. Den Herrschern und ihren Familien errichtete man im 17. Jh. Gedenktempel, die bis in die Gegenwart immer wieder erneuert wurden. Sie sind architektonisch wenig interessant, beeindrucken aber durch ihre Lage inmitten der Karstlandschaft.

Der **Den Tho Vua Dinh Tien Hoang** stammt aus dem Jahr 1696 und wurde im frühen 20. Jh. umfassend restauriert. Wie üblich ist der ummauerte Komplex nach geomantischen Prinzipien errichtet – mit Bergen im Hintergrund und einem Teich im Vordergrund. Im Haupttempel thront auf dem Al-

Drachenskulpturen am Tempel zu Ehren König Dinh Tien Hoangs in Hoa Lu

Trockene Ha-Long-Bucht

tar die Statue des Königs Dinh Tien Hoang, flankiert von seinem ältesten Sohn Dinh Lien. Einen Steinwurf entfernt befindet sich der ähnlich konzipierte **Den Le Dai Hanh** mit Statuen des gleichnamigen Königs und seiner Frau Duong Van Nga.

Ein Pfad führt von den Gedenktempeln auf den **Núi Mã Yên** (Sattelberg), wo sich ein schöner Panoramablick eröffnet. Dort sind auch die vermeintlichen Grabstätten der Könige zu finden. Alljährlich vom 8. bis 10. Tag des dritten Mondmonats findet das Hoa-Lu-Fest statt.

Trang An

Etwa 6 km nordwestlich von Ninh Binh können Besucher bei **Tràng An** eine zwei- bis dreistündige Bootstour durch eine idyllische, 2014 zum UNESCO-Welterbe erklärte Karstlandschaft unternehmen: Die flachen Kähne durchfahren insgesamt zwölf verschiedene, zum Teil sehr enge Grotten. Manche wurde gesprengt, um eine Rundfahrt zu ermöglichen.

Trotz der Ausleuchtung empfiehlt es sich, eine Taschenlampe mitzunehmen. Unterwegs bieten sich Unterbrechungen bei diversen Tempeln an (150 000 VND/Pers., mind. drei Personen).

Chua Bai Dinh

Knapp 5 km westlich von Hoa Lu erstreckt sich am Hoang-Long-Fluss mit dem **Chùa Bái Đính** auf 700 ha einer der größten buddhistischen Tempelkomplexe des Landes. 2003 wurde mit dem Bau begonnen und schon jetzt beeindruckt das Heiligtum mit großen Hallen und mächtigen Figuren, darunter ein 50 t schwerer Di Lac und 500 La Han (s. S. 69). Das **Pagodenfest** wird am 6. Tag des 3. Mondmonats begangen.

Tam Coc

Der Weiler **Van Lam** – von Ninh Binh aus mit dem Fahrrad in 30 bis 40 Min. zu erreichen – unweit des Dorfes Ninh Hai, etwa 7 km südwestlich von Ninh Binh, ist Ausgangspunkt für eine wunderschöne **Bootsfahrt** auf dem flachen Ngo-Dong-Fluss. Mit geflochtenen Ruderbooten gleitet man lautlos an Reisfeldern und Karstbergen vorbei. Insgesamt dauert die Fahrt zwei bis drei Stunden und führt durch die drei **Höhlen Tam Coc** mit jeweils 127 m, 70 m und 40 m Länge. Hinter der letzten Höhle wird man von Souvenirjägern bestürmt, bevor nach einer kleinen Verschnauf- und Kaufpause die Rückfahrt beginnt. Man sollte früh starten, um den Tagestouristen aus Hanoi zuvorzukommen. Ins Handgepäck gehören Sonnen- oder Regenschutz.

Chua Bich Dong

Tgl. 8–17 Uhr, Eintritt frei

Ein schmaler Weg führt vom Weiler Van Lam zur **Chùa Bích Động** (Pagode der Smaragdgrotte, 2 km). Sie schmiegt sich im Schutz von Bäumen an den Berg Nga Nhac Son. Ihre Ursprünge gehen auf das Jahr 1699 zurück, als die beiden Mönche Thich Tri Kieu und Thich Tri The in dieser abgeschiedenen Berglandschaft eine Einsiedelei gründeten.

Die Klostergebäude verteilen sich auf drei Ebenen. Vorbei an einem Lotosteich gelangt man durch ein schönes Tor zur **Chùa Hạ** (Unteren Pagode). Von ihr führen Treppen zur **Chùa Trung** (Mittleren Pagode) mit Buddha- und Bodhisattva-Statuen. Vom Vorplatz bietet sich ein schöner Blick in die Umgebung. Das Gebäude der Chua Trung wurde vor den Zugang zu einer erhöht liegenden Grotte gebaut, in der sich die **Chùa Thượng** (Obere Pagode) befindet. Dabei handelt es sich um einige schlichte Altäre mit Statuen der Göttin der Barmherzigkeit, Quan The Am, des Berggottes Son Than und des Erdgottes Son Dia.

Infos

An der **Bootsanlegestelle** in **Van Lam** gibt es einen Verkaufsschalter. Dort sind Tickets für die Bootstouren erhältlich (120 000 VND/Pers. Eintritt für Tam Coc plus 150 000 VND für das Boot). Tgl. 7–17 Uhr.

Übernachten

Zwischen Karstbergen – **Tam Coc Garden:** Hai Nham, Ninh Hai, Tel. 030 249 21 18, www.tamcocgarden.com. Boutiqueresort in Traumlage, 8 Bungalows. DZ/F ab 135 US-$.

In landschaftlicher Idylle – Mua Cave Eco Lodge: Khe Ha, Ninh Xuan, Tel. 030 361 96 79, www.muacaveecolodge.com. Der Name bezieht sich eher auf die natürliche Umgebung, 5 km westlich von Ninh Binh, und weniger auf einen etwaigen Öko-Anspruch. In dem weitläufigen Gelände verteilen sich sechs Bungalows mit Steinböden und nettem Holzinterieur. Freundlicher Service, ordentliches Essen. DZ/F ab 35 US-$.

Essen & Trinken

Entlang der Hauptstraße von Van Lam servieren mehrere Restaurants im Akkordtempo überteuerte Gerichte.
Von der Ziege – **Lang Khanh:** Tel. 030 361 80 73, tgl. 8–19 Uhr. Das einfache Lokal liegt an der Straße in Richtung Bootsanlegestelle und ist für seine Ziegenfleischgerichte wie gebratene *(thịt dê xào lăn)* und gegrillte *(thịt dê nướng)* sowie gekochte Ziege *(thịt dê hấp)* bekannt. Um 40 000 VND.

Van Long ▶ J 8

Etwa 23 km nordwestlich von Ninh Binh erstreckt sich das 2001 etablierte Landschaftsschutzgebiet **Van Long** (Bảo Tồn Thiên Nhiên Vân Long), »Drache in den Wolken«. Es handelt sich um ein 260 km² großes Karstgebiet mit vielen Kanälen und Höhlen. Hier leben noch Asiatische Schwarzbären *(Selenarctos thibetanus)* und mehrere Affenarten, darunter über 50 Exemplare der extrem bedrohten Delacour-Languren *(Trachypithecus delacouri)*. Das landschaftlich attraktive Gebiet bildet eine gute Alternative zu der sehr touristisch gewordenen Bootstour in Tam Coc. Ausgangspunkt ist die **Tourist Ecological Area** (Khu Du lịch Sinh Thái) unweit des Dorfes Me im Gia-Vien-Distrikt. Dort beginnen ca. 1,5-stündige Touren mit flachen Sampans aus Bambus. Es gibt mehrere Tourvarianten. So führt eine Route z. B. zur 250 m langen Fischhöhle Hang Cá, die bei entsprechendem Wasserstand durchfahren werden kann. Bei einer anderen Variante kann man mit Glück und einem Fernglas an den Felswänden Languren erspähen (Touren 100 000 VND/1–2 Pers., jede weitere Pers. 50 000 VND).

Kenh Ga ▶ J 8

Eine etwa einstündige Bootstour beginnt etwa 4 km südlich von Me an einem Kanal. Per Motorboot geht es zu dem Dorf im »Hühnerkanal«, **Kênh Gà**. Die Ortschaft ist vollständig von Wasser umgeben. Landschaftlich ist der Ausflug zwar weitaus weniger interessant als nach Tam Coc, Trang An oder Van Long, dafür erfährt man beim Dorfrundgang mehr über das Leben der Bewohner. Etwas außerhalb des Ortes zweigt vom Kanal ein Pfad zur Tropfsteinhöhle **Dong Van Trinh** ab.

Phat Diem (Kim Son) ▶ J 8

Von Ninh Binh führt eine gute Landstraße ins 28 km südöstlich gelegene **Kim Sơn** (Städtchen des Goldberges). Es ist eine holländisch anmutende Landschaft, die einem begegnet, wo »junge grüne Reissprösslinge und goldene Erntefelder den Platz der Tulpen einnehmen und Kirchen jener der Windmühlen«, wie Graham Greene in »Der stille Amerikaner« trefflich schrieb. In der Tat ragen am Horizont immer wieder Kirchtürme auf und erinnern daran, dass die Region eine Hochburg des Katholizismus ist. Nachdem das einstige Marschland unter Führung des einflussreichen Mandarins Nguyen Cong Tru (1778–1858) urbar gemacht wurde, ließen sich hier vorwiegend Katholiken nieder. Nach der Teilung Vietnams 1954 flohen Hunderttausende in den Süden.

Dom Phat Diem

Tgl. 7.30–11.30, 14.30–17 Uhr, zu den Gottesdiensten, Eintritt frei, Spende erwünscht
In Kim Son steht das eindrucksvollste Gotteshaus des Landes, der **Dom Phat Diem** (Nhà Thờ Phát Diệm). Dieser gewal-

tige Komplex mit einer Haupt- und vier Nebenkirchen ist eine eigenwillige Mischung aus europäischen und asiatischen Bauelementen. Mit ihm realisierte der Priester Tran Luc – besser als Père Six (1825–1899) bekannt – seine Vision einer Kirche mit vietnamesischem Antlitz. 1891 fand nach 20-jähriger Bauzeit die feierliche Einweihung statt. 1933 wurde in der Kathedrale der erste Vietnamese zum Bischof geweiht. Im Ersten Indochinakrieg war Phat Diem zwischen Viet Minh und französischen Truppen heftig umkämpft. 1972 wurden Teile der Kirche bei einem US-amerikanischen Fliegerangriff beschädigt.

Die Besucher werden zunächst von einer 3 m großen **Christusfigur** begrüßt, die sich seit 1925 auf einer Insel in der Mitte eines Teiches erhebt. Einem großen **Platz** mit den 1991 gestifteten Statuen der Apostel Petrus und Paulus schließt sich der massige, 25 m hohe **Glockenturm** an, der mit seinen Portalen und geschwungenen Dächern einem vietnamesischen Tempeltor nachempfunden wurde.

Das Herzstück der Anlage bildet die 74 m lange und 21 m breite **Hauptkirche** mit einem fünfteiligen Portalbereich aus massiven Steinquadern und Seitenwänden aus Holz, die bei Bedarf entfernt werden können. Das Innere beeindruckt durch die 52 massiven Teakholzsäulen und das filigrane Schnitzwerk am Hochaltar. Zwei kleinere **Nebenkapellen** ähnlicher Gestalt flankieren die Kathedrale. Im angrenzenden **Priesterseminar** bereitet sich der zukünftige Klerus vor.

Einkaufen

Spezialitäten – Kim Son ist bekannt für seine **Garnelensoße** *mắm tôm* und den 40-prozentigen **Reisschnaps** Rượu Nếp Kim Sơn. Diese Spezialitäten kann man in vielen Geschäften entlang der Hauptstraße kaufen.

Verkehr

Von Ninh Binh fahren regelmäßig **Busse** nach Kim Son (28 km, 1 Std.). Man kann auch ein **Privatauto** oder ein **Moped** mieten.

ENDANGERED PRIMATE RESCUE CENTER

Entlang der Straße zum Park reihen sich mehrere Tierschutzzentren (s. auch Turtle Conservation Center), die sich dem Erhalt bedrohter Tierarten verschrieben haben, darunter das bekannte **Endangered Primate Rescue Center** (www.wgfa.de). Seit seiner Eröffnung 1993 päppelt es mit Unterstützung der Zoologischen Gesellschaft Frankfurt bedrohte Primaten auf. Derzeit sind es über 140 Tiere 15 verschiedener Arten. Teilweise wurden sie in letzter Minute vor dem Verkauf auf Märkten gerettet oder verletzt im Dschungel geborgen. Es ist ein Wettlauf mit der Zeit, denn viele Arten gelten schon als ausgestorben. Das Gehege mit Hatinh-Languren, Rotschenkligen Kleideraffen und anderen flauschigen Artgenossen kann besichtigt werden (tgl. 9–11, 13.30–16 Uhr, 30 000 VND, Spende willkommen!).

Cuc-Phuong-Nationalpark ▶ H 8

Etwa 45 km nordwestlich von Ninh Binh beginnt der **Cuc-Phuong-Nationalpark** (Vườn Quốc Gia Cúc Phương), mit 225 km² der sechstgrößte des Landes. Das 1962 etablierte Schutzgebiet war das erste seiner Art in Vietnam und erstreckt sich entlang einem abgelegenen Tal, das von zwei bewaldeten Karstgebirgszügen eingerahmt ist. Höchste Erhebung ist der 656 m hohe Đỉnh Mây Bạc (Silberwolkenberg).

Delta des Roten Flusses

TOUREN IM CUC-PHUONG-NATIONALPARK

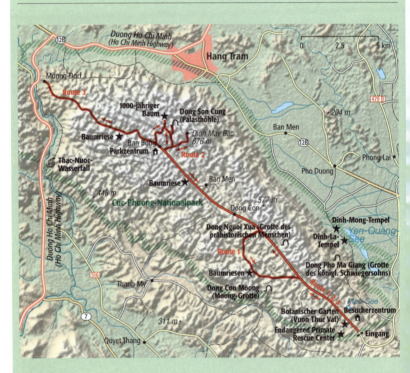

Tour-Infos
Start: Parkeingang
Länge: 3–20 km
Dauer: 2 Std., 5 Std. oder 2 Tage

Wichtige Hinweise: Es empfiehlt sich, über die Parkverwaltung oder eine zuverlässige Agentur einen ortskundigen Führer zu engagieren (s. S. 195).

Durch den Taleinschnitt verläuft eine Teerstraße vom Eingang bis zum 20 km entfernten Parkzentrum, die von Autos und Fahrrädern gut befahren werden kann (Fahrradverleih am Hauptquartier). Unterwegs lohnt sich ein kurzer Halt bei der »Grotte des prähistorischen Menschen«, **Dong Nguoi Xua,** die im Neolithikum bewohnt war. Weitere sehenswerte Ziele sind zwei uralte **Baumriesen** der Gattung *Terminalia myriocarpa*. Wer wenig Zeit hat, kann den **Botanischen**

Cuc-Phuong-Nationalpark

Garten (Vườn Thực Vật) südlich des Parkeingangs besuchen und einen ca. 3 km langen Rundgang (Botanical Garden Loop Trail) unternehmen (ca. 1,5 Std.). Weitere Vorschläge:
Route 1: Sie führt zunächst entlang der geteerten Hauptstraße zur 7 km vom Eingang entfernten Grotte **Dong Nguoi Xua** (besser mit Fahrrad). Nach deren Besuch folgt man noch ein Stück weiter der Teerstraße und biegt dann in einen links abgehenden Waldweg ein. Der ausgeschilderte Weg führt zu einem über 1000 Jahre alten **Baumriesen** und endet an anderer Stelle wieder an der Teerstraße.
Route 2: Mit dem Fahrrad oder Auto fährt man bis zum Parkzentrum, wo die Teerstraße endet. Dort geht es weiter zu Fuß auf einen etwa 4 km langen, etwas beschwerlichen Rundweg, der ebenfalls zu einem 1000-jährigen Baum führt (ca. 2 Std.). Alternativ kann man vom Parkzentrum die Palasthöhle, **Động Sơn Cung**, besuchen oder die höchste Erhebung im Park, den **Đỉnh Mây Bạc**, erklimmen.
Route 3: Eine zweitägige Trekkingtour führt zu einem **Muong-Dorf** (Bản Người Mường) an der äußersten Westseite des Nationalparks. Dort kann man übernachten und eventuell auf dem Buoi-Fluss raften.

In dieser Region existiert eine außergewöhnlich große Artenvielfalt. Mehr als 2000 Pflanzenarten, 64 Säugetier- und 307 Vogelarten wurden bislang identifiziert. Darunter sind endemische Spezies wie etwa der erst 1991 wiederentdeckte Delacour-Langur, der sich bevorzugt an den Felswänden aufhält, oder der Cuc-Phuong-Wels *(Pterocryptis cucphuongensis)*. Das Gebiet ist auch Heimat von Nebelpardern *(Neofelis nebulosa)*, Asiatischen Schwarzbären *(Ursus thibetanus)* und Fleckenrollern *(Chrotogale owstoni)*, einer Schleichkatzenart.

Der Park ist ganzjährig für einen Besuch interessant. In den westlich gelegenen Höhenlagen gibt es einige Dörfer der Muong, die im Rahmen von zweitägigen Wanderungen besucht werden können. Von Oktober bis Januar ist es angenehm kühl, zuweilen recht kalt. In den frühlingshaften Monaten Februar und März blühen viele Blumen, und im März und April sind Zigtausende Schmetterlinge aktiv.

Im **Turtle Conservation Center** (www.asianturtleprogram.org) sind seit 1998 Hunderte von Schildkröten vor ihrem Schicksal bewahrt worden, als Delikatesse im Kochtopf zu enden. Insgesamt werden 16 Arten gehalten und nach einiger Zeit im Cuc Phuong oder anderen Schutzgebieten freigelassen. Das Gelände kann man nach Voranmeldung besuchen. Nicht zu besichtigen ist das Zentrum zum Schutz des Fleckenrollers.

Infos

Am Parkeingang befindet sich das **Hauptquartier der Verwaltung** mit einem kleinen Besucherzentrum, Tel. 030 384 80 06, www.cucphuongtourism.com (tgl. 8–16.30 Uhr, 40 000 VND).

Übernachten

Recht komfortabel – **Cuc Phuong Resort & Spa:** 7 km vom Parkeingang, Tel. 030 384 88 88, www.cucphuongresort.com.vn. Wohnliche Bungalows im weitläufigen Gelände ab 80 US-$.

Innerhalb des Nationalparks – **Gästehaus:** Recht ordentliche Zimmer und einfache Bungalows zwischen 10 und 25 US-$ (Buchung über die Parkverwaltung unter Tel. 030 384 80 06).

Essen & Trinken

Sowohl im Hauptquartier als auch im Zentrum des Parks gibt es jeweils ein Restaurant mit solider vietnamesischer Küche.

Verkehr

Die nächste größere Stadt ist Nho Quan. Von dort verkehren **Busse** ins 120 km entfernte Hanoi (3–3,5 Std.). Von Ninh Binh aus kann man über die lokalen Hotels Tagestouren buchen. **Mietwagen** mit Fahrer kosten um 60 US-$.

Bergland im Nordwesten

Die Bergwelt im Nordwesten von Vietnam hat einen ganz eigenen Charakter. Sie ist geprägt vom Lebensrhythmus der vielen Volksgruppen. Anstelle des geschäftigen Treibens in der Ebene dominiert die Langsamkeit des Seins. Arm und trotzdem voller Selbstbewusstsein folgen die Menschen ihren uralten Lebensweisen – doch wie lange noch?

Angehörige der Bergvölker in ihren bunten Trachten auf dem Gang zum Markt, einfache Dörfer, die sich an die von Wolken eingehüllten Berghänge schmiegen, saftiggrüne Reisterrassen entlang der reißenden Flussläufe – der Nordwesten entfaltet eine Landschaft, die atemberaubend schön, zuweilen rau, auf jeden Fall sehr eindrucksvoll ist. Die Region von der Größe Bayerns ist landschaftlich von zerklüfteten Bergen und tief eingeschnittenen Tälern bestimmt. Nahezu parallel durchschneiden der Rote und der Schwarze Fluss, Song Hong und Song Da, die im Schnitt 1000–2000 m hohen Berge. Höchste Erhebung des Landes ist der 3143 m hohe Fan Si Pan unweit von Sa Pa. Er ist Teil des Bergmassivs Hoang Lien Son, das die Franzosen aufgrund seiner alpinen Gestalt »Alpes Tonkinoises« nannten.

Ein Großteil der Touristen beschränkt seinen Besuch auf Sa Pa und Umgebung. Doch es bietet sich auch eine intensive Rundtour an. Sie führt von Hanoi zunächst nach Hoa Binh und eventuell Mai Chau. Über Moc Chau und Son La fährt man entlang der recht gut ausgebauten Nationalstraße 6 mit einem Abstecher nach Dien Bien Phu. Durch eine herrliche Berglandschaft geht es über Muong Lay weiter nach Sa Pa und von dort zurück nach Hanoi. Für diese Tour sollte man sechs bis sieben Tage veranschlagen. Es empfiehlt sich, sie in Hanoi zu arrangieren und einen guten Geländewagen zu mieten, denn bei Regen kommt es immer wieder zu Erdrutschen. Außerdem sind die meisten Seitenwege nicht geteert.

Hoa Binh und Umgebung ▶ G/H 6/7

Die »Stadt des Friedens«, **Hoa Binh,** liegt etwa 75 km südwestlich von Hanoi auf einer Höhe von ca. 200 m ü. d. M. Die Ebene des Schwarzen Flusses und sanfte Bergzüge prägen die Landschaft. Karstberge ragen wie Inseln aus dem flachen Land. Der wenig spannende Ort mit etwa 100 000 Einwohnern ist vor allem als Verwaltungszentrum der Provinz Hoa Binh und für die Stromversorgung des Landes von Bedeutung, denn er liegt unweit der Talsperre des auf 230 km Länge aufgestauten Song Da. Die gewaltige, 128 m hohe und 670 m lange Staumauer wurde mit sowjetischer Hilfe 1988 nach neunjähriger Bauzeit fertiggestellt. Seit 1994 liefert das dazugehörige Wasserkraftwerk mit seinen acht Turbinen eine Leistung von 1920 Megawatt.

In der Umgebung der Stadt leben insgesamt fünf ethnische Minderheiten, die Muong, Thai, Tay, Dao und Hmong. Einige Dörfer haben sich auf den Tourismus eingestellt wie etwa das Muong-Dorf **Ban Giang Mo.** Es liegt 12 km südwestlich der Stadt im Gemeindebezirk Binh Thanh in einer landschaftlich sehr schönen Gegend am Fuß des Mo-Berges (Núi Mõ). Bei einem Rundgang lernt man nicht nur das Leben in den typischen Langhäusern, sondern auch die Geschäftstüchtigkeit der Bewohner kennen. Nur 1 km entfernt befindet sich ein **Dorf der Dao.** Man kann auch auf dem **Song-Da-Stausee** eine Bootsfahrt unternehmen.

Mai-Chau-Tal und Pu Luong

Etwa 30 km südöstlich von Hoa Binh sprudelt in einem breiten Tal aus 153 m Tiefe mineralreiches Wasser aus den heißen Quellen von **Kim Boi**. Kim Boi Spa verfügt über mehrere Pools mit bis zu 34 °C heißem Wasser.

Infos
Hoa Binh Tourism: 395 An Duong Vuong, Tel. 0218 385 43 74, www.hoabinhtourism.com.

Übernachten
… in Hoa Binh:
Im Ethnostil – **Hoa Binh Hotel I:** 54 Phuong Lam, Tel. 0218 385 20 51. Das halbstaatliche Hotel liegt 1 km westlich des Stadtzentrums. Die 42 rustikalen Zimmer befinden sich in Langhäusern auf Stelzen im Stil der Muong. Gutes Restaurant. DZ ab 30 US-$.

… in Kim Boi:
Zum Entspannen – **V Resort:** Kim Duc, Vinh Tien, Kim Boi, Tel. 0218 387 15 23, www.vresort.com.vn. Das schöne Resorthotel liegt unweit der heißen Quellen von Kim Boi in der Nähe von Que Kho, etwa 30 km südöstlich von Hoa Binh. Die 90 Zimmer sind komfortabel und geschmackvoll eingerichtet, einige im traditionellen Bungalowstil mit Bambus und Rattan. Auf dem weitläufigen Gelände gibt es einen Pool, einen schönen Garten und einen Tennisplatz. DZ/F ab 45 US-$.

Verkehr
Hoa Binh liegt an der **Nationalstraße 6,** die von Hanoi parallel zum Song Da nach Muong Lay verläuft. Regelmäßige **Busverbindungen** bestehen von und nach Hanoi (75 km, 2 Std.).

Mai-Chau-Tal und Pu Luong ▶ G 7

Mai Chau
Von Hoa Binh verläuft die serpentinenreiche Nationalstraße 6 weiter in Richtung Südwesten. Nach ca. 55 km zweigt auf dem 1200 m hoch gelegenen Cun-Pass (Đèo Cun) die Straße Nr. 15 gen Süden ab und passiert nach 5 km den kleinen Marktflecken **Mai Châu**. Von der Passstraße bietet sich ein grandioser Blick auf das traumhaft schöne Mai-Chau-Tal. Der etwa 400 m hoch gelegene Ort, nicht viel mehr als eine Ansammlung von Häusern entlang der Straße, ist vor allem wegen seines **Sonntagsmarktes** bekannt, bei dem sich die verschiedenen Bergvölker aus den umliegenden Dörfern einfinden. In den fruchtbaren Flussebenen sind vorwiegend Angehörige der Weißen Thai, die Thái Khao, beheimatet. In den Höhenlagen leben auch Hmong und Dao. Mai Chau ist ein guter Ausgangspunkt für Trekkingtouren. Eine beliebte Route führt mit dem Fahrzeug zunächst zum Hmong-Dorf **Sa Linh**. Von dort kann man in ca. 3 Std. ins abgelegene Hmong-Dorf **Hang Kia** wandern.

Ban Lac
Schon sehr touristisch ist das nur 1 km westlich von Mai Chau gelegene **Bản Lác.** Das Dorf (Thai: *ban*) besteht aus etwa 70 Häusern

DORFMARKT UND FOTOGRAFIEREN

Zu den schönsten Reiseerlebnissen zählt der Besuch eines Dorfmarktes. Dort treffen sich die Volksgruppen aus der Region. Bevor Sie zu einem Ausflug aufbrechen, sollten Sie sich nach den Markttagen erkundigen.
Viele Angehörige der Bergvölker sind Fremden gegenüber sehr zurückhaltend und nicht jeder freut sich, von Touristen fotografiert zu werden. Bitte vor dem Fotografieren daher immer das Einverständnis einholen.

Bergland im Nordwesten

Die Häuser der Muong stehen auf Pfählen

mit insgesamt 400 Einwohnern. Viele Thais haben sich ganz dem Tourismus verschrieben und verkaufen Webarbeiten und Kunsthandwerk oder offerieren in ihren Stelzenhäusern leckere lokale Gerichte. Man kann auch in den Häusern übernachten. Das Innere besteht aus einem großen, leeren Wohnraum, kleinen Schlafkammern und einer Kochecke.

Übernachten

Nachhaltiges Wohnen – **Mai Chau Lodge:** Mai Chau, Tel. 0218 386 89 59, www.maichaulodge.com. Die rustikale, aber komfortable Unterkunft mit 16 Zimmern und einer Suite liegt wunderschön 1 km außerhalb von Mai Chau und wird von Einheimischen geführt. Die Lodge besitzt einen Swimmingpool, eine Sauna und einen Kräutergarten. DZ/F ab 110 US-$.

Ländlich-entspannt – **Mai Chau Villas:** Cha Lang, Mai Hich, Tel. 016 79 50 86 59, www.maichauvillas.info. Umgeben von Reisfeldern, liegt das kleine Resort mit zehn Villas am Rand des Dorfes Cha Lang. Rustikaler Charme verbindet sich hier mit ländlicher Entspanntheit. DZ/F ab 85 US-$.

Einfacher Komfort – **Ban Lac:** In den einfachen, aber durchaus wohnlichen Stelzenhäusern der Weißen Thai kann man erstaunlich gut übernachten. Auf dem Bambusboden der Gemeinschaftsräume werden Matratzen und Decken ausgelegt und Moskitonetze gespannt. Die Toiletten befinden sich meist im unteren Bereich der Häuser. Eine Reservierung ist nicht notwendig. Etwa 5 US-$ pro Person und Nacht (ohne Essen).

Aktiv

Touren – **Mai Chau-Ban Lac Tour:** 18 B Ban Lac, Tel. 0218 38 68 59, www.maichau-banlac.com. In Ban Lac werden **Mountainbikes** zur Erkundung der Umgebung vermietet. Eine schöne Tour führt 22 km südlich entlang der Straße Nr. 15 zum Dorf der Weißen Thai, Ban Sai (ab 30 000 VND/Tag).

Verkehr

Zwischen Hanoi und Mai Chau (135 km, 3–4 Std.) verkehren regelmäßig Busse, doch am besten arrangiert man von Hanoi oder Hoa Binh aus einen **Wagen mit Fahrer.**

Pu Luong

Das 177 km² große **Pu-Luong-Schutzgebiet** (Khu Bảo Tồn Thiên Nhiên Pù Luông) erstreckt sich südöstlich von Mai Chau entlang dem Song Ma. Getrennt durch ein lang gestrecktes Tal, besteht das Gebiet aus zwei parallel verlaufenden Karstbergrücken. Aufgrund ihrer hohen Biodiversität wurde die Region 1999 unter Naturschutz gestellt. Wie Cuc Phuong ist sie Heimat extrem bedrohter Tierarten, darunter Delacour-Languren, Nebelparder und Asiatische Schwarzbären. Auch hier ist der Mensch Hauptfeind Nummer eins. Rund 80 % der ca. 25 000 Bewohner leben unter der Armutsgrenze, viele verdingen sich als Holzfäller und Wilderer. Nun soll der Ökotourismus den Menschen eine Einkommensverbesserung verschaffen. Das Potenzial ist groß, denn die Besucher erwartet eine traumhaft schöne Berglandschaft. Allerdings steckt der Fremdenverkehr noch in den Kinderschuhen. Das Wegenetz ist schlecht, es fehlen Hotels und Restaurants. Zur Übernachtung bieten sich die Häuser der Minderheiten oder die wunderbare Les Bains de Hieu Ecolodge, Ban Hieu (Tel. in Deutschland 0761 211 48 48, www.handspan.de) an. Der Mangel an Komfort wird durch die landschaftlichen Eindrücke und die Begegnungen mit den Einheimischen mehr als wettgemacht. Noch bieten nur Spezialveranstalter Touren durch Pu Luong an, doch das Angebot wird stetig ausgeweitet (s. S. 200).

Moc Chau ▶F 6

Von Hoa Binh oder Mai Chau kann man die Nationalstraße 6 weiter Richtung Nordwesten fahren. Die kurvenreiche Straße ist nichts für Magenempfindliche, doch ergeben sich immer wieder herrliche Ausblicke. Nach drei bis vier Fahrstunden hat man das von Hoa Binh ca. 120 km entfernte **Mộc Châu** auf 1500 m erreicht. Die wenig ansehnliche Marktstadt, die sich entlang der Hauptstraße zieht, ist ein wichtiges landwirtschaftliches Zentrum. Im Umland finden sich Felder mit Teesträuchern sowie Maulbeerplantagen für die Seidenproduktion. Seit den 1970er-Jahren wird hier auch intensive Milchwirtschaft betrieben. Die schwarz-weiß gefleckten Kühe erhalten ihr Futter von den saftiggrünen Weiden rund um die Stadt. Durchreisende decken sich hier gerne mit Joghurt und anderen Milchprodukten ein, die am Straßenrand verkauft werden. In der Umgebung von Moc Chau gibt es viele Dörfer der Grünen Hmong (Hmong Xanh), Dao, Thai und Muong.

Übernachten

Bett im Teefeld – **Moc Chau Arena Village:** Km 122/180, Nationalstraße 6, Chieng Di, Tel. 09 48 66 92 22, www.mocchauarena.com. Umgeben von Teesträuchern, 5 km östlich von Moc Chau. Betten im Schlafsaal (ab 17 US-$) und Bungalows. DZ/F 57 US-$.

Son La ▶D 5

Vorbei an den uninteressanten Orten Yen Chau und Hat Lot erreicht man nach weiteren 120 km die Provinzhauptstadt **Sơn La.** Sie liegt am Ufer des Flusses Nam La und eignet sich als Übernachtungsstopp auf der Weiterfahrt nach Dien Bien Phu oder Muong Lay. Nach Hanoi sind es 308 km. In der Provinz Son La soll eine riesige Talsperre von 177 m Höhe errichtet werden, um den Song Da und seinen Zufluss Nam Lay bei Muong Lay auf eine Fläche von 441 km² aufzustauen. Sechs Turbinen werden eine Gesamtleistung von 2400 Megawatt erzeugen. Allerdings ist das Projekt infolge der gravierenden Auswirkungen auf Natur und Bewohner äußerst umstritten. Zehntausende Bewohner sind von der Umsiedlung betroffen.

Dass Son La bis heute kaum eine attraktive Stadt genannt werden kann, ist eine Folge des Vietnamkrieges. Auf dem Rückflug ent-

Bergland im Nordwesten

TREKKING IM PU-LUONG-SCHUTZGEBIET

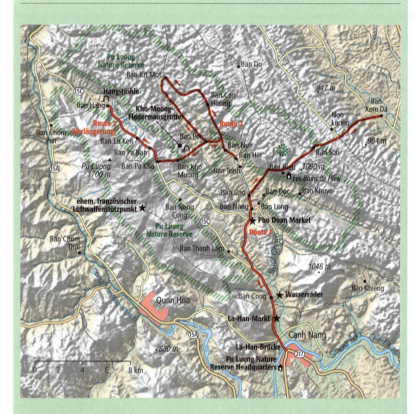

Tour-Infos

Start: Brücke über den Ma-Fluss (Route 1), Ban Hin (Route 2)
Dauer: 2 Tage (Route 1), 2–3 Tage (Route 2)
Wichtige Hinweise: Eine gute Kondition und zweckmäßige Ausrüstung (Wanderschuhe, strapazierfähige Kleidung etc.) sind unabdingbar. Übernachtet wird in Privathäusern der Thai- und Muong-Minderheiten. Die Touren können keinesfalls auf eigene Faust unternommen werden, sondern müssen von einschlägigen Anbietern in Hanoi organisiert werden (z. B. Handspan, www.handspan.com, s. S. 143).

Mit seinen schönen Bergpanoramen, fotogenen Reisterrassen und ursprünglichen Dörfern der Minderheiten ist das touristische Potenzial des Pu-Luong-Schutzgebietes enorm. Mehrere Wanderrouten führen über die beiden Bergzüge des Schutzgebietes an rauschenden Bächen entlang und durch urige Dörfer. Allerdings muss man bei den mehrtägigen Trekkingtouren auf jegliche Komfortansprüche verzichten.

Route 1: Startpunkt für die Tour ist die **La-Han-Brücke** über den Ma-Fluss. Dort führt ein 8 km langer Weg den Suoi-Cham-Strom entlang. Beim Dorf **Ban Cong** entdeckt man altertümliche Wasserräder. Von dort geht es über das Dorf Ban Cao in die Berge nach **Ban Son** (7–8 Std., Übernachtung). Am nächsten Tag führt der Weg in Richtung Norden über mehrere Dörfer nach **Ban Xom Da,** das am Nachmittag erreicht wird.

Route 2: Am ersten Tag führt die Wanderung von **Ban Hin** über Ban Nua zum reizvoll gelegenen Thai-Dorf **Ban Cao Hoong** (5–6 Std., erste Übernachtung). Weiter geht es durch eine schöne Berglandschaft über mehrere Dörfer zurück nach **Ban Hin** (6–7 Std.). Oder man verlängert die Tour nach **Ban Kho Muong** (6–7 Std., zweite Übernachtung), wo es eine Grotte zu besichtigen gibt. Am dritten Tag wandert man weiter über die Dörfer Ban Pa Kha und Ban Eo Ken nach **Ban Hang** (6–7 Std., dritte Übernachtung). Diese Tour ist recht anspruchsvoll, da es einige Steigungen gibt und diverse Wasserläufe zu überqueren gilt.

luden die schweren B-52-Bomber über Son La häufig ihren tödlichen Ballast. Trotzdem lohnt sich ein kleiner Rundgang.

Zuchthaus der Franzosen

Tgl. 7.30–11, 13.30–17 Uhr, 10 000 VND

Hauptsehenswürdigkeit ist das frühere **Zuchthaus der Franzosen** (Nhà Tù Sơn La), das auf einem Hügel über der Stadt thront. 1908 hatten die Kolonialherren in dieser isolierten Region ein *pénitencier* erbaut, um unliebsame Oppositionelle einzukerkern. Zu den aus kommunistischer Sicht prominentesten Insassen zählten die späteren Parteisekretäre Le Duan und Truong Trinh. Während des Ersten Indochinakrieges wurde das berüchtigte Gefängnis 1952 weitgehend zerstört und später teilweise rekonstruiert. Wieder aufgebaut sind der zweistöckige Küchenblock und einige Zellen. Der ehemalige Wächterraum birgt Exponate der zwölf in der Provinz beheimateten Volksgruppen.

Höhlen

Que Lam Ngu tgl. 7.30–11, 13.30–17.30 Uhr, Eintritt frei

Einige **Höhlen** bieten sich als Ziel kleinerer Wanderungen an, etwa die **Que Lam Ngu** unweit des Hotels Hoa Ban 2 im Norden von Son La. Von diesem Hotel führt ein panoramareicher Weg ca. 2 km weiter nach Norden zur **Tham Tat Tong.** Auch wenn diese Tropfsteinhöhle fast immer verschlossen ist, lohnt sich doch der Spaziergang dorthin.

Übernachten

Funktional – **Hanoi Hotel:** 228 Truong Chinh, Tel. 022 375 32 99, www.hanoihotel299.vn. Typisches vietnamesisches Stadthotel mit 55 Zimmern und Suiten, hallenartigem Restaurant und Karaoke/Massage. Die Sauberkeit lässt zu wünschen übrig, aber für eine Nacht ist das Hotel in Ordnung. DZ/F ab 30 US-$.

Gut geführt – **Sunrise Hotel:** 53 Duong 26-8, Tel. 022 385 87 99, sunrisehotelsla@vnn.vn. Mit seinen 35 sauberen Zimmern ist dieses Hotel derzeit die beste Wahl in Son La. Die Einrichtung ist etwas unterkühlt, dafür sind die Bediensteten recht warmherzig. DZ/F um 15 US-$.

Essen & Trinken

Lokale Spezialitäten – **Hai Phi:** 189 Dien Bien Phu. Das einfache Lokal bietet Ziegenfleisch in allen Varianten, auch als Feuertopf, *lẩu dê* (ab 70 000 VND).

Straßenstände – Hier kann man dunklen **Bergreis,** *cơm gạo cẩm,* probieren.

Verkehr

Flugzeug: Etwa 20 km südöstlich liegt der **Flughafen Na San.** Nach Ausbau der Nationalstraße 6 wurde jedoch der zivile Flugverkehr bis auf Weiteres eingestellt.

Bus: Der nächstgelegene **Busbahnhof** liegt 5 km östlich von Son La, von dort verkehren vormittags mehrere Busse nach Hanoi (308 km, 7–8 Std.) und Dien Bien Phu (165 km, 4–5 Std.).

Dien Bien Phu ▶ C 5

Eine landschaftlich sehr schöne, jedoch sehr kurvenreiche Fahrt haben Weiterreisende ins 165 km entfernte Dien Bien Phu vor sich. Zunächst überwindet man einen Steilpass, der nicht wo ungefähr »Himmel-und-Erde-Pass«, **Dèo Pha Đin,** genannt wird, da er sehr häufig wolkenverhangen ist.

In **Tuan Giao,** einem belebten Verkehrsknotenpunkt mit schönem Morgenmarkt, zweigt die Straße Nr. 279 in Richtung Südwesten ab und führt weiter nach Laos. Nach etwa 80 km erreicht man die Provinzhauptstadt **Điện Biên Phủ.** Sie liegt 480 m ü. d. M. in einer von Nord nach Süd verlaufenden Ebene mit 20 km Länge und bis zu 8 km Breite. Es herrscht eine Durchschnittstemperatur von 20 bis 24 °C. Die etwa 80 000 Einwohner leben vorwiegend vom regionalen Handel und Import-Export-Geschäften mit Laos, das nur 35 km entfernt liegt.

Dien Bien Phu ist in Vietnam zum Mythos geworden. Nahezu jede größere Stadt besitzt eine Straße, die nach diesem Ort benannt ist. Jedes Kind erfährt in der Schule die Bedeutung dieses Ortes für den Unabhängigkeitskampf.

Geschichte

Auf diesen Moment hatte General Vo Nguyen Giap lange gewartet. Am 7. Mai 1954 um 17.30 Uhr hissten seine Soldaten die rote Flagge der Viet Minh über dem gewölbten Bunker des französischen Kommandanten Oberst Christian de Castries. Damit war die als uneinnehmbar geltende Festung Dien Bien Phu in der Hand der vietnamesischen Befreiungsarmee und der Erste Indochinakrieg, der acht blutige Jahre gedauert hatte, beendet.

Als der französische Oberbefehlshaber General Henri Navarre ab November 1953 die französische Garnison Dien Bien Phu anlegen ließ, ahnte er nicht, dass hier der Untergang der Kolonie Indochina entschieden werden würde. Er hatte geplant, auf dem Hochtal die in Guerillataktik geübten Viet Minh in offener Schlacht zu schwächen und ihre Kollaboration mit der kommunistischen Pathet Lao in Laos zu unterbinden. Doch während die Franzosen die Festung mit Bunkern und Schützengräben sicherten und 17 000 kriegserfahrene Soldaten zusammenzogen, ließ General Giap unter Einsatz

Dien Bien Phu

Im Norden Vietnams wird seit mehr als 800 Jahren Tee angebaut

von Zigtausenden Bauern und Soldaten auf umgebauten Fahrrädern *(xe thô)*, auf Mauleseln und Lastwagen schwere Geschütze in die umliegenden Berge transportieren. Von seinem Hauptquartier in Muong Phang, nur 10 km Luftlinie von Dien Bien Phu entfernt, ordnete er am 13. März 1954 die Beschießung der französischen Festung mit schwerer Artillerie an. Mit dem Schlachtruf »quyét chién, quyét tháng«, »bereit zum Kampf, bereit zum Sieg«, feuerten sich seine Kämpfer gegenseitig an. Mit Erfolg. Zwei Tage später waren bereits die Stellungen ›Gabrielle‹ und ›Béatrice‹ in der Hand der Viet Minh, am 17. März fiel auch ›Anne-Marie‹. Aufgrund der Zerstörung der Landepisten konnten nur noch Fallschirmjäger die eingeschlossenen Franzosen versorgen. Die Lage war so aussichtslos, dass die USA den Einsatz von Nuklearwaffen erwogen. Nach einer zweiwöchigen Pause begann Ende März ein verlustreicher Stellungskrieg, bei dem die Franzosen Napalm einsetzten. Nach 55 Tagen kapitulierte die Grande Nation. Oberst de Castries ging mit seinen 9000 Mitkämpfern in Kriegsgefangenschaft. Über 8000 seiner Soldaten waren gefallen, darunter viele deutsche Fremdenlegionäre. Auf vietnamesischer Seite waren die Verluste viel höher. Mehr als 20 000 Viet-Minh-Kämpfer ließen ihr Leben.

Museum
Tgl. 7–11, 13.30–18 Uhr, 15 000 VND

In Dien Bien Phu erinnern viele Orte an die blutige Schlacht. Die meisten können zu Fuß erreicht werden. Es empfiehlt sich,

Bergland im Nordwesten

zunächst das **Museum** (Bảo Tàng Chiến Thắng Lịch Sử Điện Biên Phủ) an der Duong 7–5 aufzusuchen. Außerhalb des Gebäudes sind Kriegsschrott und Geschütze gesammelt, im Inneren illustrieren Fotodokumentationen, Schlachtpläne und Modelle die Ereignisse von 1954. Zu den Memorabilien gehören Flaggen, Waffen, zerschossene Helme und die Badewanne des Oberst de Castries. Das Exemplar eines Lastfahrrads, das *xe thô*, zeigt, wie die schweren Waffen transportiert wurden.

Hügel A 1

Tgl. 7.30–11, 13.30–17 Uhr, 15 000 VND
Gegenüber dem Museum erhebt sich der strategische **Hügel A 1** (Đồi A 1). Von den Franzosen ›Eliane 2‹ genannt, war er bis zum Schluss bitter umkämpft. An seinem Fuß wird in einem Ausstellungsraum ein Modell des kleinen Berges gezeigt, kleine Lichter illustrieren die Truppenbewegungen. Der A 1 gleicht mit den vielen Schützengräben und Bunkern einem überdimensionierten Ameisenhügel. Ein übrig gebliebener Panzer des Typs Bazeille wurde am 1. April 1954 zerstört. Seitlich des Hügels befindet sich ein **Soldatenfriedhof** (Nghĩa Trang Liệt Sỹ A1), auf dem die Gefallenen der Viet Minh bestattet sind.

Weitere Sehenswürdigkeiten

Auf der rechten Seite des Museumsgeländes führt ein Weg über den Fluss Song Nam Rom und mündet in eine parallel zum Wasser verlaufende Straße. Einige Hundert Meter weiter rechts liegt der 20 m lange und 8 m breite **Bunker** (Hầm Chỉ Huy) Oberst Christian de Castries'. Hier ergab sich der Kommandant den Viet Minh (tgl. 7.30–11, 13.30–17 Uhr, 15 000 VND). Schräg gegenüber erinnert ein kleines **Denkmal** an die gefallenen Franzosen. Über die alte Muong-Thanh-Brücke kann man zurück in das Stadtzentrum spazieren. Entlang der schmalen Straße findet jeden Morgen ein **Markt** statt.

Es gibt weitere Erhebungen rund um die Stadt, auf denen einst französische Stellungen waren, etwa der **Hügel D 1 (Đồi D 1)**, von den Franzosen hoffnungsfroh ›Dominique‹ genannt. Zum 50. Jahrestag wurde hier 2004 eine 120 t schwere Bronzeskulptur enthüllt, die der Kriegsveteran und Künstler Nguyen Hai schuf. Nur der Aussicht wegen lohnt der Aufstieg auf den etwas außerhalb gelegenen **Hügel Him Lam** (Cứ Điểm Him Lam, ›Béatrice‹) unweit eines Resorts.

Übernachten

Pompös – **Muong Thanh Hotel:** 514 Duong 7–5, Him Lam, Tel. 0230 381 00 43, www.dienbienphu.muongthanh.vn. Die 144 Zimmer sind komfortabel, im Restaurant sollte man sich ans vietnamesische Essen halten. Das Hotel ist auf Reisegruppen und asiatische Geschäftsleute eingestellt. Pool und Spa vorhanden, insgesamt recht unpersönlich. DZ/F ab 45 US-$.

Ländlich – **Him Lam Hotel:** Phuong Him Lam, Tel. 0230 381 19 99. Das weitläufige Resorthotel liegt etwa 3 km außerhalb der Stadt am See Huoi Pha. 45 wohnliche Zimmer befinden sich in dem mehrstöckigen Gebäude, weitere 30 Räume in sechs rustikalen Holzbungalows im Stil der ethnischen Minderheiten. Das Freizeitangebot reicht von Tennis bis Swimmingpool. DZ/F ab 30 US-$.

Gute Lage, freundlicher Service – **Ruby Hotel:** 43–11 Muong Thanh, Tel. 0230 383 55 68, www.rubyhoteldienbien.com. Das außen nüchtern wirkende Hotel liegt zentral mit Blick auf den Nam-Rong-Fluss und bietet 31 saubere, wohnlich eingerichtete Zimmer mit Fliesen und Bad. DZ/F ab 20 US-$.

Essen & Trinken

Die kulinarische Szene von Dien Bien Phu präsentiert sich ziemlich fantasielos. Das beliebte **Café Window,** 2 Nguyen Chi Thanh, mixt gute Shakes. Ansonsten finden sich entlang der Hauptstraße Duong 5–7 und beim Verkehrskreisel einige bescheidene **Lokale.**

Solide – **Lien Tuoi:** Hoang Van Thai, an der Straße, die zwischen dem Hügel A 1 und dem Soldatenfriedhof von der Duong 7–5 abzweigt, Tel. 0230 382 49 19, tgl. 11–21 Uhr. Vietnamesische Kost ab 40 000 VND.

Verkehr

Der rund 35 km von Dien Bien Phu entfernte laotisch-vietnamesische **Grenzübergang Tay Trang** ermöglicht die Weiterreise nach Muang Khoua und Oudomxai in Laos.

Flugzeug: Der **Flughafen** liegt 3 km westlich der Stadt und wird 2 x tgl. von Propellermaschinen angeflogen (begrenztes Platzangebot, daher frühzeitig buchen!).

Büro der Vietnam Airlines: Nguyen Huu Tho, Tel. 0230 382 49 48. Bitte Rückflugdaten unbedingt rückbestätigen, es kommt häufig zu Änderungen.

Bus: Vom **Busbahnhof** im Westen des Stadtzentrums an der Tran Dang Ninh verkehren Busse nach Hanoi (503 km, 10 Std.), Muong Lay (103 km, 3–4 Std.), Ninh Binh (410 km, 10 Std.) und Son La (165 km, 4–5 Std.). **Nach Laos:** Morgens einfache Minibusse via Muang Khua (100 km, 5 Std.) u. a. nach Luang Prabang (396 km, 11 Std.), Luang Mam Tha (320 km, 9 Std.) und Phongsaly (310 km, 9 Std.).

Ausflüge von Dien Bien Phu ▶ B/C 5

Muong Phang

Über eine landschaftlich schöne, allerdings etwas kurvenreiche Straße in Richtung Nordosten gelangt man zur 42 km entfernten Erhebung **Mường Phăng**. Am Fuß dieses 2172 m hohen Berges, der fast immer in Wolken gehüllt ist, bezog der legendäre General Vo Nguyen Giap am 31. Januar 1954 sein **Hauptquartier** (Sở Chỉ Huy Chiến Dịch Điện Biên Phủ, tgl. 9–17 Uhr, 5000 VND). Von der Festung Dien Bien Phu lag es nur 10 km Luftlinie entfernt. Mit seinen Generälen und chinesischen Militärberatern dirigierte er von hier aus die Operation. Ein Rundgang durch das Waldgebiet führt durch Tunnel, zu Bunkern und rekonstruierten Hütten. In der reizvollen Umgebung kann man auch Dörfer der Schwarzen Thai, Thái Đăm, besuchen, z. B. Ban Fang und Ban Dong Met.

Den Hoang Cong Chat

An der Straße Nr. 279, etwa 10 km weiter in Richtung Laos, liegt der **Den Hoang Con Chat,** ein sehenswerter Gedenktempel. Erst 2003 wurde er auf jenem Gelände errichtet, auf dem einst die Festung Ban Phu stand. Von ihr aus hatte der Bauernführer Hoang Con Chat (1739–1769) Überfälle brutal agierender Horden aus Laos erfolgreich zurückgeschlagen. Vom 24. bis 25. des zweiten Mondmonats wird ihm zu Ehren ein großes Fest gefeiert.

Heiße Quellen von Uva

Etwa 7 km weiter sprudeln die bis zu 78 °C **heißen Quellen von Uva** (Uva Nước Khoáng) aus dem Boden. Auf dem weiträumigen Gelände gibt es ein Restaurant, und es werden hier auch Massagen angeboten. In mehreren Becken kann man sich im wohltuenden Nass tummeln. Nicht weit entfernt fließt der Nam Rang durch das immer enger werdende Tal. Wer am Fluss entlang ein wenig spazieren geht, kommt dabei auch durch mehrere Siedlungen der Schwarzen Thai.

Von Dien Bien Phu nach Sa Pa ▶ C–E 3–5

Die etwa 300 km lange Strecke von Dien Bien Phu nach Sa Pa gehört landschaftlich zu den schönsten Vietnams: grandiose Bergkulissen, reißende Flüsse, zartgrüne

Namenskarussell am Staudamm

Die Namensänderung einiger Städte infolge des riesigen Staudammprojektes kann zu erheblicher Verwirrung führen. Das heutige Muong Tra hieß nämlich bis vor Kurzem Muong Lay, während das heutige Muong Lay früher Lai Chau genannt wurde. Lai Chau wiederum ist der heutige Name der einst Tam Duong genannten Stadt. Tam Duong gibt es auch noch: So heißt jetzt das einstige Binh Lu. Alles klar?

Bergland im Nordwesten

Reisfelder, schlichte Dörfer der Minderheiten am Straßenrand oder am steilen Berghang. Aufgrund der schlechten Straßenverhältnisse – insbesondere bei Regen – kann man den Weg nicht an einem Tag zurücklegen. Einfache Übernachtungsmöglichkeiten bestehen in Muong Lay und Lai Chau. Unterwegs bieten sich Wanderungen zu umliegenden Dörfern oder der Besuch eines Marktes an.

Muong Lay

Etwa 100 km nördlich von Dien Bien Phu liegt **Muong Lay** (ehemals Lai Chau) auf 600 m unweit der Mündungen der Flüsse Nam Lay und Nam Na in den 544 km langen Song Da. Und das ist der Grund, warum die 12 000-Seelen-Gemeinde vor den Fluten des Son-La-Stausees weichen musste. Er ist Teil des **Son La Hydropower Project** mit einer Kapazität von 2400 Megawatt. 2012 wurde der Song Da samt einiger Zuflüsse ab Son La auf 441 km^2 aufgestaut. Mittlerweile siedelten die Bewohner von Muang Lay auf einen nahe gelegenen Berg um, wo sich das neue Städtchen langsam mit Leben füllt.

Übernachten

60-Zimmer-Kasten – **Thanh Binh Hotel:** Da Ward, Tel. 0230 385 37 18, www.khachsanthanhbinh.com. Optisch keine Schönheit, ist man in dieser Gegend froh über die solide Unterkunft mit funktionalen Zimmern und hallenartigem Restaurant. Mit Pool, Flussblick und preislich in Ordnung. DZ/F ab 15 US-$.

Aktiv

Wandern – Muong Lay ist ein hervorragender Startpunkt für Wanderungen zu Dörfern der Minderheiten, etwa nach **Ban Chi Luong,** einem Dorf der Schwarzen Thai mit 90 Familien. Es liegt 6 km entfernt am Nam Lay und soll ebenfalls in den Fluten verschwinden. In den höheren Lagen liegen Dörfer der Weißen und Blauen Hmong. Beim Organisieren der Wanderungen ist das Thanh Binh Hotel (s. links) behilflich.

Über Pa So und Lai Chau nach Sa Pa

Auf der Weiterfahrt entlang dem Nam Na in Richtung Sa Pa fährt man durch eine dramatische Berglandschaft. Sie zeigt sich zwischen Juli und Anfang November besonders schön, weil zu dieser Zeit die Reisterrassen prachtvoll grün sind. Nach 76 km passiert man den Ort **Pa So.** Hier findet sonntags ein schöner **Markt** statt, zu dem die Volksgruppen aus der Umgebung kommen, u. a. Weiße Hmong, Schwarze Dao und Weiße Thai.

Weitere **Märkte** gibt es sonntags in **Sin Ho,** 50 km südlich, und ebenfalls sonntags in **Pa Tan,** ca. 16 km südwestlich von Pa So. Im knapp 40 km nördlich gelegenen **Da**

Von Dien Bien Phu nach Sa Pa

Oft wolkenverhangen, aber dennoch wunderschön: die Berglandschaft um Sa Pa

San wird am 1. und 15. jedes Mondmonats ein Markt abgehalten. Im 8 km entfernten **Muong So** (ehemals Phong Tho) wiederum ist montags Markttag. Dort treffen sich viele Angehörige der Thai.

Östlich von Pa So werden die Berge immer höher. Sie sind Teil des Bergmassivs Hoang Lien Son, das sich bis nach Sa Pa erstreckt. Nach 27 km erreicht man **Lai Chau,** das einstige Tam Duong. In dieser schön gelegenen, aber wenig ansehnlichen Verwaltungsstadt findet jeden Sonntag ein großer **Markt** statt. Von gewissem Reiz ist der künstlich aufgestaute Stadtsee. Ansonsten bietet Lai Chau sich nur als Übernachtungsstopp an.

In **Tam Duong** (bislang Binh Lu), ca. 28 km östlich von Lai Chau, gibt es ebenfalls einen attraktiven **Sonntagsmarkt.** Vorbei an Teeplantagen und Reisfeldern steigt die Straße bis zum 1900 m hoch gelegenen **Tram-Ton-Pass** (Đèo Trạm Tôn) steil an. Nach weiteren 15 km – von Pa So sind es insgesamt 45 km – ist Sa Pa erreicht.

Übernachten

... in Lai Chau:
Funktional – **Muong Thanh:** 113 Le Duan, Tel. 0231 231 379 05 55, www.laichau.muongthanh.vn. Mit 96 klimatisierten Zimmern ein Geschäftshotel mit wenig Charme, aber die beste Unterkunft in Lai Chau. Im

Bergland im Nordwesten

WANDERUNGEN RUND UM SA PA

Tour-Infos
Start: Sa Pa
Dauer: je nach Tour halber Tag bis 4 Tage

Wichtige Hinweise: Für einige Dörfer der Minderheiten, darunter Cat Cat und Sinh Hai, wird ein Eintritt von 50 000 VND fällig.

Die bildschöne Umgebung von Sa Pa lädt zu einer Vielzahl von Ausflügen ein. Das Spektrum reicht von kleinen Wanderungen bis zu mehrtägigen Trekkingtouren. Aufgrund der Steigungen erfordern jedoch alle Touren eine gewisse Kondition. Die nahen Ziele wie Cat Cat und Ta Phin sind oft ziemlich überlaufen. Wer es ruhiger haben möchte, sollte sich ein entfernteres Ziel wählen, am besten einschließlich Übernachtung in einem Dorf der Minderheiten. Dazu sollte man jedoch unbedingt über die Hotels und Agenturen einen lokalen Führer anheuern.

Cat Cat und Sin Chai: Die Halb- bis Ganztagstour beginnt westlich des Marktplatzes von Sa Pa und führt von dort steil hinunter zum Dorf der Schwarzen Hmong, Cat Cat. Unterhalb des Dorfes stürzt bei einem Kraftwerk lautstark ein Bach in die Tiefe. Man kann entweder zurückgehen oder weiter zum 4 km entfernten Dorf Sin Chai wandern.

Ta Van: Eine insgesamt 14 km lange Tageswanderung führt über die Hmong-Dörfer Y Linh Ho und Lao Chai ins Giai-Dorf Ta Van. Von dort kann man sich zurückfahren lassen oder am nächsten Tag über Giang Ta Chai, eine Siedlung der Roten Dao, und Su Pan zum Tay-Dorf Ban Ho (15 km) wandern.

Ta Phin: Für diesen Ausflug lässt man sich zunächst mit Wagen oder Moped zu einem verfallenen Kloster fahren. Nicht weit davon entfernt beginnt ein schöner Fußweg nach Ta Phin. Man kann von dort zurück nach Sa Pa wandern oder mit dem wartenden Fahrzeug wieder zurückfahren.

Fan Si Pan: Seit eine Seilbahn (Hệ thống cáp treo) der Firma Fansipan Legend (tgl. 7.30–17.30 Uhr, einfach 600 000 VND) auf den mit 3143 m höchsten Berg Vietnams führt, ist es mit der Ruhe auf der Spitze vorbei. Wer zu Fuß hoch wandern möchte, muss für die 19 km lange Strecke hin und zurück 2 bis 3 Tage einplanen. Eine gute Ausrüstung ist zwingend notwendig.

Restaurant gibt es schmackhafte regionale Gerichte. DZ/F 28–48 US-$.

Gesichtslos – **Phuong Thanh:** 2 Phong Chau, Tel. 0231 387 52 35. Charakterloses Stadthotel mit 55 Zimmern. Zuweilen weht der Muff vergangener Jahre durchs Haus. Das Restaurant serviert regionale Küche. DZ/F 10–20 US-$.

Sa Pa ▶ D 3

Ein Jesuitenmissionar soll 1918 den hitzegeplagten Kolonialherren von der wunderschönen Landschaft am Fuß des Bergmassivs Hoang Lien Son mit dem angenehm ›mitteleuropäischen‹ Klima erzählt haben. Vier Jahre später gründeten die beglückten Franzosen auf der 1560 m hoch gelegenen Ebene die »Stadt des Sandes«, **Sa Pa.** Sie bauten eine Kirche, einen Tennisplatz und ein Wasserkraftwerk im Dorf Cat Cat. Zwischen Lao Cai und Muong Lay ließen sie eine Straße anlegen. Bald war die Sommerfrische auf 200 Villen angewachsen. Hier, in den »Alpes Tonkinoises«, wie sie die Berglandschaft nannten, fühlten sich die Kolonialherren wie daheim. Während des Indochinakrieges verfiel die Stadt immer mehr. Einen Tiefpunkt erlebte Sa Pa, als 1979 chinesische Truppen im Zuge einer Strafexpedition – weil Vietnam in Kambodscha einmarschiert war – die Stadt dem Erdboden gleichmachten. Vom alten kolonialen Ambiente ist daher kaum etwas erhalten geblieben.

Nach Jahrzehnten des Dornröschenschlafes erlebt die Sommerfrische seit Mitte der 1990er-Jahre einen Boom. Sa Pa ist übersät mit Hotels. Während im Winter europäische Touristen einfallen, entfliehen in den Sommermonaten die Hanoier in die Kühle der Berge. Zu Recht – bei einer durchschnittlichen Jahrestemperatur von 15 °C kommt man hier selten ins Schwitzen. In der kalten Jahreszeit zwischen Dezember und Februar fällt in der Nacht die Quecksilbersäule oft unter den Gefrierpunkt. Dann kann auch mal leise der Schnee rieseln. Im Schnitt zeigt sich Sa Pa an 137 Tagen im Jahr wolkenverhangen. Man sollte sich daher auf eine nasskalte Witterung einstellen und warme, regenfeste Kleidung im Gepäck haben.

Die Stadt mit etwa 40 000 Einwohnern hat keine besonderen Sehenswürdigkeiten zu bieten. Vielmehr ist sie Ausgangspunkt für eine Vielzahl von Spaziergängen und Wanderungen in die herrliche Umgebung. Bekannt war Sa Pa einst für den **Liebesmarkt** am Samstag. Dort trafen sich die Volksgruppen aus der Umgebung, vor allem Angehörige der Schwarzen Hmong (Hmông Đen) und

Bergland im Nordwesten

LODGE IM GRÜNEN

Die **Topas Eco-Lodge** ist ein traumhaft schön gelegenes Resort mit 25 rustikalen Steinbungalows samt Veranda, das etwa eine knappe Fahrstunde außerhalb von Sa Pa entfernt liegt. Mit Solarenergie und lokalen Angestellten fördert es den nachhaltigen Tourismus. Zudem arrangieren die Mitarbeiter interessante Wander- und Fahrradtouren (Ban Ho, ca. 18 km von Sa Pa; Kontaktbüro in Sa Pa, 24 Muong Hoa, Tel. 020 387 13 31, www.topasecolodge.com, kostenloser Shuttle nach Sa Pa. DZ/F ab 115 US-$).

Roten Dao (Dao Đỏ), nicht nur zum Shopping, sondern auch zur Brautschau. Heute hat sich der Samstagsmarkt auf das ganze Wochenende ausgeweitet und ist zu einer Touristenshow geworden.

Ein recht steiler, über viele Treppenstufen verlaufender Spazierweg führt zu einer hübschen Parkanlage oberhalb der Stadt. Sie liegt auf einem Bergvorsprung, **Hàm Rồng,** Drachenklaue, genannt. Von zwei Aussichtspunkten bietet sich – sofern das Tal nicht wolkenverhangen ist – ein herrlicher Panoramablick bis zum Fan Si Pan. Besonders eindrucksvoll zeigt sich der Park mit schön angelegten Beeten in der Blütezeit von März bis April (70 000 VND/Pers.).

Infos

Tourist Information Center: oberhalb des Dorfplatzes, Tel. 020 387 19 75, www.sapa-tourism.com. Ist zwar eine passable Informationsquelle, aber nicht neutral und insgesamt eher daran interessiert, Touren zu verkaufen.

Übernachten

Zwar gibt es in Sa Pa ein großes Hotelangebot, doch kann es in den Sommermonaten und an Wochenenden zu Engpässen kommen. Die Zimmerpreise unterliegen großen Saisonschwankungen.

Nobles Bergchalet – **Victoria Sapa Resort:** Hoang Dieu, Tel. 020 387 15 22, www.victoriahotels.asia. Das luxuriöse Resort im Chaletstil überblickt von einem Hang das Zentrum von Sa Pa. Die 77 Zimmer sind bis ins Detail durchgestaltet und äußerst atmosphärisch. Zu den Einrichtungen zählen ein überdachter und beheizter Pool, ein Tennisplatz und ein Spa. DZ/F ab 150 US-$.

Bett im Reisfeld – **H'mong Mountain Retreat:** Km 6, Ban Ho Rd., Tel. 020 650 52 28. Hier kann man wohnen wie die Bergvölker, inmitten von Reisfeldern in einem von 6 urtümlichen Bungalows oder Stelzenhäusern, 6 km südöstlich von Sa Pa. Ein außergewöhnliches Wohnerlebnis, aber nichts für Komfortsuchende. Der Erlös kommt den Hmong zugute. DZ/F ab 65 US-$.

Mit Blick und gutem Service – **Boutique Hotel:** 41 Fansipan, Tel. 020 387 27 27, www.boutiquesapahotel.com. Zu Recht beliebt: Die geräumigen und stilvollen Zimmer mit Balkon bieten tolle Ausblicke – die man auch von der Terrasse aus genießen kann. Kochkurse, Massage, Arrangement von Touren, Fahrgelegenheiten. DZ/F ab 45 US-$.

Name ist Programm – **Sapa Elegance Hotel:** 3 Hoang Dieu, Tel. 020 388 86 68. Die komfortablen und stilvollen Zimmer bei gutem Preis-Leistungs-Verhältnis machen die ruhig gelegene Unterkunft unweit der Kirche zu einer guten Wahl. Pluspunkt: Familienzimmer mit zwei Räumen. DZ/F 45 US-$.

Wohnlich und zentral – **Sapa Paradise View Hotel:** 18 Pham Xuan Huan, Tel. 020 387 26 83, www.sapaparadiseviewhotel.com. Die 18 modern mit viel Holz gestalteten Zimmer sind hell und freundlich, der Service hilfsbereit, die Lage zentral. Auch die Küche köchelt Leckeres. Für den Preis eine sehr gute Wahl. DZ/F ab 40 US-$.

Freundliche Familienbleibe – **Thai Binh Sapa Hotel:** Ham Rong, Tel. 020 387 12 12, www.thaibinhhotel.com. Die acht geräumigen, etwas plüschigen Zimmer auf drei Etagen machen das familiengeführte Hotel zu einer guten Wahl. Es liegt etwas abseits beim Eingang zur Parkanlage des Ham-Rong-Berges. Der agile Eigentümer arrangiert Ausflüge und Weiterreise. Bei Kälte wärmt das offene Kaminfeuer in der Lobby. DZ/F 30 US-$.

Sympathisches Minihotel – **Elysian Sapa Hotel:** 38 Cau May, Tel. 020 387 12 38, www.elysiansapahotel.com. Mit nur acht Zimmern recht heimelig (und schnell ausgebucht), verbreiten vor allem die gastfreundlichen Angestellten eine angenehme Stimmung. Geschmackvolles Interieur und zentrale Lage sind weitere Pluspunkte. DZ/F ab 25 US-$.

Essen & Trinken

Lauschig – **Le Gecko:** 4 Ham Rong, Tel. 020 387 15 04, tgl. 11–23 Uhr. Das französisch geführte Lokal ist eine der ersten Adressen, will man europäische Küche genießen. Sehr empfehlenswert, wenn auch nicht billig. Menüs um 150 000 VND.

Für den besonderen Abend – **Hill Station Signature Restaurant:** 37 Phansipan, Tel. 020 388 71 11, www.thehillstation.com, tgl. 7–22.30 Uhr. In modernem Ambiente bietet das Lokal frisches Gemüse und ausgewählte Fleischgerichte im Stil der ethnischen Minderheiten an. Bei Interesse gibt es auch Kochkurse. Ab 80 000 VND.

Hmong-Speisen – **Viet Emotion:** 27 Cau May, Tel. 020 387 25 59, tgl. 7–22 Uhr. Weckt bei Müsli wohl eher Schweizer Emotionen, doch gibt es auch gute Spezialitäten der Hmong wie etwa Fisch mit Reis und Gemüse im Bambusrohr. Gerichte um 45 000 VND.

Lokale Küche – **Friendly Restaurant:** 31 Cau May, Tel. 020 387 19 67, tgl. 7–21 Uhr. Bei gutem Wetter kann man draußen auf der Terrasse speisen, sonst abends im beheizten Inneren. Die günstigen Spezialitäten erfreuen zahlreiche Rucksacktouristen. Gerichte ab 40 000 VND.

Französische Delikatessen – **Hill Station Deli:** 7 Muong Hoa, Tel. 020 388 71 14, www.thehillstation.com, tgl. 7–22.30 Uhr. Nichts für Veganer: Die Wurst- und Käseprodukte schmecken zum Wein, auch Kaffee und Kuchen munden. Modern-chaotisches Interieur im zweistöckigen Haus. Ab 40 000 VND.

Solidarisch trinken – **Sapa O'Chau Café:** 8 Thac Bach, www.sapaochau.org, tgl. 8–21 Uhr. Das kleine Café ist Teil eines Schulprojektes. Für den Hunger zwischendurch gibt es thịt bò kho, getrocknetes Rindfleisch. Ab 25 000 VND.

Einkaufen

Markt – Der einst berühmte **Liebesmarkt** am Samstag ist zum Touristenrummel verkommen. Auf den Straßen von Sa Pa bedrängen Angehörige der Hmong und Dao die Touristen mit ihren ›Handarbeiten‹, nicht selten ›Made in China‹. Am besten kauft man in den Dörfern außerhalb. Achtung: Wer die dunkelblauen Indigo-Stoffe der Hmong kauft, sollte daran denken, dass sie beim Waschen stark abfärben.

Abends & Nachts

Hmong meet Hip-Hop – **Red Dragon Pub:** 31 Muong Hoa, tgl. 16–24 Uhr. An der Bar und zum Billardspiel treffen sich Einheimische mit Travellern zu lauter Musik.

Disco mit Volksmusik – **Bamboo Bar:** Bamboo Sapa Hotel, 18 Muong Hoa, Fr/Sa 20.30–22 Uhr. Fünf Minderheiten präsentieren jedes Wochenende ihre traditionellen Tanzkünste. Zwar recht touristisch, doch durchaus sehenswert.

Aktiv

Organisation von Touren und mehr – Die folgenden Agenturen sind nicht billig, berücksichtigen aber bei ihren Tourangeboten Prinzipien eines nachhaltigen Tourismus (geschulte Guides, Respekt vor den Volksgruppen etc.): **Sapa O'Chau:** 8 Thac Bac, Tel. 020 377 11 66, www.trek.sapaochau.org, organisiert Trekkingtouren mit Guides der Schwarzen Hmong und Homestays. **Handspan:** Chau Long Sapa Hotel, 24 Dong Loi, Tel. 020 387 21 10, www.handspan.com. Zum Angebot gehören auch geführte Mountainbike-Touren. **Topas Travel:** 24 Muong Hoa, Tel. 020 387 13 31, www.topastravel.vn. Der renommierte

Vietnamesische Völkerkunde

Hmong, Giay, Nung, Phu La – die Namen der 54 Volksgruppen hören sich mitunter sehr exotisch an. Mit ihren jeweils eigenen Traditionen und Lebensstilen machen sie Vietnam zu einem multikulturellen Flickenteppich. Die fortschreitende Entwicklung hilft ihnen aus der Armut, bedroht jedoch auch ihre Identität.

Babel in den Bergen Vietnams. Eine Blumen-Hmong in ihrem bunt gestreiften Rock diskutiert mit einer Angehörigen der Phu La über den Preis eines Ferkels, daneben sitzen zwei rauchende Rote-Dao-Frauen mit ihren kissenförmigen roten Kopfbedeckungen und beobachten gebannt den Handelsstreit. Der Besuch eines Marktes im Norden oder Nordwesten des Landes ist fraglos ein Erlebnis. Er kann aber auch recht verwirrend sein, denn zuweilen treffen ein halbes Dutzend unterschiedliche Volksgruppen aufeinander. In manchen Provinzen wie etwa Lai Chau oder Lao Cai leben mehr als 25 verschiedene Bergvölker zum Teil in unmittelbarer Nachbarschaft. Hier sind die Viet – sie machen 86 % der Gesamtbevölkerung aus – in der Unterzahl.

Außerhalb der Touristenorte, allen voran in Sa Pa, haben die meisten Volksgruppen kaum Kontakt mit Ausländern. Für sie sind Europäer genauso exotisch wie umgekehrt. Da treffen zwei Welten aufeinander. Damit die Begegnung trotz Sprachbarrieren zu einem positiven Erlebnis wird, sollte man sich offen für die kulturellen Eigenheiten zeigen und lokale Gepflogenheiten respektieren. Nie aber darf Sympathie ›erkauft‹ werden, indem man wahllos Geschenke verteilt und Kinder mit Bonbons überhäuft. Im Folgenden einige Volksgruppen im Porträt.

Dao: Mit 500 000 Angehörigen sind die Dao (sprich: Dzao) eine der größeren Ethnien und vorwiegend im Norden beheimatet. Sie gehören der Hmong-Dao-Sprachgruppe an und wanderten ab Mitte des 19. Jh. infolge innenpolitischer Spannungen aus dem chinesischen Yunnan ein. Heute sind sie vor allem in den höheren Bergregionen zu finden, wo sie Bergreis und Gemüse kultivieren. Es gibt eine Reihe von Untergruppen, von denen die Roten Dao (Dao Đỏ) aufgrund der markanten Kopfbedeckung am augenfälligsten sind. Religiös folgen sie einem Ahnenkult.

Hmong: Die insgesamt 600 000 Hmong gliedern sich in mehrere Untergruppen, die sich nach der Farbe ihrer Tracht benennen wie die Schwarzen Hmong (Hmông Đen), Blumen-Hmong (Hmông Hoa) oder die Grünen Hmong (Hmông Xanh). Wie die Dao sind sie erst im 19. Jh. nach Vietnam gekommen. Ihre Dörfer mit den markanten ebenerdigen Häusern liegen vorwiegend in den Hochlagen, wo die Hmong Bergreis, Mais und Gemüse pflanzen. Sie treten sehr selbstbewusst auf und sind in streng hierarchisch und patriarchalisch ausgerichteten Klans organisiert. Polygamie ist keine Seltenheit. In der Religion dominieren Ahnenkult und Geisterglaube.

Muong: Die über 900 000 Muong leben vorwiegend in der Provinz Hoa Binh. Sprachlich sind sie mit den Viet verwandt, kulturell jedoch sehr verschieden. Sie leben in geräumigen Stelzenhäusern entlang der Flusstäler, wo sie Nassreis anbauen. Oft haben sie ihre traditionelle Kleidung abgelegt. Als Volksgruppe sind sie recht eigenständig organisiert. So werden mehrere Dörfer in Siedlungsgemeinschaften, *mường*, zusammengefasst. Ihr Schatz an Liedgut und Geschichten ist ziemlich groß. Jedes Dorf besitzt einen Schutzgeist, dem ein Tempel errichtet ist.

Altar in einem Haus der Schwarzen Hmong

Tay: Die mehr als 1,7 Mio. Tay (auch Thô genannt) bilden die größte Minderheit des Landes und sind vorwiegend im hohen Norden entlang der chinesischen Grenze beheimatet. China ist ihr Ursprungsland, aus dem sie vor über 1000 Jahren einwanderten. Im 16. Jh. entwickelten sie auf Grundlage chinesischer Zeichen ihre Schrift. Ihre Dörfer *(bản)* bestehen im Durchschnitt aus 40 bis 60 Stelzenhäusern entlang der Flussniederungen und sind oft nach den umliegenden Flüssen, Feldern oder Bergen benannt. In den fruchtbaren Niederungen bearbeiten die Tay Obstplantagen und Felder mit Nutzpflanzen wie Soja, Süßkartoffen, Maniok, Tee oder Tabak. Ihre Religion ist ein Mix aus Ahnenkult, Geisterglaube und Buddhismus. In ihren Häusern findet sich meist ein Altar zur Verehrung des Schutzgeists.

Thai (Tai): Ein Großteil der etwa 1,3 Mio. Thai lebt im bergigen Nordwesten Vietnams entlang der Grenze zu Laos. Ethnisch sind sie mit den Tay, den Laoten und den Thailändern verwandt. Sie gliedern sich in mehrere Untergruppen, etwa die Weißen (Thái Khao) und die Schwarzen Thai (Thái Đăm). Traditionell leben sie entlang der Flusstäler. Ihre länglichen Stelzenhäuser bestehen aus einem großen, leeren Raum mit kleiner Schlafkammer und Kochplatz. Früher waren die Thai feudal organisiert. Mehrere Dörfer *(bản)* waren einem Hauptort *(mường)* zugeordnet, in dem ein Fürst residierte. Die Thai besitzen ein Schriftsystem, das dem Laotischen ähnelt. Die religiöse Praxis ist ein ähnliches Gemisch wie jenes der Tay.

Bergland im Nordwesten

Veranstalter arrangiert Jeeps und Wandertouren aller Art bis hin zum mehrtägigen Aufstieg auf den Fan Si Pan.

Verkehr

Bus: Minibusse befahren die Strecken von Sa Pa nach Lai Chau (45 km, 2 Std.) und Muong Lay (186 km, 7 Std.). Privatbusse, u. a. von Topas Travel, www.topastravel.vn, fahren über den Expressway nach Hanoi (245 km, 5–6 Std.).

Bahn: Die sehr populäre An- und Abreise erfolgt mit der Bahn über Lao Cai (s. u.). Zwischen Sa Pa und der Grenzstadt verkehren sowohl Touristen- als auch private Shuttlebusse (34 km, 1 Std.). Zugtickets besorgen die Hotels.

An der chinesischen Grenze ▶ E 3

Lao Cai

Die Stadt **Lao Cai** an der Grenze zu China ist touristisch nur als Durchgangsstation nach Sa Pa oder China relevant. Zweimal wurde sie von Chinesen zerstört: 1868 durch Rebellen, 1979 durch die Volksarmee. Wirtschaftlich spielt sie als Warenumschlagplatz eine gewisse Rolle und politisch als Provinzhauptstadt. In der nach ihr benannten 6357 km² großen Provinz leben nur ca. 600 000 Menschen, die sich in 27 verschiedene Volksgruppen unterteilen. Der Grenzübergang (tgl. 7.30–17 Uhr) liegt am Ende der Brücke, die über den Roten Fluss nach Hekou führt.

Übernachten

Großer Kasten – **Muong Thanh Grand Lao Cai:** 86 Thanh Nien, Tel. 020 377 88 88, www.grandlaocai.muongthanh.com. Die 195 geräumigen Zimmer mit Bad verteilen sich auf 18 Etagen und bieten schöne Ausblicke über die nahe Grenze. Zielgruppe sind chinesische und vietnamesische Geschäftsleute, folglich gibt es auch Karaoke, Bar und Spa. Das Essen im Restaurant ist gut. Pluspunkt ist der Pool. DZ/F ab 70 US-$.

Verkehr

Bus: Vom **Busbahnhof** an der Phan Dinh Phung (neben dem Stadtmarkt) verkehren Minibusse nach Sa Pa (34 km, 1 Std.).

Bahn: Der **Bahnhof** liegt am Ostufer des Roten Flusses, etwa 3 km südlich des Stadtzentrums. Es bestehen 4 x tgl. Verbindungen zwischen Lao Cai und Hanoi (296 km, 8–9 Std.). An die offiziellen Züge werden komfortable Schlaf- und Speisewagen der privaten Unternehmen Fanxipan, Orient Express, Sapaly Express, Victoria Express Train (www.victoriahotels.asia) und andere angehängt. Nach Ankunft der Züge wird man von Schleppern bestürmt, um eines ihrer Fahrzeuge zu nehmen. Man sollte die Offerten in Ruhe prüfen. Beim Warten auf den Zug bitte immer das Gepäck im Auge behalten. Es kommt nicht selten zu Diebstählen.

Weiterreise nach China: Weiterreisende mit gültigem Visum für China nehmen im benachbarten Hekou einen der Busse nach Kunming, der Hauptstadt der Autonomen Region Yunnan (Abfahrten mehrmals tgl., 410 km, 10 Std.). Vom Bahnhof Hekou Bei (Hekou North) startet 4 x tgl. ein Zug nach Kunming (410 km, 6 Std.), vgl. www.chinahighlights.com.

Bac Ha

Die Marktstadt liegt 65 km östlich von Lao Cai und ist über die Straße Nr. 70 zu erreichen. Von ihr zweigt ein Weg ab und windet sich Richtung Norden auf eine Höhe von 900 bis 1000 m empor. Dort liegt auf einer Anhöhe Bac Ha. Die Umgebung ist allerdings weniger spektakulär als jene von Sa Pa. Die Stadt mit ca. 80 000 Bewohnern zieht vor allem am Wochenende Besucher an, denn sonntags ist **Markttag** mit dem für diese Region so typischen bunten Treiben. Dann treffen sich vormittags derart unterschiedliche Volksgruppen, dass selbst erfahrene Völkerkundler Schwierigkeiten haben, sie auseinanderzuhalten. Dazu zählen Blumen-Hmong (Hmông Hoa), mehrere Dao-Gruppen, Giay, Thai, La Chi, Nung und Phu La.

Bac Ha ist ein guter Ausgangspunkt für Wanderungen in die Umgebung, etwa nach

An der chinesischen Grenze

Knochenarbeit in knietiefem Wasser: Bei Lao Cai bringen Hmong-Frauen Reissetzlinge aus

Ban Pho, einem Dorf der Blumen-Hmong, oder zum **Vua Meo,** einer 1924 erbauten Kitschvilla eines Hmong-Anführers. Weitere interessante **Märkte** finden samstags in **Can Cau,** 20 km nördlich, sonntags in **Lung Phin,** 12 km nördlich, und dienstags in Coc Ly, 48 km westlich von Bac Ha, statt.

Übernachten

Geräumig – **Ngan Nga Hotel:** 33 Ngoc Uyen, Tel. 020 388 02 51, www.ngannga bacha.com. Immer wieder vergrößert, bietet das freundliche Hotel nun 35 rosa strahlende und mit 35 m² große Zimmer. Das Restaurant ist häufig voller Tourgruppen. DZ/F 35–50 US-$.

Gruppenhotel – **Sao Mai:** Tel. 020 388 02 88, www.saomaibacha.com. Die vernachlässigt wirkende Unterkunft mit 65 teils muffigen Zimmern bietet in ihrem Restaurant eine gute Regionalküche und organisiert Trekkingtouren. DZ/F 30–70 US-$.

Übernachten, Essen

Bekannt für gute Küche – **Cong Fu Hotel:** 152 Ngoc Uyen, Sao Mai, Tel. 020 388 02 54. Aus dem einstigen Restaurant ist ein stattliches Gästehaus geworden. Hier isst man immer noch ganz ordentlich, die 21 Zimmer sind für den Preis okay. DZ/F ab 25 US-$.

Verkehr

Bus: Vormittags fahren mehrere Busse nach Lao Cai (65 km, 2,5 Std.) und Pho Lu (30 km, 1 Std.), von wo Weiterreisemöglichkeiten mit Zug und Bus nach Hanoi bestehen.

Vietnams hoher Norden

Die beiden dünn besiedelten Provinzen Ha Giang und Cao Bang sind touristisch noch wenig erschlossen. Daher sind sie genau das Richtige für neugierige Entdecker, die auch mal ohne Komfort auskommen. Sie können wunderschöne Gebirgslandschaften, Dörfer der Bergvölker und den von Bergen umschlossenen Ba-Be-See erkunden.

Ha Giang ▶ G 2

Ha Giang, Vietnams nördlichste Provinzhauptstadt, schmiegt sich beidseitig an den 470 km langen Sông Lô (Klarer Fluss) und ist Heimat von etwa 80 000 Menschen. Wie in den anderen Flussebenen dieser bergreichen Region weisen auch hier Bronzefunde auf eine Besiedlung seit rund 3000 Jahren hin. Unter den Nguyen-Königen gewann die Stadt als Handelsstützpunkt an Bedeutung, die Franzosen bauten sie in den 1890er-Jahren zur Garnisonsstadt aus. Doch alle Gebäude wurden infolge des Straffeldzugs der chinesischen Armee 1979 fast komplett zerstört.

Was Ha Giang an Sehenswürdigkeiten fehlt, macht es durch die traumhaft schöne Landschaft wieder wett. Von hier sind es gut 130 km bis zum 2346 km² großen **UNESCO-Geopark Dong Van** (Cao Nguyên Đá Đồng Văn), einer fantastischen, auf Höhen zwischen 1400 und 1600 m gelegenen Karstlandschaft nahe der chinesischen Grenze. Zu den beliebtesten Unternehmungen zählt eine Rundtour mit dem Moped durch die bergreiche Umgebung.

Mit 22 Volksgruppen, darunter Hmong, Tay, Lo Lo und die nur gut 700 Mitglieder zählenden Pu Peo, präsentiert sich die Provinz auch als ethnischer Flickenteppich – 90 % der Bevölkerung gehören einer Minderheit an.

Reizvolle Ziele sind zudem die **Sonntagsmärkte** in Quan Ba, Meo Vac, Dong Van und Hoang Su Phi. Ab Mitte September bis Ende Oktober ist die Zeit der **Buchweizenblüte** *(tam giác mạch, Fagopyrum esculentum)*, in der sich viele Felder in ein zartrosa Kleid hüllen.

Übernachten
Gefliste Böden – **Ha An Guest House:** 168 Tran Hung Dao, Tel. 0219 386 62 42, nhak hachhaan@gmail.com. Hinter der mausgrauen Fassade verbergen sich 60 Zimmer mit Bad plus zwei Suiten, alle nicht besonders schön, aber dank der hellen Fliesen und Möbel freundlich. Das Restaurant wirkt kalt und unpersönlich. DZ ab 20 US-$.

Essen & Trinken
Entlang der Nguyen Thai Hoc und Nguyen Trai gibt es einige passable Lokale und Garküchen. Zu den lokalen Spezialitäten zählt *lẩu cá hồi*, Feuertopf mit Lachs.

Aktiv
Wanderungen und Mopedtouren – **Ha Giang Trekking Tour:** 138 Nguyen Trai, Tel. 012 42 28 68 86, www.hagiangtrek kingtour.com; **Hoang Tuan Anh:** Tel. 091 545 86 68, karstplateau@gmail.com. Über beide kann man Touren in die Umgebung organisieren.

Verkehr
Bus: Vom Südlichen Busbahnhof (Bến Xe Khách Phía Nam) an der Nguyen Trai starten Busse nach Lao Cai (175 km, 6 Std.) und Hanoi (280 km, 7–8 Std.). Vom Haltepunkt 6 km nördlich der Stadt geht es nach Dong Van (130 km, 5–6 Std.) und Meo Vac (160 km, 6–7 Std.).

Zur chinesischen Grenze

Von Hanoi verläuft die gut ausgebaute Nationalstraße 3 in Richtung Norden über Thai Nguyen und Cao Bang bis zur chinesischen Grenze. Im Rahmen dieser landschaftlich abwechslungsreichen Fahrt kann man einen Abstecher zum größten und schönsten Binnensee Vietnams unternehmen, dem Ho Ba Be. Für die Tour sollte man drei bis fünf Tage einplanen. **Wichtiger Hinweis:** Bitte genügend US-$ und Vietnamesische Dong mitnehmen – Es gibt kaum Umtauschmöglichkeiten.

Thai Nguyen ▶ J 5

80 km nördlich von Hanoi liegt die Provinzhauptstadt **Thai Nguyen** (500 000 Einw.) auf ca. 300 m Höhe. Sie ist ein wichtiger Standort für die Stahlindustrie. In der fruchtbaren Umgebung spielt neben Reis der Anbau von Gemüse eine wichtige Rolle. Touristisch ist die Stadt wenig interessant.

Völkerkundemuseum
1 Doi Can, Di–So 7.30–12, 13.30–17 Uhr, 20 000 VND
Eine Ausnahme bildet das sehr beeindruckende **Völkerkundemuseum** (Bảo Tàng Văn Hoá Các Dân Tộc). In dem imposanten roten Bauwerk von 1960 sind fünf Sektionen den jeweiligen Sprachgruppen zugeordnet. Zu den Exponaten zählen Trachten, Alltagsgegenstände, Fotografien, nachgestellte Szenen und Videopräsentationen.

Verkehr
Bus: Ganztags verkehren zahlreiche Busse und Minibusse zwischen Thai Nguyen und dem Ben Xe Gia Lam in Hanoi (ca. 80 km, 2,5 Std.).

Ba-Be-See ▶ H 3

Vietnams größter Binnensee liegt inmitten des gleichnamigen Nationalparks und ist von einem bis zu 1100 m hohen Karstmassiv umgeben. Seine pittoreske Lage erinnert an den bayerischen Königssee und macht ihn zu einem der schönsten Ausflugsziele im Norden. Das schmale Gewässer erstreckt sich 8 km in Nord-Süd-Richtung und gliedert sich in drei Teile, daher sein Name *ba bể*, eine Abwandlung des Tay-Wortes *slam pe* (drei Seen). Der **Ba-Be-See** liegt 150 m ü. d. M., ist bis zu 35 m tief und misst an seiner breitesten Stelle 2 km. Am stimmungsvollsten zeigt sich der stille See in den nebelverhangenen Morgenstunden, dann ist es allerdings noch empfindlich kalt.

Der 5 km^2 große See ist Teil einer vorwiegend bewaldeten Berglandschaft mit Flüssen und Höhlen. Aufgrund der Artenvielfalt wurde 1992 ein 100 km^2 großes Gebiet unter Naturschutz gestellt. Während Tiger schon ausgestorben sind, gibt es noch einige äußerst seltene Primatenarten wie den Francois-Langur (*Trachypithecus francoisi francoisi*) und den nachtaktiven Plumplori (*Nycticebus coucang*). Bislang wurden 233 Vogel- und 354 Schmetterlingsarten identifiziert.

Infos
Ba-Be-Nationalpark (Vườn Quốc Gia Ba Bể): Ba-Be-Distrikt, Tel. 0281 389 40 26, 0281 389 40 27. Die Verwaltung mit informativem Besucherzentrum liegt an der Ostseite des Sees. Dort kann man auch einen Führer engagieren und Zimmer buchen (tgl. 8–17 Uhr, 11 000 VND).

Übernachten
... im Ba-Be-Nationalpark
Parkunterkünfte – Die Nationalparkverwaltung unterhält Besucherunterkünfte, etwa das **Gästehaus A 1** (10 Zimmer), **A 2** (24 Zimmer) und **Bungalows.** DZ/F 10–20 US-$.
... in Cho Ra (17 km östlich):
Holzhaus – **Duy Tho Homestay:** Pac Ngoi Village, Tel. 0281 389 41 33. Zimmer mit Holzwänden, Veranda. Bett ab 10 US-$.
Schlicht – **Ba Be Homestay:** Pac Ngoi Village, Tel. 097 666 19 85, www.babelakeview.com. Einfache Unterkunft einer Tay-Familie mit Matten auf dem Boden. DZ ab 7 US-$.

PER MOPED DURCH DIE BERGWELT

Tour-Infos

Start: Ha Giang
Ziel: Ha Giang
Route: Ha Giang – Yen Minh – Dong Van – Meo Vac – Ha Giang (320 km)
Dauer: 3–4 Tage
Kosten: ca. 100 US-$, darin enthalten sind die Mopedmiete, zwei Übernachtungen und die Reisegenehmigung

Wichtige Hinweise: Für diese Tour muss beim Immigration Office (415 A Tran Phu, Tel. 0219 387 52 10, Mo–Fr 9–12.30, 13.30–16.30, Sa/So 9–12.30 Uhr, 210 000 VND) eine Genehmigung eingeholt werden, weil die Reise in Grenznähe führt. Die Mopeds können über die Gästehäuser oder die auf S. 216 genannten Veranstalter gemietet werden (7–10 US-$/Tag).

Die Bergregion zwischen Ha Giang und der chinesischen Grenze zählt mit ihren bizarren Karstformationen, den Reisterrassen und Flusstälern zu den schönsten Landschaften Vietnams. Die fehlende touristische Infrastruktur wird durch die Eindrücke mehr als wettgemacht. Die Tour lässt sich gut in drei Tagen machen (besser sind vier), erfordert jedoch eine hinlängliche Fahrpraxis mit Mopeds, denn die Straßen sind schmal, streckenweise schlecht und ziemlich kurvenreich.

Zur chinesischen Grenze

Tag 1 (Ha Giang – Yen Minh, 105 km): Die Tour führt zunächst entlang der Nationalstraße 4 C von Ha Giang links des Lo-Flusses gen Norden bis zum 55 km entfernten, auf gut 900 m Höhe gelegenen Städtchen Tam Son. Umgeben von kegelförmigen Karsthügeln, ist Tam Son das Verwaltungszentrum des Distriktes Quan Ba und ein guter Ort zum Tanken oder Proviant nachfüllen. Hier kann man in einem der Lokale eine Mittagsrast einlegen, bevor es weiter Richtung Yen Minh geht. Streckenweise verläuft der Weg entlang des Song Mien, der hier durch ein tief eingeschnittenes Tal führt. Während die Straße gen Osten verläuft, eröffnet sich ein herrlicher Blick auf die bizarren Bergformationen des UNESCO-Geoparks Dong Van. Nach 50 km ist Yen Minh erreicht, das sich in einem breiten Tal auf 420 m entlang der Straße erstreckt und als Übernachtungsstopp anbietet (z. B. Thao Nguyen Hotel, Tel. 09 15 48 66 24, ab 15 US-$).

Tag 2 (Yen Minh – Dong Van – Meo Vac, 70 km): Am nächsten Tag steht einer der landschaftlich spektakulärsten Abschnitte an, denn es geht vorbei an Karstbergen, die sich wie schroffe Türme erheben. Etwa 3 km östlich von Yen Minh gabelt sich die Straße. Man folgt der links nach Dong Van verlaufenden Straße in Richtung Nordosten etwa 30 km bis zu einer weiteren Gabelung. Ihr folgt man rechts in Richtung Dong Van. Unterwegs passiert man in dem kleinen Hmong-Dorf Sa Phin das 1928 erbaute Palais (Nhà Vua Mèo Vương) des Hmong-Anführers und Opiumhändlers Vuong Chinh Duc (1865–1947). Nach weiteren 15 km ist Dong Van erreicht, das sich zu einem lebendigen Örtchen entwickelt hat und über ein solides Gästehausangebot verfügt. Doch es lohnt sich, noch 22 km weiter über den Ma-Pi-Leng-Pass bis Meo Vac zu fahren, denn im Nachmittagslicht zeigen sich die Karstberge besonders schön. Übernachten kann man z. B. in der Auberge de Meo Vac (aubergemeovac@gmail.com, schöne Zimmer um 55 US-$, Bett im Schlafsaal für 15 US-$).

Tag 3 (Meo Vac –Yen Minh – Ha Giang, 150 km): Am letzten Tag gibt es verschiedene Optionen für den Rückweg nach Ha Giang. Man kann von Meo Vac einer schmalen Straße gen Westen folgen, die wieder nach Yen Minh führt. Oder man fährt die Nationalstraße 4 C bzw. 34 gen Süden entlang des Nho Que-Flusses via Na Phong und Bac Me (ebenfalls ca. 150 km). Beide Varianten sind anspruchsvoll, aber landschaftlich sehr schön.

Aktiv

Bootstouren – Eine mehrstündige **Bootstour** führt über den See und anschließend den Nang-Fluss entlang. Ziel ist die 300 m lange und bis zu 50 m hohe **Tropfsteinhöhle Hang Puong**, durch die der Song Nang fließt. In ihr hält sich eine große Fledermauskolonie auf, die allerdings durch die lärmenden Touristen empfindlich gestört wird. Einen sehenswerten Zwischenstopp stellt auch der **Wasserfall Thac Dao Dang** dar, bei dem der Song Nang über mehrere Kaskaden in die Tiefe stürzt. Nicht weit entfernt liegt das Tay-Dorf Hua Tang.

Wanderungen – In der Umgebung des Sees bieten sich auch mehrtägige **Wanderungen** an, bei denen in einem Dorf der Volksgruppen Tay, Hmong oder Dao übernachtet wird. Infos bei der Nationalparkverwaltung.

Verkehr

Open Tours/Mietwagen: Der See liegt ca. 250 km nördlich von Hanoi und ist mit öffentlichen Verkehrsmitteln schlecht zu erreichen. Am besten bucht man eine Open Tour in Hanoi oder einen Mietwagen für eine mehrtägige Rundfahrt. Fahrzeit 6–7 Std.

Cao Bang ▶ K 2

Das 272 km von Hanoi entfernte **Cao Bằng** hat knapp 50 000 Einwohner und ist Verwaltungszentrum für Vietnams nördlichste Provinz. Während der Kolonialzeit war Cao Bang eine strategisch wichtige Garnisonsstadt, wurde jedoch 1979 von den Chinesen fast vollständig zerstört. Nun profitiert es vom zunehmenden Grenzhandel mit dem großen Nachbarn, da es in der Provinz drei Grenz-

Vietnams hoher Norden

übergänge gibt. Touristisch ist Cao Bang von geringem Interesse, liegt aber sehr schön auf einer Halbinsel am Zusammenfluss von Song Hien und Song Bang Giang. Der Ort ist zudem Startpunkt für Ausflüge zum herrlich gelegenen Ban-Gioc-Wasserfall (s. Tipp unten).

Stadtzentrum

Ein **Kriegerdenkmal** thront auf einem Hügel, von dem sich ein schöner Rundblick bietet. Im Stadtzentrum erhebt sich eine **Ho-Chi-Minh-Statue.** Außen zwar äußerst hässlich, aber in ihrer Größe wiederum beeindruckend ist die **Markthalle** mit einem riesigen Angebot billiger China-Ware.

Umgebung

Die Umgebung von Cao Bang zählt mit schroffen Karstbergen, sanften Hügeln und breiten Flusstälern zu den schönsten Landstrichen im Norden Vietnams. Dieses Gebiet war in den 1940er- und 1950er-Jahren eine Hochburg der Viet Minh.

Manche Orte erinnern noch an damalige Ereignisse, allen voran **Pac Bo** (▶ J 1/2) 55 km nordwestlich von Cao Bang und nur wenige Kilometer von der chinesischen Grenze entfernt. Für Vietnams Kommunisten ist dies heiliger Boden, denn hier betrat Ho Chi Minh am 25. Januar 1941 nach 30-jähriger Abwesenheit erstmals wieder seine Heimat. Für einige Zeit lebte er in der **Höhle Hang Coc Bo**. Es gibt ein kleines **Museum** (tgl. 7.30–11.30, 13.30–16.30 Uhr, 15 000 VND). Ziele kleiner Spaziergänge sind die **Lenin-Quelle,** Suối Lênin, und der **Karl-Marx-Berg,** Núi Các Mác.

Übernachten

Angenehmes Wohnen – **Huong Thom Hotel:** 45 Kim Dong, Tel. 026 385 58 88. Unweit des Marktes gelegen, ist das Hotel die derzeit beste Schlafoption der Stadt mit komfortablen Zimmern mit Bad. Das hilfsbereite Personal arrangiert auch Touren. DZ/F ab 25 US-$.
Freundlich – **Thanh Loan Hotel:** 159 Vuon Cam, Tel. 026 385 70 62, thanhloan-hotel@yahoo.com. Unweit der Brücke. 13 geräumige, einigermaßen saubere Zimmer, am besten sind die zur Straße hin. DZ/F ab 20 US-$.
Schmal und gut – **Hoang Anh Hotel:** 131 Kim Dong, Tel. 026 385 89 69. Typische mehrstöckige Unterkunft mit 19 teils recht großen Zimmern. Jene mit der Endung -01 bieten Flussblick. DZ/F 20 US-$.

Verkehr

Bus: Vom **Bến Xe Khách Cao Bằng** an der Pac Bo unweit der Brücke bestehen mehrere Verbindungen nach Thai Nguyen (168 km, 4–5 Std.), Hanoi (272 km, 7 Std.) und Lang Son (131 km, 4 Std.).
Mietwagen: Autos mit Fahrer für Ausflüge lassen sich über die Hotels besorgen.

BAN-GIOC-WASSERFALL UND NGUOM-NGAO-HÖHLE

Von landschaftlichem Reiz ist der **Wasserfall Thac Ban Gioc** (▶ K/L 2) 85 km nordöstlich von Cao Bang. Umgeben von kegelförmigen Karstbergen stürzt sich an der chinesischen Grenze der Quay-Son-Fluss auf einer Breite von 300 m in mehreren Kaskaden in die Tiefe. Ein Teil des Wassers fällt auf chinesischen Boden. Am beeindruckendsten ist das Naturspektakel in den regenreichen Monaten Mai bis September (40 000 VND). Unweit davon liegt die 2 km lange Kalksteinhöhle **Dong Nguom Ngao** (50 000 VND).

Lang Son ▶ L 4

Die 250 m ü. d. M. gelegene Provinzhauptstadt **Lạng Sơn** ist von Cao Bang (131 km) und Hanoi (154 km) aus gut zu erreichen und kann im Rahmen einer mehrtägigen Rundfahrt besucht werden.

Lang Son

Der Ban-Gioc-Wasserfall bietet in regenreichen Monaten ein eindrucksvolles Schauspiel

In der ebenfalls Lang Son genannten Provinz leben ca. 750 000 Menschen, zumeist Angehörige ethnischer Minderheiten wie Nung und Tay. Die Bevölkerung lebt vorwiegend vom Anbau landwirtschaftlicher Produkte, vor allem Reis, Mais, Maniok und Obst. Wirtschaftlich profitiert die Region inzwischen vom Handel mit dem nahen China, was unschwer in den Märkten und Geschäften zu sehen ist. Der Grenzübergang in Dong Dang liegt nur 18 km entfernt.

Auch Lang Son wurde 1979 Opfer chinesischer Zerstörungswut. Bis heute ist die Stadt am Ky-Cung-Fluss keine Schönheit und touristisch nur als Basis für den Besuch umliegender Höhlen und Tempel relevant. Durch einen pittoresken Karstberg windet sich die über 500 m lange Tropfsteinhöhle **Dong Nhi Than** mit unterirdischem Fluss. Sehenswert ist zudem die 1779 etwas oberhalb erbaute **Chùa Tam Giáo** (Pagode der drei Religionen) zur Verehrung von Buddha, Laotse und Konfuzius (tgl. 6–18 Uhr, je 20 000 VND). Von ihr führt ein Weg ins Innere der **Tam-Thanh-Höhle**. Einheimische zieht es am Wochenende zum 1541 m hohen **Nui Mau Son,** ca. 15 km nordöstlich der Stadt.

Übernachten

Modernes Stadthotel – **Muong Thanh Lang Son:** 68 Ngo Quyen, Tel. 025 386 66 68, www.langson.muongthanh.com. 124 Zimmer, zwei Restaurants, Pool, Spa und eine Bar. Für Sportliche gibt's einen Tennisplatz, für Sänger Karaoke. DZ/F ab 35 US-$.

Essen & Trinken

Eine Spezialität ist gefüllte, geröstete That-Khe-Ente, *vịt quay thất khê*.
Lokale Spezialitäten – **New Century:** Am Phai-Loan-See, tgl. 10–22 Uhr. Bei einheimischen Familien beliebtes Gartenlokal mit vietnamesischen Speisen ab 40 000 VND.

Verkehr

Bahn: Zwischen dem Ga Lạng Sơn und dem Ga Long Biên in Hanoi verkehren 2 x tgl. langsame Züge (4,5–5 Std.).
Bus: Tgl. mehrere Busse nach Hanoi (154 km, 3 Std.) und Cao Bang (131 km, 4 Std.).

Kapitel 3

Zentralvietnam

Die stellenweise nur 50 km schmale Mitte Vietnams schiebt sich wie eine gebogene Tragestange ins Südchinesische Meer. Die Landschaft ist geprägt von den bis zu 2000 m hohen Erhebungen der »Langen Berge«, Trường Sơn, und dem Küstenstreifen. Hier wechseln sich ins Meer abfallende Höhenzüge und weite fruchtbare Mündungsgebiete der zahlreichen Flüsse ab.

Dort liegen auch die größten Städte und schönsten Strände Zentralvietnams. Viele architektonische Zeugnisse sind Relikte aus jener Zeit, als die Cham in der Region das Sagen hatten. Das Zentrale Hochland mit seiner sanft geschwungenen Mittelgebirgslandschaft ist Heimat vieler Volksgruppen und Refugium seltener Tierarten.

Wer wenig Zeit hat, ignoriert den Abschnitt zwischen Thanh Hoa und Hue und reist von Hanoi direkt nach Hue. Ansonsten fallen für diese 500 km lange Strecke drei Tage an. Die Weiterfahrt von der letzten Königsstadt gen Süden nach Ho-Chi-Minh-Stadt nimmt etwa eine Woche in Anspruch.

Eine interessante, bislang wenig wahrgenommene Variante ist der Besuch des Zentralen Hochlands. Dazu verlässt man in Qui Nhon die Küste und fährt ins 165 km entfernte Plei Ku. Dort kann man das nördlich gelegene Kon Tum besuchen und sich anschließend nach Süden wenden. In Buon Ma Thuot führt die N 26 in Richtung Meer bis ins 160 km entfernte Ninh Hoa, nördlich von Nha Trang. Es besteht auch die Möglichkeit zur Weiterfahrt von Buon Ma Thuot ins 210 km entfernte Da Lat, einen beliebten Ferienort in den Bergen.

Im Tempel der Segensreichen Wohltat, der zur
beeindruckenden Grabanlage von Kaiser Minh Mang
gehört, wurde der Nguyen-Herrscher verehrt

Auf einen Blick: Zentralvietnam

Sehenswert

Phong-Nha-Ke-Bang-Nationalpark: Vietnams größtes Karstgebiet birgt faszinierende Höhlensysteme (s. S. 233).

Hue: In der alten Kaiserstadt sind grandiose Paläste und beeindruckende Grabanlagen erhalten geblieben (s. S. 240).

Hoi An: Das heutige UNESCO-Welterbe war einst ein Welthafen, in dem sich chinesische und japanische Händler ansiedelten (s. S. 285).

My Son: Über 1000 Jahre befand sich hier das religiöse Zentrum der hinduistischen Cham (s. S. 301).

Nha Trang: In dem beliebten Badeort mit Bilderbuchstränden und attraktiven Tauchrevieren dreht sich alles um Sonne, Strand und Meer (s. S. 315).

Mui Ne: Der Kitesurfer-Treff punktet mit roten und weißen Sanddünen, bunten Fischerbooten und schönen Resorts (s. S. 332).

Da Lat: Die traditionsreiche Sommerfrische ist von Seen, Wasserfällen und immergrünen Wäldern umgeben (s. S. 346).

Schöne Routen

Über den Wolkenpass: Die Fahrt von Hue in die alte Hafenstadt Hoi An bietet an klaren Tagen herrliche Ausblick aufs Meer und die Küste (s. S. 270).

Entlang der Nationalstraße 20: Von Da Lat führt die 310 km lange Route durch schöne Berglandschaft vorbei an Wasserfällen und Plantagen (s. S. 355).

Meine Tipps

An-Dinh-Palais in Hue: Der 1918 erbaute Palast ist mit seiner verspielten Rokoko-Fassade und den reich verzierten Innenräumen ein architektonisches Juwel (s. S. 253).

Reaching Out Arts and Craft in Hoi An: Toller Kunsthandwerkladen mit Porzellan, Schmuck, Taschen und Textilien aus einer Behindertenwerkstätte (s. S. 299).

Buon Ma Thuot: Auf den Plantagen in der Umgebung wird ein ausgezeichneter Kaffee geerntet, den man in netten kleinen Cafés probieren kann (s. S. 342).

Spaziergang durch Kim Long: Im grünsten Stadtteil von Hue laden von vornehmen Mandarinen errichtete historische Gartenhäuser zum Besuch ein (s. S. 256).

Wanderungen im Bach-Ma-Nationalpark: Spektakuläre Ausblicke und Gelegenheiten zur Beobachtung seltener Vögel bieten sich in den ursprünglichen Bergwäldern zwischen Hue und Da Nang (s. S. 272).

Ausflüge in die Umgebung von Da Lat: Der beliebte Ferienort in den Bergen ist ein guter Ausgangspunkt für reizvolle Wanderungen zu Wasserfällen und Bootspartien auf den Seen (s. S. 352).

Touren durch den Cat-Tien-Nationalpark: Zu Fuß, per Jeep, Fahrrad oder Boot lässt sich eines der artenreichsten Schutzgebiete Vietnams erkunden (s. S. 356).

Von Thanh Hoa nach Hue

Wie ein Flaschenhals verengt sich Vietnam in Zentralvietnam. Bei Dong Hoi sind es nur 50 km zwischen der Grenze zu Laos und dem Meer. Die Region sieht wenige ausländische Touristen. Nicht ganz zu Unrecht, denn die Sehenswürdigkeiten sind rar gesät. Zu den Highlights zählt fraglos die Höhle von Phong Nha.

Richtung Süden

Die Provinzen zwischen dem Roten-Fluss-Delta und Hue zählen zu den ärmsten des Landes. Die sandigen Böden geben wenig her und alljährlich zwischen August und November drohen Taifune über das Land zu ziehen. Während Naturinteressierte sich vor allem für die Tropfsteinhöhle von Phong Nha interessieren mögen, wird die einstige Grenze zwischen Nord- und Südvietnam am 17. Breitengrad eher für Geschichtsinteressierte von Relevanz sein.

Thanh Hoa und Umgebung ▶ J 9

Gesichtslose Neubauten und Straßenzüge prägen das großflächige Stadtbild in der Provinzmetropole **Thanh Hoa** (200 000 Einw) – sie ist wahrlich keine Schönheit. Nur Reisenden mit besonderem historischen Interesse mag ein Halt lohnend erscheinen, da in der Umgebung einige geschichtsträchtige Orte liegen. Neben Dong Son (s. rechts) ist dies **Lam Kinh** im Tho-Xuan-Distrikt, etwa 35 km westlich (▶ H 8). Hier befindet sich die Grabstätte von Le Loi, der nach der Vertreibung der chinesischen Besatzer als König Le Thai To (reg. 1427–1433) den Thron bestieg. An ihn erinnert auch eine gewaltige Statue im Zentrum von Thanh Hoa. Bei Vinh Loc, etwa 60 km nördlich von Thanh Hoa, wartet die Provinz mit einem UNESCO-Welterbe auf, der Tay-Do-Zitadelle (s. rechts). Wer übernachten möchte, kann auch in das 16 km südöstlich gelegene Seebad Sam Son (s. S. 228) ausweichen.

Thanh Hoa hatte besonders stark unter den Auswirkungen des Vietnamkrieges zu leiden und wurde vielfach bombardiert. Bevorzugtes Ziel der US-amerikanischen Luftwaffe war die Cầu Hàm Rồng (Drachenkiefer-Brücke), die 2 km nördlich der Stadt den Song Ma überspannt. Ihr eigentümlicher Name rührt von einer schroffen Hügelkette westlich des Flusses her. Von den Franzosen 1905 errichtet, war die 165 m lange Eisenkonstruktion Ziel von Sabotageakten der Viet Minh. Später wurde sie wieder aufgebaut und 1964 von Ho Chi Minh persönlich eingeweiht. Doch nur ein Jahr danach begannen US-Bomber die ersten Einsätze zu fliegen. Dank der fünf Luftabwehrsysteme blieb die Brücke jedoch lange Zeit intakt und wurde somit zum Symbol des eisernen Widerstandes Nordvietnams. Erst sieben Jahre und über 100 Einsätze später gelang es einem US-Jet im Mai 1972, durch lasergesteuerte Bomben die Brücke komplett zu zerstören. Doch die Freude der USA währte nur kurz, schon sehr bald hatte die nordvietnamesische Armee eine provisorische Pontonbrücke errichtet.

Dong Son

Etwa 8 km nordwestlich von Thanh Hoa liegt am Ma-Fluss das Dorf **Đông Sơn.** Der Ort wäre nicht weiter erwähnenswert, würde sein Name nicht für die bedeutendste südostasiatische Kultur stehen, die sogenannte Dong-

Thanh Hoa und Umgebung

Son-Kultur. Sie markiert den Übergang von der Bronze- zur Eisenzeit und hatte zwischen dem 7. und 1. Jh. v. Chr. ihren Höhepunkt. Bei 1924 begonnenen Ausgrabungen kamen Grabbeigaben wie Dolche mit dekorierten Griffen, Waffen, Schmuck und Statuen ans Tageslicht. Eine Sensation waren jedoch die Funde reichlich verzierter, bis zu 1 m großer Bronzetrommeln. Aus den Darstellungen gut gekleideter Menschen folgern die Forscher, dass es sich um eine hierarchisch organisierte Gesellschaftsform mit ausgebildeter Oberschicht gehandelt haben muss. Bootsdarstellungen auf den Trommeln und der Fund von Holzsärgen in Bootsform legen die Vermutung nahe, dass neben dem Nassreisanbau der regionale Seehandel von Bedeutung war. Diese Annahme wird dadurch gestützt, dass in anderen Teilen Asiens wie in Südchina und Indonesien ebenfalls derartige Trommeln ausgegraben wurden. Neben dem Mündungsgebiet des 426 km langen Song Ma sind im gesamten Roten-Fluss-Delta ähnliche Grabbeigaben freigelegt worden. Wer jedoch in Dong Son großartige Ausgrabungen erwartet, wird enttäuscht. An den Fundstätten ist kaum etwas zu sehen. Die schönsten Beispiele von Dong-Son-Trommeln finden sich im Historischen Museum in Hanoi.

Tay-Do-Zitadelle
Museum tgl. 7.30–17 Uhr, 10 000 VND

Seit die »Hauptstadt des Westens«, **Thành Tây Đô,** 2011 von der UNESCO zum Welterbe erklärt wurde, verirren sich mehr Besucher nach **Vinh Loc** (▶ H 8), etwa 65 km nördlich von Thanh Hoa. 3 km südlich des Ortes steht die Zitadelle. Zwar sind nur die mächtigen Reste der 142 ha fassenden Befestigungsanlage (Thành nhà Hồ) samt vier Toren übrig geblieben, doch gelten sie als hervorragendes Beispiel einer Königsstadt, die nach Feng-Shui-Prinzipien errichtet wurde: eine quadratische Umfassungsmauer (871 m x 884 m), mit Bergen im Norden und den Flüssen Song Ma und Song Buoi im Süden. Er-

Heftige Niederschläge sind in Vietnam keine Seltenheit, doch dank des zumeist schwülen Klimas reichen Bastmatte, Hut und Plastiksack als Regenschutz aus

Von Thanh Hoa nach Hue

richtet wurde Tay Do 1397 unter König Ho Quy Ly (reg. 1400–1407), der hier den damaligen Tran-Herrscher entmachtete und die kurzlebige Ho-Dynastie begründete. Besonders sehenswert ist das dreiteilige Südtor mit bis zu 20 t schweren Steinblöcken. Die Bauzeit soll nur drei Monate betragen haben. Am Südtor gibt es ein kleines Museum.

Sam Son

Das bei Einheimischen beliebte Seebad **Sam Son,** 16 km südöstlich von Thanh Hoa, ist über eine gut ausgebaute Straße zu erreichen. Der etwa 10 km lange Sandstrand erstreckt sich vom Bergzug Truong Le im Süden bis zur Mündung des Song Ma. Aufgrund der relativen Nähe zu Hanoi machen viele Hauptstädter an verlängerten Wochenenden oder in den Sommermonaten hier Ferien.

Bereits die Franzosen hatten hier 1907 ein Seebad gegründet. Ab den 1990er-Jahren entstand eine Vielzahl von wenig ansehnlichen Minihotels. Mittlerweile gibt es auch eine Reihe guter Unterkünfte. Trotzdem verlieren sich nur wenige Ausländer hierher. Zu den Sehenswürdigkeiten zählen drei markante Felsblöcke, Hon Trong Mai genannt, auf dem Bergzug Truong Le.

Infos

Thanh Hoa Tourism: 85 Le Hoan, Tel. 037 385 25 37, www.thanhhoatourism.com.vn. Im Thanh Hoa Hotel, 25 A Quang Trung, gibt es einen Kundenschalter von Thanh Hoa Tourism. Es werden Führer und Wagen für Ausflüge vermittelt.

Übernachten

… in Thanh Hoa:
Protzig – **Lam Kinh Hotel:** Le Loi, Dong Huong, Tel. 037 394 69 46, www.lamkinhhotel.vn. Der klobige Kasten mit 222 komfortablen und geräumigen Zimmern liegt an der östlichen Ausfallstraße und wirkt insgesamt recht überladen. DZ/F ab 60 US-$.
Gute Wahl – **Sao Mai Hotel:** 20 Phan Chu Trinh, Tel. 037 371 28 88, www.saomaihotel.com.vn. Das funktionale Geschäftshotel mit 100 großen Zimmern ist eine gute Wahl. Ein effektives Businesscenter und ein solides Restaurant gehören ebenso zur Ausstattung wie Tennisplatz und Bar. DZ/F ab 35 US-$.
… in Sam Son:
Die Unterkünfte gewähren unter der Woche Preisnachlässe.
Stimmungsvoll und komfortabel – **Van Chai Resort:** Quang Cu, Tel. 037 379 33 33, www.vanchai-vn.com. Das sehr schöne Resort liegt an der nördlichen Seite des Strandes und verfügt über 82 Zimmer, davon 42 in geräumigen Villen. Viele sind im traditionellen Stil errichtet und haben Meerblick. Zu den Angeboten des Hotels gehören ein großer Pool und Spa. DZ/F ab 60 US-$.
Mit Meerblick – **Dragon Sea Hotel:** 43 Ho Xuan Huong, Tel. 037 382 66 66, www.dragonseahotel.vn. Das moderne Viersternehotel wirkt einladend, wenn auch mit etwas nüchternem Restaurant. Die 100 Zimmer mit Meerblick sind hell und gut ausgestattet. Pool und Spa im 6. Stock. DZ/F ab 30 US-$.
Funktionaler Hotelkasten – **Pacific Hotel:** 10 Le Lai, Sam Son Beach B, Tel. 037 382 38 88, www.samsonpacific.com. Neunstöckiges Ferienhotel mit 84 Zimmern, Swimmingpool, Sauna und Bar im obersten Stock. Von den vorderen Zimmern hat man Meerblick. DZ/F 25–50 US-$.

Verkehr

Bus: Vom **Bến Xe Khách Phía Tây,** nördlich des Stadtzentrums an der Nationalstraße 1, bestehen regelmäßige Verbindungen nach Hanoi (150 km, 3 Std.) und Ninh Binh (60 km, 1,5 Std.). Der **Bến Xe Khách Phía Nam,** 3 km südlich der Stadt, ist Ausgangspunkt für Fahrten nach Vinh (139 km, 3,5 Std.) und zu anderen Orten im Süden.
Bahn: Im Ga Thanh Hóa halten 7 x tgl. Züge nach Hanoi (4 Std.), 5 x tgl. nach Süden.

Vinh ▶ H 12

Vinh liegt am Nordufer des Blauen Flusses, Sông Lam, zwischen Hanoi (291 km) und Hue (368 km). Über 300 000 Einwohner leben in dieser wichtigen Industriestadt und

Vinh

Verwaltungszentrum der 16 487 km² großen Nghe-An-Provinz. Auch als Verkehrsknotenpunkt spielt die Hafenstadt eine bedeutende Rolle, denn über die gut ausgebaute Nationalstraße 8 ist man recht schnell an der nur 105 km entfernten Grenze zu Laos. Klimatisch steht die Stadt jedoch unter einem schlechten Stern. Regelmäßig wird sie von Taifunen heimgesucht, weshalb der Volksmund davon spricht, dass der Taifun in Vinh geboren worden sei und regelmäßig dorthin zurückkehre. Überschwemmungen und Trockenperioden sind ebenfalls keine Seltenheit.

Geschichte

Als Vinh 1788 unter dem Quang-Trung-Herrscher offiziell gegründet wurde, entwickelte es sich zu einer schmucken Garnisons- und Verwaltungsstadt. Der Gia-Long-König erkannte ihre strategisch wichtige Lage und ließ 1804 eine sternförmige Zitadelle errichten, die von seinen Nachfolgern, dem Minh-Mang- und dem Tu-Duc-König, verstärkt wurde.

In der Kolonialzeit avancierte Vinh zu einer Hochburg des Widerstands. Zahlreiche prominente Oppositionelle stammen aus der Provinz, wie etwa der Nationalist Phan Boi Chau (1867–1940), die von den Franzosen hingerichtete Kommunistin Nguyen Thi Minh Khai (1910–1941) und ihr Vorbild und Geliebter Ho Chi Minh. In diesem ohnehin armen Gebiet drückte die Last der kolonialen Ausbeutung besonders schwer. Nachdem die Weltwirtschaftskrise von 1929 und mehrere Naturkatastrophen die Bevölkerung weiter ins Elend gestürzt hatten, kam es am 1. Mai 1930 zum Aufstand. Angeführt von kommunistischen Räten – den sogenannten Sowjets – besetzten über 10 000 Arbeiter und Bauern Verwaltungsgebäude, Fabriken und Plantagen. In den Folgemonaten formierte sich eine radikalisierte Bewegung, die sich nach den beiden betroffenen Provinzen, Nghệ An und Hà Tĩnh, Xô Viết Nghệ Tĩnh (Nghe-Tinh-Räte) nannte. Erst nach einem Jahr und unter Anwendung brutalster Gewalt gelang es französischen Elitetruppen, den Aufstand niederzuschlagen.

Während des Vietnamkrieges nahm Vinh mit seinem Hafen als wichtiger Knotenpunkt des Ho-Chi-Minh-Pfades eine Schlüsselstellung ein. Dies zog massive Bombardierungen der US-Luftwaffe nach sich, weshalb vom ursprünglichen Stadtbild kaum etwas erhalten geblieben ist. Beim Wiederaufbau nach dem Krieg war auch die DDR engagiert, woran noch heute breite Straßen und Plattenbauviertel erinnern.

Nghe-Thin-Sowjetmuseum

10 Dao Tan, www.btxvnt.org.vn, Mo–Fr 7.30–11.30, 13.30–17.30 Uhr, Eintritt frei
Vinh bietet kaum Attraktionen. An den kommunistischen Aufstand erinnert das **Museum der Nghe-Tinh-Sowjetbewegung** (Bảo Tàng Xô Viết Nghệ Tĩnh) mit Fotos und Dokumenten. Auf dem Grundstück des Museums war während der Kolonialzeit das Gefängnis untergebracht. Im hinteren Teil des Geländes verläuft noch ein Teil des Wassergrabens, der einst die Zitadelle umgab. Während die Außenmauer der Befestigungsanlage nahezu verschwunden ist, sind die drei Tore noch erhalten geblieben. Zwei davon liegen in der Nähe des Museums.

Übernachten

Für mehr Geld – **Saigon Kim Lien Hotel:** 25 Quang Trung, Tel. 038 383 88 99, www.saigonkimlien.com.vn. Das beliebte Geschäftshotel mit 80 Zimmern, dem stadtbesten Restaurant, Pool und Businesscenter liegt im Herzen der Stadt. Gutes Preis-Leistungs-Verhältnis. Am Tourschalter können Sie Ausflüge buchen. DZ/F ab 65 US-$.
Zentrale Lage – **Thuong Hai Vinh Hotel:** 26 Le Loi, Tel. 038 358 94 86, www.thuonghaivinhhotel.com. Optisch eher nüchtern, bietet der Zehn-Etagen-Klotz im Herzen von Vinh 86 solide, geräumige Zimmer zu einem guten Preis. DZ/F ab 25 US-$.

Essen & Trinken

Auf den Trottoirs der Straßen Le Loi und Phan Boi Chau gibt es eine Reihe von Garküchen und kleinen Ausschankstellen mit Fassbier, *(bia hoi)*. Vielerorts werden die beliebten Erdnusskekse *kẹo cu đơ* angeboten. Auch Reissuppe mit Aal, *cháo lươn*, ist eine Spezialität von Vinh.

Gute Suppen – **Dung Men:** 55 Le Loi, tgl. 9–22 Uhr. Die Ortsansässigen lieben die guten Reisnudelsuppen *(phở)*, sei es mit Huhn *(gà)* oder aber mit Rind *(bò)*. Da stört auch das einfache Ambiente nicht. Suppen ab 25 000 VND.

Gutes Seafood – **Minh Hong:** 3 Phan Boi Chau, tgl. 8–22 Uhr. Die ganze Spannbreite vietnamesischer Gerichte, allen voran Seafood, und günstige Preise machen es zu einer beliebten Adresse. Ab 25 000 VND.

Abends & Nachts

Passable Bierauswahl – **Vuvuzela Beer Club:** 45 Quang Trung, Tel. 038 392 98 98, tgl. 10–23 Uhr. Gehört zu einer kleinen Kette und hat eine annehmbare Auswahl an Biersorten. Das Essen ist so lala, die Musik laut und Bildschirme bieten Dauerberieselung. Biere ab 30 000 VND.

Verkehr

Ca. 100 km südwestlich von Vinh befindet sich der laotisch-vietnamesische Grenzübergang Cau Treo/Lak Xao (tgl. 8–17 Uhr). Über ihn kann man auch nach Thailand weiterreisen.

Flugzeug: Der **Vinh Airport,** Tel. 038 385 27 77, liegt 3 km nördlich der Stadt. Derzeit bestehen 2 x tgl. Verbindungen nach Hanoi und 3 x tgl. nach Ho-Chi-Minh-Stadt. Eine Taxifahrt zum Flughafen kostet ca. 40 000 VND. **Vietnam Airlines,** 43 Dinh Le, Tel. 038 359 57 77; **Jetstar,** 254 Nguyen Van Cu, Tel. 038 355 05 50; **Viet Jet Air,** 129 Nguyen Van Cu, Tel. 038 860 88 88.

Bahn: Im **Ga Vinh** am westlichen Ende der Phan Boi Chau besteht 11 x tgl. Anschluss nach Hanoi (5–6 Std.), 6 x tgl. gen Süden.

Bus: Vom **Bến Xe Vinh** an der 77 Le Loi, Tel. 038 383 51 82, starten mehrere Busse nach Thanh Hoa (139 km, 3,5 Std.) und Hanoi (291 km, 8 Std.). Zudem ist er Ausgangspunkt für Busverbindungen in Richtung Süden, darunter Dong Hoi (197 km, 4–5 Std.) und Hue (368 km, 8–9 Std.). 4 x wöchentlich fahren Busse über den Grenzübergang Ky Son (Nam Khan)/Nong He ins laotische Phonsavan (403 km, 10 Std.) und 1 x tgl. nach Luang Prabang (20 Std.). Vom **Bến Xe Chợ Vinh** hinter dem Stadtmarkt verkehren Busse nach Tay Son (ehemals Trung Tam) unweit der laotischen Grenze.

Taxi: In Vinh gibt es genügend Taxis mit Taxameter, mit denen man auch die Fahrten nach Kim Lien (s. u.) und Cua Lo (s. S. 231) unternehmen kann.

Kim Lien ▶ H 12

Hoang Tru

Elternhaus Ho-Chi-Minh April–Sept. tgl. 7–11.30, 14–17, Okt.–März tgl. 7.30–12, 13.30–17 Uhr, Eintritt frei; man kommt aber kaum umhin, jeweils ein Blumengebinde zu 10 000 VND zu erwerben, das vor einer Statue Ho Chi Minhs niedergelegt wird

Etwa 12 km westlich von Vinh liegt wohl Vietnams bedeutendster nationaler Wallfahrtsort, das Dorf **Hoang Tru** – auch Làng Chùa genannt – in der Gemeinde **Kim Lien.** Hier, in der Heimat seiner Mutter, erblickte der Nationalheld Ho Chi Minh am 19. Mai 1890 unter dem Namen Nguyen Sinh Cung das Licht der Welt und verbrachte die ersten fünf Jahre.

Besucher können die **Wohnstatt der Familie** besichtigen: zwei schlichte Bambushäuser mit Palmblattdächern. Dabei handelt es sich um Rekonstruktionen, die von den Dorfbewohnern 1959 zu Ehren ihres Präsidenten errichtet wurden. Abgesehen von wenigen Dokumentationen gibt es nicht viel zu sehen.

Lang Sen

Öffnungszeiten und Eintritt s. Hoang Tru, oben

Nachdem sein Vater Nguyen Sinh Sac in Hue die konfuzianische Ausbildung als Zweitbester des Jahrgangs abgeschlossen hatte, zog er 1901 mit seinen drei Kindern ins nur 2 km entfernte »Lotosdorf«, **Làng Sen,** das heute ebenfalls zu Kim Lien gehört. Dort arbeitete der mittlerweile verwitwete Sac – seine Frau Hoang Thi Loan war 1901 verstorben – als einfacher Dorfschullehrer. Im Mai 1906 ließ sich der Gelehrte in Hue nieder, um im Ministerium für Riten zu arbeiten. Seine beiden Söhne Cung und Khiem sandte er an das renommierte Quoc-Hoc-Gymnasium.

Auch in Làng Sen steht ein 1955 errichteter Nachbau des einstigen **Wohnhauses** mit wenigen Exponaten. In einem nahen **Museum** werden Memorabilien und Fotodokumentationen gezeigt.

Verkehr

Taxi: Für den Halbtagsausflug nach Kim Lien kann man sich in Vinh ein Taxi oder Mopedtaxi mieten (hin und zurück ca. 400 000 VND bzw. 100 000 VND).

Cua Lo ▶H 11

Das Seebad **Cửa Lò**, eines der schönsten Zentralvietnams, liegt 18 km nordöstlich von Vinh. Entlang der rund 10 km langen Strand zieht sich zwischen Meer und dem Strandboulevard Binh Minh ein grüner Streifen mit Kasuarinen. Sie spenden Schatten und verhindern die Erosion. Als Cua Lo 1994 zur Stadt erhoben wurde, gab es nur acht Unterkünfte. Heute reiht sich eine Vielzahl von Hotels entlang dem Binh-Minh-Boulevard. Sie sind vorwiegend auf einheimische Urlauber ausgerichtet, die während der Hauptsaison zwischen Juni und September den Ort in Massen bevölkern.

Übernachten

Komfortzone für Ruhesuchende – **Saigon Kim Lien Resort:** 80 Binh Minh, Tel. 038 395 28 99, www.saigonkimlien.com.vn. Freundliches Resort mit 80 komfortablen Zimmern, nur wenige Minuten vom Cua-Lo-Strand entfernt. Gutes Restaurant und großes Schwimmbad. DZ/F ab 95 US-$.

Modernes Hochhaus – **Muong Thanh Grand Cua Lo:** 232 Binh Minh, Tel. 038 394 86 66, www.grandcualo.muongthanh.com. Hoch erhebt sich der 286-Betten-Kasten an der Strandstraße und zählt zu den ersten Adressen des Seebads. Modern eingerichtete Zimmer, drei große Restaurants, Spa und Pool – ein Hotel, wie es betuchte Einheimische lieben. DZ/F ab 50 US-$.

Funktional, aber nicht schön – **Green Hotel:** Binh Minh, Tel. 038 394 95 95. Das »Grüne Hotel« (Khách sạn Xanh) ist außen eher blau und verfügt über 183 klimatisierte Zimmer. Sehr freundlich geführt, mit Pool, Massage, Sauna und Einkaufsmöglichkeiten. DZ/F 30–50 US-$.

Essen & Trinken

Entlang dem Strand gibt es während der Sommermonate herrliche Seafoodgerichte. Zudem bietet das Restaurant des **Saigon Kim Lien Resort** gute Küche.

Aktiv

Bootstouren – Bootsfahrten zu den vorgelagerten Inseln **Hon Ngu, Hon Chu** und **Hon Mat**, wo man hervorragend schnorcheln kann, sind sehr beliebt. Sie sind noch nicht touristisch organisiert, man muss einfach schauen, ob man mitgenommen wird.

Verkehr

Am besten fährt man von Vinh mit dem **Taxi** nach Cua Lo; Kosten ca. 180 000 VND.

Über den Ngang-Pass

▶ K 13

Auf der Höhe des 18. Breitengrads bildet der bis zur Küste verlaufende Hoành Sơn (waagerechter Berg) eine natürliche Barriere, den **Ngang-Pass** (Đèo Ngang). Hier verlief bis zum Jahr 1069 die Grenze zwischen den Reichen Dai Viet und Champa. Dann erweiterte König Ly Thanh Tong (reg. 1054–1072) auf Kosten der Cham sein vietnamesisches Imperium bis nach Lao Bao, heute an der Nationalstraße 9. Nachdem der Gia-Long-Herrscher Anfang des 19. Jh. die »Straße der Mandarine« von Hanoi nach Saigon angelegt hatte, ließ sein Nachfolger, der Minh-Mang-König, hier das »Tor des Waagerechten Berges«, **Hoành Sơn Quan,** zur Eintreibung von Steuern erbauen. Während der französischen Kolonialzeit avancierte der Pass zur Grenze zwischen den beiden Protektoraten Tongking im Norden und Annam im Zentrum. Daran er-

Von Thanh Hoa nach Hue

Auf dem Streckenabschnitt zwischen Dong Hoi und Dong Ha führt der Ho Chi Minh Highway über atemberaubende Bergpässe und durch üppige Regenwälder

innert bis heute die auf der Passhöhe errichtete **Porte d'Annam.** Seit 2005 müssen sich die Fahrzeuge nicht mehr über die bis 256 m ansteigende Passstraße mühen, sondern können den 495 m langen **Ngang-Pass-Tunnel** (Hầm Đèo Ngang) benutzen.

Als eine weitere historische Grenze diente einst der **Gianh-Fluss** (Sông Gianh), der sich südlich des Hoanh Son von den Bergen Richtung Meer windet. Hier verlief ab 1673 über ein Jahrhundert hinweg die Trennlinie zwischen den Machtbereichen der Familien Trinh im Norden und Nguyen im Süden.

Dong Hoi ▶ K 14

Eingebettet in eine attraktive Landschaft, mit einer Bergkette im Westen und Dünen entlang der Küste, schmiegt sich **Đồng Hới** recht harmonisch an die Mündung des Song Nhat Le. Erst langsam findet sich die Hauptstadt der Provinz Quang Binh auch auf der Routenkarte internationaler Touristen wieder. Dies liegt vor allem an ihrer Nähe zum Phong-Nha-Ke-Bang-Nationalpark. Doch auch als Stranddestination hat Dong Hoi einiges zu bieten. Von Mai bis September herrschen hier sommerlich-tropische Temperaturen mit weit über 30 °C. Dies ist die Zeit, in der fast ausschließlich einheimische Touristen zum stadtnahen **Nhat Le Beach** pilgern, der sich zwischen Fluss und Meer erstreckt.

Die Stadt mit heute etwa 130 000 Einwohnern ist ein weiterer Ort Zentralvietnams, der unter den heftigen Bombardierungen während des Vietnamkrieges und den Folgen der sozialistischen Einheitswirtschaft immens gelitten hat. Doch nun schlägt sich der wirtschaftliche Aufschwung auch hier nieder, was an den vielen neuen Häusern unschwer zu erkennen ist.

Der Aufstieg der Stadt liegt nicht zuletzt am Ausbau des Straßennetzes, denn hier verlaufen die beiden großen Nord-Süd-Verbindungen, die Nationalstraßen 1 A und 5, in streckenweise geringer Entfernung parallel nebeneinander. Zudem gibt es über den Nu-Gia-Pass eine offizielle Verbindung mit Laos, das nur 50 km Luftlinie entfernt ist. Dong Hoi kann sich rühmen, an der schmalsten Stelle des Landes zu liegen.

Eine gute Auswahl an Hotels und das von Einheimischen gepriesene Angebot an Gerichten mit Fisch und Meeresfrüchten sind Grund genug, in der Provinzhauptstadt Dong Hoi einen Stopp einzulegen. Man kann entlang der Promenade oder über die Brücke spazieren, um die bunten Fischerboote auf dem Nhat-Le-Fluss zu beobachten. Auch der Markt an der Me-Suot-Straße lohnt sich.

Infos
Quang Binh Tourism: 102 Ly Thuong Kiet, Tel. 052 382 82 28, Mo–Fr 10–17 Uhr. Die offizielle Tourismusbehörde vermittelt Wagen und Führer, günstiger ist es bei den Hotels.

Übernachten
Entlang der Tran Hung Dao und der nördlichen Verlängerung der Quach Xuan Ky gibt es eine Reihe preiswerter Minihotels.
Luxus am Meer – **Sun Spa Resort:** My Canh, Bao Ninh, Tel. 052 384 29 99, www.sunsparesortvietnam.com. Sehr schöne Anlage auf der Landzunge zwischen Meer und Fluss mit 234 Zimmern und Suiten. Viele Sportmöglichkeiten, Spa, Pool, drei gute Restaurants. DZ/F ab 75 US-$, Suite ab 100 US-$.
Stattlich groß – **Saigon Quang Binh Hotel:** 20 Quach Xuan Ky, Tel. 052 382 22 76, www.sgquangbinhtourist.com.vn. Schönes Businesshotel an der Flusspromenade. Die 95 Zimmer sind komfortabel eingerichtet. Zum Angebot zählen Pool, Tennisplatz, Businesscenter und Massage. DZ/F ab 55 US-$, Suite um 115 US-$.
Spartanisch – **Nam Long Hotel:** 22 Ho Xuan Huong, Tel. 052 382 18 51, www.namlonghotels.com. Das nur einen Steinwurf vom Fluss entfernte Hotel – den man von den oberen Etagen sehen kann – zählt zu den freundlicheren Unterkünften der Stadt. Die 12 klimatisierten Zimmer sind funktional und recht sauber. DZ ohne Frühstück ab 20 US-$.

Essen & Trinken
Zu den Spezialitäten zählt *cháo lươn,* eine leckere Aalsuppe. Mehrere Garküchen gruppieren sich rund um den Markt.
Solide Küche – **Anh Dao Restaurant:** Tieu Khu 4, Hai Dinh, Tel. 052 382 08 89, tgl. 11–22 Uhr. Neben dem Hoang-Linh-Hotel. Präsentiert eine große Auswahl an vietnamesischen Gerichten. Um 40 000 VND.

Verkehr
Bahn: Der **Ga Đồng Hới** liegt ca. 3 km westlich des Stadtzentrums und ist über die Straßen Tran Hung Dao und Ly Thuong Kiet erreichbar. Es gibt 7 x tgl. Verbindungen nach Hanoi (486 km, 9–10 Std.) sowie 5 x tgl. nach Hue (172 km, 3 Std.) und weiter nach Süden.
Bus: Vom **Bến Xe Đồng Hới,** etwa 1 km westlich der Post an der Tran Hung Dao, Tel. 052 382 21 50, starten Busse über Dong Ha (94 km, 1,5 Std.) nach Hue (172 km, 3 Std.). An der Nationalstraße kann man Busse gen Norden, z. B. nach Vinh (195 km, 4–5 Std.), heranwinken. Dong Hoi ist offizieller Stopp der Open-Tour-Busse zwischen Hue und Hanoi, die an diversen Cafés in der Ly Thuong Kiet halten.

❀ Phong-Nha-Ke-Bang
▶ H–K 14/15

Seit die UNESCO 2003 den erst zwei Jahre zuvor etablierten Nationalpark in die Welterbeliste aufgenommen hat, steigt die Besucherzahl kontinuierlich. **Phong Nha-Kẻ Bàng** ist Teil einer der größten und mit 400 Mio. Jahren auch ältesten Karstlandschaften Südostasiens und zieht sich bis nach Laos – wo bei gleichem Landschaftsbild weitere Nationalparks existieren. Mit 858 km² ist dieses vietnamesische Schutzgebiet etwas kleiner als Berlin.

Flora und Fauna lassen die Herzen der Forscher höherschlagen, da weite Teile der bewaldeten Berglandschaft kaum erforscht sind. Ein Viertel der bislang 2500 identifizierten Pflanzenarten wird als Rarität eingestuft. Auch bei den Tieren sind viele seltene Exemplare zu finden, darunter Hatinh-Languren, Rotschenklige Kleideraffen, Saola-Rinder und Riesenmuntjaks. Da der Nationalpark ein lukratives Gebiet für Wilderer ist, hat der Kölner Zoo eine Auffangstation für konfiszierte Wildtiere etabliert (s. Thema S. 236).

Die nur per Boot erreichbare Phong-Nha-Höhle gleicht einem bunten Märchenreich aus Stalagmiten und Stalaktiten

Das Besucherzentrum befindet sich in dem Dorf **Son Trach,** 55 km nordwestlich von Dong Hoi, und ist über die ausgebauten Nationalstraßen 1 A und 5 gut zu erreichen. Individuell sollte man den Nationalpark nicht erkunden, aber es gibt immer mehr Anbieter von Trekkingtouren, darunter Hai's Eco Conservation Tour (Bamboo Café, Son Trach, Tel. 09 62 60 68 44, www.ecophongnha.com).

In der bergigen Karstlandschaft gibt es ausgedehnte Höhlensysteme mit Hunderten von einzelnen Grotten und kilometerlangen unterirdischen Flussläufen, darunter zwei der längsten Höhlensysteme Asiens: das bislang auf über 79 km erforschte **Phong-Nha-Höhlensystem** und das über 43 km lange **Vom-Höhlensystem.** Während Letzteres für Touristen nicht zugänglich ist, kann bei Ersterem ein Teilstück sogar mit schmalen Booten befahren werden, denn aus den vielen Wasserläufen, die in den Tiefen des Kalksteinmassivs entspringen, formiert sich der Son-Fluss. Er windet sich durch die Phong-Nha-Höhle und tritt schließlich einige Kilometer vor Son Trach ans Tageslicht.

Von Son Trach beginnen die motorisierten Boote ihre Fahrt flussaufwärts in Richtung Berge, die in ihren bizarren Formen wie eine natürliche Opernkulisse wirken. Bevor der Son-Fluss im Berg verschwindet, legt das Boot für den Besuch der 980 m langen **Hang Tiên Sơn** (Himmelsberghöhle) an. Ihr Eingang liegt etwas erhöht. Für den beschwerlichen Aufstieg über steile Treppen entschädigt die fantasievoll beleuchtete Märchenwelt aus Stalagmiten und Stalaktiten. Unten wieder angelangt, geht es mit dem Boot ein Stück weiter, bis der Fluss im Inneren der Phong-Nha-Höhle, **Động Phong Nha,** verschwindet. Nach etwa 600 m und einem kleinen Spaziergang entlang einer Seitengrotte wird die Rückfahrt angetreten. Die Gesamtdauer der Bootsfahrt beträgt einschließlich der Höhlenbesichtigungen drei bis vier Stunden.

Ebenfalls zum Phong-Nha-Höhlensystem gehört die erst 2005 entdeckte, 31,4 km lange **Động Thiên Đường** (Paradieshöhle). Mit einer Breite von bis zu 100 m und einer Höhe von bis zu 150 m zählt sie zu den größten Vietnams und entfaltet eine atemberaubende Pracht fantasiereicher Stalagmiten- und Stalaktitenformationen. Der erste Kilometer der Höhle ist ausgeleuchtet und dank Holzsteg gut begehbar, sechs weitere Kilometer sind nur mit Guide zu erkunden. Festes Schuhwerk und gute Kondition sind notwendig, denn bis zum Eingang sind über 500 Stufen zu bewältigen. Die Höhle liegt knapp 30 km südlich von Son Trach. Man fährt die N 5 bis Km 16 und folgt dort einer Straße etwa 7 km.

Die weltweit größte Höhle liegt nicht weit entfernt: Es ist die 1991 entdeckte, aber erst 2009 erstmals erforschte **Hang Sơn Đoòng** (Bergflusshöhle). Mit einer 200 m hohen, 150 m breiten und 5 km langen Kammer kann sie sogar einen Wolkenkratzer aufnehmen. Info und Buchung: www.oxalis.com.vn.

Infos

Das **Besucherzentrum** mit Bootsanleger befindet sich im Dorf Son Trach, Tel. 052 367 51 56, tgl. 7–16.30 Uhr. Ein Boot kostet rund 320 000 VND, der Eintritt für Hang Phong Nha und Hang Tien Son 105 000/56 000 VND, für die Thien-Duong-Höhle 175 000 VND.

Übernachten

Landidyll – **Phong Nha Farmstay:** Cu Nam, Tel. 052 367 51 35, 094 475 98 64, www.phong-nha-cave.com. Engagiert geführtes Gästehaus mit Zimmern und Schlafsaal. Vielseitige Ausflugsangebote. DZ ab 40 US-$.
Vier-Bett-Zimmer – **Easy Tiger Hostel,** Son Trach, Tel. 052 367 78 44, www.easytigerhostel.com. Gut managt, mit Pool. Bett ab 8 US-$.

Essen & Trinken

Im Dorf gibt es viele einfache Lokale, die Nudelsuppen oder Reisgerichte anbieten.

Verkehr

In Dong Hoi kann man sich für den Halbtagestrip ein **Taxi** für 40 US-$ oder aber ein **Honda Om** für 200 000 VND mieten.

Entmilitarisierte Zone

▶ L/M 15/16

Viele Veranstalter in Hue bieten sogenannte DMZ-Tours an, Tagesausflüge zur **Demilitarized Zone.** So wurde der insgesamt 10 km breite entmilitarisierte Streifen entlang dem Ben-Hai-Fluss auf der Höhe des 17. Breitengrades genannt. Hier verlief die auf der Genfer Konferenz beschlossene Grenze zwischen Nord- und Südvietnam. Weder Soldaten noch fremde Truppeneinheiten sollten sich dort aufhalten. Für 1956 wurden gesamtvietnamesische Wahlen anvisiert. Tatsächlich fanden diese Wahlen nie statt und das Gebiet beiderseits des Grenzstreifens wurde so heftig bombardiert wie kaum ein anderer Landstrich. Die Jahre 1965 bis 1972 waren besonders schlimm, denn mit aller Macht wollten die USA den Nachschub von Waffen und das Eindringen kommunistischer Kämpfer über den Ho-Chi-Minh-Pfad unterbinden. Dazu dienten mehrere Militärstellungen und ab 1967 die sogenannte McNamara-Line, ein milliardenteurer Elektrozaun entlang der Grenze mit Sensoren, die jede Bewegung registrieren sollten. Genutzt hat dies bekanntlich kaum etwas. Denn zu keinem Zeitpunkt war der Ho-Chi-Minh-Pfad unterbrochen.

Reisenden von Dong Hoi ins 94 km weiter südlich gelegene **Dong Ha** bietet sich heute indes ein gänzlich anderes Bild: fruchtbare Reisfelder und Kokospalmen entlang der

Achtung Blindgänger

Jährlich kommt es zu 1000 durch detonierende Blindgänger und Landminen verursachten Unfällen. Über 800 000 »Unexploded Ordnance« (UXO), wie sie auf Warnschildern bezeichnet werden, sollen noch landesweit in der Erde liegen, viele davon in den Provinzen Quang Tri und Quang Binh. Achten Sie daher darauf, wohin Sie treten, und folgen Sie nur den vorgegebenen Pfaden. Berühren Sie niemals unbekannte metallische Gegenstände.

Gejagt und gequält

Ob Affe oder Zibetkatze – viele seltene Tierarten drohen auszusterben, weil sie als Delikatesse gelten oder man ihnen Heilkräfte nachsagt. Trotz strenger Gesetze blüht in Vietnam der illegale Handel mit Wildtieren. Einige deutsche Zoologen versuchen, diesen Trend zu stoppen.

Die stolze Kobra, die sich auf dem Küchenboden windet, hat nur noch kurze Zeit zu leben. Schon greift der Koch zum Messer, schlitzt ihren Bauch auf, entnimmt Herz und Gallenblase und bereitet Fleisch und Innereien für ein köstliches Mahl vor. Den Fleckenroller, eine seltene Schleichkatzenart, ereilt ein ähnliches Schicksal. Sein süßlich duftendes Fleisch macht ihn zum begehrten Braten, für den schon mal 50 US-$ hingeblättert werden. Zwar darf der Asiatische Schwarzbär – auch Kragenbär genannt – weiterhin am Leben bleiben, doch unter qualvollen Umständen. In einen engen Käfig gepfercht, rammt man ihm täglich eine Kanüle in die Seite, um *mật gấu*, die begehrte Gallenflüssigkeit, abzuzapfen. Die traditionelle Medizin schreibt ihr eine Heilwirkung zu, weshalb sie viel Geld wert ist.

Manche Speisekarte liest sich wie »Grzimeks Tierleben«, und manche Apotheke sieht aus wie das Ersatzteillager eines Zoos. Das Geschäft mit seltenen Tieren boomt, auch über die Grenzen hinaus. Vielfach kommt die Ware aus Laos und Kambodscha. Zu viele verdienen daran – vom Wilderer über den Restaurantbesitzer bis zum Zollbeamten. Und zu viele sind willens, für die begehrte Ware viel Geld zu bezahlen. Das Kernproblem liegt im Konsumverhalten der Einheimischen, gepaart mit einem fehlenden Umweltbewusstsein, meinen die Experten.

Doch es gibt auch einen Hoffnungsschimmer am Horizont. Und diese Hoffnung hat Namen. Wie jenen von Tilo Nadler. Der Zoologe ist Gründer des Endangered Primate Rescue Center beim Cuc-Phuong-Nationalpark (s. S. 193), das zu weiten Teilen von der Zoologischen Gesellschaft Frankfurt finanziert wird. Zusammen mit seinen Mitarbeitern kümmert sich der renommierte Wissenschaftler seit 1993 um konfiszierte und verletzte Primaten. Seit geraumer Zeit sind auch Mitarbeiter des Kölner Zoos aktiv, die sich auf den weitläufigen Karstwald des Phong-Nha-Ke-Bang-Nationalparks konzentrieren. Dort wurde ebenfalls eine Auffang- und Pflegestation für Wildtiere gegründet. Neben der Finanzierung und Ausbildung von Rangern stehen regelmäßige Expeditionen durch das wenig erforschte Schutzgebiet im Vordergrund. Und da gibt es durchaus Überraschungen. So hat der Zoologe Thomas Ziegler eine bislang unbekannte Otternart entdeckt. »In diesem Nationalpark entdecken Wissenschaftler jährlich neue Tierarten«, meint der Kölner Experte. Zur Finanzierung werden über den Verein Biopat (www.biopat.de) die Rechte auf die Namensvergabe verkauft. Dies nimmt zum Teil kuriose Formen an. So heißt eine neu entdeckte Geckoart nun ›Abenteuer-Wissen-Gecko‹, weil eine ZDF-Sendung die Patenschaft übernahm. Den vielen seltenen Tierarten ist es letztlich egal, wie sie heißen. Ihnen wäre schon geholfen, wenn sie ihr Leben leben könnten. Zu hoffen bleibt, dass das Engagement der Naturschützer Früchte trägt.

Entmilitarisierte Zone

Küste. Zwar leben die Bewohner weiterhin in Armut, doch ihre wirtschaftliche Lage ist weitaus besser als noch vor einigen Jahren. Wer sich für die Spuren des Vietnamkrieges interessiert, sollte nicht zu viel erwarten. Abgesehen von einigen Gedenkstätten und Relikten ist das Meiste verschwunden.

Tunnel von Vinh Moc
Sommer tgl. 6.30–17.30, Winter tgl. 7–17 Uhr, 40 000 VND

Knapp 30 km nördlich von Dong Ha befinden sich an der Mündung des Ben Hai die Tunnel von Vinh Moc (Địa Đạo Vịnh Mốc). Um dorthin zu gelangen, biegt man im Dorf Ho Xa von der N 1 A in Richtung Osten ab und fährt 15 km bis zum Meer. Da der Fluss für den Waffennachschub eine wichtige Rolle spielte, war das Gebiet Ziel zahlloser Flächenbombardierungen durch B-52-Flieger. Dabei wurden die Fischerdörfer entlang der Küste vollständig vernichtet, darunter auch Vinh Moc.

Die Bewohner begannen ab 1966, in den harten Lateritboden ein **Tunnelsystem** zu graben, das am Ende eine Gesamtlänge von über 40 km hatte. Die Gänge wurden in einer Tiefe zwischen 15 m und 23 m auf drei Ebenen angelegt. Hier spielte sich bis 1972 das tägliche Leben ab. Es gab Schulen, Schutzbunker, Versammlungsräume, Krankenstationen, wo immerhin 17 Kinder das (Kerzen-)Licht der Welt erblickten. Jede Familie bewohnte einen nur 2 m² großen Raum.

Wer weder zu groß noch zu breit ist und nicht unter Klaustrophobie leidet, kann im Rahmen einer etwa halbstündigen Führung einen 300 m langen Teilabschnitt begehen. In einem **Museum** sind Fotos und Memorabilien zu besichtigen.

Ben-Hai-Fluss
Der sich von den Bergen in Richtung Meer windende **Sông Bến Hải** verdankt seine Berühmtheit allein der Tatsache, dass er auf dem 17. Breitengrad liegt und über 21 Jahre – von 1954 bis 1975 – die Grenze zwischen Nord- und Südvietnam bildete. Zum Symbol der Vereinigung wurde die 1967 zerstörte und 1975 rekonstruierte **Hien-Luong-Brücke** (Cầu Hiền Lương). Sie wird heute nicht mehr benutzt und dient zusammen mit einem monströsen Monument als Mahnmal.

Etwa 10 km westlich der Nationalstraße 1 erstreckt sich unweit des Südufers der 14 ha große **Heldenfriedhof Truong Son** (Nghĩa Trang Liệt Sỹ Trường Sơn). Hier verteilen sich 10 633 Gräber von Märtyrern, *liệt sĩ*, wie sie auf den Grabsteinen genannt werden. Die meisten Gefallenen waren Mitglieder der Truong-Son-Einheit, die auf dem Ho-Chi-Minh-Pfad zum Einsatz kam. Nach Kriegsende wurden sie hierher umgebettet, darunter viele Namenlose. Die Gräber sind nach Landesteilen geordnet.

Dong Ha
Die Stadt **Dong Ha** ist Verwaltungszentrum der Provinz Quang Tri und nur für Touristen interessant, die eine Unterkunft benötigen. Während des Vietnamkrieges diente Dong Ha als US-Basis und wurde im Zuge der sog. Osteroffensive (auch Nguyen-Hue-Offensive genannt) ab Ende März 1972 nahezu komplett zerstört. Nach dem Krieg war das gesamte Gebiet verbrannte Erde. Zwar profitiert Dong Ha heute von der wichtigen Straßenverbindung nach Laos – von hier führt die Nationalstraße 9 bis an die 83 km entfernte laotische Grenze –, besitzt aber selbst keinerlei Sehenswürdigkeiten. Über die örtlichen Gästehäuser kann man Ausflüge zu den einstigen Kriegsschauplätzen in der Umgebung buchen.

Übernachten
Stattlicher Komfort – **Saigon Dong Ha Hotel:** 1 Bui Thi Xuan, Tel. 053 357 78 88, www.saigondonghahotel.com. Das stattliche Geschäftshotel mit 98 geräumigen Zimmern und drei Restaurants ist derzeit die erste Wahl. DZ/F 75–95 US-$.

Modernes Ambiente – **Muong Thanh Grand Quang Tri Hotel:** 68 Le Duan, Tel. 053 389 88 88, www.grandquangtri.muongthanh.com. Ein weiteres funktionales Stadthotel dieser Kette mit 175 Komfortzimmern, einem weitläufigen Restaurant sowie Pool, Fitnesscenter und Spa. DZ/F ab 40 US-$.

Von Thanh Hoa nach Hue

Gut und günstig – **Thuan An Hotel:** 9 Le Van Huu, Tel. 053 355 45 54, 053 385 27 25. Diese 18-Zimmer-Herberge ist nicht nur eine der billigsten, sondern auch eine der freundlichsten Bleiben. DZ/F 10 US-$.

Aktiv

Ausflüge – **Annam Tour:** 207 B Nguyen Du, Tel. 053 352 26 00, www.annamtour.com; **Tâm's Café:** 211 Ba Trieu, Tel. 09 05 42 59 12, www.tamscafe.jimdo.com. Touren zu den Sehenswürdigkeiten in der Umgebung.

Verkehr

Bahn: Vom **Ga Đông Hà** hat man 4 x tgl. Anschluss nach Hanoi (617 km, 12–14 Std.) und 4 x tgl. nach Hue (74 km, 1,5 Std.).
Bus: Der **Busbahnhof** liegt nördlich der Abzweigung der Nationalstraße 9 und bietet regelmäßige Verbindungen nach Dong Hoi (94 km, 1,5 Std.) und Hue (74 km, 1,5 Std.). Zudem fahren Busse zum Grenzübergang in Lao Bao (83 km, 2 Std.). Im laotischen Grenzort Dan Savan besteht Anschluss nach Savannakhet. Morgens verkehrt ein direkter **Touristenbus** von Dong Ha nach Savannakhet.

Entlang der Nationalstraße 9 ▶ L 16

Die Fahrt auf der N 9 Richtung Laos führt durch eine teils sehr schöne Mittelgebirgslandschaft. Erst in den letzten Jahren tragen die Versuche Früchte, die durch Napalmbomben und Entlaubungsmittel verbrannte Erde zu rekultivieren. Durch das Anlegen von Kaffee- und Pfefferplantagen soll das Einkommen der Bevölkerung aufgebessert werden – mit wachsendem Erfolg. In der Umgebung liegen einige alte US-Stützpunkte. So diente etwa ein aus der Ebene herausragender Berg als natürlicher Aussichtspunkt der US-Soldaten. Die Station auf dem Gipfel des als **Rock Pile** bekannten Hügels wurde per Hubschrauber versorgt. Etwas weiter, bei der Abzweigung der N 14, war die **Dakrong-Brücke** (Cầu Đa Krông) Teil des Ho-Chi-Minh-Pfads.

Ehemaliger Militärstützpunkt Khe Sanh

Museum tgl. 7–17 Uhr, 40 000 VND

Von größerem Interesse ist der ehemalige **Militärstützpunkt Khe Sanh** in der Nähe der N 9, etwa 60 km westlich von Dong Ha. »I had a brother at Khe Sanh fighting off the Viet Cong«, verewigte Bruce Springsteen in seinem Welthit »Born in the U.S.A.« jenen Ort, der auch den letzten Befürwortern des Vietnamkrieges vor Augen führte, dass die USA trotz Übermacht niemals siegen würden. Aus der Landepiste, die 1962 mit US-Hilfe in dem Hochtal angelegt wurde, erwuchs drei Jahre später ein Basislager für Elitetruppen. Dieses wurde 1967 immer häufiger Ziel von Viet-Cong-Attacken. Ende des Jahres wurden im Hochtal mehrere Einheiten der nordvietnamesischen Armee (NVA) zusammengezogen. Als sie am 21. Januar 1968 zum Angriff übergingen, folgte eine der schwersten Schlachten des Vietnamkrieges. Das Camp von Khe Sanh geriet unter Dauerbeschuss durch heranrückende NVA-Einheiten. Doch der damalige US-Präsident Johnson wollte unter allen Umständen ein zweites Dien Bien Phu vermeiden und ordnete den Einsatz von B-52-Flugzeugen an. Über 100 000 t Bomben und 10 000 t Napalm gingen während der 77 Tage währenden Schlacht allein über dem Hochtal nieder. Die Verluste waren immens: Tausende von NVA-Soldaten und 248 Angehörige der US-Armee fielen. Im Juni 1968 wurde Khe Sanh geräumt. Zurück blieb eine geschundene Landschaft, deren Wunden auch 40 Jahre später nur langsam heilen.

Ein informatives **Museum** (Bảo Tàng Chiến Thắng Khe Sanh) rekonstruiert die Kriegsereignisse aus kommunistischer Perspektive. Zu den Relikten zählen neben Bombenschrott einige Hubschrauber und ein Kampfpanzer.

Verkehr

Von Dong Ha fahren regelmäßig **Busse** entlang der Nationalstraße 9. Es empfiehlt sich jedoch, einen **Mietwagen** zu nehmen.

Vietnams Märkte bieten Hobbyfotografen eine Fülle lohnender Motive

Hue

▶ N 17

Jahrzehntelang führte das harmonisch in die Flusslandschaft eingebettete Hue ein Schattendasein. Doch nun erinnert sich Vietnams letzte Königsstadt an ihr reiches kulturelles Erbe. Liebevoll werden die beeindruckenden Palast- und Grabanlagen renoviert und alte Traditionen wiederbelebt.

Letzte Königsmetropole

Als Meisterwerk urbaner Poesie wird die letzte Königsstadt gerne bezeichnet. Zu Recht, denn kaum ein anderer Ort Vietnams ist so mit der Landschaft verwoben wie Hue. Die sanft geschwungenen Hügel im Westen, die weite Ebene bis zum nahen Meer und vor allem der träge dahinfließende »Fluss der Wohlgerüche«, **Hương Giang** (Sông Hương), bilden mit den Monumenten eine harmonische Einheit.

Ein weiteres Motto von Hue könnte lauten: »Die Könige sind tot, es leben die Könige!« Mit Vehemenz erinnert die einstige Stadt der Himmelssöhne heute an ihre verblichenen Monarchen. Das war nicht immer so. Die Zerstörungen des Krieges und die ideologische Ablehnung der feudalen Vergangenheit durch die kommunistische Führung haben den Monumenten erheblich zugesetzt. Seit aber die UNESCO 1993 die wichtigsten Anlagen in die Welterbeliste aufgenommen hat, werden die Schäden Schritt für Schritt beseitigt. Auch in Theater und Musik, ja selbst im kulinarischen Bereich wird an die Zeit der Nguyen-Herrscher angeknüpft. So hat die UNESCO im Jahr 2003 die höfische Musik *nhã nhạc* zum schützenswerten Kulturgut erklärt.

Stadt der Nguyen

Seit 1306 ist das Gebiet um Hue vietnamesisches Siedlungsgebiet. In diesem Jahr trat der Cham-König Jaya Simhavarman III. (reg. ca. 1287–1307) den Küstenstreifen an das Dai-Viet-Reich ab, um im Gegenzug eine Tochter des Königs Tran Anh Tong (reg. 1293–1314) zu ehelichen. Fatalerweise starb der Cham-Herrscher ein Jahr nach der Vermählung und die Tochter kehrte zurück. Das Gebiet aber war verloren.

Der als Thuan Hoa bekannte Küstenabschnitt – von Hoa leitet sich Hue ab – gewann jedoch erst im Jahr 1636 an Bedeutung. Damals ließ sich Nguyen Phuc Lan (reg. 1635–1648) vom Adelsgeschlecht der Nguyen in Kim Long, heute ein Stadtteil Hues, nieder. 1687 wurde die Zitadelle Phu Xuan errichtet, von der aus der Nguyen-Klan den Süden Vietnams beherrschte.

Als infolge des Tay-Son-Aufstandes die Nguyen in Bedrängnis gerieten, nutzten die rivalisierenden Trinh aus dem Norden deren Schwäche und nahmen 1774 Phu Xuan ein. Zwei Jahre später übernahmen die Tay-Son-Brüder die Kontrolle und liquidierten nahezu den kompletten Nguyen-Klan. Nur einer überlebte: Nguyen Phuc Anh, der sich ins Königreich Siam absetzte.

Glanz und Niedergang

Nach der Rückeroberung des Landes kehrte Nguyen Phuc Anh in die Stadt seiner Väter zurück und rief sich dort am 31. Mai 1802 zum *hoàng đế* – zur Erhabenen Gottheit (chin.: huangdi) – aus. Um die Einheit des erstmals in der heutigen Form erweiterten Landes zu unterstreichen, gab er seiner Ära den Titel Gia Long, wobei *gia* Teil des Stadtnamens Gia Định (heute Ho-Chi-Minh-Stadt) ist und *long* des Stadtnamens Thăng

Zitadelle 1

Long (heute Hanoi). Schritt für Schritt ließen der Gia-Long-Herrscher und seine Nachfolger die Königsresidenz nach chinesischem Vorbild anlegen. Hue wurde zu einer Art Miniaturversion von Beijing. Doch der imperiale Glanz Hues konnte nicht darüber hinwegtäuschen, dass das wiedervereinte Vietnam den bevorstehenden Herausforderungen wenig entgegenzusetzen hatte. Das starre konfuzianische Herrschaftssystem verhinderte Reformen, die angesichts der Bedrohung durch die europäischen Mächte notwendig gewesen wären. Mit dem Tod des Tu-Duc-Königs 1883 endete die Unabhängigkeit Vietnams. Die Monarchen wurden zu Marionetten der Franzosen. Hue war nicht mehr als eine selbstverliebte Residenzstadt, die in ihren Traditionen erstarrt war.

Zwei Ereignisse in den 1960er-Jahren rückten die Stadt nochmals ins Rampenlicht der Weltöffentlichkeit. Zum einen war dies 1963 die Krise infolge der Buddhistenverfolgung unter dem südvietnamesischen Präsidenten Diem, die zu Massenverhaftungen demonstrierender Mönche und Nonnen führte. Schlimmer war jedoch die Tet-Offensive Ende Januar 1968, als Truppen der Nationalen Befreiungsfront (FNL) Hue für 25 Tage besetzt hielten und etwa 3000 Bewohner niedermetzelten. Im Zuge der Rückeroberung versanken weite Teile der Zitadelle in Schutt und Asche. Am 26. März 1975 fiel Hue endgültig in die Hände nordvietnamesischer Truppen.

Nach Jahren des Niedergangs erlebt die Stadt mit heute ca. 350 000 Einwohnern seit Mitte der 1990er-Jahre einen wirtschaftlichen Aufschwung, wozu der Tourismus einen wesentlichen Beitrag leistet.

zipien. Eine kleine Abweichung betrifft die Ausrichtung der Gebäudekomplexe. Dem natürlichen Lauf des Huong Giang angepasst, sind sie nach Südosten orientiert und nicht nach Süden wie eigentlich üblich. Zum spirituellen Schutz dienten der 3 km südöstlich der Zitadelle gelegene 102 m hohe Núi Ngự Bình (Berg des Königlichen Paravents) und zwei Flussinseln: Côn Hến (Insel des Blauen Drachens) und Côn Dã Viên (Insel des Weißen Tigers). Der quadratische Grundriss der Zitadelle symbolisiert die Erde, die Thronhalle in ihrem Zentrum die Herrschaft des Königs.

Nach chinesischem Vorbild ist die Zitadelle in drei Teile gegliedert. Die **Äußere Stadt** (Kinh Thánh) – wegen ihrer massiven Befestigungsanlage Zitadelle genannt – bildet ein Quadrat mit 2235 m Seitenlänge. Darin eingeschlossen ist die ummauerte **Königsstadt** Hoàng Thành – oder »Große Einfriedung« (Đại Nội) – mit 604 m Länge und 622 m Breite, schließlich als Teil der Königsstadt ebenfalls ummauert die **Purpurne Verbotene Stadt** (Tử Cấm Thành). In der Äußeren Stadt residierten die Mandarine, heute leben hier etwa 50 000 Menschen. Die königlichen Beamten besaßen zudem im Stadtteil Kim Long teilweise heute noch erhaltene Privatresidenzen. Das einfache Volk war in umliegenden Gemeinden beheimatet.

Als der Gia-Long-Herrscher 1804 mit dem Bau der Zitadelle begann, ließ er sie zunächst durch Erdwälle und einen 23 m breiten Wassergraben schützen. Ab 1818 hatten zeitweise über 80 000 Arbeiter die Aufschüttung durch eine 6,6 m hohe und 21 m dicke Mauer zu ersetzen. Dabei fand auch die Wehrtechnik des großen französischen Festungsbaumeisters Sébastien le Prestre de Vauban

Zitadelle 1

Cityplan: S. 251
Die 520 ha große **Zitadelle** schmiegt sich an das Nordufer des Huong Giang, der an dieser Stelle eine Biegung macht. Als der Gia-Long-Herrscher diese Stelle auswählte, berücksichtigte er weitestgehend geomantische Prin-

Gut zu wissen
In Hue fallen jährlich über 3000 mm Niederschlag im Jahr, vorwiegend in den Monaten Oktober bis Dezember. Zudem startet im November die zweimonatige **Taifun-Saison.** Ein Regenschutz ist daher ebenso ratsam wie ein Blick auf die **aktuelle Wettervorhersage.**

Das Mittagstor ist das prächtigste der vier Eingangstore in die Königsstadt

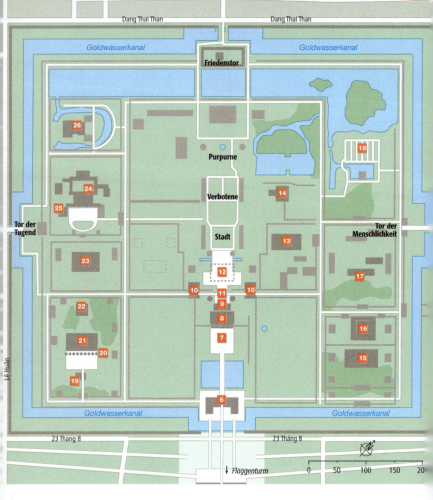

(1633–1707) Berücksichtigung, indem in die Befestigung insgesamt 24 Bastionen einbezogen wurden, die der Mauer eine gewellte Form geben. An der Nordostseite wurde der Zitadelle eine weitere, nach außen hin gezackte Bastion vorgesetzt und in ein Kanalsystem eingefügt, das parallel zum Palastgraben um die Zitadelle verläuft.

Pavillon der Frischen Luft und Flaggenturm

Auf der Hauptachse des Palastes liegt außerhalb der Zitadelle direkt am Flussufer der **Pavillon der Frischen Luft** 2 (Nghênh Lương Đình), einst Anlegestelle der königlichen Barken. Markantestes Bauwerk ist jedoch der ebenfalls auf der Achse liegende **Flaggenturm** 3 (Cột Cờ), ein 21 m hoher Betonmast, der sich auf einem mächtigen Unterbau mit drei Terrassen von jeweils 6 m Höhe erhebt. Anstelle der 1807 zum ersten Mal gehissten 4 x 3,6 m großen Herrscherfahne weht hier heute die Landesflagge.

Neun Heilige Kanonen 4

Auf beiden Seiten des freien Platzes zwischen Flaggenturm und Mittagstor stehen die **Neun Heiligen Kanonen** (Cửu Vị Thần

Hue – Königsstadt

Sehenswert

- **1** – **5** s. Cityplan Hue S. 251
- **6** Mittagstor
- **7** Hof des Großen Empfangs
- **8** Halle der Höchsten Harmonie
- **9** Großes Goldenes Tor
- **10** Hallen der Mandarine
- **11** Bronzegefäße
- **12** Halle der Audienzen (nicht erhalten)
- **13** Königliches Theater
- **14** Lesepavillon
- **15** Thai-Tempel
- **16** Trieu-Tempel
- **17** Schatzkammer
- **18** Co-Ha-Park
- **19** Pavillon der Glorreichen Ankunft
- **20** Neun Dynastische Urnen
- **21** The-Tempel
- **22** Hung-Tempel
- **23** Phung-Tien-Tempel
- **24** Palast der Ewigkeit
- **25** Haus der Reinheit und des Lichts
- **26** Palast des Langen Lebens
- **27**, **28**, **30** – **42**, **61** – **63** s. Cityplan Hue S. 251
- **29** s. Cityplan Hue-Zentrum S. 252
- **43** – **60** s. Karte Lang Tu Duc S. 261
- **64** – **74** s. Karte Lang Minh Mang S. 264

Cộng). 1803 ließ der Gia-Long-Herrscher diese über 10 t schweren Kanonen aus Bronzegegenständen und Waffen der Tay-Son-Brüder gießen, um so seinen Sieg zu bekunden. Die Viererguppe auf der linken Seite symbolisiert die Jahreszeiten, die Fünfergruppe auf der rechten die fünf Elemente Erde, Wasser, Luft, Feuer und Metall. Ursprünglich standen die Kanonen seitlich des Mittagstores, wurden jedoch unter dem Khai-Dinh-König an die jetzige Stelle verlegt.

Königsstadt **5**

Cityplan: S. 251; **Grundriss:** links
März–Okt. tgl. 6.30–17.30, Nov.–Febr. 7–17 Uhr, 150 000 VND, inkl. 2 oder 3 Gräber 280 000 bzw. 360 000 VND

Mittagstor **6**

Drei Brücken führen hinüber in die **Königsstadt**. Sie überspannen den Goldwasserkanal und laufen auf das hufeisenförmig gemauerte **Mittagstor** (Ngọ Môn) an der Südostseite der Königsstadt zu. Sein Name steht in zwei chinesischen Schriftzeichen (chin.: wumen) über dem mittleren Eingang. Der Minh-Mang-Herrscher ließ es 1833 nach Vorbild des gleichnamigen Tores im Kaiserpalast von Beijing errichten und wie dort mit fünf Durchgängen versehen. Das Mittagstor ist das prächtigste der insgesamt vier Eingangstore in die fast quadratische Königsstadt und dient heute als ihr offizieller Zugang. Die anderen Durchgänge heißen Hiển Nhơn (Tor der Menschlichkeit) im Osten, Chương Đức (Tor der Tugend) im Westen und Hoà Bình (Friedenstor) im Norden.

Trotz des massiven Mauerwerks wirkt es aufgrund des aufgesetzten **Pavillons der Fünf Phönixe** (Lầu Ngũ Phụng) verspielt und leicht. Im unteren offenen Pavillonteil hielt sich der Herrscher zu Paraden auf, verkündete jährlich den Mondkalender und lauschte der feierlichen Namensverlesung erfolgreicher Absolventen der Beamtenexamen. Im oberen verschlossenen Teil verfolgten die Konkubinen und die Königinmutter das Geschehen. Von besonderer Schönheit ist die Dachkonstruktion. Während der mittlere Bereich mit königlich-gelben Glasurziegeln gedeckt ist, fanden für die seitlichen Bereiche halbrunde Ziegel in grüner Glasur Verwendung. Die Dachfirste sind mit Drachen, Fledermäusen und anderen Glückssymbolen aus Porzellanscherben verziert.

Hof des Großen Empfangs **7**

»Auf dem großen Platz standen Soldaten in ihren leuchtenden und fantastischen Uniformen aufgestellt und vor ihnen in zwei Reihen die Mandarine gemäß ihrer Rangordnung; die zivilen zur Rechten, die militärischen zur Linken. Etwas weiter unten befanden sich die Eunuchen und die kaiserlichen Orches-

Frauen im Palast – zwischen Pracht und Tristesse

Das Leben in der Purpurnen Verbotenen Stadt war bis ins Detail reglementiert. Selbst die Regenten mussten sich den außerordentlich komplizierten Vorschriften beugen. Die Hauptleidtragenden waren jedoch die Palastfrauen. Abgeschnitten von der Außenwelt, fristeten die meisten von ihnen ein tristes Dasein.

Le Thi Ngoc Binh hatte Glück. Als Nguyen Phuc Anh, der spätere Gia-Long-Herrscher, im Jahr 1801 seinen Eroberungsfeldzug in Hue vollendete, nahm er die Gattin seines vertriebenen Widersachers in seinen Palast auf. Betört von ihrer Schönheit, machte er sie zu seiner dritten Hauptfrau. Bevor sie im zarten Alter von 25 Jahren verstarb, gebar sie dem Begründer der Nguyen-Dynastie vier Kinder. Auch Ngo Thi Chinh führte ein ausgefülltes Leben. Obwohl sie die Tochter eines Generals der Tay-Son-Rebellen war, erhob der Minh-Mang-Herrscher sie zur Konkubine ersten Ranges und zeugte mit ihr neun seiner insgesamt 142 Kinder.

Die meisten Palastdamen fristeten jedoch ein tristes Dasein und bekamen die Erhabene Gottheit, *hoàng đế*, so der offizielle Herrschertitel, selten zu Gesicht. Zwar gab es in Hue nie solche Exzesse wie in China, wo sich zeitweise mehrere Tausend Konkubinen in der Verbotenen Stadt drängten. Doch waren es auch hier meist über 100. Dass die »weiblichen Dämonen«, wie der Gia-Long-Herrscher sie zu nennen pflegte, nicht unbedingt harmonisch zusammenlebten, liegt auf der Hand. Vereinsamung, Langeweile und Gezänk waren in den Sechs Hallen der Konkubinen an der Tagesordnung. Für die meist jungen Frauen wurden die Verse des berühmten Dichters Nguyen Gia Thieu bittere Realität: »Der Herbstwind streicht sanft über die kalten Mauern, meine Kleider sind kalt wie Kupfer. Wie ungerecht ist es für ein armes Mädchen, im Palast zu wohnen. Ist es wegen meiner Schönheit, dass ich ein solch grausames Schicksal erleiden muss?«.

Das Leben der Palastbewohnerinnen war streng reglementiert. An der Hierarchiespitze stand die Mutter des *hoàng đế*. Nur sie – und die Großmutter, falls noch lebend – durfte den Titel einer Herrscherin, *hoàng hậu*, tragen. Es folgte die erste Hauptfrau des Königs mit dem Ehrennamen *quí phi* (Ehrwürdige hochgeschätzte Dame), der das Vorrecht auf den männlichen Thronfolger zustand. Die offiziellen Konkubinen waren seit der großen Verwaltungsreform des Minh-Mang-Königs von 1838 in vier Ränge mit insgesamt neun Graden unterteilt, gefolgt von den Hofdamen und Zofen. Nur wenige der vielen Frauen waren vom König persönlich auserwählt worden. Zumeist wurden sie ihm zugeführt. Hatte ein Mandarin beispielsweise eine besonders hübsche Tochter, so übergab er sie gerne dem König als Präsent. Um den Gesichtsverlust seiner Untertanen zu vermeiden, konnte der Herrscher schwerlich eine Kandidatin ablehnen. »Wenn ein Mandarin seine Tochter dem König als Geschenk macht, erfüllt es ihn mit Stolz. Denn damit zeigt er ihm seine Loyalität«, erklärte der Minh-Mang-König einst einem französischen Abgesandten.

Für die jungen Mädchen war es jedoch ein Gang ohne Wiederkehr. Einmal in der Verbotenen Stadt angekommen, mussten sie bis an ihr Lebensende dort ausharren und konnten nur selten ihre Familie sehen. Zu Beginn hatten sie eine harte Ausbildung zu absolvieren, um die komplizierten Regeln zu erlernen. Dies fing schon bei der Sprache an. Negativ besetzte Wörter wie Tod oder Krankheit waren verboten. Auch der Herrschername war tabu. Dann galt es, die

*Farbenpracht in der Königsstadt – doch die Fassade war trügerisch:
Die meisten Palastdamen fristeten ein trauriges Dasein*

vielfältigen Dienstleistungen rund um den *hoàng đế* zu erlernen, denn einige der Palastfrauen hatten fast ständig in der Nähe des Königs zu sein. Besonders herausfordernd waren die Mahlzeiten. Mehrere Frauen waren damit beschäftigt, dem Himmelssohn eines der durchschnittlich 50 Gerichte zu reichen. Der Franzose Charles Gosselin beschreibt das königliche Alltagsleben in seinem Buch »L'Empire d'Annam«: »Als Tu Duc herrschte, warteten jeden Tag 43 Konkubinen in seiner Residenz. 30 von ihnen waren für seinen Schutz zuständig. Die anderen 13 mussten ihn kämmen, ankleiden, seine Fingernägel maniküren, den Tabak anrichten … Nachts wachten sie als Leibwächterinnen rund um sein Drachenbett.« Auch der königliche Beischlaf war streng reglementiert. Er folgte nicht dem Lustprinzip, sondern dem unerbittlichen Kalender des Chefeunuchen. Neben Rangfolge und Fruchtbarkeitszyklus der Konkubinen war die astrologische Konstellation entscheidend. Doch da die verantwortlichen Eunuchen bestechlich waren, ließen sie sich von den Palastdamen gern hofieren.

Die Abhängigkeit der Konkubinen vom *hoàng đế* reichte über dessen Ableben hinaus. Nach dem Tod des Tu-Duc-Herrschers 1883 mussten seine 103 Konkubinen noch zwei Jahre lang im Mausoleum ausharren. Als letzte Konkubine gilt Bui Mong Diep, seit 1955 Frau Nr. 2 des Bao-Dai-Königs. Sie starb 87-jährig am 26. Juni 2011 in Paris.

ter. Zu jeder Seite stand ein königlicher Elefant in feierlicher Aufmachung, ein Mann hielt den Ehrenschirm über dem Führer.« So beschreibt W. Somerset Maugham eine Zeremonie anlässlich des Tet-Festes 1923 im **Hof des Großen Empfangs** (Sân Đại Triều), der sich an das Mittagstor und den Thai-Dich-See anschließt. Solche Zeremonien fanden an Königsgeburtstagen, Neujahrstagen und bei Gedenkveranstaltungen statt. Dabei dienten kleine Steinstelen an der Seite zur korrekten Aufstellung der Teilnehmer.

Halle der Höchsten Harmonie 8

Der König saß auf dem Thron in der nördlich anschließenden **Halle der Höchsten Harmonie** (Điện Thái Hoà). Die 44 m breite und 30,5 m tiefe Halle ist mit Abstand das schönste Gebäude des Palastkomplexes. 1833 ließ der Minh-Mang-König die gewaltige Holzkonstruktion auf einer erhöhten Plattform errichten. Im Inneren stützen 80 massive Eisenholzsäulen ein Parallelldach *(trùng thiềm điệp ốc)*, das aus zwei hintereinanderliegenden Satteldächern besteht und auf allen vier Seiten von leicht geneigten Fußwalmdächern umgeben ist. Zusätzliche Vordächer schützen die Vorder- und Rückseite. Diese Dachkonstruktion ist typisch für Hue, denn sie bietet für die alljährlich wiederkehrenden Taifune weniger Angriffsfläche als die sonst üblichen Walmdächer. Mit Gedichten und Blumenbildern gestaltete Bronzeplatten füllen die Lücke zwischen Fußwalm- und Satteldach aus. Der Dachfirst ist mit Drachendarstellungen verziert, dem Symbol des Herrschers. Wie einst ist die Halle bis auf den Thron, einige dekorative Vasen und Möbelstücke leer.

Purpurne Verbotene Stadt

Hinter der Halle der Höchsten Harmonie begann die abgeschlossene **Purpurne Verbotene Stadt** (Tử Cấm Thành). Ihr Name bezieht sich auf den Verborgenen Purpurnen Bereich (chin.: *ziweiyuan*) im Himmel, wo sich der chinesischen Astronomie zufolge auch der Polarstern befindet. Wie dieser Fixstern als Zentrum des Firmaments und Sitz des himmlischen Herrschers gilt, so ist die Purpurne Verbotene Stadt Zentrum der Erde. Sie war von einer 324 x 290 m messenden Mauer umgeben und teilte sich in einen offiziellen Bereich im Süden und einen privaten Bereich im Norden, wo die Konkubinen lebten. Von den ursprünglich 40 Gebäuden sind fast alle verschwunden, so auch das **Große Goldene Tor** 9 (Đại Cung Môn). 1947 wurde es vollständig zerstört und wird derzeit rekonstruiert. Mit weit geschwungenen Dächern und Schnitzereien war es einst das prachtvollste Portal innerhalb der Königsstadt und diente als Haupteingang zum offiziellen Teil der Verbotenen Stadt.

Dazu gehörten auch die beiden seitlich gelegenen **Hallen der Mandarine** 10 (Tả Vu und Hữu Vu), die den hohen Beamten zum Ankleiden und zur Vorbereitung der Zeremonien dienten. Dekorativen Charakter haben zwei **Bronzegefäße** 11 beidseitig des Tores, die 1660 (links) und 1662 (rechts) unter dem Fürsten Nguyen Phuc Tan (reg. 1648–1687) anlässlich seines Sieges über die rivalisierenden Trinh gegossen wurden. Dem Dai Cung Mon gegenüber lag die ebenfalls vollständig zerstörte **Halle der Audienzen** 12 (Điện Cần Chánh).

Im östlichen Bereich der Verbotenen Stadt reihten sich weitere Gebäude- und Gartenanlagen. Sie dienten den Regenten zum Freizeitvergnügen oder zur kulturellen Erbauung, wie etwa das 1826 unter dem Minh-Mang-Herrscher errichtete **Königliche Theater** 13 (Duyệt Thị Đường). Der rekonstruierte Bau dient heute mehrmals täglich Vorführungen höfischer Tänze und Musikstücke (s. S. 268). Der fünf Jahre zuvor vollendete zweistöckige **Lesepavillon** 14 (Thái Bình Lâu) im nördlichen Anschluss war dem König für seine Tee- und Lesestunden vorbehalten. Die überladene Dekoration aus bunten Porzellanscherben und glasierten Mosaiksteinen an Außenmauern und Dachfirst verleihen dem Bau eine heitere Leichtigkeit.

Östliche Hofkomplexe

Parallel zur mittleren Achse mit den Haupthallen verliefen beidseitig weitere Achsen, auf denen sich ummauerte Hofkomple-

Königsstadt

Der erste Eindruck täuscht: Die den Nguyen-Herrschern geweihten Urnen unterscheiden sich in Gewicht, Größe und Dekoration

xe mit Wohngebäuden oder Tempelhallen aneinanderreihten. Im Osten waren dies im ersten ummauerten Komplex der **Thai-Tempel** 15 (Thái Miếu), 1804 vom Gia-Long-König erbaut und seinen Vorfahren geweiht, und der anschließende **Trieu-Tempel** 16 (Triệu Miếu). Ebenfalls 1804 errichtet, war er dem Ahnherrn des Nguyen-Klans, Trieu To, und seiner Frau gewidmet. Dann folgten die **Schatzkammer** 17 (Phủ Nội Vụ) und zuletzt der **Co-Ha-Park** 18 (Vườn Cơ Hạ) mit Teichen. Die ursprünglichen Gebäude wurden weitgehend zerstört und sollen in Zukunft rekonstruiert werden.

Westliche Hofkomplexe

Auf der westlichen Seitenachse reihen sich insgesamt vier ummauerte und durch Wege abgetrennte Hofkomplexe hintereinander. Der erste steht ganz im Zeichen der verstorbenen Nguyen-Herrscher und ist nochmals in drei Areale untergliedert. Auf einen schmalen Innenhof folgt der Hauptbereich, den man durch den 1822 vollendeten **Pavillon der Glorreichen Ankunft** 19 (Hiển Lâm Các) betritt. Mit einer Höhe von 13 m überragte dieser Pavillon bis 1945 alle anderen Gebäude von Hue.

Auf der Nordseite des Pavillons der Glorreichen Ankunft reihen sich die **Neun Dynastischen Urnen** 20 (Cửu Đỉnh) aneinander. Zwischen 1,9 t und 2,6 t schwer, ließ der Minh-Mang-König sie in den Jahren 1835 bis 1837 gießen. Später wurden bei sieben von ihnen die posthumen Namen von Königen hinzugefügt. Die Außenseiten der gewaltigen Urnen sind mit Darstellungen von Landschaften, mythischen Wesen und Pflanzen verziert, welche die Einheit und den Wohlstand des Landes versinnbildlichen sollen.

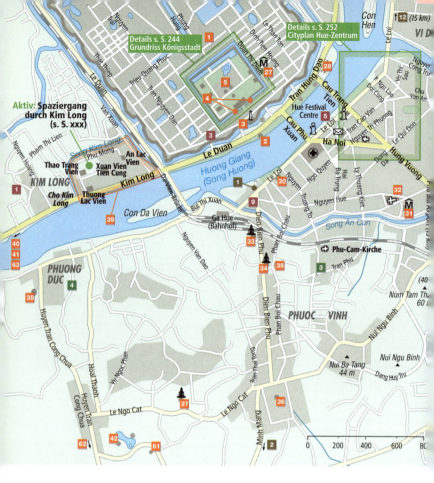

An der Stirnseite des Hofes liegt der gewaltige **The-Tempel** 21 (Thế Miếu) zur Verehrung der Nguyen-Könige. In seiner Gestalt folgt der 1822 vollendete Bau der Halle der Höchsten Harmonie. Ursprünglich wurden hier sieben der insgesamt 13 Nguyen-Könige verehrt. 1959 kamen drei weitere Altäre für die im Exil verstorbenen Könige hinzu.

Im hinteren ummauerten Bereich steht der **Hung-Tempel** 22 (Hưng Miếu) zur Verehrung der Eltern des Gia-Long-Königs.

Der zweite Hofkomplex ist nahezu unbebaut. Hier sind die wenigen Reste des **Phung-Tien-Tempels** 23 (Điện Phụng Tiên) zu finden, in dem die Palastfrauen die Vorfahren der Dynastie verehrten.

Der dritte ummauerte Komplex ist weitgehend restauriert worden. Hier residierte die Mutter des Herrschers, die am Hof hohes Ansehen genoss. Das größte Gebäude, der **Palast der Ewigkeit** 24 (Cung Diên Thọ), geht auf das Jahr 1804 zurück. Hier empfing die Königsmutter ihre Gäste, was ausgestellte Fotos zeigen. Im 1927 erbauten zweistöckigen Haus links daneben, dem **Haus der Reinheit und des Lichts** 25 (Lầu Tịnh Minh), lebte bis zu ihrem Tod 1933 Königin Tanh Cung, die erste Frau des Dong-Khanh-Herrschers (reg. 1886–1888). Später hielt sich dort zeitweilig der letzte König Bao Dai auf.

Im letzten Komplex steht der 1843 erbaute **Palast des Langen Lebens** 26 (Cung

Hue

Sehenswert
- **1** Zitadelle
- **2** Pavillon der Frischen Luft
- **3** Flaggenturm
- **4** Neun Heilige Kanonen
- **5** Königsstadt
- **6** – **26** s. Grundriss Königsstadt S. 245
- **27** Antiquitätenmuseum
- **28** Dong-Ba-Markt
- **29** s. Cityplan Hue-Zentrum S. 252
- **30** Quoc-Hoc-Schule
- **31** An-Dinh-Palais
- **32** Notre-Dame-Kathedrale
- **33** Chua Bao Quoc
- **34** Chua Tu Dam
- **35** Phan-Boi-Chau-Gedenkstätte
- **36** Altar für Himmel und Erde
- **37** Chua Tu Hieu
- **38** Tiger-Arena
- **39** Gartenhäuser von Kim Long
- **40** Chua Thien Mu
- **41** Dien Hon Chen
- **42** Lang Tu Duc
- **43** – **60** s. Karte Lang Tu Duc S. 261
- **61** Lang Dong Khanh
- **62** Lang Khai Dinh
- **63** Lang Minh Mang
- **64** – **74** s. Karte Lang Minh Mang S. 264

Übernachten
- **1** La Résidence Hotel & Spa
- **2** Pilgrimage Village
- **3** – **10** s. Cityplan Hue-Zentrum S. 252
- **11** Vedana Lagoon Resort & Spa
- **12** Ana Mandara Hue

Essen & Trinken
- **1** Tha Om Garden House
- **2** s. Cityplan Hue-Zentrum S. 252
- **3** Les Jardins de la Carambole
- **4** s. Cityplan Hue-Zentrum S. 252
- **5** Ancient Town Restaurant
- **6** – **8** s. Cityplan Hue-Zentrum S. 252
- **9** Tai Phu
- **10**, **11** s. Cityplan Hue-Zentrum S. 252

Einkaufen
- **1**, **2** s. Cityplan Hue-Zentrum S. 252
- **3** Phuoc Vinh
- **4** Phuong Duc

Abends & Nachts
- **1** – **5** s. Cityplan Hue-Zentrum S. 252

Aktiv
- **1** s. Cityplan Hue-Zentrum S. 252

Truờng Sanh), in dem die Großmutter des Herrschers lebte. Mit dem halbmondförmigen See und weiteren Hallen bildete dieser Hof einst ein harmonisches Ensemble, wartet jedoch auf eine grundlegende Restaurierung.

Antiquitätenmuseum **27**
3 Le Truc, tgl. 7–17.30 Uhr, mit Ticket der Königsstadt 150 000 VND
Verlässt man die Königsstadt durch das Tor der Menschlichkeit (Cửa Hiển Nhơn) nach Osten, gelangt man bereits nach wenigen Schritten zum Long-An-Palast, der das **Antiquitätenmuseum** (Bảo Tàng Cổ Vật) birgt. Der Palast mit dem weit heruntergezogenen Dach und dem reichen Schnitzwerk an Balken und Türen gehört zu den schönsten Gebäuden von Hue.

Ursprünglich 1845 unter dem Thieu-Tri-Herrscher (reg. 1841–1847) innerhalb der Königsstadt errichtet, wurde es nach dessen Tod zum Gedenktempel umgewidmet, musste aber nach der Besetzung von Hue durch die Franzosen 1885 geschlossen werden. Duy Tan (reg. 1907–1916) ließ den Prachtbau 1909 ab- und an der jetzigen Stelle als Bibliothek wieder aufbauen.

Seit dem Jahr 1923 ist hier eine umfangreiche Sammlung von Utensilien und Möbeln aus der Königsstadt untergebracht, darunter Porzellangefäße, Bronzefiguren, Münzen, Gewänder, künstliche Bonsais aus Jade und ein Dau-Ho-Ballspiel.

Dong-Ba-Markt **28**

Cityplan: links
Tgl. 7–18 Uhr
Der **Chợ Đông Ba** liegt südöstlich der Zitadelle zwischen Tran Hung Dao und dem Fluss der Wohlgerüche. Von außen scheint

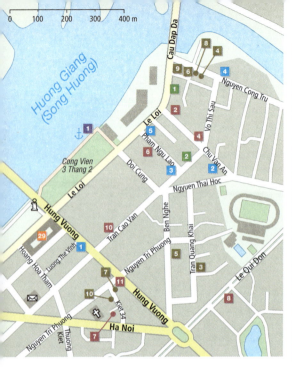

Hue – Zentrum

- 9 Huenino Hotel
- 10 Binh Duong III
- 11, 12 s. Cityplan Hue S. 251

Essen & Trinken

- 1 s. Cityplan Hue S. 251
- 2 The Tropical Garden
- 3 s. Cityplan Hue S. 251
- 4 Hang Me
- 5 s. Cityplan Hue S. 251
- 6 Phuoc Thanh Garden
- 7 Nina's Café
- 8 Lien Hoa
- 9 s. Cityplan Hue S. 251
- 10 Stop and Go Café
- 11 Hong Phuong

Einkaufen

- 1 Seductive
- 2 Vu Ngoc Style
- 3, 4 s. Cityplan Hue S. 251

Sehenswert

- 29 Saigon Morin Hotel
- 1 – 5, 27, 28, 30 – 42,
- 6 – 26 Königsstadt S. 245
- 43 – 60 Lang Tu Duc S. 261
- 61 – 63 Cityplan Hue S. 251
- 64 – 74 Lang Minh Mang S. 264

Übernachten

- 1, 2 s. Cityplan Hue S. 251
- 3 Villa Hue Hotel
- 4 Hue Serene Palace
- 5 Cherish Hotel
- 6 Holiday Diamond Hotel
- 7 Binh Minh Sunrise I
- 8 Hue Four Seasons Hotel

Abends & Nachts

- 1 Imperial Hotel
- 2 Brown Eyes Bar
- 3 Bar Why Not?
- 4 Secret Lounge
- 5 DMZ Bar

Aktiv

- 1 Bootsanlegestelle

---

der Betonbau hässlich und kalt, doch innen und um ihn herum herrscht die typische farbenprächtige Anarchie eines vietnamesischen Marktes. Ein sehr beliebte Mitbringsel sind die konischen *nón bài thơ* (Hüte der Poesie), die zwischen zwei Schichten von Blättern der Latanpalme im Scherenschnitt angefertigte Motive besitzen.

Im hinteren Marktbereich entlang dem Fluss befindet sich die Abteilung für Gemüse und Fleisch. Seitlich des Markts verkaufen Stände *mứt gừng*, Ingwerbonbons, und *kẹo mè xửng*, süßen Klebreis mit Sesam.

Europäisches Viertel

Cityplan: oben

Auf der Südseite des Huong Giang liegt das sogenannte **Europäische Viertel**, in dem sich heute die meisten Hotels und Restaurants befinden. Seit 1899 ist es über die Trang-Tien-Brücke (einst Pont Clémenceau) und zwei später hinzugefügte Brücken mit dem nördlichen Stadtteil verbunden. Entlang der parallel zum Huong Giang verlaufenden Le-Loi-Straße – in der Kolonialzeit nach dem damaligen Ministerpräsidenten

Rue Jules Ferry genannt – entstanden ab 1875 eine Reihe repräsentativer Kolonialbauten, die teilweise noch heute existieren.

Saigon Morin Hotel 29

Mit Abstand das schönste koloniale Bauwerk ist das **Saigon Morin Hotel**. Es öffnete 1901 als Grand Hotel Bogaert seine Pforten und wurde sechs Jahre später von Wladimir Morin übernommen, dessen Namen es bis heute trägt. Die Morin-Familie besaß in Da Nang, Ba Na und Qui Nhon weitere Hotels. Präsident Diem konfiszierte das Gebäude 1957 und übergab es der Universität von Hue. Später diente es als Institut für Naturwissenschaften und wurde erst 1990 wieder in ein Hotel umgewandelt (30 Le Loi).

Quoc-Hoc-Schule 30

Einige Hundert Meter weiter südwestlich liegt ebenfalls an der Le Loi der markante rötliche Gebäudekomplex der **Quoc-Hoc-Schule** (Trường Quốc Học). Als die Bildungseinrichtung 1896 gegründet wurde, stand sie nur Söhnen der Königsfamilie und Mandarine offen, die dort von meist französischen Lehrern unterrichtet wurden. Ab 1915 konnten alle Familien ihre Kinder dorthin schicken. Zu den prominentesten Schülern zählen Ho Chi Minh und General Vo Ngyuen Giap. Auch heute noch ist sie eine angesehene Oberschule.

An-Dinh-Palais 31

150 Nguyen Hue, Di–So 7–16.30 Uhr, 20 000 VND

Das **An-Dinh-Palais** (Cung An Định) wurde 1918 unter dem Khai-Dinh-Herrscher nach einjähriger Bauzeit am An-Cuu-Fluss eingeweiht und seinem Sohn, dem späteren Bao-Dai-König, vermacht. Der wohnte hier nach seiner Abdankung 1945 zeitweise mit Familie. In den 1920er-Jahren stockte man ein drittes Geschoss auf und erbaute auf der Rückseite ein heute verschwundenes Theater. Mit deutscher Hilfe restauriert, entfaltet das Gebäude mit verspielten Rokoko-Fassade und den üppig verzierten Innenräumen seinen alten Glanz. Der Dekor ist stilistisch ein wunderbarer französisch-vietnamesischer Mix. Die Eingangshalle ist mit Bildern der Königsgräber geschmückt.

Notre-Dame-Kathedrale 32

Tgl. 17–19 Uhr und zu Gottesdienstzeiten

An der Nguyen Hue erhebt sich die imposante **Notre-Dame-Kathedrale** (Dòng Chúa Cứu Thế). Sie wurde 1962 von Bischof Ngo Dinh Thuc, dem 1976 exkommunizierten älteren Bruder Präsident Ngo Dinh Diems, nach dreijähriger Bauzeit eingeweiht. Das gestaffelte Dach des Turms ist von ostasiatischen Pagodendächern inspiriert. Als Baumaterial fand Stahlbeton Verwendung, der durch eingefasste Eisenträger stabilisiert wird, weshalb das 72 m lange Schiff ohne Säulen auskommt. Der massive Altar ist aus einem Stück Marmor gefertigt.

Im Süden der Stadt

Cityplan: S. 251

Entlang der beiden Ausfallstraßen Dien Bien Phu und Phan Boi Chau, die fast parallel aus der Stadt in Richtung Süden bis zum Altar für Himmel und Erde (Đàn Nam Giao) führen, reihen sich einige bedeutende buddhistische Klöster und andere Sehenswürdigkeiten aneinander.

Chua Bao Quoc 33

Tgl. 7–18 Uhr, Eintritt frei

Kurz hinter der Bahnlinie führt ein Seitenweg zur Nationalen Pagode, **Chùa Báo Quốc**. 1674 erstmals in einer Inschrift erwähnt, wurde sie seitdem mehrfach verändert. 1747 erhob Fürst Nguyen Phuc Khoat (reg. 1738–1765) sie zur Nationalen Pagode und stellte sie unter seine Patronage. Die heutigen Gebäude stammen aus dem Jahr 1957. Damals musste das Kloster, das durch Verwitterung und Termitenfraß baufällig geworden war, komplett erneuert werden. Als im Zuge von Reformbestrebungen 1948 eine Schule für Mönche und Nonnen angeschlossen wurde, avancierte die Chua Bao Quoc zu einem bedeutenden Zentrum für die Erneuerung des

Buddhismus. Ab 1963 war das Kloster für einige Jahre ein Hort des Widerstandes gegen Präsident Diem und seine Nachfolger.

Die Anlage strahlt mit den Gärten und Grabstupas verstorbener Mönche eine friedliche Atmosphäre aus. In der Haupthalle lohnt sich ein Blick in den hinteren Raum, wo Statuen bedeutender Äbte verehrt werden.

Chua Tu Dam 34
Tgl. 7–18 Uhr, Eintritt frei

Vor einer Verbindungsstraße zwischen Dien Bien Phu und Phan Boi Chau liegt auf etwas erhöhtem Grund eines der größten buddhistischen Klöster der Stadt, die **Chùa Từ Đàm**. Sie wurde 1683 von dem aus China geflohenen Mönch Minh Hoang Tu Dung gegründet. Die heutigen, wenig interessanten Gebäude stammen aus dem Jahr 1936, als das Reformkloster zum Zentrum der Studiengesellschaft. An Nam Phật Học wurde. Diese ging 1951 in die erste gesamtvietnamesische Buddhistische Vereinigung Vietnams auf, die in der Chua Tu Dam ihre Gründungsversammlung abgehalten hatte. Auch diese Pagode spielte während der Anti-Diem-Demonstrationen eine zentrale Rolle und wurde vom katholischen Mob geplündert und schwer beschädigt. Aus Protest verbrannte sich ein Mönch am 16. August 1963 an jener Stelle, wo sich heute ein Lotosteich befindet.

Phan-Boi-Chau-Gedenkstätte 35
Tgl. 8–11.30, 14–16 Uhr, Eintritt frei

Gegenüber der Chua Tu Dam liegt die **Phan-Boi-Chau-Gedenkstätte** (Khu Di Tích Lưu Niệm Cụ Phan Bội Châu). Sie erinnert an den gleichnamigen Mandarin und Freiheitskämpfer, der hier seine letzten 15 Lebensjahre verbrachte und nach seinem Tod im Innenhof begraben wurde. 1867 in Vinh geboren, gründete der Intellektuelle 1903 die Erneuerungsgesellschaft (Duy Tân Hội) mit

Drachenboote am Parfümfluss: Viele dieser bunten Gefährte transportieren nicht nur Touristen, sondern dienen zugleich einer Familie als Wohnung

Im Süden der Stadt

dem Ziel einer modernen Republik. Lange Jahre musste er im Exil in Japan und China verbringen. Nach mehreren gescheiterten Umsturzversuchen wurde Phan Boi Chau 1925 in Shanghai verhaftet und zum Tode verurteilt. Nach Protesten stellten ihn die Franzosen 1925 hier unter Hausarrest, wo er bis zu seinem Tod 1940 lebte. 1974 wurde im Hof die 7 t schwere Bronzebüste aufgestellt.

Altar für Himmel und Erde 36
Tagsüber geöffnet, Eintritt frei

Etwa 3 km südlich des Stadtzentrums, am Ende der Dien Bien Phu, erhebt sich der **Altar für Himmel und Erde** (Đàn Nam Giao). Hier führten die Nguyen-Könige als Söhne des Himmels (*thiên tử*, chin.: *tianzi*) zwischen 1806 und 1945 Opferzeremonien durch, um ihre Herrschaft religiös zu rechtfertigen und die Harmonie zwischen Himmel und Erde zu erneuern. Bei den mehrtägigen Nam-Giao-Feiern wirkten bis zu 5000 Personen mit. 1807, ein Jahr nach der Fertigstellung, fanden unter dem Gia-Long-Herrscher kurz nach dem Tet-Fest die ersten Nam-Giao-Feierlichkeiten statt. In einer langen Prozession ließ der König sich vom Palast zur Altarstätte bringen, um sich zunächst zur geistigen Reinigung für drei Tage in den Fastenpalast (Trai Cung) zurückzuziehen. Die Hauptzeremonie begann am vierten Tag um zwei Uhr morgens und dauerte drei Stunden. Dabei wurden Rauch- und Tieropfer dargebracht. Da die Zeremonien äußerst kostspielig waren, führten der Thanh-Thai-König (reg. 1889–1907) und seine Nachfolger sie nur noch alle drei Jahre durch. Seit einigen Jahren werden die Nam-Giao-Feiern wieder gelegentlich abgehalten.

Die Anlage war ursprünglich von einer Mauer (390 x 265 m) umgeben, die jedoch ebenso verschwunden ist wie die Pavillons zur Vorbereitung der Zeremonien. Der **Altar** ist noch intakt und besteht aus drei Ebenen. Auf zwei quadratischen Terrassen mit einer Seitenlänge von 165 m bzw. 83 m ruht eine runde Plattform mit einem Durchmesser von 40,5 m und einer Höhe von 2,8 m. Quadrat und Kreis symbolisieren dabei Erde und Himmel. Rund um den Dan Nam Giao wachsen zahlreiche Pinien, die von Mandarinen und Angehörigen des Königshauses gepflanzt wurden. Eine kleine **Ausstellungshalle** zeigt historische Aufnahmen.

Chua Tu Hieu 37
Tgl. 7–18 Uhr, Eintritt frei

Vom Dan Nam Giao führt die Le Ngo Cat in Richtung Westen zu einigen Königsgräbern. Nach etwa 1 km markieren hinter einer Siedlung rechter Hand zwei Obelisken die Zufahrt zur inmitten eines Pinienwaldes gelegenen Pagode des Mitgefühls, **Chùa Từ Hiếu**. Schon wegen der stimmungsvollen Lage lohnt sich der Besuch. Das buddhistische Kloster ist heute auch deshalb bekannt, weil der durch zahlreiche Bücher auch in Europa beachtete Mönch Thich Nhat Hanh dort seine Novizenzeit verbrachte. Die Ursprünge des Klosters gehen auf das Jahr 1843 zurück, als der Mönch Thich Nhat Dinh an seiner Stelle eine Einsiedelei erbauen ließ. Fünf Jahre später nahmen sich die am Königshof lebenden Eunuchen des Klosters an und ließen es mehrfach erweitern. Manche Eunuchen zogen sich im Alter hierher zurück, einige fanden in der Chua Tu Hieu auch ihre letzte Ruhestätte. Für ihren Seelenfrieden finden heute noch täglich um 11 und 16 Uhr Gedenkzeremonien statt.

Tiger-Arena 38
Jederzeit zugänglich, Eintritt frei

Westlich der Chua Tu Hieu liegt in einer Schleife des Huong Giang die **Tiger-Arena** (Hổ Quyền). Das ovale Bauwerk mit bis zu 1,1 m dicken Außenmauern und einem Durchmesser von 44 m geht auf den Minh-Mang-Herrscher zurück. Er ließ das Miniaturkolosseum 1830 anlegen, nachdem die zuvor auf einem freien Feld abgehaltenen Schaukämpfe zwischen Tigern und Elefanten zu gefährlich geworden waren. Für die stolzen Tiere ging es um Leben und Tod, wobei der Sieger allerdings vorab feststand. Den mächtigen Elefanten als Symbol der königlichen Herrschaft waren die Tiger letztlich unterlegen, hatte man ihnen doch zuvor Zähne

Hue

SPAZIERGANG DURCH KIM LONG

Tour-Infos
Dauer: halber Tag
Kosten: bislang kein Eintritt, Spende erbeten
Wichtige Hinweise: Mehrere der sogenannten Gartenhäuser können besucht werden. Offizielle Besichtigungszeiten gibt es zwar nicht, doch empfiehlt sich ein Besuch am Vormittag oder späten Nachmittag, auf keinen Fall aber während der Mittagszeit. Bitte den Bewohnern gegenüber unbedingt respektvoll verhalten!
Karte: Häuser s. Cityplan Hue S. 251

Im Süden rahmen der Huong Giang, im Osten die Zitadelle und im Westen der schmale Kim-Long-Kanal die Siedlung **Kim Long** ein. Die meisten der einstöckigen Häuser sind nach dem traditionellen Architekturprinzip *ba gian hai chái*, drei Abteilungen und zwei Seitenräume, erbaut und gruppieren sich jeweils um einen großen Innenhof. Sie liegen vorwiegend entlang der Phu-Mong-Gasse, die von der Kim-Long-Straße zwischen den Hausnummern 68 und 70 in Richtung Norden abzweigt. Dazu gehören:
Thuong Lac Vien: Das Gebäude geht auf den Prinzen Le Van Yen, der es Ende des 19. Jh. errichten ließ, zurück. Später wurde es jedoch mehrfach umgebaut. Dem Prinzen ist ein Schrein gewidmet (20 Phu Mong).
Thao Trang Vien: Das Haus mit angeschlossenem Lokal zählt mit seinem 1800 m² großen Garten, der französisch beeinflussten Fassade und den dekorierten Innenräumen zu den schönsten von Kim Long. Der Mandarin Ton That Thuyet erbaute es im frühen 20. Jh. (34 Phu Mong).

Xuan Vien Tieu Cung: In diesem Haus, in einer von der Phu Mong rechts abgehenden Seitenstraße, lebte zwischen 1894 und 1909 der Minister für Riten, Pham Huu Dien. Im Garten sind noch viele alte Bäume und Sträucher zu finden (22/3 Phu Mong).

An Lac Vien: Das von einem Minister des Thanh-Thai-Königs errichtete Gebäude aus dem Jahr 1888 liegt eingebettet in ein 2000 m² großes Grundstück mit einem üppigen Garten und einer Fischzucht. Heute lebt hier die dritte und vierte Generation der Ministerfamilie (54/7 Phu Mong).

und Krallen gezogen. Das letzte der normalerweise jährlich abgehaltenen Gemetzel fand 1904 statt.

Am Parfümfluss entlang

Cityplan: S. 251

Eine interessante Fahrradtour führt entlang dem Huong Giang stadtauswärts zur 4 km entfernten Chua Thien Mu. Auf dem Rückweg kann man einen kleinen Abstecher nach Kim Long unternehmen.

Gartenhäuser von Kim Long 39

Der Stadtteil **Kim Long** (Goldener Drache) schließt sich im Westen unmittelbar an die Zitadelle an und rühmt sich, die Heimat der Nguyen zu sein. Tatsächlich ließ sich Fürst Nguyen Phuc Lan im Jahr 1636 dort nieder, um den Machtbereich seines Klans auszuweiten. Mitte des 17. Jh. durften hier auf Einladung der Nguyen katholische Missionsorden Klöster gründen. Auch heute reihen sich entlang der parallel zum Fluss verlaufenden Kim-Long-Straße mehrere Klöster und Seminare.

Ab dem 19. Jh. wurde Kim Long zum Nobelviertel von Hue, nachdem eine zunehmende Zahl von Mandarinen und Ministern auf großen Grundstücken vornehme Gartenhäuser *(nhà vườn)* errichtete. Einige davon stehen unter Denkmalschutz und können im Rahmen eines gemütlichen Spaziergangs durch die Gassen besichtigt werden (s. links). In den üppig-grünen Gärten wachsen u. a. Bambus, Bananenstauden, Mango- und Rosenapfelbäume.

Chua Thien Mu 40

Tgl. 7–18 Uhr, Eintritt frei

Entlang der parallel zum Fluss der Wohlgerüche verlaufenden Straße – oder wesentlich beschaulicher per Boot – gelangt man zum Wahrzeichen von Hue, der Pagode der Himmlischen Mutter, **Chùa Thiên Mụ.** Auf dem Rücken des Nui Ha Khe gelegen, überblickt sie die stimmungsvolle Flusslandschaft. Ihr Ursprung geht auf eine Legende zurück, derzufolge eine Frau mit weißen Haaren und rotem Gewand erschienen sei, um den Bau einer Pagode durch einen König vorherzusagen. Dies nahm der Fürst Nguyen Hoang (reg. 1558–1622) zum Anlass, an dieser Stelle 1601 ein Kloster zu errichten. Seitdem ist die Chua Thien Mu mit dem Nguyen-Klan besonders verbunden. Viele Fürsten und Könige haben sie vergrößert und verschönert.

Von der Straße führt eine steile Treppe auf den Hügel zum ummauerten Klostergelände, an dessen Beginn der 21 m hohe **Turm der Quelle des Glücks,** Tháp Phước Duyên, thront. Das achtseitige Bauwerk stammt aus dem Jahr 1844 und ist mit seinen sieben Stockwerken den fünf sogenannten Manushi-Buddhas *(như lai)* gewidmet, die dem Mahayana-Buddhismus zufolge in menschlicher Gestalt erschienen sind. Je zwei Pavillons flankieren den Turm und bergen vorwiegend Stelen mit Inschriften.

In einem weiteren Pavillon hinten links hängt eine 2 t schwere **Glocke** aus dem Jahr 1710, die im Auftrag von Fürst Nguyen Phuc Chu (1692–1715) gegossen wurde.

Durch ein dreiteiliges **Tor,** das zwölf grimmige Wächterfiguren zum Schutz des Klosters birgt, betritt man dann die eigent-

Hue

liche Tempelanlage. An der Stirnseite eines gepflegten Gartens befindet sich die **Haupthalle** (Điện Đại Hùng) mit Altären zur Verehrung von Buddhas, Bodhisattvas und Arhats. Ihr hinterer Teil dient als Mönchsunterkunft.

Ein **seitliches Gebäude** birgt neben dem Refektorium für die Mönche eine Garage mit einem alten Austin. Es ist jener Wagen, mit dem der 73-jährige Mönch Thich Quang Duc sich am 11. Juni 1963 in Saigon zu einer belebten Kreuzung fahren ließ, sich in Meditationshaltung niedersetzte und von Begleitern mit Benzin übergossen wurde, bevor er sich selbst anzündete. Mit seiner Selbstverbrennung demonstrierte der Mönch gegen die Buddhistenverfolgung durch Präsident Diem.

Im hinteren Geländebereich folgen zwei weitere Hallen sowie am Ende ein einzelner **Grabstupa** des im Jahr 1993 verstorbenen Abtes Thich Don Hau.

Dien Hon Chen [41]
Tgl. 8–17 Uhr, 40 000 VND

Bei der Weiterfahrt per Boot flussaufwärts erreicht man nach etwa 5 km den **Điện Hòn Chén**. Er schmiegt sich an den Ngọc Trản Sơn (Jadetassenberg), der seinen Namen von einem Trichter an der Spitze erhielt. Das heutige Bauensemble geht auf das Jahr 1886 zurück, als der Dong-Khanh-Herrscher den Tempel aus Dankbarkeit für seine Thronbesteigung erneuerte.

Beim Dien Hon Chen wird der für Vietnam so typische religiöse Synkretismus besonders deutlich, denn aus der ursprünglich an dieser Stelle von den Cham verehrten Göttin Yang Po Inu Nagar (s. auch Po Nagar in Nha Trang, s. S. 315) machten die Vietnamesen die Himmlische Mutter, Thiên Yana. Die Figur wird im erhöht liegenden Haupttempel **Dien Hue Nam** verehrt. Alljährlich am 15. Tag des siebten Mondmonats wird ihr zu Ehren ein Tempelfest begangen, zu dem Pilger mit geschmückten Booten kommen.

Daoistische Elemente sind in der **Chua Thanh** unten am Fluss erhalten, wo der General Quan Cong verehrt wird.

Königsgräber

Cityplan: S. 251

Im Süden von Hue verteilen sich insgesamt sieben Königsgräber. Sie sind in unterschiedlichem Zustand, denn während des Krieges lagen die meisten in umkämpftem Gebiet. Zwar sind die Restaurierungsarbeiten ziemlich fortgeschritten, doch wird es noch lange dauern, bis alle Anlagen wieder im ursprünglichen Zustand sein werden. Im Rahmen einer schönen Bootsfahrt kann man neben der Chua Thien Mu und dem Dien Hon Chen die Gräber des Minh-Mang- und Gia-Long-Königs besuchen (s. S. 263). Mit etwas Kondition sind die Anlagen des Khai-Dinh- und Tu-Duc-Königs mit dem Fahrrad gut zu erreichen (Fahrradverleih s. S. 269).

»Die weisen Könige von Annam, sie bringen den Tod zum Lächeln«, meinte einmal der Franzose Charles Patris nach seinem Besuch in Hue. Auch heute noch verbreiten die Königsgräber *(lăng)* eine gemischte Stimmung aus Melancholie und Heiterkeit – »wo die Trauer lächelt und die Freude weint«, wie es in einem Spruch heißt. Die riesigen Anlagen der Ming-Kaiser bei Beijing vor Augen, ließen sich die Herrscher von Hue für das Weiterleben ihrer Seelen ebenfalls große Grabstätten errichten. Dabei folgten sie jenen architektonischen und geomantischen Prinzipien, die auch in China Anwendung fanden. Bereits die Lage hatte größte Bedeutung, denn nach Möglichkeit sollte das Gelände im Norden von Bergen geschützt und nach Süden offen und zum Wasser orientiert sein. Bei den Gräbern des Gia-Long- und des Minh-Mang-Herrschers ist dies gut zu sehen. Umgeben von Hügeln, liegen sie in unmittelbarer Nähe zum Fluss. Die axiale Ausrichtung der ummauerten Höfe und Gebäudeensemble folgt ebenfalls der traditionellen Architektur. Um die Seele mit Vertrautem zu umgeben, wurden Ehrenhöfe angelegt, auf denen Tiere, Mandarine und Generäle in Form von Steinskulpturen den Hofstaat nachahmen. Zu den wichtigsten Elementen der Anlage zählt eine große Steleninschrift mit einer Huldigung des toten Königs und ein Ahnentempel zu dessen Verehrung.

Königsgräber

Lang Minh Mang, die Grabstätte des zweiten Nguyen-Herrschers, konnte erst unter seinem Sohn und Nachfolger Thieu Tri beendet werden

Die Gräber besitzen eigene Ehrennamen (siehe Namen in Klammern), sind jedoch heute eher unter der Regierungsdevise des Königs bekannt.

Lang Tu Duc (Khiêm Lăng) 42
Karte: S. 261
März–Okt. tgl. 6.30–17.30, Nov.–Febr. tgl. 7–17 Uhr, 100 000 VND

Ca. 5 km südwestlich von Hue erstreckt sich unweit der Siedlung Duong Xuan Thuong die 12 ha große Grabanlage **Lăng Tự Đức**. Sie gleicht eher einem Sommerpalast als einer Totenstätte. Und in der Tat diente der zwischen 1864 und 1867 gestaltete Landschaftspark mit aufgeschütteten Hügeln, Pavillons und einem verwinkelten See dem Tu-Duc-Herrscher (reg. 1847–1883) schon zu Lebzeiten als Refugium. Hierhin zog er sich oft zurück, schrieb einige seiner über 4000 Gedichte, trank Tee, dessen Wasser aus dem Tau von Lotosblumen gewonnen wurde, jagte Hasen und Vögel oder lauschte mit seinen Konkubinen den stundenlangen Theateraufführungen. Dies war seine Weise, mit den gravierenden politischen Problemen fertigzuwerden. Zum einen hatte der vierte Nguyen-König 1862 den gesamten Süden an die immer aggressiver auftretenden Franzosen abtreten müssen, zum anderen machten ihm Unruhen zu schaffen, die 1866 sein Reich erschütterten. Auslöser waren Proteste der 6000 am Bau der Grabanlage beteiligten Arbeiter gegen ihre schlechten Arbeitsbedingungen. Nach der Niederschlagung der Revolte gab der kinderlose Dichterkönig seiner Grabstätte den Namen Khiem Cung (Palast der Bescheidenheit), die seit seinem Tod Khiêm Lăng (Grab der Bescheidenheit) genannt wird.

Der Zugang in die von hohen Mauern umgebene ovale Anlage erfolgt durch das südliche **Tor des Bescheidenen Ereignisses** 43 (Cửa Vụ Khiêm). Von ihm öffnet sich ein schöner Blick auf den **See des Bescheidenen Bewahrens** 44 (Hồ Lưu Khiêm), der die gesamte Ostseite ausfüllt. Linker Hand liegt der verfallene **Tempel des Bescheidenen Willens** 45 (Chí Khiêm Đường) mit drei Hallen rund um einen Innenhof zum Gedenken an die Konkubinen. Von einer Mauer abgetrennt befindet sich ein größerer Hof, wo sich einst die **Wohnräume der Konkubinen** 46 befanden.

Vom **Pavillon des Bescheidenen Schwebens** 47 (Dũ Khiêm Tạ) am Seeufer, der als Bootsanlegestelle diente, bietet sich ein schöner Blick auf den **Pavillon der Bescheidenen Vorausschau** 48 (Xung Khiêm Tạ) an der Nordseite des Sees. Diese offene Holzhalle war einer der Lieblingsplätze des Tu-Duc-Herrschers.

Eine breite Treppe führt westlich des Sees zum erhöht liegenden **Wohnkomplex** mit zwei Gebäudeensembles. Das erste besteht aus dem dreiteiligen **Tor des Palastes der Bescheidenheit** 49 (Khiêm Cung Môn) und zwei **Seitengebäuden für die Mandarine** 50.

Mit der **Halle des Bescheidenen Friedens** 51 (Hòa Khiêm Điện) beginnt die zweite Gebäudegruppe. Dieser einstige Arbeits- und Empfangsraum des Tu-Duc-Königs dient heute als Ahnentempel für ihn und seine erste Frau. Der Raum öffnet sich nach Westen zu einem Innenhof, den drei weitere Gebäude umschließen, darunter rechter Hand die 1866 errichtete **Halle der Bescheidenen Klarheit** 52 (Minh Khiêm Đường). Unter dem Tu-Duc-Herrscher kamen Theaterstücke zur Aufführung, heute sind es Tänze und Gesänge. Diesem ältesten erhaltenen Theater Vietnams gegenüber liegt die **Halle des Bescheidenen Rückblicks** 53 (Ôn Khiêm Đường), der ehemalige Speiseraum des Herrschers. Abgeschlossen wird das Ensemble von der **Halle der Bescheidenen Ehrlichkeit** 54 (Lương Khiêm Điện). In der einstigen Wohn- und Schlafstätte des Königs wird heute seiner Mutter Tu Du (1810–1901) gedacht.

Tu Ducs **Grabkomplex** liegt weiter nördlich und ist nur über den Hauptweg am See zu erreichen. Hier folgen auf einer Achse liegend zunächst ein **Ehrenhof** 55 mit Wächterfiguren aus Granitstein und ein **Stelenpavillon** 56 mit einer 20 t schweren Inschriftenstele aus Muschelkalk. Auf ihr beschreibt der König in 5400 chinesischen Schriftzeichen durchaus kritisch seine Regentschaft. Hinter dem halbmondförmigen **Tieu-Khiem-See** 57 folgt die eigentliche **Königliche Grabstätte** 58. Eingefasst von zwei quadratischen Mauern erhebt sich hier der einsam stehende Sarkophag aus Stein. Das Grab ist leer, denn der königliche Leichnam ruht an unbekanntem Ort in einem von elf Stollen, die zum Schutz vor Plünderern gegraben wurden.

Im nördlichen Bereich der Anlage befinden sich zwei weitere Grabstätten mit Gedenktempeln: das **Grab von Königin Le Thien Anh** 59 (1828–1902) und das **Grabmal von Kien Phuc** 60. Der Adoptivsohn des Tu-Duc-Königs herrschte 1883/84 sieben Monate lang, bevor er einer Palastintrige zum Opfer fiel und vermutlich vergiftet wurde.

Lang Dong Khanh (Tư Lăng) 61

März–Okt. tgl. 6.30–17.30, Nov.–Febr. 7–17 Uhr, 40 000 VND

Vom Lang Tu Duc führt ein Seitenweg zum selten besuchten **Lăng Đồng Khánh**, einer eher unbescheidenen Grabstätte. Dort hatte der Dong-Khanh-Herrscher (reg. 1886–1888) zunächst einen Tempel für seinen Vater, Prinz Kien Thai, erbaut, doch als er selbst überraschend früh im Alter von 24 Jahren verstarb, widmete sein Nachfolger Thanh Thai (reg.

Lang Tu Duc

Sehenswert

1 – 42 s. Cityplan Hue S. 251
43 Tor des Bescheidenen Ereignisses
44 See des Bescheidenen Bewahrens
45 Tempel des Bescheidenen Willens
46 Wohnräume der Konkubinen (nicht erhalten)
47 Pavillon des Bescheidenen Schwebens
48 Pavillon der Bescheidenen Vorausschau
49 Tor des Palastes der Bescheidenheit
50 Seitengebäude für die Mandarine
51 Halle des Bescheidenen Friedens
52 Halle der Bescheidenen Klarheit
53 Halle des Bescheidenen Rückblicks
54 Halle der Bescheidenen Ehrlichkeit
55 Ehrenhof
56 Stelenpavillon
57 Tieu-Khiem-See
58 Königliche Grabstätte
59 Grab von Königin Le Thien Anh
60 Grabmal von Kien Phuc
61 – 63 s. Cityplan Hue S. 251
64 – 74 s. Karte Lang Minh Mang S. 251

Hue

Im Mausoleum des Khai-Dinh-Herrschers trifft Rokoko auf Feng-Shui

1889–1907) den Tempel zur Grabstätte um. Die heutigen Bauten gehen auf den Sohn und dritten Nachfolger des Dong-Khanh-Königs, den Khai-Dinh-Herrscher, zurück. Dieser ließ das Mausoleum ein Jahr nach seiner Thronbesteigung 1917 erweitern. Seither zeigen sich die Gebäude als asiatisch-europäische Melange. Während der **Ahnentempel Ngung Hy** traditionellen Vorgaben folgt, ist das 100 m erhöht gelegene **Grab** mit seinem Pavillon eindeutig europäisch inspiriert.

Lang Khai Dinh (Ứng Lăng) 62

März–Okt. tgl. 6.30–17.30, Nov.–Febr. 7–17 Uhr, 100 000 VND

Das **Lăng Khải Định** liegt am Hang des Nui Chau Chu, einige Kilometer südlich des Lang Tu Duc. Hues jüngste Grabstätte wirkt wie eine Betonmischung aus Versailles und vietnamesischem Königspalast. Zwar folgte auch der Khai-Dinh-Herrscher (reg. 1916–1925) bei Lage und Ausrichtung seiner Grabanlage geomantischen Prinzipien, doch bei der Architektur hatte er die Paläste der Grande Nation vor Augen, die er bei seinem Frankreich-Besuch 1922 kennengelernt hatte. So mischen sich römische Säulen und Torbögen mit asiatischen Drachen und Phönixen. Die verschwenderischen Verzierungen eines Rokokoschlosses bekommen durch die bunten Porzellan- und Glasscherben einen asiatischen Touch. Als Baumaterial des 1931 von Bao Dai abgeschlossenen Grabmals fand dunkelgrauer Beton Verwendung.

Von der Straße führt eine breite, durch Drachengeländer **dreigeteilte Treppe** steil nach oben. Sie wird durch eine **erste Ebene** mit zwei seitlichen Wächterhallen unterbrochen. Es folgt nach 29 weiteren Stufen die **zweite Ebene** mit der traditionellen Ehrenallee und einem achteckigen Pavillon für die Grabstele. Beidseitig ragen zwei mächtige Obelisken wie spitze Nadeln gen Himmel. Von drei schmalen Zwischenebenen unterbrochen, endet die Treppe auf

Königsgräber

der **obersten Ebene,** von der sich ein schöner Rundblick bietet.

Hier erhebt sich das verspielt wirkende **Rokoko-Mausoleum.** Es gliedert sich im Inneren in drei Räume: den Vorraum mit überladener Dekoration aus Porzellan- und Glasscherben, die Ehrenhalle mit der 1922 in Frankreich gefertigten Bronzestatue des auf einem Thron sitzenden Königs und der Halle mit dem üppig verzierten Ahnenaltar. Der Leichnam des Khai-Dinh-Herrschers ruht in einem 18 m tiefen Schacht unterhalb des Gebäudes.

Lang Minh Mang (Hiếu Lăng) 63

März–Okt. tgl. 6.30–17.30, Nov.–Febr. 7–17 Uhr, 100 000 VND

Die Grabstätte des zweiten Nguyen-Herrschers, **Lăng Minh Mạng,** liegt 12 km südlich von Hue am Westufer des Song Tuu Trach, der hier mit dem Song Ta Trach den Huong Giang bildet. Mit der Suche nach der Lage für die auch als Hiếu Lăng (Grab des Mitgefühls) bekannte Anlage waren die Geomanten 14 Jahre beschäftigt. Als 1840 endlich mit dem Bau begonnen werden konnte, starb überraschend der Herrscher. Ein Jahr später schloss sein Sohn und Nachfolger, der Thieu-Tri-König, die Bauarbeiten ab.

Der ovale Grabkomplex besticht durch seine klare Struktur und Kompaktheit. Alle zentralen Bauwerke liegen auf einer 700 m langen Achse, die am **Großen Roten Tor** 64 (Đại Hồng Môn) beginnt. Das seit der Bestattung permanent verschlossene Portal wird außen von einer Geistermauer geschützt. Die Besucher betreten daher die 45 ha große Anlage durch das **Rechte** oder **Linke Rote Tor** 65 (Hữu bzw. Tả Hồng Môn) und gelangen über einen Seitenweg zum **Weg der Seelen** 66 (Sân Châu), wie der Ehrenhof genannt wird. Dort stehen sich zwei Tier- und fünf Menschenfiguren aus Stein gegenüber. Es folgt der auf zwei hohen Terrassen liegende **Stelenpavillon** 67 (Nhà Bia) mit der Inschrift, in welcher der Thieu-Tri-Herrscher die »heiligen Tugenden und großartigen Errungenschaften« seines Vaters würdigt. Die anschließenden, jeweils erhöht liegenden drei Terrassen führen zum **Tor der Glorreichen Tugend** 68 (Hiền Đức Môn). Es öffnet sich zu einem Innenhof mit dem wunderbaren **Tempel der Segensreichen Wohltat** 69 (Điện Sùng Ân) an der Stirnseite. Die durch das Satteldach mit umlaufendem Fußwalmdach harmonisch wirkende Halle dient bis heute der Verehrung des Königspaares, dessen Ahnentafeln auf dem hinteren Altar stehen.

Vom schlichten **Tor des Königlichen Weges** 70 (Hoàng Trạch Môn) eröffnet sich ein schöner Blick auf den **See der Absoluten Helligkeit** 71 (Hồ Trừng Minh) und den **Pavillon der Helligkeit** 72 (Minh Lâu). Dieses quadratische Gebäude zählt zu den schönsten Bauwerken der Grabanlage und wirkt zusammen mit der umgebenden Parklandschaft sehr harmonisch.

Eine anschließende Brücke über den sichelförmigen **See des Neumondes** 73 (Hồ Tân Nguyệt) endet am ummauerten **Königlichen Grabtumulus** 74 (Mộ Vua), unter dem der Minh-Mang-Herrscher ruht. Der runde Grabhügel und der quadratische Minh-Lau-Pavillon sollen Himmel und Erde symbolisieren.

Lang Gia Long (Thiên Thọ Lăng)

März–Okt. tgl. 6.30–17.30, Nov.–Febr. 7–17 Uhr, 40 000 VDN

Das **Lăng Gia Long** sieht bislang wenige Besucher. Das liegt einerseits an seiner abgeschiedenen Lage 18 km südlich der Zitadelle und andererseits an dem recht verfallenen Zustand, denn bislang wurden nur die wichtigsten Bauten restauriert. Doch keine andere Grabstätte von Hue bildet eine solch stimmungsvolle Einheit mit der umgebenden Natur wie jene des Gia-Long-Herrschers (reg. 1802–1820). Deshalb lohnt sich der verlängerte Bootsausflug vor allem für Naturliebhaber.

Bei der Auswahl für den Standort des Mausoleums fanden wieder geomantische Prinzipien Anwendung: Mehrere Hügel im Hintergrund und der Song Ta Trach davor schützen es vor negativen Kräften. In dem weitläufigen Gelände liegen mehrere Grab-

Lang Minh Mang

Sehenswert

- 1 – 5, 27 – 42, 61 – 63 s. Cityplan Hue S. 251
- 6 – 26 s. Plan Königsstadt S. 245
- 43 – 60 s. Karte Lang Tu Duc S. 261
- 64 Großes Rotes Tor
- 65 Rechtes bzw. Linkes Rotes Tor
- 66 Weg der Seelen
- 67 Stelenpavillon
- 68 Tor der Glorreichen Tugend
- 69 Tempel der Segensreichen Wohltat
- 70 Tor des Königlichen Weges
- 71 See der Absoluten Helligkeit
- 72 Pavillon der Helligkeit
- 73 See des Neumondes
- 74 Königlicher Grabtumulus

und Tempelanlagen verstreut, denn hier fanden außer dem Begründer der Nguyen-Dynastie weitere Mitglieder des Nguyen-Klans ihre letzte Ruhestätte, darunter die Mutter des Gia-Long-Königs.

Der Herrscher und seine erste Frau Thua Thien Cao (1762–1814) ruhen in zwei Sarkophagen, die von zwei konzentrischen Mauern umgeben sind. Vorgelagert ist der **Ehrenhof** mit einigen wenigen beschädigten Wächterfiguren. Sehr harmonisch wirkt der davor liegende **Dai-See** (Hồ Dài). In der Nähe ragt noch die **Stele** des Herrschers in die Höhe, der schützende Pavillon ist verschwunden.

Auf der linken Seite des Grabes befindet sich der 1820 vollendete und etwas erhöht liegende **Minh-Thanh-Tempel** (Điện Minh Thành), der zum Gedenken an das Herrscherpaar erbaut wurde.

Von hier führt ein Weg zu einer Anhöhe mit **Grab und Gedenktempel von Thuan Thien Thai** (1769–1846), der zweiten Königin und Mutter des Minh-Mang-Königs.

In Richtung Meer

Als Abwechslung zu den intensiven Besichtigungen empfiehlt sich ein Ausflug zum 14 km nordöstlich von Hue liegenden **Sandstrand von Thuan An** (an der N 16). Er ist über einen Damm durch die Thanh-Lam-Lagune zu erreichen. Hier kommen Freunde von Meeresfrüchten auf ihre Kosten. Entlang dem Strand stößt man auf viele Seafoodstände.

Auf dem Weg zum Meer kann man einen Halt in **Duong No** einlegen. Das stimmungsvolle Dorf liegt 6 km nordöstlich von

Hue und ist vor allem deshalb bekannt, weil dort von von 1898 bis 1900 der junge Ho Chi Minh mit seiner Familie wohnte, während sein Vater die Akademie besuchte. Das schlichte **Wohnhaus** (Nhà Bác Hồ) ist heute Gedenkstätte (tgl. 8–17 Uhr, Eintritt frei). Nicht weit davon entfernt ist auch das 1471 erbaute Gemeinschaftshaus, Đình Dương Nỗ, sehenswert.

Infos

Hue Festival Centre: 17 Le Loi, Tel. 054 382 30 50, www.hueworldheritage.org.vn, Mo–Sa 9–17 Uhr. Entlang der **Le Loi** und **Hung Vuong** samt Nebenstraßen gibt es viele kleine **Touranbieter,** die Open-Tour-Tickets, Mietwagen etc. arrangieren können.

Übernachten

… in Hue:

Mehr Residenz als Hotel – **La Résidence Hôtel & Spa** 1 : 5 Le Loi, Tel. 054 383 74 75, www.la-residence-hue.com. Vom Art-déco-Stil der 1920er-Jahre inspiriert, wurde die einstige Residenz der französischen Gouverneure in ein schönes Boutiquehotel mit 122 Zimmern und Suiten umgewandelt. Dass Eleganz und Sinnlichkeit hier großgeschrieben werden, spürt man nicht zuletzt im Restaurant und Spa. DZ/F ab 120 US-$.

Wellness-Oase – **Pilgrimage Village** 2 : 130 Minh Mang, Tel. 054 388 54 61, www.pilgrimagevillage.com. Das stimmungsvolle Resort liegt etwa 4 km südlich der Innenstadt von Hue in der Nähe der Königsgräber. Die 99 komfortablen Zimmer und Bungalows sind im traditionellen Stil gestaltet, was auch für Restaurant, Bar und Lounge gilt. Zum Auftanken können Gäste auf den Pool, einen Meditationsraum und das Vedana Spa zurückgreifen. DZ/F ab 120 US-$.

Französisches Savoir-vivre – **Saigon Morin Hotel** 29 : 30 Le Loi, Tel. 054 382 35 26, www.morinhotel.com.vn. Das 1901 errichtete Kolonialhotel ist nach dem langjährigen Besitzer Wladimir Morin benannt und beherbergte 1936 auch Charlie Chaplin und Paulette Goddard während ihrer Hochzeitsreise. Die 180 stilvollen Zimmer und Suiten sind teilweise sehr geräumig. Empfehlenswert für die Einkehr: **Garden Rendezvous** im lauschigen Innenhof (abends oft voll). DZ/F ab 80 US-$, Suite ab 150 US-$.

Hotel zum Lernen – **Villa Hue Hotel** 3 : 4 Tran Quang Khai, Tel. 054 383 16 28, www.villahue.com. Das U-förmige Gebäude vereint außen wie innen traditionelles und modernes Design. Die 29 Zimmer mit Bad sind geräumig und wohnlich. Netter kleiner Pool im Hof. Als Teil des Hue Tourism College ist es zugleich Ausbildungsstätte für junge Vietnamesen. DZ/F ab 76 US-$.

Wohliges Wohnen – **Hue Serene Palace** 4 : 21 Lane, 42 Nguyen Cong Tru, Tel. 054 394 85 85. Mit warmen Brauntönen verströmen die 20 geräumigen Zimmer eine wohnliche Atmosphäre. Im Restaurant gibt es ordentliches Frühstück. Dank guter Lage sind es zum Fluss und diversen Lokalen nur wenige Gehminuten. DZ/F ab 35 US-$.

Zentral mit Minipool – **Cherish Hotel** 5 : 55 Ben Nghe, Tel. 054 394 46 78, www.huecherishhotel.com. Auf elf Etagen verteilen sich 98 Zimmer mit Bad und teils mit Balkon. Vom Cherish Restaurant im obersten Stock hat man einen guten Blick, es gibt ein Spa und einen Minipool. Gute Wahl für den Preis. DZ/F ab 34 US-$.

Der Gast ist König – **Holiday Diamond Hotel** 6 : 6 Lane, 14 Nguyen Cong Tru, Tel. 054 381 98 44, www.hueholidaydiamondhotel.com. In einer ruhigen Nebenstraße gelegen, genießt das 36-Zimmer-Hotel wegen seines zuvorkommenden Service einen guten Ruf. Große, komfortable Räumlichkeiten, einige Zimmer für Familien. DZ/F 25–45 US-$.

Anerkannt gut – **Binh Minh Sunrise I** 7 : 36 Nguyen Tri Phuong, Tel. 054 382 55 26, www.binhminhhue.com. Das gut geführte und daher sehr empfehlenswerte Minihotel mit 38 sauberen Zimmern im Herzen des Touristenviertels besticht durch ein gutes Preis-Leistungs-Verhältnis. Ein Schwesterhotel liegt in der Nähe. DZ/F 15–35 US-$.

Gute Budget-Herberge – **Hue Four Seasons Hotel** 8 : 5 lane 14 Nguyen Cong Tru, Tel. 054 393 32 32, www.huefourseasonshotel.com. Der Name klingt etwas großspurig,

Hue

HUE HAUTE CUISINE

Hue gilt als die kulinarische Hauptstadt Vietnams. Zu den Spezialitäten zählen: *bánh khoái*, in Pfannkuchen gewickelte Sojasprossen mit Schweinefleisch, *nem lụi*, gegrilltes Schweinefleisch mit Minze in Reispapier gewickelt, *cơm hến*, Muscheln mit Reis, *bánh bột lọc*, in Bananenblätter gewickeltes und gedämpftes Garnelen- und Schweinefleisch, und *bún gà/bò/heo*, Reisnudelsuppe mit Huhn-, Rind-, Schweinefleisch. Als Snack empfiehlt sich *bánh bèo*, gedämpfter Reispudding mit zerkleinerten Garnelen.

---

aber die 15 Zimmer sind ordentlich, sauber, der Service gut. Der Essbereich ist etwas trist. DZ ohne Frühstück 16–29 US-$.

Stilvoll und günstig – **Huenino Hotel 9** : 14 Nguyen Cong Tru, Tel. 054 625 21 71, www.hueninohotel.com. Das gut geführte Hotel mit 15 zwischen 15 und 20 m² großen Zimmern besticht durch günstige Preise, freundlichen Service und geschmackvolles Interieur. TV und WLAN gehören ebenso zum Angebot wie eine ordentliche Küche. Recht beliebt, daher reservieren. DZ 18–22 US-$.

Budget-Klassiker – **Binh Duong III 10** : 4/34 Nguyen Tri Phuong, Tel. 054 383 01 45, www.binhduonghotel.com. Der Evergreen unter den Budgethotels mit 11 einfachen, aber ordentlichen Zimmern. Ein Pluspunkt: die Computer in jedem Zimmer. Falls ausgebucht, gibt es ein weiteres Binh-Duong-Hotel in der Nähe. DZ ohne Frühstück ab 16 US-$.

... außerhalb der Stadt:

Zwei stimmungsvolle Hideaways – **Vedana Lagoon Resort & Spa 11** : Phu Loc, ca. 40 km südlich, Tel. 054 368 16 88, www.vedanalagoon.com. Superschickes Resort mit 27 Villen, teils mit Privatpool, zwei Hausbooten und sehr gutem Spa. Ab 180 US-$.
Ana Mandara Hue 12 : An Hai, Thuan An, Tel. 054 398 33 33, www.anamandarahue.net. Strandresort bei der Tam-Giang-Lagune, 15 km östlich von Hue. Mit 78 DZ/Villen ab 80 U$-$.

Essen & Trinken

Zahlreiche Lokale und Bars reihen sich entlang der **Vo Thi Sau** und **Pham Ngu Lao.**

Haute Cuisine – **Tha Om Garden House 1** : 12/12 Nguyen Phuc Nguyen, Tel. 054 352 78 10. In der Atmosphäre eines alten Gartenhauses von Kim Long kann man sich mal so richtig kulinarisch verwöhnen lassen. Sehr gute Sieben-Gänge-Menüs mit diversen Hue-Spezialitäten ab 300 000 VND.

Solide Küche – **The Tropical Garden 2** : 27 Chu Van An, Tel. 054 384 71 43, tgl. 8.30–22 Uhr. In gediegener Atmosphäre gibt es in diesem bei Reisegruppen beliebten Gartenlokal gute einheimische Küche. Menüs ab 120 000 VND.

Kolonialer Touch – **Les Jardins de la Carambole 3** : 32 Dang Tran Con, Tel. 054 354 88 15, tgl. 8–22 Uhr. Die Atmosphäre in der Kolonialvilla und die schmackhaften europäischen und vietnamesischen Gerichte machen das Lokal zu einer guten Wahl. Gerichte ab 80 000 VND.

Hue-Spezialitäten – **Hang Me 4** : 45 Vo Thi Sau, Tel. 054 383 73 41, tgl. 7–22 Uhr. Das bei Einheimischen beliebte Lokal ist bekannt für seine gedämpften Reisteig-Varianten, z. B. *bánh bèo* (im Keramiktopf), *bánh nam* (in Bananenblättern gedämpft) und *chả tôm* (mit Garnelen). Diverse Gerichte zusammen um 60 000 VND.

Vietnamesisch gut – **Ancient Town Restaurant (Nhà hàng Phố Cổ) 5** : Nguyen Dinh Chieu, Tel. 09 05 16 27 89, tgl. 15–23 Uhr. Wegen seiner Flusslage sehr beliebt, zelebriert das Lokal die Küche von Hue. Gerne wird hier auch Feuertopf (*lẩu*) aufgetischt. Gerichte ab 50 000 VND.

Gartenlokal mit Kitsch-Appeal – **Phuoc Thanh Garden 6** : 30 Pham Ngu Lao,

Adressen

Tel. 054 383 09 89, tgl. 8–22 Uhr. Das bei Gruppen beliebte Gartenrestaurant verbreitet eine etwas kitschig-königliche Atmosphäre, hat aber eine umfangreiche Speisekarte mit den meisten Hue-Spezialitäten. Durchaus empfehlenswert. Gerichte um 45 000 VND.

Gelobte Küche – **Nina's Café** 7 : 16/34 Nguyen Tri Phuong, Tel. 053 383 86 36, tgl. 8–22.30 Uhr. Das einfache Familienrestaurant zaubert äußerst schmackhafte Spezialitäten aus Hue, darunter leckere *nem lụi*, gegrilltes Schweinefleisch mit Minze, in Reispapier gewickelt. Gerichte ab 40 000 VND.

Lecker vegetarisch – **Lien Hoa** 8 : 3 Le Quy Don, Tel. 054 381 68 84, tgl. 6.30–21 Uhr. Große Auswahl an vegetarischen Gerichten auf Tofu-Basis zu guten Preisen. Schließt recht früh. Gerichte ab 30 000 VND.

Gut und billig – **Tai Phu** 9 : 2 Dien Bien Phu, Tel. 054 382 71 88, tgl. 9–22 Uhr. Hues Topadresse für *nem lụi* und *bánh khoái* (s. Tipp) und *bún thịt nướng* (Reisnudeln mit gegrilltem Schwein). Ab 25 000 VND.

Cafés – **Stop and Go Café** 10 : 25 Tran Cao Van, Tel. 054 382 70 51, www.stopandgo-hue.com, tgl. 7.30–22 Uhr. Eher mäßiges Essen, der Kaffee ist okay, der Ort eine gute Informationsbörse für Ausflüge, vor allem zum 17. Breitengrad. Getränke ab 10 000 VND.
Hong Phuong 11 : 34 Nguyen Tri Phuong, tgl. 6.30–17 Uhr. Das handtuchschmale Café liegt links neben dem Binh Minh Sunrise I. An der Straße wird vorzügliches Gebäck verkauft, das im hinteren Hausteil verzehrt werden kann. Ab 5000 VND.

Einkaufen

Markt – **Dong-Ba-Markt** 28 (Chợ Đông Ba): an der Tran Hung Dao gibt es wenig, was es nicht gibt. Der Stadtmarkt ist ein guter Ort für den Kauf konischer Hüte. Entlang der Straßen Le Loi, Hung Vuong und Tran Hung Dao reihen sich viele Souvenirshops, Galerien und Boutiquen mit umfangreichem Angebot.

Verführerische Kleider – **Seductive** 1 : 40 Le Loi, Tel. 054 382 97 94, tgl. 8–22 Uhr. Die kleine Boutique gegenüber dem Huong Giang Hotel hat eine nette Auswahl an Seidenkleidern.

Designerklamotten – **Vu Ngoc Style** 2 : 25 Vo Thi Sau, Tel. 091 401 61 96, tgl. 13–23 Uhr. Kleines Geschäft mit einigen selbst geschneiderten Kleidern.

Konische Hüte – **Phuoc Vinh** 3 : In den Straßen rund um die Phu-Cam-Kirche im Viertel Phuoc Vinh (südlich des An-Cuu-Kanals) widmen sich einige Bewohner schon seit Generationen der Herstellung der konischen Hüte, *nón bài thơ*. Vor den Häusern sitzen sie, um auf kegelförmigen Gestellen die etwa 50 Blätter der Latanpalme an 16 Bambusringen festzunähen.

Bronzeartikel – Der Herstellung von Glocken, Gongs und Figuren aus Bronze haben sich die Einwohner von **Phuong Duc** 4 gewidmet. Der Stadtteil erstreckt sich südwestlich des Bahnhofs entlang dem Huong Giang. Dort kann man Werkstätten besuchen und natürlich auch die Produkte erwerben.

Abends & Nachts

Hue und Nightlife sind immer noch zwei verschiedene Welten, doch gibt es ein paar nette Kneipen zur abendlichen Entspannung. Für gepflegte Drinks sind das **La Résidence Hôtel** 1 (s. S. 265) und das **Imperial Hotel** 1 , 8 Hung Vuong, gute Adressen.

Hipper Treff – **Brown Eyes Bar** 2 : 56 Chu Van Anh, tgl. 17–24 Uhr. Die braunen Augen sieht man wegen der rauchgeschwängerten Luft irgendwann nicht mehr. Lautstarker Jugendtreff mit vielen Cocktails.

Bier zum Billard – **Bar Why Not?** 3 : 46 Pham Ngu Lao, Tel. 054 392 47 93, tgl. 11–24 Uhr. Ja, warum eigentlich nicht in dieser gemütlichen Bar mit Billardtisch und guter Musik ein Gläschen trinken gehen?

Chillen im Garten – **Secret Lounge** 4 : 15/42 Nguyen Cong Tru, Tel. 054 655 58 88, tgl. 10–23 Uhr. Ein gemütlicher Ort, um im Garten Cocktails zu schlürfen und gute Musik zu hören.

Hues Kneipenklassiker – **DMZ Bar** 5 : 60 Le Loi, Tel. 054 382 34 14, tgl. 8.30–24 Uhr. Pizza und Spaghetti schmecken anderswo

Hue

TIPP: TRADITIONELLE MUSIK

Hue hat eine eigenständige Musiktradition, die seit geraumer Zeit eine Wiederbelebung erfährt. Zum einen ist dies die höfische Musik, *nhã nhạc*, wie sie einst vor den Königen zur Aufführung kam, zum anderen sind dies volkstümliche Lieder, *ca Huế* genannt. Man kann sie bei Dinnerfahrten auf dem Boot und in manchen Restaurants zu Gehör bekommen. Traditionelle Musikkunst wird auch in den beiden einstigen Königlichen Theatern präsentiert:

Duyet Thi Duong 13 : Königsstadt, Tel. 054 351 49 89. In ansprechendem Rahmen finden tgl. 40-minütige Vorführungen von Tänzen und Ca-Hue-Gesängen statt (10, 15 Uhr, 100 000 VND).

Minh Khiem Duong 52 : Lang Tu Duc, Tel. 054 352 20 70. Im ältesten erhaltenen Theater Vietnams gibt es Mo–Fr ebenfalls Tanz- und Musikaufführungen (8.30, 9.30, 14.30, 15.30 Uhr, 100 000 VND).

---

besser, trotzdem ist dies die richtige Adresse für ein, zwei, drei Huda-Biere, Billardspielen und gelegentliches Tanzbeinschwingen.

Aktiv

Bootsfahrt – Ein Besuch in Hue wäre unvollständig ohne eine Fahrt mit **Drachenbooten** auf dem Huong Giang. Einzelreisende können sich halbtägigen Touren anschließen, die von den Gästehäusern und Agenturen angeboten werden. Sie führen meistens über die Chua Thien Mu zum Lang Minh Mang und wieder zurück (ab 15 US-$/Boot). Die **Bootsanlegestelle** 1 befindet sich zwischen der Truong-Tien-Brücke und dem Century Hotel. Dort können auch individuelle **Privatboote** für Besichtigungs-, Sunset- oder Dinnertouren angeheuert werden.

Termine

Neujahrsfest (Tet): Auf dem Chợ Đông Ba und anderen Märkten werden an den vorangehenden Tagen Blumen, Kumquat- und Pfirsichbäumchen verkauft. Am Neujahrstag selbst strömen die festlich gekleideten Menschen in die geschmückten Pagoden.

Hue Festival: Es findet alle zwei Jahre (2018, 2020 …) unter Beteiligung von Musik- und Tanzgruppen aus dem In- und Ausland statt. Infos unter www.huefestival.com.

Verkehr

Flugzeug: Der **Phu Bai Airport** liegt 15 km südlich von Hue an der Nationalstraße 1 A. Mehrmals täglich gibt es von dort mit Vietnam Airlines, Jetstar oder Viet Jet Air Flüge nach Hanoi und Ho-Chi-Minh-Stadt. Ein Minibus verkehrt zwischen dem Büro der Fluggesellschaft und dem Flughafen (50 000 VND). Eine Taxifahrt vom/zum Flughafen kostet ca. 240 000 VND.

Vietnam Airlines: 23 Nguyen Van Cu, Tel. 054 382 47 09.

Bahn: Das schmucke Bahnhofsgebäude des **Ga Huế** befindet sich an der Ecke Bui Thi Xuan/Le Loi. Ticketbüro: Tel. 054 382 21 75, tgl. 7–11.30, 13.30–17 Uhr. **Züge in Richtung Norden** über Dong Hoi (172 km, 3 Std.) und Ninh Binh (566 km, 10–12 Std.) nach Hanoi (658 km, 11–15 Std.) halten 5 x tgl. **Züge gen Süden** über Da Nang (105 km, 2,5–3 Std.) und Nha Trang (619 km, 10 Std.) nach Ho-Chi-Minh-Stadt (1066 km, 20–24 Std.) machen 6 x tgl. Halt. Tipp: Sehr schön ist die Strecke von Hue über den Wolkenpass nach Da Nang.

Bus: Insgesamt gibt es drei Busstationen. Vom **Bến Xe Đông Ba** neben dem Dong-Ba-Markt starten lokale Busse in die nähere Umgebung, u. a. auch zum Thuan An Beach. Für Busse in Richtung Norden muss man den **Bến Xe Phía Bắc** (An Hòa), Tel. 053 358 05 62, an der Nationalstraße 1 A, etwa 5 km nord-

Adressen

westlich des Zentrums, nehmen. In Richtung Süden starten die Busse vom **Bến Xe Phía Nam** (An Cựu), Tel. 053 382 50 70, an der Hung Vuong, etwa 2 km südlich des Zentrums. Hier gibt es einige Direktbusse nach Saigon und tagsüber im 30-Minuten-Takt nach Da Nang. 1 x tgl. fahren Direktbusse nach Savannakhet (15 Std.) und Vientiane (16 Std.) in Laos. Der Bequemlichkeit halber nehmen jedoch die meisten Reisenden die Angebote der **Open Tours** wahr, die schon für 85 000 VND von Hue nach Hoi An (ca. 135 km, 3,5–4 Std.) fahren und die Passagiere vom Hotel abholen. Abfahrt ist meist gegen 8 und 13 Uhr.

Taxi: Die Fahrpreise betragen in der Stadt 12 000 VND. Eine Tagestour rund um Hue schlägt mit 40–50 US-$ zu Buche. Folgende **Taxiunternehmen** sind zuverlässig: Gili Taxi, Tel. 054 382 82 82; Thanh Do Taxi, Tel. 054 385 85 85; Mai Linh, Tel. 054 389 89 89.

Cyclos und Motorradtaxis: Die beliebten **Fahrradrikschas** warten vor vielen Hotels auf Kundschaft und bieten Rundfahrten durch die Stadt an. Wie überall ist Feilschen angesagt, bezahlt wird zum Schluss. Eine Rundfahrt kostet etwa 120 000 VND/Std. Fahrer mit einem **Honda Om** kurven zu Tag- und Nachtzeiten durch die Straßen. Für 1 km muss man mit ca. 10 000 VND rechnen.

Fahrräder: Sie sind bei Weitem die beste Option, Hue zu erkunden (zumindest für Leute mit Kondition). Drahtesel werden von vielen Gästehäusern und Restaurants vermietet; bitte vorab eine Testfahrt machen (ab 25 000 VND/ Tag).

Beliebtes Fortbewegungsmittel in Vietnam: das Fahrrad – mit ihm ist alles möglich

Über den Wolkenpass nach Hoi An

Entlang der Küstenlinie zwischen Hue und dem nur 135 km entfernten Hoi An reihen sich mehrere kulturelle und landschaftliche Perlen: der Bach-Ma-Nationalpark mit dichten Regenwäldern, der Wolkenpass mit herrlichen Ausblicken auf Meer und Lagunen, ein Traumstrand in Lang Co und das Cham-Museum in Da Nang.

Die Fahrt von der letzten Königsstadt in Richtung Süden führt durch einen der reizvollsten Küstenabschnitte von Zentralvietnam. Hier schieben sich die Langen Berge, Trường Sơn, wie ein überquellender Hefezopf bis an die Küste, um dann abrupt am Meer zu enden. Die Nationalstraße 1 A und die Bahnlinie winden sich über bewaldete Bergrücken, führen entlang fischreicher Lagunen, durchqueren fruchtbare Ebenen – und offenbaren immer wieder neue Aussichten auf das Meer.

Einer der landschaftlichen Höhepunkte auf dieser Route ist der Bach-Ma-Nationalpark. Er erstreckt sich im Bergland nordwestlich des Wolkenpasses. Um dorthin zu kommen, muss man in Cau Hai nach Westen abbiegen und weitere 3 km bis zum Parkeingang fahren.

Bach-Ma-Nationalpark

▶ N 17/18

Die waldreiche Berglandschaft, die Nähe zum Meer und zu den Städten Hue (40 km) und Da Nang (65 km), vor allem aber das angenehme Klima veranlassten die Franzosen dazu, das Gebiet um den 1450 m hohen Berg des Weißen Pferdes, **Núi Bạch Mã**, zu einem Höhenluftkurort zu machen. Am 29. Juli 1932 war es so weit: Der Bauingenieur Girard bekam den Auftrag, die Villensiedlung in den Wolken zu bauen. Bald standen 139 Villen und Gästehäuser samt Poststation, Tennisplatz und Krankenhaus. Bach Ma schickte sich an, ein zweites Da Lat zu werden.

Doch es sollte anders kommen. Im Krieg war die Region heiß umkämpft, der Ort verwandelte sich in eine Geisterstadt. 1991 wurde hier ein 220 km^2 großes Gebiet zum **Bach-Ma-Nationalpark** (Vườn Quốc Gia Bạch Mã) erklärt, seither ist die vielfältige Flora und Fauna besser geschützt. Bei rekordverdächtigen 8000 mm Niederschlägen im Jahr sprießen etwa 2373 Pflanzenarten, die wiederum den 363 Vogelspezies als Nahrung dienen. Unter den Tieren sind noch wenige Exemplare von Tigern, Leoparden, den erst 1992 entdeckten Vu-Quang-Rindern (Sao La) und Riesenmuntjaks zu finden. Pflanzenfreunde erfreuen sich an Baumfarnen und den im Februar rot blühenden Azaleen.

Hobbyornithologen wiederum hoffen, eine seltene Schieferdrossel oder den endemischen Edwardsfasan – eine von sieben Fasanenarten im Park – zu erspähen.

Die beste Besuchszeit ist zwischen Februar und September. Allerdings schlägt das Wetter sehr schnell um. Zudem kann es sehr windig sein. In den Sommermonaten Juli und August, wenn die Temperaturen selten über 26 °C steigen, fliehen viele einheimische Touristen aus dem heißen Küstengebiet in die Kühle der Berge. Am regenärmsten sind die Monate März und April, dafür fallen allein im November fast 3000 mm Niederschlag.

Infos

Am Parkeingang befindet sich das **Department for Ecotourism** mit dem sehr informativen Besucherzentrum, Tel. 054 387 13 30 (tgl. 7–17 Uhr, 40 000 VND). Es empfiehlt sich, dort einen Guide für die verschiedenen Wandertouren zu engagieren (200 000 VND/Tag). Alternativ kann auch einen Jeep mit Fahrer mieten.

Übernachten

Gästehäuser – Der Nationalpark verfügt über sechs einfache Gästehäuser, davon liegen zwei in der Nähe des Parkeingangs. Vier weitere, Bach Ma, Saola, Kim Giao und die beliebte Villa Do Quyen, mit insgesamt 26 Räumen, verteilen sich in der Nähe der höchsten Erhebung auf einer Höhe von etwa 1250 m ü. d. M. Die Zimmer können über das **Besucherzentrum** des Parks (s. o.) gebucht werden, was in den Sommermonaten auf jeden Fall empfehlenswert ist. DZ 150 000–250 000 VND.

Aktiv

Wandern – Es gibt ausgewiesene Wanderwege im **Park** (s. Aktiv unterwegs S. 272).
Umweltschutz – Um kahle Abschnitte im Park wiederaufzuforsten, kann man einen Baum stiften. Infos im Besucherzentrum (s. o.).

Verkehr

Der Parkeingang befindet sich etwa 3 km westlich der Ortschaft Cau Hai, die sowohl an der Nationalstraße 1 A als auch an der Bahnlinie liegt und daher mit **Bus** und **Bahn** zu erreichen ist. Man organisiert die Tour jedoch am besten von Hue aus, z. B. über TNT Travel, 1 A Hung Vuong, Tel. 054 383 57 57, www.tannhattravel.com.

Von Cau Hai zum Wolkenpass ▶ N/O 17

Canh Duong

Etwa 50 km südlich von Hue beginnt nach dem Ort Cau Hai der »Pass des Glücklichen Elefanten«, **Đèo Phước Tượng**. Er trägt seinen Namen wegen eines Bergrückens, der an den Kopf eines Dickhäuters erinnert. An seiner Nordseite erstreckt sich der bogenförmige **Canh-Duong-Strand**. Mit seinem feinen Sand zählt der 8 km lange Küstenabschnitt zu den schönsten Stränden der Provinz Thua Thien Hue und soll in Zukunft zu einem Seebad entwickelt werden.

Lang Co

Nachdem man den »Pass des Wohlstands«, **Đèo Phú Gia,** überwunden hat, folgt die äußerst fotogen gelegene Lagune von **Lăng Cô.** Durch ein schmales Band ist sie vom Meer getrennt. Hier liegt auch das nach ihr benannte Dorf, dessen katholische Bewohner nach der Landesteilung 1954 aus dem Norden kamen. Sie leben vom Reichtum der Lagune, züchten dort Austern, deren Perlmutt sie für Intarsien verwenden, und Garnelen, deren Fleisch sie einlegen und als rötliche Garnelenpaste, *mắm tôm,* verkaufen.

An Bedeutung gewinnt auch der Tourismus – fast alle Reisebusse legen in Lang Co eine Essenspause ein. Zum einen locken die herrlichen Seafoodgerichte, zum anderen der 10 km lange, feinsandige Strand. Die Resorts sind auf einheimisches Publikum ausgerichtet, Englisch wird wenig gesprochen.

Wolkenpass

Der Wolkenpass – oder genauer: Pass der Meereswolken, **Đèo Hải Vân** – trägt seinen Namen zu Recht, denn während der langen Regenzeit zwischen November und März sind die bis zu 1100 m hohen Gipfel häufig in Wolken gehüllt. Bei klarer Sicht hat man von der 496 m hohen Passhöhe eine Traumaussicht auf die Lagune von Lang Co im Norden und auf die Bucht von Da Nang im Süden.

Bis zur Eröffnung des 6,3 km langen **Hai-Van-Tunnels** im Jahr 2005 hatte sich der gesamte Verkehr über den Berg mühen müssen. Mittlerweile gibt es zwei weitere Tunnel. Nicht selten war der gesamte Nord-Süd-Verkehr zum Erliegen gekommen, weil wieder einmal Taifune und heftige Regenfälle Erdrutsche verursacht und die Straße unpassierbar gemacht hatten.

Bis um 1400 war der Wolkenpass auch eine kulturelle Grenze zwischen dem chinesisch geprägten Dai Viet und dem indisch beeinflussten Champa-Reich. Danach weiteten

Über den Wolkenpass nach Hoi An

Aktiv

WANDERUNGEN IM BACH-MA-NATIONALPARK

Tour-Infos
Dauer: halber Tag
Wichtige Hinweise: Im Nationalpark existieren einige ausgewiesene Wanderwege. Zudem führt eine 16 km lange Teerstraße bis kurz unter den Gipfel. Ein Plan des Parks wird im Besucherzentrum angeboten. Dort sollte man sich auch über den Zustand der Wege erkundigen, da Stürme und Taifune regelmäßig Waldschäden anrichten. Gutes Schuhwerk, eine wind- und regenfeste Jacke sowie Schutz vor Blutegeln sind sehr zu empfehlen. Auch an Wasser sollte man denken. Nähere Infos unter www.bachmapark.com.vn.

Pheasant Trail (2,5 km): Der Fasanen-Pfad (Đường Mòn Trĩ Sao) – auch als Blutegel-Allee bekannt – beginnt bei Km 5 der Teerstraße und führt u. a. zum Fasanen-Wasserfall. Dass man im dichten Regenwald tatsächlich einen Fasan erspäht, ist aber eher unwahrscheinlich.
White Seraya Trail (1 km): Benannt nach dem Weißen Seraya-Baum (Đường mòn Rừng Chò Đen), ist dies ein steiler, aber schöner Weg unter Baumriesen der Gattung *Parashorea densiflora*.
Five Lakes Cascade Trail (2 km): Der Fünfseenweg (Đường Mòn Ngũ Hồ) beginnt bei Km 18 der Teerstraße und führt durch dichten Wald vorbei an einem Strom, fünf Seen und mehreren Kaskaden. Das Wasser ist erfrischend kalt, die Wege teilweise recht glitschig.

Von Cau Hai zum Wolkenpass

Rhododendron Trail (1,5 km): Ausgangspunkt des Rhododendron-Weges ist Km 16 der Teerstraße. Er ist besonders zur Blütezeit der Azaleen im Februar schön. Höhepunkt ist der Rhododendron-Wasserfall, von dessen Spitze sich ein toller Panoramablick bis an die Küste eröffnet. Es besteht die Möglichkeit, über 689 Treppenstufen an das untere Ende des Wasserfalls zu gehen. Dabei sind 300 Höhenmeter zu überwinden.
Summit Trail (500 m): Vom Ende der Asphaltstraße führt der kurze, steile Gipfelweg bis zur Spitze des Nui Bach Ma. Bei gutem Wetter ist die Aussicht von dort oben atemberaubend.
Nature Exploration Trail (2 km): Vom Gipfel zurück kann man den besonders bei Vogelkundlern beliebten Naturkundeweg wählen.

die Vietnamesen ihr Herrschaftsgebiet nach Süden aus und verdrängten die Cham. Um sein neu geeintes Reich besser kontrollieren zu können, ließ der Gia-Long-Herrscher (reg. 1802–1820) zwischen Hanoi und Saigon die Straße der Mandarine mit Poststationen *(trạm)* im Abstand von 20 km anlegen. Unter seinem Nachfolger Minh Mang entstand am höchsten Punkt der Straße das »Tor am Pass der Meereswolken«, **Hải Vân Quan,** zur Eintreibung von Steuern. Das Zolltor aus Ziegelstein ist relativ gut erhalten. Während die königlichen Beamten auf Pferden und Elefanten reisten, konnten die Franzosen nach dem Ausbau der Straße ab 1888 mit ihren Citroëns fahren. Unter den Kolonialherren entstanden Befestigungsanlagen, die später ausgebaut und auch im Vietnamkrieg genutzt wurden.

Während Touristen auf der Passhöhe den Panoramablick genießen und mit den Souvenirhändlern feilschen, besuchen die Einheimischen Schreine zur Verehrung des Berggeistes und zum Gedenken an die umherirrenden Seelen der Verunglückten.

Bei der Weiterfahrt nach Da Nang ergeben sich immer wieder schöne Blicke auf die türkis schimmernde Bucht, die bis zur Halbinsel Son Tra reicht.

Übernachten

Edel-Enklave – **Angsana Lang Co:** Cu Du, Loc Vinh, Tel. 054 369 58 00, www.angsana.com. Mit angeschlossenem Golfplatz und zusammen mit dem benachbarten Banyan Tree Lang Co ein weitläufiges Luxusresort an der nördlich von Lang Co anschließenden Chan-May-Bucht. DZ/F ab 200 US-$

Tolle Lage am Meer – **Lang Co Beach Resort:** 463 Lac Long Quan, Tel. 054 387 35 55, www.langcobeachresort.com.vn. Am Strand entlang verteilen sich Bungalows im traditionellen Stil der alten Hue-Paläste. Die meisten der 124 großen Zimmer haben Meerblick. Netter Pool und bei Durchreisenden beliebtes **Restaurant.** Die Anlage wirkt nicht sehr gepflegt. DZ/F in Nebensaison (Okt.–März) 30–125 US-$.

Tolle Lage am Meer – **Thanh Tam Seaside Resort:** Lang Co Beach, Tel. 054 387 44 56, www.thanhtamresort.com.vn. Die Zimmer des Resorts am Nordende von Lang Co sind zum Teil ziemlich vernachlässigt, dafür entschädigt das sehr schön gelegene **Restaurant** mit Aussicht aufs Meer. DZ ohne Frühstück ab 22 US-$.

Essen & Trinken

Die Restaurants der genannten Hotels haben sehr gute Speisen mit Meeresfrüchten im Angebot.

Leckeres aus dem Meer – **Sao Bien:** Nationalstraße 1 A, kurz vor der Brücke, tgl. 7–21 Uhr. Herrliche Seafoodgerichte in Hülle und Fülle ab 60 000 VND.

Einkaufen

Ein beliebtes Mitbringsel ist die **Garnelenpaste** *mắm tôm*, die an Straßenständen verkauft wird.

Verkehr

Bus: Der Wolkenpass liegt an der Busstrecke Hue–Da Nang. Zudem legen alle Open-Tour-Busse hier einen Zwischenstopp ein.

Da Nang

Sehenswert
1. Cau Song Han (Han-Brücke)
2. Cao-Dai-Tempel
3. Cho Han (Han-Markt)
4. Kathedrale
5. Chua Tam Bao
6. Chua Pho Da
7. Cham-Museum

Übernachten
1. Novotel Danang Premier Han River
2. Brilliant Hotel
3. Orange Hotel
4. Sun River Hotel
5. Dai A Hotel
6. Funtastic Danang Hostel

Essen & Trinken
1. Kim Do Restaurant
2. Truc Lam Vien
3. Waterfront Restaurant & Bar
4. Phi Lu
5. Dao Xanh
6. Com Chay Chua Tinh Hoi
7. Lang Nghe
8. Sala Thai
9. My Quang Ba Nam

Einkaufen
1. Cho Con

Abends & Nachts
1. New Phuong Dong
2. City Pub
3. Seventeen Saloon

Da Nang ▶ O 18

Cityplan: links

Vietnams drittgrößte Metropole liegt im Mündungsbereich des Song Han und zieht sich entlang einer tief eingeschnittenen Bucht. Im Westen erheben sich die bis zu 1500 m hohen Berge der Truong Son. Mit über 1 Mio. Einwohnern ist **Đà Nẵng** das wirtschaftliche Zentrum in der Mitte Vietnams. Jedes Jahr kommen im Schnitt mehrere Tausend Neubürger hinzu. Dank des Tiefseehafens Tien Sa und des internationalen Flughafens ist die Stadt hervorragend an die Region angeschlossen. Als Eingangstor Zentralvietnams lockt sie recht erfolgreich ausländische Investoren an. So wurde aus dem Aschenputtel der 1990er-Jahre eine moderne Wirtschaftsmetropole mit vielen bunten Neubauten. Ganze Häuserzeilen werden aus dem Boden gestampft, wie etwa im Lien-Chieu-Distrikt entlang dem nördlichen Küstenabschnitt.

Für Touristen hat Da Nang jedoch wenig zu bieten. Nur ein Bruchteil der Besucher übernachtet in der Stadt, die meisten ziehen weiter ins 30 km entfernte Hoi An oder zu den südlich gelegenen Stränden. Trotzdem lohnt sich ein Halt schon allein des hervorragenden Cham-Museums wegen. Doch es macht auch Spaß, die geschäftige Atmosphäre einer modernen Stadt zu erleben.

Geschichte

Da Nang hat seinen Aufstieg der Kolonialmacht Frankreich zu verdanken. Als das südlicher gelegene Hoi An über Jahrhunderte hinweg Handelsschiffe aus aller Welt willkommen hieß, gab es in der Bucht von Da Nang nur einige Fischerdörfer und eine Werft. Doch mit der Verlandung des Hafens von Hoi An und dem Bau immer größerer Schiffe gewann diese Bucht ab dem 18. Jh. an Bedeutung. Der Gia-Long-Herrscher ließ zum Schutz seines Hafens 1813 am Han-Fluss nach Vorbild der Vauban-Festungen das Fort **Dien Hai** erbauen. Unter Minh Mang wurde es 1832 zur Zitadelle ausgebaut, von der aus seine Soldaten den internationalen Schiffsverkehr bewachten. Nur in der Mündung des Song Han durften gemäß eines Erlasses von 1835 europäische Schiffe vor Anker gehen.

Mit der Landung einer französisch-spanischen Strafexpedition am 31. August 1858 begann die schrittweise Eroberung Vietnams durch die Kolonialmacht. Als 30 Jahre später ganz Indochina unter französischer Kontrolle war, wurde Da Nang am 24. Mai 1889 unter dem Namen Tourane offiziell gegründet. Schritt für Schritt avancierte Tourane zu einer hübschen Hafenstadt mit Kolonialvillen und Alleen. Noch in den 1950er-Jahren lebten hier nur 50 000 Menschen. Dies sollte sich mit dem Vietnamkrieg ändern. Nachdem am 7. März 1965 die ersten US-amerikani-

Über den Wolkenpass nach Hoi An

schen Einheiten in der Bucht von Da Nang gelandet waren, wurde die Stadt nach Saigon zum größten Militärstützpunkt des Landes. Innerhalb weniger Jahre wuchs die Einwohnerzahl auf 800 000 an.

1966–71 ankerte das deutsche Lazarettschiff »MS Helgoland« vor Da Nang und versorgte während dieser Zeit 12 500 Verletzte stationär und etwa 330 000 ambulant. Fast zehn Jahre später endete das verhängnisvolle Engagement der Amerikaner im Chaos. Als am 29. März 1975 nordvietnamesische Truppen die Stadt einnahmen, versuchten Tausende Vietnamesen verzweifelt, die letzten Evakuierungsflugzeuge zu besteigen. Da Nang versank in den Folgejahren in sozialistischer Tristesse. Dank der Wirtschaftsreformen hat sich die Stadt heute zu einem modernen Industrie- und Handelszentrum entwickelt.

Brücken

Das Zentrum von Da Nang nimmt eine kleine Landspitze zwischen der Mündung des Han-Flusses und der Meeresbucht ein. Der breite Fluss wird von fünf Brücken überspannt, u. a. vom im Jahr 2000 eröffneten Wahrzeichen der Stadt, der drehbaren **Cau Song Han** 1 . Sie dient als Verlängerung der Le-Duan-Straße und verbindet das Stadtzentrum mit der **Halbinsel Son Tra** im Osten.

Cao-Dai-Tempel 2
Nur zu Gottesdiensten geöffnet, Eintritt frei
An der 63 Hai Phong liegt gegenüber dem Stadtkrankenhaus der zweitgrößte **Cao-Dai-Tempel** (Hội Thánh Truyền Giáo Cao Đài) des Landes. Wie bei den Cao Dai üblich, werden dort um 6, 12, 18 und 24 Uhr knapp halbstündige Liturgien abgehalten. Das Innere des Gebäudes (1956) ist eine schlichtere Version des Haupttempels in Tay Ninh und wird wie dort vom gewaltigen Augapfel des Allerhöchsten, Cao Dai, dominiert.

Stadtmarkt Cho Han 3
Tgl. 6–20 Uhr
Das Zentrum erkundet man am besten zu Fuß, etwa bei einem Bummel auf dem Hung-Vuong-Boulevard, der im Osten in die parallel zum Fluss verlaufende Bach Dach mündet. Fast am Ende dieser Geschäftsstraße erhebt sich der größte Stadtmarkt, **Chợ Hàn.** Von außen wirkt die Betonsünde aus den 1990er-Jahren extrem hässlich, doch rundherum und innen herrscht asiatische Emsigkeit.

Kathedrale 4
156 Tran Phu, tgl. 17–19 Uhr und zu Gottesdiensten
Geht es im Markt vor allem um weltliche Dinge, so widmet sich die katholische Gemeinde in der nicht weit entfernt gelegenen **Kathedrale** (Chính Tòa Đà Nẵng) mehr den himmlischen Belangen. Das 1923 erbaute Gotteshaus ist vor allem aufgrund der schönen Glasfenster einen Besuch wert. Die Vietnamesen haben dem rosa bemalten neogotischen Kirchenbau des Wetterhahns auf dem Turmkreuz wegen den Spitznamen ›Hahnenkirche‹, Nhà Thờ Con Gà, gegeben.

Pagoden
In der Stadt gibt es auch noch eine Reihe durchaus sehenswerter Pagoden wie etwa die Theravada-buddhistische **Chua Tam Bao** 5 (323 Phan Chau Trinh, tgl. 7–18 Uhr, Eintritt frei) aus dem Jahr 1953 mit ihrem markanten fünfstöckigen Pagodenturm und die 1932 erbaute **Chua Pho Da** 6 (340 Phan Chu Trinh, tgl. 7–18 Uhr, Eintritt frei), eine bedeutende Schule für Nonnen und Mönche.

Cham-Museum 7
2, 2 Thang 9, www.chammuseum.danang.vn, tgl. 7–17 Uhr, 40 000 VND
Das **Cham-Museum** (Bảo Tàng Điêu Khắc Chăm) im Süden des Stadtzentrums birgt mit mehr als 400 Exponaten die weltweit bedeutendste Sammlung für Cham-Kunst (s. Rundgang S. 278). Seine Anfänge sind mit einer Person verbunden, die sich wie keine andere der Erforschung dieser Kultur verschrieben hat: Henri Parmentier (1871–1949). Nachdem der gelernte Architekt 1904 Chef der archäologischen Abteilung der École Française d'Extrême-Orient (EFEO) geworden war, machte er sich durch zahlreiche Forschungen in der Khmer- und Cham-Kunst

einen Namen. Noch heute gilt sein monumentales »Inventaire descriptif des monuments cams de l'Annam« als Standardwerk.

Als im Zuge von Ausgrabungen durch die EFEO immer mehr Skulpturen und Inschriften zutage kamen, entwarf Parmentier einen Museumsbau mit Elementen der Cham-Architektur. Nach vier Jahren Bauzeit wurde das Museum 1919 eröffnet und nach einer Erweiterung 1936 zu Ehren seines Planers in Musée Henri Parmentier umbenannt.

Die Kriege hinterließen Spuren, mehrfach kamen Objekte abhanden, zeitweilig war das Museum sogar Lazarett. Erst 1996 entdeckte man 157 im Garten vergrabene Fragmente eines Altars, der in den Kriegsjahren versteckt worden war. Inzwischen wurde das Museum restauriert und durch einen Anbau erweitert.

Infos

Department of Culture, Sport & Tourism: Visitor Centre, 32 A Phan Dinh Phung, Tel. 0511 355 01 11, www.danangtourism.gov.vn, Mo–Fr 8–17 Uhr. Die Tourismusbehörde ist nur wenig hilfreich, was praktische Tipps betrifft. Lohnender ist ein Blick ins Netz: www.indanang.com, www.danangcity.gov.vn.

Danang Local Tours: 23 Mai Di, Tel. 09 05 41 25 74, www.danangloctours.com. Organisiert Stadttouren u. a. mit Mopeds.

Übernachten

Feine Adresse – **Novotel Danang Premier Han River** 1 : 36 Bach Dang, Tel. 0511 392 99 99, www.novotel-danang-premier.com. Direkt am Fluss-Boulevard gelegen, bietet dieser 37-stöckige Hotelturm in edlem Design 323 schicke Zimmer sowie einen Panoramapool und die Bar **SKY 36**. DZ/F ab 100 US-$.

Modernes Stadthotel – **Brilliant Hotel** 2 : 62 Bach Dang, Tel. 0511 322 29 99, www.brillianthotel.vn. Zentrale Lage, schöner Flussblick und 102 moderne, großzügige Zimmer und Suiten machen das Haus zu einer guten Adresse. Kleiner Pool im 4. Stock, Fitnesscenter und Spa sowie Brilliant Top Bar mit Flussblick auf dem Dach. DZ/F ab 85 US-$.

Das Cham-Museum in Da Nang zeigt die bedeutendste Sammlung von Cham-Kunst

RUNDGANG DURCH DAS CHAM-MUSEUM

Das **Cham-Museum** 7 gliedert sich in den hufeisenförmigen Ursprungsbau und einen neueren Anbau. Der Zugang erfolgt von Norden durch einen Garten mit Garuda- und Dvarapala-Skulpturen. Es empfiehlt sich, den Rundgang im linken Ostflügel zu beginnen und mit dem Westflügel zu enden.

Östlicher Gebäudeflügel: Historische Fotografien, Pläne und Skulpturen vermitteln einen ersten Eindruck von der Cham-Kunst. Eine Figur des Elefantengottes Ganesha ist genauso interessant wie ein Relief mit Polospielern. Im anschließenden Verbindungskorridor zählen der Torso einer unbekannten Göttin (10. Jh.) und die Darstellung des auf der Schlange Ananta liegenden Vishnu an der Wand zu den schönsten Exponaten. Bei dem Vishnu, aus dessen Nabel eine Lotosblume mit dem Gott Brahma erwächst, handelt es sich um eine Schöpfungsszene. Von großer Schönheit ist zudem die Darstellung eines Shiva als bärtiger Asket aus dem 15. Jh., das als letzte bedeutende Skulptur der Cham gilt.

Tra-Kieu-Raum: Blickfang des zentral gelegenen Raums ist der Altar von Tra Kieu (10. Jh.), benannt nach dem heutigen Ortsnamen des alten Simhapura. Die quadratische Altarbasis zählt wegen der feinen Reliefs zu den Meisterwerken des Museums. Dargestellt ist eine Menschenprozession, bei der es sich um die Hochzeit von Rama und Sita aus dem »Ramayana« oder um eine Szene mit Krishna aus dem »Bhagavata Purana« handelt. Mit ihrer feinen Ausarbeitung sind die Figuren typisch für den Tra-Kieu-Stil, der sich auch bei den wunderschönen Tänzern einer Altarbasis (10. Jh.) zeigt.

My-Son-Raum: Die ausgestellten Objekte im folgenden Raum stammen aus der Tempelstadt My Son, die vom 4.–13. Jh. als religiöses Zentrum von Champa diente. Herzstück des Raums sind Teile einer Altarbasis aus dem späten 7. Jh. mit hervorragenden Reliefarbeiten. Sie zeigen vorwiegend Tänzer, Musiker und Asketen. Des Weiteren sind der Elefantengott Ganesha aus dem 8. Jh. und eine fast 2 m große stehende Shiva-Statue (vermutlich 8. Jh.) sehenswert. Bei allen Skulpturen zeigt sich die für diese Periode typische realistische und daher sehr lebendig wirkende Darstellung. Auch eine weitere Darstellung des auf der Schlange Ananta liegenden Vishnu ist sehenswert.

Dong-Duong-Raum: Fast alle Ausstellungsstücke stammen aus dem Mahayana-buddhistischen Kloster Đồng Dương, das im 9./10. Jh. unter Indravarman II. eine Blütezeit erlebte und im Vietnamkrieg fast völlig zerstört wurde. Zu sehen sind ein großer Buddha in europäischer Sitzhaltung (9. Jh.) und zwei Altarpodeste mit feinsten Reliefs. Besonders ausdrucksstark sind die lebendig wirkenden Szenen beim Altar unterhalb der Buddha-Darstellung, die der legendenreich ausgeschmückten Buddha-Vita »Lalitavishtara« entlehnt sind. Zu den herausragenden Stücken zählt zudem eine Tara aus dem 8. Jh., die als Emanation, einer Art Erscheinungsform, des Bodhisattva Avalokiteshvara gilt und wie er das allumfassende Mitgefühl ausdrückt. Sie ist die einzige Bronzefigur im Museum. Der südliche Anbau präsentiert eine Vielzahl von dekorativen Elementen an den Tempelanlagen sowie Lingams und Wächterfiguren.

> **Westlicher Gebäudeflügel:** Ein Ring von Frauenbrüsten an einer Altarbasis oder einem Yoni sind eine Besonderheit der Cham-Kunst. Dieses im 10.–12. Jh. verbreitete, in anderen indiserten Kulturen unbekannte Motiv ist möglicherweise Teil eines Kultes um die weibliche Fruchtbarkeitsgottheit Uroja. Einige Beispiele findet man in einem Verbindungskorridor zum westlichen Gebäudeflügel. In Letzterem wirken die meist ins 12. Jh. datierten Skulpturen monumental. Beispiele sind die Tiergestalten, darunter Löwen, Garudas und Mischwesen aus Elefanten- und Löwenkörpern (Gajasimhas). Die in der Hindu-Ikonografie unbekannten Drachendarstellungen sind eindeutig chinesisch beeinflusst.

Solide – **Orange Hotel** 3 : 29 Hoang Dieu, Tel. 0511 356 61 76, www.danangorangehotel.com. Mit 45 sauberen Zimmern (in der Standardkategorie fensterlos) ist das elfstöckige Hotel überschaubar. Pluspunkte sind die Lage, der Ausblick von der Dachterrasse und der gute Service. DZ/F ab 50 US-$.

Mit Flussblick – **Sun River Hotel** 4 : 132–136 Bach Dang, Tel. 0511 384 91 88, www.sunriverhoteldn.com.vn. Das solide Stadthotel in zentraler Lage am Fluss mit 50 geräumigen Zimmern und freundlichem Service ist eine empfehlenswerte Adresse. Beim Frühstück im 8. Stock kann man den Ausblick genießen. DZ/F ab 40 US-$.

Glanzlos und günstig – **Dai A Hotel** 5 : 51 Yen Bai, Tel. 0511 382 75 32, www.daiahotel.com.vn. Freundliches Minihotel mit 29 schlichten, sauberen Zimmern, sehr zentral in Da Nang gelegen. Kostenloser Internetzugang in der Business-Ecke. DZ ohne Frühstück 23–32 US-$.

Für Kontaktfreudige – **Funtastic Danang Hostel** 6 : 115 Hai Phong, Tel. 0511 389 20 24, www.funtasticdanang.com. Das Angebot reicht vom DZ mit Bad bis zu 4- und 6-Bett-Zimmern. Alles farblich freundlich und funktional arrangiert. Gutes Freizeitangebot. DZ ohne Frühstück 20 US-$.

Essen & Trinken

In Da Nang herrscht kein Mangel an guten Restaurants, die sich auf die wachsende Zahl ausgehfreudiger und liquider Stadtbewohner eingestellt haben. Zu den Spezialitäten zählt *mì quảng*, Weizennudelsuppe mit Fleisch.

Gutes Seafood – **Kim Do Restaurant** 1 : 180 Tran Phu, Tel. 0511 382 18 46, tgl. 7–21.30 Uhr. Das stadtbekannte Restaurant bietet eine große Auswahl an Seafoodgerichten. Wie wäre es mit *rong nho*, einer Suppe mit ›Grünem Kaviar‹ (einer Algenart) oder mit Schwalbennestsuppe? Reichhaltige Menüs um 150 000 VND.

Für ein lauschiges Dinner – **Truc Lam Vien** 2 : 8–10 Tan Quy Cap, Tel. 0511 384 37 77, tgl. 6–22.30 Uhr. Großes Restaurant im traditionellen Stil mit schönem Garten und vielfältigen Gerichten. Sehr lecker sind *mì quảng tôm thịt*, Weizennudeln mit Garnelen. Menüs um 120 000 VND.

Essen mit Flussblick – **Waterfront Restaurant & Bar:** 3 : 150 Bach Dang, Tel. 09 05 41 17 34, www.waterfrontdanang.com, tgl. 9–23 Uhr. Im Restaurant mit großer Terrasse werden internationale Speisen geboten (große Weinauswahl). Zum Verdauen geht es eine Etage tiefer in die Bar. Einzelgerichte ab 80 000 VND.

Chinesisch-protzig – **Phi Lu** 4 : 255 Nguyen Chi Thanh, Tel. 0511 386 88 68, www.philu.com.vn, tgl. 8–22 Uhr. Hier wird nicht gekleckert, sondern geklotzt. In dem gewaltigen Bau werden fantasievolle vietnamesische und chinesische Speisen aufgetischt. Gerichte ab 50 000 VND.

Seafood schlemmen – **Dao Xanh (Green Island)** 5 : Tran Thi Ly, Tel. 0511 364 34 71, tgl. 16–23 Uhr. Nicht weit vom Diamond Palace. Hier kommen die Einheimischen abends wegen des gewaltigen Angebots an Meeresfrüchten. Kein Ort zum gepflegten Dinieren. Gerichte ab 50 000 VND.

Vegetarische Küche – **Com Chay Chua Tinh Hoi** 6 : 500 Ong Ich Khiem, tgl. 7–21 Uhr. Das einfache Lokal liegt auf dem Gelände der

Über den Wolkenpass nach Hoi An

buddhistischen Chua Phap Lam und zählt zu den besten vegetarischen Gaststätten der Stadt. Gerichte ab 40 000 VND.

Gartenatmosphäre – **Lang Nghe** 7 : 119 Le Loi, Tel. 0511 384 88 68, tgl. 6–23 Uhr. Mit nettem Garten und leckeren vietnamesischen Gerichten eine gute Adresse fürs entspannte Dinner. Empfehlenswert sind der Feuertopf und die Meeresgerichte. Ab 40 000 VND.

Leckere Currys – **Sala Thai** 8 : 111 Le Loi, Tel. 0511 388 85 70, www.salathaivn.com, tgl. 10–22 Uhr. Eine gute Adresse für authentische Thai-Gerichte. Der freundliche Service und eine große Auswahl an Gerichten zu passablen Preisen machen es zu einer guten Wahl. Lecker sind auch die zuckersüßen Thai-Desserts. Menüs ab 55 000 VND.

Leckere Nudeln – **My quang Ba Nam** 9 : E 46 2 Thang 9, Tel. 0511 222 17 36, tgl. 9–21 Uhr. Das kleine Lokal liegt in einer schmalen Seitenstraße und serviert die lokale Spezialität *mì quảng*. Das Richtige für den kleinen Hunger. Um 30 000 VND.

Einkaufen

Lebensmittel und mehr – Der Markt **Cho Han** 3 an der Ecke Hung Vuong/Tran Phu, tgl. 6–20 Uhr, hat eine Riesenauswahl an Lebensmitteln und Dingen des täglichen Bedarfs. Das gilt auch für den größeren **Cho Con** 1 , tgl. 6–20 Uhr, an der Ecke Hung Vuong/Ong Ich Khiem.

Soziales Projekt – **Tipp:** Das **Dai A Hotel** 5 arrangiert den Besuch einer Werkstatt für die traditionelle Herstellung von Besen zur Unterstützung benachteiligter Frauen. Es liegt etwa 10 km außerhalb von Da Nang.

Abends & Nachts

Das nächtliche Freizeitangebot ist recht groß, Sehr populär (und teuer) ist die Rooftop-Bar **SKY 36** im Novotel 1 .

Clubs – **New Phuong Dong** 1 : 20 Dong Da, www.newphuongdong.vn, tgl. ab 20 Uhr. **City Pub** 2 : 92 Bach Dang, tgl. 16–23 Uhr. Oft Livemusik. **Seventeen Saloon** 3 : Z 76 Tran Hung Dao, tgl. ab 18 Uhr.

Verkehr

Flugzeug: Der **Da Nang International Airport** liegt nur 3 km südwestlich vom Stadtzentrum entfernt und ist per Taxi schnell erreichbar. Schalter in der Ankunftshalle bieten Taxifahrten nach Hoi An für 350 000 VND an. Es bestehen diverse internationale Verbindungen, u. a. nach Singapur und Bangkok. Vietnam Airlines fliegt mehrmals täglich nach Hanoi und Ho-Chi-Minh-Stadt sowie mindestens 1 x tgl. nach Da Lat, Hai Phong, Nha Trang-Cam Ranh, Buon Ma Thuot, Plei Ku. Jetstar bedient die Strecke Da Nang–Hanoi, Ho-Chi-Minh-Stadt und Singapur. **Vietnam Airlines:** 27 Dien Bien Phu, Tel. 0511 382 11 30, 382 64 65. **Jetstar:** 137 Nguyen Van Linh, Tel. 0511 358 35 83.

Bahn: Alle 5 Züge des Wiedervereinigungsexpresses machen Station im **Ga Đà Nẵng**, 2 km nordwestlich des Zentrums an der 122 Hai Phong. Die Fahrt ins 764 km entfernte Hanoi dauert 16–20 Std., in die 964 km entfernte Ho-Chi-Minh-Stadt mind. 18 Std. Auskunft: Tel. 0511 382 38 10. Tipp: Fahrt über den Wolkenpass nach Hue (7 x tgl., 106 km, 3,5–4 Std.). Die rechten Sitzreihen nehmen!

Bus: Der **Bến Xe Đà Nẵng** liegt an der 33 Dien Bien Phu, 3 km westlich des Zentrums. Von dort gibt es regelmäßige Verbindungen nach Hue (106 km, 3 Std.) und Hanoi (764 km, 20–22 Std.) sowie in Richtung Ho-Chi-Minh-Stadt (964 km, 15 Std.) über Qui Nhon (294 km, 8–9 Std.) und Nha Trang (514 km, 12 Std.).

Lokale Busse: Sie fahren tagsüber in kurzen Abständen gegenüber vom Han-Markt nach Hoi An (30 km, 1 Std.)

Open-Tour-Busse: Alle zwischen Hue und Hoi An verkehrenden Open-Tour-Busse machen einen Halt in Da Nang, zumeist vor den Büros der Veranstalter (Infos in den Hotels). Auf der Fahrt nach Hue fahren nahezu alle Busse durch den Hai-Van-Tunnel und nicht über den Wolkenpass (bitte checken!).

Taxi: Mehrere Unternehmen bedienenden Taxiverkehr (11 000–12 000 VND/km): Vina Sun Green Taxis, Tel. 0511 368 68 68; Airport Taxi, Tel. 0511 382 55 55; Mai Linh, Tel. 0511 356 56 56; Song Han Taxi, Tel. 0511 365 56 55.

Die Strände im Süden von Da Nang locken mehr Touristen an als die Stadt selbst

Strände südlich von Da Nang ▶ O 18

Eine gut ausgebaute Straße führt von Da Nang am Meer und dort am einstigen US-Stützpunkt und den Marmorbergen vorbei zum 25 km entfernten **Cua Dai Beach** (s. S. 300) bei Hoi An. Hier erstrecken sich mehrere schöne Strandabschnitte, die Da Nangs Ruf als attraktive ›Sun 'n' Sea‹-Destination begründet haben. Die Zahl guter Hotelresorts nimmt seit einiger Zeit kontinuierlich zu.

Die Strandabschnitte werden nach der jeweiligen Gemeinde genannt, in der sie liegen – was zu einer gewissen Verwirrung führt. Einige Kilometer südlich von Da Nang beginnt zunächst der nur 900 m lange **My Khe Beach,** gefolgt vom **Bac My An Beach.** Auf der Höhe der Marmorberge, etwa 10 km südlich von Da Nang, beginnt der 5 km lange **Non Nuoc Beach** und zieht sich fast bis nach Cua Dai bei Hoi An. Während des Vietnamkrieges waren die Abschnitte kollektiv als **China Beach** bekannt. Dort, in Reichweite ihres wichtigsten Stützpunktes, erholten sich US-Soldaten vom Krieg. Mittlerweile rangiert der Strand bei der internationalen Surfergemeinde weit oben, denn von Oktober bis Dezember herrschen hier gute Bedingungen für Wellenreiten, obwohl das Wasser eher kühl ist. Die beste Zeit zum Schwimmen ist von Juni bis September. Dann ist die See recht ruhig, sonst kann sie sehr rau sein und gefährliche Unterströmungen haben.

Übernachten

Da Nangs Nr. 1 – **Furama Resort & Spa:** 105 Vo Nguyen Giap, Bac My An, Tel. 0511 384 78 88, www.furamavietnam.com. Das Fünfsterneresort zählt zu den besten Vietnams und erhält regelmäßig Preise für Service und Standard. Die insgesamt 198 Zimmer und Suiten sind im modernen oder kolonialen Stil ausgestattet. Es gibt mehrere Restaurants, einen großen Pool, Spa und viele Sportmöglichkeiten. Attraktive Pauschalangebote. DZ/F ab 220 US-$, Suite ab 290 US-$.

Über den Wolkenpass nach Hoi An

Weitläufige Anlage – Sandy Beach Non Nuoc Resort: 21 Truong Sa, Tel. 0511 396 17 77, www.centarahotelsresorts.com. Das Resort mit 118 Zimmern und Villen liegt an einem schönen Strandabschnitt. Mit zwei Pools und einem Tennisplatz bietet es gute Freizeitmöglichkeiten. Tauchtrips können arrangiert werden. DZ/F ab 95 US-$, Villa ab 190 US-$.

Komfortabel und gute Lage – Indochine Danang Hotel: 30 – B 2.1 Ngo Thi Si, Ngu Hanh Son, Tel. 0511 398 56 66, www.indochinedanang.com. Mit 24 wohnlichen Zimmern, vier familienfreundlichen Apartments und dem Strand nur einen Häuserblock entfernt ist das Hotel auch wegen des guten Preis-Leistungs-Verhältnisses empfehlenswert. Mehrere Restaurants in der Umgebung. DZ/F ab 25 US-$.

Gute Budget-Option – Mango Hotel: 50 An Thuong 1, My Khe, Tel. 0511 395 43 45, mangohoteldanang@gmail.com. Nur fünf bis zehn Minuten zu Fuß vom Strand entfernt, ist diese handtuchschmale Unterkunft mit sechs Etagen und insgesamt 18 sauberen Zimmern (teilweise Meerblick) eine gute Budget-Option. Die Angestellten sind hilfsbereit, in der Nähe gibt es einen Mopedverleih sowie diverse Cafés und Restaurants. DZ ab 23 US-$.

Freundlich-funktional – Sea Wonder Hotel: G55-56 An Cu 3, My Khe, Tel. 0511 350 61 43, www.seawonderhotel.com.vn. Optisch ist das Hotel keine Schönheit, doch mit 30 zweckmäßigen Zimmern und nur 300 m vom Strand entfernt angesichts des Preises eine gute Wohnoption. Bei Fragen steht das hilfsbereite Personal zur Seite. DZ/F ab 20 US-$.

Essen & Trinken

Am Strand – Am My Khe Beach gibt es zahlreiche günstige **Seafoodstände.**

Schlemmen und Geld ausgeben – Café Indochine: im Furama Resort (s. links).

Aktiv

Surfen – Tam's Pub and Surf Shop: 38 An Thuong 5, Tel. 090 540 69 05. In einer Seitenstraße unweit des Blue Ocean Hotels. Die Eigentümer des kleinen Ladens mit Bar vermieten Surfbretter und Mopeds.

Verkehr

Taxis verlangen für die Fahrt zu den Stränden von Da Nang etwa 120 000 VND. Zum Non Nuoc Beach nimmt man einen der **Stadtbusse** zu den Marmorbergen.

Marmorberge ▶ O 18

Von den Stränden weiter entlang der Küste gen Süden – oder über eine etwa 1 km im Inland parallel dazu verlaufende Nebenstraße – gelangt man zu den **Marmorbergen.** Wie gigantische Maulwurfshügel erheben sich die fünf Kalksteinhügel aus der flachen Ebene. Die Vietnamesen nennen sie **Ngũ Hành Sơn,** Berge der Fünf Elemente, und haben sie jeweils nach einem der fünf Elemente in der vietnamesisch-chinesischen Kosmologie benannt: Thuỷ Sơn (Wasser), Kim Sơn (Metall), Thổ Sơn (Erde), Hoả Sơn (Feuer) und Mộc Sơn (Holz).

Das sich zwischen den Hügeln ausbreitende Dorf **Non Nuoc** – nach ihm ist auch der nahe gelegene Strand benannt – hat sich auf die Herstellung von Grabsteinen und Marmorfiguren spezialisiert. Allerdings stammt der verwendete Marmor heutzutage aus den Bergen bei Thanh Hoa. Die vielen Werkstätten und Geschäfte sind auf die ebenso zahlreichen Besuchergruppen eingestellt, die eine breite Auswahl zwischen Dickbauch-Buddhas und Badenixen vorfinden.

Interessanter ist der Aufstieg auf einige der Hügel, um die dortigen Höhlen (Taschenlampe mitnehmen!) und Pagoden zu besuchen. In den Grotten hatten die Cham hinduistische Kultstätten errichtet. Nach ihrer Verdrängung im 15. Jh. machten die Vietnamesen daraus buddhistische Heiligtümer. Nachdem der Minh-Mang-Herrscher 1825 den Marmorbergen einen Besuch abstattete, erlebte die Wallfahrt dorthin einen Aufschwung. Die Tempel wurden restauriert und über ein Wegenetz miteinander verbunden.

Die Vietnamesen widmeten die hinduistischen Heiligtümer in den Grotten der Marmorberge in buddhistische um

Über den Wolkenpass nach Hoi An

Thuy Son

Tgl. 6–17 Uhr, 15 000 VND

Besonders der mit 107 m höchste, der **Thuỷ Sơn** (Wasserberg), entwickelte sich zum beliebten Pilgerort. Auf seiner Südseite führen zwei anlässlich des Minh-Mang-Besuchs aus dem Fels geschlagene Treppensteige nach oben. Auf halbem Wege liegt an einer Wegkreuzung die **Chua Tam Thai.** Sie wurde anstelle eines Cham-Heiligtums erbaut und 1826 restauriert. Vor dem Klostereingang führt linker Hand ein Weg zum interessantesten Punkt, der domartigen **Hang Huyen Khong.** Der Eingang zur 30 m hohen Grotte wird von zwei zivilen und zwei militärischen Mandarinen flankiert. In Schreinen und auf Altären stehen zahlreiche daoistische und buddhistische Skulpturen, die durch das einfallende Tageslicht und die aufsteigenden Räucherschwaden mystisch entrückt wirken. Während des Vietnamkriegs diente die Grotte als Lazarett und Versteck.

Auf halbem Weg zurück zur Chua Tam Thai gelangt man zur kaminartigen **Hang Linh Nham** und zu einem **Aussichtspunkt.** Von der Chua Tam Thai führt der Weg weiter gen Osten, an der Grotte **Hang Van Thong** vorbei bis zum größten buddhistischen Heiligtum, der **Chua Linh Ung** aus dem 16. Jh. Sie wurde mehrfach vergrößert, Ende der 1990er-Jahre kam der markante Pagodenturm hinzu. Von der Chua führen 100 Stufen abwärts zur Südostseite des Non-Nuoc-Dorfes.

Verkehr

Die Marmorberge liegen etwa 10 km südlich von Da Nang und sind mit allen **Bussen** in Richtung Hoi An zu erreichen. Empfehlenswerter ist jedoch eine **Fahrradtour** von Hoi An aus (15 km). Zurück kann man auch die Küstenstraße nehmen.

Ba Na ▶ N/O 17/18

Die Jahresdurchschnittstemperatur von 17 bis 20 °C, die Nähe zu Da Nang und die schöne Berglandschaft mit dem 1487 m hohen **Núi Bà Nà** als höchster Erhebung ließen das Gebiet westlich von Da Nang schon in der Kolonialzeit zur beliebten Sommerfrische werden. Seit 1919 führt eine Straße von Da Nang zu dem 40 km im Westen gelegenen Ba Na. Der Hotelier Wladimir Morin errichtete ein vornehmes Hotel, dem mit der Zeit über 200 Villen folgten. Doch die nachfolgenden Kriegsjahre ließen Ba Na zu einer zeitweise schwer umkämpften Ruinenlandschaft werden.

Ba-Na-Nui-Chua-Naturschutzgebiet

1986 wurde das **Ba-Na-Nui-Chua-Naturschutzgebiet** (Khu Bảo Tồn Thiên Nhiên Bà Nà-Núi Chúa) etabliert, das gegenwärtig 88 km² einnimmt. Seit den 1990er-Jahren erlebt der Ort eine Renaissance. In den heißen Monaten Juni bis August zieht es vor allem Einheimische in die kühlen Höhen, um die herrliche Aussicht zu genießen. Eine Seilbahn führt vom 1320 m hohen Nui Vong Nguyet auf die Spitze des Nui Ba Na (www.banahills.com.vn, h/z 550 000 VND). Mehrere Wanderwege durchziehen das Gebiet und führen u. a. zur Chua Linh Ung mit einer 27 m hohen Buddhastatue und zum Fantasy Park.

Infos

Im Internet: Auf www.banahills.com.vn gibt es gute Infos über die vielfältigen Aktivitäten.

Übernachten

Französisches Dorf – **Mercure Danang French Village Bana Hills:** An Son, Tel. 0511 379 98 88, www.accorhotels.com. Das Viersternehotel wirkt wie ein Themenpark und besteht aus Burgen, Gassen und Häusern im französischen Stil des späten 19. Jh. 162 Zimmer und Suiten in sechs Kategorien, drei Restaurants und drei Bars sowie diverse Shops führen zu einem interessanten Wohnerlebnis. Sehr originell ist auch der Indoor-Pool mit Panoramablick. DZ/F ab 55 US-$.

Aktiv

Exkursionen – Von Da Nang werden in den Sommermonaten **Tagestouren** angeboten. Eine Fahrt mit dem Taxi sollte hin und zurück um 700 000 VND kosten.

★ Hoi An

▶ O 18

Jahrzehntelang hielt Hoi An einen Dornröschenschlaf. Seitdem die einstige Hafenstadt vom Tourismus wachgeküsst wurde, erlebt sie einen beispiellosen Boom. In keiner vietnamesischen Stadt ist das historische Bauensemble noch so intakt wie hier. Seit 1999 zählt es gar zum UNESCO-Welterbe.

Einstiger Welthafen

Das alte Tor zur Welt gleicht einem verspielten Freilichtmuseum: handtuchschmale Kaufmannshäuser, die sich entlang der schmalen Gassen reihen wie Eisenspäne auf einem Magneten, knallbunte Tempelanlagen, in denen die Nachkommen chinesischer Einwanderer ihre Schutzgötter verehren, der einem himmelblauen Geschenkband gleich in Richtung Meer sich schlängelnde Thu-Bon-Fluss.

Für viele Vietnambesucher zählt der Besuch von Hoi An zu den Höhepunkten ihrer Reise. Die Stadt mit etwa 50 000 Einwohnern liegt 30 km südlich von Da Nang und einen Katzensprung vom Meer entfernt. Die engen Gassen laden zum Schlendern ein, der Thu-Bon-Fluss zu einer Bootsfahrt und der nahe Cua-Dai-Strand zu einem kühlen Bad an heißen Tagen. Vor allem aber hat Hoi An die alte Profession seiner Vorfahren wiederentdeckt: den Handel. So reiht sich ein Kleidergeschäft an das andere, Galerien präsentieren Bilder von Kitsch bis Kunst, Läden verkaufen fantasievolle Kreationen und billigen Krempel. Restaurants und Cafés wiederum werben mit lokalen Spezialitäten wie ›White Roses‹ und *cao lâu* (s. S. 296). In Werkstätten kann man den Weberinnen und Holzschnitzern über die Schulter schauen und im Café beim Latte Macchiato aufs Smartphone starren.

Hoi An ist heute auf eine andere Art Tor zur Welt, wo japanische Backpacker im Hostel genauso glücklich werden wie deutsche Studentinnen in der Kochschule. Auch junge Vietnamesen aus Saigon verfallen hier dem Shopping-Rausch.

Geschichte

Die Bedeutung des Thu Bon als Anlaufstelle für Schiffe reicht weit in die Zeit der Cham zurück. Bereits im 4. Jh. unterhielten sie in dessen Mündungsbereich den Hafen Lam Ap Pho und versorgten bis ins 13. Jh. von hier aus ihre etwa 20 km landeinwärts gelegene Hauptstadt Simhapura (heute Tra Kieu). Doch mit der Verdrängung der Cham geriet das Gebiet über mehrere Jahrhunderte hinweg in Vergessenheit.

> **Tipp**
>
> **SAMMELTICKET**
>
> Vor dem Rundgang muss bei den Verkaufsstellen (tgl. 7–18 Uhr) ein Sammelticket für 120 000 VDN gekauft werden. Sie liegen an der 52 Nguyen Thi Minh Khai, 19 Hai Ba Trung, 5 Hoang Dieu, 12 Phan Chu Trinh, 37 Tan Phu und 78 Le Loi. Mit dem Ticket kann man zwischen mehreren Optionen wählen und innerhalb eines Tages jeweils ein Kaufmannshaus, eine Versammlungshalle, ein Museum und die Japanische Brücke besichtigen. Bei Führungen in den Privathäusern wird ein Trinkgeld erwartet.

Hoi An

Erst unter Fürst Nguyen Hoang (reg. 1558–1622) und seinem Sohn und Nachfolger Nguyen Phuc Nguyen (reg. 1623–1634) erlebte die Stadt am Meer, **Håi Phố,** wie sie damals genannt wurde, eine Wiederbelebung. Bald avancierte sie zu einem wichtigen internationalen Umschlagplatz für Waren. Dies hatte mit der Zunahme des globalen Seehandels und der Tatsache zu tun, dass China und Japan sich Ende des 16. Jh. nach außen hin völlig abgeschottet hatten und den Warenhandel über ausländische Häfen abwickelten. Japanische Schiffe, die *shuin-sen*, konnten Hoi An während des Nordostmonsuns in nur 40 Tagen erreichen. Daher siedelten sich neben chinesischen auch zahlreiche Händlerfamilien aus Nippon an. Der Mailänder Cristoforo Borri, ein Mitglied der kleinen Jesuitenkommunität in Hoi An (1618–1621), notierte: »Diese Stadt wird Faifo genannt. Sie ist ziemlich groß, und ein Teil gehört den Chinesen, ein anderer den Japanern. Sie leben voneinander getrennt und haben jeweils ihren eigenen Gouverneur; die Chinesen leben nach den Gesetzen Chinas, die Japaner nach denen Japans.« Doch der blühende Handel währte nur kurz. Weil 1636 der Außenhandel in Japan endgültig verboten wurde, kehrten die meisten zurück in ihre Heimat. Hoi An wurde faktisch eine chinesische Stadt, als sich nach dem Sturz der Ming-Dynastie 1644 immer mehr Einwanderer aus dem Land der Mitte dort niederließen.

Auch europäische Handelsschiffe liefen in den Hafen von Faifo ein, wie er auf manchen Seekarten genannt wurde. Im März 1627 landete hier erstmals der Missionar Alexandre de Rhodes. Die führenden Handelsunternehmen Europas – die britische East India Company, die holländische Vereenigde Oostindische Compagnie und die französische Compagnie des Indes – unterhielten im 17. Jh. kleine Niederlassungen, konnten aber nicht Fuß fassen und gaben bald wieder auf.

Der Niedergang der ›Stadt des Friedens‹, wie Hội An übersetzt wird, begann im 18. Jh. mit der Verlandung des Thu-Bon-Flusses und den immer größer werdenden Schiffen. Im Zuge der Tay-Son-Rebellion wurde die Stadt 1780 weitgehend zerstört. Trotz des Wiederaufbaus versank Hoi An in die Bedeutungslosigkeit. Die Nguyen-Fürsten ließen die Schiffe am Han-Fluss in der Bucht von Da Nang löschen; ab Ende des 19. Jh. folgten die Franzosen ihrem Beispiel. Fortan war Hoi An eine unbedeutende Kleinstadt unter vielen. Diesem Umstand ist es zu verdanken, dass ihr altes Stadtbild weitgehend erhalten geblieben ist.

Altstadt südlich der Tran Phu

Cityplan: S. 288

Der Stadtkern schmiegt sich an einen Arm des Thu Bon und wird von mehreren parallel zum Fluss verlaufenden Straßen durchzogen. Dort liegen neben zahlreichen Lokalen und Geschäften die wichtigsten Sehenswürdigkeiten: die Japanische Brücke, mehrere Versammlungshäuser (Hội Quán) und einige tunnelartige Kaufmannshäuser.

Japanische Brücke [1]

Die Hauptstraße Tran Phu endet im Westen an der **Japanischen Brücke** (Cầu Nhật Bản). Mit ihren massiven Steinstützen und dem dekorativen Holzdach ist sie das Wahrzeichen von Hoi An. Einst verband sie den westlich gelegenen japanischen Stadtteil mit dem von einem schmalen Nebenarm des Thu Bon getrennten Viertel der Chinesen. Man nimmt an, dass ein Vorgängerbau der Brücke 1593 im Jahr des Affen begonnen und 1595, dem Jahr des Hundes, fertiggestellt wurde. So zumindest ist die Interpretation der beiden Tierpaare an den jeweiligen Eingängen. Chroniken zufolge erhielt das Bauwerk 1719 von Fürst Nguyen Phuc Cho (reg. 1715–38) den Namen »Brücke der Freunde von weither«, Lai Vien Kieu, nach einem Spruch des Konfuzius aus dem »Lunyu«.

Seit 1763 hat die 18 m lange und 3 m breite Brücke ihre heutige Gestalt. Damals entstand wohl auch die seitliche Brückenpagode, **Chùa Cầu,** zur Verehrung des

Herrschers des Schwarzen Himmels, Bac De Tran Vu. Dieser daoistische Gott ist für die Überwachung des Nordens zuständig und soll den Drachenriesen Cu besänftigen, der für Erdbeben und Überschwemmungen verantwortlich gemacht wird (Chùa Cầu, tgl. 7–18 Uhr, Sammelticket).

Museum für die Sa-Huynh-Kultur 2
Tgl. 7–18 Uhr, Sammelticket
An der 149 Tran Phu, kurz vor der Japanischen Brücke, bietet das **Museum für die Sa-Huynh-Kultur** (Bảo Tàng Văn Hóa Sa Huỳnh) anhand von Schautafeln, meterhohen Keramikurnen und Schmuckstücken einen guten Einblick in die gleichnamige Kultur. Benannt nach einem Ort 60 km südlich von Quang Ngai, war diese in den letzten vorchristlichen Jahrhunderten an der Küste Zentralvietnams verbreitet. Bei 1902 begonnenen Grabungen kamen Grabfelder mit großen Keramikurnen und diversen Beigaben zutage.

Tan-Ky-Haus 3
101 Nguyen Thai Hoc, tgl. 7–18 Uhr
Die bedeutendsten Kaufmannshäuser liegen zwischen der Hauptstraße Tran Phu und dem Fluss. Einige davon können im Rahmen des Sammeltickets besichtigt werden, so auch das **Tan-Ky-Haus** (Nhà Cổ Tấn Ký). Es lässt den Tunnelcharakter vieler Kaufmannshäuser von Hoi An noch sehr gut erkennen.

Das im ausgehenden 18. Jh. erbaute Gebäude besteht aus dem repräsentativen Vorderhaus und dem durch einen Lichthof abgetrennten Wohnbereich mit Schlafstuben, der Küche und dem Waschraum. Von dort führt der Hinterausgang zur Uferstraße Bach Dang. Einst wurden hier die Waren ein- und ausgeladen. Die teilweise üppig verzierten Stützsäulen und Dachbalken sind aus dem Holz des Jackfruchtbaumes gearbeitet. Im zweistöckigen Vorderhaus vereinigt der unterschiedlich gestaltete Dachstuhl vietnamesische, chinesische und japanische Einflüsse.

Quan-Thang-Haus 4
77 Tran Phu, tgl. 7–18 Uhr, Sammelticket
Gegenüber dem Keramikmuseum liegt das 300 Jahre alte **Quan-Thang-Haus** (Nhà Cổ Quân Thắng). Mit seinen schönen Schnitzereien an den Holzwänden zählt es zu den besterhaltenen und ältesten Kaufmannshäusern der Stadt. Einst von einem Kapitän aus Fujian im frühen 18. Jh. errichtet, widmeten sich die späteren Hausbewohner lange Zeit dem Handel mit Heilkräutern.

Diep-Dong-Nguyen-Haus 5
80 Nguyen Thai Hoc/Ecke Le Loi, tgl. 8–12, 14–17 Uhr, Eintritt frei
Das **Diep-Dong-Nguyen-Haus** (Nhà Cổ Diệp Đồng Nguyên) erbaute ein chinesischer Geschäftsmann Ende des 19. Jh. Es diente lange Zeit als Apotheke für chinesische Medizin.

Markt 6
Neben seinen Sehenswürdigkeiten lockt Hoi An vor allem mit vielen Einkaufsmöglichkeiten. Kaum ein Gebäude entlang der Hauptstraßen, das an der Vorderfront keinen Souvenir-, Kleider- oder Kunsthandwerksladen besäße Ein schönes Erlebnis ist der Besuch des **Marktes** (Chợ Hội An), dessen längliche Halle zwischen Tran Phu und Bach Dang liegt. In den frühen Morgenstunden ist er am stimmungsvollsten, wenn am Fähranleger südlich des Marktes Hausfrauen und Köche der Restaurants um frische Fische feilschen.

Altstadt nördlich der Tran Phu

Cityplan: S. 296

Versammlungshalle der Chinesen aus Chaozhou 7
157 Nguyen Duy Hieu, tgl. 7–18 Uhr, Sammelticket
Im Osten der Altstadt befindet sich die erstmals 1752 errichtete **Versammlungshalle der Chinesen aus Chaozhou** (Hội Quán Triều

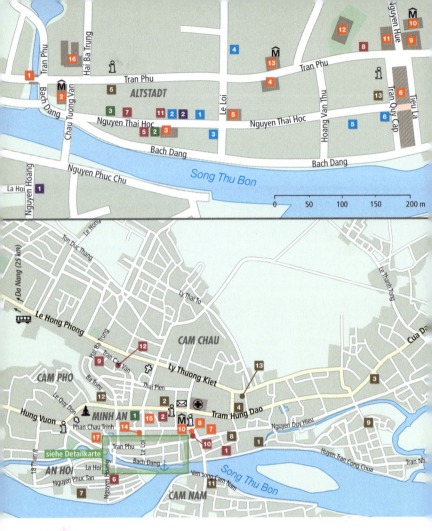

Hoi An

Sehenswert
1. Japanische Brücke
2. Museum für die Sa-Huynh-Kultur
3. Tan-Ky-Haus
4. Quan-Thang-Haus
5. Diep-Dong-Nguyen-Haus
6. Markt
7. Versammlungshalle der Chinesen aus Chaozhou
8. Versammlungshalle der Chinesen aus Hainan
9. Quan-Cong-Tempel
10. Museum für die Geschichte und Kultur Hoi Ans
11. Versammlungshalle der Chinesen aus Fujian
12. Versammlungshalle der chinesischen Vereinigungen
13. Keramikmuseum
14. Schrein der Familie Truong
15. Schrein der Familie Tran
16. Versammlungshalle der Chinesen aus Guangzhou
17. Phung-Hung-Haus

Essen & Trinken
1. Brother's Café
2. Bale Well
3. Goda Bar & Restaurant
4. Red Bridge
5. Cargo Club & Hoi An Patisserie
6. Fusion Café
7. Mango Rooms
8. Pho Cho (Bazar)
9. Bong Hong Trang (White Rose)
10. Nhu Y (Mermaid)
11. Hai Café
12. Minh Hien
13. Son Hoi An

Einkaufen
1. Kim Chi
2. Reaching Out Arts & Craft
3. Kim Bong Wood Workshop

Abends & Nachts
1. Q Bar
2. Dive Bar
3. White Marble
4. Before and Now
5. Traditional Theatre
6. Hoi An Handicraft

Aktiv
1. Vy's Market Restaurant & Cooking School
2. Cham Island Diving Centre
3. Hoi An Beach Resort

Übernachten
1. Anantara Hoi An Resort
2. Hoi An Historic Hotel
3. Ancient House Resort
4. Maison Vy
5. Vinh Hung 1 Heritage Hotel
6. Hoi An Trails Resort & Spa
7. Vinh Hung Emerald Resort
8. Ha An Hotel
9. Betel Garden Villas
10. Pho Hoi Riverside Resort
11. East West Villa
12. Vinh Hung 2 City Hotel
13. Flower Garden Homestay
14. Victoria Hoi An Beach Resort
15. Golden Sand Resort
16. Palm Garden Beach Resort

Châu). An den Altären, Säulen und Seitenwänden ihrer Haupthalle birgt sie ausdrucksstarke Holzschnitzereien. Auf dem Hauptaltar thront der goldglänzende Gott des Glücks, Ông Bổn, auf dem Seitenaltar links der Gott der Tugend, Phước Đức, und auf jenem rechts der Gott des Reichtums, Thần Tài. Von hervorragender Qualität sind die filigranen Schnitzereien an der Front des mittleren Voraltars. Sie zeigen im unteren Teil eine Szene aus der Unterwasserwelt und im oberen neun feenartige Himmelswesen, die Cửu Tiên.

Versammlungshalle der Chinesen aus Hainan 8
Tgl. 7–18 Uhr, Eintritt frei
Zurück in Richtung Westen liegt an der Nguyen Duy Hieu – der Verlängerung der Tran Phu – die **Versammlungshalle der Chinesen aus Hainan** (Hội Quán Hải Nam). Seit 1875 gedenkt man hier der 108 Seefahrer von der Insel Hainan, die mit drei Handelsschiffen die Küste entlang fuhren und im Juli 1851 von einem vietnamesischen Patrouillenboot aufgebracht wurden. Obwohl sie im Besitz gültiger Frachtpapiere waren, wurden sie von Militärmandarinen im Dienst des Tu-Duc-Königs der Spionage bezichtigt und zum Tod verurteilt. Später ließ Tu Duc die dafür Verantwortlichen hinrichten. Rechts vom Eingang steht die Statue des Gottes der Tugend, Phước Đức. Sehr schön ist die Frontplatte des Hauptaltars aus Bronze, die in Miniaturform die 108 Opfer darstellt.

Quan-Cong-Tempel 9
Tgl. 7–18 Uhr, Eintritt frei
An der Straßenecke Tran Phu und Nguyen Hue liegt schräg gegenüber dem Markt der 1653 gestiftete **Quan-Cong-Tempel** (Miếu Quan Công oder Chùa Ông). Er ist dem chinesischen General Quan Công (chin.: Guan Yu) aus dem 3. Jh. gewidmet, der auch in Vietnam populär ist und bereits während der chinesischen Sui-Dynastie (581–618) zum Schutzgott avancierte. Im vorderen Hallenbereich dominiert die übergroße Statue des Generals. Die beiden flankierenden Figuren stellen den Militärmandarin Châu Xương (links) und den Zivilmandarin Quan Binh (rechts) dar. Auch das obligatorische rote Pferd fehlt nicht.

Museum für die Geschichte und Kultur Hoi Ans 10
Tgl. 7–18 Uhr, Sammelticket
Der hintere Bereich des Quan-Cong-Tempels war einst der buddhistischen Göttin der Barmherzigkeit, Quan Âm, geweiht, dient heute aber als **Museum für die Geschichte und Kultur Hoi Ans** (Bảo Tàng Lịch Sử Văn Hóa Hội An). Die ziemlich angestaubte Ausstellung erklärt anhand von Schrifttafeln, alten Fotos und einigen Fundstücken wie Cham-Keramik und Kanonen die Geschichte der Stadt.

Versammlungshalle der Chinesen aus Fujian 11
Tgl. 7–18 Uhr, Sammelticket
Direkt gegenüber von Tempel und Museum liegt der stadtgrößte und modernste Hoi Quan, die **Versammlungshalle der Chinesen aus Fujian** (Hội Quán Phúc Kiến). Bereits 1697 wurde ein Vorgängertempel zur Verehrung der chinesischen Schutzgöttin der Seeleute, Thiên Hậu (chin.: Tian Hou), errichtet. In der Folgezeit kam es jedoch immer wieder zu Umbauten. Die Statue von Thiên Hậu thront auf dem Hauptaltar der Haupthalle und wird von ihren beiden Helfern flankiert, dem grünhäutigen Thiên Lý Nhãn (der 1000 Meilen sieht) linker Hand und dem rothäutigen Thuận Phong Nhĩ (der 1000 Meilen hört) auf der rechten Seite. An die Haupthalle schließt sich ein weiterer Raum mit insgesamt drei Altären an. Auf dem linken Altar thront Thần Tài, der Gott des Reichtums; in der Mitte sind Statuen der Oberhäupter der ersten sechs aus Fujian eingewanderten Familien samt Nachfolger zu sehen und auf dem rechten Altar werden die drei Urmütter und Zwölf Ammen (Bà Mụ) verehrt.

Versammlungshalle der chinesischen Vereinigungen 12
64 Tran Phu, tgl. 7–11.30, 14–17 Uhr, Eintritt frei
Durch das schön gestaltete Tor gelangt man zum lang gezogenen Gelände der **Ver-**

Altstadt nördlich der Tran Phu

Sie ist die größte und modernste der chinesischen Versammlungshallen: Hội Quán Phúc Kiến

sammlungshalle der chinesischen Vereinigungen (Hội Quán Ngũ Bang oder Chùa Bà Mụ). Bevor die chinesischen Einwanderer aus den Provinzen Fujian, Guangzhou, Hainan, Chaozhou und Hakka ihre eigenen Hoi Quan errichteten, nutzten sie diesen 1741 erbauten Komplex. Nach Jahrzehnten des Zerfalls wurde er 1855 restauriert. 1928 eröffnete auf dem Gelände eine chinesische Schule. Auch die attraktiven Seitenhallen mit den Metallsäulen und schmiedeeisernen Gittern kamen hinzu. Der reichlich verzierte Haupttempel an der Stirnseite ist Thiên Hậu geweiht. Rechts steht ein Schiffsmodell, das an die Legende der Himmelsgöttin erinnert. Der rechte Seitenaltar ist dem für Reichtum zuständigen Than Tai gewidmet, der linke der Göttin der Barmherzigkeit. Im Anschluss an den Tempel befindet sich die chinesischsprachige Schule.

Keramikmuseum 13

80 Tran Phu, tgl. 7–18 Uhr, Sammelticket

Der Rolle der Keramik als Handelsware ist das **Keramikmuseum** (Bảo Tàng Gốm Sứ Mậu Dịch Hội An) gewidmet. Die interessante Ausstellung ist in einem alten Kaufmannshaus untergebracht und beleuchtet die Geschichte des Handelns mit den wertvollen Nutzgefäßen im 15. und 16. Jh. Das Gros der Stücke stammt aus Vietnam, China und Japan.

Schrein der Familie Truong 14

69 Phan Chu Trinh, tgl. 7.30–12, 14–17 Uhr, Eintritt frei

Betuchte Kaufmannsfamilien begnügten sich nicht mit Ahnenaltären, sondern errichteten zum Gedenken ihrer Vorfahren eigene Familienschreine. Zwei sind in Hoi An auch der Öffentlichkeit zugänglich wie jener der **Familie Truong** (Nhà Thờ Tộc Trương). Der

Heimat in der Fremde

Armut, politische Verfolgung und vor allem der Handel führten die Chinesen in viele Winkel Südostasiens. Dort organisierten sie sich nach ihrer Herkunftsprovinz, erbauten Versammlungshäuser zur Verehrung ihrer Schutzgötter und schufen sich damit eine Heimat in der Fremde.

Die 108 Chinesen von der südchinesischen Insel Hainan hatten kein Glück. Als sie mit ihren drei Handelsschiffen im Juli 1851 die Küste Vietnams entlangfuhren, wurden sie von einem vietnamesischen Patrouillenboot aufgebracht und festgenommen. Hohe Militärmandarine bezichtigten sie der Spionage, konfiszierten ihre Ware und ließen sie hinrichten.

Die meisten ihrer Vorfahren und auch ihrer Nachkommen hatten mehr Fortune. Die Nguyen-Herrscher erlaubten ihnen, sich in Vietnam niederzulassen und Handel zu treiben. Das war gerade im Jahr 1644 wichtig, als in China die einst mächtige Ming-Dynastie zerfiel und viele ihrer Anhänger Hals über Kopf ihre Heimat verlassen mussten. Tausende von ihnen kamen ins benachbarte Vietnam und gründeten dort mehrere Siedlungen wie Cho Lon (heute ein Stadtteil von Ho-Chi-Minh-Stadt) oder My Tho und Can Tho im Mekong-Delta. Einige ließen sich auch in der damals blühenden Hafenstadt Hoi An nieder, wo schon eine größere chinesische Gemeinde existierte. Schon sehr bald stellten die Einwanderer aus dem Land der Mitte dort den größten Bevölkerungsanteil. Ehen mit Einheimischen waren eher Regel als Ausnahme.

Zur Pflege ihrer Kultur gründeten sie entsprechend ihrer Heimatprovinz Vereinigungen und erbauten Versammlungshäuser, Hội Quán genannt (chin.: *huiguan*). Dort spielt sich bis heute das kulturelle und religiöse Leben der Gemeinde ab. Die Hoi Quan sind Anlaufstellen für Neuankömmlinge und Drehscheiben gesellschaftlicher Ereignisse. Von größter Bedeutung ist jedoch die Verehrung der Schutzgottheit. Für die Chinesen aus der Küstenprovinz Fujian etwa spielt Thiên Hậu (chin.: Tian Hou), die Schutzgöttin der Seeleute und Reisenden, eine große Rolle. Der Grundriss eines Hoi Quan ist weitgehend gleich: Der nach Süden ausgerichtete Hofkomplex beginnt mit einem Vorhof an der Straße und einem anschließenden dreiteiligen Tor. Dahinter erstreckt sich ein Innenhof mit einem Brunnen mit Miniatursteinlandschaften. Seitlich liegende Hallen dienen der Verwaltung. Der anschließende Tempelbereich gliedert sich je nach Reichtum der Gemeinde in mehrere Vor- und Seitenhallen. Deren Dachfirste sind mit Mosaiken oder Reliefs aus Porzellan- und Glasscherben geschmückt. Auf Seitenaltären stehen Götterfiguren oder Ahnentafeln angesehener Gemeindemitglieder. Auf dem Hauptaltar an der Stirnseite wird die Figur der Schutzgottheit verehrt.

Auch in der Architektur ihrer Wohnhäuser folgten die Chinesen traditionellen Vorgaben. Da ein Großteil aus den südchinesischen Küstenprovinzen stammte, gibt es in Hoi An viele bis zu 80 m tiefe Rohr- oder Tunnelhäuser *(nhà ống)*, die auch dort verbreitet sind. Zur Straße hin liegt der repräsentative Geschäftsbereich mit edlem Mobiliar und Ahnenaltar. Dahinter folgt ein offener Hof mit abschließendem Wohnbereich

wunderschön ausgestaltete und mit zahlreichen Memorabilien üppig bestückte Schrein liegt in einer kleinen Seitengasse.

Bald nachdem die Vorfahren der Familie im frühen 18. Jh. aus Fujian hierher flohen, machten sie durch Handel ihr Glück. Die Truong können einige Mandarine in ihrem Stammbaum aufweisen. Die vier hölzernen Seitenteile stammen aus China.

Schrein der Familie Tran 15
21 Le Loi/Ecke Phan Chu Trinh, tgl. 8–12, 14–17 Uhr, Sammelticket
Ein weiterer bedeutender Schrein, der der **Familie Tran** (Nhà Thờ Tộc Trần), liegt um die Ecke. Die Familie kam mit dem Handel von Seide, Elfenbein und Pfeffer zu Reichtum. Der Schrein wurde 1802 von dem Zivilmandarin Tran Tu Nhac errichtet, dessen Zeremonialschwert bis heute in Ehren gehalten wird. Er ist nach Westen ausgerichtet und birgt im Zentrum den schön verzierten Ahnenaltar.

Insgesamt gibt es drei Eingänge. Jener zur Linken ist den Frauen, jener zur Rechten den Männern vorbehalten. Jenen in der Mitte betreten die Großeltern zum Tet-Fest. In Totenkästchen werden Zettel mit den Lebensdaten und Andenken verstorbener Familienoberhäupter und ihrer Gattinnen aufbewahrt.

Versammlungshalle der Chinesen aus Guangzhou 16
Tran Phu/Ecke Nhi Trung, tgl. 7–18 Uhr, Sammelticket
Unmittelbar östlich der Japanischen Brücke erstreckt sich die 1786 errichtete **Versammlungshalle der Chinesen aus Guangzhou** (Hội Quán Quảng Triệu). Einem bunten dreiteiligen Tor und einem Innenhof mit einem fotogenen Drachen aus Kachelscherben in einem Wasserbecken folgt die Haupthalle mit dem von zwei Pferden flankierten General Quan Cong in der Mitte. Rechter Hand wird der Gott des Reichtums, Thần Tài, und linker Hand die Himmelsgöttin, Thiên Hậu, verehrt. In den beiden Seitenräumen stehen Altäre mit den Ahnentafeln der Stifter. In den 1980er-Jahren wurde der Tempel von Grund auf erneuert.

Phung-Hung-Haus 17
4 Nguyen Thi Minh Khai, tgl. 7–18 Uhr, Sammelticket
Zurückgekehrt an den Ausgangspunkt der Besichtigungstour, liegt wenige Meter westlich der Japanischen Brücke das **Phung-Hung-Haus** (Nhà Cổ Phùng Hưng). Das vor 200 Jahren errichtete Kaufmannshaus bewohnt seit zehn Generationen dieselbe Händlerfamilie. Sie hat offensichtlich auch die Geschäftstüchtigkeit immer weiter vererbt, denn das Innere des zweistöckigen Gebäudes quillt über von Souvenirs unterschiedlichster Herkunft. Sehr schön erhalten sind die mit Perlmuttintarsien verzierten 80 Säulen und schweren Möbel.

Infos
Hoi An Office of Tourist Services: Song-Hoai-Platz, Tel. 0510 386 13 27, www.hoian worldheritage.org.vn, tgl. 9–17 Uhr. Unterhält Ticketverkaufsstellen in der Stadt (s. S. 285) und verteilt Stadtpläne und Broschüren.
Hoi An Travel: Hoi An Hotel, 10 Tran Hung Dao, Tel. 0510 391 04 44, www.hoiantravel. com. Die halbstaatliche Agentur vermittelt Mietwagen mit Fahrer und Guides.

Übernachten
Infolge des Baubooms der letzten Jahre gibt es eine enorme Auswahl an Unterkünften. Trotzdem kann es während der Hochsaison zu Engpässen kommen. In der Innenstadt gibt es vorwiegend kleine Gästehäuser. Eine zunehmende Zahl größerer Hotels reiht sich außerhalb der Stadt entlang der Cua-Dai-Straße, offeriert aber meistens einen kostenlosen Shuttle-Service.

… in Hoi An:
Oase am Wasser – **Anantara Hoi An Resort** 1 : 1 Pham Hong Thai, Tel. 0510 391 45 55, www.hoi-an.anantara.com. Das Wellness-Resort, direkt am Fluss und doch stadtnah gelegen, ist eine Oase für die Sinne. Die Gebäude mit 93 geräumigen Zimmern und Suiten zitieren die Architektur von Hoi An. Kulinarisch bietet das **Lanterns** eine europäisch-vietnamesische Melange, die **Heritage Bar** leichte Küche und das **Riverside**

Hoi An

Café Süßes zum Kaffee. Stadtbestes Spa und schöner Pool. DZ/F ab 140 US-$.

Geschäftig und zentral – **Hoi An Historic Hotel** 2 : 10 Tran Hung Dao, Tel. 0510 386 14 45, www.hoianhotel.com.vn. Lange Zeit die einzige vernünftige Unterkunft Hoi Ans, ist das Hotel dank grundlegender Renovierungen und der zentralen Lage immer noch eine gute Wahl. Die 150 geräumigen Zimmer und Suiten verteilen sich auf mehrere Gebäude. Schönes Gartenrestaurant und netter Pool. Auf dem Gelände gibt es ein gutes Café und ein exzellentes Spa. DZ/F 80–310 US-$.

Haus mit Flair – **Ancient House Resort** 3 : 377 Cua Dai, Tel. 0510 392 33 77, www.ancienthouseresort.com. Das zauberhafte Resort ist wie ein Little Hoi An gestaltet mit Häusern im traditionellen Stil rund um einen Garten mit Pool. Entsprechend stilvoll sind die 52 geräumigen Zimmer. In das Gelände ist ein altes Haus integriert, daher der Resortname. DZ/F 80–140 US-$.

Zwischen Stadt und Strand – **Maison Vy** 4 : 544 Cua Dai, Tel. 0510 386 22 31, www.maisonvy.com. Das familiäre Hotel im Kolonialtouch mit 38 Zimmern erfreut sich großer Beliebtheit, was nicht zuletzt an Preis und Service liegt. Netter Garten, hübscher Pool. DZ/F 80–110 US-$.

Wo Michael Caine logierte – **Vinh Hung 1 Heritage Hotel** 5 : 143 Tran Phu, Tel. 0510 386 16 21, www.vinhhungheritagehotel.com. Zentraler wohnen kann man nicht. Wer einmal die Atmosphäre eines 125 Jahre alten chinesischen Kaufmannshauses schnuppern möchte, ist hier richtig. Allerdings variiert das Niveau der sechs Zimmer erheblich. Am besten einen der beiden 50 m^2 großen Räume im Old-China-Stil nehmen (früh buchen!). DZ/F 80–100 US-$.

Resort in Richtung Strand – **Hoi An Trails Resort & Spa** 6 : 276 Cua Dai, Tel. 0510 392 39 99, www.hoiantrailsresort.com.vn. Das einladende Boutiqueresort liegt ca. 3 km vom Zentrum entfernt und bietet in seinen 62 geräumigen Zimmern und Suiten angenehmen Wohnkomfort. Zum Angebot gehören ein schöner Pool und ein kleines Spa. Alles in allem eine gute Wohnoption. DZ/F 75–130 US-$.

Komfort am Fluss – **Vinh Hung Emerald Resort** 7 : Insel An Hoi, Tel. 0510 393 49 99, www.vinhhungemeraldresort.com. Freundliches und großflächiges Resort mit 52 Zimmern und Suiten direkt am Fluss gelegen. Großer Pool, stilvoll gestaltete Gebäude. Ins Zentrum sind es 400 m Fußweg. Eine gute Wahl. DZ/F ab 70 US-$.

Unterkunft mit Charakter – **Ha An Hotel** 8 : 6–8 Phan Boi Chau, Tel. 0510 386 31 26, www.haanhotel.com. Ruhig gelegenes Hotel mit kolonialem Touch und schöner Gartenanlage. Die 24 großzügig geschnittenen Zimmer sind mit viel Liebe zum Detail eingerichtet, die Atmosphäre ist angenehm entspannt. DZ/F 60–100 US-$.

Familienoase – **Betel Garden Villas** 9 : 161 Tran Nhan Tong, Tel. 0510 392 41 65, www.betelgardenhomestay.com. Die freundliche Unterkunft liegt in einem ruhigen Viertel, ca. 2 km östlich des Zentrums (15–20 Gehminuten) und bietet inmitten eines schönen Tropengartens zehn geräumige Zimmer und Bungalows im traditionellen Design. Es gibt einen Pool und ein offenes Restaurant. DZ/F 50–120 US-$.

Schicke Familienbleibe – **East West Villa** 10 : 294 Cua Dai, Tel. 0510 392 99 88, www.eastwestthoianvillas.com. Aus ihrem alten Wohnhaus machte die Familie eine Villa mit 16 Gästezimmern, einem kleinen Tropengarten und Pool. Alles sehr modern, mit Charme und Stil. Ein netter Ort zum gepflegten Logieren. Kostenloser Fahrradverleih. DZ/F ab 45 US-$.

Idyllische Lage, trotzdem zentral – **Pho Hoi Riverside Resort** 11 : Insel Cam Ham, Tel. 0511 386 26 28, www.phohoiresort.com. Lang gezogenes Resort direkt am Fluss unweit der Cam-Ham-Brücke mit 38 Zimmern unterschiedlicher Standards. Die schönsten haben Flussblick. Mit Pool und stimmungsvollem Restaurant. DZ/F 35–110 US-$.

Zum Mittherbstfest schmücken die Bewohner von Hoi An ihre Häuser mit bunten Papierlaternen

HOI AN KULINARISCH

Unbedingt probieren: In der alten Handelsstadt wird ein schlichtes, doch schmackhaftes Nudelgericht aufgetischt, **cao lầu:** Dicke Reisnudeln werden mit Schweinefleisch und Croûtons, Sojabohnensprossen und Kräutern in einer Brühe serviert. Eine weitere Spezialität ist **bánh bao bánh vạc.** Auf Speisekarten wegen der Form als *White roses* angepriesen, handelt es sich dabei um gedämpfte Teigtaschen aus Klebreismehl und Tapiokastärke mit einer Füllung aus zerhacktem Garnelenfleisch. Das Ganze wird in Fischsoße getunkt. Wahre Gaumenfreuden bereitet auch **hoành thánh chiên** (chin.: *wan tan*). Dabei handelt es sich um frittierte *wanton* (eine Art Ravioli) wahlweise mit Garnelen- und Hühnerfleisch gefüllt. Schließlich ist auch **bánh ít lá gai trần** nicht zu verschmähen, eine Paste aus Klebreismehl und grünen Bohnen, die mit gesüßten Kokosraspeln vermischt und anschließend in Dreiecksform in Bananenblätter gewickelt wird.

Mehrstöckiges Stadthotel – **Vinh Hung 2 City Hotel** 12 : 121 Ba Trieu, Tel. 0510 386 37 17, www.vinhhungcityhotel.com. In einer Nebenstraße etwa 1,5 km nördlich des Zentrums gelegen, bietet die Unterkunft 29 saubere, geräumige Zimmer und Suiten. Kleiner, aber angenehmer Pool im offenen Atrium des Hotels. DZ/F ab 35 US-$, Suite/F ab 50 US-$.

Umgeben von Blumen – **Flower Garden Homestay** 13 : 135/1 Ly Thuong Kiet, Tel. 0510 391 49 59, www.homestayflowergarden.com. Bei sieben Zimmern in drei verschiedenen Kategorien herrscht in diesem familiengeführten Gästehaus eine angenehm private Atmosphäre. Der Garten verströmt Tropenfeeling, die Kochkünste werden von den Gästen goutiert. Auf Wunsch Kochkurse und Ausflüge. Zum Zentrum sind es nur zehn Gehminuten. DZ/F 30–40 US-$.

… am Cua Dai Beach:
Zwischen Küstenstraße und Strand, der sich fast bis nach Da Nang fortsetzt, entstehen immer mehr Luxusresorts für den exklusiven Geschmack.

Nostalgisch – **Victoria Hoi An Beach Resort** 14 : Cua Dai Beach, Tel. 0510 392 70 40, www.victoriahotels.asia. Das Edelresort liegt direkt am Strand und hat sich architektonisch an die Häuser von Hoi An angelehnt. Die 109 Zimmer gibt es mit klassisch französischem, alt-vietnamesischem und japanischem Ambiente. Schöner Pool, nette Bars und ein gutes Spa zählen genauso zum Angebot wie interessante Ausflüge. Als Shuttle-Bus dient ein alter Citroën. DZ/F ab 124 US-$, Suite/F 210 US-$.

Weitläufige Anlage – **Golden Sand Resort** 15 : Cua Dai Beach, Tel. 0510 392 75 55, www.goldensandhoian.com. Das großzügige, auf 4 ha angelegte Fünfsterneresort direkt am Strand bietet in seinen 212 stylish-modernen Zimmern und Suiten viel Luxus und Komfort. Der Pool zählt zu einem der größten des Landes. Die Gäste haben die Auswahl zwischen zwei Restaurants. DZ/F ab 110 US-$, Suite/F ab 160 US-$.

Modern und komfortabel – **Palm Garden Beach Resort** 16 : Lac Long Quan, Cua Dai Beach, Tel. 0510 392 79 27, www.palmgarden

Altstadt nördlich der Tran Phu

resort.com.vn. Auf dem 5 ha großen Gelände entlang einem 220 m langen Strandabschnitt verteilen sich die Gebäude mit insgesamt 214 Zimmern und Suiten. Schön angelegter Pool unter Palmen. Abends kann man den Tag in der Contino Club Bar bei Livemusik ausklingen lassen. Wellnessanwendungen bietet das Palm Spa Center. DZ/F ab 110 US-$, Suite/F ab 210 US-$.

Essen & Trinken

Haute Cuisine am Fluss – **Brother's Café 1**: 27 Pham Boi Chau, Tel. 0510 391 41 50, tgl. 10–23 Uhr. Hoi Ans Adresse für vietnamesische Haute Cuisine. Schon allein das Ambiente des Kolonialgebäudes mit lauschigem Garten direkt am Fluss ist einen Besuch wert. Die lokalen Spezialitäten werden stilvoll serviert. Gerichte ab 120 000 VND.

Verstecktes Delikatessenlokal – **Bale Well 2**: 45/51 Tran Hung Dao, Tel. 0510 386 44 43, tgl. 9–22 Uhr. In einem Seitenweg (Einfahrt neben 49 Tran Hung Dao). Wunderbare *nem nuóng* (Schweinespießchen), *bánh xèo* (Pfannkuchen) und *ram cuốn* (Frühlingsrollen). Menü für 110 000 VND.

Vietnamesische Edelspeisen – **Goda Bar & Restaurant 3**: 308 Cua Dai, Tel. 0510 392 36 44, tgl. 8–23 Uhr. Das architektonisch gelungene Restaurant liegt an der Straße zum Strand, etwa 2 km östlich der Innenstadt, und vereint modernes Design mit hervorragenden vietnamesischen Gerichten. Gute Auswahl, darunter grüner Papayasalat und Hot Pot. Von den europäischen Kochversuchen sollte man eher die Finger lassen. Gerichte ab 100 000 VND.

Gartenlokal mit Pool – **Red Bridge 4**: Thon 4, Cam Thanh, Tel. 0510 393 32 22, www.visithoian.com, Mo–Do 8–17 Uhr, Fr–So 8–22 Uhr. Das offene Restaurant liegt sehr schön am Thu-Bon-Fluss, auf halbem Weg zwischen Stadt und Meer, und bietet auch täglich Kochkurse. Guter Service und optisch schön servierte Gerichte machen das Speisen zum Erlebnis. Es gibt sogar einen Pool. Tipp: Ein Shuttle-Boot startet tgl. um 12 Uhr (oder auf Nachfrage) gegenüber dem Café Can, 74 Bach Dang, zum Restaurant. Gerichte ab 100 000 VND.

Kulinarische Institution – **Cargo Club & Hoi An Patisserie 5**: 107–109 Nguyen Thai Hoc, Tel. 0510 391 04 89, tgl. 7–23 Uhr. Wer die vietnamesische Küche schätzt, aber gleichzeitig französisches Gebäck liebt, wer gern auf den Fluss blickt oder das Straßenleben beobachtet, wer koloniales Ambiente, aber auch modernes Design mag, ist hier richtig. Empfehlenswert sind grüner Mangosalat und Fisch im Tontopf. Gerichte ab 60 000 VND.

Auf Flussinsel An Hoi – **Fusion Café 6**: 35 Nguyen Phuc Chu, An-Hoi-Insel, Tel. 0510 393 03 33, tgl. 9–22.30 Uhr. Das stilvolle Restaurant liegt auf der Flussinsel An Hoi und bietet mediterrane und vietnamesische Küche samt leckerem Kaffee – Freitags gibt es regelmäßig Livemusik. Gerichte ab 60 000 VND. Diverse Menüs ab 190 000 VND.

Salsa meets Vietnam – **Mango Rooms 7**: 111 Nguyen Thai Hoc, 0510 391 08 39, www.mangorooms.com, tgl. 9–24 Uhr. Der Eigner Duc Tran hat etwas Lateinamerika in die Stadt geholt. Eines der hippsten Lokale Hoi Ans mit guter Fusionsküche und coolem Ambiente. Auch ein geeigneter Ort für Drinks. Gerichte ab 60 000 VND.

Haus mit Charme – **Pho Cho (Bazar) 8**: 36 Tran Phu, Tel. 0510 391 12 29, www.bazarcafe.net, tgl. 8–24 Uhr. Ob Hoi-An-Spezialitäten oder Fisch vom Grill, ob im altertümlichen Haupthaus oder im Garten – hier lässt sich atmosphärisch wunderbar speisen. Tipp für danach: eine Shisha für Raucher und Eis bzw. Likör für Naschkatzen. Gerichte ab 60 000 VND.

Weiße Rosen aus Hoi An – **Bong Hong Trang (White Rose) 9**: 533 Hai Ba Trung, Tel. 0510 386 27 84, tgl. 8–20 Uhr. Das einfache, recht wuselige Lokal gilt als Geburtsstätte der leckeren Teigtaschen, *bánh bao bánh vạc*, und ist daher eine Institution der Stadt. Gerichte ab 40 000 VND.

Günstiger Touristenklassiker – **Nhu Y (Mermaid) 10**: 2 Tran Phu, Tel. 0510 386 15 27, tgl. 10–21 Uhr. Der 1994 gegründete Veteran war eines der ersten Lokale mit englischer Speise-

Tipp

KUNST DES KOCHENS

Das Ambiente von Hoi An und die verlockenden **lokalen Spezialitäten** sind ein guter Grund, mehr über die vietnamesische Küche zu lernen und die Geheimnisse der exotischen Gewürze und Kräuter gelüftet zu bekommen. Mittlerweile gibt es einige **hervorragende Kochschulen,** die eine Vielfalt von Kursangeboten bereithalten. Dort lernt man, wie die ›drei Unverzichtbaren‹ – gekochter Reis *(cơm)*, frische Kräuter *(rau thơm)* und Fischsoße *(nước mắm)* – zu Grundpfeilern hervorragender Gerichte werden. Zu einem richtigen Kurs sollte unbedingt ein **Besuch des Marktes** 6 von Hoi An zählen, um vor Ort die richtigen Zutaten kennenzulernen.

Zwei hervorragende Kochschulen sind: **Vy's Market Restaurant & Cooking School** : 3 Nguyen Hoang, An Hoi Islet, Tel. 0510 224 15 55, www.msvy-tastevietnam.com. Untergebracht in einem modernen Bau auf der Insel An Hoi, können die Gäste zwischen vier Kursen wählen. Der Klassiker ist die Taste Vietnam Street Food Tour (11–13, 12–14, 13–15 Uhr, 25 US-$ inkl. Essen). Zudem gibt es Kurse für Gourmets inklusive Radtouren und auch Meisterklassen (auf Nachfrage).

Auf dem Markt von Hoi An kann man hervorragend Zutaten einkaufen

Adressen

Red Bridge 4 : Thon 4, Cam Thanh, Tel. 0510 393 32 22, www.visithoian.com. Die Kochschule liegt wunderschön am Thu-Bon-Fluss, ungefähr auf halbem Weg zwischen Stadt und Meer. Der Halbtageskurs beginnt täglich um 8.15 Uhr am Hai Café, 98 Nguyen Thai Hoc. Von dort geht es zu Fuß zum Markt und nach dem Einkauf weiter per Boot zur Red-Bridge-Kochschule, wo der zweistündige Kurs beginnt (33 US-$ inkl. Mittagessen, Anmeldung erwünscht). Für jene, die mehr über Gemüse und Kräuter wissen möchten, empfiehlt sich der Besuch des **Gemüsedorfes Tra Que,** etwa 3 km nordöstlich von Hoi An. Man kann auch selbst Hand anlegen und die Beete rechen, hacken und bewässern (s. S. 301).

karte. Das Ambiente ist eher anspruchslos, die Gerichte sind gut. Ab 40 000 VND.

Essen für den guten Zweck – **Hai Café** 11 : 98 Nguyen Thai Hoc und 111 Tran Phu, Tel. 0510 386 32 10, www.visithoian.com, tgl. 7–23 Uhr. Das beliebte Lokal mit seinem schönen offenen Innenhof ist von beiden Straßen aus zugänglich und bedient den großen und den kleinen Hunger. Das Angebot schließt Frühstück und eine gute Auswahl an Cocktails mit ein. Das Café unterstützt mit einem Teil seiner Einnahmen den World Wildlife Fund (WWF) Vietnam. Seafoodgerichte gibt es ab 35 000 VND, das Setmenü kostet 80 000 VND.

Vegetarisch – **Minh Hien** 12 : 50 Tran Cao Van, Tel. 090 358 01 68, www.vietnamvegetarian.com, tgl. 9–22 Uhr. Ein sympathisches Familienlokal samt Kochschule, das zwar ein wenig Garagenflair verströmt, aber vielfältige und leckere vegetarische Gerichte auf den Tisch zaubert. Ab 35 000 VND.

Entschleunigt essen – **Son Hoi An** 13 : 177 Cua Dai (150 m vor Hoi An Riverside Hotel), Tel. 0510 386 11 72, www.sonhoian.com, tgl. 9–23.30 Uhr. Von den Bambussitzen aus kann man das entspannte Flussleben beobachten und dabei die liebevoll zubereiteten Speisen genießen. Gutes Seafood, Feuertopf, auch vegetarische Gerichte. Ab 29 000 VND.

Einkaufen

Hoi An ist das Shopping-Eldorado von Vietnam und bietet eine Vielzahl von Kleidergeschäften, Souvenirshops und Galerien. Zahllose Schneiderinnen fertigen über Nacht Kleidungsstücke aller Art an. Für gewöhnlich wird nach dem Maßnehmen eine Anzahlung verlangt, der Restbetrag erfolgt bei der Abnahme.

Maßgeschneidert – **Kim Chi** 1 : 2 A Le Loi, Ecke Tran Hung Dao, Tel. 0510 221 25 58, tgl. 8–21 Uhr. Sympathisches und zuverlässiges Geschäft für Maßkleidung.

Kunsthandwerk und Stoffe – **Reaching Out Arts & Craft** 2 : 103 Nguyen Thai Hoc, Tel. 0510 391 01 68, www.reachingoutvietnam.com, tgl. 9.30–20.30 Uhr. Hier werden von Behinderten hergestellte Qualitätsarbeiten angeboten. Neben einer tollen Kollektion von Handtaschen liegen Handyhalter aus Seide und Figuren aus Stein in den Auslagen. Einkaufsmüde können im **Reaching Out Teahouse**, 131 Tran Phu, tgl. 10–19.30 Uhr, einkehren.

Holzschnitzkunst – **Kim Bong Wood Workshop** 3 : 106–108 Nguyen Thai Hoc, Tel. 0510 386 22 79, tgl. 8–17 Uhr. Die Traditionstischlerei fertigt herausragende Möbelstücke und dekorative Schnitzarbeiten.

Markt – **Markthalle** 6 : zwischen den Straßen Bach Dang und Tran Phu, s. Beschreibung S. 287.

Abends & Nachts

Nguyen Thai Hoc: Empfehlenswert in dieser Straße sind **Mango Rooms** (s. S. 297), die supercoole **Q Bar** 1 (Nr. 94, ab 15 Uhr) und die **Dive Bar** 2 (Nr. 88, tgl. 8.30–24 Uhr) mit Livemusik ab 20.30 Uhr.

Le Loi – Zu den besten *locations* gehören in dieser Straße das **White Marble** 3 (Nr. 98, tgl. 11–23 Uhr, gute Weine) und das **Before**

Hoi An

and Now 4 (Nr. 51., tgl. ab 9 Uhr, Billard und Dart).
Musik und Tanz – **Traditional Theatre** 5: 75 Nguyen Thai Hoc. Mo–Sa wird ab 21 Uhr eine einstündige Vorführung volkstümlicher Musik und Tänze geboten (ist im Sammelticket inbegriffen). **Hoi An Handicraft** 6: 9 Ngyuen Thai Hoc, Mo–Sa um 10.15 und 15.15 Uhr. Kleinere Konzerte auf traditionellen Instrumenten (ebenfalls im Sammelticket inbegriffen).

Aktiv

Kochkurse – **Vy's Market Restaurant & Cooking School** 1 und **Red Bridge** 4: s. Tipp S. 299
Tauchen – **Cham Island Diving Center** 2 88 Nguyen Thai Hoc, Tel. 0510 391 07 82, www.vietnamscubadiving.com. Bietet ein- bis zweitägige Tauch- und Schnorcheltouren zu den Cham-Inseln an. Eine Tagestour mit Schnorcheln kostet 44 US-$, mit Tauchen um 82 US-$.
Wellness – Das beste Angebot ist im **Anantara Hoi An Resort** 1 (s. S. 293) zu finden. Sehr empfehlenswert sind auch die **Spas** im **Hoi An Historic Hotel** 2 (s. S. 294) und im **Hoi An Beach Resort** 3, 1 Cua Dai, Tel. 0510 392 70 11, www.hoianbeachresort.com.vn.

Termine

Vollmondnacht: jeden Monat. Nach Einbruch der Dunkelheit werden alle elektrischen Lichter ausgeschaltet, sodass die Gassen im bunten Schein der Laternen aufleuchten.
Fischerfest: letzter So im März. Zu diesem Anlass wird eine schöne Bootsprozession auf dem Thu-Bon-Fluss gefeiert.
Mittherbstfest (Tết Trung Thu): Der 15. Tag des 8. Mondmonats wird in Hoi An besonders schön begangen. Dann lassen die Bewohner Papierlaternen auf dem Fluss treiben.

Verkehr

Flugzeug/Bahn: Der nächste **Flughafen** und die nächste **Bahnstation** sind in Da Nang, s. S. 275.
Bus: Der **Bến Xe Hội An** liegt 700 m nördlich des Zentrums an der Huynh Thuc Khang. Dort starten von 5 bis 18 Uhr etwa stdl. meist überfüllte Minibusse nach Da Nang (30 km, 1 Std.). Hoi An ist auch ein beliebter Ausgangspunkt der **Open-Tour-Busse** nach Hue (135 km, 3,5–4 Std.) und nach Nha Trang (494 km, 11–12 Std.). Tickets sind in den vielen kleinen Reisebüros erhältlich.
Cyclo und Mopedtaxi: Es gibt sie an fast jeder belebten Kreuzung und vor Hotels. Nahezu jede Unterkunft verleiht Fahrräder (ab 20 000 VND/Tag) oder Mopeds (ab 80 000 VND/Tag).
Boot: Bootseigner halten sich entlang der Uferstraße Bach Dang auf, um für ihre Flusstouren zu werben. Schöne Bootstouren bietet auch **Jack Tran's Eco Tours,** Phuoc Hai Village, Tel. 091 408 28 50, www.jacktranecotourshoian.com.

Umgebung von Hoi An

Cua Dai und An Bang Beach

Noch Ende der 1990er-Jahre bestand der 4 km vom Stadtzentrum Hoi Ans entfernte **Cua Dai Beach** aus einem einfachen Fischerdorf, ein paar Seafoodständen und Kasuarinen-Hainen. Heute reihen sich mehrere große Resorts nebeneinander und haben Hoi An zu einer bekannten Stranddestination gemacht. Seit 2006 führt eine gut ausgebaute Küstenstraße bis nach Da Nang.

Wer es ruhiger mag, fährt zum **An Bang Beach,** der sich nördlich an den Cua Dai anschließt. An den Seafoodständen werden Sonnenschirme vermietet, weshalb es sich lohnt, per Fahrrad oder Moped zu den recht breiten, aber palmenlosen Stränden zu fahren und neben dem Baden auch preisgünstige Fischgerichte zu genießen. Badesaison ist von März bis Anfang Oktober. Im November ist es oft sehr stürmisch und regnerisch.

Cham-Inseln ▶ P 18

Die insgesamt acht **Cham-Inseln** (Cù Lao Chàm) liegen etwa 16 km vor der Küste und erleben seit geraumer Zeit als Ziel für Taucher und Schnorchler einen Boom. Bis Mitte der 1990er-Jahre waren sie selbst für einheimische Touristen gesperrt, weil dort ein Militärstützpunkt liegt. Über Jahrhunderte lebten Cham auf den Inseln, bevor sie im 14. Jh. von den Vietnamesen verdrängt wurden. Nur der Name erinnert noch an die ersten Siedler. Heute ist allein die größte Insel, **Hon Lao,** bewohnt. Dort leben im Fischerdorf **Tan Hiep** etwa 2500 Menschen. Ein weiteres kleines Dorf liegt in der Huong-Bucht.

Die Inselbewohner bestreiten ihren Unterhalt neben dem Fischfang vor allem mit dem Verkauf von Schwalbennestern, die sie in den Höhlen und Grotten einsammeln. In ganz Asien werden Unsummen für diese essbaren Nester bezahlt, die von den Weißnest-Salanganen, einer Schwalbenart, durch ihren Speichel produziert werden.

Das Einsammeln geschieht zum Ende des Nordostmonsuns ab Februar/März, wenn die schwarzgefiederten Salangane ihre Nester in die Grottenwand bauen. Mit hohen Bambusleitern versuchen die Bewohner an die lukrativen Brutstätten zu gelangen, was aufgrund der Höhe nicht ungefährlich ist. Aber der Aufwand lohnt sich, denn eine Schale Suppe – und dafür werden immerhin zwei Schwalbennester benötigt – kostet mehrere Hundert Dollar.

Für Touristen ist die Unterwasserwelt mit 180 Korallen- und über 200 Fischarten interessanter. Bei ruhiger See herrscht eine Sicht von bis zu 30 m. Beste Tauchzeit ist die Woche vor Vollmond in den Monaten Februar bis September.

Holzschnitzerdorf Kim Bong

Auf der Insel Cam Kim im Thu-Bon-Fluss liegt das Dorf **Kim Bong.** Hier haben sich die Bewohner bereits seit dem 17. Jh. auf Holzschnitz- und Schreinerarbeiten spezialisiert. Sogar die Könige von Hue holten für ihre Palastprojekte Handwerker aus Kim Bong. Doch die Tradition drohte in den letzten Jahrzehnten auszusterben. Dank des Baubooms und Tourismus ist das Handwerk jedoch wieder gefragt. Die Souvenirshops in Hoi An sind voll mit Produkten aus dem Dorf. Meistens wird aus Laos importiertes Ebenholz verwendet. Mit Hilfe der UNESCO wurde das Dorf auch verschönert. Zu den sehenswerten Werkstätten zählt jene der Familie Huynh Ri.

Gemüsedorf Tra Que

Etwa 3 km nordöstlich von Hoi An liegt am Rand der Hoi-An-Lagune das Gemüsedorf **Tra Que** *(trà* = Tee, *quế* = Basilikum). Bereits Ende des 17. Jh. spezialisierten sich die Bewohner auf den Anbau von Gemüse. Damals lag Tra Que noch auf einer Insel. Dank des üppigen Grundwassers und fruchtbaren Bodens gedeihen hier Gemüsearten wie Weißkohl *(cải bắp),* Zitronengras *(xả),* Vietnamesischer Koriander *(rau răm),* rote Zwiebeln *(hành)* und die Reisfeldpflanze *(rau ôm).* Die Felder werden weder mit Kunstdünger noch mit Pestiziden behandelt. Als natürlicher Dünger dient Seetang.

Tra Ques kulinarische Spezialität heißt *tam hữu,* eine Art Frühlingsrolle aus Minzblättern, roten Zwiebeln, Garnelen und Schweinefleisch. Alljährlich am siebten Tag des ersten Mondmonats findet das große **Cau-Bong-Fest** statt. Das Dorf und die Felder können im Rahmen einer **Rundtour** besucht werden. Am Ortseingang gibt es ein Kassenhaus mit Guide (tgl. 8–17 Uhr, 40 000 VND).

Verkehr

Boot: Fahrt zu den **Cham-Inseln** vom Cua Dai Beach ca. 1 Std. Die Insel **Cam Kim** (Holzschnitzerdorf Kim Bong) ist in nur 15 Min. erreichbar – entweder per Boot vom Markt aus oder zu Fuß über die Brücke.

My Son

Karte: S. 302

Die Ruinenstätte **Mỹ Sơn** liegt etwa 40 km südwestlich von Hoi An und kann von dort gut im Rahmen eines Halbtagsausfluges besucht werden. Zunächst führt die Fahrt entlang der Nationalstraße 1 A in Richtung Süden bis zum Ort Duy Xuyen. Dort zweigt die Straße 537 in Richtung Westen ab und

Hoi An

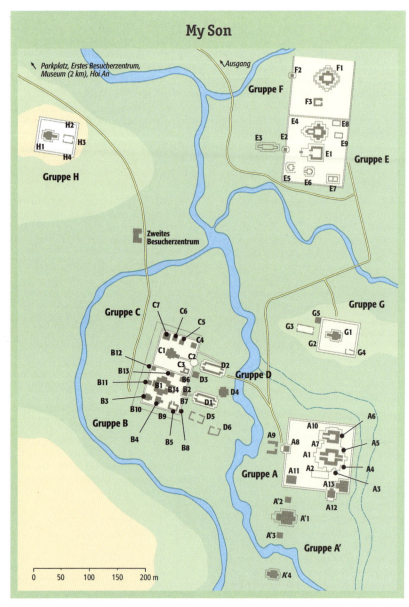

passiert nach 9 km **Tra Kieu.** Dass dieser Marktflecken zwischen dem 4. und 10. Jh. Hauptstadt des Cham-Reiches Amaravati, Simhapura (Löwenstadt), war, kann man heute nicht einmal mehr erahnen. Auf dem Hügel, auf dem eine moderne katholische Kirche steht, erhob sich einst ein Cham-Heiligtum. Bei Ausgrabungen im Umkreis ka-

My Son

men Goldschmuck, Skulpturen und ein gut erhaltener Altar mit schönen Reliefs zutage (heute im Cham-Museum von Da Nang). Auf den verbleibenden 20 km zeigt sich der Schöne *(mỹ)* Berg *(san)*, nach dem die Tempelstadt benannt ist, in immer neuen Perspektiven. Wegen seiner abgerundeten Spitze wird er auch Đỉnh Răng Mèo, Katzenzahngipfel, genannt. Die Ruinen liegen in einem ovalen Tal am Fuß des Berges.

Geschichte

Als der französische Forscher Camille Paris 1898 einheimischen Bauern durch das von Bergen eingeschlossene Tal folgte und dort auf die Ruinen von My Son stieß, konnte er noch nicht ahnen, dass er vor dem **wichtigsten religiösen Zentrum der Cham** stand. Nur 20 km von ihrer Hauptstadt Simhapura entfernt, errichteten die hinduistischen Herrscher von Amaravati über Jahrhunderte hinweg ihre Heiligtümer. Dort brachten sie Shiva unter dessen Ehrentitel Bhadreshvara (Verheißungsvoller Herr) Opfergaben dar, um ihr Reich unter seinen Schutz zu stellen. Zudem bewahrten sie die Asche der verstorbenen Könige in den Tempeln auf, denn nach ihrem Tod, so der Glaube, avancierten die Herrscher zu Manifestationen Shivas.

Die ersten turmartigen Heiligtümer errichteten die Cham im 4. Jh. aus Holz. Ab dem 7. Jh. fand Ziegelstein Verwendung. Während der **Blütezeit des Champa-Reiches** im 10./11. Jh. erlebte My Son seine bauaktivste Phase. Es entstanden die schönsten Bauten, allen voran der Kalan A 1. Der schleichende Niedergang setzte im 11. Jh. ein, als wiederkehrende militärische Zusammenstöße mit den Khmer und Vietnamesen zu Plünderungen und Zerstörungen führten. Im 13. Jh. weihten die Cham die letzten Kultstätten. Da sie von den Vietnamesen immer weiter nach Süden verdrängt wurden, gaben sie ihre Tempelstadt im 14. Jh. auf.

Nach der Entdeckung von My Son begannen die Franzosen mit der Freilegung der Ruinen. Ab 1901 fand unter Leitung von Henri Parmentier eine **systematische Untersuchung** statt. Zur Einordnung belegte der Forscher die Tempelgruppen mit den auch heute noch benutzten Buchstaben A bis N. Damals identifizierte er 70 eigenständige Bauten, die zwischen dem 8. und 13. Jh. entstanden waren. Von 1937 bis 1944 führte die EFEO Restaurierungsarbeiten durch. Doch mehr als zwei Drittel der Bauwerke fielen während des Vietnamkriegs den **US-Bombardements** zum Opfer – trotz weltweiter Proteste. Erst 1980 begann ein polnisches Team, die 20 verbliebenen Ruinen wieder zu restaurieren. Weitere Arbeiten folgten nach 1999, als My Son zur **UNESCO-Welterbestätte** erklärt wurde.

Tempelgruppen

Nur 200 m vom zweiten Besucherzentrum (s. S. 305) entfernt liegen die Gruppen C, B und D. Sie wirken ziemlich verwirrend, folgen aber dem klassischen Aufbau eines Cham-Heiligtums: Der turmartige Haupttempel (Cham: *kalan*) steht mit der wichtigsten Kultfigur im Zentrum, umgeben von kleineren Heiligtümern für die Verehrung untergeordneter Gottheiten. Ein **Kalan** ist in drei Teile untergliedert. Die erhöhte Plattform symbolisiert die irdische Sphäre, der quadratische Mittelbau die spirituelle Vereinigung zwischen Mensch und Gott und die abgestufte Spitze den Sitz der Götter auf dem kosmischen Berg Meru. Auf der linken Seite vorgelagert ist ein länglicher Bau mit geschwungenem Dach (Skt.: *koshagraha*) zur Aufbewahrung von Schriften und Gegenständen für die Zeremonien. Auf gleicher Achse wie der Haupt-Kalan befindet sich ein Eingangspavillon (Skt.: *gopura*) und eine längliche Vorhalle (Skt.: *mandapa*).

Gruppe C

Der erste Komplex wird vom Kalan **C 1** (10. Jh.) dominiert, der durch wunderschöne Verzierungen an der Außenfassade besticht. Die Wächterfiguren und das filigrane Rankenwerk mit dem sprießenden Tropengrün bilden eine harmonische

Hoi An

Einheit. Bemerkenswert ist das zweistufige Dach des recht gut erhaltenen Baus. Dessen längliche Form ist für ein Zentralheiligtum eher ungewöhnlich. Sandsteinsäulen flankieren den Vorbau an der Ostseite des Kalan. Im schlichten Inneren wurde eine Statue Shivas als Asket verehrt (heute im Cham-Museum von Da Nang). Der gedrungen wirkende und stark verwitterte Kalan **C 7** (9. Jh.) in der Nordwestecke weist am Gesims geschwungene Bänderverzierungen auf. Der längliche **C 3** ist dem Haupt-Kalan zugeordnet und diente zur Aufbewahrung der Kultgegenstände. Durch den Eingangspavillon **C 2** betrat man einst von Osten her den Tempelbereich.

Gruppe B

Durch eine Mauer getrennt, schmiegt sich an die Gruppe C ein weiterer Tempelkomplex an. Das dortige Zentralheiligtum **B 1** ist komplett verfallen, nur das erhöhte Fundament aus Sandsteinblöcken lässt seine einstige Größe erahnen. Ursprünglich vom Herrscher Harivarman IV. (reg. 1074–1081) errichtet, wurde es einer Inschrift von 1234 zufolge als Sandsteinbau komplett neu erbaut und Shiva geweiht. Der B 1 ist das letzte bedeutende Bauprojekt von My Son.

Möglicherweise zeitgleich mit dem berühmten A 1 wurde im 10. Jh. der **B 5** zur Aufbewahrung der Kultgegenstände errichtet. Aufgrund der filigranen Verzierungen an der Außenfassade mit Rankenwerk und grazilen Gottheiten (Devatas) sowie dem geschwungenen Dach zählt das längliche Bauwerk zu den schönsten von My Son. Eher ungewöhnlich ist das Motiv an der Westseite, wo im Giebelfeld zwei Elefanten zu sehen sind. Dem Kriegsgott Skanda war der benachbarte, stark verfallene Kalan **B 4** gewidmet. Aufgrund des Blumenmusters an den achtseitigen Eingangssäulen ordnet man ihn dem späten 9. Jh. zu. Der etwas schiefe Tempelturm **B 3** in der Südwestecke weist ähnliche Verzierungen wie der B 5 auf und wird deshalb ebenfalls ins 10. Jh. datiert. Er war einst dem Elefantengott Ganesha geweiht.

Gruppe D

Zwei breite Bauten dominieren die Gruppe D und sind eigentlich den Hauptheiligtümern der Gruppen B und C zugeordnet. Jenen dienten sie als Vorhalle zur Abhaltung von Zeremonien. Seit 1994 bergen die beiden länglichen Gebäude eine Sammlung von Figuren, Ziergiebeln und Bauteilen aus Sandstein. Auf dem Gelände dazwischen sind Stelen mit Inschriften und Figuren aneinandergereiht.

Gruppe A

Über den schmalen Khe-The-Strom im Osten führt ein Fußweg zu den Gruppen A und A'. Seit B-52-Flugzeuge My Son im August 1969 mit Flächenbombardements überzogen, liegt der berühmte **A 1** in Schutt und Asche. Von dem einst 24 m hohen Kalan, der als schönstes Ziegelbauwerk Indochinas galt, ist nur die Basis geblieben. An deren Außenseite kann man die herrlichen Verzierungen noch erahnen. Der Kalan besaß ursprünglich zwei Eingänge und war von sechs kleineren Schreinen umgeben. Von ihnen wie auch vom unmittelbar links anschließenden **A 10** blieben ebenfalls nicht mehr als Ziegelsteinhaufen. Auf dem Gelände liegen noch einige Türstürze und Gesimse aus Sandstein mit schönen Verzierungen, darunter Darstellungen hinduistischer Asketen. Die ursprünglich vier Kalan der benachbarten **Gruppe A'** wurden fast vollständig vernichtet und sind vom Dschungel überwuchert.

Gruppe G

Auf einer Anhöhe zwischen Gruppe A und E existierte bis zum Krieg ein Ensemble von fünf Gebäuden. Heute sind allein die kläglichen Reste des Kalan **G 1** von Interesse, da seine Basis von eindrucksvollen Dämonengesichtern des Gottes Kala umgeben ist. Dank einer Stele mit Sanskrit-Inschrift ist er als einziger von My Son exakt datierbar. Das Shiva-Heiligtum wurde im Shaka-Jahr 1079 (= 1157) von König Jaya Harivarman I. (reg. 1147–1166) zu Ehren seiner verstorbenen Eltern gestiftet.

My Son

Die Relikte des Champa-Reichs in My Son zählen zum UNESCO-Weltkulturerbe

Gruppen E und F

Die beiden Gruppen liegen etwas abseits und sind ebenfalls stark kriegszerstört. Das betrifft vor allem den einst gut erhaltenen **E 4**. Aus den Ruinen des benachbarten **E 1** stammt der wunderbare Altar im Cham-Museum von Da Nang. Lediglich der **E 7** (10. Jh.) mit zwei Kammern zur Aufbewahrung der Kultgegenstände ist noch einigermaßen unversehrt.

Bei der anschließenden Gruppe F kann man an der Basis des Kalan **F 1** (7./8. Jh.) attraktive Lotosdarstellungen und die Fratzen des Dämonengottes Kala sehen. Bei den Heiligtümern der beiden Gruppen fällt auf, dass die Eingänge nach Westen und nicht wie üblich nach Osten ausgerichtet sind. Möglicherweise sollten sie dem Khe-The-Strom zugewandt sein, dessen Wasser als heilig galt.

Infos

Viele **Open-Tour-Veranstalter** bieten von Hoi An aus ziemlich überfüllte Gruppentouren nach My Son an (ab 7 US-$ pro Person). Um Massen und Hitze zu meiden, empfiehlt es sich, einen **eigenen Wagen** mit Fahrer anzuheuern (um 50 US-$) und früh aufzubrechen (vor 7 Uhr). Die Fahrtzeit beträgt von Hoi An aus ca. eine Stunde. Im weitgehend offenen Gelände empfehlen sich Sonnenschutz, gute Schuhe und genügend Wasser.

Ausgangspunkt für die Besichtigung ist ein **Besucherzentrum** mit Ticketschalter (tgl. 6.30–17 Uhr, 150 000 VND), Restaurants und einer sehenswerten **Ausstellungshalle** (im Ticketpreis enthalten). Anhand von Schautafeln, Plänen und wenigen Exponaten wird dort die religiöse und kulturelle Bedeutung von My Son beleuchtet. Je nach Parkplatzsituation geht es mit Shuttle-Bussen zum etwa 2 km entfernten zweiten Besucherzentrum, von wo der letzte Kilometer zum Ruinenfeld zu Fuß zurückgelegt werden muss. Dabei überquert man eine leichte Anhöhe, auf der einst rechter Hand die vier Kalan der Gruppe H aus dem 12. Jh. standen. Ein Besuch lohnt sich nicht, denn die Amerikaner zerstörten sie im Krieg nahezu vollständig. Bei einem kleinen **Besucherpavillon** finden täglich Vorführungen von Cham-Tänzen statt.

Entlang der Küste nach Nha Trang

Die Nationalstraße 1 A verläuft entlang der Küste, vorbei an Höhenzügen und Traumbuchten. Dabei durchquert sie das einstige Stammland der Cham. Während die Heiligtümer der Cham Relikte einer untergegangenen Kultur sind, wurde das kleine Dorf My Lai zum Symbol für das maßlose Leid der Zivilbevölkerung im Krieg.

Die Küstenfahrt von Hoi An gen Süden lohnt sich nicht nur wegen ihrer landschaftlichen Reize, sondern auch wegen der Sehenswürdigkeiten. Unterwegs tauchen immer wieder Tempeltürme aus Ziegelstein auf – Überbleibsel aus den über 1000 Jahren, als die Cham hier siedelten. Als guter Übernachtungsstopp bietet sich nach 270 km Qui Nhon mit einer Reihe netter Unterkünfte an.

Cham-Türme

Bang An ▶ O 18
Tgl. 8–11, 13.30–16.30 Uhr, 10 000 VND
Etwa 25 km südlich von Da Nang liegt in der Gemeinde **Vinh Dien** der Tempelturm **Bang An** (vermutlich 11. Jh.). Er ist über eine Nebenstraße zu erreichen, die nördlich vom Vinh-Dien-Fluss in Richtung Osten abzweigt. Der 21,5 m hohe Kalan nimmt wegen seiner achtseitigen Form eine Ausnahmestellung in der Cham-Architektur ein. Auf seiner Ostseite schließt sich ein quadratischer Vorbau mit drei spitz zulaufenden Eingangsportalen an. Sehr schön gestaltet sind am Haupteingang die beiden Löwen mit Elefantenköpfen.

Chien Dan ▶ P 19
Tgl. 8–11.30, 13–17.30 Uhr, 10 000 VND
Ein weitaus interessanteres Cham-Heiligtum liegt direkt an der Nationalstraße 1 A im Dorf **Tam An**, 60 km südlich von Da Nang: die drei Cham-Türme von **Chien Dan**. Da sie in Größe und Stil der Reliefs variieren, sind sie wahrscheinlich zu unterschiedlichen Zeiten entstanden (etwa 11. Jh. bis 12. Jh.). Am besten erhalten ist der 21 m hohe mittlere Kalan mit hervorragenden Reliefarbeiten an seiner Basis aus Sandstein. Dort sind Darstellungen von Tänzern und Musikern sowie zwei Lotosblumen pflückende Elefanten zu sehen.

Nachdem polnische Restaurateure bei Grabungen eine Vielzahl von Statuen und Fragmenten ans Tageslicht befördert hatten, erbaute man 1997 eine kleine **Ausstellungshalle.** Zu den Exponaten zählen mythologische Tiere wie Garudas, Löwen und Nagas sowie eine sechsarmige, auf einem Wasserbüffel tanzende Durga als Mahishasura Mardini (Töterin des Wasserbüffeldämons Mahisha).

Khuong My ▶ P 19
Eintritt frei
Nach weiteren 10 km erheben sich südlich der Stadt **Tam Ky** auf einer Anhöhe die drei Kalan von **Khuong My.** Leider ist die umzäunte Anlage oft verschlossen, weshalb die in Nord-Süd-Richtung angeordneten, über 20 m hohen Ziegelsteintürme nur aus der Distanz zu sehen sind. Sie entstanden im Lauf des 10. Jh. und gelten aufgrund der filigranen Dekoration an der Ziegelsteinfassade als Vorläufer des berühmten A-1-Baustils in My Son. Typisch für diesen ist das wie ein liegendes S gestaltete Rankenwerk mit Weinblattmuster. Im Cham-Museum in Da Nang sind mehrere der hier ausgegrabenen Figuren aufbewahrt, die teilweise ins 7. Jh. datieren.

Quang Ngai und Umgebung ▶ P/Q 20

Quang Ngai

Die mittelgroße Stadt **Quảng Ngãi** liegt 135 km südlich von Da Nang und zieht sich am Song Tra Khuc entlang. Während der Kolonialzeit war das Gebiet um die Provinzhauptstadt (ca. 120 000 Einw.) ein Hort des Widerstands gegen die Franzosen – und später während des Vietnamkriegs gegen die Amerikaner, weshalb die Region unter heftigen Flächenbombardierungen und Entlaubungsaktionen zu leiden hatte. Bereits 1967 notierte der US-Publizist und spätere Konfliktforscher Jonathan Schell, dass 70 % aller Dörfer rund um Quang Ngai zerstört worden seien. Ein Jahr später betraf dies auch einen Ort in Küstennähe, der zum Synonym für die Brutalität des Vietnamkrieges werden sollte: My Lai.

Große Mauer von Quang Ngai

Quang Ngai selbst lohnt keinen längeren Aufenthalt. Eine Attraktion in der Umgebung ist die erst 2011 komplett erforschte **Große Mauer von Quảng Ngãi** (Trường Lũy Quảng Ngãi), die sich über 127,4 km parallel zum Truong-Son-Bergzug zieht und 1819 unter Leitung des Mandarins Le Van Duyet (s. S. 377) während der Herrschaft des Gia-Long-Königs angelegt wurde. Die bis zu 4 m hohe Wallanlage ist relativ gut erhalten und besteht aus Stein- und Erdaufschüttungen.

Son My und My Lay

Gedenkstätte My Lay tgl. 7–17 Uhr, 15 000 VND
13 km nordöstlich von Quang Ngai liegt das friedliche Dorf **Son My.** Nördlich der Brücke über den Song Tra Khuc biegt eine Straße in Richtung Meer ab und passiert **My Lai.** Wo am 16. März 1968 die Mitglieder der 174. Hubschrauberstaffel landeten und 504 Menschen, Alte, Frauen und Kinder, töteten (s. S. 308), gibt es heute eine eindrucksvolle **Gedenkstätte** (Chúng Tích Sơn Mỹ) mit viel Grün. In einem Museum illustrieren Fotos, Erläuterungen und Nachbildungen das Geschehen. Auf einer Marmortafel sind die Namen der Toten aufgezeichnet. Nachbauten von Häusern, rekonstruierte Ruinen und Hinweisschilder erinnern an die Orte der Massaker. Die Opfer wurden in einem Massengrab beigesetzt.

Von Son My sind es nur wenige Kilometer zum besuchenswerten **My-Khe-Strand.**

Übernachten

… in Quang Ngai:
Zentrale Lage, guter Preis – **Central Hotel:** 1 Le Loi, Tel. 055 382 99 99, www.centralhotel.com.vn. Das neunstöckige Businesshotel mit 90 verwohnten Zimmern liegt nahe dem Busbahnhof und bietet alle Annehmlichkeiten, z. B. Restaurant, Pool, Tennisplatz, Massagemöglichkeit. 25–65 US-$.

Am Fluss – **My Tra River Side Hotel:** Km 1, Highway 24 B, Tel. 055 384 29 85, www.mytrahotel.com.vn. Das Stadthotel direkt am Fluss bietet 60 ordentliche, aber nicht immer saubere Zimmer. Zu den Einrichtungen zählen ein Pool, Tennisplatz und Terrassenrestaurant. Massageangebote. DZ 23–35 US-$.

… am My Khe Beach:
Wohnen in Strandnähe – **My Khe Resort:** Km 11, Straße 24 B, Tel. 055 368 61 11. Das Hotel ist eine gute Alternative zu den Stadtunterkünften und mit 21 plüschigen Zimmern empfehlenswert. Statt in dem gesichtslosen Restaurants gegenüber kann man an einem der vielen Seafoodstände am Strand speisen, s. u. DZ ab 25 US-$.

Essen & Trinken

… in Quang Ngai:
Hähnchen mit Reis – Quang Ngai ist bekannt für *cơm gà*, gekochtes Huhn auf gelbem Reis. In der Stadt bieten mehrere Lokale diese Speise, darunter das **Hue Restaurant** und das **Bong Hong Restaurant** in der Nguyen Nghiem, tgl. 7–21 Uhr. Gutes Essen bei schönem Ambiente bietet das **Indochina Restaurant** (Nhà Hàng Đông Dương), Thon Thong Nhat, Tịnh Ấn Tây, Tel. 055 367 90 79, tgl. 9–22 Uhr. Es liegt in einer Nebenstraße nördlich des Tra-Khuc-Flusses.

… am My-Ke-Strand:
Am Strand – Hier gibt es viele gute **Seafoodstände.**

Der lange Schatten von My Lai

Dem Mut des Soldaten Ronald Ridenhour und dem Engagement des Journalisten Seymour Hersh ist es zu verdanken, dass das Massaker von My Lai öffentlich bekannt wurde. Doch My Lai war kein Einzelfall. Vielerorts geschahen ähnliche Kriegsverbrechen, die weitgehend ungesühnt blieben.

Es war der 8. Februar 1968. Der 20-jährige Jamie Henry stand in einer ärmlichen Hütte und zündete sich eine Zigarette an, als er aus dem Funkgerät die Stimme seines Vorgesetzten hörte. Der Leutnant erkundigte sich beim Kommandeur, was er mit den 19 Zivilisten machen solle, die sie zusammengetrieben hätten. Jener fragte zurück, ob er nicht die *operation order* kenne, und befahl: »Tötet alles, was sich bewegt!« Als Henry vor die Hütte trat, sah er, wie seine Kameraden die gefangenen Frauen und Kinder niederschossen. Zurück in den USA berichtete er über das Massaker, wurde jedoch als Vaterlandsverräter beschimpft. Das Gemetzel in dem Dorf in der Provinz Quang Nam blieb ungesühnt.

Wenige Wochen später, am 16. März 1968, geschah in My Lai ein viel schlimmeres Massaker. Kurz nachdem im Morgengrauen die 174. Hubschrauberstaffel gelandet war, begannen US-Soldaten Alte niederzumetzeln, Frauen zu vergewaltigen und Kleinkinder wie Tiere abzuschlachten. Innerhalb kurzer Zeit hatten sie 504 unschuldige Zivilisten auf bestialische Weise ermordet. Der offizielle Bericht vermeldete später die Tötung von 128 ›Gegnern im Kampf‹. Als aber Aussagen des Soldaten Ronald Ridenhour und die grauenerregenden Bilder des Fotografen Ronald L. Haeberle im November 1969 von dem Journalisten Seymour Hersh erstmals publiziert wurden, war die Öffentlichkeit geschockt. Es kam zur Gerichtsverhandlung. Von den Beteiligten wurden nur 26 angeklagt, nur einer zu lebenslanger Haft verurteilt: der verantwortliche Leutnant William Calley. Nach gerade mal drei Tagen begnadigte Präsident Nixon den Leutnant, der schließlich noch drei Jahre unter Hausarrest stand.

Erst 2002 gelangte ein 9000 Seiten langer Bericht an die Öffentlichkeit, den die Vietnam War Crimes Working Group Anfang der 1970er-Jahre verfasst hatte. Darin dokumentierte sie über 300 Kriegsverbrechen von Angehörigen der US-Armee, etwa jenes Massaker im Fischerdorf My Khe, das am gleichen Tag wie im benachbarten My Lai geschah. Zeugenberichten zufolge warfen Soldaten Handgranaten in Hütten und schossen auf fliehende Frauen und Kinder. Offiziell war von 39 Getöteten die Rede, tatsächlich waren es über 80. Am schlimmsten trieb es die Tiger Force der 101. Luftlandedivision, deren Verbrechen erst 2003 von US-Journalisten dokumentiert wurden, wofür jene 2004 den Pulitzerpreis erhielten. Die 45 Mann starke Elitetruppe durchforstete zwischen Mai und November 1967 zahlreiche Dörfer im zentralen Hochland, trieb deren Bewohner zusammen und sandte sie in Sammellager. Vergewaltigungen und Verstümmelungen waren dabei an der Tagesordnung. Die Soldaten machten sich einen Spaß daraus, die Ohren der Opfer abzuschneiden und wie Trophäen an Halsketten aufgefädelt zu sammeln. Der Elitetruppe konnten 81 Todesopfer nachgewiesen werden, tatsächlich waren es mehr als 120 – pro Monat.

Verkehr

Bahn: Der **Bahnhof** liegt 3 km westlich des Stadtzentrums an der Hung Vuong und ist 5 x tgl. Stopp der Züge gen Süden nach Nha Trang (405 km, 8–9 Std.) und über Da Nang (135 km, 3 Std.) nach Norden.

Bus: Der **Bến Xe Quảng Ngãi**, 1 km südlich des Zentrums an der 41 Le Thanh Ton, ist Ausgangspunkt für Busse nach Da Nang (135 km, 4 Std.), Qui Nhon (165 km, 4 Std.) und Nha Trang (405 km, 7 Std.).

Unterwegs nach Qui Nhon ▶ Q 20–23

Auf der Weiterfahrt nach Qui Nhon – 165 km ab Quang Ngai – quert man ein fruchtbares Gebiet mit Kokospalmen und Reisfeldern.

Sa Huynh

Ein beliebter Halt für Touristenbusse ist 60 km weiter **Sa Huỳnh**, ein Strand mit wiegenden Palmen und feinem Sand, aber derzeit leider wenig einladenden Resorts. Der Ort gab einer Zivilisation den Namen, die in den letzten vorchristlichen Jahrhunderten an der Küste Zentralvietnams verbreitet war. Es wurden Grabstätten mit meterhohen Keramikurnen und wertvollen Beigaben entdeckt. Etwa 20 km vor Qui Nhon ist die Stadt Binh Dinh erreicht.

Binh Dinh

Die wenig attraktive Provinzstadt **Bình Định** ist ein wichtiger Verkehrsknotenpunkt, denn hier zweigt die Nationalstraße 19 in Richtung Hochland nach Plei Ku (150 km) ab. Zudem führt eine Straße an die Küste nach Qui Nhon.

Binh Dinh war ab dem 11. Jh. Zentrum des Cham-Reiches Vijaya. Hier wurde 1471 die Jahrhunderte währende Dominanz der Cham in Zentralvietnam endgültig gebrochen, nachdem die Armee des vietnamesischen Königs Le Thanh Tong die letzte große Metropole dem Erdboden gleichgemacht hatte. Mehrere Tempeltürme erinnern an die untergegangene Kultur, darunter der Turm der Khmer, **Thốc Lốc** (auch Phuớc Lốc, Goldturm). Der aus dem frühen 13. Jh. stammende Sakralbau erhebt sich etwa 10 km vor Binh Dinh auf einer Anhöhe östlich der 1 A. Der anstrengende Aufstieg lohnt sich schon der Aussicht wegen (Eintritt frei).

Im gleichen Zeitraum wurde der Kupferturm, **Cánh Tiên,** 2 km weiter westlich der Nationalstraße 1 A errichtet. Das ebenfalls auf einem Hügel gelegene Heiligtum dominierte einst das Stadtbild der heute komplett verschwundenen Metropole Vijaya. Die in vietnamesischen Chroniken Cha Ban genannte Stadt gewann an Bedeutung, nachdem sich dort um 1000 der Cham-König Yan Pu Ku Vijaya (reg. 999–?) niedergelassen hatte. Seine ursprüngliche Residenz in Indrapura, Dong Duong, musste er infolge der Übermacht der Armee des Viet-Herrschers Le Dai Hanh (reg. 979–1005) aufgeben. Nach fast einem halben Jahrtausend wurde auch Vijaya Opfer der vietnamesischen Expansionsbestrebungen und 1471 komplett zerstört. Bei Ausgrabungen in den 1930er-Jahren kamen Fundamentreste der Stadtbefestigung zutage. Der schlanke Kalan des Canh Tien wirkt sehr elegant. Gut erhalten sind an den oberen Ecken das flammenartige Dekor mit Köpfen von Makaras, krokodilartigen Wesen (Schutzgeister).

An der Nationalstraße 19 ▶ Q 23

Weitere Heiligtümer der Cham befinden sich in der Nähe der Nationalstraße 19 nach Plei Ku, die durch eine fruchtbare Ebene führt. Nicht weit entfernt windet sich der Song Con vom Hochland in Richtung Meer. Etwa 20 km westlich von Binh Dinh zweigt eine schmale Straße rechts ab und verengt sich zu einem schmalen Pfad, der nur mit einem Moped befahren werden kann. Nach nur 2 km erhebt sich inmitten der Felder der Cham-Turm **Thu Thien** aus dem 13. Jh. (Eintritt frei).

Wieder zurück auf die N 19 und weiter Richtung Westen, zweigt nach 7 km in **Phu Phong** eine Landstraße nach Norden ab. Schon bald nach der Überquerung des

Entlang der Küste nach Nha Trang

Im Quang-Trung-Museum von Phu Phong ehren Heldenaltäre die Anführer der Tay-Son-Revolte im 18. Jahrhundert

Song Con erreicht man das **Quang-Trung-Museum** (Bảo Tàng Quang Trung). Der in ein weitläufiges Gelände eingebettete Prachtbau mit schweren Walmdächern erinnert mit drei Altären an die Brüder Nguyen Nhac, Nguyen Lu und Nguyen Hue, die 1771 von ihrer Heimat in Tay Son aus einen landesweiten Aufstand entfachten, der die politischen Verhältnisse Vietnams nachhaltig veränderte (s. S. 46). Auf dem mittleren Altar wird Nguyen Hue verehrt, der zwischen 1789 und 1792 von Phu Xuan (Hue) aus als Quang-Trung-Herrscher regierte. Am fünften Tag des ersten Mondmonats findet das große **Dong-Da-Festival** zu Ehren der Rebellen statt (Kien My, Tel. 056 388 01 85, tgl. 7–11, 13.30–17 Uhr, 15 000 VND).

Duong Long ▶ Q 22

Eintritt frei

Die Landstraße verläuft weiter Richtung Osten bis zum etwa 12 km entfernten Dorf Tay Binh. Dort sind die drei 25 bzw. 30 m hohen Türme von **Dương Long** sehenswert. Das auch unter dem Namen **Tháp Ngà** (Elfenbeinturm) bekannte Heiligtum weist deutliche Einflüsse der Khmer-Kunst des 12. Jh. auf. Dies verwundert nicht weiter, denn in jenem Jahrhundert waren die Kontakte der beiden Völker sehr intensiv – allerdings eher feindseliger Natur, denn Chroniken und Inschriften berichten von zahlreichen militärischen Konflikten. So nahmen die Cham 1177 die damals größte südostasiatische Stadt Angkor Thom ein.

Typisch für die Khmer-Architektur jener Zeit ist die pyramidenförmige Spitze (Shikhara) mit einem runden, lotosförmigen Abschluss aus Sandstein. Die Naga-Schlangen mit fünf bis sieben Köpfen über den Türen und Scheintüren zeigen Parallelen zu jenen von Angkor Wat. Am besten erhalten sind die Darstellungen am Nord- und Südturm. Der Sandstein nimmt hier als Baumaterial allerdings eine gewichtigere Rolle ein als in der Cham-Architektur sonst üblich.

Qui Nhon und Umgebung ▶ Q/R 23

Qui Nhon
Bin-Dinh-Museum: 26 Nguyen Hue, Mo–Fr 7–11, 14–17 Uhr, Eintritt 5000 VND

Das sympathische, wenn auch etwas langweilige **Qui Nhơn** (auch Quy Nhon geschrieben) breitet sich auf einer Landzunge aus, die wie ein Vogelschnabel ins Meer hineinragt. Die lang gezogene Halbinsel Phuong Mai bietet einen natürlichen Schutz vor der offenen See. An sich gibt die Hafenstadt mit etwa 260 000 Einwohnern wenig Anlass, einen Stopp einzulegen. Nur wer sich für die Cham-Kultur interessiert, mag hier auf seine Kosten kommen. Während der Stadtstrand eher zum abendlichen Flanieren geeignet ist, schließen sich im Süden einige nette Buchten mit Bademöglichkeiten an. In einer von ihnen liegt das bekannte AVANI Quy Nhon Resort & Spa (s. S. 312), das sich für entspannende Tage anbietet.

In Qui Nhon lohnt ein Besuch im **Binh-Dinh-Museum** (Bảo Tàng Bình Định), wo es neben den üblichen Propagandabildern einige Dekorteile von Cham-Türmen zu sehen gibt.

Hung Thanh (Thap Doi)
Eintritt frei

Unweit der Ausfallstraße ragen etwa 2 km nordwestlich von Qui Nhon die beiden Kalan von **Hưng Thạnh** aus einem dicht bebauten Wohngebiet. Die Bewohner nennen sie auch Tháp Đôi, Zwillingstürme. Sie werden ins 12. Jh. datiert, weil ihre pyramidenförmigen Spitzen wie bei den Tempeltürmen von Duong Long Ähnlichkeiten mit den Shikhara des kambodschanischen Angkor Wat aufweisen.

Banh It (Thap Bac)
Tgl. 7–11, 13.30–16.30 Uhr, 10 000 VND

Einige Kilometer nordwestlich der Stadt dominiert auf einer Anhöhe das Gebäudeensemble des **Tháp Bánh Ít** (Reiskuchenturm) das Landschaftsbild. Das auch Tháp Bạc (Silberturm) genannte Heiligtum aus dem ausgehenden 11. bzw. frühen 12. Jh. besteht aus vier Gebäuden, darunter ein **Kalan** auf der Hügelspitze. Der eher schlichte Tempelturm wird von einer abgestuften dreiteiligen Spitze abgeschlossen. Die Miniaturkalan an den vier Ecken wurden bei späteren Cham-Heiligtümern häufig kopiert. Südlich des Kalan ist ein **länglicher Bau** mit geschwungenem Dach vorgelagert. Er diente zur Aufbewahrung der Zeremonialgeräte und besticht durch eine fein gearbeitete Ornamentik an der Fassade. Garudas, mythologische Vogelwesen, scheinen mit ihren ausgestreckten Armen die Seitenwände stützen zu wollen.

Der einstige Zugang erfolgte durch den etwas tiefer gelegenen **Eingangspavillon** im Osten. Als viertes Gebäude ist noch ein eleganter **Stelenturm** zu sehen, an dessen vier Seiten spitz zulaufende Torbögen ins Innere führen. Die Inschrift ist jedoch nicht mehr zu erkennen.

Infos
Binh Dinh Tourist: 10 Nguyen Hue, Tel. 056 389 25 24, Mo–Fr 9–17 Uhr. Neben dem Qui Nhon Hotel. Ist mehr am Verkauf von Touren interessiert.

The Kiwi Connection: 12 An Duong Vuong. Eignet sich gut als Infobörse.

Übernachten
Wohnliches Stadthotel – **Sai Gon Quy Nhon Hotel:** 24 Nguyen Hue, Tel. 056 382 01 00, www.saigonquynhonhotel.com.vn. Beliebtes Businesshotel mit 148 geschmackvol-

Entlang der Küste nach Nha Trang

len Zimmern im Herzen der Stadt. Das Angebot reicht von Business-Center bis Pool und Spa. Tipp: Das **Seaview Café** im 8. Stock bietet tolle Ausblicke. DZ ab 50 US-$.

Klobiger Hotelkasten – **Hoang Yen Hotel:** 5 An Duong Vuong, Tel. 056 374 69 00, www.hoangyenhotel.com.vn. Haus mit elf Etagen direkt am Strand. Die 90 großen Zimmer sind recht plüschig, doch für den Preis in Ordnung. Schöner Tennisplatz und großer Pool. DZ ab 25 US-$.

… am Bai Xai bzw. Bai Dai Beach (10 bzw. 15 km südl.):

Einsames Hideaway – **AVANI Quy Nhon Resort & Spa:** 55 Ghenh Rang, Tel. 056 384 01 32, www.avanihotels.com. Geschmackvolle, 13,5 ha große Anlage in einer ruhigen Bucht mit 63 Zimmern. Bei Architektur und Dekor wurden Elemente der Cham-Kunst verwendet. Das Spa hat einen hervorragenden Ruf. Pool und Restaurant mit Meerblick. Gutes Preis-Leistungs-Verhältnis mit attraktiven Angeboten. DZ ab 170 US-$.

Ruhig am Strand – **Haven Guest House:** Bai Xep, Ghenh Rang, Tel. 09 82 11 49 06, www.havenvietnam.com. Mit vier Doppelzimmern und einem Vierbettzimmer recht überschaubar und gut für Familien geeignet. Mit Strand und Fischerdorf um die Ecke, entspannt und ländlich. DZ/F ab 32 US-$.

Travelleridylle – **Live's a Beach:** Bai Xep, Ghenh Rang, www.lifesabeachvietnam.com. Von Australiern geführtes sympathisches Gästehaus direkt am Strand, mit Beachbungalows, kleinen Apartments und Mehrbettzimmern. Nichts für Ruhesuchende. Bett ab 7 US-$, DZ ab 30 US-$.

Essen & Trinken

In den Seitenstraßen Tran Doc und Nguyen Lac am Westende der Nguyen Hue gibt es mehrere **gute Seafoodlokale.** Beim Verkehrskreisel, wo die Ngo May und An Vuong Duong aufeinandertreffen, laden mehrere **Straßenstände** zu einem kühlen Bier ein. Zu den Spezialitäten der Provinz zählt *bánh ít lá gai*, eine Mischung aus gemahlenem Klebreis, Zucker, Gemüse und grünen Bohnen.

Alles aus dem Meer – **Dong:** 26 Nguyen Lac, Tel. 056 382 48 77, tgl. 8–22 Uhr. Eine gute Adresse für Seafoodliebhaber mit zwei Open-Air-Etagen. Allerdings wird kaum Englisch gesprochen. Gerichte ab 50 000 VND.

Seafood auf drei Etagen – **Que Huong 1:** 125 Tang Bat Ho, tgl. 8–22 Uhr. Das bei Einheimischen beliebte Restaurant ist abends oft voll. Ausgezeichnete Seafoodküche ab 35 000 VND.

Pfannkuchenspezialist – **Gia Vy 1 & 2:** 118 Dong Da bzw. 14 Dien Hong, Tel. 056 381 37 83, tgl. 6–22 Uhr. Zwei stadtbekannte Filialen für Pfannkuchen aus Reismehl mit Garnelen und Kräutern, *bánh xèo tôm nhảy*. Beliebt bei Einheimischen. Gerichte ab 30 000 VND.

Lokale Spezialität – **Bun Thit Nuong:** 168 Phan Boi Chau, Tel. 094 351 54 44, tgl. 7–21 Uhr. Die freundlichen Eigentümer haben sich auf ein leckeres Gericht spezialisiert: *bún thịt nướng*, gegrilltes Schweinefleisch mit Reisnudeln. Ab 20 000 VND.

Verkehr

Flugzeug: Der Flughafen **Phu Cat** liegt 35 km nördlich von Qui Nhon. Minibusse (50 000 VND) starten vor Abflug vom Büro der Vietnam Airlines, 272–274 Tran Hung Dao, Tel. 056 382 53 13. Bislang ist Phu Cat je 2 x tgl. mit Ho-Chi-Minh-Stadt und Nha Trang sowie 1 x tgl. mit Nha Trang (Jetstar) verbunden.

Bahn: Der nächste größere Bahnhof ist der **Ga Diêu Trì,** 10 km westlich der Stadt. Dort halten 5 x tgl. Züge in Richtung Norden und Süden (Nha Trang, 240 km, 4,5 Std.). Ein Taxi benötigt etwa 20 Min (ca. 100 000 VND).

Bus: Der **Bến Xe Qui Nhơn** liegt südwestlich des Stadtzentrums an der Kreuzung Tay Son/Nguyen Thai Hoc und wird von mehreren privaten Busunternehmen frequentiert. Die meisten Abfahrten sind vormittags, darunter nach Da Nang (300 km, 6 Std.), Plei Ku (165 km, 3–4 Std.), Nha Trang (240 km, 5–6 Std.) und Saigon (500 km, 10 Std.). Qui Nhon ist auch Stopp der Open-Tour-Busse.

Taxi: Huong Tra Taxi, Tel. 056 384 77 77; Mai Linh Taxi, Tel. 056 354 66 66; Minh Tuan Taxi, 056 381 28 12.

Küstenstraße nach Nha Trang ▶ Q/R 23–26

Die 240 km lange Strecke zwischen Qui Nhon und Nha Trang zählt zu den attraktivsten Zentralvietnams. Fruchtbare Ebenen wechseln sich mit Bergzügen ab, die immer wieder herrliche Panoramablicke bieten. Etwa 20 km südlich von Qui Nhon windet sich die Nationalstraße 1 A über den 245 m hohen **Deo Cu Mong**. Er bildet die Grenze zwischen den Provinzen Binh Dinh und Phu Yen. Die Straße führt vorbei an fischreichen Lagunen und lebendigen Siedlungen. Der Ort **Song Cau** lädt zu einem Stopp am Fischerhafen ein. Alternativ zur N 1 A kann man auch von Qui Nhon aus die gut ausgebaute Küstenstraße nehmen. Sie mündet südlich von Binh Thanh in die N 1 A.

Thuy Hoa

Nach etwa 120 km ist **Thuy Hoa** erreicht. Die Hauptstadt der Provinz Phu Yen bietet sich bei Bedarf zum Übernachtungsstopp an. Vom nahen Flughafen verkehren 1 x tgl. Maschinen nach Hanoi und Ho-Chi-Minh-Stadt. Im Norden der Stadt mit 200 000 Einwohnern liegt die **Chua Bao Lam** mit einem weißen Buddha. Auf einem Hügel zwischen Thuy Hoa und dem breiten Song Da Rang im Süden wiederum thront das im 11. Jh. erbaute Cham-Heiligtum **Tháp Nhạn** (Schwalbenturm).

Dai Lanh

Unweit von **Đại Lãnh,** ca. 150 km von Qui Nhon, befindet man sich am östlichsten Punkt Vietnams. Die Franzosen nannten den ins Meer ragenden Felsvorsprung Cap Varella. Dai Lanh ist wegen seines äußerst schönen Strandes bekannt, der jedoch noch weitgehend unerschlossen ist. Im Süden geht der Strand in eine kilometerlange Sanddüne über, die mit der 30 km langen Halbinsel Hon Gom verbunden ist. Etwas im Landesinneren winden sich sowohl die Bahnlinie als auch die N 1 A über den **Đèo Cả** (Hohen Pass). Hier verläuft auch die Grenze zur Provinz Khanh Hoa. Nach Nha Trang sind es ungefähr 80 km.

Hon Gom und Hon Ong

Noch ist die »Halbinsel des Lehmbrockens«, **Hòn Gốm,** eher ein Geheimtipp, doch die menschenleeren Strände, das kristallklare Wasser und die faszinierende Unterwasserwelt locken immer mehr Touristen an. Bereits Jacques Cousteau war vom Fisch- und Korallenreichtum fasziniert, als er in den 1930er-Jahren als Meeresforscher die Van-Phong-Bucht zwischen Hon Gom und der Küste erkundete. Eine Straße führt vom Festland bis zum Fischerdorf Dam Mon. Von dort starten Fähren zur benachbarten kleinen Walfischinsel, **Hòn Ông,** wo die bislang einzige akzeptable Unterkunft liegt. Doch dies wird sich sicherlich bald ändern. Tauch- und Badesaison ist zwischen Februar und Oktober. Von April bis Juli ist die Chance groß, Wale und Walhaie zu sichten.

Doc Let Beach

Ein weiteres, bislang wenig besuchtes Refugium für Naturliebhaber und Badeurlauber ist die Halbinsel **Hon Khoi,** knapp 40 km nördlich von Nha Trang. Dort erstreckt sich der sichelförmige, leider oft vermüllte **Doc Let Beach.** Bislang besuchen vorwiegend Tagestouristen aus Nha Trang den feinsandigen Sandstrand mit schattigen Kasuarinen-Hainen (15 000 VND Gebühr). Doch seitdem einige nette Resorts ihre Pforten öffnen, bietet er sich auch für mehrtägige Aufenthalte an. Er ist eine (noch) ruhige Alternative zum quirligen Nha Trang. Auf der Halbinsel kann man das Fischerdorf Dong Hai aufsuchen oder am Meer die Salzgewinnung studieren.

Ninh Hoa und Ba-Ho-Wasserfälle

In dem lebendigen Ort **Ninh Hoa** zweigt von der N 1 A die Nationalstraße 26 in Richtung Westen ab und führt bis nach Buan Ma Thuot im zentralen Hochland. Etwas weiter südlich lohnt sich ein Halt bei den schönen **Ba-Ho-Wasserfällen,** wo das Wasser über mehrere Stufen in drei Becken *(ba hô)* stürzt. Sie liegen einige Kilometer westlich der N 1 A in den Bergen. Der Weg ist ausgeschildert. Nach Nha Trang sind es von hier noch etwa 25 km.

Entlang der Küste nach Nha Trang

Die altertümlich anmutenden Korbboote am Strand von Doc Let können auch gemietet werden

Übernachten
… am Doc Let Beach:

Familienfreundlich – **White Sand Doclet Resort & Spa:** Tel. 058 367 06 70, www.whitesandresort.com.vn. Das schöne Resort mit 54 Zimmern und Bungalows erstreckt sich an einem 600 m langen Strandabschnitt und bietet gute Essens- und Wassersportmöglichkeiten. Mit großem Pool und Spa. Beliebt bei ostasiatischen und russischen Gästen. DZ/F ab 150 US-$, Bungalows/F ab 185 US-$.

Für kunstsinnige Individualisten – **Some Days of Silence:** Tel. 058 367 09 52, www.somedaysresort.com. Mit nur neun Villen, davon zwei mit Meerblick, ein wunderbares Refugium. Es gibt einen Meditationsraum, eine Kunstgalerie, ein Spa und einen offenen Pavillon für die Mahlzeiten. Der große Garten eignet sich hervorragend für Familien. DZ/F ab 110 US-$, Villen/F ab 180 US-$.

Bungalows am Strand – **Paradise Resort:** Tel. 058 367 04 80, www.paradiseresort.vn. Hier hat sich der kroatische Besitzer einen Lebenstraum erfüllt. 25 Steinbungalows und vier klimatisierte Apartments zu familienfreundlichen Preisen verteilen sich entlang dem Strand. Arrangiert Bootstouren. DZ 50 US-$, Apartment 80 US-$, mit Vollpension.

Übernachten, Aktiv
… auf Hon Ong:

Robinson-Crusoe-Feeling – **Whale Island Resort:** Hon Ong, Tel. 058 384 05 01, www.whaleislandresort.com. Das Resort liegt auf der kleinen Insel Hon Ong und ist ein wunderbares Refugium für Erholungsuchende und Aktive. Die 23 einfachen, aber stilvollen Bungalows verstecken sich hinter üppiger Vegetation entlang dem Strand. Zu den Wassersportaktivitäten zählen Schnorcheln, Tauchen, Kayaking, Windsurfen und Segeln. Zum Service gehört ein kostenloser **Pick-up-Service von Nha Trang** (ca. 2,5 Std.). Frühzeitig buchen, da oft voll! DZ 106–136 US-$ mit Vollpension. **Rainbow Divers** nutzt das Whale Island Resort als Basis für eine Reihe von Tauchtouren. Infos unter www.divevietnam.com.

Verkehr

Das Whale Island Resort arrangiert 2 x tgl. einen Transport von der Rainbow Bar, 90 A Hung Vuong, in Nha Trang (20 US-$ p. P. inkl. Bootstransfer). Wer mit einem Mietwagen anreist, kann bis zum Dorf Dam Mon fahren und dann von dort eine Fähre nach Hon Ong nehmen.

❀ Nha Trang

▶ R 26/27

Mehr als 300 Sonnentage im Jahr, angenehme Durchschnittstemperaturen von 27 °C, attraktive Tauchgründe und Bilderbuchstrände haben die Stadt zu einem der beliebtesten Urlaubsziele des Landes werden lassen. Nha Trang zeigt sich beschwingt und lässig. Ein Hauch von Côte d'Azur liegt in der Luft.

Nha Trang erwacht. Der rötliche Sonnenball steigt aus dem Meer, eine kühle Brise lässt die Palmen erzittern, am Strand herrscht ein buntes Treiben. Kinder tollen im Wasser, ältere Menschen machen ihre Gymnastikübungen. Bereits morgens um sechs Uhr scheint die ganze Stadt auf den Beinen zu sein. Wie ein Magnet zieht das Meer einheimische wie internationale Urlauber an, darunter viele Russen.

Für die Vietnamesen ist Nha Trang fraglos das Seebad Nummer eins. In die Höhe strebende Hotelbauten am breiten Strandboulevard geben der 350 000 Einwohner zählenden Stadt an der Mündung des Song Cai ein zunehmend mondänes Gesicht. Die von Bergketten umschlossene Bucht und der geringe Niederschlag von nur 1745 mm garantieren ein ganzjährig angenehmes Klima.

Immer mehr Menschen ziehen in die Region, angelockt vom Reichtum des Meeres, den fruchtbaren Böden und in zunehmendem Maße vom Tourismus. Nha Trang ist Verwaltungssitz der Provinz Khanh Hoa.

Geschichte

Über Jahrhunderte hinweg lag am Ufer des Cai-Flusses das religiöse und kulturelle Zentrum des Cham-Königreiches Kauthara. Höchstwahrscheinlich leitet sich der Stadtname von *aya trã*, dem Cham-Wort für Flussschilf, ab. In die Hand der Vietnamesen gelangte die Küstenregion erst 1653, als unter dem militärischen Druck des Fürsten Nguyen Phuc Tan (reg. 1648–1687) die dort siedelnden Cham weiter nach Süden abgedrängt wurden. Die Vorzüge der Bucht lernten später auch die Franzosen schnell schätzen, die aus Nha Trang ein koloniales Seebad machten. Prominenten Zuwachs erhielt die Stadt in den 1920er-Jahren, als sich der letzte Nguyen-Herrscher Bao Dai fünf Sommervillen erbauen ließ. Während des Krieges war Nha Trang ein wichtiger Stützpunkt der US-Marine. Nach der ›Befreiung‹ durch nordvietnamesische Truppen am 2. April 1975 versank es in sozialistische Tristesse. Doch dies hat sich seit dem wirtschaftlichen Aufschwung gewaltig geändert. Nha Trang ist zu einer quirligen Metropole herangewachsen.

Po Nagar (Thap Ba) **1**

Cityplan: S. 319
Tgl. 6–18 Uhr, 22 000 VND
Nördlich des Song Cai erhebt sich auf einer kleinen Anhöhe das bedeutende Cham-Heiligtum **Po Nagar** (Tháp Bà). Seit dem 4. Jh. verehrten die Cham hier die Himmlische Mutter der Königsstadt, Yang Po Inư Nagar. Mit dieser Fruchtbarkeitsgottheit verbanden sie den Kult um die Hindugöttin Bhagavati (auch Parvati), der Gefährtin Shivas. Nach der Verdrängung der Cham im 15. Jh. adaptierten die Vietnamesen den Kult und machten aus Po Nagar die Himmlische Mutter, Thiên Y Thánh Mẫu. Sie wird bis heute verehrt, besonders zu ihrem Fest vom 20. bis 23. Tag des dritten Mondmonats.

Mandapa (Vorhalle)

Mehrere, zwischen dem 8. und 14. Jh. datierte Inschriften schildern die wechselhafte Geschichte des Tempels. Der älteste Bericht erwähnt seinen Wiederaufbau im Jahr 784. Einige Jahrzehnte später kam der noch heute am Fuß des Hügels zu sehende **Mandapa** hinzu. Von ihm sind die Basis und in vier Reihen angeordnete Säulenstümpfe erhalten. Der Vorhalle schließen sich hohe Stufen an, die zur oberen Ebene führen, von der sich ein schöner Blick auf den Fluss bietet. Heute kann man eine seitliche Treppe nehmen.

Haupt-Kalan

Größtes Bauwerk ist der fast 23 m hohe **Haupt-Kalan** (11. Jh.). Mit seinem konisch geformten dreiteiligen Dach und den spitz zulaufenden Scheintüren prägte er einen eigenen Stil. Über den Vorbau im Osten gelangen die Besucher unbeschuht ins Innere des Heiligtums. An den beiden Seiten des Eingangs sind noch die Sanskrit-Inschriften aus dem 11. und 13. Jh. erhalten, die über Schenkungen der Stifter-Könige berichten. Im Giebelfeld wird Durga als Mahishasura Mardini auf einem Wasserbüffel tanzend gezeigt. In dieses Tier hatte sich der Dämon Mahisha verwandelt, als er von der Gemahlin Shivas getötet wurde. Durga hält die Attribute der drei höchsten Gottheiten in ihren Händen: den Dreizack Shivas, die Lotosblume Brahmas und das Chakra-Rad Vishnus. Im Innern des Kalan wird die in ein prächtiges gelbes Gewand gehüllte Yang Po Inu Nagar verehrt. Die beiden Wächter-Elefanten seitlich von ihr sind aus Eisenholz und sollen noch aus dem 8. oder 9. Jh. stammen.

Weitere Türme

Der **Nordwestturm** (2. Hälfte 10. Jh.) war einst Ganesha geweiht und zeigt auf seinen Seiten Tierdarstellungen, im Süden den Vogel Garuda, im Norden einen Löwen und im Westen wohl Indra auf dem Elefanten Airavata. Das Dach des Kalan ist wie ein Bootsrumpf geschwungen. Heute sind im Inneren eine weitere Statue von Yang Po Inu Nagar und ein Lingam zu finden. Südlich des Haupt-Kalan schließt sich der **Zentralturm** (12. Jh.) mit stark zerfallenem Dach an. Bei seiner Errichtung wurden die Ziegel des Vorgängerbaus verwendet.

Im dunklen Innern wird ein kleiner Lingam mit einem Frauenbrustring an der Basis verehrt. Auch der benachbarte Südturm birgt einen Lingam.

Fischerhafen [2]

Cityplan: S. 319

Auf dem Weg zum Po Nagar empfiehlt sich ein Stopp am fotogenen **Fischerhafen**. Vormittags von der Tran-Phu-Brücke in Meeresnähe oder nachmittags von der Xom-Bong-Brücke am Fuß des Cham-Heiligtums lassen sich die bunten Fischerboote und die runden Korbboote wunderbar fotografieren. Die Vietnamesen nennen diese Gefährte *thúng chai* (Pechkörbe), weil der geflochtene Bambus mit Pech abgedichtet ist.

Zentrum

Cityplan: S. 319

Stadtmarkt Cho Dam [3]

Tgl. 6–19 Uhr

Im nördlichen Teil des Stadtzentrums liegt der quirlige Stadtmarkt, **Chợ Đầm,** mit einem vielfältigen Angebot an Waren. An Ständen vor dem Haupteingang werden getrocknete Tintenfische und anderes Meeresgetier angeboten. Um den markanten Rundbau aus dem Jahr 1972 gruppieren sich zahlreiche Geschäfte und Garküchen.

Stadtstrand [4]

Der über 6 km lange **Stadtstrand** mit feinem goldgelben Sand lädt nicht nur zum Sprung ins Meer, sondern auch zu langen Spaziergängen ein. Vom parallel zum Strand verlaufenden Tran-Phu-Boulevard ist er durch Kasuarinen und Kokosnusspalmen abgetrennt, sodass sich immer ein schatti-

Zentrum

Die Chua Long Son bildet buddhistische Mönche und Nonnen aus

ges Plätzchen für die Rast findet. Zahlreiche Cafés und Restaurants bieten gute Einkehrmöglichkeiten.

Pasteur-Institut 5

Zu den berühmtesten wissenschaftlichen Einrichtungen Nha Trangs zählt das **Pasteur-Institut** (Viện Pasteur Nha Trang) an der Tran Phu. Gegründet wurde es 1895 von Dr. Alexandre Yersin (1863–1943). Der Schweizer Arzt war 1891 nach Vietnam gekommen, nachdem er mehrere Jahre in Paris mit Louis Pasteur zusammen geforscht und dort mit einem Mitarbeiter den Diphtherie-Erreger entdeckt hatte. 1894 gelang ihm in Hongkong die Isolierung des nach ihm benannten Pestbazillus *Yersinia pestis*. In Vietnam organisierte er das Gesundheitswesen. Doch auch für die Kolonialwirtschaft setzte Yersin elementare Impulse, als er den Kautschuk- und Chinarindenbaum zur Gewinnung von Latex bzw. Chinin heimisch machte.

Yersin ist einer der wenigen Europäer der Kolonialzeit, die bis heute von den Vietnamesen respektiert werden. Nach ihm sind landesweit viele Straßen benannt. Für die Bewohner Nha Trangs entwickelte er ein Taifun-Frühwarnsystem; auf seine Initiative hin wurde zudem der Luftkurort Da Lat gegründet. Sein einfaches Grab liegt auf einem Hügel beim Dorf Suoi Dau, ca. 20 km südlich von Nha Trang.

Im Institut ist ihm ein informatives **Museum** (Bảo Tàng Alexandre Yersin) mit Bibliothek und alten Forschungsgeräten gewidmet (10 Tran Phu, Di–Sa 7.30–11.30, 14–17 Uhr, 26 000 VND).

Kathedrale 6

Werktags ab 5.30 und ab 16.30 Uhr zu den Gottesdiensten

Die Stadt ist seit dem Jahr 1930 Sitz eines katholischen Bischofs, dessen düstergraue **Kathedrale** (Nhà Thờ Chánh Tòa Nha

Nha Trang

Sehenswert

1. Po Nagar
2. Fischerhafen
3. Cho Dam (Markt)
4. Stadtstrand
5. Pasteur-Institut
6. Kathedrale
7. Chua Long Son
8. Buddha-Statue
9. Museum des Ozeanografischen Instituts
10. Hon Chong

Übernachten

1. Evason Ana Mandara
2. Sunrise Nha Trang
3. Novotel Nha Trang
4. Nha Trang Lodge
5. Michelia Hotel
6. LeSimoLe Boutique Apartments
7. Carpe DM Hotel
8. White Lion 2 Hotel
9. Ha Tram Hotel
10. Truong Giang Hotel
11. Sofitel Vinpearl Resort & Spa
12. Six Senses Ninh Van Bay

Essen & Trinken

1. Good Morning Vietnam
2. Lanterns
3. Nha Trang Sailing Club
4. Four Seasons
5. Lighthouse
6. Louisiane Brewhouse
7. Ngò Rí Coriander
8. Omar's Indian Restaurant
9. Truc Linh
10. Yen Restaurant
11. Lac Canh

Einkaufen

1. Bambou Company
2. Long Thanh Studio & Gallery
3. XQ Arts and Crafts Centre
4. Nha Trang Center

Abends & Nachts

1. Skilight
2. The Wave Bar
3. Crazy Kim Bar
4. Eva Lounge

Aktiv

1. Coco Dive Center
2. Rainbow Divers
3. Nha Trang Blue Sea Travel
4. River Tours
5. 100! Egg Mud Bath
6. Thap Ba Hot Springs

Trang) auf einer Anhöhe unweit des Bahnhofs weithin zu sehen ist. Das neogotische Gotteshaus wurde 1933 eingeweiht und besitzt schöne Buntglasfenster. Auf der Zufahrt werden in kleinen Nischen die Urnen Verstorbener aufbewahrt.

Chua Long Son und Buddha-Statue

Vorbei am Bahnhof gelangt man über die Ausfallstraße Thai Nguyen zum wichtigsten buddhistischen Kloster von Nha Trang, der **Chùa Long Sơn** 7 (Pagode des Drachenberges). 1886 erbaut, wurde sie später immer wieder verändert, zuletzt 1975. Das Kloster ist Sitz einer bedeutenden Schule für Mönche und Nonnen. Im Inneren der Haupthalle sind Wandbilder mit Szenen aus dem Leben Buddhas zu sehen. An vielen Stellen sind Marmortafeln mit Weisheitssprüchen aus der Schrift »Dhammapada« angebracht.

Auf der rechten Seite des Hauptgebäudes führen 152 Stufen auf den Trai-Thuy-Hügel mit einem weithin sichtbaren, auf einem Lotosthron sitzenden **Buddha** 8 (Kim Thân Phật Tổ). Am Sockel der 14 m hohen, weißen Betonfigur sind von Flammen eingerahmte Porträts von Mönchen und Nonnen zu sehen. Sie hatten sich aus Protest gegen die Buddhistenverfolgung unter dem Präsidenten Diem verbrannt. An mehreren Seiten der im Jahr 1967 errichteten Statue befinden sich Mauern mit Nischen für die Urnen Verstorbener.

Südlich des Zentrums

Cityplan: links

Museum des Ozeanografischen Instituts 9

1 Cau Da, tgl. außer feiertags 6–18 Uhr, 30 000 VND

Südlich des Stadtstrandes befindet sich in unmittelbarer Nähe zum Hafen das sehenswerte **Museum des Ozeanografischen Instituts** (Bảo Tàng Hải Dương Học). In den Räumen und Aquarien der 1922 eröffne-

Nha Trang

ten Forschungsstation erhalten Besucher einen guten Einblick in die Unterwasserwelt. Zu der Sammlung von mittlerweile über 20 000 Arten zählt das 1994 gefundene, 10 t schwere Skelett eines Buckelwals.

Hon Chong 10

Cityplan: S. 319
Etwa 1,5 km nördlich von Po Nagar ragt die kleine Landzunge **Hon Chong** mit einer Gruppe Granitfelsen an der Spitze ins Meer hinein. Diese Felsen sind mit einer Liebesgeschichte verbunden: Es war einmal eine Fee, die nackt im Meer badete. Ein Riese beobachtete die Szene und verliebte sich in die Schönheit. Auch sie war ihm zugeneigt und die beiden wurden ein Paar – zum Ärgernis der Götter, die den Giganten mit aller Macht vertrieben. Nach vergeblichem Warten auf ihren Geliebten verwandelte sich die Fee aus Gram in Stein und wurde zum **Núi Cô Tiên** (Feenberg). Der Riese kehrte zurück, hinterließ einen Handabdruck im Felsen und versteinerte vor Trauer ebenfalls. Der **Hon-Chong-Strand** im Anschluss an die Landzunge ist zwar nicht so schön wie der Stadtstrand, dafür aber ruhiger.

Meeresschutzgebiet Hon Mun

Cityplan: S. 319
In der Bucht von Nha Trang liegen mehre Inseln verstreut, die sich in dem tiefblauen Wasser wie grüne Jadeperlen abheben. Seit 2001 sind neun von ihnen zum 150 km² großen **Meeresschutzgebiet Hon Mun** (Khu Bảo Tồn Biển Hòn Mun) zusammengefasst worden, um die bedrohte Flora und Fauna zu schützen. Dynamitfischerei und der zunehmende Tourismus haben die Artenvielfalt bereits empfindlich gestört. Teile der Korallen und Riffe sind erheblich geschädigt. Diese Probleme hindern finanzkräftige Investoren nicht daran, touristische Großprojekte aus dem Boden zu stampfen wie etwa auf der Insel Hon Tre, die über eine Seilbahn vom Festland aus zu erreichen ist.

Eine **Bootsfahrt durch die Bucht** zählt zu den beliebtesten Unternehmungen in Nha Trang. Vor der Anlegestelle Cau Da im Süden der Stadt liegt eine ganze Armada von Touristenbooten.

Hon Mieu

In Festlandnähe liegt die lang gezogene Insel **Hòn Miễu** (auch Hòn Trí Nguyên genannt) mit einem sehr touristischen Fischerdorf an der Südseite und einer Fischfarm an der Nordostseite. Dort kann man auch ein sehenswertes **Aquarium** in Form eines Piratenschiffs besuchen. In größeren Wasserbecken sind Meeresschildkröten zu sehen, in vielen kleinen Becken und Aquarien die ganze Vielfalt der tropischen Unterwasserwelt, von Seepferdchen bis zu Papageienfischen (tgl. 9–17 Uhr, 20 000 VND).

Hon Tre

Die Bambusinsel, **Hòn Tre**, ist mit Abstand das größte Eiland in der Bucht und auch das touristischste. Mit dem Festland ist es über Fährboote und eine 3320 m lange Seilbahn verbunden. Auf Hon Tre liegt das gewaltige **Vinpearl Nha Trang Resort.** Für Familien lohnt sich ein Besuch im **Vinpearl Amusement Park** mit Spielplatz, Underwater World, Shopping Mall und Restaurants (So–Do 9.30–21, Fr, Sa 9.30–22 Uhr, 600 000 VND inkl. Seilbahn oder Boottransfer). Dort bietet der **Vinpearl Water Park** zahlreiche Wassersportmöglichkeiten (im Gesamtticket enthalten, Informationen unter Tel. 058 359 06 11, www.nhatrang.vinpearlland.com).

Weitere Inseln

Die Insel **Hon Tam** liegt etwas östlich von Hon Mieu und verfügt über einen kleinen Strand und ein bescheidenes Resort. Wer gerne schnorchelt, kann die südöstlich von Hon Tre gelegene Ebenholzinsel, **Hon Mun,** und die kleine Insel **Hon Mot** gleich daneben ansteuern.

Adressen

Infos

Khanh Hoa Tourism: Hotel Vien Dong, 1 Tran Hung Dao, Tel. 058 352 81 00, www.nhatrangtourist.com.vn. Die halbstaatliche Agentur organisiert Bootstouren und Ausflüge. An der Tran Phu und der Biet Thu sind viele kleine **Reisebüros** angesiedelt.

Übernachten

Als Touristenhochburg verfügt Nha Trang über eine große Auswahl an Unterkünften jeder Preisklasse. Zahlreiche Minihotels mit gutem Preis-Leistungs-Verhältnis finden sich vor allem im südlichen Teil der Uferstraße Tran Phu.

… im Stadtzentrum:

Wellness-Resort – **Evason Ana Mandara** **1** : s. Tipp S. 322.

Edelhotel – **Sunrise Nha Trang** **2** : 12–14 Tran Phu, Tel. 058 382 09 99, www.sunrisenhatrang.com.vn. Ein riesiger Hotelbau mit 125 luxuriösen Zimmern und Suiten, die meisten davon besitzen Meerblick. Japanisches, vietnamesisches und internationales Restaurant. Großer Pool und gutes Spa. DZ/F ab 125 US-$, Suiten/F ab 145 US-$.

Schickes Firstclass-Hotel – **Novotel Nha Trang** **3** : 50 Tran Phu, Tel. 058 625 69 00, www.novotelnhatrang.com. Fast alle der 154 stilsicher eingerichteten, teilweise etwas kleinen Zimmer bieten Meerblick. Winziger Pool, insgesamt recht unterkühlte, metropolitane Atmosphäre. Guter Service. DZ/F ab 95 US-$.

Solides Stadthotel – **Nha Trang Lodge** **4** : 42 Tran Phu, Tel. 058 352 15 00, www.nhatranglodge.com. Zentral gelegenes und komfortables Vier-Sterne-Hotel mit 125 Zimmern, meist mit Meerblick. Restaurant und netter Pool. Beliebte Pho-24-Filiale und Disco im Kellergeschoss. DZ 77–154 US-$.

Für Familien – **Michelia Hotel** **5** : 4 Pasteur, Ecke Le Loi, Tel. 058 382 08 20, www.michelia.vn. Anfang des 20. Jh. als 13-Zimmer-Gästehaus eröffnet, heute ein Viersternehotel mit 213 Betten samt eigenem Hotelstrand auf der anderen Straßenseite. Die Küche ist eher aufs asiatische und russische Publikum abgestimmt. Ein kleiner, 25 m langer Pool und der Kids Club machen es zu einer guten Adresse für Familien. Nichts für Ruhesuchende. Spa vorhanden. DZ/F ab 70 US-$.

Wohnliche Apartments – **LeSimoLe Boutique Apartments** **6** : 120/35 Nguyen Thein Thuat, Tel. 058 352 37 87, www.boutiqueapartmentsnhatrang.com. Mit Apartments in unterschiedlichen Größen, alle individuell und stilvoll ausgestattet und teils mit Balkon, ist das Apartmenthotel eine gute Option für Familien und Gruppen. Es liegt zentral, allerdings in recht lauter Umgebung. DZ ohne Frühstück ab 40 US-$.

Unaufgeregt funktional – **Carpe DM Hotel** **7** : 120/62 Nguyen Thien Thuat, Tel. 058 352 78 68, www.carpedmhotel.com. 16 geräumige Zimmer mit Bad und Balkon und entsprechend überschaubar, zehn Gehminuten vom Strand in einer ruhigen Seitenstraße gelegen. Das freundliche Personal hilft beim Arrangieren von Ausflügen oder Mopeds. DZ ohne Frühstück ab 21 US-$.

Einfach, aber mit Stil – **White Lion 2 Hotel** **8** : 4 A Biet Thu, Tel. 058 352 42 86. Die geschmackvolle Einrichtung hebt dieses Haus mit 21 Zimmern von vielen Minihotels ab. Nicht weit vom Strandboulevard, nettes **Café.** DZ ohne Frühstück 14–35 US-$.

Handtuchschmales Gästehaus – **Ha Tram Hotel** **9** : 64 B/5 Tran Phu, Tel. 058 352 18 19, www.hatramhotel.weebly.com. Das Gästehaus liegt in einem Viertel mit mehreren Dutzend Budgetgästehäusern, die alle ziemlich ähnlich aussehen: handtuchschmal mit vielen Stockwerken. Die 15 Zimmer sind funktional, verfügen nur zum Teil über einen Balkon, sind aber recht sauber. DZ ohne Frühstück 10–14 US-$.

Gut und günstig – **Truong Giang Hotel** **10** : 3/8 Tran Quang Khai, Tel. 058 352 21 25, www.truongganghotel.hostel.com. Das vierstöckige Gästehaus verfügt über 18 Zimmer mit kleiner Nasszelle (teilweise ohne Fenster), ist auch optisch ansprechend und für den Preis eine gute Wahl. Von Gästen gelobt wird der hilfsbereite Service. Moped- und Fahrradverleih. DZ ohne Frühstück ab 10 US-$.

WELLNESSOASEN AM MEER

Vietnam ist zu einer populären Adresse für Wellnessurlauber geworden. Kaum ein Hotel oder Resort, das nicht mit einem Spa wirbt (der bekannte belgische Kurort hat dieser Art von Wellnesszentren den Namen gegeben). Auch einige renommierte Hotelgruppen haben Häuser eröffnet. Zu den bekanntesten asiatischen Unternehmen gehört Six Senses, das in Nha Trang zwei Resorts und eines auf dem Inselarchipel Con Dau im Südchinesischen Meer führt. Weitere Wellnessspezialisten mit internationalem Renommee sind Anantara (www.anantara.com) und AVANI (www.avanihotels.com) mit schönen Resorts in Hoi An und Mui Ne bzw. bei Qui Nhon.
Evason Ana Mandara **:** 42 Tran Phu, Tel. 058 352 22 22, www.sixsenses.com. Das Resort liegt direkt am Strand und bietet gediegenen Komfort auf einem 2,6 ha großen Gelände. Die Gäste wohnen in 17 Villen mit 74 stillvollen Zimmern. Achtung: Bei den hinteren Villen kann der Straßenlärm nerven. Vielfältiges Spa-Programm, gute Küche und großer Pool. DZ ohne Frühstück ab 237 US-$.
Six Senses Ninh Van Bay 12 **:** auf der Halbinsel Hon Heo in der Ninh-Van-Bucht, Tel. 058 352 42 68, www.sixsenses.com. Das Edel-Resort liegt nordöstlich von Nha Trang auf einer isolierten Halbinsel und ist nur per Boot erreichbar. Die 58 Villen in fünf Kategorien bieten Luxus pur einschließlich eigenem Pool. Für das Open-Air-Spa in grüner Umgebung und die stimmungsvollen Essensspots, darunter Dining by the Bay, muss man tief in die Tasche greifen. Villa ohne Frühstück ab 600 US-$.

Stilvolles Wellnessresort: das Evason Ana Mandara

... auf der Insel Hon Tre:
Weitläufiger Mega-Komplex – **Sofitel Vinpearl Resort & Spa** 11 **:** Tel. 058 359 81 88, www.vinpearlland.com. Ein gewaltiger Fünf-Sterne-Komplex auf Hon Tre, nur zehn Bootsminuten vom Festland. Die meisten der 485 geräumigen Zimmer und Suiten haben Meerblick. Auf dem Gelände verteilen sich ein riesiger Pool, mehrere Restaurants und Bars. Mit seinen vielfältigen Freizeitmöglichkeiten von Jetski bis Wandern ist es das Richtige für Aktive. DZ/F ab 174 US-$.

... auf der Halbinsel Hon Heo (nur mit dem Boot zu erreichen):
Einsamer Luxus – **Six Senses Ninh Van Bay** 12 **:** s. Tipp links.

Essen & Trinken

Am **Hauptstrand** und an der Travellermeile **Biet Thu** gibt es eine große Auswahl an Restaurants. Seafood wird hier in Hülle und Fülle serviert. Eine lokale Spezialität ist *nem Ninh Hòa*, eine nach dem nördlich von Nha Trang gelegenen Ort Ninh Hoa benannte Variante von Frühlingsrollen.

Italien goes Vietnam – **Good Morning Vietnam** 1 **:** 19 B Biet Thu, Tel. 058 352 20 71, www.goodmorningviet.com, tgl. 8.30–23 Uhr. Die beliebte Restaurantfiliale hat eine gute Auswahl an italienischen Gerichten. Auf der oberen Terrasse kann man bei Cocktails und Musik entspannt verdauen. Pizzas um 100 000 VND.

Vietnamesisch – **Lanterns** 2 **:** 34/6 Nguyen Thien Thuat, Tel. 058 247 16 74, www.lanternsvietnam.com, tgl. 7–23 Uhr. Eine gute Adresse für solide vietnamesische Küche, die man auch im Rahmen eines Kochkurses kennenlernen kann. Breites Angebot, zu empfehlen ist *cá kho tộ*, Fisch in Karamellsoße. Gerichte ab 100 000 VND.

Eine Location, drei Restaurants – **Nha Trang Sailing Club** 3 **:** 72–74 Tran Phu, Tel. 058 352 46 28, www.sailingclubnhatrang.com, tgl. 7.30–3 Uhr. Ein kulinarisches Highlight in Nha Trang. Gleich drei Restaurants verteilen sich in dem beliebten Club direkt am Strand, das **Sandals**, **Ganesh** und **Sen**. Die gehobenen Preise sind bei dem guten Service und tollen Ambiente gerechtfertigt. Zu später Stunde gibt es Disco- oder Livemusik. Gerichte ab 100 000 VND.

Seafood am Meer – **Four Seasons** 4 **:** 40 Tran Phu, Tel. 058 382 52 29, tgl. 7–23 Uhr. Zur Meeresbrise kann man sich in diesem Gartenrestaurant direkt am Strand die Fischgerichte munden lassen. Guter Stopp auch für einen Drink. Gerichte ab 50 000 VND.

Kulinarisches aus dem Ozean – **Lighthouse** 5 **:** 3 Pham Van Dong, Tel. 09 69 50 10 00, www.restaurant-lighthouse.com, tgl. 10–22 Uhr. Das Strandrestaurant 7 km nördlich von Nha Trang bietet gute Seafoodgerichte und eine entspannte Atmosphäre. Gerichte ab 50 000 VND.

Internationale Küche – **Louisiana Brewhouse** 6 **:** 29 Tran Phu, Tel. 058 352 19 48, tgl. 8–1 Uhr. Beliebtes Open-Air-Restaurant mit Bar und Pool direkt am Strand. Ein wirkliches Highlight sind die guten Backwaren, ansonsten werden schmackhafte vietnamesische und europäische Speisen aufgetischt. Es gibt regelmäßig Livemusik. Gerichte ab 50 000 VND.

Gute Thai-Küche – **Ngò Rí Coriander** 7 **:** 6 Nguyen Trung Truc, Tel. 09 79 69 17 46, tgl. 10–21.30 Uhr. Dank diverser Currys, einfacher Reis-Nudel-Gerichte und Suppen kommt hier jeder auf seine Kosten. Wer's scharf will, sollte nachfragen. Nicht verkehrt sind auch die Süßspeisen. Ab 50 000 VND.

Nordindische Spezialitäten – **Omar's Indian Restaurant** 8 **:** 89 B Nguyen Thien Thuat, Tel. 058 222 16 15, tgl. 10–22 Uhr. Das etablierte Lokal serviert vorzügliche nordindische Speisen. Sehr lecker sind die Tandooris und Massalas. Gerichte ab 50 000 VND.

Leckere Meeresfrüchte – **Truc Linh** 9 **:** 21 Biet Thu, tgl. 11–15, 17–23 Uhr. Die Meeresgerichte sind zur Auswahl auf Eis gelegt und werden wunschgemäß frisch zubereitet. Eine der besten Adressen für Seafood. Bescheidenere Ableger des Lokals befinden sich in der 11 Biet Thu und 80 Hung Vuong. Gerichte ab 50 000 VND.

Vietnamesisch gut – **Yen Restaurant** 10 **:** 3/3 Tran Quang Khai, neben dem Ha Van

Nha Trang

Hotel, tgl. 7–22 Uhr. In nettem Ambiente bietet das Familienlokal leckere vietnamesische Gerichte, darunter Fleisch oder Fisch im Ton- *(món tộ)* oder Feuertopf *(lẩu)*. Ab 50 000 VND.

Leckeres vom Grill – **Lac Canh** 11 : 44 Nguyen Binh Khiem, tgl. 11–23 Uhr. Das schlichte Lokal in der Nähe des Marktes ist eine kulinarische Institution und serviert bereits seit 1965 vorzügliche Grillgerichte ab 30 000 VND.

Einkaufen

Nha Trang ist nicht der beste Ort für den Souvenirkauf. Alltagsdinge können im Stadtmarkt **Cho Dam** 3 (tgl. 6–19 Uhr) besorgt werden.

Kleider und Accessoires – **Bambou Company** 1 : 15 Biet Thu, www.bamboucompany.com, tgl. 8–22 Uhr. Tolle Boutiquen mit Qualitätskleidung und Accessoires aus Eigenproduktion, darunter sehr schön bedruckte T-Shirts und Kleider im China-Look.

Schwarz-Weiß-Fotografien – **Long Thanh Studio & Gallery** 2 : 126 Hoang Van Thu, Tel. 058 382 48 75, www.longthanhart.com, tgl. 8–17.30 Uhr. In seinem Heimstudio zeigt Vietnams bekanntester Fotograf Long Thanh tolle Schwarz-Weiß-Bilder. Sie sind eindrückliche Porträts seines Heimatlandes und mehr wert als 1000 Souvenirs.

Hochwertige Handarbeiten – **XQ Arts and Crafts Centre** 3 : 64 Tran Phu. Tel. 058 352 65 79, tgl. 8–21 Uhr. Große Verkaufsausstellung von gestickten Bildern.

Shoppingmall – **Nha Trang Center** 4 : 20 Tran Phu, Ecke Ly Tu Trong, www.nhatrangcenter.com, tgl. 9–22 Uhr. Modernes Einkaufszentrum am Strandboulevard mit 100 Läden, Supermarkt und Kino. Im Food Court gibt es Restaurants für jeden Geschmack.

Abends & Nachts

Nha Trang sei Vietnams Metropole der Beach Partys, wird gern gesagt. Das mag etwas übertrieben sein, doch bietet der Ort tatsächlich ein recht lebendiges Nachtleben. Es gibt gemütliche Kneipen mit Fassbierausschank, moderne Bars und ein paar Hoteldiskotheken.

Gute Diskotheken – In der **Nha Trang Lodge** 4 ; sehr opulent im **Vinpearl Amusement Park** auf Hon Tre (s. S. 320).

Bar überm (Häuser-)Meer – **Skilight** 1 , Best Western Premier Havana, 38 Tran Phu, Tel. 058 352 89 88, www.skylightnhatrang.com, tgl. 8–14, 16.30–24 Uhr. Auf dem Hoteldach geht abends bei DJ-Musik und teuren Drinks die Post ab. Ein Getränk ist im Eintritt (50 000–150 000 VND) inbegriffen. Dresscode: sportlich-leger.

Lounge und Lunch – **Lunar Rooftop Bar & Grill** 4 : 4th Floor, Nha Trang Center, 20 Tran Phu, Tel. 058 625 86 16, www.lunarbar.vn, tgl. 7–1 Uhr. Von früh bis spät ist hier etwas los. Ein entspannter Ort, um den Tag ausklingen zu lassen und bei einem Drink den Meerblick zu genießen.

Billard und Bier – **The Wave Bar** 2 : 126 Nguyen Thien Thuat, Ecke Tran Quang Khai, Tel. 058 352 30 21, tgl. 10–24 Uhr. Gute Musik, freundliche Bedienung, Billard und relativ günstige Getränke sind schon seit Jahren die Erfolgsformel dieser Bar.

Für junge Wilde – **Crazy Kim Bar** 3 : 19 Biet Thu, tgl. 12–24 Uhr. Je später der Abend, desto besser die Stimmung. Gute Musik und viele Cocktails bringen die Leute zusammen und lassen sie gerne auch etwas länger verweilen.

Drinnen & draußen – **Eva Lounge** 4 : Sheraton Hotel, 26–28 Tran Phu, Tel. 058 351 11 24, tgl. 10–22 Uhr. Die Geldbörse sollte gut gefüllt sein, denn die Drinks sind teuer. Dafür üppig-mondäne Sitzgelegenheiten im Außenbereich und (laute) Loungemusik, zu der zuweilen auch getanzt wird.

Ziemlich angesagt – **Nha Trang Sailing Club** 3 : 72–74 Tran Phu, tgl. 7.30–3 Uhr. Einer der beliebtesten Spots für Partygänger. Regelmäßig Strandpartys und Livemusik, oft auch DJs zu Gast.

Aktiv

Tauchen – **Coco Dive Center** 1 , **Rainbow Divers** 2 und **Sailing Club Divers** 3 s. Tipp rechts.

Bootstouren – Eine Bootstour auf dem **Song Cai** führt ins schöne Hinterland von

Adressen

Nha Trang. Unterwegs kann man eine Werft besuchen und ein altes Kaufmannshaus besichtigen. Die Tour ist, wie auch die Bootsfahrten durch die Bucht, über lokale Veranstalter buchbar: **Nha Trang Blue Sea Travel** 3, 15b1/38 Le Hong Phong, Tel. 058 360 19 96, www.nhatrangbluseatravel.com; **River Tours** 4, 72 Dong Da, Tel. 058 351 14 37, www.rivertours.com.vn.

Schlammbäder – **100! Egg Mud Bath** 5: Nguyen Tat Thanh, Tel. 058 371 17 33, www.tambuntramtrung.vn. Das Schlammbad mit diversen Becken und Pools bringt Spaß für die ganze Familie. 300 000 VND/Pers.
Thap Ba Hot Springs 6: 15 Ngoc Son, Ngoc Hiep, Tel. 058 383 53 45, www.thapbahotspring.com.vn. Wellness-Spaß mit Mineralwasserquellen, Schlammbecken und von kundigem Personal durchgeführten Massagen. Ab 300 000 VND.

Verkehr

Flugzeug: Der Flughafen **Nha Trang/Cam Ranh** liegt 37 km südlich der Stadt. Die 45-minütige Fahrt kostet mit dem Minibus 65 000 VND (Abfahrt: 86 Tran Phu); mit dem Taxi muss man etwa 250 000 VND berappen. Die drei Airlines fliegen mehrmals täglich nach Ho-Chi-Minh-Stadt, Da Nang und Hanoi. **Vietnam Airlines:** 91 Nguyen Thien Thuat, Tel. 058 352 67 68; **Jetstar:** 61 Nguyen Thi Minh Khai, Tel. 058 351 67 28; **Viet Jet Air:** 16 Pasteur, Tel. 058 626 16 16.

Bahn: Der **Ga Nha Trang** an der Thai Nguyen, Tel. 058 382 21 13, wird von allen 6 Zügen des Wiedervereinigungsexpresses angesteuert. Die Fahrt ins 514 km entfernte Da Nang dauert 9–11 Std., in die 450 km entfernte Ho-Chi-Minh-Stadt mind. 7 Std. Komfortable Waggons von Golden Express werden an die Züge SNT1/2 und SPT1/2 von/nach Ho-Chi-Minh-Stadt gehängt.

Bus: Der **Bến Xe Nha Trang,** ca. 2 km westl. des Strandboulevards Tran Phu an der Ausfallstraße 23 Thang 10, ist Ausgangspunkt für Busse nach Buon Ma Thuot (207 km, 4 Std.), Da Lat (211 km, 5 Std.), Phan Thiet (250 km, 6 Std.), Ho-Chi-Minh-Stadt (450 km, 10 Std.) und Da Nang (514 km, 12 Std.). Alle Open-Tour-Busse machen auch in Nha Trang Halt. Von hier gibt es Direktverbindungen nach Da Lat, Ho-Chi-Minh-Stadt (über Phan Thiet/Mui Ne) und Hoi An.

Taxi: Khanh Hoa Taxi, Tel. 058 381 08 10; Mai Linh Taxi, Tel. 058 381 78 17; Nha Trang Airport Taxi, Tel. 09 35 03 77 89.

Boot nach Hon Tre: Highspeed Boat tgl. alle 30 Min., Fahrzeit 30 Min., einfach 40 000 VND. Bootstaxi tgl. 8–22 Uhr, Fahrzeit 15 Min., 130 000 VND/Pers. für einfache Fahrt mit mindestens 4 Personen.

Kabinenseilbahn nach Hon Tre: knapp zehnminütige Fahrt von der Anlegestelle Phu Quy, tgl. 8–22 Uhr, 60 000 VND hin und zurück.

TAUCHEN

Die Bucht von Nha Trang zählt zu den populärsten Spots für Tauchgänge in Vietnam. Besonders um die Inseln Hon Mun und Hon Mot ist die Unterwasserwelt fantastisch. Zu sehen gibt es u. a. haarige Anglerfische, einschüchternde Riesenmuränen, urtümliche Skorpionfische, gepunktete Mandarinfische und mit etwas Glück auch Meeresschildkröten. Saison ist von März bis Anfang Oktober, in den anderen Monaten ist das Wasser meist aufgewühlt. Die Preise für einen Tauchgang beginnen bei 50 US-$. Zu den etablierten Veranstaltern zählen: **Coco Dive Center** 1, 116 Nguyen Thien Thuat, Tel. 091 346 23 00, www.cocodivevietnam.com; **Rainbow Divers** 2, 19 Biet Thu, Tel. 090 878 17 56, www.divevietnam.com; **Sailing Club Divers** 3, 72–74 Tran Phu, Tel. 058 352 27 88, www.sailingclubdivers.com. Alle bieten auch Tauchkurse an.

Noch gibt es den Netze flickenden Fischer in Nha Trang, bald wird auch er aus dem immer stärker ausufernden Seebad verschwunden sein

Entlang der Küste nach Ho-Chi-Minh-Stadt

Eine abwechslungsreiche Landschaft prägt die 450 km lange Fahrt auf der Nationalstraße 1 A bis in die südvietnamesische Metropole. Sie führt durch Savannenlandschaften ebenso wie fruchtbare Ebenen. Ein Stück Sahara kann man an der Sanddüne von Mui Ne erleben. Dort liegt auch Vietnams populärster Strand.

Cam-Ranh-Bucht
▶ Q/R 27

Etwa 35 km südlich von Nha Trang beginnt die berühmte Bucht von **Cam Ranh.** Von geschwungenen Landzungen wie ein C eingeschlossen, ist sie vom offenen Meer geschützt und daher ein hervorragender Naturhafen. Das erkannte auch die US-amerikanische Marine, die dort von 1964 bis 1973 einen großen Flottenstützpunkt unterhielt. Von 1980 bis 1989 wiederum hatte hier die sowjetische Marine ihre südostasiatische Hauptbasis.

Bei der Fahrt entlang der Küste fallen riesige Becken zur Gewinnung von Meersalz auf. Die Region zählt mit nur 700 mm Niederschlag im Jahr zu den trockensten von Vietnam.

Hoa Lai ▶ Q 28

14 km vor Phan Rang erhebt sich auf der linken Straßenseite eines der ältesten erhalten gebliebenen Cham-Heiligtümer, das im 8./9. Jh. gestiftete **Hòa Lai.** Von den einst drei Kalan fiel der mittlere dem Ersten Indochinakrieg zum Opfer. Am relativ gut erhaltenen Nord-Kalan sind die wunderbar fein gearbeiteten Verzierungen zu sehen. Während florale Muster die Fassade schmücken, dienen Garudas mit ausgebreiteten Flügeln als Stützen des Dachgesims. Das schmucklose Innere zeugt von der hervorragenden Verarbeitung des Ziegelsteins (Eintritt frei).

Phan Rang-Thap Cham
▶ Q 28

Phan Rang, 105 km südlich von Nha Trang, war das Zentrum des Cham-Reiches Panduranga. Als letzte Enklave der Cham bestand es nach dem Fall von Vijaya im Jahr 1471 noch fort, geriet aber immer mehr in die Abhängigkeit der Nguyen-Fürsten. 1832 schließlich verschwand es völlig, nachdem der Minh-Mang-Herrscher seine Macht zentralisierte. Noch heute gibt es in der Umgebung Cham-Gemeinden, darunter das Dorf **Tuan Tu,** etwa 5 km südwestlich der Stadt. Deren vorwiegend muslimische Bewohner pflegen weitgehend noch ihre Traditionen. Ihren Kopf bedecken sie mit einem kunstvoll gebundenen Turban und bevorzugen Wickelröcke anstelle von Hosen (auch die Männer).

In Phan Rang zweigt von der N 1 A die landschaftlich äußerst attraktive Nationalstraße 27 nach Westen ab und verläuft bis ins 108 km entfernte Da Lat. Mit dem Nachbarort **Do Vinh** bildet Phan Rang heute die Doppelstadt **Phan Rang-Thap Cham** (ca. 150 000 Einwohner). In der Landwirtschaft gewinnt der Anbau von Weinbau zunehmend Bedeutung, ansonsten lockt 7 km nordöstlich der Stadt der sichelförmige **Ninh-Chu-Strand** mit feinem Sand und netten Resorts.

Po Klong Garai
Tgl. 7–17 Uhr, 15 000 VND

Die Stadt Tháp Chăm (Cham-Turm) verdankt ihren Namen dem bedeutenden Heiligtum **Po Klong Garai,** das im Südwesten auf dem Đồi Trầu (Betelnuss-Hügel) thront. Das Sanktuarium präsentiert sich seit einer umfassenden Restaurierung durch polnische Experten in den 1980er-Jahren in gutem Zustand. Hier lässt sich die klassische Anordnung eines Cham-Heiligtums gut erkennen. Auf einer Ost-West-Achse liegen hintereinander der Eingangspavillon, die Vorhalle und der Kalan sowie seitlich versetzt ein länglicher Bau mit geschwungenem Dach zur Aufbewahrung der Zeremonialgegenstände. Den Giebel über dem Eingang in den 20,5 m hohen **Kalan** ziert eine Darstellung des tanzenden Shiva. Dessen Reittier, der Bulle Nandi, kniet im Eingangsbereich. Augenmerk im Inneren ist ein Lingam aus dem 15./16. Jh., der das Antlitz eines bärtigen Mannes zeigt. Die Cham erblicken darin ihren Herrscher (= Po) Klong Garai. Möglicherweise handelt es sich um das Porträt des Stifterkönigs Jaya Simhavarman III. (reg. ca. 1287–1307), dessen Inschrift in die Sandsteinrahmen des Eingangs eingearbeitet ist.

Die Gesamtwirkung der Gebäude ist eher grob, die Außenfassaden sind recht schmucklos. An vielen Stellen des Kalan sind Flammen aus Sandstein zu erkennen. Zudem schmücken menschliche Gestalten mit gefalteten Händen im Lotossitz die Nischen über den Scheintüren und dem konisch geformten Dach. Auf der unteren Ebene des Po Klong Garai bietet eine große **Ausstellungshalle** viel Wissenswertes zum Heiligtum.

Po Ro Me
Tgl. 7–17 Uhr, Eintritt frei

Das Heiligtum **Po Ro Me** liegt etwa 15 km südlich von Phan Rang und ist über eine Seitenstraße zu erreichen, die von der N 1 A zum

Der klassische Aufbau und der ausgezeichnete Zustand machen Po Klong Garai zu einem sehr besuchenswerten Cham-Heiligtum

Entlang der Küste nach Ho-Chi-Minh-Stadt

8 km weiter westlich gelegenen Dorf Hau Sanh führt. Benannt nach dem Cham-Herrscher Po Ro Me (reg. 1629–1651), ist bei dem gedrungen wirkenden Turm der Niedergang der Cham-Kultur unübersehbar. Der **Kalan** wurde im 17. Jh. auf einem Hügel erbaut. Durch die lotosknospenförmigen Aufsätze an den Ecken des dreiteiligen Daches wirkt der Bau sehr unharmonisch. Auf einem Relief im Inneren wird der König mit Kopfbedeckung und mehreren Armen als Shiva verehrt. Ihm zur Seite steht eine Sandsteinfigur seiner Zweitfrau, Po Bia Sancan. Zum Gedenken an seinen Tod – als Gefangener der Vietnamesen beging er Suizid – steht seitlich des Kalan eine Stele. Die erste Königin, Po Bia Sucih, ist außerhalb des Kalan als Statue verewigt.

Übernachten
… in Phan Rang:
Familiäres Minihotel – **Anh Xuan:** 246 Ngo Gia Tu, Tel. 068 383 13 51. Typisches vietnamesisches Minihotel mit nur acht klimatisierten Zimmern mit Bad, gefliesten Böden und garagenartiger Lobby. Hilfsbereiter Service. Essen muss man auswärts. DZ ohne Frühstück ab 15 US-$.
… am Ninh Chu Beach:
Große Zimmer – **Aniise Villa Resort:** Yen Ninh, Tel. 068 625 18 67, www.aniisevillaresort.com. Gut geführtes Strandresort mit 100 geschmackvollen und geräumigen Zimmern und Bungalows. DZ/F ab 50 US-$.
Stilvolle Architektur – **Bau Truc Resort:** Tel. 068 387 40 47, www.bautrucresort.com. Das sympathische Resort direkt am Strand hat Elemente der Cham-Architektur übernommen. Die 52 Zimmer sind hübsch eingerichtet, wenn auch etwas klein. Schöner Pool und Tennisplätze. Im Restaurant wird gutes Seafood serviert. DZ/F 45–135 US-$.
In Strandnähe – **Minh Duc Guest House:** 24 A An Duong Vuong, Tel. 068 387 54 77, 09 77 37 17 37, nhanghiminhduc.nt@gmail.com. Sympathisches Budgethotel in Strandnähe mit 13 Zimmern, teils mit Balkon, teils fensterlos. Der Eigentümer ist freundlich und hilfsbereit. DZ ohne Frühstück 10–15 US-$.

Termine
Kate-Fest: Alljährlich am ersten Tag des siebten Monats ihres Kalenders, meist Ende Sept./Anfang Okt., feiern die Cham mit Prozessionen das Fest des Herrschers Po Klong Garai.

Verkehr
Bahn: 5 x tgl. halten Züge im **Ga Thap Cham,** etwa 7 km nordwestlich der Stadt. Die Fahrt ins 105 km entfernte Nha Trang dauert 1,5 Std., in die 350 km entfernte Ho-Chi-Minh-Stadt etwa 7 Std. An die Züge SNT 1/2 und SPT 1/2 zwischen Ho-Chi-Minh-Stadt und Nha Trang werden die komfortablen Waggons von Golden Express angehängt.
Bus: Der **Bến Xe Phan Rang,** etwa 1 km nördlich des Stadtzentrums, ist mehrmals täglich Halt für Busse nach Nha Trang (1,5 Std.), Da Lat (108 km, 3–4 Std.), Phan Thiet (146 km, 3 Std.) und Ho-Chi-Minh-Stadt (350 km, 8 Std.). Die meisten Open-Tour-Busse aus Nha Trang legen am Po Klong Garai einen Besichtigungsstopp ein.

Ca Na ▶ Q 29

Auf der Weiterfahrt bieten sich immer wieder schöne Ausblicke auf das türkisfarbene Meer. Manche Küstenabschnitte muten schon fast wie eine Bucht auf den Malediven an, wie etwa 32 km südlich von Phan Rang der gleißend weiße Sandstrand **Cà Ná.** Er eignet sich als Pausen- oder gar Übernachtungsstopp.

Wer Zeit hat, kann auch eine Runde schnorcheln, denn die Bucht vor Ca Na ist ein beliebter Taucher-Spot. Hier wurde aufgrund der artenreichen Unterwasserwelt das 125 km² große **Meeresschutzgebiet Hon Cau-Vinh Hao** eingerichtet. Wenige Kilometer weiter gibt es noch einige attraktive Buchten mit schönen Sanddünen. Im Einzugsgebiet von Phan Thiet mehren sich die Felder mit den ursprünglich aus Mexiko stammenden roten Drachenfrüchten, die in Vietnam in keinem Obstkorb fehlen dürfen.

Übernachten

Gut für eine Nacht – Hon Co Ca Na Resort: Nationalstr. 1 A, Tel. 068 376 09 98, 376 09 99, www.honcocana.com. Direkt am felsigen und nicht sehr sauberen Strand gelegen und auf einheimische Touristen eingestellt, ist das Resort eine solide Übernachtungsoption für Durchreisende. Es gibt 50 Standardzimmer und Strandbungalows sowie ein offenes Restaurant. DZ/F ab 35 US-$

Unterkunft am Strand – Ca Na Hotel: Phuoc Diem, Tel. 068 386 13 20. Sehr abgewohntes Resort mit 22 Zimmern in Bungalows direkt am Ca-Na-Strand. Das Restaurant ist populär als Mittagessensstopp. DZ ohne Frühstück um 15 US-$.

Verkehr

Bus: Entlang der nahen Nationalstraße 1 A verkehren zahlreiche Busse in beide Richtungen. Eine Weiterfahrt ist daher völlig problemlos.

Phan Thiet ▶ O 30

Für Touristen ist **Phan Thiet** vor allem mit Sonne, Sand und Meer verbunden. Der nahe Strand von Mui Ne ist Vietnams Topadresse für Badeurlaub. Den genussfreudigen Vietnamesen hingegen läuft beim Gedanken an die Hafenstadt das Wasser im Munde zusammen. Phan Thiet ist nämlich zum Synonym für die leckere Fischsoße *nước mắm* geworden. Jährlich werden etwa 17 Mio. l von dieser wie Cognac schimmernden Flüssigkeit produziert.

Neben dem Tourismus zählt der Fischfang zur wichtigsten Einkommensquelle der gut 100 000 Einwohner. Die Stadt verfügt über eine der größten Fischfangflotten im Süden Vietnams. So ankert im Mündungsbereich des Ca-Ty-Flusses eine ganze Armada von **Fischkuttern.** Eine gute Perspektive auf die bunt bemalten Boote bietet sich von der Tran-Hung-Dao-Brücke aus. Ansonsten kann die Hauptstadt der Provinz Binh Tuan mit keinen nennenswerten Sehenswürdigkeiten aufwarten.

Wer über strenge Gerüche erhaben ist, sollte den allmorgendlichen **Fischmarkt** am Hafenkai besuchen. Das laute Feilschen und Tratschen ist ein Spektakel und die Fische in allen Größen ein Spannender Anblick.

Dinh Van Thuy Tu

54 Ngu Ong, tgl. 7–18 Uhr, 10 000 VND

Wie in anderen südlichen Küstenorten verehren auch in Phat Thiet die Fischer verendete Wale als Schutzgottheit (Cá Ông) und errichteten dafür 1762 den **Đình Vạn Thủy Tú.** Mittlerweile befinden sich im Gemeindehaus an der Ngu Ong über 100 Walskelette, darunter die Reste eines 22 m langen Finnwals. Der 65 t schwere Koloss wurde 1890 tot geborgen und drei Jahre später im Tempel ausgestellt. Seitdem gilt er als »Großvater des Südmeeres«, Ông Nam Hải.

Ho-Chi-Minh-Erinnerungsstätten

Museum: 39 Trung Nhi, Di–Fr 7–12, 14–17 Uhr, 10 000 VND

In Phan Thiet gibt es zudem eine weitere Erinnerungsstätte des allseits präsenten Ho Chi Minh zu besichtigen. Bevor der Revolutionär 1911 das Land verließ, wirkte er ein Jahr lang als Lehrer der **Duc-Thanh-Schule.** Sie liegt in der Trung Nhi direkt am Flussufer. Diese Reformschule verstand sich als Alternative zum kolonialen Schulsystem. Ho Chi Minh unterrichtete neben Chinesisch und Vietnamesisch auch traditionelle Kampfkunst. 1980 wurde das Gebäude wieder im einstigen Zustand rekonstruiert (nur von außen).

Das benachbarte **Ho-Chi-Minh-Museum** (Bảo Tàng Hồ Chí Minh) zeigt die üblichen Foto- und Textdokumentationen über Leben und Werk des Landesvaters.

Po Shanu (Phu Hai)

Tgl. 7–17 Uhr, 10 000 VND

Auf einem Hügel 7 km nordöstlich von Phan Thiet erheben sich die weithin sichtbaren Cham-Türme von **Po Shanu** (auch Po Sah Inu und Tháp Phú Hài). Sie stammen aus dem 8. Jh. und sind die südlichsten noch erhaltenen Relikte der Cham, die bis 1692 in der Region ihr letztes eigenständiges Reich besaßen.

Entlang der Küste nach Ho-Chi-Minh-Stadt

Das Heiligtum ist nach Po Shanu, der mythologischen Tochter von Yang Po Inu Nagar (s. Nha Trang S. 315), benannt. Im größten der drei Türme wird heute ein Lingam zu Ehren Shivas verehrt. Nördlicher und südlicher Turm bestechen durch schöne Rundsäulen am östlichen Eingang und an den drei Scheintüren.

Strand von Tien Thanh und Leuchtturm von Ke Ga

Im Süden der Hafenstadt erstreckt sich über knapp 30 km der baumlose Strand von **Tiến Thành**. Sanddünen und schroffe Felsrücken formen eine ganz urtümliche Landschaft und laden zu einsamen Strandspaziergängen ein (genügend Wasser- und Sonnenschutz mitnehmen!). Beim Baden sollte man auf die teils gefährlichen Unterströmungen achten. Das Ende des nur von wenigen Unterkünften gesäumten Strandes markiert auf einer kleinen Insel vor der Küste der **Leuchtturm von Ke Ga.** Im Jahr 1897 von den Franzosen erbaut, ist er Vietnams ältester und mit 54 m auch höchster Leuchtturm. Wer sich die 184 Stufen hinaufmüht, wird durch eine schöne Aussicht belohnt. Boote zur Insel können an der Küste gechartert werden.

Naturschutzgebiet Ta Ku

Ein schönes Ausflugsziel für Naturfreunde ist das fast 120 km² große Naturschutzgebiet von **Ta Ku.** Es erstreckt sich 26 km südlich von Phan Thiet rund um eine Erhebung von fast 700 m ü. d. M. und reicht bis an die Küste. Hauptattraktion ist neben dem schönen Wald ein 49 m langer und 10 m hoher **liegender Buddha** (Tượng Phật Nằm). Die 1965 nach einjähriger Bauzeit eingeweihte Figur liegt auf etwa 400 m Höhe und gehört zu einer buddhistischen Pagode, die der Einsiedlermönch Thich Ta Huu Duc 1861 gegründet hatte. Von der Ebene führt eine Seilbahn bis zum Kloster (hin und zurück 160 000 VND inkl. Eintritt von 30 000 VND).

Übernachten

In der Stadt Phan Thiet übernachtet kaum ein Tourist, denn im nahen Mui Ne und in der weiteren Umgebung locken weit über 100 Hotels und Resorts für jeden Geschmack und in jeder Preisklasse.

Sport und Luxus – **Ocean Dunes Resort:** 1 Ton Duc Thang, Tel. 062 382 23 93, www.oceandunesresort.com.vn. Das beliebte, etwas klotzige Resort erstreckt sich am Strandabschnitt östlich von Phan Thiet und bietet in einem länglichen Bau 123 komfortable Zimmer und Suiten. Mehrere Restaurants und Bars sorgen für das leibliche Wohl. Großer Pool und viele Sportmöglichkeiten. DZ ab 80 US-$.

... an der idyllischen Bucht von Ke Ga (ca. 20 km südwestlich von Phan Thiet):

Stilvolle Ruheoase – **Princess d'Annam Resort & Spa:** Hon Lan, Tan Thanh, Tel. 062 368 22 22, www.princessannam.com. Luxusresort mit 57 großen Villen. Das große Spa, Fine Dining und die privaten Pools lassen keine Langeweile aufkommen. Viele Ausflugsangebote. Villa/F ab 154 US-$.

Verkehr

Bahn: Zwischen dem **Ga Phan Thiết** und Ho-Chi-Minh-Stadt (187 km) gibt es nur 2 x tgl. einen Direktzug. Der **Ga Bình Thuận,** Tel. 062 382 11 61, liegt 16 km westl. der Stadt. Er ist 4 x tgl. Halt der Wiedervereinigungszüge zwischen Ho-Chi-Minh-Stadt und Hanoi. Es halten die Züge SNT 1/2 und SPT 1/2, die zwischen Ho-Chi-Minh-Stadt und Nha Trang die komfortablen Waggons von Golden Express mit sich führen.

Bus: Vom **Bến Xe Phan Thiết** an der Tu Van Tu, 2 km nördlich des Stadtzentrums, starten Direktbusse nach Ho-Chi-Minh-Stadt (200 km, 4–5 Std.) und Nha Trang (250 km, 5–6 Std.).

Mui Ne ▶ O 30

Als 1995 ein deutsch-französisches Ehepaar das Coco Beach Resort eröffnete, wurde es ziemlich belächelt. Das verschlafene **Mũi Né** (Geschützte Halbinsel) eine Stranddestination? Dies fragten nicht nur Skeptiker. Heute konzentrieren sich an dem 22 km langen Küstenstreifen östlich von Phan Thiet unzählige Hotels und Resorts in allen Preisklassen. Und ein Ende des Baubooms ist nicht abzusehen.

Mui Ne

Schattentheater mit lebenden Darstellern: Sonnenuntergang bei Mui Ne

Mũi Né ist mittlerweile auch zum beliebten Urlaubsziel bei Einheimischen geworden. Mit dem Zug oder dem Pkw ist man von Ho-Chi-Minh-Stadt aus in nur vier Stunden am Strand. Bei gerade mal 1000 mm Niederschlag im Jahr und einer Durchschnittstemperatur von 27 °C ist selbst in der Regenzeit zwischen Mai und Oktober eine unbeschwerte Ferienzeit möglich. Nur die Südwestwinde können dann zu hohen Wellen und gefährlichen Unterströmen führen. Dies wiederum freut die Wind- und Kitesurfer (Drachensurfer).

Weiße und Rote Sanddünen

Wer nicht nur am schmalen Strand liegen möchte, kann auch eine der faszinierendsten Landschaften dieser Küstenregion besuchen: die Sanddünen von Mui Ne. Sie erheben sich wie eine Fata Morgana aus der weiten Ebene. Die **Weißen Sanddünen** liegen etwa 25 km nordöstlich von Mui Ne und erstrecken sich vom lang gezogenen Weißen See (Bàu Trắng) bis zum Meer. Etwas näher sind die **Roten Sanddünen,** die östlich des Fischerdorfes Mui Ne beginnen und bis zur Ostküste reichen. Im Morgenlicht erstrahlen sie feuerrot und sind ein populärer Hintergrund für Fotoshootings.

Rote Schlucht

Unweit der Roten Sanddünen kann man zur nicht mehr zugänglichen, aber sehr fotogenen **Roten Schlucht** (Bồng Lai Tiên Cảnh) mit bizarren Sand- und Steinformationen spazieren. Da der Sand tagsüber sehr heiß wird und sowieso morgens (und abends) das beste Licht herrscht, sollte man für den Besuch zeitig aufbrechen.

Infos

Café Mui Ne: 241 Nguyen Dinh Chieu. Fungiert als gute Infobörse (viele Broschüren). Leckere Säfte und Kaffees.
Infos im Internet: www.muinebeach.net.

Übernachten

... am Strand von Mui Ne:

Die meisten Hotels reihen sich entlang der Strandstraße Nguyen Dinh Chieu. Manche Adressen folgen auch der Kilometerangabe, die von Phan Thiet aus berechnet wird.

Entlang der Küste nach Ho-Chi-Minh-Stadt

Stilvolle Bungalowanlage – **Victoria Phan Thiet Beach Resort:** Km 9, Tel. 062 381 30 00, www.victoriahotels.asia. 57 geräumige Bungalows inmitten einer 9 ha großen, tropischen Gartenlandschaft. Gutes Restaurant und empfehlenswertes Victoria Spa. Der schöne Strand ist allerdings wegen der Felsen im Wasser zum Baden weniger geeignet. DZ/F ab 190 US-$.

Der Vorreiter – **Coco Beach Resort:** 58 Nguyen Dinh Chieu, Tel. 062 384 71 11, www.cocobeach.net. Dieses Resort hat Mui Ne erstmals auf die touristische Landkarte geholt. Der einstige Vorreiter im Strandtourismus ist nach wie vor mit seinen weitläufig verteilten Holzbungalows ein Klassiker und häufig ausgebucht. Die insgesamt 34 Zimmer garantieren eine beschauliche Atmosphäre. Schöner großer Pool und nette Strandbar. DZ/F ab 169 US-$.

Mit traditionellem Touch – **Cham Villas:** 32 Nguyen Dinh Chieu, Tel. 062 374 12 34, www.chamvillas.com. Das tolle Boutiqueresort liegt an einem der schönsten Strandabschnitte von Mui Ne und umfasst 18 luxuriöse Bungalows. Großer Tropengarten mit Swimmingpool und gemütlichem offenen Restaurant. Sehr empfehlenswert. DZ/F ab 155–185 US-$.

Lauschig und familiär – **Sunsea Resort:** 50 Nguyen Dinh Chieu, Tel. 062 384 77 00, www.sunsearesort-muine.com. Das gepflegte Boutiqueresort mit nur 15 Zimmern ist das Richtige für Ruhesuchende. Schönes Interieur in den Zimmern, großer Pool. Empfehlenswert. DZ/F ab 113 US-$.

Bungalows und tropischer Garten – **Mia Resort Mui Ne:** 24 Nguyen Dinh Chieu, Tel. 062 384 74 40, www.miamuine.com. Die 30 dezent gestalteten Zimmer und Bungalows sind über eine schöne Gartenanlage verteilt. Restaurant, Bar und Pool liegen zusammen und bieten Meerblick. Guter Service und viele Wassersportangebote von Kite- bis Windsurfen. DZ/F ab 110 US-$.

Stilvoll auch der Service – **Grace Boutique Resort:** 144 A Nguyen Dinh Chieu, Tel. 062 374 33 57, www.graceboutiqueresort.com. Zwar ist der Strandabschnitt nicht schön, die 15 Zimmer im zweigeschossigen Bau bestechen jedoch durch viel Geschmack. Auch der detailverliebte Service kommt gut an. DZ/F ab 100 US-$.

Beliebt bei Pauschaltouristen – **Phu Hai Resort:** Km 8, Tel. 062 381 27 99, www.phuhairesort.com. Weitläufige Anlage mit 44 Zimmern und 38 Villen. Das Resort ist Vertragspartner vieler deutscher Reiseveranstalter. Schöner tropischer Garten, großer Pool mit Wasserfall sowie Tennisplätze und Massage. DZ/F ab 95 US-$.

Bauhaus-Design – **Shades Resort:** 98 A Nguyen Dinh Chieu, Tel. 062 374 32 36, www.shadesmuine.com. Mit sieben Apartments und vier Studios für Familien geeignet. Der Service ist gut, die Ausstattung nüchtern, aber freundlich gestaltet. Guter Pool. DZ/F ab 80–140 US-$.

Surfer-Treff – **Full Moon Beach:** 84–90 Nguyen Dinh Chieu, Tel. 062 384 70 08, www.fullmoonbeach.com.vn. In diesem Resort mit viel Flair trifft sich die Surfergemeinde aus aller Welt. 27 Zimmer mit unterschiedlichen Standards. Schöne strohgedeckte Bungalows am Strand und großer Pool. Da sehr beliebt, oft ausgebucht. DZ/F ab 75 US-$.

Gute Budget-Option – **Xin Chào Hotel:** 129 Nguyen Dinh Chieu, Tel. 062 374 30 86, www.xinchaohotel.com. Das sympathische Minihotel mit 20 großen, sauberen Zimmern, kleinem Pool und Spa liegt auf der nördlichen Straßenseite nur fünf Gehminuten vom Strand. Freundlicher Service. DZ ab 35 US-$.

Nette Familienbleibe – **Hung Phuc Mui Ne:** 55 Huynh Thuc Khang, Tel. 062 384 74 52, www.hungphuchotel.com. Modern-funktionales Gebäude unweit des ›Fairy Stream‹; 16 klimatisierte Zimmer mit Bad, die groß und hell sind, aber etwas steril wirken. Zum Strand sind es 50 m. DZ/F ab 30 US-$.

Familiär und ruhig – **Mui Ne Hills:** 69 Nguyen Dinh Chieu, Tel. 062 374 17 07, www.muinehills.com. Drei Unterkünfte (Budget, Villa, Bliss) mit je eigenem Pool liegen 50 m voneinander entfernt auf einer Erhöhung, 15 Gehminuten von Sanddünen und Strand. Die unterschiedlichen Zimmer sind schön gestaltet und geräumig. Guter Service. DZ/F 25–90 US-$.

Mui Ne

... am Hon Rom und Suoi Nuoc Beach:

Komfort auf 10 Hektar – **Pandanus Resort:** Hon Rom, Tel. 062 384 98 49, www.pandanusresort.com. Große Luxusanlage nahe den Sanddünen mit 134 Zimmern in Bungalows und mehrstöckigen Gebäuden. Der große Pool, die Restaurants und Bars sind auf Pauschaltouristen eingestellt. Shuttle-Service nach Phan Thiet. DZ/F 125–310 US-$.

Hideaway – **Full Moon Village:** Suoi Nuoc, Tel. 062 383 60 99, www.fullmoon-village.com. 18 im alten Stil erbaute Villen mit je zwei bis drei Zimmern, zusammen oder zimmerweise mietbar. Großer Pool, schöner Standabschnitt. DZ/F ab 88 US-$.

Kitesurfer-Treff – **Mui Ne Village Resort:** Suoi Nuoc, Tel. 09 07 67 64 59, 09 02 79 99 89, www.muinevillageresort.com. Das Resort ist nicht mehr das neueste, doch die 69 hellen, wenn auch recht funktionalen Zimmer und Bungalows in diversen Kategorien sind gepflegt. Besonders beliebt ist das Resort bei der Kitesurfer-Gemeinde, die sich auch gern zum Dinner um den gemeinsamen Tisch versammelt. Alternativ zum windigen, leider nicht sehr sauberen Strand gibt es einen Pool. Mit dem öffentlichen Bus Nr. 1 ist man auch gut angebunden. DZ/F ab 50 US-$.

Essen & Trinken

Fisch und Meeresfrüchte – Es lohnt sich, auch mal einen kulinarischen Ausflug jenseits der eigenen Unterkunft zu unternehmen, auch wenn das Essen stark auf den touristischen Geschmack ausgerichtet ist. Hervorragende Hotelküche bieten z. B. das **Coco Beach Resort,** das **Mia Resort** und das **Anantara Mui Ne Resort & Spa.** Diverse einfache **Seafoodlokale** *(quán bờ kè)* mit guten und recht günstigen vietnamesischen Gerichten verteilen sich entlang der Nguyen Dinh Chieu, u. a. bei Nr. 79 gegenüber dem Sunsea Resort und bei Nr. 99 gegenüber dem Coco Beach Resort. Da viele dieser Lokale illegal operieren, ist die Fluktuation sehr hoch.

Tolles Design, tolle Strandlage – **Sankara:** 78 Nguyen Dinh Chieu, Tel. 062 374 11 22, tgl. 10–1 Uhr. Ziemlich cooles Design, ein Pool und die Lage am Beach machen Sankara zu einer beliebten Adresse für einen (teuren) Drink. Aber auch die Speisekarte mit einer asiatisch-westlichen Fusionsküche kann sich sehen lassen. Gerichte ab 100 000 VND.

Kulinarisches Kaleidoskop – **Forest:** 67 Nguyen Dinh Chieu, Tel. 062 384 75 89, tgl. 10–15, 18–23 Uhr. Die Vielfalt vietnamesischer Gerichte, darunter Seafood und Gegrilltes, sowie ein schönes Ambiente machen das Gartenrestaurant zu einer beliebten Adresse. Regelmäßig Tanzaufführungen. Ab 60 000 VND.

Barbecue und Cocktails – **Hill Smoked Restaurant:** 69/5 Nguyen Dinh Chieu, Tel. 090 689 98 42, tgl. 7.30–23 Uhr. Liegt etwas versteckt in einer Seitenstraße. Kulinarisch kein Highlight – man kommt hierher, um Burger und Barbecue zu verzehren, bei einem Cocktail der Musik zu lauschen und die Füße in den Sand zu stecken. Gerichte ab 60 000 VND.

Surfer-Treff – **Jibe's Beach Club:** 90 Nguyen Dinh Chieu, Tel. 062 384 74 05, www.windsurf-vietnam.com, tgl. 8–23 Uhr. Nettes Lokal mit Bar, das sich bei den Surfern großer Beliebtheit erfreut. Sattmachende Gerichte, wenn auch keine kulinarischen Höhenflüge. Gerichte ab 60 000 VND.

Traveller-Treff – **Lam Tong Restaurant:** am Strand neben dem Jibe's Beach Club, tgl. 10–22 Uhr. Die Fleisch- und Fischgerichte vom Grill sind nicht zu verachten. Zuweilen bleibt einem beim Beobachten der Kitesurfer der Bissen im Hals stecken. An manchen Wochenenden werden Beachpartys organisiert. Gerichte ab 60 000 VND.

Solide Kochkunst – **Quan An Lap Thao:** 239 Nguyen Dinh Chieu, tgl. 10–22 Uhr. Der Familienbetrieb liegt gegenüber dem Dynasty Resort und tischt leckere, für Mui Ne relativ günstige vietnamesische Gerichte auf. Auch hier steht gegrilltes oder gedünstetes Seafood im Vordergrund. Zum Verdauen kann man sich einen Reissschnaps, Nếp Hà Nội gönnen. Ab 60 000 VND.

Indische Leckereien – **Ganesh Indian:** 57 Nguyen Dinh Chieu, Tel. 062 74 13 30, tgl. 11.30–22.30 Uhr. Auf zwei Etagen entsendet das Lokal kulinarische Grüße vom südasiati-

Entlang der Küste nach Ho-Chi-Minh-Stadt

schen Subkontinent. Der Tandoori-Ofen ist Gold wert. Gerichte ab 50 000 VND.

Gute Adresse für Döner – **Sindbad:** 233 Nguyen Dinh Chieu, tgl. 9–22 Uhr. Der Orientale in Mui Ne mit gutem Döner und anderen kulinarischen Varianten des Nahen Ostens. Atmosphärisch eher bescheiden und nicht supersauber, dafür preislich günstig. Döner bereits ab 50 000 VND.

Abends & Nachts

Beachpartys und Chillen – Von Nachtleben kann man in Mui Ne nicht unbedingt sprechen. Beliebte Orte zum Abhängen sind die **Sandals Bar** im Mia Resort und der **Dany's Pub** im Coco Beach Resort. Im russisch geführten **Chillout Café,** 155 Nguyen Dinh Chieu, herrscht je nach Publikum ausgelassene Partystimmung. Sowohl der **Jibe's Beach Club** als auch das **Lam Tong Restaurant** (s. S. 335) organisieren regelmäßig Beachpartys.

Entspannte Lebensart – **Joe's Café & Garden Resort:** 86 Nguyen Dinh Chieu, tgl. 8–24 Uhr. Bequeme Sitze zum Abhängen, gute Gerichte und leckerer Kaffee ergeben eine gute Mischung für einen entspannten Abend. Regelmäßig Livemusik.

Angesagte Strandbar – **Pogo Beach Bar & Grill:** 138 Nguyen Dinh Chieu, Tel. 09 38 01 84 14, tgl. 8.30–1.30 Uhr. Gute Musik – abends oft von DJs oder Livebands –, leckere Cocktails und diverse Drinks lassen bei solider Küche gute Stimmung aufkommen.

Fischer auf dem Lotossee vor den imponierenden Sanddünen von Mui Ne

Aktiv

Strände – Der **Hon Rom Beach** erstreckt sich östlich der Roten Sanddünen und verläuft in Richtung Norden. Die dortigen Resorts sind vor allem bei Einheimischen beliebt. Allerdings ist das Wasser aufgrund der starken Unterströmungen für Schwimmer weniger geeignet. Die Hotels schützen ihre Anlagen durch große Wellen- und Windbrecher vor der Erosion. Im Norden schließt sich der über 20 km lange, recht einsame **Suoi Nuoc Beach.** Man kann ihn zusammen mit den Weißen Sanddünen (s. S. 333) besuchen.

Wind- und Kitesurfen – Die Brandung vor Mui Ne zieht zwischen Oktober und Mai viele Surfer an. Kurse und Ausrüstung gibt es bei **Wind Chimes** im Saigon Mui Ne Resort, 56 Nguyen Dinh Chieu, Tel. 09 09 72 00 17, www.kiteboarding-vietnam.com, beim **Jibe's Beach Club** (s. S. 335) und beim **C2Sky Kite Center** (www.c2skykitecenter.com) im **Seahorse Resort & Spa,** 16 Nguyen Dinh Chieu.

Golf – **Sea Links Golf & Country Club**, Km 9, Nguyen Thong, Tel. 08 39 30 40 83, www.sealinkscity.com. 2008 etabliert, einer der anspruchsvollsten Golfplätze des Landes.

Verkehr

Nächste **Bus-** und **Bahnstation** ist Phan Thiet. Die zwischen Nha Trang und Ho-Chi-Minh-Stadt verkehrenden Open-Tour-Busse halten auch in Mui Ne. Nähere Infos erteilen die Unterkünfte oder Reisebüros an der Nguyen Dinh Chieu.

Von Kon Tum nach Buon Ma Thuot

Bis Anfang der 1990er-Jahre waren weite Teile des Zentralen Hochlands für Touristen gesperrt. Auch heute noch wird die Region von den meisten links liegen gelassen. Dabei zeigt sie durchaus ihre Reize. Es locken fruchtbare Hochebenen und sanfte Hügel. Zudem kann man in den Dörfern das Leben der Volksgruppen kennenlernen.

Zentrales Hochland

Das Zentrale Hochland ist ein touristischer Nachzügler. Jahrzehntelang verschlossen, öffnet es sich nur langsam dem Fremdenverkehr. In der Vergangenheit war das im Schnitt 500 bis 700 m hoch gelegene Plateau vorwiegend von Angehörigen der ethnischen Minderheiten bewohnt. Hier leben Zweidrittel der 54 anerkannten Volksgruppen. Doch seit Kriegsende und verstärkt infolge der wirtschaftlichen Liberalisierung ziehen immer mehr ethnische Viets nach **Tây Nguyên**, dem »Westlichen Hochland«, wie die knapp 55 000 km² große Region offiziell heißt. Der mineralhaltige Boden und das ganzjährig milde Klima sind hervorragende Voraussetzungen für die Landwirtschaft. Sie lassen zahlreiche Obst- und Gemüsesorten gedeihen. Auch Kautschukplantagen sind vielerorts zu finden. Vor allem aber ist das Hochland zum Synonym für Kaffee geworden, dessen Anbaufläche sich allein in der Provinz Dak Lak seit 1990 verfünffacht hat.

Das Hochland hat jedoch auch mit sozialen Verwerfungen zu kämpfen, von denen besonders die Minderheiten betroffen sind. Sie fühlen sich von den Viets immer stärker an den Rand gedrängt. Streitigkeiten um Landrechte, Diskriminierungen im Alltag, korrupte Behörden bis hin zur Unterdrückung christlicher Gemeinden führen regelmäßig zu Protestaktionen. Zuweilen kann es daher zu örtlich begrenzten Reisebeschränkungen kommen. Es empfiehlt sich, vor Ort Informationen einzuholen.

Eine äußerst reizvolle Fahrt folgt der gut ausgebauten Nationalstraße 14 von Kon Tum über Plei Ku nach Buon Ma Thuot. Die Gesamtstrecke beträgt 250 km. Wer von der Küste kommt, kann in Binh Dinh bei Qui Nhon in die Nationalstraße 19 einbiegen und über Plei Ku nach Kon Tum weiterfahren. Als Rückweg bietet sich die Nationalstraße 26 an, die von Buon Ma Thuot nach Ninh Hoa nördlich von Nha Trang führt.

Kon Tum ▶ N/O 22

Die 50 km nördlich von Plei Ku gelegene Stadt **Kon Tum** mit heute über 150 000 Einwohnern ist eine Gründung der Franzosen. Zuvor gab es in dem Gebiet um den Dak-Bla-Fluss nur Dörfer verschiedener Minderheiten. 1841 tauchten die ersten katholischen Missionare auf. Zwei Jahrzehnte später brachten französische Armee-Einheiten die Region im Zuge der Kolonialisierung unter ihre Kontrolle. Sie gründeten Kon Tum 1867 als Verwaltungs- und Militärstützpunkt, der von dem katholischen Pater Jules Vialleton geleitet wurde. Den Ortsnamen übernahmen sie von der Sprache der Bahnar: kon = Dorf, tum = Wasserteich. Als Basis für missionarische Aktivitäten wurde Kon Tum immer wichtiger. Neben den Katholiken waren ab 1911 auch evangelikale Mitglieder der nordamerikanischen Christian and Missionary Alliance (CMA) aktiv. Heute ist etwa ein Viertel der Bevölkerung christlich.

Kon Tum

Kirchen

Zu sehen gibt es im 525 m hoch gelegenen Kon Tum nicht viel. Ein Blick lohnt sich allemal in die neogotische **Tan-Huong-Kirche** (Nhà Thờ Tân Hương) an der Ecke Tran Phu/Nguyen Hue und der etwas weiter östlich liegenden **Holzkirche** aus dem Jahr 1913. Als Material für die prächtige Konstruktion wurden Stämme des *Shorea obtusa* (viet.: *ca chit*), eines heute selten gewordenen Tropenholzes verwendet. Der auf zahlreichen Stämmen ruhende Kirchenbau geht auf die Initiative des Priesters M. Joseph Decrouille zurück. Beide Gotteshäuser sind jeweils zu den Messen geöffnet. Auf dem Gelände befindet sich auch das von Nonnen geleitete **Vin-Son-Waisenhaus** (Tổ Ấm Vinh Sơn) für Kinde aus armen Familien. Besucher sind ebenso willkommen wie großzügige Spenden (www.friendsofvso.org).

Priesterseminar

Mo–Fr 8–11, 14–16 Uhr, Eintritt frei

Das im Jahr 1930 eröffnete katholische **Priesterseminar** (Chùng Viện Thừa Sai) an der 56 Tran Hung Dao ist eine Perle kolonialer Architektur. Im Inneren birgt es ein kleines **Museum,** das sich der Kunst der ethnischen Minderheiten widmet. Zu sehen sind Web- und Flechtarbeiten sowie interessante Schnitzereien. Das Museum steht Besuchern offen, man muss sich aber an der Pforte des Seminars anmelden.

Minderheitendörfer in der Umgebung

›Hauptattraktion‹ der mit 440 000 Menschen (= 45 pro km^2) sehr dünn besiedelten Kon-Tum-Provinz sind die Dörfer von Minderheiten. Am östlichen Stadtrand liegen zwei Siedlungen der Bahnar: **Kon Tum Konam** und **Kon Tum Hopong** mit einem stattlichen Gemeindehaus (Nhà Rông). Man kann sie bequem zu Fuß erreichen. 5 km weiter östlich liegt das Dorf **Kon Kotu** mit einem ebenfalls prächtigen Nha Rong. Etwa 20 km westlich von Kon Tum liegen in der Nähe des **Ya-Ly-Sees** einige sehenswerte Dörfer der Jarai, darunter Plei Xa, Plei Weh und Plei Bua. Noch einige Kilometer weiter erstreckt sich entlang der laotischen Grenze der 568 km^2 große **Chu-Mom-Ray-Nationalpark** (▶ N 21/22), benannt nach der mit 1773 m höchsten Erhebung.

Infos

Kon Tum Tourist: 2 Phan Dinh Phung, Tel. 060 386 16 26. Filiale im Dakbla Hotel. Arrangiert Wandertouren und Ausflüge zu den Dörfern der Minderheiten.

Übernachten

Mächtiger Kasten – **Indochine Hotel:** 30 Bach Dang, Tel. 060 386 33 34, www.indochinehotel.vn. Ein gesichtsloser Kasten mit 63 großen funktionalen Zimmern. Beliebt bei einheimischen Touristen. Swimmingpool vorhanden. DZ/F ab 35 US-$.

Geräumige Zimmer – **Thinh Vuong Hotel:** 16 B Nguyen Trai, Tel. 060 391 47 29. Das gut geführte und daher recht beliebte Minihotel liegt in einer ruhigen Seitenstraße. Die Zimmer mit Steinboden sind einfach, aber sauber und geräumig. DZ ab 20 US-$.

Netter Garten – **Kon Klor Hotel:** 155 Bac Kan, Tel. 060 386 15 55. Gut geführtes Gästehaus mit wohnlichen, mit traditionellem Dekor ausgestatteten Zimmern, nettem Garten und hilfsbereitem Personal. DZ ab 15 US-$.

Essen & Trinken

Kon Tums Perle – **Café Eva:** 1 Phan Chu Trinh (östl. Ende), Tel. 060 386 29 44, tgl. 6–23 Uhr. Das gemütliche Café mit Garten und urigem Holzhaus gehört dem Künstler An. Gutes Essen, leckerer Kaffee, nette Stimmung. Gerichte ab 40 000 VND.

Ethnoküche – **Ngoi Do 88:** 337 Phan Chu Trinh, Tel. 060 391 97 88, tgl. 7–22 Uhr. Man sitzt an langen Holztischen und lässt sich die lokalen Spezialitäten wie *bò lên mâm*, gegrilltes Rind mit diversen Beigaben, auf Bananenblättern servieren. Gerichte ab 40 000 VND.

Kräutersalat – **Goi La Ut Cung:** 45 Tran Cao Van, Tel. 060 391 24 32, tgl. 9–21 Uhr. Das Lokal ist bekannt für *gỏi lá Kon Tum*, einen Salat mit Blättern von Senf, Basilikum, Perilla oder Balsambirne und gekochtem Schweinefleisch. Gerichte ab 30 000 VND.

Von Kon Tum nach Buon Ma Thuot

Aktiv

Wandern – **Highland Eco Tours:** 41 Ho Tung Mau, Tel. 060 391 27 88, www.vietnamhighlands.com. Ein- und mehrtägige Wander- und Trekkingtouren in der Umgebung.

Verkehr

Nach Laos: Über den 80 km nordwestlich von Kon Tum gelegenen **Grenzübergang Bo Y** kann man nach Süd-Laos einreisen. 1 x tgl. fahren Direktbusse von Kon Tum nach Attapeu (180 km, 6–7 Std.) und von Plei Ku über Kon Tum nach Pakxe (430 km, 12 Std.).

Bus: Vom **Bến Xe Kon Tum,** etwa 3 km nördlich des Stadtzentrums, fahren mehrmals tgl. Busse u. a. nach Buon Ma Thuot (250 km, 6 Std.), Da Nang (280 km, 8 Std.), Qui Nhon (190 km, 5 Std.) und Plei Ku (50 km, 1,5 Std.) sowie 1 x tgl. frühmorgens nach Nha Trang (350 km, 7 Std.).

Plei Ku ▶ O 22

Über den 1200 m hohen Mang-Den-Pass verläuft die N 14 weiter nach **Plei Ku.** Wie ein Phönix aus der Asche erstand die 785 m hoch gelegene Siedlung *(plei)* im Nebel *(ku)* nach den verheerenden Zerstörungen des Vietnamkrieges fast komplett neu. Als Luftwaffenbasis war sie für die US-Luftwaffe von strategischer Bedeutung und wurde von nordvietnamesischen Armee-Einheiten regelmäßig angegriffen. Heute überrascht die Hauptstadt der Provinz Gia Lai zwar mit einem recht angenehmen Flair, breiten Straßen und modernen Häusern. Doch ist sie weit von dem entfernt, was ein populäres Lied des Schlagersängers Nguyen Cuong beschwört: »Plei Ku, du bist so schön und brichst mein Herz ...«

Sehenswertes in der Stadt

An Sehenswertem arm, dient sie in erster Linie als Ausgangspunkt für Ausflüge in die Umgebung. Hier gibt es einmal mehr ein **Ho-Chi-Minh-Museum** (Bảo Tàng Hồ Chí Minh) und das mäßig interessante **Provinzmuseum** (Bảo Tàng Tỉnh Gia Lai) mit Exponaten der Bahnar und Jarai (21 Tran Hung Dao, Di–So 8–11, 13.30–16.30 Uhr, 20 000 VND). Sehenswert ist dagegen die in den 1990er-Jahren entstandene **Chùa Minh Thành** (14 A Nguyen Viet Xuan), 2 km südlich des Zentrums.

Minderheitendörfer in der Umgebung

Plei Ku ist eine gute Basis für den Besuch von Dörfern der Minderheiten. Etwa 35 km östlich liegen eingebettet in eine schöne Mittelgebirgslandschaft die Bahnar-Siedlungen **Dek Tu, De Ron, De Doa** und **De Kop** (▶ P 22). Sie sind über die N 19 in Richtung Binh Dinh-Qui Nhon gut zu erreichen. Alle besitzen ansehnliche Gemeindehäuser.

Das Jarai-Dorf **Plei Phun** (▶ N 22) ist ein beliebter Touristenstopp und liegt ca. 16 km nördlich von Plei Ku. Hauptattraktion der Siedlung sind die Familiengräber mit den für die Jarai (Gia Rai) typischen Holzstatuen. Die grob geschnitzten Figuren sollen den Verstorbenen als Diener zur Verfügung stehen. Auf dem Weg zum Dorf Plei Phun bietet sich ein Halt beim fotogenen Vulkansee **Biển Hồ** (Meeresgewässer), auch T'nung oder Ea Nueng an, der als Trinkwasserreservoir von Plei Ku dient.

Infos

Gia Lai Tourist: 215 Hung Vuong, Tel. 059 387 45 71. Gibt Infos über die Umgebung und arrangiert Ausflüge, Wandertouren und Mietwagen. Für den Besuch mancher Dörfer der Minderheiten, darunter Plei Phun, ist ein Guide von Gia Lai Tourist vorgeschrieben.

Übernachten

Großer Hotelkasten – **Hoang Anh Gia Lai Hotel:** 1 Phu Dong, Tel. 059 371 84 59, www.haglhotelpleiku.vn. Das moderne Geschäftshotel mit 117 Zimmern ist derzeit die erste Wahl unter den Hotels. Es gibt Sauna, Massage und einen Tennisplatz. Von der **Bar 12 Terrace** kann man die Aussicht genießen, aber leider ist die abendliche Musik in vielen Räumen zu hören. DZ/F 60–180 US-$.

Feudale Lobby – **Elegant Hotel:** 64 Nguyen Tat Thanh, Tel. 059 371 77 99, eleganthotels1@gmail.com. Wuchtige Treppen führen zur schicken Lobby des schmalen Stadthotels. Die

In konfuzianischen Gesellschaften wird älteren Menschen besondere Hochachtung entgegengebracht

recht kleinen Zimmer wirken mit ihren Beigetönen wohnlich, besitzen aber zum Teil keine Fenster. Enger Essraum. DZ/F ab 20 US-$.

Helle Zimmer – **Hoang Ngoc:** 69 Tang Bat Ho, Tel. 059 382 15 69, www.hoangngocho tel.com. In den 37 Zimmern dominiert die Farbe Weiß, das Mobiliar ist modern und die nur durch eine Glaswand abgetrennten Bäder sind funktional. Das Restaurant mit Veranda befindet sich im Erdgeschoss. DZ ohne Frühstück ab 20 US-$.

Mit Billardbar – **Ngoc Se Hotel:** 2 Nguyen Tat Thanh, Tel. 059 626 68 88, www.ngocse hotel.com. Helle Zimmer mit Kachelböden, modernen Möbeln und teilweise Balkon in drei Kategorien verteilen sich in dem fünfstöckigen Stadthotel. Die Billardbar ist ein beliebter Jugendtreff. DZ/F ab 15 US-$.

Essen & Trinken

Mit Ausblick – **Thien Thanh:** Hem 22 Pham Van Dong, Tel. 059 382 70 11, tgl. 7–22 Uhr. Nördlich der Kreuzung mit der Le Loi. Das beliebte Restaurant liegt am Hang und eröffnet herrliche Ausblicke in die Umgebung. Gute vietnamesische Gerichte ab 60 000 VND.

Gute Wildgerichte – **Diep Chi:** 339 Phan Dinh Phung, Tel. 09 34 03 11 14, tgl. 11–22 Uhr. Eine empfehlenswerte Adresse für Seafood, Wildbret *(thịt nai)* oder Froschschenkel *(ếch)*. Gerichte ab 30 000 VND.

Einfach, aber oho – **My Tam 1 & 2:** 3 und 6 Quang Trung, tgl. 7–22 Uhr. Die beiden schlichten Lokale befinden sich in der Hand einer chinesischen Familie, die schmackhafte Gerichte auf den Tisch bringt. Besonders beliebt ist gebratenes Huhn mit Reis. Ab 30 000 VND.

Verkehr

Flugzeug: Der 5 km nordöstlich gelegene Flughafen wird jeweils 1 x tgl. von Da Nang, Hanoi und 3 x tgl. von Ho-Chi-Minh-Stadt angesteuert. **Vietnam Airlines:** 6 B Tang Bat Ho, Tel. 059 382 30 58.

Von Kon Tum nach Buon Ma Thuot

Bus: Vom **Bến Xe Đức Long,** knapp 2,5 km südöstlich des Zentrums, gibt es Verbindungen nach Kon Tum (50 km, 1,5 Std.), Buon Ma Thuot (203 km, 5 Std.) und Qui Nhon (163 km, 4 Std.). Thuan Hung, Tel. 059 371 57 85, fährt nach Ho-Chi-Minh-Stadt. Über die 75 km entfernte Grenze Le Thanh/O Yadao verkehrt 1 x tgl. ein Bus ins kambodschanische Banlung (150 km, 5 Std.) und über Kon Tum und den 130 km nördlich gelegenen Grenzort Bo Y ins südlaotische Pakxe (480 km, 14 Std.).

Buon Ma Thuot ▶ O 26

Was Bordeaux für den französischen Wein, ist **Buôn Ma Thuột** für den vietnamesischen Kaffee. Nachdem Jesuitenmissionare die schwarze Bohne in den 1870er-Jahren im Hochland heimisch machten, erlebte der Kaffeeanbau einen beispiellosen Aufstieg. Heute ist Vietnam nach Brasilien das weltweit führende Kaffee-Exportland. Etwa die Hälfte der gesamten Anbaufläche liegt in der Provinz Dak Lak, deren Verwaltungszentrum Buon Ma Thuot ist. Mit einer Durchschnittstemperatur von 26 °C, einer jährlichen Niederschlagsmenge von 2000 mm und fruchtbaren vulkanischen Böden herrschen in der zwischen 500 und 800 m hoch gelegenen Provinz hervorragende Bedingungen. Neben Kaffee wird auch Kautschuk und Tee angebaut. Von dem natürlichen Reichtum profitieren die heute etwa 340 000 Einwohner von Buon Ma Thuot.

Der Tourismus spielt bislang eine eher untergeordnete Rolle, denn die im Vietnamkrieg weitgehend zerstörte Stadt hat kaum Sehenswürdigkeiten zu bieten. Sehr martialisch wirkt das **Siegesdenkmal** im Herzen der Stadt. Mit Panzer und jubelnden Bronzefiguren erinnert es an die ›Befreiung‹ durch nordvietnamesische Truppen am 10. März 1975.

Völkerkundemuseum

12 Le Duan, Di–So 8–16 Uhr, 20 000 VND
Von den beiden Museen der Stadt ist vor allem das **Völkerkundemuseum** (Bảo Tàng Các Dân Tộc Việt Nam Tại Đắk Lắk) sehenswert. Der Eingang liegt in der kurzen Y Ngong. Das in ein 5 ha großes Gelände eingebettete Gebäude diente nach seiner Fertigstellung 1927 als Sitz des französischen *administrateur* und wurde nach mehreren Umbauten ab 1954 vom Bao-Dai-König für gelegentliche Empfänge genutzt. 2011 wurde ein Neubau eröffnet. Zu sehen sind Arbeitsgeräte und Trachten der Minderheiten sowie zahlreiche Fotodokumentationen.

Ede-Dorf Ako Dhong

Am nördlichen Stadtrand liegt das Ede-Dorf **Ako Dhong.** Es ist über die Ausfallstraße Phan Chu Trinh zu erreichen. 1956 von dem Dorfvorsteher Ama H'rin gegründet, sind dort typische Langhäuser zu besichtigen. Die matrilinear organisierten Ede leben vorwiegend vom Kaffeeanbau. Aufgrund der leichten Erreichbarkeit ist die Siedlung jedoch ziemlich touristisch.

Infos

Dak Lak Tourist: 53 Ly Thuong Kiet, Tel. 0500 385 22 46, www.daklaktourist.com.vn. **Dam San Tourist**: Damsan Hotel, 212–214 Nguyen Cong Tru, Tel. 0500 385 01 23. Beide Büros sind gute Informationsquellen, arrangieren Wandertouren, Tagesausflüge und Guides.

Übernachten

Toplage – **Saigon Ban Me Hotel:** 1–3 Phan Chu Trinh, Tel. 0500 368 56 66, www.saigonbanmehotel.com.vn. Das schicke Vier-Sterne-Hotel direkt am Siegesdenkmal verfügt über 131 geräumige Zimmer und Suiten, drei Restaurants, darunter das **Bazan 3** mit Panoramaaussicht im 15. Stock, sowie Bar, Pool und Massage. DZ/F ab 60 US-$.

Vornehmes Stadthotel – **Hai Ba Trung Hotel & Spa:** 8 Hai Ba Trung, Tel. 0500 389 99 99, www.hbthotel.vn. Eine gute Adresse im Stadtzentrum mit 139 modernen und stilvoll ausgestatteten Zimmern und Suiten, Pool auf dem Dach, Restaurants, Fitnessraum, Spa und einer leicht lauten Disco. DZ/F ab 55 US-$.

Guter Preis – **Damsan Hotel:** 212–214 Nguyen Cong Tru, Tel. 0500 385 12 34, www.damsanhotel.com.vn. Das freundliche Hotel mit 60 sauberen Zimmern liegt 1 km östlich des Zentrums und verfügt über Pool, Tennis und Businesscenter. Das Restaurant ist auch bei Einheimischen beliebt. DZ/F 35–65 US-$.

Travellertreff – **Ngoc Mai Hotel:** B14 Dien Bien Phu, Tel. 0500 385 34 06, ksngocmai@gmail.com. Das handtuchschmale, gut geführte Gästehaus besitzt 9 kleine, teils fensterlose Zimmer mit Bad, TV und Klimaanlage. Das Personal hilft mit Tipps für Ausflüge und Weiterreise. DZ ohne Frühstück ab 10 US-$.

Essen & Trinken

Schummrige Atmosphäre – **Fantasy Lounge:** 35 Ly Thuong Kiet, Tel. 0500 391 11 66, tgl. 18–24 Uhr. Man fläzt sich in den Sofas, trinkt Cocktails oder Wein, pickt an den Grillspießchen und Pommes und lauscht der Musik. Ein schönes Ambiente für den Abend. Gerichte ab 50 000 VND.

Dinner im Pavillon – **Hoang Kien Ban Me:** 203 Dinh Tien Hoang, Tel. 0500 381 47 42, tgl. 9–22.30 Uhr. In Pavillons am Rand eines Wasserbeckens wird solide vietnamesische Küche aufgetischt. Auch westliche Gerichte stehen auf der Speisekarte. Empfehlenswert sind die Fischgerichte ab 50 000 VND.

Feuertopf mit Rind – **Ca Te Quan:** 158 Le Thanh Tong, Tel. 09 35 55 19 05, tgl. 9–22 Uhr. Plastikstühle, einfache Tische und hektisches Treiben lassen keine Dinner-Stimmung aufkommen, aber der Feuertopf mit Rind *(bò nhúng me)* ist gut. Gerichte ab 30 000 VND.

Backwaren – **Hanoi Bakery:** 123–125 Le Hong Phong, tgl. 8–21 Uhr. Eine gute Auswahl an Backwaren und Sandwiches ab 10 000 VND.

Cafés – In der Hauptstadt der schwarzen Bohne gibt es eine Vielzahl von kleinen Cafés, vor allem am südlichen Ende der Le Thanh Tong und an der Pham Chu Trinh. Gute Adressen sind: **Rita Art Café:** 9 No Trang Long, Tel. 0500 396 98 88, tgl. 9–21 Uhr. Mit Retro-Look und urbanem Touch. **Coffee Xua & Nay:** 63 A Y Nik Ksok, Tel. 0500 856 88 88, tgl. 6–22 Uhr. Weitläufiges Gartencafé mit gemütlichen Pavillons. **Vespa Rock:** 125 Mac Thi Buoi, tgl. 6–23 Uhr. Witzig designtes Café, Cliquen- und Pärchentreff, abends gute Musik. **Vi Dang Café:** 21 B Mai Hac De, tgl. 7–22.30 Uhr. Bei der Stadtjugend populäre Adresse mit großer Auswahl an Kaffeespezialitäten und Fruchtsäften sowie Sitzgelegenheiten im Garten.

Aktiv

Wasservergnügen – **Dak Lak Water Park** (Công Viên Nước Đắk Lắk): Nguyen Chi Thanh, im Nordosten der Stadt, Tel. 0500 395 03 81, tgl. 9–18 Uhr, 40 000 VND. Wasserrutschen und Fontänen sorgen für ein paar unterhaltsame Stunden.

Verkehr

Flugzeug: Vom Flughafen 7 km südöstlich des Zentrums 3 x tgl. Flüge nach Ho-Chi-Minh-Stadt und 1–2 x tgl. nach Da Nang und Hanoi. Minibusse verkehren bis zum Büro von Vietnam Airlines (50 000 VND). Eine Taxifahrt kostet ca. 150 000 VND. **Vietnam Airlines:** 17–19 No Trang Long, Tel. 0500 395 44 42.

Bus: Der **Bến Xe Buôn Ma Thuột,** 71 Nguyen Chi Thanh, liegt ca. 3 km nordöstlich des Stadtzentrums und wird von Bussen diverser Unternehmen wie Mai Linh oder Rang Dong aus Ho-Chi-Minh-Stadt (490 km, 7 Std.), Da Nang (540 km, 12 Std.), Da Lat (180 km, 4–5 Std.), Hue (642 km, 14 Std.), Nha Trang (207 km, 4 Std.) und Plei Ku (203 km, 5 Std.) frequentiert.

Umgebung von Buon Ma Thuot

Wasserfälle ▶ N/O 26

Im Umkreis der Stadt sind einige Wasserfälle *(thác)* von Interesse, etwa der 20 km südwestlich gelegene **Thac Trinh Nu.** Er ist über die N 14 gut zu erreichen und befindet sich in der Nähe des Ede-Dorfes Ea Ting. Mit Abstand am sehenswertesten ist der nur 10 km weiter östlich gelegene **Thac Dray Sap.** Auf über 80 m stürzt der sichelförmige Wasserfall fast 15 m in die Tiefe. Der dabei ständig aufsteigenden Gischt verdankt er seinen Namen,

Von Kon Tum nach Buon Ma Thuot

»Nebelfall«. In unmittelbarer Nachbarschaft befindet sich der weniger spektakuläre **Thac Dray Nur.** Am eindrucksvollsten präsentieren sich die stürzenden Ströme während der Regenzeit zwischen Juni und Oktober, Eintritt jeweils 30 000 VND.

Buon Don ▶ N 25

Eines der populärsten Touristenziele ist das als Elefantendorf bekannte **Buôn Đôn**, 45 km nordwestlich von Buon Ma Thuot. Es wird auch Ban Don (laot.: Inseldorf) genannt. Vom benachbarten Yok-Don-Nationalpark

Elefanten werden in Teilen Vietnams nach wie vor als Arbeitstiere genutzt

Umgebung von Buon Ma Thuot

ist die Ede-Siedlung durch den breiten Serepok-Fluss getrennt. Kein anderer Ort im Zentralen Hochland erlebte in den letzten Jahren eine solche Kommerzialisierung wie Buon Don. An Wochenenden und in den Ferienmonaten strömen vorwiegend vietnamesische Touristen dorthin, um sich bei Elefantenritten, folkloristischen Tänzen und dem Souvenirkauf zu vergnügen. Wer Authentisches sucht, sollte diesen Ort eher meiden. Andererseits gibt es bislang wenige Gelegenheiten in Vietnam, mit Dickhäutern in Kontakt zu kommen.

Seit Jahrhunderten haben sich die Dorfbewohner auf die Jagd und Domestizierung von Elefanten spezialisiert. Noch heute werden die Gräber bedeutender Elefantenfänger gepflegt, wie etwa jenes von Y Thu Knu (gest. 1924), der 244 Dickhäuter eingefangen haben soll und sogar dem siamesischen König Chulalongkorn einen weißen Elefanten zum Geschenk machte – wofür er den Ehrentitel Khun Sang Nup, Großer Elefantenfänger, erhielt. Eine Tagestour mit dem Wagen kostet 600 000 VND.

Yok-Don-Nationalpark ▶ N 25

Entlang der kambodschanischen Grenze und dem Song Serepok zieht sich der **Yok-Don-Nationalpark** (Vườn Quốc Gia Yok Đôn). Im Jahr 2002 auf 1155 km² erweitert, ist er heute Vietnams größtes Schutzgebiet. Das ziemlich flache Territorium ist Heimat vieler Großwildarten wie Elefanten, Tiger und Gaur. Zudem ist es mit 245 bislang identifizierten Vogelarten eine der Top-Destinationen für Ornithologen. Mit Glück erspähen sie Raritäten wie Ährenträgerpfaue, Langschwanz-Zwergfalken und Mekongstelzen.

Bislang steckt der Tourismus noch in den Anfängen. Vom 40 km entfernten Buon Ma Thuot werden Tagestouren organisiert. Sinnvoller ist es, im Park zu übernachten, um mehr Zeit für die Wanderungen zu haben. Zudem ist die Chance größer, in der Dämmerung ein Tier zu erspähen. Im Park gibt es einige ausgewiesene Wanderwege. Zudem können von der Verwaltung Elefantensafaris arrangiert werden.

Lak-See ▶ O 26

Knapp 50 km südlich von Buon Ma Thuot erstreckt sich entlang der gut ausgebauten N 27 der 5 km² große **Dak Lak** (Hồ Lắk). Er zählt zu den schönsten Seen des Hochlandes und hat auch der Provinz ihren Namen gegeben. In der Sprache der dort lebenden Mnong heißt er Gewässer (*đăk*) des Lak – einer Legende zufolge der Name eines jungen Helden, der den See entdeckte. Die Mnong (viet.: M'Nông), von denen landesweit noch etwa 100 000 Angehörige leben, gehören zur Mon-Khmer-Sprachgruppe und sind matrilinear organisiert.

Vom ziemlich touristischen Ort **Lien Son** am Westufer des Sees kann man Ruderfahrten mit Einbaumbooten, Wanderungen und Elefantensafaris unternehmen. Die Bootsfahrten sind besonders zur Dämmerung empfehlenswert, wenn die Wasservögel auf Futtersuche gehen. Der Dak Lak bietet sich als Zwischenstopp auf der Fahrt zwischen Da Lat und Buon Ma Thuot an. Es gibt nur einfache Übernachtungsmöglichkeiten.

Infos

Yok Don National Park Office: am Parkeingang, Tel. 0500 378 30 49, 0500 378 30 52, tgl. 7–17 Uhr, 40 000 VND. Dort kann man einen Guide (300 000 VND) für die verschiedenen Wandertouren engagieren und auch schlichte **Bungalows** buchen (DZ ohne Frühstück 10 US-$).

Dak Lak Tourist: Lak Resort, Tel. 0500 358 65 50, www.daklaktourist.com.vn. Arrangiert Wanderungen und Unterkunft.

Übernachten

Staatlich geführt – **Lak Resort:** Tel. 0500 358 61 84. Die einstige Kaserne wurde zum Resort umgestaltet und bietet spartanische Zimmer. Man kann auch in Langhäusern nächtigen. DZ ohne Frühstück ab 30 US-$.

Gemeindegemanagt – **Van Long Motel:** N 3 Y Jut, Le Village, Tel. 0500 358 56 59, vanlongelephantvn@gmail.com. Liegt direkt am See. Man kann zwischen einem Bett im Langhaus oder DZ im Steinhaus wählen. DZ ohne Frühstück ab 12 US-$.

Von Da Lat nach Ho-Chi-Minh-Stadt

Als ›Stadt des ewigen Frühlings‹ und ›Stadt der Liebe‹ besungen, ist Da Lat ein Ort der Romantik. Die Landschaft wirkt mit ihren braungrünen Feldern und kühnen Höhenzügen, den tosenden Wasserfällen und ruhigen Seen wie ein mitteleuropäisches Naturidyll. Kein Wunder, dass sich Vietnamesen hier besonders wohlfühlen.

 Da Lat ▶ P 27

Cityplan: S. 349

Als der in Nha Trang stationierte Forscher Alexandre Yersin bei einer Expedition durch das zentrale Hochland am 21. Juni 1893 auf ein lang gezogenes Plateau am Fuß des bis zu 2167 m hohen Bergzugs Lang Bien stieß, soll er in Erinnerung an seine Schweizer Heimat begeistert ausgerufen haben: »Dat alias laetitiam, alias temperiem«, »Sie gibt Freude den einen, Erquickung den anderen«. Bald darauf gründete er im Dorf **Dan Kia** eine Wetterstation. Nach einer weiteren Expedition sechs Jahre später schlug der Arzt Etienne Tardif dem damaligen Generalgouverneur Paul Doumer eine 10 km entfernte Stelle am Cam-Ly-Fluss für die Etablierung eines Höhenluftkurortes vor. Und so geschah es. Doumers Nachfolger Paul Beau ließ 1906 ein Sanatorium errichten, ein Jahr später folgte das erste Hotel.

Man benannte den Ort nach einer der hier siedelnden Volksgruppen **Đà Lạt,** Gewässer (dak) der Lat. Die Jahresdurchschnittstemperatur von nur 18 °C und die fruchtbare Gegend waren hervorragende Voraussetzungen dafür, dass das 1500 m hoch gelegene Da Lat bald zu einer beliebten Sommerfrische avancierte. Nachdem bereits 1899 die Straße nach Phan Rang fertiggestellt war, konnte ab 1932 die Straße ins 310 km entfernte Saigon befahren werden. Die immer größer werdende Stadt wurde zum ›Petit Paris‹ Vietnams. In den 1930er-Jahren lebten mehr als 2000 Franzosen dort.

Glücklicherweise blieb Da Lat von den beiden Indochinakriegen weitgehend verschont, sodass viele der alten Kolonialbauten erhalten blieben. Doch die Stadt mit heute über 200 000 Einwohnern ist alles andere als ein verschlafenes Nest. Als Verwaltungs- und Wirtschaftszentrum der Provinz Lam Dong zieht sie immer mehr Menschen an. An der Peripherie wächst sie zunehmend ins Umland hinaus. Die fruchtbare Ebene wird landwirtschaftlich intensiv genutzt. Auf den terrassenförmig angelegten Feldern wachsen mitteleuropäische Blumen, Obst- und Gemüsesorten. Es gibt größere Tee- und Kaffeeplantagen.

Europäische Besucher vermögen die vietnamesische Begeisterung für die ›Stadt des ewigen Frühlings‹ nicht unbedingt zu teilen. Zu vertraut mutet ihnen die Landschaft an. Da Lat ist in erster Linie ein Urlaubsziel für Einheimische. Trotzdem bietet es genug, damit auch westlichen Touristen nicht langweilig wird.

Xuan-Huong-See und Stadtmarkt

Eine gute Ausgangsbasis für einen Rundgang ist der **Ho Xuan Huong** 1 . Wie ein Halbmond liegt er im Herzen der Stadt. 1919 wurde hier der Cam-Ly-Fluss auf 5 km² aufgestaut und zunächst Grand Lac genannt. Namensgeberin ist seit 1953 die berühmte Dichterin Xuân Hương (1768–1839). Ein 7 km langer Rundweg umgibt das Gewässer. Das gewaltige Gebäude des **Stadtmarkts** 2 (Chợ Đà Lạt) nordwestlich des Sees stammt aus dem Jahr 1960. Im Inneren herrscht ganztägig ein reges Treiben (tgl. 6–19 Uhr).

Kathedrale und Dalat Palace Hotel

Kirche tgl. 17–19 Uhr und zu Gottesdiensten

Im Süden liegt an der Tran Phu die 1942 eingeweihte **Kathedrale** 3 (Nhà Thờ Chính Tòa Đà Lạt). Mit ihren bunten Glasfenstern und der hellen Kalkfassade wirkt sie wie ein fröhlicher Gruß aus dem alten Europa. Einen Besuch wert ist das schräg gegenüber liegende **Dalat Palace Hotel** 4 an der 12 Tran Phu. 1922 errichtet, erstrahlt es heute wieder in leuchtendem Weiß.

Dinh II 5

Zwischen der Tran Hung Dao (Eingang Nr. 12) und der steilen Khoi Nghia Bac Son thront die heute als **Dinh II** bekannte zeitweilige Ferienresidenz des Generalgouverneurs Jean Decoux (reg. 1940–1945). Das 1933 erbaute herrschaftliche Anwesen liegt in einem Park und birgt ein Restaurant gleichen Namens. Sehr schöne Kolonialvillen reihen sich entlang der nach Osten verlaufenden Tran Hung Dao.

Bahnhof 6

An der Nguyen Trai liegt der beeindruckende **Bahnhof** (Ga Đà Lạt) im Art-déco-Stil aus dem Jahr 1938. Bis 1964 fuhr von dort die Crémaillère, eine Zahnradbahn, ins 83 km entfernte Thap Cham unweit der Küste. Nachdem sie jahrzehntelang stillgelegt war, nahm man 1991 ein 5 km langes Teilstück nach Trai Mat wieder in Betrieb. Es wird heute mehrmals von einer **Nostalgiebahn** befahren.

Lycée Yersin 7

Zwischen Bahnhof und See befindet sich das landesweit bekannte **Lycée Yersin,** die 1935 etablierte Hochschule für Pädagogik. Hinter Kiefernbäumen erhebt sich der markante Turm, der einen geschwungenen Gebäudekomplex abschließt.

Da-Lat-Blumengarten 8

Tgl. 6.30–18 Uhr, 40 000 VND

Liebhaber von Lilien, Orchideen, Weihnachtssternen und vielen anderen blühenden Schönheiten werden im 1966 eröffneten **Da-Lat-Blumengarten** (Vườn Hoa Đà Lạt) ihre Freude haben. Er ist über die Phu Dong Thien Vuong am Nordende des Sees erreichbar.

Villa Hang Nga 9

Tgl. 8.30–19 Uhr, 40 000 VND

Im Südwesten liegt an der 3 Huynh Thuc Khang eines der markantesten Bauwerke Da Lats, die **Villa Hang Nga** (Biệt Thự Hằng Nga). Die Architektur des von einem tropischen Garten umgebenen Hauses lehnt sich an Stalagmiten und Spinnweben an. Während die Künstlerin Đặng Việt Nga ihr 1990 begonnenes und immer noch nicht vollendetes Domizil Hang Nga (Mondvilla) nennt, sieht der Volksmund darin schlichtweg ein ›Crazy House‹. Die umstrittene Tochter des langjährigen Generalsekretärs und Präsidenten Truong Chinh konnte bereits künstlerische Freiheiten genießen, als die Parteizensur noch streng war. Auf dem Grundstück gibt es ein Café.

Dinh III 10

Trieu Viet Vuong, tgl. 7–17 Uhr, 15 000 VND

Über die Trieu Viet Vuong ist der 1938 nach fünfjähriger Bauzeit fertiggestellte Bao-Dai-Palast, heute **Dinh III** genannt, zu erreichen. Hier verbrachte der 1997 verstorbene König seine letzten Jahre in Vietnam, bevor er 1955 ins französische Exil ging. Später hielt sich dort zeitweilig Präsident Diem auf. Das zweistöckige Gebäude im Art-déco-Stil birgt in seinen 25 Räumen zahlreiche Möbelstücke, Memorabilien und Kunstwerke. Beim Rundgang durch die königlichen Schlafgemächer, Arbeitszimmer und Empfangssäle fühlt man sich um Jahrzehnte zurückversetzt.

Chua Linh Son 11

Tgl. 7–18 Uhr, Eintritt frei

In und vor allem um Da Lat herum liegen einige sehenswerte Pagoden verstreut, die zwar nicht sonderlich alt, doch sehr stimmungsvoll sind. Wie etwa die auf einer Erhebung thronende **Chùa Linh Sơn** (Pagode des Heiligen Berges). Sie befindet sich 1 km nördlich des Sees am Ende der Nguyen Van Troi. Die von 1936 bis 1940 erbaute An-

lage birgt im Inneren der Haupthalle eine 1,25 t schwere Buddhastatue aus Bronze. Dem Kloster ist eine buddhistische Schule angeschlossen.

Chua Thien Vuong Co Sat 12
Tgl. 7–18 Uhr, Eintritt frei
Ca. 5 km südöstlich von Da Lat erhebt sich an der 385 Khe Sanh an einem Berghang die 1958 gestiftete **Chua Thien Vuong Co Sat**. Sie ist ein beliebtes Pilgerziel der Chinesen, die dort drei aus Hongkong stammende Statuen aus Sandelholz verehren: den historischen Buddha Shakyamuni, die Göttin der Barmherzigkeit, Quan Âm, und den Bodhisattva Mahasthanaprapta (Thế Chí), einen Begleiter des Buddha Amitabha. Schon von Weitem zu sehen ist eine riesige Buddhastatue, die 100 m oberhalb der Pagode erbaut wurde.

Chua Linh Phong 13
Tgl. 7–18 Uhr, Eintritt frei
An der südöstlichen Ausfallstraße 72 C Hoang Hoa Tham ist die 1944 von der Nonne Thích Nữ Từ Hương gegründete und 1962 vollendete **Chua Linh Phong** (auch Chùa Sư Nữ) zu finden, die mit ihren bunten Farben sehr fröhlich wirkt. Besucher sind gern gesehen, falls sie sich nicht vom grimmigen Drachengesicht, welches das Eingangsportal schmückt, abschrecken lassen. Vom erhöhten Gelände bietet sich ein wunderbarer Ausblick auf die fruchtbaren Felder in der Umgebung.

Infos
Dalat Travel Bureau: 1 Nguyen Thi Minh Khai, Tel. 063 351 01 04, www.dalattourist.com.vn. Bietet zwar hinreichende Information, ist jedoch eher am Verkauf von Touren

Da Lat

Sehenswert
1. Ho Xuan Huong
2. Stadtmarkt
3. Kathedrale
4. Dalat Palace Hotel
5. Dinh II
6. Bahnhof
7. Lycée Yersin
8. Da-Lat-Blumengarten
9. Villa Hang Nga
10. Dinh III
11. Chua Linh Son
12. Chua Thien Vuong Co Sat
13. Chua Linh Phong

Übernachten
1. Ana Mandara Villas Dalat
2. Villa Vista – Highlands Home
3. Dalat Hotel Du Parc
4. Ngoc Lan Hotel
5. Dalat Train Villa & Café
6. La Sapinette Hotel Dalat
7. ZEN Café Dalat
8. Dreams Hotel 1 & 2
9. Villa Hotel 28

Essen & Trinken
1. Café de la Poste
2. Dalat Palace Golf Club
3. V Café
4. Da Quy – Wild Sunflowers
5. Hoang Anh
6. Long Hoa
7. Windmills
8. Hana – Café Trung
9. Café Tung

Einkaufen
1. XQ Historical Village
2. Domaine de Marie

Abends & Nachts
1. Rain Club
2. The Escape Bar

Aktiv
1. Viet Challenge Tours
2. Phat Tire Venture
3. Dalat Easy Rider

---

interessiert. Es gibt im Stadtzentrum zahlreiche kleine **Reisebüros,** die Open-Tour-Tickets verkaufen und Ausflüge arrangieren.

Übernachten

Grande Dame – **Dalat Palace Hotel** 4 : 12 Tran Phu, Tel. 063 382 54 44, www.dalatresorts.com. Mit tiefen Teppichen, knarrenden Dielen und funkelnden Kronleuchtern wohnt es sich hier herrlich nostalgisch. 1922 als Lang Bian Palace eröffnet, erstrahlen die 43 geschmackvollen Zimmer und Suiten in alter Eleganz. Im holzvertäfelten **Palace Club** kann man zu lauschiger Musik den Tag ausklingen lassen. DZ ab 202 US-$.

Nostalgischer Luxus – **Ana Mandara Villas Dalat** 1 : 9 Le Lai, Tel. 063 355 58 88, www.anamandara-resort.com. Das edle Resort am westlichen Stadtrand bietet Luxus vom Feinsten. Die 17 Villen mit 70 zuweilen recht kleinen Zimmern sind in einen 14 ha großen Park eingebettet und stammen noch aus den 1930er-Jahren, als das Gebiet als *quartier Bellevue* bekannt war. Das **Le Petit Dalat** bietet tagsüber zu kleinen Speisen einen herrlichen Rundblick. Gutes Spa und schöner Pool. DZ/F ab 115 US-$.

Zimmer mit Aussicht – **Villa Vista – Highlands Home** 2 : 27 Le Hong Phong (40 Ngo Thi Sy), Tel. 09 39 50 02 36, villavistadalat@gmail.com. Familiäre Herberge mit nur vier Zimmern im mondänen Beaux-Arts-Stil, großen Bädern und tollen Ausblicken auf Da Lat durch Panoramafenster. Gute Küche im angeschlossenen Restaurant. DZ/F ab 82 US-$.

Koloniales Kleinod – **Dalat Hotel Du Parc** 3 : 7 Tran Phu, Tel. 063 382 57 77, www.dalatresorts.com. Das angenehme Viertster-

Von Da Lat nach Ho-Chi-Minh-Stadt

nehotel öffnete 1932 seine Pforten und bietet 140 komfortable Zimmer und Suiten. Für die recht kleinen Standardräume gibt es in der Nebensaison gute Rabatte. Im dazugehörigen **Café de la Poste** an der Straße gegenüber wird gutes Frühstück und ab Mittag leckeres Essen serviert. DZ 76–126 US-$.

Superzentral – **Ngoc Lan Hotel** 4 : 42 Nguyen Chi Thanh, Tel. 063 383 88 38, www.ngoclanhotel.vn. Das angenehme Stadthotel mit 91 stilvollen Zimmern liegt direkt am Markt und überblickt den See. Zu den Annehmlichkeiten zählen Sauna und Massage. Nach vorne etwas laut. DZ/F ab 65 US-$.

Für Eisenbahn-Fans – **Dalat Train Villa & Café** 5 : 1 Quang Trung, Tel. 063 381 63 65, www.dalattrainvilla.com. In der schmucken Kolonialvilla von 1935 gibt es vier Mini-Apartments mit Schlaf- und Wohnzimmer plus Bad. Der Clou: Das Essen wird in einem alten Bahnwaggon serviert. DZ/F ab 60 US-$.

Gastfreundlich – **La Sapinette Hotel Dalat** 6 : 1 Phan Chu Trinh, Tel. 063 355 09 79, www.lasapinette.com. Rund zehn Fahrminuten östlich des Zentrums gelegen, bietet das gut geführte Hotel 83 geräumige, mit Teppichen ausgelegte Zimmer und zwei etwas nüchterne Restaurants. Praktisch auch der Supermarkt nebenan. DZ/F ab 60 US-$.

Verrücktes Wohnen – **Villa Hang Nga/ Crazy House** 9 : 3 Huynh Thuc Khang, Tel. 063 382 20 70, www.crazyhouse.vn. Wohnen einmal anders. Das berühmte Fantasy-Haus im Stil eines Termitenhügels besitzt zehn Zimmer in unterschiedlichem Design. Nur für jene zu empfehlen, die sich nicht am ständigen Besucherstrom stören. DZ/F ab 35 US-$.

Familiär in alter Villa – **ZEN Café Dalat** 7 : 27 C Pham Hong Thai, Tel. 09 94 79 95 18, www.zencafedalat.com. Mit nur drei Zimmern sehr intim (rechtzeitig vorab buchen!), strahlt die deutsch-vietnamesisch geführte Kolonialvilla mit nettem Gartencafé eine entspannte Atmosphäre aus. Mopedverleih. DZ/F 32–53 US-$.

Traveller-Treff – **Dreams Hotel 1 & 2** 8 : 151 & 164 B Pham Dinh Phung, Tel. 063 383 37 48, www.dreamshoteldalat.com. Nur wenige Gehminuten voneinander entfernt, zählen die beiden Gästehäuser zu den beliebtesten Traveller-Treffs von Da Lat. Das liegt am Service, den gut ausgestatteten Zimmern und am Whirlpool samt Sauna auf dem Dach. DZ mit üppigem Frühstück ab 25 US-$.

Landhausstil – **Villa Hotel 28** 9 : 28 Tran Hung Dao, Tel. 063 382 27 64. Die alte Kolonialvilla mit 14 urigen Zimmern hat viel Atmosphäre, vor allem wenn im Aufenthaltsraum das Kaminfeuer knistert. Einige Zimmer gewähren eine gute Aussicht. DZ/F ab 15 US-$.

Essen & Trinken

Nouvelle Cuisine – **Le Rabelais** 4 : Dalat Palace Hotel, 12 Tran Phu, Tel. 063 382 54 44, tgl. 11–23 Uhr. Wer Fine Dining in kolonialem Ambiente schätzt, wird in diesem französischen Restaurant kulinarische Freuden erleben. Die Köche zaubern exquisite Speisen mit schönem Dekor. Gerichte ab 15 US-$.

Kulinarisch vielseitig – **Café de la Poste** 1 : Tran Phu, gegenüber dem Dalat Hotel Du Parc, tgl. 6–23 Uhr. Morgens wird gutes Frühstück serviert. Tagsüber gibt es Schokocroissants und andere Leckereien aus der hauseigenen Bäckerei. Der Küchenchef zaubert fantasievolle Fusionsgerichte. Im vietnamesischen Restaurant im zweiten Stock kann man beim Zubereiten der Speisen in der offenen Küche zuschauen. Leckere Menüs ab 10 US-$.

Essen mit Ballkontakt – **Dalat Palace Golf Club** 2 : Phu Dong Thien Vuong, Tel. 063 382 12 01, tgl. 11–23 Uhr. Im ehrwürdigen Clubhaus gibt es ein Restaurant mit einer guten Auswahl asiatischer und europäischer Speisen, von Sandwiches bis Nudelsuppen. Hauptgerichte ab 4,50 US-$.

Von Pizza bis Pho – **V Café** 3 : 1/1 Bui Thi Xuan, Tel. 063 352 02 15, www.vcafedalatvietnam.com, tgl. 7–22.30 Uhr. Das gemütliche Ambiente und die guten westlichen Speisen haben das Lokal zu einer festen Adresse werden lassen. Ab 19.30 Uhr spielt eine Liveband. Gerichte um 100 000 VND.

Lokale Spezialitäten – **Da Quy – Wild Sunflowers** 4 : 49 Truong Cong Dinh, Tel. 063 351 08 83, tgl. 6.30–23 Uhr. In familiärer At-

Da Lat

Die Villa Hang Nga (Crazy House) ist Unterkunft und Sehenswürdigkeit zugleich

mosphäre werden u. a. *cháo tôm*, gehackte Shrimps am Zuckerrohrstück, und *cá hấp chưng tương*, gedämpftes Fischfilet mit Pilzen serviert. Gerichte ab 50 000 VND.

Frosch im Tontopf – **Hoang Anh** 5 : 100 Nguyen Thi Nghia, Tel. 063 626 66 68, tgl. 10.30–21 Uhr. Beliebt bei Einheimischen wegen des gut gewürzten Froschgerichts mit Porridge, *cháo ếch*. Gutes Seafood und auch vegetarische Speisen im Angebot. Recht klein, daher besser reservieren. Gerichte ab 50 000 VND.

Touristenlokal – **Long Hoa** 6 : 3 Thang 2, Tel. 063 382 29 34, tgl. 11–21.30 Uhr. In diesem familiengeführten Restaurant im Herzen der Stadt lassen sich die vorwiegend ausländische Gäste die schmackhaften vietnamesischen Gerichte munden, darunter Leckeres vom Grill. Speisen ab 50 000 VND.

Cafés – Da Lat ist eine Stadt mit vielen kleinen Cafés, in denen man herrlich die Nachmittage verbummeln kann. Bei jungen Vietnamesen sind besonders die Cafés seitlich des Stadtmarkts beliebt. Angesagt sind aber auch das **Windmills** 7 , 1 Le Dai Hanh, tgl. 7.30–22 Uhr, und das **Hana – Cafe Trung** 8 , 98 Phan Dinh Phung, tgl. 7–23 Uhr. Das **Dalat Train Villa & Café** 5 , 1 Quang Trung, tgl. 7–22 Uhr, serviert Kaffee in einem alten Bahnwaggon. An wenigen Orten in Da Lat ist die Zeit des ›Petit Paris‹ noch so lebendig wie im **Café Tung** 9 , 6 Khu Hoa Binh, ganz in der Nähe des Marktes (tgl. 7.30–22 Uhr). In diesem Café sitzt man ganz entspannt auf schweren Lederbänken oder Stühlen.

Einkaufen

Hochwertige Handarbeit – **XQ Historical Village** 1 : 258 Mai Anh Dao, Tel. 063 383 13 43, www.tranhtheuxq.com, tgl. 8–21 Uhr. In dem traditionellen Handwerkszentrum werden wunderbare Stickereien produziert, die allerdings ihren Preis haben.

Kaufen für guten Zweck – **Domaine de Marie (Nhà Thờ Mai Anh)** 2 : 6 Ngo Quyen, tgl. 8–11.30, 14–17 Uhr. 1942 errichtetes

Von Da Lat nach Ho-Chi-Minh-Stadt

AUSFLÜGE IN DIE UMGEBUNG VON DA LAT

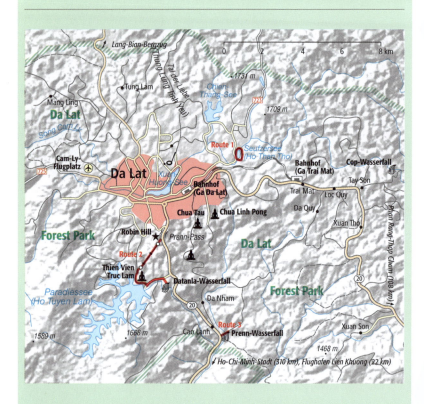

Tour-Infos
Dauer: jeweils ein halber Tag
Wichtige Hinweise: Zu den jeweiligen Zielen kann man sich mit dem Taxi fahren lassen. Geübte können sich auch ein Fahrrad ausleihen und damit auf Tour gehen. Allerdings lässt die Qualität der Räder leider häufig zu wünschen übrig. Wer entsprechende Erfahrung hat, kann auch ein Motorbike mieten (ab 12 US-$/Tag).

Das Umland von Da Lat lockt mit zahlreichen landschaftlichen Reizen. Um es zu erkunden, bieten sich sowohl kleinere Wanderungen als auch Bootsfahrten an.

Tal der Liebe (Thung Lũng Tình Yêu): Das 5 km nördlich von Da Lat gelegene Tal mit dem 1972 aufgestauten Da-Thien-See im Zentrum ist weniger ein stilles Plätzchen für Verliebte, sondern eine Art Disneyland für die vietnamesische Spaßgesellschaft. Besonders an den Wochenenden tummeln sich Scharen von picknickenden Familien, Pony reitenden Mädchen und als Cowboys verkleideten Hobby-Models. Das ist nicht jedermanns Sache: Wer es ruhiger haben möchte, sollte diesen rummeligen und kontaktfreudigen Ort eher meiden (tgl. 7–17 Uhr, 40 000 VND).

Seufzersee (Hồ Than Thở; Route 1): Um den 6 km nordöstlich von Da Lat gelegenen See rankt sich eine tragische Geschichte. Man schrieb das Jahr 1788, als das Mädchen Mai Nuong beim Pilzesuchen auf den jagenden Hoang Tung traf. Es war Liebe auf den ersten Blick und beide wurden ein Paar. Doch Hoang Tung musste unerwartet in den Krieg gegen China ziehen und verließ Mai Nuong, ohne sich verabschieden zu können. Diese begann an seiner Liebe zu zweifeln und bestellte ihn zu einem Treffen an den See. Als er nicht kam, sprang sie ins Wasser und ertrank. Als Hoang Tung nach seiner Rückkehr erfuhr, was sich zugetragen hatte, ging auch er in den See. Noch heute soll man das Seufzen der Liebenden vernehmen, wenn der Wind durch die Pinienbäume rauscht. Das stille Gewässer lädt zu einem Spaziergang ein. Am Ufer gibt es einige gemütliche Lokale (tgl. 7–17 Uhr, 20 000 VND).

Robin Hill und **Paradiessee (Hồ Tuyền Lâm; Route 2):** Die 2 km südlich von Da Lat aufragende Erhebung ist zusammen mit dem aufgestauten Tuyen-Lam-See eines der beliebtesten Ausflugsziele. Nach Verlassen der Stadt über die N 20 in Richtung Süden biegt man rechts in die Zufahrtsstraße hinein und fährt bis zur Seilbahnstation auf dem **Robin Hill.** Von dort führt die Seilbahn in nur 12 Min. zur 2300 m entfernten Station am Tuyen-Lam-See und ermöglicht traumhafte Ausblicke (tgl. 8–11.30, 13.30–17 Uhr, 70 000 VND hin und zurück). Am See kann man das 1993 an einen Berghang gebaute Bambuswald-Meditationszentrum **Thiền Viện Trúc Lâm** besuchen. Hier leben über 120 Mönche und Nonnen, die sich mit einheimischen und ausländischen Laien-Buddhisten in strenger Meditation üben. Vom See, der auch zu besinnlichen Bootspartien einlädt, führt eine Straße gen Osten zur N 20. Über sie lässt sich ein Abstecher zum **Thac Datanla** unternehmen, einem nur während der Regenzeit interessanten und sehr touristischen Wasserfall. Sein eigentümlicher Name bedeutet in der Sprache der Koho »Wasser unter den Blättern« (tgl. 7–17 Uhr, 20 000 VND).

Thac Prenn (Route 3): Der Wasserfall liegt unweit der N 20, etwa 10 km südlich von Da Lat. Sein Name bedeutet in der Cham-Sprache »Grenze, Front«. Die Stadtnähe ließ ihn zu einem beliebten Picknickziel für Einheimische werden, samt kleinem Zoo mit fragwürdiger Tierhaltung. Während der Regenzeit von Mai bis Oktober donnert das Wasser über ein scharfes Steinkliff in 8 m Tiefe, zur Trockenzeit ist es eher ein Rinnsal (tgl. 7–17 Uhr, 30 000 VND).

Nonnenkloster mit Waisenhaus. Im Laden werden selbst gemachte Stickereien, Pullover und Süßigkeiten verkauft.

Abends & Nachts

Die Nächte von Da Lat sind nicht sehr lang. Einheimische Touristen halten sich bevorzugt in Karaokebars und Cafés auf.

Gediegen – **The Palace Club** 4 : im **Dalat Palace Hotel,** 12 Tran Phu, tgl. 16–24 Uhr. Schöne Atmosphäre im einstigen Weinkeller, mit Holzvertäfelung sowie langer Wein- und Cocktailliste. Regelmäßig Livemusik.

Angesagter Club – **Rain Club** 1 : 1 Le Hong Phong, www.rainnightclubvn.com, tgl. ab 20 Uhr. Nichts für empfindliche Ohren, denn hier tanzt die selbstbewusste Clubszene bis zum Abwinken. Regelmäßig Liveacts und bekannte DJs.

Livemusik – **The Escape Bar** 2 : Muong Thanh Holiday Da Lat Hotel, 4 Phan Boi Chau, tgl. 16–24 Uhr. Fast jeden Abend spielt ab

Von Da Lat nach Ho-Chi-Minh-Stadt

Vom Kolonialbahnhof in Da Lat starten die Nostalgiebahnen nach Trai Mat

21 Uhr eine Musikband. Leckere Cocktails und entspanntes Sitzen in orangefarbenen Retro-Sesseln.

Aktiv

Golf – **Da Lat Palace Golf Club** 2 : Phu Dong Thien Vuong, Tel. 063 382 12 01, geht in seinen Ursprüngen auf das Jahr 1922 zurück und zählt heute zu den besten 18-Loch-Plätzen des Landes. Nähere Infos unter www.dalatpalacegolf.com.

Adventure-Veranstalter – Die Stadt ist ein hervorragender Ausgangspunkt für ein- oder mehrtägige **Wanderungen,** für **Kayaking** oder **Mountainbike-Touren** in der Umgebung. Zu den erfahrenen Adventure-Veranstaltern zählen **Viet Challenge Tours** 1 , 45 Truong Cong Dinh, Tel. 063 354 66 77, www.vietchallenge.com, und **Phat Tire Venture** 2 , 109 Nguyen Van Troi, Tel. 063 382 94 22, www.ptv-vietnam.com; Motorradtouren veranstaltet **Dalat Easy Rider** 3 , Easy Rider Café, 70 Phan Dinh Phung, Tel. 063 382 99 38, www.dalat-easyrider.com.

Termine

Blumenfest: Mitte Dez. Mehrtägiges Fest mit Umzügen, Tänzen, Schönheitswettbewerben und Ausstellungen.

Verkehr

Flugzeug: Vom Flughafen **Lien Khuong,** der 22 km südlich des Stadtzentrums liegt, verkehren 3 x tgl. Flüge nach Ho-Chi-Minh-Stadt und 1 x tgl. nach Da Nang und Hanoi. Vor den Abflügen starten Busse (40 000 VND) vom Büro von **Vietnam Airlines,** 2 Ho Tung Mau, Tel. 063 383 34 99.

Bus: Der **Bến Xe Phương Trang Đà Lạt,** Tel. 063 358 58 58, liegt 1 km südlich des

Stadtzentrums an der 1 To Hien Thanh. Von dort starten morgens mehrere Direktbusse nach Buon Ma Thuot (180 km, 4–5 Std.), Phan Rang (108 km, 3–4 Std.), Nha Trang (211 km, 4–5 Std.) und Ho-Chi-Minh-Stadt (310 km, 6 Std.). Empfehlenswert sind die Busgesellschaften Mai Linh, Tel. 063 351 15 11, und Phuong Trang, Tel. 063 358 25 82.
Taxi: Da Lat Taxi, Tel. 063 383 08 30; Thang Loi Taxi, Tel. 063 383 55 83; Mai Linh Taxi, Tel. 063 351 11 11.

Entlang der Nationalstraße 20 ▶ L–P 27–30

Die über 300 km lange Strecke von Da Lat nach Ho-Chi-Minh-Stadt ist äußerst stimmungsvoll und abwechslungsreich. Naturinteressierte sollten unbedingt den Cat-Tien-Nationalpark besuchen. Ständige Begleiter auf der Fahrt sind Maulbeerbaum-, Kaffee- und vor allem Teeplantagen, die sich wie grüne Teppiche in die Hügellandschaft schmiegen.

Unterwegs bieten sich Stopps bei einigen Wasserfällen an, wie etwa bei Km 35 der **Thac Pongour** und kurz danach bei Km 38 der **Thac Gougah.** Sie liegen zwar landschaftlich sehr schön, sind aber nur während oder kurz nach der Regenzeit wirklich interessant.

Nach etwa 100 km ist der 1010 m hoch gelegene Marktort **Di Linh** erreicht, ein Zentrum für die Teeproduktion. Wer Zeit hat, kann etwas durch die Teeplantagen spazieren. Von Di Linh führt die Straße Nr. 28 an die knapp 100 km entfernte Küste und stößt in Nga Ba Goi nördlich von Phan Thiet auf die Nationalstraße 1 A.

Thac Dambri und Bao Loc
Wasserfall tgl. 7–17 Uhr, 150 000 VND inkl. Freizeitpark

Der **Thác Dambri** ist auch in der Trockenzeit eindrucksvoll, denn hier stürzen die tosenden Wassermassen 50 m in die Tiefe und nebeln die dicht bewaldete Umgebung ein. Dabei zaubern sie ein schönes Landschaftsbild. Die touristische Infrastruktur (inkl. ›Happy Land Dambri‹ Amusement Park) ist ausgesprochen gut, denn der Wasserfall ist auch bei Einheimischen ein äußerst beliebtes Ausflugsziel. Der Thac Dambri liegt einige Kilometer westlich der Stadt **Bao Loc** und ist über eine gut ausgeschilderte Zugangsstraße zu erreichen. Kurz vor dem Wasserfall gabeln sich die Wege und führen jeweils zum oberen und unteren Bereich. Gutes Schuhwerk ist sinnvoll, denn die Wege sind naturgemäß rutschig.

In der Umgebung von Bao Loc kann man einige **Zuchtstationen für Seidenraupen** besichtigen, die von den Blättern der Maulbeerbäume ernährt werden. Zudem bietet das **Tram Anh Café**, 807 Tran Phu, Tel. 063 386 44 93, gute Tee- und Kaffeesorten an.

Cat-Tien-Nationalpark
Vom Ort **Ma Da Gui**, 40 km hinter Bao Loc, führt eine 23 km lange Straße zum sehenswerten **Cat-Tien-Nationalpark** (Vuờn Quốc Gia Cát Tiên, s. Aktiv unterwegs S. 356). Das 1978 gegründete und später auf 739 km² erweiterte Schutzgebiet besteht aus zwei gleich

NOSTALGIEBAHN

Vom schönen Bahnhof **Ga Đà Lạt** schnauft ab 7.45, 9.50, 11.55, 14 und 16.05 Uhr die altehrwürdige Eisenbahn ins 5 km entfernte **Trai Mat** (nur bei mindestens 20 Passagieren). Die Fahrt führt durch die grünen Außenbezirke von Da Lat. In Trai Mat kann man die 200 m vom Bahnhof entfernte, 1950 eingeweihte **Chua Linh Phuoc** besuchen. Die Rückfahrt erfolgt nach einer halbstündigen Pause (1,5 Std. hin und zurück, 124 000 VND, Infos unter Tel. 063 383 44 09).

TOUREN DURCH DEN CAT-TIEN-NATIONALPARK

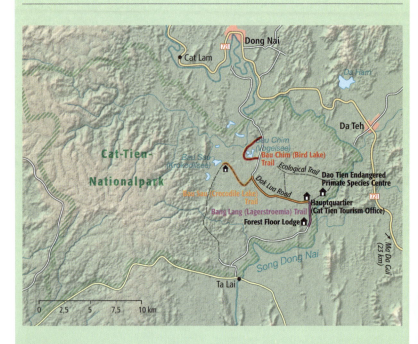

Tour-Infos

Ausgangspunkt: Cat Tien Tourism Office am Parkeingang, Tel. 061 366 92 28, 061 366 93 30, www.cattiennationalpark.vn (tgl. 7–17 Uhr, Eintritt 40 000 VND). Dort sollte man einen Guide für die verschiedenen Wandertouren engagieren (250 000 VND/Tag). Auch Vermietung von Jeeps mit Fahrer oder Mountainbikes. Sehr interessant ist die 3 km vom Parkeingang entfernte, über 1 ha große **Bear and Wildcat Rescue Station** mit Freigehege zum Schutz von Bären und Wildkatzen, Tel. 061 366 91 59, www.wildlifeatrisk.org, tgl. 7.30–16 Uhr, 150 000 VND.

Dauer: Bằng Lăng (Lagerstroemia) Trail ca. 1 Std.; Bàu Sấu (Krokodilsee) ca. 3 Std.; Bàu Chim (Vogelsee) ca. 2 Std.; Wild Gibbon Tour ca. 7–8 Std.

Wichtige Hinweise: Gegen das feuchtheiße Wetter und die regelmäßig vorkommenden Blutegel sollte man sich mit Sonnencreme, Mückenschutzmittel, zweckmäßigen Schuhen und undurchlässigen Schutzstrümpfen wappnen.

Entlang der Nationalstraße 20

Bàng Lăng (Lagerstroemia) Trail: Der nur 1,5 km lange Weg beginnt 400 m hinter dem Hauptquartier und führt durch ein Waldstück mit schönen Exemplaren von *Lagerstroemia speciosa* (viet.: *bàng lăng*). Die Art zählt zu den schönsten Blütenbäumen Asiens, weshalb die Engländer sie Rose of India nennen. Zudem sind *Tetrameles nudiflora* (viet.: *tung*) mit ihren mächtigen Wurzeln zu sehen.

Bàu Sáu (Krokodilsee): Zu Fuß oder mit dem Jeep kann man zum 6 km vom Hauptquartier entfernten Krokodilsee gelangen und dort per Boot (200 000 VND/Pers.) die Amphibienwelt beobachten. Dazu zählen Siam-Krokodile, die dort 2002 wieder angesiedelt wurden. Zudem ist der See zur Dämmerung ein guter Ort für Vogelbeobachtungen.

Bàu Chim (Vogelsee): Vom Hauptweg, der durch den östlichen Teil des Nationalparks führt, verläuft ein 1 km langer Pfad zum Vogelsee. Hier kommen in erster Linie – und wie der Name schon verrät – Ornithologen auf ihre Kosten. Zu sehen gibt es naturgemäß vor allem Wasservögel. Man kann die Wanderung verlängern und zu einem riesigen Ficus-Baum weitergehen (ca. 1,5 km). Die Tour sollte man frühmorgens starten.

Wild Gibbon Tour: Sehr zu empfehlen ist ein Besuch des **Dao Tien Endangered Primate Species Centre,** eines Auffangzentrums bedrohter Primatenarten. Der geführte Rundgang informiert über die Arbeit und schließt eine kurze Bootsfahrt zur Dao-Tien-Insel mit ein (3–4 Std., 150 000 VND p. P.). Noch interessanter ist die Wild Gibbon Tour, die frühmorgens um 4 Uhr mit einer Wanderung beginnt und nachmittags mit einer Bootsfahrt endet (60 US-$ p. P.). Infos und Buchung: Dao Tien Endangered Primate Species Centre, Tel. 016 98 88 09 64, www.go-east.org.

großen Teilgebieten, durch die sich der Dong-Nai-Fluss windet. Wegen seiner unterschiedlichen Ökozonen, die von Feuchtgebieten über Savannen bis zu dichten Regenwäldern reichen, sowie seiner Bedeutung für die Artenvielfalt wurde er 2001 zum UNESCO-Biosphärenreservat erhoben. Cat Tien ist ein Refugium für zahlreiche bedrohte Tierarten. Dazu zählt das Siam-Krokodil (*Crocodylus siamensis*), der Malaienbär (*Helarctos malayanus*), der Gaur und der Silber-Langur (*Trachypithecus cristatus*).

Berühmtheit erlangte der Nationalpark, als einige Exemplare des heute durch Wilderei ausgestorbenen Annam- oder Vietnamesischen Java-Nashorns (*Rhinoceros sondaicus annamiticus*) entdeckt wurden. Es ist hier aber noch eine größere Elefantenpopulation zu finden. Mittlerweile hat das Schutzgebiet sich aufgrund der über 351 Vogelarten auch unter den Ornithologen einen Namen gemacht.

Die beste Zeit für Vogelbeobachtungen sind zum Ende der Trockenzeit zwischen Februar und April. Dann ist auch die Gefahr, mit Blutegeln Bekanntschaft zu machen, wesentlich geringer als in den anderen Monaten. Bislang wird der Cat Tien vorwiegend von Ökotouristen mit speziellen Interessen besucht, die sich mit einer bescheidenen touristischen Infrastruktur zufriedengeben. Nach Ho-Chi-Minh-Stadt sind es von hier 145 km (3–4 Std.).

Übernachten

Dschungel-Feeling – **Forest Floor Lodge:** Tel. 061 366 98 90, www.vietnamforesthotel.com. Lodge unweit des Ban-Cu-Wasserfalls mit komfortablen Zimmern und Deluxe-Zelten ab 80 US-$. **Green Bamboo Lodge:** gegenüber dem Nationalparkeingang am Fluss, Tel. 09 73 34 63, 09 12 41 96 20. Bambushütten ab 10 US-$.

Verkehr

Auf eigene Faust ist der Nationalpark nur sehr umständlich erreichbar. Am besten bucht man den Trip über ein **Reisebüro** in Ho-Chi-Minh-Stadt oder Da Lat. Oder mit dem **Bus** bis zur Ortschaft Tan Phu an der N 20 fahren und für die restlichen 24 km ein **Taxi** nehmen.

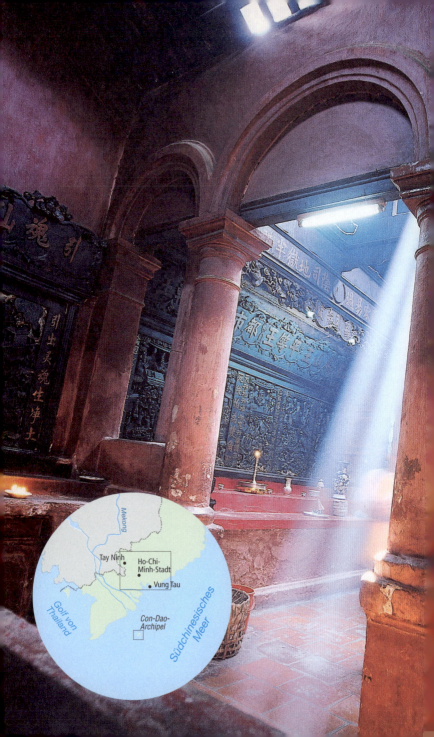

Kapitel 4

Ho-Chi-Minh-Stadt und der Süden

Die Acht-Millionen-Metropole scheint aus allen Nähten zu platzen und wuchert immer weiter ins Umland. Wie ein Magnet zieht der urbane Moloch die Menschen an – auf der Suche nach Arbeit, Erfolg und Glück. Mittlerweile lebt fast jeder zehnte Vietnamese in Ho-Chi-Minh-Stadt. Doch kaum jemand nennt sie bei ihrem offiziellen Namen, zu holprig und unpassend klingt Thành phố (= Stadt) Hồ Chí Minh.

Saigon klingt mondäner, nach glitzernden Hochhäusern, schicken Boutiquen, schmucken Kolonialbauten. Und so präsentiert sich die gerade mal 300 Jahre alte Metropole auch: mit wunderschönen historischen Bauten, freundlichen Boulevards, schattigen Cafés und immer mehr Hochhäusern. Zwar hat sie auch eine ganze Reihe von Sehenswürdigkeiten zu bieten, aber die sind allesamt wenig spektakulär. Saigon ist eher ein Ort zum Verweilen, zum Shoppen, Flanieren und Dinieren.

Die Stadt am Saigon-Fluss ist ein guter Ausgangspunkt für Ausflüge in den tiefen Süden des Landes, allen voran das Mekong-Delta. Äußerst beeindruckend, doch noch wenig bekannt ist der Con-Dao-Archipel, gut 180 km vor der südvietnamesischen Küste. Die Halbinsel Vung Tau hingegen eignet sich mangels schöner Strände eher als Ziel für einen Kurztrip. Zwei kulturell und historisch außergewöhnliche Orte sind die Tunnel von Cu Chi und das Zentrum der Cao-Dai-Anhänger in Tay Ninh nahe der kambodschanischen Grenze.

Der Phuoc An Hoi Quan in Saigon ist eine Stiftung
von chinesischen Nachfahren aus Fujian

Auf einen Blick: Ho-Chi-Minh-Stadt und der Süden

Sehenswert

⭐ **Ho-Chi-Minh-Stadt (Saigon):** Die südvietnamesische Boom-Metropole mit ihren breiten Boulevards und schmucken Kolonialbauten, ihren glitzernden Hochhäusern und unzähligen Shoppingmöglichkeiten zeigt sich jung und energiegeladen (s. S. 362).

Can-Gio-Biosphärenreservat: Entlang dem Saigon-Fluss erstreckt sich einer der größten zusammenhängenden Mangrovenwälder Vietnams. Bei einer Bootsfahrt kann man die artenreiche Flora und Fauna entdecken (s. S. 395).

Schöne Route

Über Cu Chi nach Tay Ninh: Eine populäre Tagestour führt von Saigon entlang der N 22 zu den Viet-Cong-Tunneln in Cu Chi und weiter zum Tempel der Cao Dai in Tay Ninh, einem der schrillsten Sakralbauten der Welt, in dem Besucher an den farbenfrohen Gottesdiensten teilnehmen dürfen (s. S. 403).

Meine Tipps

Vietnam Designer House: Einfallsreiche Kreationen junger vietnamesischer Modeschöpfer – vom traditionellen Áo dài bis zum sexy Minikleid (s. S. 390).

Stadttouren mit Ralf Dittko: Die unterhaltsamen Führungen erschließen Besuchern bekannte und weniger bekannte Seiten der Metropole (s. S. 392).

Christus von Vung Tau: Es ist schon etwas Wadentraining nötig, um die 1000 Stufen bis zur Christusstatue zu erklimmen, doch die Aussicht ist einfach herrlich (s. S. 397).

Ben-Duoc-Tempel in Cu Chi: Der massige Tempel mit seinem neunstöckigen Turm ist ein würdiger Ort, um der Opfer des Vietnamkriegs aus dieser Region zu gedenken. Ihre Namen wurden im Inneren in Stein gemeißelt (s. S. 405).

Drachentänzer in Cho Lon

Wandern im Con-Dao-Nationalpark: Der Con-Dao-Archipel mit seiner einzigartigen Flora und Fauna bietet sich auch für abwechslungsreiche Wanderungen an, auf denen man seltene Vögel beobachten und bei Badestopps an intakten Riffen entlangschnorcheln kann (s. S. 400).

★ Ho-Chi-Minh-Stadt (Saigon)
▶ L 30

Die Acht-Millionen-Metropole wirkt rastlos und unruhig. Mit einer zunehmend an den Wolken kratzenden Skyline und vollgestopften Straßen erweist sie sich als einschüchternder urbaner Moloch. Doch im kolonialen Zentrum weht noch ein Hauch vom ›Paris des Ostens‹. Hier zeigt sich Saigon von seiner charmanten und mondänen Seite.

Rastlose Metropole

Irgendwie scheinen alle Bewohner ständig in Bewegung zu sein – zu Fuß, auf dem Fahrrad, im Auto, mit der Handkarre und vor allem mit dem Moped. Saigon ist Bewegung. Saigon ist Lifestyle. Die Gäste im Trend-Café, in schicken Jeans mit Handy am Ohr; ›Miss Saigon‹ auf der Honda Dream, im knappen Minikleid und mit modischer Sonnenbrille; der smarte Geschäftsmann im dunklen Anzug auf dem Weg ins klimatisierte Büro. Saigon erstrahlt. Flimmernde Werbeflächen ersetzen kommunistische Parolen, schicke Klamotten das Grau der Uniformen.

Nirgendwo sonst ist die Abkehr vom Sozialismus so deutlich zu spüren wie hier, nirgends ist der wirtschaftliche Boom so sichtbar. In keiner Stadt wird der Reichtum dermaßen zur Schau gestellt, gibt es so viele Konsumtempel. Es wird gebaut und renoviert, vergrößert und erweitert. Immer mehr wächst Saigon in die Höhe, immer weiter in die Breite. An der Peripherie werden ganze Stadtteile aus dem Boden gestampft, denn die Einwohnerzahl wächst rasant. Mittlerweile sollen es samt Einzugsgebiet über 8 Mio. sein. Doch genau weiß das niemand, denn nur ein Bruchteil ist registriert. Wie ein Magnet zieht die Metropole Menschen aus der Provinz an; hier locken Jobs und Aufstiegschancen. Das Pro-Kopf-Einkommen ist dreimal so hoch wie im Landesdurchschnitt.

Bei allem Glanz sind die Schattenseiten jedoch nicht zu übersehen: Wohnungsknappheit, soziale Verelendung, Umweltverschmutzung, Verkehrsinfarkt in verstopften Straßen, Kriminalität, Korruption – der Problemkatalog ist lang.

300 Jahre Stadtgeschichte

Im tiefen Süden des Landes siedelten über Jahrhunderte hinweg die **Khmer**. Zwischen den Flüssen Song Saigon und Song Dong Nai lag ihre Hafenstadt Prei Nokor (Wald des Kapokbaumes). Ende des 16. Jh. wurden sie zunehmend von einwandernden Vietnamesen verdrängt. Der in Phu Xuan (Hue) residierende Fürst **Nguyen Phuc Nguyen** (reg. 1623–1634) eröffnete 1623 in der einstigen Khmer-Stadt ein Amt zur Steuererhebung. In unmittelbarer Nachbarschaft etablierten Flüchtlinge aus China den Handelsplatz **Chợ Lớn**. Als offizielles Gründungsjahr gilt **1698**, als Nguyen Huu Canh (1650–1700) zum Statthalter einer neu geschaffenen Präfektur bestimmt wurde und den Ort als Verwaltungszentrum etablierte. Da die Stadt stark unter dem Tay-Son-Aufstand litt, ließ Fürst Nguyen Phuc Anh 1790 die Zitadelle **Gia Định** erbauen.

Koloniales Saigon

Mit dem Angriff einer französisch-spanischen Flotte auf Gia Dinh – damit reagierte die Grande Nation auf die Hinrichtung mehrerer europäischer Missionare – begann 1859 die Kolonialisierung Südvietnams. Drei

Jahre später musste der Tu-Duc-Herrscher aus Hue seine drei südlichsten Provinzen abtreten. Sie wurden mit dem Vertrag von Saigon am 5. Juni 1862 zur **Colonie de Cochinchine** zusammengefasst. **Sài Gòn** war der Name der neu etablierten Gouverneursstadt und ist eine vietnamesische Übersetzung des kambodschanischen Prei Nokor. Die Stadt erhielt in der Folgezeit ihr unübersehbar europäisches Gesicht. Kanäle wurden zugeschüttet und breite Alleen angelegt. Es entstanden repräsentative Residenzen, elegante Villen und prächtige Verwaltungsbauten. Kirchtürme dominierten das Stadtpanorama. In der kolonialen Welt verbreitete sich der Ruf Saigons als **Paris des Ostens.** Ab 1931 vereinigte man die stark gewachsene Metropole mit dem benachbarten Cho Lon und benannte die Doppelstadt in Saigon-Cho Lon um.

Infolge der Teilung Vietnams im Jahr 1954 stieg Saigon zur **Hauptstadt der Republik von Vietnam** (RVN) auf. Als 1965 die ersten **US-Truppen** stationiert wurden, begann sie zunehmend die Gestalt einer amerikanischen Metropole anzunehmen. Nachtclubs, Bars und gesichtslose Bauten bestimmten von nun an das Straßenbild. Saigon war von riesigen Militäranlagen umgeben und schwoll durch den zunehmenden Strom von Kriegsflüchtlingen ständig an. Ende der 1960er-Jahre waren es weit über 2 Mio., die vorwiegend in Elendsvierteln hausten.

Ho-Chi-Minh-Stadt

Ihre dramatischsten Stunden erlebte die Metropole am 30. April 1975, als nordvietnamesische Truppen anrückten und Saigon besetzten. Unvergessen sind die Bilder der Evakuierungsaktionen vom Dach der damaligen US-Botschaft, als Hubschrauber die letzten Flüchtlinge aufnahmen. Mit der **offiziellen Wiedervereinigung** im Folgejahr erhielt die Stadt ihren heutigen Namen: **Thành Phố Hồ Chí Minh.** In den Jahren danach drohte sie auszubluten, weil Zehntausende in Umerziehungslager wanderten und noch mehr Menschen das Land verließen. Besonders dramatisch wurde die Lage der einst so vibrierenden Metropole, als ab 1978 jeglicher privater Handel verboten und Besitz enteignet wurde. Wer konnte, versuchte das Land zu verlassen, darunter die besonders betroffenen Chinesen aus Cho Lon.

Erst nach den **Reformen von 1986** verbesserte sich die Situation zusehends. Seit den 1990er-Jahren ist Ho-Chi-Minh-Stadt das unbestrittene **Wirtschaftszentrum des Landes.** Neben den Investitionen internationaler Firmen profitiert sie vor allem vom finanziellen Engagement der Auslands-Vietnamesen *(việt kiều),* die als *boat people* ihre Heimat verließen und nun wieder in ihrer alten Heimat investieren oder sogar ganz zurückkehren.

Orientierung

Citypläne: S. 365, 370, 377
Ho-Chi-Minh-Stadt, das auch HCMC genannt wird, besitzt zwei Zentren: Die Chinatown **Cho Lon** im Westen und das alte koloniale Saigon und heutige **Geschäftsviertel** im Osten. Verwaltungstechnisch wird die 2094 km^2 große Metropole in 19 zumeist nummerierte Stadtdistrikte *(quận)* und fünf periphere Landdistrikte *(huyện)* untergliedert. Auf der östlichen Stadtseite windet sich der **Saigon-Fluss** von Norden her in Richtung Süden. Mehrere Kanäle verlaufen vom Saigon-Fluss nach Cho Lon und weiter ins Mekong-Delta.

Ein Großteil der **Sehenswürdigkeiten** liegt im kolonialen Teil Saigons und ist teilweise zu Fuß leicht zu erreichen. Sehr viele Tempel sind im Chinesenviertel Cho Lon angesiedelt.

> **Achtung Diebe!**
> Zwar ist Ho-Chi-Minh-Stadt allgemein ein sicheres Pflaster, doch leider sind auf den Straßen Mopeddiebe unterwegs, die ihren Opfern bevorzugt Taschen und Kameras entreißen. Erhöhte Vorsicht ist auch abends angebracht. Wertsachen sollten besser im Hotelsafe gelassen werden.

Entlang der Dong Khoi

Cityplan: oben

Von der Hafenstraße **Ton Duc Thang,** dem einstigen Quai de Belgique, verläuft die berühmte **Dong Khoi** bis zur Kathedrale. Wie in der Kolonialzeit, als die 1 km lange Flaniermeile noch Rue Catinat hieß, rollt tagein, tagaus eine Welle williger Käufer entlang ihrer schmalen Trottoirs, um im Schatten der schönen *Shorea-cochinchinensis*-Bäume in den Boutiquen und Souvenirläden nach Schnäppchen zu fahnden. Wer früh aufsteht, kann am Hafen die Alten bei ihren Gymnastik- und Taiji-Übungen beobachten. An den Kais liegen die Fährboote und Ozeandampfer, auf der anderen Seite des Saigon-Flusses flimmern nachts die riesigen Reklametafeln.

Majestic Hotel und Renaissance Riverside Hotel

Einen wunderbaren Blick auf das rege Treiben am Fluss bietet sich von der Dachterrasse des legendären **Majestic Hotel** 1 mit der Hausnummer eins an der Dong Khoi. Das 1925 eröffnete Traditionshotel ist ein koloniales Schmuckstück. Zu literarischen Ehren kam die Nobelherberge, als sich dort in den 1950er-Jahren Graham Greene (1904–1991) zu seinem Roman »Der stille Amerika-

Ho-Chi-Min-Stadt (Saigon) – Zentrum

Sehenswert
1. Majestic Hotel
2. Renaissance Riverside Hotel
3. Stadttheater
4. Hotel Continental
5. Rex Hotel
6. Hôtel de Ville
7. Ho-Chi-Minh-Statue
8. Kathedrale Notre Dame
9. Hôtel des Postes
10. Wiedervereinigungspalast
11. – 14. s. Cityplan Saigon S. 370
15. Museum von Ho-Chi-Minh-Stadt
16. Sri-Mariamman-Tempel
17. Ben-Thanh-Markt
18. Reiterstandbild
19. Museum der Schönen Künste
20. – 29. s. Cityplan Saigon S. 370
30. – 41. s. Cityplan Cho Lon S. 377

Übernachten
1. Park Hyatt Saigon
2. Caravelle Hotel
3. Lotte Legend Hotel Saigon
4. s. Cityplan Saigon S. 370
5. Duxton Hotel Saigon
6. Grand Hotel
7. s. Cityplan Saigon S. 370
8. Anpha Boutique Hotel
9. Riverside Hotel Saigon
10. Spring Hotel
11. Tan Hoang Long Hotel
12. – 15. s. Cityplan Saigon S. 370

Essen & Trinken
1. Mandarin
2. 74 Hai Ba Trung
3. Ciao Café
4. Hum
5. Pacharan Tapas & Bodega
6. Temple Club
7. Xu Restaurant
8. s. Cityplan Saigon S. 370
9. Gartenstadt
10. Nha Hang Ngon
11. s. Cityplan Saigon S. 370
12. Warda
13. Ngoc Chau Garden
14. Wrap & Roll
15. Khanhcasa Tea House
16. Café Terrace
17. Highlands Coffee (2x)
18. Workshop

Einkaufen
1. Diamond Plaza
2. Parkson Saigon Tourist Plaza
3. Vincom Centre
4. s. Cityplan Saigon S. 370
5. Phuong Mai Art Gallery
6. Galerie Quynh
7. Craig Thomas Gallery
8. Ipa Nima
9. L'Usine (2x)
10. s. Cityplan Saigon S. 370
11. Khai Silk
12. Huong Nga Fine Arts
13. Duy Tan – Saigon Artisan
14. s. Cityplan Saigon S. 370
15. Vietnam Quilts
16. s. Cityplan Saigon S. 370
17. Fahasa
18. s. Cityplan Saigon S. 370
19. s. Cityplan Cho Lon S. 377

Abends & Nachts
1. s. Cityplan Saigon S. 370
2. Hard Rock Café
3. Sax n'Art Jazz Club
4. Level 23 Nightspot
5. s. Cityplan Saigon S. 370
6. Chu Bar
7. La Habana
8. EON Heli Bar
9. s. Cityplan Saigon S. 370
10. The Penthouse
11. Blanchy's Tash
12. – 15. s. Cityplan Saigon S. 370

Aktiv
1. Vietnam Cookery Center
2. s. Cityplan Saigon S. 370
3. s. Ciyplan Cho Lon S. 377
4. s. Cityplan Saigon S. 370
5. L'Apothicaire Artisan Beauté
6. Glow Spa

---

ner« inspirieren ließ. Ein ebenso hervorragendes Hafenpanorama bietet die Pool-Bar auf dem Dach des benachbarten 21-stöckigen **Renaissance Riverside Hotel** 2 .

Stadttheater 3

Entlang der Dong Khoi wechseln sich teure Geschäfte und edle Boutiquen mit gemütlichen Bars und schicken Cafés ab. Die Flaniermeile mündet in den Lam-Son-Platz, der den östlichen Abschluss der breiten Boulevards Le Loi bildet. Hier erhebt sich das markante **Stadttheater** (Nhà Hát Lớn Thành Phố). Am 1. Januar 1900 wurde der Bau nach Plänen des renommierten Pariser Architekten Eugène Ferret feierlich eröffnet. In seiner Pracht folgt

Ho-Chi-Minh-Stadt (Saigon)

er dem flamboyanten Stil der Dritten Französischen Republik. Direktes Vorbild für die Fassade war das ebenfalls um 1900 eingeweihte Petit Palais in Paris. Auf seinen 559 Plätzen schwelgten die Kolonialherren in europäischer Hochkultur. Ab 1955 diente es unter Präsident Ngo Dinh Diem als Sitzungssaal des südvietnamesischen Marionettenparlaments. Seit 1975 finden wieder kulturelle Veranstaltungen statt.

Hotel Continental 4

An der Ecke Le Loi/Dong Khoi beeindruckt die freundliche Fassade des 1880 erbauten **Hotel Continental.** Einst stiegen hier Berühmtheiten ab, darunter der Weltreisende William Somerset Maugham (1874–1965). Das sowohl von ihm als auch von Graham Greene literarisch verewigte Terrassencafé – als Treffpunkt für Klatsch und Tratsch auch ›Radio Catinat‹ genannt – existiert nicht mehr. Das Hotel besitzt einen schönen Innenhof mit schattigen Frangipani-Bäumen.

Rex Hotel 5

An der Le Loi lohnt sich ein kleiner Umweg über den breiten Boulevard Nguyen Hue, der parallel zur Dong Khoi vom Fluss bis zum Rathaus verläuft. Hier steht eine weitere geschichtsträchtige Nobelherberge, das **Rex.** Ein Hotel ist es jedoch erst seit 1975. Zu Beginn des 20. Jh. stand hier die Garage Bainier – damals das größte Autohaus der Kolonie. Sie wich 1959 dem Rex Trading Center, das während des Vietnamkriegs Treffpunkt der Korrespondenten war. Hier nämlich fanden jeden Tag gegen 17 Uhr die Pressekonferenzen der US-Armee statt – wegen der stets beschönigenden Nachrichten von den Journalisten ›Five o'clock Follies‹ (Fünf-Uhr-Unfug) getauft. Die ebenso berühmte Dachterrasse lädt zum Sundowner oder Dinner ein. Von ihr können die Gäste den Strom der Mopeds bestaunen.

Rathaus und Ho-Chi-Minh-Statue

An der Stirnseite der Nguyen Hue – dem einstigen Boulevard Charner – erstrahlt die verspielte Fassade des **Hôtel de Ville** 6.

Wo früher die Ratsherren tagten, trifft sich heute das mächtige Volkskomitee (Ủy Ban Nhân Dân) von Ho-Chi-Minh-Stadt. Architektonisch folgt der zwischen 1901 und 1908 errichtete Prachtbau dem 20 Jahre zuvor fertiggestellten Rathaus von Paris. Sein schlanker Uhrturm und die roten Pultdächer samt Schnörkelverzierungen an der Fassade machen es zum populärsten Fotomotiv von Saigon. Ein beliebter Spot für Porträts und Gruppenfotos ist die vorgelagerte Grünanlage mit einer 2015 zum 125. Geburtstag aufgestellten, 7,20 m hohen **Ho-Chi-Minh-Statue** 7 aus Bronze.

Kathedrale Notre Dame 8

Tgl. 8–10.30, 15–16 Uhr und zu Gottesdiensten
Vom Rathaus kann man über die Ly Tu Trong wieder zur Dong Khoi zurückkehren, die schon sehr bald am Vorplatz der **Kathedrale Notre Dame** (Nhà Thờ Đức Bà) endet. Der neoromanische Backsteinbau wurde am 7. Oktober 1877 begonnen und drei Jahre später eingeweiht. Die notwendigen Ziegelsteine wurden aus Marseille herantransportiert. Die markanten Spitzen der 40 m hohen Zwillingstürme kamen um 1900 hinzu. Lange Zeit dominierten sie das Stadtbild, heute verschwinden sie nahezu inmitten der Hochhäuser.

Hauptpost 9

2 Cong xa Paris, Mo–Sa 7–19, So 7.30–18 Uhr
Selten avanciert ein Postamt zu einer Touristenattraktion. In Saigon ist dies der Fall. Seitlich der Kathedrale leuchtet die gelbliche Fassade des ehrwürdigen **Hôtel des Postes** (Bưu Điện). Auf Messingtafeln an der unteren Fensterreihe sind die Namen erfinderischer Geistesgrößen wie René Descartes, Benjamin Franklin und André Marie Ampère verewigt. Der zwischen 1886 und 1891 nach Plänen der renommierten Architekten Alfred Foulhoux und Auguste Henri Vildieu errichtete neoklassizistische Bau folgt dem Trend der damaligen Zeit, als zur Stabilisierung ei-

Als Fotomotiv noch immer beliebt: Notre Dame mit ihren Zwillingstürmen

Die Nord-Süd-Kluft

Über 1700 km liegen zwischen Hanoi und Saigon. Dies hat nicht nur Auswirkungen auf das Klima, sondern auch auf Lebensgefühl und Mentalität. Während die Menschen im Norden als sparsam und zurückhaltend gelten, sagt man den Südvietnamesen einen Hang zu Verschwendungssucht und Laisser-faire nach.

»Wenn ein Bauer aus dem Norden einen Fisch fängt oder Hühner aufzieht, bringt er sie zum Markt und verkauft sie. Wenn ein Südvietnamese einen Fisch fängt oder Hühner aufzieht, kauft er eine Flasche Wein und lädt seine Freunde zu einem Fest ein.« So beschrieb ein Hanoier Psychologe einmal die Mentalitätsunterschiede zwischen dem ›genügsamen‹ Norden und dem ›verschwenderischen‹ Süden. Es mögen zwar kaum noch nordvietnamesische Eltern ihre Kinder davor warnen, einen Partner aus dem ›sündigen‹ Süden zu heiraten, trotzdem ist die kulturelle Kluft zwischen den beiden Landesteilen immer noch spürbar. Und dies hat weniger mit der 21 Jahre währenden politischen Trennung zu tun als vielmehr mit den klimatischen Bedingungen und geschichtlichen Entwicklungen im Lauf vieler Jahrhunderte.

Kältewellen, Überschwemmungen, Taifune – das Leben der Bauern im Roten-Fluss-Delta ist immer wieder von der Unbill der Natur betroffen. Von heute auf morgen können die Mühen eines ganzen Jahres durch eine Laune der Natur vernichtet werden. Bauern müssen also horten, mit ihren Ressourcen sparsam umgehen. Nicht so im Süden, wo der natürliche Reichtum und das ganzjährig tropische Klima eher ein sorgloses Leben im Hier und Jetzt ermöglichen. Zudem führte die chronische Überbevölkerung des nördlichen Deltas dazu, dass die Menschen weniger Land besaßen und daher härter arbeiten mussten.

Auch die Einflüsse des Konfuzianismus sind im Norden wesentlich ausgeprägter als im Süden, schließlich war nur das Gebiet bis etwa Vinh von der 1000-jährigen Besatzung durch die Chinesen betroffen. »Verschwendung ruft Unordnung hervor, Sparsamkeit führt zur Einfachheit«, mahnte der große Lehrmeister im »Lun Yu« (Gespräche VII, 36). Dieser Spruch hat sich im Lebensgefühl der Menschen tief eingegraben. Khong Tu, wie der Weise aus dem Land der Mitte hier genannt wird, prägte mit seinem Denken auch andere Werte. Lernen, der Respekt vor den Älteren, Zurückhaltung und Konfliktvermeidung haben im Norden einen weitaus höheren Stellenwert als im Süden. »Bei einer Sitzung reden die Nordvietnamesen um den heißen Brei herum und vermeiden die Konfliktpunkte«, klagte einst ein Saigoner Funktionär. »Im Süden hingegen sind wir direkt und nehmen kein Blatt vor den Mund.« Dies ist möglicherweise mit ein Grund, weshalb ausländische Unternehmen bevorzugt im Süden des Landes investieren. Die größere Aufgeschlossenheit des Südens hat auch damit zu tun, dass er viel später von Vietnamesen besiedelt wurde, stärker von der französischen Kolonialisierung betroffen war (nur Cochinchine hatte den Status einer Kolonie) und weitaus intensiver im Austausch mit fremden Kulturen stand. Klar ist aber auch, dass sich die Unterschiede in Zukunft im Zuge der Globalisierung mehr und mehr abschwächen werden.

nes Gebäudes Träger und Verstrebungen aus Gusseisen eingefasst wurden. Sie stammen aus der Werkstatt von Gustave Eiffel. Von historischem Interesse sind die beiden Landkarten an den Seitenwänden im Inneren. Sie zeigen Saigon und das damals noch eigenständige Cho Lon um 1892 sowie das Netz der Telegrafenleitungen in Südvietnam und Kambodscha im Jahr 1936. Übrigens: Briefmarken gibt es auch.

Vom Wiedervereinigungspalast zum Zoo

Cityplan: S. 365, 370

Nördlich der Kathedrale verläuft zwischen dem Wiedervereinigungspalast im Westen und dem Botanischen Garten im Osten die breite Straße Le Duan mit zahlreichen Geschäften und Bürohäusern. Zu den optisch herausragenden Gebäuden am einstigen Boulevard Norodom zählen das glitzernde Diamond Plaza und das Hotel Sofitel Plaza.

Wiedervereinigungspalast 10

135 Nam Ky Khoi Nghia, tgl. 7.30–11, 13–16 Uhr, 30 000 VND

Der gewaltige Gebäudekomplex im Stil der klassischen Moderne liegt inmitten eines 12 ha großen Parks und ist eines der geschichtsträchtigsten Bauwerke Saigons. Hier endete am 30. April 1975 der Vietnamkrieg, als Panzer der nordvietnamesischen Armee das gusseiserne Haupttor zum Gelände durchbrachen. Kurze Zeit später erklärte der gerade zum Präsidenten ernannte General Duong Van Minh, genannt ›Big Minh‹, die bedingungslose Kapitulation. Ab 11.30 Uhr wehte die rote Flagge mit dem Stern auf dem Dach.

Offiziell heißt das Gebäude **Halle der Wiedervereinigung** (Hội Trường Thống Nhất), weil dort im November 1975 der Zusammenschluss von Nord- und Südvietnam verhandelt wurde. Ursprünglich stand hier der 1868 errichtete **Palais Norodom** – benannt nach dem damaligen kambodschanischen König – als Dienstsitz des Generalgouverneurs. Nach Abzug der Franzosen und der Teilung des Landes bezog 1954 der südvietnamesische Präsident Ngo Dinh Diem die Räume. Fortan trug der neobarocke Prachtbau den Namen **Unabhängigkeitspalast** (Dinh Độc Lập).

Bei einem Luftangriff von zwei Piloten der südvietnamesischen Luftwaffe am Morgen des 27. Februar 1962 wurde der linke Flügel schwer beschädigt. Diem gab daraufhin dem Architekten Ngo Viet Thu den Auftrag zu einem kompletten Neubau. Der wandte dabei auch Feng-Shui-Elemente an. Der Grundriss in T-Form integriert das chinesische Zeichen für »Glück, Wohlergehen«, 吉 (chin. *ji*, viet. *cát*). Die Fertigstellung sollte Diem jedoch nicht mehr erleben. Es war einem seiner Nachfolger, Nguyen Van Thieu, vergönnt, den 4500 m² großen Palast 1966 einzuweihen.

Die im Stil der 1960er-Jahre gestalteten 95 Räume mit tiefen Teppichen und schweren Lüstern verteilen sich über sechs Etagen, davon zwei unterirdische. Der am tiefsten gelegene Bereich war hoch gesichert und diente als militärische Schaltzentrale.

Konsulat der USA 11

An der Ecke Le Duan/Mac Dinh Chi liegt das **Consulate General of the United States.** Bis Mitte der 1990er-Jahre stand hier das Gebäude der US-Botschaft, das während des Krieges Vietnams wichtigste Machtzentrale war. 1967 neu errichtet, war es während der Tet-Offensive 1968 Schauplatz heftiger Kämpfe. Ab 1975 stand es leer und wurde 1998 durch einen Neubau ersetzt.

In die kollektive Erinnerung gingen vor allem die Bilder der letzten Tage des Aprils 1975 ein, als Hubschrauber auf dem Dach des weißen Baus landeten und einen nicht abreißenden Strom von Flüchtlingen evakuierten. Im Rahmen der Operation IV wurden innerhalb von 18 Stunden 1373 US-Amerikaner, 5595 Südvietnamesen und 851 Angehörige anderer Nationen evakuiert, davon allein vom Grundstück der US-Botschaft 2100 Personen. Insgesamt flogen 70 Hubschrauber dafür 630 Einsätze.

Ho-Chi-Minh-Stadt (Saigon)

Sehenswert
- 1 – 10 s. Cityplan Saigon-Zentrum S. 365
- 11 Konsulat der USA
- 12 Zoo/Botanischer Garten
- 13 Historisches Museum
- 14 Stadtpark
- 15 – 19 s. Cityplan Saigon-Zentrum S. 365
- 20 Ho-Chi-Minh-Museum
- 21 Museum für Kriegsrelikte
- 22 Frauenmuseum
- 23 Chua Xa Loi
- 24 Gedenkstupa
- 25 Chua Vinh Nghiem
- 26 Chua Ngoc Hoang
- 27 Den Tran Hung Dao
- 28 Den Le Van Duyet
- 29 FITO Museum
- 30 – 41 s. Cityplan Cho Lon S. 377

Übernachten
- 1 – 3 s. Cityplan Saigon-Zentrum S. 365
- 4 Novotel Saigon Centre
- 5, 6 s. Cityplan Saigon-Zentrum S. 365
- 7 I Am Vietnam Boutique Hotel
- 8 – 11 s. Cityplan Saigon-Zentrum S. 365
- 12 Beautiful Saigon 3
- 13 Duc Vuong Hotel
- 14 Bich Duyen Hotel
- 15 Elegant Inn

Essen & Trinken
- 1 – 3, 5 – 7 s. Cityplan Saigon-Zentrum S. 365
- 4 Hum
- 8 Cuc Gach Quan
- 9, 10 s. Cityplan Saigon-Zentrum S. 365
- 11 Quan 3 Mien
- 12 – 14 s. Cityplan Saigon-Zentrum S. 365
- 15 Khanhcasa Tea House
- 16 – 18 s. Cityplan Saigon-Zentrum S. 365

Einkaufen
- 1 – 3 s. Cityplan Saigon-Zentrum S. 365
- 4 Factory Contemporary Arts Centre
- 5 – 9 s. Cityplan Saigon-Zentrum S. 365
- 10 Vietnam Designer House
- 11 – 13, 15 s. Cityplan Saigon-Zentrum S. 365
- 14 Tay Son
- 16 Cho Hoa Ho Thy Ky
- 17 s. Cityplan Saigon-Zentrum S. 365
- 18 Lê Lê Shop

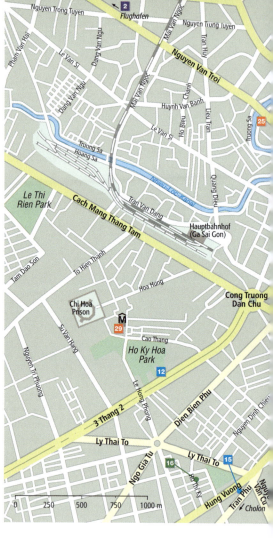

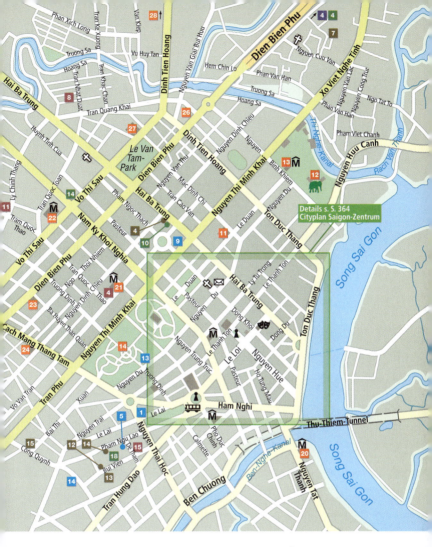

| 19 | s. Cityplan Cho Lon S. 377 |

Abends & Nachts
1	Chill Sky Bar
2 – 4	s. Cityplan Saigon-Zentrum S. 365
5	De Tham/Pham Ngu Lao
6 – 8	s. Cityplan Saigon-Zentrum S. 365
9	Social Club
10, 11	s. Cityplan Saigon-Zentrum S. 365
12	Hoa-Binh-Theater
13	Ho-Chi-Minh-City-Konservatorium
14	Stage Arts and Cinematography College
15	Phong Tra Tieng Xua

Aktiv
1	s. Cityplan Saigon-Zentrum S. 365
2	Saigon Superbowl
3	s. Cityplan Cho Lon S. 377
4	Suoi Tien Park
5, 6	s. Cityplan Saigon-Zentrum S. 365

Ho-Chi-Minh-Stadt (Saigon)

Zoo und Botanischer Garten [12]

*2 Nguyen Binh Khiem, Tel. 08 38 29 14 25,
tgl. 7–18.30 Uhr, 50 000 VND*

Vom östlichen Ende der Le Duan erstrecken sich bis zum Thi-Nghe-Kanal **Zoo und Botanischer Garten** (Thảo Cầm Viên). Ein zunächst 12 ha großes Gelände wurde 1864 von dem französischen Botaniker J. B. Louis Pierre angelegt und 1924 durch eine 10 ha große zoologische Abteilung ergänzt. Die großflächige Grünanlage eignet sich hervorragend zum Flanieren und Entspannen. Auch wenn der Park über 1800 teilweise sehr alte Bäume und mehr als 260 seltene Pflanzenarten aufweist, bleibt er hinter den Ansprüchen eines botanischen Lehrgartens zurück. Die Tiergehege werden modernen Standards ebenfalls nicht gerecht, auch wenn in den letzten Jahren Verbesserungsmaßnahmen getroffen wurden. Nichtsdestotrotz erfreuen sich die jährlich über 1 Mio. Besucher an Elefant, Kamel, Panter, Tiger, Krokodil und Affe. Regelmäßig finden auf dem Gelände Sonderveranstaltungen statt.

Historisches Museum [13]

*2 Nguyen Binh Khiem, Di–So 8–11,
13.30–16.30 Uhr, 15 000 VND*

Das attraktive Gebäude des **Historischen Museums** (Bảo Tàng Lịch Sử) mit einem achtseitigen Dachaufsatz im Pagodenstil nimmt die Nordwestecke des Botanischen Gartens ein. Der Eingang liegt an der quer zur Le Duan verlaufenden Nguyen Binh Khiem. 1929 öffnete es als Musée Blanchard de la Bosse seine Pforten. Heute präsentiert es in 16 Ausstellungsräumen die Geschichte Vietnams. Vor allem die frühen Funde sind sehenswert, etwa aus der Periode des Funan- (1.–7. Jh.) und Zhenla-Reiches (7.–9. Jh.) in den Räumen 10 und 11. Von herausragender Qualität ist ein stehender Bronze-Buddha aus dem 4. Jh. im Gupta-Stil und eine Sandsteinskulptur des Sonnengottes Surya aus dem 7./8. Jh. Aus der einstigen Hafenstadt Oc Eo im Mekong-Delta stammt die ungewöhnliche Münzsammlung mit Exemplaren aus der Regentschaft des römischen Kaisers Antonius Pius (reg. 138–161) und der persischen Sassaniden-Dynastie (224–642). Exponate aus der Cham-Ära sind in Raum 12 zu finden. Schaurig schön ist in Raum 16 der mumifizierte Leichnam einer im 19. Jh. verstorbenen Frau, der 1994 bei Grabungen in Ho-Chi-Minh-Stadt ans Tageslicht kam.

Vom Stadtpark zum Saigon-Fluss

Cityplan: S. 365, 370

Stadtpark [14]

Durch die Huyen Tran Cong Chua vom Wiedervereinigungspalast abgetrennt, erstreckt sich der beliebte **Stadtpark** (Công Viên Văn Hoá) in Richtung Westen. Hier wimmelt es abends und am Wochenende von Besuchern, die unter den alten Bäumen flanieren, joggen oder Ball spielen. Im nordöstlichen Teil befinden sich die Anlagen des Arbeitersportvereins. Dieser einstige Cercle Sportif geht auf die Franzosen zurück, die sich dort unter Ausschluss der Einheimischen zum Tennisspielen und Schwimmen trafen.

Museum von Ho-Chi-Minh-Stadt [15]

65 Ly Tu Trong, tgl. 8–17 Uhr, 15 000 VND

Im schmucken neoklassizistischen Prachtbau an der Ecke Ly Tu Trong/Pasteur ist das **Museum von Ho-Chi-Minh-Stadt** (Bảo Tàng Thành Phố Hồ Chí Minh) untergebracht. Zwischen 1886 und 1890 errichtet, diente das Gebäude zunächst als Residenz des Gouverneurs von Cochinchine. Nachdem der Unabhängigkeitspalast 1962 bei einem Coup-Versuch stark beschädigt wurde, nutzte Ngo Dinh Diem den auch als Gia-Long-Palast bekannten Bau als Dienstsitz. Zu seinem Schutz ließ er einen 4 m unter der Erde verlaufenden Geheimtunnel anlegen. Diesen nutzte der umstrittene Präsident am 1. November 1963, um mit seinem Bruder nach Cho Lon zu fliehen, wo er sich in der Cha-Tam-Kirche schließlich ergab und später ermordet wurde. In naher Zukunft sollen Teile des Tunnels

Vom Stadtpark zum Saigon-Fluss

Sri Mariamman ist einer der wenigen noch genutzten Hindu-Tempel in Saigon

zugänglich gemacht werden. Seit 1975 beleuchtet das einstige Revolutionsmuseum die Entwicklung der südvietnamesischen Metropole. Trotz der augenscheinlich einseitigen Geschichtsdarstellung gibt die Ausstellung einen informativen Einblick in Saigons bewegte Vergangenheit.

Sri-Mariamman-Tempel 16
45 Truong Dinh, tgl. 7.30–19.30 Uhr, Eintritt frei
Über die südlich des Museums verlaufende Le Thanh Ton und die davon nach Süden abzweigende Truong Dinh gelangt man zum **Sri-Mariamman-Tempel** (Đền thờ Bà Mariamman) mit seinem üppig verzierten Tempelturm, dem Gopuram. Das Ende des 19. Jh. errichtete Hindu-Heiligtum ist eine Stiftung der damals in Saigon ansässigen tamilischen Gemeinde zu Ehren der in ihrer südindischen Heimat populären ›Mutter des Regens‹, Mariamman. Im Inneren sind zahlreiche Götterdarstellungen zu finden. Das begehbare Allerheiligste in der Raummitte birgt die Statue von Mariamman und ihren Begleitern Maduraiveeran und Pechiamman. Obwohl nur noch wenige Hindus in der Stadt leben, ist das Heiligtum gerade an den Vollmondtagen ein gern besuchtes Pilgerziel. Offensichtlich haben die chinesischen und vietnamesischen Gläubigen keine Probleme damit, auch diese Frauengottheit in ihr bevölkertes Pantheon aufzunehmen.

Ben-Thanh-Markt und General-Tran-Nguyen-Han-Reiterstatue
»Das Leben ist so hektisch wie der Ben-Thanh-Markt«, hat ein Komponist einmal gedichtet. Und in der Tat: Der nur wenige Häuserblocks weiter östlich gelegene **Ben-Thanh-Markt** 17 (Chợ Bến Thành) gleicht mit dem ständigen Kommen und Gehen einem umschwirrten Bienenstock. Die einst Les Halles Centrales genannte Markthalle mit dem markanten Uhrturm über dem Südeingang wurde 1914 eröffnet und birgt auf ihren 13 000 m² alles, was für den Alltagsbedarf von Bedeutung ist – von Alkohol bis Zahnstocher. »Was wir nicht führen, brauchst du auch nicht«, könnte der Werbeslogan heißen. Im vorderen Bereich dominieren Stän-

Ho-Chi-Minh-Stadt (Saigon)

de mit Textilien und Schuhen, in der hinteren Sektion werden Lebensmittel verkauft. Sehr fotogen sind die Blumenstände außerhalb des nördlichen Ausgangs (zwischen Phan Chu Trinh und Phan Boi Chau, tgl. 6–18 Uhr).

Der verkehrsumbrauste Quach-Thi-Trang-Platz wird von einer großen **Reiterstatue** 18 dominiert, die General Tran Nguyen Han darstellt. Der Mitstreiter des Nationalhelden Le Loi setzte im Kampf gegen die chinesischen Invasoren im 15. Jh. zur Nachrichtenübermittlung erfolgreich Brieftauben ein. Der Platz ist nach der Buddhistin Quach Thi Trang benannt, die hier im August 1963 bei einer Demonstration gegen das Diem-Regime erschossen wurde. An sie erinnert eine kleine Büste vor dem Standbild.

Museum der Schönen Künste 19

97 A Pho Duc Chinh, Di–So 9–17 Uhr, 10 000 VND

Folgt man auf der Südseite des Platzes der Pho Duc Chinh, so sind es nur einige hundert Meter bis zum **Museum der Schönen Künste** (Bảo Tàng Mỹ Thuật). Auf drei Etagen des wunderschönen neoklassizistischen Prachtbaus werden Kunstwerke aus verschiedenen Epochen gezeigt. Während die Räume im Erdgeschoss Wechselausstellungen gewidmet sind, ist im ersten Stock vorwiegend ideologisch gefärbte Politkunst zu sehen. Die oberste Etage überrascht mit einer kleinen, aber exquisiten Sammlung von Statuen aus der Cham- und Funan-Kultur, die allein schon den Besuch rechtfertigt. Für Kunstsammler lohnt sich der Blick in den Hinterhof, wo mehrere Galerien die Werke zeitgenössischer Künstler zum Verkauf anbieten.

Ho-Chi-Minh-Museum 20

1 Nguyen Tat Thanh, Di–So 8–11.30, 13.30–17 Uhr, 10 000 VND

Südlich der Mündung des stinkenden Ben-Nghe-Kanals in den Saigon-Fluss und schräg gegenüber vom Thu-Thiem-Tunnel befindet sich das älteste Kolonialgebäude der Stadt: das 1863 errichtete Zollhaus. Hier, an der Nguyen Tat Thanh, ist das **Ho-Chi-Minh-Museum** (Bảo Tàng Hồ Chí Minh) untergebracht. Von einer der nahe gelegenen Anlegestellen verließ am 5. Juni 1911 der damals 21-jährige Nguyen Tat Thanh (alias Ho Chi Minh) auf der »Amiral La Touche-Tréville« als einfacher Küchenjunge sein Land. In den beiden Stockwerken des im Volksmund ›Drachenhaus‹ (Nhà Rồng) genannten Gebäudes sind eine Vielzahl von Fotografien zu sehen. Zu den Memorabilien zählen der angeblich originale Rattankoffer und ein Wanderstock.

Sehenswürdigkeiten im Dritten Distrikt

Cityplan: S. 370

Der Dritte Distrikt erstreckt sich nördlich des Wiedervereinigungspalastes zwischen den Ausfallstraßen Cach Mang Thang Tam und Hai Ba Trung. Dort befinden sich einige sehenswerte Museen und Tempel.

Museum für Kriegsrelikte 21

28 Vo Van Tan, www.warremnantsmuseum.com, tgl. 7.30–12, 13.30–17 Uhr, 15 000 VND

Einen Block nördlich des Wiedervereinigungspalastes liegt an der Ecke Vo Van Tan/ Le Qui Don Saigons meistbesuchtes Museum: das **Museum für Kriegsrelikte** (Bảo Tàng Chứng Tích Chiến Tranh). Im einstigen Sitz der U.S. Information Agency (USIA) werden seit 1975 die ›Gräueltaten‹ des früheren Feindes präsentiert. Zwar wurde der alte Name Museum für Kriegsverbrechen schon lange getilgt, doch vermitteln die erschütternden Fotos und Textdokumentationen, die Föten missgebildeter Kinder infolge von Agent Orange und die nachgestellten Kriegsszenen eine klare Botschaft: Die US-Armee war grausam und menschenverachtend. Eine Nachbildung der Tigerkäfige von der Gefangeneninsel Con Dao verdeutlicht die brutalen Haftbedingungen während der französischen Kolonialzeit und der Ära der südvietnamesischen Diktatoren. Im Hof stehen US-amerikanische Haubitzen, Pan-

Sehenswürdigkeiten im Dritten Distrikt

zer, Hubschrauber und Flugzeuge. Sehr eindrucksvoll: die Ausstellung in der oberen Etage des kubischen Baus mit weltbekannten Kriegsaufnahmen ausländischer und vietnamesischer Fotojournalisten.

Frauenmuseum 22
200–202 Vo Thi Sau, tgl. 8–11.30, 13.30–17 Uhr, Eintritt frei

Eine wenig beachtete, aber durchaus bemerkenswerte Ausstellung ist im 1985 etablierten **Museum für die Frauen Südvietnams** (Bảo Tàng Phụ Nữ Nam Bộ) zu finden, einem grauen Klotz hinter einem schmucken Kolonialbau. Anhand von Fotodokumenten und Texten erläutert sie Leben und Wirken der südvietnamesischen Frauen, vor allem ihren Anteil am Befreiungskampf. Zu den Exponaten zählen Kleidungs- und Schmuckstücke, Sets für das Betelkauen sowie eine äußerst schöne Sammlung von Bronzegongs aus dem Hochland.

Chua Xa Loi 23
89 B Ba Huyen Thanh Quan, tgl. 7–11, 14–17 Uhr, Eintritt frei

In der Ba Huyen Thanh Quan, südlich der Dien Bien Phu, erheben sich die modernen Gebäude der **Chùa Xá Lợi** (Pagode der Reliquie des Erleuchteten). Das im Mai 1958 eingeweihte Kloster zählt zu den bedeutendsten buddhistischen Stätten der Stadt. Xa Loi war eine Hochburg des buddhistischen Widerstands gegen das repressive Diem-Regime und wurde im August 1963 von Schergen des Diktators gestürmt. Dabei kamen über 400 Mönche und Nonnen in Haft. In der schlicht gehaltenen Haupthalle neben dem markanten Pagodenturm wird eine 6,50 m große vergoldete Buddha-Figur aus Stein verehrt. An den Wänden illustrieren 14 Gemälde des Künstlers Nguyen Van Long Szenen aus dem Leben des Erleuchteten.

Gedenkstupa 24

Einige 100 m südlich der Xa-Loi-Pagode, an der Kreuzung Nguyen Dinh Chieu/Cach Mang Thang Tam, erinnern ein **Gedenkstupa** (Miếu Thờ Thích Quảng Đức) und ein Bronzemonument an die Selbstverbrennung des buddhistischen Mönches Thich Quang Duc. An dieser Straßenkreuzung hatte sich am 11. Juni 1963 der damals 73-Jährige aus Protest gegen die Buddhistenverfolgung durch das Diem-Regime mit Benzin übergießen lassen und verbrannt. Der zuvor von buddhistischen Aktivisten benachrichtigte Journalist Malcolm Browne fotografierte diesen religiösen Suizid. Als dessen Fotos daraufhin überall in den US-Medien erschienen, entbrannte eine Diskussion über die Unterstützung von Diem seitens der USA. Wenige Monate später ließ US-Präsident John F. Kennedy den Diktator fallen. Thich Quang Duc wird von den vietnamesischen Buddhisten bis heute als Märtyrer und Bodhisattva verehrt.

Chua Vinh Nghiem 25
339 Nam Ky Khoi Nghia, tgl. 6.30–11.30, 13.30–18.30 Uhr, Eintritt frei

Wohl das prachtvollste buddhistische Heiligtum Saigons ist die **Chùa Vĩnh Nghiêm** (Pagode der ewigen Herrlichkeit) an der Einfallstraße Nam Ky Khoi Nghia, etwas südlich des Nhieu-Loc-Kanals. Sie wurde zwischen 1964 und 1971 mit Unterstützung japanischer Buddhisten errichtet und beherbergt eine bedeutende Schule für Mönche und Nonnen.

Die zweistöckige Haupthalle am Ende eines großen Hofes wirkt aufgrund des doppelt gestaffelten Walmdaches imposant und doch harmonisch. Während sich im unteren Bereich der Halle Büros und das Refektorium der Mönche und Nonnen befinden, dient der über eine breite Treppe erreichbare obere Bereich religiösen Zeremonien.

Die Stirnseite des Inneren wird durch eine 6 m große Figur des historischen Buddha Shakyamuni dominiert, die von den Bodhisattvas Manjushri (Văn Thù) und Samantabhadra (Phổ Hiền) flankiert wird. Hauptaugenmerk an der Straße ist der siebenstöckige Pagodenturm, der Quan Âm geweiht ist. In einem weiteren Pagodenturm hinter der Haupthalle werden seit 1982 die Urnen von Verstorbenen aufbewahrt.

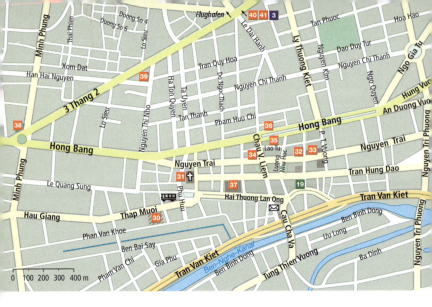

Nordöstlich des Zentrums

Cityplan: S. 370

Chua Ngoc Hoang 26
73 Mai Thi Luu, tgl. 7–18 Uhr, Eintritt frei
Ein Spaziergang führt vom Botanischen Garten entlang der Ngyuen Dinh Khiem bis zur breiten Dien Bien Phu. Biegt man dort rechts in die Mai Thi Luu hinein, so taucht bald linker Hand die **Chùa Ngọc Hoàng (**Tempel des Jadekaisers) auf. Dieses Heiligtum zählt zu den interessantesten Sakralbauten der Stadt. Von Einwanderern aus Guangzhou 1909 gestiftet, gleicht es einem gewaltigen Verwaltungsapparat von daoistischen und buddhistischen Gottheiten mit Kaiser, Generälen, Höllenrichtern und Ammen.

Der Tempel besteht aus zwei nebeneinander liegenden rötlichen Hallen. Schon von außen quellen sie über von Verzierungen an den Dächern. Noch viel üppiger zeigt sich das Innere, wo ein Götterheer hinter den ständig aufsteigenden Schwaden der Räucherstäbchen hervorschaut. Der **prächtige Eingang zur Haupthalle** wird links vom Erdgott (Thổ Thần) und rechts vom Türgott (Môn Quân) bewacht. Es folgen in dem länglichen Raum mehrere **Altäre.** Der vordere Altar ist Gestalten aus der buddhistischen Glaubenswelt gewidmet. Beschützt werden sie von zwei grimmigen Generälen: zur Linken dem Besieger des Weißen Tigers (Symbol des Westens und des Todes) und zur Rechten dem Bezwinger des Azurnen Drachens (Symbol des Ostens und der Zeugung). Auf dem **Hauptaltar** am Raumende thront der bärtige Jadekaiser, umgeben von seinen vier Diamantwächtern (Tứ Đại Kim Cương) und weiteren Gottheiten wie etwa Bắc Đẩu, dem Gott des Nördlichen Polarsterns, und Nam Tào, dem Gott des Südlichen Polarsterns.

Auf der rechten Seite des Hauptaltars gelangt man über eine Treppe in den ersten Stock, wo sich ein schöner Blick auf die benachbarten Dachverzierungen bietet. Zudem wird dort eine Statue der Quan Âm verehrt. Links vom Altar mit dem Jadekaiser ist ein Durchgang zur **zweiten Halle,** die eine ›Höllenstimmung‹ aufkommen lässt. Hier thront nämlich auf dem **Hauptaltar** Thành Hoàng, der Höllenkönig, begleitet von seinem roten Pferd sowie Âm Quân, dem Wächter des Yin (links), und Dương Quân, dem Wächter des Yang (rechts). Vier Gestalten mit hohen Hüten sind für die ge-

Cho Lon

Sehenswert
- **1 – 29** s. Citypläne Saigon S. 365, 370
- **30** Binh-Tay-Markt
- **31** Cha-Tam-Kirche
- **32** Mieu Thien Hau (Chua Ba)
- **33** Hoi Quan Nghia An (Chua Ong)
- **34** Ha Chuong Hoi Quan
- **35** Chua On Lang
- **36** Phuoc An Hoi Quan
- **37** Chua Ong Bon (Nhi Phu Hoi Quan)
- **38** Chua Phung Son Tu (Chua Go)
- **39** Chua Van Nam Vien
- **40** Chua Giac Lam
- **41** Chua Giac Vien

Einkaufen
- **19** Tien Nghiep

Aktiv
- **3** Dam Sen Water Park

Alle anderen Adressen s. Citypläne Saigon-Zentrum S. 365 und Saigon S. 370

---

rechte Verteilung von Belohnung und Bestrafung zuständig. Um Letztere kümmern sich auch die zehn Höllenrichter auf den schön geschnitzten **Holzvertäfelungen** an den Seitenwänden. Anschaulich sind in zehn Sektionen die Folter- und Tötungsmethoden bei entsprechenden Vergehen dargestellt. Weitaus friedlicher wirken die zwölf Frauen in einem abgetrennten Bereich, die je ein Jahr des **chinesischen Kalenderzyklus** repräsentieren. In ihrer Mitte thront Kim Hoa Thánh Mẫu, die Himmlische Mutter. Die vielen Seidenumhänge an den Statuen zeugen von ihrer Bedeutung für die Gläubigen.

Den Tran Hung Dao 27

36 Vo Thi Sau, tgl. 7–11, 14–17 Uhr, Eintritt frei
Etwas weiter westlich der Chua Ngoc Hoang erinnert der **Đền Trần Hưng Đạo** an jenen berühmten General, der 1287 die Mongolen am Bach-Dang-Fluss besiegte. Der kleine Hof des 1925 erbauten Tempels wird von einer mächtigen Statue des Nationalhelden dominiert. Eine Ausstellung in einem Seitengebäude erläutert die legendär gewordenen Militärkampagnen des Heroen.

Den Le Van Duyet (Lăng Ông) 28

126 Dinh Thien Hoang, tgl. 7–18 Uhr, Eintritt frei
Im Binh-Thanh-Distrikt liegt an der Einmündung der Dinh Thien Hoang in die Bach Dang der **Đền Lê Văn Duyệt** – auch Lăng Ông genannt. Hier befindet sich die Grabstätte einer der umstrittensten Persönlichkeiten des frühen 19. Jh., des Generals Le Van Duyet (1763–1832). Der verheiratete Eunuch war ein enger Vertrauter des Gia-Long-Herrschers. Beim gemeinsamen Kampf gegen die Tay-Son-Rebellen hatte Duyet sich als erfolgreicher Stratege erwiesen. Gia Long ernannte ihn daraufhin zu seinem Statthalter über die südlichen Provinzen. Doch Duyets Widerstand gegen dessen Nachfolger Minh Mang und seine Offenheit gegenüber Frankreich ließen seinen Stern rapide sinken. Nach seinem Tod wurde er posthum degradiert und sein Grab zerstört. Erst der Tu-Duc-Herrscher rehabilitierte ihn und ließ seine Grabstätte wieder herstellen. Das Tempelgelände besteht aus einer Gedenkhalle mit den Ahnentafeln, den ummauerten Gräbern von ihm und seiner Frau sowie einem Pavillon mit Gedenkstele. Das beliebte Tempelfest findet am ersten Tag des achten Mondmonats statt.

Cho Lon

Cityplan: links

Kein Name passt besser zu diesem Stadtteil als **Chợ Lớn**, Großer Markt, denn in den quirligen Straßen und Gassen zwischen dem südlichen Ben-Nghe-Kanal und der breiten Hung Vuong scheinen die Bewohner mit nichts anderem beschäftigt zu sein als mit dem Handel von Waren. Die heutigen Distrikte 5 und 6 bildeten seit 1879 die eigenständige Municipalité de Chợ Lớn. Doch bereits ab 1778 lebten hier chinesische Migranten,

Ho-Chi-Minh-Stadt (Saigon)

die vor Racheakten der Tay-Son-Rebellen geflohen waren. Zunehmend begannen sie, den Handel zu dominieren und profitierten vor allem von der Urbarmachung des Mekong-Deltas während der Kolonialzeit. Cho Lon avancierte zu einem der bedeutendsten Umschlagplätze für Reis in den Kolonien Südostasiens. Die Franzosen schätzten die tüchtigen Chinesen als Geschäftspartner, denn gegen die entsprechenden Piaster besorgten sie ihnen alles – von Drogen bis zu Prostituierten. In Saigon lagen die schicken Cafés und mondänen Hotels, in Cho Lon die Opiumhöhlen und Bordelle. Saigon war die Schöne, Cho Lon das Biest. Nach 1975 stürzte der Stadtteil wie ganz Ho-Chi-Minh-Stadt infolge der drastischen Enteignungspolitik in eine tiefe wirtschaftliche Depression. Als der Grenzkrieg von 1979 das Verhältnis zu China zu einem Tiefpunkt führte und es zu antichinesischen Ausschreitungen kam, flohen Hunderttausende ins Ausland. Viele sind im Zuge der Reformpolitik wieder zurückgekehrt und gehen ihren alten Geschäften nach. Die Schöne und das Biest spielen wieder ihre alten Rollen.

In Cho Lon leben die Chinesen nicht nur ihren Geschäftssinn aus, sondern auch ihre Religiosität. Entsprechend ihrer Herkunftsprovinz erbauten ihre Vorfahren zur Pflege der Traditionen und zur Verehrung ihrer Schutzgottheiten Versammlungshallen *(hội quán)*. Sie zählen mit Abstand zu den Hauptattraktionen von Cho Lon.

FITO Museum 29
41 Hoang Du Khuong, Tel. 08 38 64 24 30, www.fitomuseum.com.vn, tgl. 8.30–17.30 Uhr, 50 000 VND

Auf dem Weg in Richtung Cho Lon lohnt sich der Besuch des **Museums für Traditionelle Vietnamesische Medizin** (Bảo Tàng Y Học Cổ Truyền). 2007 vom Eigentümer des Unternehmens FITO PHARMA gegründet, gibt es mit über 3000 Exponaten einen umfassenden Einblick in die Geschichte der traditionellen Medizin in Vietnam, die Vielfalt der heimischen Heilpflanzen und die Rolle von Persönlichkeiten wie dem buddhistischen Mönch Hai Thuong Lang Ong. Ausgestellt sind auf sechs Etagen alte Mörser, Behälter und Dokumente. Im Museumsladen sind pharmazeutische Produkte erhältlich.

Binh-Tay-Markt 30
Thap Muoi, tgl. 6–20 Uhr

Mindestens genauso sehenswert wie der Ben-Thanh-Markt ist das zweigeschossige Gebäude des **Binh-Tay-Marktes** (Chợ Bình Tây) an der Thap Muoi. Auch er quillt über vom Warenangebot und ist vor allem für den Kauf von Lebensmitteln interessant. Wer Gewürze, Tee oder Kaffee benötigt, kann sich hier eindecken. Die Markthalle mit der schönen Fassade wurde 1920 vom chinesischen Geschäftsmann Quach Dam gestiftet, dem im Innenhof ein Denkmal gewidmet ist.

Cha-Tam-Kirche 31
25 Hoc Lac, tgl. 7–12, 14–18, 19–21 Uhr

In der etwas nördlich des Marktes am Westende der Tran Hung Dao gelegenen **Cha-Tam-Kirche** (Nhà Thờ Cha Tam) endete das Leben von Ngo Dinh Diem und seinem Bruder Ngo Dinh Nhu. Dorthin waren sie am 1. November 1963 aus Angst vor einem Coup d'État geflohen, anschließend aufgegriffen, abtransportiert und in einem Armeewagen auf dem Weg zum Militärhauptquartier getötet worden. Heute treffen sich in diesem wunderschönen, zwischen 1900 und 1902 im neogotischen Stil erbauten Gotteshaus die chinesischen Katholiken. Da die Kirche dem Asienmissionar Franz Xaver geweiht ist, wird sie auch Nhà thờ Thánh Phanxicô Xaviê genannt.

Mieu Thien Hau 32
710 Nguyen Trai, tgl. 6–18 Uhr, Eintritt frei

Entlang der Nguyen Trai und den Seitenstraßen reiht sich eine Vielzahl von Tempeln und Versammlungshallen, in denen die Chinesen ihre Schutzgottheiten verehren. Der mit Abstand bekannteste ist der **Miếu Thiên Hậu** (Tempel der Himmelsgemahlin), von den Bewohnern auch schlicht Chùa Bà (Tempel der Großmutter) genannt. Einwanderer aus Guangzhou (Kanton) hatten ihn 1760 errichtet

Opfergabe im Mieu Thiên Hậu: Der Rauch soll die guten Wünsche der Hinterbliebenen zu den Ahnen in den Himmel tragen

und Thiên Hậu, der Gemahlin des Himmels, gewidmet.

Der Ursprung ihres Kultes liegt in der Taiwan-Straße vor der südchinesischen Küste. Dort wurde 960 auf der Insel Meizhou ein Mädchen geboren. Die Fischertochter war sehr religiös und trat als Dreizehnjährige in den Dienst eines daoistischen Lehrers. Dabei entwickelte sie magische Kräfte, mit denen sie Vater und Bruder einmal auf wundersame Weise aus Seenot rettete. Bald nach ihrem frühen Tod 989 begann man sie zu verehren. Es entstand ein Kult um sie, der sich immer weiter ausbreitete. Im Jahr 1681 verlieh ihr der Kangxi-Kaiser (reg. 1662–1722) den Titel ›Gemahlin des Himmels‹ (chin.: Tian Hou). Da die Schutzpatronin der Seefahrer und Fischer vor allem von Bewohnern der südchinesischen Provinzen verehrt wird, kommen heute auch viele Besucher aus Hongkong und Taiwan, um eine der vielen Räucherspiralen zu stiften, die das Tempelinnere in eine magische Kulisse verwandeln.

Eine besonders schöne Perspektive von den überbordenden **Verzierungen** an der vorderen Fassade und dem Dachfirst bietet sich vom Vorhof aus. Die feinen Reliefs aus bemalter Keramik am Dachfirst stammen aus dem Jahr 1908 und illustrieren Szenen chinesischer Legenden und mythologische Tiere wie Drachen oder Fische. Den Haupteingang flankieren die beiden mächtigsten Wächter der daoistischen Götterwelt, der blau gekleidete **Gott des Nördlichen Polarsterns** (Bắc Đẩu) und der rot gewandete **Gott des Südlichen Polarsterns** (Nam Tào). Im folgenden Innenhof stehen große Behälter für die Räucherstäbchen. Auch hier sind die Dachfirste detailreich verziert.

An der Stirnseite der Haupthalle finden sich drei hintereinander stehende prächtig gekleidete **Statuen von Thiên Hậu.** Zwei

Ho-Chi-Minh-Stadt (Saigon)

weiteren Himmelsmüttern (Thánh Mẫu) sind die Seitenaltäre gewidmet. Ein kleines Schiffsmodell erinnert an die Legende von Thiên Hậu. Die vielen roten Zettel an den Seitenwänden sind die Spendenbescheinigungen der Gläubigen.

Hoi Quan Nghia An 33
676 Nguyen Trai, tgl. 7–18 Uhr, Eintritt frei
Nur wenige Schritte weiter östlich trifft sich die Gemeinde im **Hội Quán Nghĩa An** aus dem Jahr 1820. Er wird auch Chùa Ông (Tempel des Großvaters) genannt, weil dort der chinesische General Quan Công (chin.: Guan Yu) verehrt wird. Dessen heroische Taten in der Zeit der Drei Reiche (220–265) fanden im 14. Jh. literarischen Niederschlag in dem populären Roman »Geschichte der Drei Reiche«. Quan Cong ist der Patron der Händler und Gelehrten und bewahrt die Menschen vor Unrecht, weshalb in seinen Tempeln oft Schiedssprüche verkündet wurden. In der Haupthalle hinter einem großen Platz steht zentral die mächtige **Statue** des rotgesichtigen Generals und seiner Begleiter, der Militärmandarin Châu Xương zur Linken und der Zivilmandarin Quan Binh zur Rechten. Der linke Nebenaltar ist dem Gott des Reichtums, Than Tai, der rechte Thiên Hậu gewidmet. Sehr eindrucksvoll ist auch das 3 m hohe rote Pferd des Generals seitlich des Haupteingangs. Auf der rechten Seite ist zudem der Glücksgott Ông Bổn zu sehen.

Ha Chuong Hoi Quan 34
802 Nguyen Trai, tgl. 7–18 Uhr, Eintritt frei
Etwa 100 m östlich der Chau Van Liem liegt an der Nguyen Trai der 1809 gegründete **Hà Chương Hội Quán**. Diese wie üblich nach Süden ausgerichtete Versammlungshalle folgt der klassischen Bauweise eines *hội quán* mit Eingangstor, Vorhof und Haupthalle mit Innenhof. Da die Stifter aus der südchinesischen Küstenprovinz Fujian stammen, verwundert es nicht, dass hier vor allem Thiên Hậu verehrt wird. Ihre Statue findet sich auf dem Hauptaltar, flankiert von dem für Reichtum verantwortlichen Ông Bổn und den für Kindersegen zuständigen Zehn Hebammen (Bà Mụ). In den Hallen seitlich des Innenhofes befinden sich weitere Altäre für den General Quan Công, links, und den Bodhisattva des Mitgefühls, rechts.

Chua On Lang (Chùa Quan Âm) 35
12 Lao Tu, tgl. 7–18 Uhr, Eintritt frei
In der Nebenstraße Lao Tu nördlich der Nguyen Tran erstrahlt die **Chùa Ôn Lăng** seit der letzten großen Restaurierung 2002 in allen Farben. Chinesen aus Fujian hatten die Versammlungshalle 1740 gestiftet. Wegen der besonderen Verehrung der Göttin der Barmherzigkeit nennen ihn Einheimische auch Chùa Quan Âm. In wenigen Tempeln ist der religiöse Mix aus daoistischen und buddhistischen Elementen so deutlich wie hier. So wird im vorderen Bereich der Haupthalle Thiên Hậu verehrt, auf der Rückseite Quan Âm. Dominieren auf den Altären der linken Hallenseite buddhistische Bodhisattvas und Buddhas, so werden auf Altären an der Stirnseite des Raums daoistische Gottheiten verehrt.

Phuoc An Hoi Quan 36
184 Hong Bang, tgl. 7–18 Uhr, Eintritt frei
Auch der **Phước An Hội Quán** an der Hung Vuong ist eine Stiftung von Nachfahren aus Fujian. Die 1902 eingeweihte Versammlungshalle birgt im Inneren an Altären und Säulen herrliche Schnitzarbeiten. Im Zentrum der Verehrung steht der rotgesichtige General Quan Công mit seinem Pferd. Ein Altar ist dem populären Ông Bổn, Gott des Reichtums und des Glücks, gewidmet.

Chua Ong Bon 37
264 Hai Thuong Lan Ong, tgl. 7–18 Uhr, Eintritt frei
Dem weißbärtigen Patron des Kapitalismus ist in der Hai Thuong Lan Ong auch ein eigener Tempel geweiht, der **Chùa Ông Bổn.** Die auch als Nhị Phủ Hội Quán bekannte Versammlungshalle ist mit ihrem schönen Innenhof eine Oase der Ruhe inmitten des hektischen Cho Lon. Auch sie besitzt sehr schöne Schnitzarbeiten an den Altären und

filigrane Keramikverzierungen an den Dachfirsten.

Chua Phung Son Tu (Chùa Gò) 38
1408 3 Thang 2, tgl. 6–18 Uhr, Eintritt frei

Die **Chùa Phụng Sơn Tự** – oder Chùa Gò – liegt an der 3 Thang 2 kurz vor ihrer Einmündung in die Hung Vuong. Als sie zwischen 1802 und 1820 auf Initiative des Meditationsmeisters Lieu Thong errichtet wurde, lag sie noch vor den Toren der Stadt Cho Lon. Auf ihrem Grund befand sich während der Funan-Periode (1.–7. Jh.) ein hinduistisches Heiligtum. Dies lassen zumindest Funde vermuten, die bei Ausgrabungen zwischen 1988 und 1991 zutage kamen. Im Aufbau folgt sie dem typischen Grundriss buddhistischer Klöster Südvietnams mit einem schönen Innenhof und einer lang gezogenen, in verschiedene Räume unterteilten Halle. Der Raum für die Zeremonien beeindruckt durch seinen Figurenreichtum. Während der Hauptaltar die bekannte buddhistische Pantheon versammelt, ist auf dem linken Seitenaltar eine Figur von Bodhidharma (Bồ Đề Đạt Ma) zu sehen, der im 6. Jh. den Meditationsbuddhismus nach China gebracht hatte. Der Altar zur Rechten präsentiert Statuen von Quan Âm und ihren beiden Begleitern. Sehr eindrucksvoll sind die beiden grimmigen Dharma-Wächter *(hộ pháp)* gegenüber dem Hauptaltar: Khuyen Thien, der Förderer von Edelmut und Großzügigkeit, und Trung Ac, der Richter über die Bösewichte.

Chua Khanh Van Nam Vien 39
269/2 Nguyen Thi Nho, tgl. 7–19 Uhr, Eintritt frei

Der populäre **Chùa Khánh Vân Nam Viện** liegt etwas versteckt in der schmalen Lo Sieu, die linker Hand von der Nguyen Thi Nho abzweigt. In diesem Tempel finden regelmäßig daoistische Zeremonien statt. Von Nachfahren chinesischer Einwanderer aus der Provinz Guangdong zwischen 1939 und 1942 errichtet, dient er zur Verehrung von Laozi (Lão Tử) und anderen Gottheiten. Dem legendenumrankten Stifter des Daoismus ist die obere Etage der Haupthalle gewidmet. Unten werden auf einem Seitenaltar zur Linken Huỳnh Đại Tiên (chin.: Huang Da Xian), die göttliche Form eines Heilers aus dem 4. Jh., und zur Rechten Hoa Đà (chin.: Hua Tuo), ein chinesischer Heilkundiger aus dem 3. Jh. verehrt. Schließlich bevölkern auch noch Statuen der Acht Unsterblichen und des konfuzianischen Dichters Văn Xương sowie einer Quan Âm die Altäre.

Nördlich von Cho Lon

Cityplan: S. 377

Als in China 1644 die mandschurische Qing-Dynastie die Ming-Kaiser ablöste, führte dies zu einem Exodus Zigtausender Chinesen, die in Diensten der Ming standen. Unter den Flüchtlingen waren auch buddhistische Mönche, die auf Geheiß der Nguyen-Fürsten in ihrem Machtbereich neue Klöster gründen durften. Einige bekannte Meditationsmeister ließen sich im Umkreis von Cho Lon nieder. Von den ersten Klöstern ist keines mehr erhalten geblieben, wohl aber einige Gründungen aus der Folgezeit. Dazu zählen die Chua Giac Vien und die Chua Giac Lam in den heutigen Distrikten 11 und Tan Binh.

Chua Giac Lam 40
118 Lac Long Quan, tgl. 6–12, 13.30–20 Uhr, Eintritt frei

Die 1744 von dem chinesischen Händler Ly Thuy Long gestiftete Pagode **Chùa Giác Lâm** (Wald der Erleuchtung) ist das älteste buddhistische Heiligtum der Stadt. Sie liegt an der Lac Long Quan unweit der Kreuzung mit der Au Co. Das Kloster entwickelte sich zu einem Zentrum der Meditationsschule Lam Te und brachte einige hervorragende spirituelle Meister hervor. Mit den Jahren wurde es mehrfach renoviert und erweitert. Die heutigen Anlagen gehen auf die letzten größeren Umbauten zwischen 1906 und 1910 zurück.

Der Bodhi-Baum im Vorgarten wurde am 16. März 1953 von dem singhalesischen Mönch Narada gepflanzt. Erst 1994 kam

Am Neujahrstag ziehen jugendliche Drachentänzer durch Cho Lon (Chinatown)

schließlich der siebenstöckige Reliquienturm hinzu.

Die lang gezogene **Haupthalle** besteht aus mehreren abgetrennten Abteilungen. Über einen Seiteneingang gelangt man zunächst zu einem großen Raum mit vielen Tischen und Seitenaltären, auf denen die Porträts und Ahnentafeln Verstorbener aufgestellt sind. Sehr schön sind die filigranen Holzschnitzereien an den Verzierungen rund um die Stützsäulen. An der Wand, die den anschließenden Altarraum abtrennt, stehen vier Altäre zum Gedenken an die verstorbenen Äbte. Im **Altarraum** befinden sich die meisten der insgesamt 110 Plastiken aus dem lackierten und bemalten Holz des Jackfruchtbaumes. Während auf dem Hauptaltar in mehreren Reihen vorwiegend Buddhas und Bodhisattvas versammelt sind, befinden sich auf den Seitenaltären die 18 La Han und zehn Höllenrichter (Diêm Vương). Bemerkenswert ist der sogenannte **Wunschbaum** (Đèn Dược Sư) mit 49 Zweigen, auf denen sich eine Öllampe und eine kleine Figur des Medizin-Buddhas befinden. Sie dienen der Begleitung der Seelen Verstorbener, die dem Glauben nach sieben mal sieben Tage benötigen, um in das Totenreich zu gelangen.

Am anderen Ende der Haupthalle folgen ein kleiner Ziergarten, ein Studierraum und eine seitlich angrenzende Küche. Über sie gelangt man zum **Urnenraum,** wo in Regalen zahlreiche Gefäße mit der Asche der Verstorbenen stehen. Auf einem Altar wacht der Bodhisattva Kshitigarbha (Địa Tạng Bồ Tát) mit seinem Stab über die Verblichenen.

Altar- und Urnenraum dürfen nur unbeschuht betreten werden.

Chua Giac Vien 41
247 Lac Long Quan, tgl. 6–12, 14–19 Uhr, Eintritt frei

Knapp 2 km südwestlich liegt unweit des Dam-Sen-Parks die Pagode **Chùa Giác Viên** (Garten der Erleuchtung). Die Geschichte des Klosters ist mit der Chua Giac Lam eng ver-

Adressen

bunden. Als 1798 der Mönch Huong Dang beauftragt wurde, die Giac-Lam-Pagode zu renovieren, ließ er sich auf einer kleinen Insel in der Nähe einen Pavillon für die Zeremonien errichten. Daraus entwickelte sich ab 1850 unter dem Mönch Hai Tinh das heutige Kloster. Von der Anlage ähnelt es weitgehend seinem älteren Vorbild. Auch hier dominiert die längliche **Haupthalle** mit einem Raum für die Ahnenaltäre und Esstischen für die Besucher sowie einem sich anschließenden **Altarraum**. Dort befinden sich ebenfalls Seitenaltäre mit den 18 La Han und den zehn Höllenrichtern sowie ein Wunschbaum mit 49 Öllichtern. Auf dem **Hauptaltar** sind zu sehen: Buddha Amitabha mit vier Bodhisattvas auf ihren Begleittieren, der dickbäuchige Di Lac mit zwei Wächterfiguren, im gelben Gewand Thich Ca als Kind, die Buddhas der Drei Zeiten, dazwischen die Buddha-Schüler Ananda (links) und Kashyapa (rechts), der Jadekaiser mit seinen beiden Ministern und ganz hinten nochmals Amitabha. Auch hier werden in einem Nebengebäude die Urnen der Verstorbenen aufbewahrt.

Infos

Tourist Information Centre: Die Touristeninformation wird von Asiana Travel Mate, www.atravelmate.com, gemanagt. Eine Vielzahl kleiner Agenturen gibt es im Travellerviertel rund um die Pham Ngu Lao. Infos auch von Saigon Tourist unter www.saigontourist.hochiminhcity.gov.vn.

Übernachten

Als Geschäfts- und Touristenmetropole besitzt Saigon eine reichliche Auswahl an Unterkünften aller Kategorien. Trotzdem kommt es sogar in der Nebensaison vor allem im oberen Preissegment regelmäßig zu Engpässen. Deshalb rechtzeitig reservieren!
Feinste Adresse – **Park Hyatt Saigon** 1 : 2 Lam-Son-Platz, Dist. 1, Tel. 08 38 24 12 34, www.saigon.park.hyatt.com. Das Luxushotel mit 245 Zimmern und Suiten ist behutsam der kolonialen Umgebung angepasst und bietet jeglichen Komfort. Im **Opera Restaurant** wird italienische Küche *al fresco* zelebriert. Großer Pool und gutes Xuan Spa. DZ/F ab 268 US-$.
Geschichtsträchtig – **Caravelle Hotel** 2 : 19 Lam-Son-Platz, Dist. 1, Tel. 08 38 23 49 99, www.caravellehotel.com. 1959 wurde es im Herzen Saigons als führendes Geschäftshotel eröffnet, heute ist es nach umfassenden Veränderungen eines der besten Fünf-Sterne-Hotels Saigons. 335 Zimmer und Suiten der Top-Klasse. Gutes Spa, schöner Pool und tolle Panorama-Bar. DZ ohne Frühstück ab 170 US-$.
Flusslage – **Lotte Legend Hotel Saigon** 3 : 2 A–4 A Ton Duc Thang, Dist. 1, Tel. 08 38 23 33 33, www.lottehotel.com/saigon. Am Saigon-Fluss gelegenes Geschäftshotel mit allem Komfort. Die vorderen der 283 Zimmer sind mit Flussblick. Schöner Pool, exzellentes **Restaurant** und gemütliche Bar. Sehr empfehlenswert. DZ/F ab 160 US-$.
Schöner Blick – **Renaissance Riverside Hotel Saigon** 2 : 8–15 Ton Duc Thang, Dist. 1, Tel. 08 38 22 00 33, www.marriott.com. Das 21-stöckige Top-Hotel mit 336 Zimmern und Suiten besticht durch seine Lage am Fluss. Zu den vielen Vorzügen zählt die Pool-Bar

Tipp

BUDGETUNTERKÜNFTE

Rund um die Straßen **Pham Ngu Lao, De Tham** und **Bui Vien,** etwa 1 km südwestlich des **Ben-Thanh-Marktes** 17 im Distrikt 1, konzentrieren sich Dutzende von Mini- und Mittelklassehotels mit günstigen Zimmern schon ab 15 US-$. Das Preis-Leistungs-Verhältnis ist zumeist sehr gut. In diesem bei Budgetreisenden beliebten Bezirk liegen auch zahlreiche Lokale, Cafés, Reisebüros und Souvenirshops.

Ho-Chi-Minh-Stadt (Saigon)

Tipp

ÜBER DEN DÄCHERN

Einige Hotels und Hochhäuser besitzen Cafés und Restaurants mit wunderbaren Ausblicken über die Stadt, darunter die berühmte Dachterrasse des **Rex Hotel** 5 (s. S. 366), die Saigon Saigon Bar des **Caravelle Hotel** 2 (s. S. 383), die Bellevue Bar des **Majestic Hotel** 1 (s. unten), die Pool-Bar des **Renaissance Riverside** 2 (s. S. 383) und die hippe **Chill Sky Bar** 1 auf dem Dach des AB Tower (s. S. 391).

Koloniales Flair – **Grand Hotel** 6 : 8 Dong Khoi, Dist. 1, Tel. 08 39 15 55 55, www.grandsaigonhotel.com. Ein Traditionshotel im Zentrum. 1930 erbaut, wurde es im alten Stil renoviert. Kleiner Pool und nettes **Belle-Vue-Restaurant.** Manche der 226 Zimmer sind etwas dunkel. DZ/F ab 120 US-$.

Literarisch verewigt – **Hotel Continental** 4 : 132–134 Dong Khoi, Dist. 1, Tel. 08 38 29 92 01, www.continentalsaigon.com. Das 1880 gegründete Hotel mit 80 geräumigen Zimmern hat bereits viele Berühmtheiten beherbergt, darunter Graham Greene, der auf Zimmer 214 seinen Roman »Der stille Amerikaner« schrieb. Netter Innenhof und mehrere **Restaurants.** Steht heute allerdings im Schatten seiner illustren Vergangenheit. DZ/F ab 90 US-$, Suiten/F ab 126 US-$.

Geräumige Suiten – **I am Vietnam Boutique Hotel** 7 : 30/57 Nguyen Cuu Van, Binh-Thanh-Distrikt, Tel. 08 62 96 44 66, www.iamvietn.am. Liegt in einer neben dem Huynh Gia Hotel abgehenden Nebenstraße, etwa 4 km vom Zentrum. Das schicke Boutiquehotel ist mit 20 hellen, 35–72 m² großen Suiten, teils mit Balkon, ein guter Ort der Ruhe. Schöne Dachterrasse zum Relaxen, dekoratives Grün, solide Küche. DZ/F ab 89 US-$.

Steinwurf vom Markt – **Anpha Boutique Hotel** 8 : 202 Le Thanh Ton, Tel. 08 38 23 88 90, www.anphaboutiquehotel.com. Die 21 wohnlichen, aber recht kleinen Zimmer verteilen sich auf acht Etagen des modernen Dreisternehotels. Frühstücken kann man auf der gemütlichen Dachterrasse. DZ/F ab 64 US-$.

Hafenstimmung – **Riverside Hotel Saigon** 9 : 18–20 Ton Duc Thang, Dist. 1, Tel. 08 38 23 11 17, www.riversidehotelsg.com. Ein atmosphärisches Hotel am lauten Flussboulevard mit 51 schönen Zimmern. Das koloniale Gebäude begann seine Karriere 1887 als Niederlassung der französischen Reederei CARIC. DZ/F ab 55 US-$.

Lobby mit Säulen – **Spring Hotel** 10 : 44–46 Le Thanh Ton, Dist. 1, Tel. 08 38 29 73 62, www.springhotelvietnam.com. Das moderne Minihotel mit 45 etwas spartanischen, teils fensterlosen Zimmern plus Dachterrasse

auf dem Dach mit Blick auf die Skyline. DZ/F ab 150 US-$.

Edel-kolonial – **Majestic Hotel** 1 : 1 Dong Khoi, Dist. 1, Tel. 08 38 29 55 17, www.majesticsaigon.com.vn. Das 1925 eröffnete Traditionshotel zählt zu den bekanntesten Unterkünften Saigons. Die Einrichtungen sind stimmungsvoll nostalgisch, allerdings variiert das Niveau der 175 Zimmer stark. Dachterrasse mit Hafenblick, kleiner Pool. DZ/F ab 148 US-$, Suiten/F ab 248 US-$.

Modernes Design – **Novotel Saigon Centre** 4 : 167 Hai Ba Trung, Tel. 08 38 22 48 66, www.novotel-saigon-centre.com. Gut geführt und mit allen Annehmlichkeiten inklusive Pool und Spa, bietet das Geschäftshotel 247 stilsichere, in der untersten Kategorie jedoch sehr kleine Zimmer. DZ/F ab 125 US-$.

Geschäftshotel – **Duxton Hotel Saigon** 5 : 63 Nguyen Hue, Dist. 1, Tel. 08 38 22 29 99, www.saigon.duxtonhotels.com. Das schicke Hotel mit 191 Zimmern und Suiten im Herzen Saigons ist aufgrund von Lage und Atmosphäre eine gute Wahl. Angenehmes Spa, etwas kleiner Pool. DZ/F ab 120 US-$.

Adressen

ist aufgrund der Lage eine gute Option, nur wenige 100 m von der Dong Khoi entfernt. DZ/F ab 40 US-$.

Zentral und bezahlbar – **Tan Hoang Long Hotel** 11 : 84 Mac Thi Buoi, Dist. 1, Tel. 08 38 27 00 06, www.tanhoanglong-hotel.com. Mit den Sehenswürdigkeiten um die Ecke ist die Lage unschlagbar. Der Service ist freundlich, das Frühstück im kargen Restaurant eher Durchschnitt, aber die 28 Zimmer sind ihr Geld wert. Sparer können die kleinen, fensterlosen Standard-Räume nehmen. DZ/F ab 40 US-$.

Oase im Traveller-Viertel – **Beautiful Saigon 3** 12 : 40/27 Bui Vien, Dist.1, Tel. 08 39 20 48 74, www.beautifulsaigon3hotel.com. Die 18 sauberen Zimmer mit modernem Design, TV und WLAN wirken wohnlich. Ein gutes Preis-Leistungs-Verhältnis, die zentrale Lage und der freundliche Service machen es zu einer guten Wahl. DZ/F 35–65 US-$.

Oase im Trubel – **Duc Vuong Hotel** 13 : 195 Bui Vien, Dist. 1, Tel. 08 39 20 69 91, www.ducvuonghotel.com. Das familiengeführte Hotel mit 50 teils angenehm großen Zimmern liegt inmitten des Traveller-Viertels. Die Küche ist gut und wird auf der gemütlichen Dachterrasse serviert. DZ/F ab 30 US-$.

In ruhiger Seitengasse – **Bich Duyen Hotel** 14 : 283/4 Pham Ngu Lao, Dist. 1, Tel. 08 38 37 45 88, www.bichduyenhotel.net. Für die Lage im Backpacker-Viertel recht ruhig. Zwar etwas angejahrt, sind die 15 geschmackvoll ausgestatteten Zimmer mit Bad (teils ohne Fenster) aber gut in Schuss. DZ/F 25–35 US-$.

Freundlich und preiswert – **Elegant Inn** 15 : 140 Cong Quynh, Dist 1. Tel. 08 62 91 28 60, www.elegantinnsaigon.com. Im Herzen des Travellerviertels gelegen, stimmen in diesem handtuchschmalen Gästehaus Service und Preis. Die 20 Zimmer sind karg, aber sauber. Frühstück wird auf der Dachterrasse serviert. DZ/F ab 20 US-$.

Essen & Trinken

Vietnamesische Genüsse – **Mandarin** 1 : 11 A Ngo Van Nam, Tel. 08 38 22 97 83, www.orientalsaigon.com.vn, tgl. 11.30–14, 17.30–22.45 Uhr. In elegantem Ambiente werden die auch optisch ansprechenden Speisen aufgetischt. Gerichte ab 200 000 VND.

Gute Steaks – **Jaspas Wine & Grill** 2 : s. Tipp S. 386.

Einstige Opium-Manufaktur – **The Refinery** 2 : s. Tipp S. 386.

Klassisch vietnamesisch – **Hoa Tuc** 2 : s. Tipp S. 386.

Sushi und Sashimi – **Blanchy Street** 2 : s. Tipp S. 386.

Für Italophile – **Ciao Café** 3 : 74–76 Nguyen Hue, Dist. 1, Tel. 08 38 23 11 30, tgl. 7–23 Uhr. In diesem Eckcafé mit den großen Fenstern treffen sich die Saigoner zum Pizza-, Pasta- oder Sandwich-Essen. Gute Location für eine kulinarische Abwechslung mit mäßiger Küche. Pizzas ab 100 000 VND.

Vegetariertempel – **Hum** 4 : 2 Thi Sach, Dist.1, Tel. 08 38 23 89 20, und 32 Vo Van Tan, Dist. 3, Tel. 08 39 30 38 19 www.hum-vegetarian.vn, tgl. 10–22 Uhr. Die beiden angesagten Restaurants legen Wert auf Qualität und optisch ansprechende Präsentation der vegetarischen Gerichte. Sehr lecker ist der Feuertopf. Reservierung empfohlen! Gerichte ab 100 000 VND.

Cocina española – **Pacharan Tapas & Bodega** 5 : 97 Hai Ba Trung, Dist. 1, Tel. 08 38 25 60 24, tgl. 11–24 Uhr. Das sympathische Lokal im 4. Stock bietet authentische spanische Gerichte mit guten Fisch- und Fleischgerichten. Sonntags ist Paella-Tag. Im obersten Stock gibt es eine gute Bar. Gerichte ab 100 000 VND.

Angesagt – **Temple Club** 6 : 29–31 Ton That Thiep, Dist. 1, Tel. 08 38 29 92 44, tgl. 12–24 Uhr. Hinter den geschmackvoll restaurierten Gemäuern einer alten chinesischen Stadtvilla wird gute Fusionsküche serviert. Lecker ist *tôm rang me*, gekochte Garnelen in Tamarindensoße. Im hinteren Bereich gibt es eine schicke Lounge. Unbedingt reservieren! Gerichte ab 100 000 VND.

Modern vietnamesisch – **Xu Restaurant** 7 : 71–75 Hai Ba Trung, Dist. 1, Tel. 08 38 24 84 68, www.xusaigon.com, tgl. 11.30–24 Uhr. Wenn es mal etwas schicker sein soll, dann ist dies der richtige Ort: mit tollem Interieur, optisch und geschmacklich attraktiven Speisen und gutem Service. Gute Cocktails in der angesagten **Xu Lounge.** Suppen und Frühlingsrollen ab 100 000 VND.

Fürs stimmungsvolle Dinner – **Cuc Gach Quan** 8 : 10 Dang Tat, Ward Tan Dinh, Dist. 1, Tel. 08 38 48 01 44, www.cucgachquan.com.vn, tgl. 9–23 Uhr. Untergebracht in einer renovierten Kolonialvilla, ist das Restaurant genau die richtige Adresse für authentische vietnamesische Gerichte. Die Küche verzichtet auf Glutamat. Gerichte ab 70 000 VND.

Deutsche Kost – **Gartenstadt** 9 : 34 Dong Khoi, Dist. 1, Tel. 08 38 22 36 23, tgl. 10.30–24 Uhr. Leberkäs statt Frühlingsrollen. Gute Hausmannskost und »a guats Bia« haben das nette Lokal zu einem beliebten Treff werden lassen. Gerichte ab 70 000 VND.

Kulinarische Freuden – **Nha Hang Ngon** 10 : 160 Pasteur, Dist. 1, Tel. 08 38 27 71 31, tgl. 11–23 Uhr. In diesem beliebten Restaurant ist ohne Reservierung kaum ein Tisch zu bekommen. Das auch verwundert nicht: Im Ambiente einer Kolonialvilla gibt es köstliche *bánh xèo*, Pfannkuchen mit Fleisch oder Garnelen, und *cháo tôm*, gegrilltes Garnelenfleisch am Zuckerrohrstück. Gerichte ab 70 000 VND.

Aus ganz Vietnam – **Quan 3 Mien** 11 : 122 B Tran Quoc Thao, Dist. 3, Tel. 08 39 31 70 96, tgl. 11–23 Uhr. Das »Restaurant der drei Küchen« serviert Spezialitäten aus Hue, Hanoi und Saigon. Freundlicher Service, angenehme Atmosphäre. Gerichte ab 70 000 VND.

Orientalisch – **Warda** 12 : 71/7 Mac Thi Buoi, Dist. 1, Tel. 08 38 23 38 22, Mo–Sa 9–24 Uhr, So 15–24 Uhr. Ein Hauch Orient in einer Nebenstraße mit authentischen arabischen Speisen, darunter Shawarma und Kebab. Tolles Ambiente, zum Verdauen wird Shisha geraucht. Ab 70 000 VND.

EINKEHR IM HINTERHOF

An der **74 Hai Ba Trung** 2 , Distrikt 1, schräg gegenüber dem **Park Hyatt Saigon** 1 , versammeln sich in einem Hinterhof vier populäre Lokale. Durch ein gelbes Tor gelangt man hinein:

Ins **Jaspas Wine & Grill**, das Teil der Al-Fresco-Gruppe mit bewährt guter Küche ist, kommt man wegen der guten Steaks, aber es gibt auch Pizza und Pasta (Tel. 08 38 27 09 31, www.jaspas.com.vn, tgl. 7.30–24 Uhr, Pasta ab 160 000 VND).

The Refinery, eine ehemalige Opium-Manufaktur, ist eine Mischung aus Bistro und Kaffeehaus und bietet gute internationale Speisen (Tel. 08 38 23 05 09, www.therefinerysaigon.com, tgl. 11–23 Uhr, ab 145 000 VND).

Benannt nach Saigons erstem, 1895 gewähltem Bürgermeister, Paul Blanchy, hat sich das **Blanchy Street Restaurant** auf japanische Speisen spezialisiert. In schönem Ambiente (innen wie außen) werden von Sushi bis Sashimi die Gerichte auch optisch ansprechend aufgetischt (Tel. 08 38 23 87 93, tgl. 11–14, 18–22.30 Uhr, ab 100 000 VND).

Das **Hoa Tuc** (»Opium«), ein Lokal mit großem Vorplatz, bietet klassische vietnamesische Gerichte zu akzeptablen Preisen mit großer Auswahl an Frühlingsrollen. Am Samstag und Sonntag kann man hier wunderbar brunchen. Empfehlung: der Mangosalat (Tel. 08 38 25 16 76, www.hoatuc.com, tgl. 10–22.30 Uhr, ab 100 000 VND).

Kulinarisches Refugium – Ngoc Chau Garden 13 : 116 Ho Tung Mau, Dist. 1, Tel. 08 66 87 38 38, tgl. 9–22 Uhr. Das schmale Lokal liegt unweit des Bitexco Financial Tower und tischt auf drei individuell gestalteten Etagen leckere vietnamesische Gerichte auf. Hier stimmen Qualität, Ambiente und Preis. Gerichte ab 65 000 VND.

Vietnamesisches Fastfood – Wrap & Roll 14 : 62 Hai Ba Trung, Dist. 1, Tel. 08 38 22 21 66, tgl. 7–22.30 Uhr. In nüchternem Ambiente gibt es eine große Auswahl an Frühlingsrollen zum Selbstwickeln mit frischen Kräutern und vielen Soßen zum Dippen. Weitere Filialen im Stadtgebiet. Ab 35 000 VND.

Cafés – Khanhcasa Tea House 15 : 66 Le Loi und 214 De Tham, Ecke Bui Vien, Dist. 1, Tel. 012 66 66 66 05, www.khanhcasateahouse.com, tgl. 7–22.30 Uhr. Ob zum Frühstück, High Tea oder Sundowner, die beiden Filialen bieten ein breites Angebot an Kaffees, Tees und Cocktails. Ab 85 000 VND. **Café Terrace** 16 : Saigon Centre, 65 Le Loi, Ecke Pasteur, tgl. 7–23 Uhr. Hier lautet das Motto ›Sehen und gesehen werden‹, denn auf der Terrasse trifft sich die Saigoner Latte-Macchiato-Society zu guten Kaffees und leckeren Snacks ab 50 000 VND. **Highlands Coffee** 17 : 7 Lam-Son-Platz, Dist. 1 (hinter dem Stadttheater), Tel. 08 38 22 50 17, und Bitexco Financial Tower, 2 Hai Trieu, Dist. 1, Tel. 08 38 21 35 55, tgl. 6.30–23 Uhr, www.highlandscoffee.com.vn. Eine der typischen Saigoner Erfolgsgeschichten: Nach dem Vorbild von Starbucks eröffnete der 1972 geborene David Thai 2002 das erste Café. Mittlerweile gibt es über 50 Filialen in der Stadt, darunter im Diamond Plaza und im Vincom Centre. Thais Erfolgsrezept: angenehmes Ambiente, guter Service und vor allem exzellente Produkte. Kaffees ab 50 000 VND. **Workshop** 18 : 27 Ngo Duc Ke, Dist. 1., Tel. 08 38 24 68 01, tgl. 8–21 Uhr. Fabrikhallen-Design im 1. Stock mit großen Fenstern und Kunst an der Wand. Beliebter Hipster-Treff und dank der diversen Kaffeevarianten ein guter Ort zum Chillen. Die Küche ist eher Mittelmaß. Ab 50 000 VND.

Einkaufen

Märkte etc. – Spätestens in Saigon wird man sich über das Gepäck-Limit der Airlines ärgern, denn beim Schlendern durch Straßen und Märkte wird klar: Die Stadt ist ein Shoppingparadies. Hier gibt es kaum etwas, was es nicht gibt. Während die Boutiquen und Souvenirgeschäfte an der **Dong Khoi** eher teuer sind, lohnt sich für ein Schnäppchen der Gang durch den **Ben-Thanh-Markt** 17 . Gewürze, Tee und Kaffee kann man im **Binh-Tay-Markt** 30 und den umliegenden Geschäften in Cho Lon recht günstig erstehen.

Einkaufszentren – Diamond Plaza 1 : 34 Le Duan, Dist. 1, tgl. 9–21 Uhr. Auf vier Etagen gibt es Kleider, Accessoires und vieles mehr. **Parkson Saigon Tourist Plaza** 2 : 35–45 Le Thanh Ton, Dist. 1, tgl. 9.30–22 Uhr. Ein populärer Konsumtempel mit internationalen Luxusartikeln, die eher die einheimische Klientel mit dickem Geldbeutel ansprechen. Große Essensabteilung. **Vincom Centre** 3 : Dong Khoi, Ecke Le Thanh Ton und Ly Tu Trong, Dist. 1, tgl. 9–22 Uhr. Auf sechs Etagen verteilen sich über 250 Geschäfte, u. a. ausländische Edelmarken von Armani bis Versace.

Galerien – Factory Contemporary Arts Centre 4 : 15 Nguyen U Di, Dist. 2, Tel. 08 37 44 25 89, www.factoryartscentre.com, Di–So 9–19 Uhr. Auf 1000 m² gibt es Ausstellungen, Aktionskunst, Installationen, Workshops und Kunstevents. **Phuong Mai Art Gallery** 5 : 7 Phan Chu Trinh, Dist.1, Tel. 08 38 22 31 66, www.phuongmaigallery.com, tgl. 9–21 Uhr. Stilistisch nicht festgelegt, vertritt die Galerie junge und etablierte Künstler aus ganz Vietnam. **Galerie Quynh** 6 : 151/3 Dong Khoi, Dist. 1, Tel. 08 38 24 82 84, www.galeriequynh.com, Di–Sa 10–19 Uhr. Eine der renommiertesten Galerien Vietnams mit gutem Ruf auch im Ausland. Innovative Ausstellungen und Installationen. **Craig Thomas Gallery** 7 : 65 Calmette, Dist. 1, Tel. 09 03 88 84 31, www.cthomasgallery.com, Di–Fr 10.30–18.30, Sa, So 12–18 Uhr. Die 2009 gegründete Galerie vertritt namhafte Künstler ebenso wie vielversprechende junge Talente.

Kleidung und Accessoires – Ipa Nima 8 : 77–79 Dong Khoi, Dist. 1, Tel. 08 38 33 32 77,

Ho-Chi-Minh-Stadt bei Nacht, das bedeutet: Bewegung, Menschentrauben an jeder Straßenecke, gleißendes Neonlicht und eine nicht enden wollende Kette von Mopeds

Ho-Chi-Minh-Stadt (Saigon)

www.ipa-nima.com, tgl. 10–21.30 Uhr. Saigons erste Adresse für schicke Taschen, schrille Schuhe und modische Accessoires. Wer hier kauft, zieht die Blicke auf sich. Das Design stammt vom »Mädchen von Ipa-Nima«, der Hongkong-Chinesin Christine Yu und ihrem Team. **L'Usine** 9 : 151/1 Dong Khoi, weitere Filiale 20 B Le Loi, Dist. 1, Tel. 08 66 74 35 65, www.lusinespace.com, tgl. 7.30–22.30 Uhr. Angesagte Lifestyle-Location mit Café, Kunstgalerie und Boutique (modische Streetwear und Accessoires) in einem. **Vietnam Designer House** 10 : 161 A Hai Ba Trung, Dist. 3, Tel. 08 35 21 06 41, www.vietmode.com.vn, tgl. 9–21.30 Uhr. Hier findet man Kleidung und Accessoires junger und etablierter vietnamesischer Modedesigner – von schrill bis schick, von modern bis Retro. **Khai Silk** 11 : 107 Dong Khoi, Dist. 1, Tel. 08 38 29 11 46, tgl. 10–21 Uhr. Renommierte Boutique mit hochwertigen Seidenstoffen und -kleidern, die allerdings nicht eben billig sind. Filiale im Lotte Legend Hotel Saigon 3 .

Kunsthandwerk – **Huong Nga Fine Arts** 12 : 81 Mac Thi Buoi, Dist. 1, Tel. 08 38 23 83 56, tgl. 8–22 Uhr, www.huongngafinearts.vn. Gut geführtes Geschäft mit qualitativ hochwertigem Kunsthandwerk, vor allem Lackarbeiten und Holzschnitzereien. Sehr schöne Auswahl an originellen Lampen und bemalten Gefäßen aus Lack. Sehr empfehlenswert. **Duy Tan – Saigon Artisan** 13 : 76 A Le Loi, Dist. 1, Tel. 08 38 24 48 60, www.saigonartisan.com, tgl. 9–18 Uhr. Eine Auswahl an Kunsthandwerk wie Lackwaren und Keramik. **Tay Son** 14 : 198 Vo Thi Sau, Dist. 3, Tel. 08 39 32 57 08, tgl. 8–17 Uhr. Nicht weit vom Museum für Kriegsrelikte. Werkstätte zur Herstellung von Lackarbeiten. Man kann den Prozess beobachten und aus einer Vielzahl qualitativ guter Stücke auswählen. **Vietnam Quilts** 15 : 68 Le Loi, Tel. 08 22 10 31 10, www.mekong-plus.com, tgl. 9–19 Uhr. Von Frauen gesteppte Wohnaccessoires, darunter Tisch- und Bettdecken oder Kissen. Der Profit unterstützt Landfrauen.

Blumenmarkt – **Chợ Hoa Hồ Thị Kỳ** 16 : Ho Thi Ky, Dist. 10, tgl. 0–24 Uhr. Saigons größter Blumenmarkt erstreckt sich rund um die Ho Thi Ky, zwischen Ly Thai To und Hung Vuong. Viele Blumen kommen aus dem Hochland.

Bücher – **Fahasa** 17 : 40 Nguyen Hue, Dist. 1, Tel. 08 38 22 57 96, www.fahasasg.com.vn, tgl. 8–22 Uhr. Saigons größter Buchladen mit mehreren Filialen. Auch eine gute Auswahl englischsprachiger Bücher.

Krimskrams – **Lê Lê Shop** 18 : 124 Bui Vien, Dist. 1, tgl. 9–21 Uhr. Netter kleiner Laden im Backpacker-Viertel mit witzigen Taschen, Ethnomode, Schmuck und mehr. Gute Preise.

Chinesische Medizin – **Tien Nghiep** 19 : 112 Hai Thuong Lan Ong, Dist. 10, Tel. 08 38 57 35 50, tgl. 8–19 Uhr. Apotheke für chinesische Medizin in Cho Lon mit großem Bestand. Achtung: Es wird kein Englisch gesprochen.

Abends & Nachts

Saigon by night – 1 - 4 : s. Tipp rechts

Im Traveller-Viertel – In den Straßen **De Tham** und **Pham Ngu Lao** 5 bedienen mehrere Kneipen das offensichtlich kollektive Bedürfnis der Rucksacktouristen auf billiges Fassbier, scheppernde Rockmusik und westlich angehauchte Speisen. Spätabends oft brechend voll sind **Allez Boo, Crazy Buffalo** und **GO2 Bar**.

Entspannt und plüschig – **Ciao Lounge:** 74–76 Nguyen Hue, über dem **Ciao Café** 3 , tgl. 10–24 Uhr. Das Licht ist gedämpft, die Sessel sind plüschig, die Vorhänge schwer: ein guter Ort, um den Abend zu beginnen und die nette Atmosphäre zu genießen.

After-Work-Treff – **Chu Bar** 6 : 158 Dong Khoi, Dist. 1, Tel. 08 38 22 39 07, tgl. 10–24 Uhr. Die angenehme Bar mit Lounge-Charakter ist ein beliebter After-Work-Treff. Es wird gute Fusionsküche geboten. Ab 21 Uhr heizt eine Filipino-Band ein.

Für Latino-Fans – **La Habana** 7 : 6 Cao Bat Quat, Dist. 1, Tel. 08 38 29 51 60, www.lahabana-saigon.com, tgl. 10–1 Uhr. Hier kann man bei Mojito und Salsa auf die kubanisch-vietnamesische Freundschaft trinken. Fünfmal die Woche Livemusik und daher beliebter Spot bei Latino-Fans.

/ Adressen

SAIGON BY NIGHT

Noch kann die Stadt mit dem Nachtleben von Bangkok oder Singapur nicht mithalten, doch ist sie auf dem besten Weg dazu. Die Zahl von Bars und Kneipen steigt kontinuierlich an und mit der mitternächtlichen Sperrstunde nimmt man es zuweilen nicht so genau. Wer im schnelllebigen Saigon wissen will, was gerade *en vogue* ist, kann sich im monatlich erscheinenden **The Guide** schlau machen, das in vielen Hotels ausliegt und als Beilage der »Vietnam Economic Times« erscheint. Gute Informationsquellen sind: **www.anyarena.com** und **www.asialife magazine.com**.
Hier einige Tipps: **Chill Sky Bar 1**: 26. & 27. Stock, AB Tower, 76 A Le Lai, Dist. 1, Tel. 08 62 53 88 88, www.chillsaigon.com, tgl. 17.30 Uhr bis spät. Toller Panoramablick bei cooler Loungemusik und einer großen Auswahl an saftig teuren Cocktails. Tolle Atmosphäre zum Chillen. **Hard Rock Café 2**: 39 Le Duan, Dist. 1, Tel. 08 62 91 75 95, tgl. 11–24 Uhr. Im Untergeschoss des Kumho Asiana Plaza gelegen, gibt es auch in diesem riesigen Hard-Rock-Café-Ableger Erinnerungsstücke verschiedener Rockikonen. Die Bands sind meistens gut, das Essen eher was für US-amerikanische Mägen, die Atmosphäre recht unterkühlt. **Saigon Saigon Bar 2**: Caravelle Hotel, 19–23 Lam Son Square, Dist. 1, Tel. 08 38 23 49 99, tgl. 11–24 Uhr. Allein wegen der Aussicht lohnt sich ein Besuch. Doch auch das Ambiente, die Livemusik und die lange Getränkeliste sind gute Gründe, hier den Tag zu beschließen. **Sax n'Art Jazz Club 3**: 28 Le Loi, Dist. 1, Tel. 08 38 22 84 72, www.facebook.com/saxnart, tgl. 18–24 Uhr. Top-Adresse für Jazzfreunde mit fast täglich guten Livesessions. Sehr empfehlenswert. **Level 23 Nightspot 4**: Sheraton Saigon Hotel, 88 Dong Khoi, Dist. 1, Tel. 08 38 27 28 28, tgl. 19–24 Uhr. Der Name sagt alles: Tolle Aussicht und eine gute Adresse für die Nacht. Zur unterhaltsamen Livemusik wird zu später Stunde enthusiastisch getanzt. Hier treffen sich die ausgebefreudigen Saigoner, denn die Drinks sind nicht billig.

Höher geht's nicht – EON Heli Bar 8: Bitexco Financial Tower, 2 Hai Trieu, Tel. 08 62 91 87 52, www.eon51.com, tgl. 10.30–1 Uhr. Vom 52. Stock kann man zu übertreuerten Drinks seinen Blick in die Ferne schweifen lassen. Abends DJ-Musik.
Stylish chillen – Social Club 9: 24. Stock, Hotel Des Arts Saigon, 76–78 Nguyen Thi Minh Khai, Dist. 3, Tel. 08 39 89 88 88, tgl. 17.30–2.30 Uhr. Entspannte Lounge-Atmosphäre mit schönem Ausblick und coolem Ambiente. Gut für den Start in den Abend.

Heißer Tanzclub – The Penthouse 10: 208 Nguyen Trai, Dist. 1, www.facebook.com/thepenthousehcm, tgl. 10–3 Uhr. Jung, betucht, sexy – diese Schlagworte beschreiben das Publikum. Wer über 30 ist, sieht ganz schön alt aus. Im Penthouse treffen sich partyfreudige Saigoner mit gut gefülltem Geldbeutel.
Cocktailbar – Blanchy's Tash 11: 95 Hai Ba Trung, Dist. 1, Tel. 09 09 02 82 93, www.blanchystash.com, tgl. 17.30–3 Uhr. Auf drei Etagen (inkl. Dachterrasse) kann man zu

Ho-Chi-Minh-Stadt (Saigon)

DJ-Musik die Wodkaflasche kreisen lassen. Mittwochs ist Lady's Night, donnerstags Gentlemen's Night. Happy Hour bis 21 Uhr.

Schauspiel – **Hoa-Binh-Theater (Nhà Hát Hòa Bình)** 12: 240–242 3 Thang 2, Dist. 10, Tel. 08 38 65 52 02, www.nhahathoabinh.com.vn. Regelmäßige Aufführungen vietnamesischer und internationaler Theaterstücke und Konzerte.

Klassische Musik – **Ho-Chi-Minh-City-Konservatorium (Nhạc Viện)** 13: 112 Nguyen Du, Dist. 1, Tel. 08 38 22 54 81. Bildet Studenten in klassischer Musik aus. Zuweilen finden öffentliche Aufführungen junger Musiker in Ausbildung statt.

Konzerte, Theater und mehr – **Stadttheater (Nhà Hát Thành Phố)** 3: 7 Lam-Son-Platz, Dist. 1, Tel. 08 38 29 99 76. Regelmäßige Konzerte und die ›À Ố Show‹ mit Akrobatikeinlagen, vgl. www.luneproduction.com.

Filmkunst – **Stage Arts and Cinematography College (Trường Cao Đẳng Sân Khấu Điện Ảnh)** 14: 125 Cong Quynh, Dist. 1. In der Filmhochschule sind gelegentlich Vorführungen künstlerisch interessanter Filme zu sehen.

SAIGONER LIEDERABEND

Die Saigoner lieben die melancholischen Lieder des Komponisten Trinh Cong Son (s. S. 73) und seiner Kollegen. In sog. *phòng trà*, Teeräumen, werden bis heute seine und die Werke anderer Liedermacher aufgeführt. Wer dieses Musikgenre kennenlernen möchte: Eine gute Adresse ist **Phong Tra Tieng Xua** 15, 29 Bis Hung Vuong, Dist.5, Tel. 08 38 32 66 87, www.facebook.com/phongtratiengxua, tgl. 20–23.45 Uhr.

Aktiv

Stadttouren – **Ralf Dittko:** Tel. 090 377 09 53, dittko@hanoikultour.com, www.hanoikultour.com. Seit 20 Jahren lebt der Deutsche in Ho-Chi-Minh-Stadt und führt kompetent und unterhaltsam durch die Stadt – auch zu weniger bekannten Ecken und auf individuelle Wünsche zugeschnitten.

Kochkurse – **Saigon Cooking Class by Hoa Tuc** 2: 74/7 Hai Bai Trung, Dist. 1, Tel. 08 38 25 84 85, www.saigoncookingclass.com. Kurse für Einzelpersonen und Gruppen. **Vietnam Cookery Center** 1: 26 Ly Tu Trong, Dist. 1, Tel. 08 38 27 03 49, www.vietnamcookery.com. Gute Einführung in Theorie und Praxis, auch Kochkurse für Kinder.

Bowling – **Saigon Superbowl** 2: 43 A Truong Son, Tan-Binh-Dist., Tel. 08 38 48 88 88. Große Bowlinganlage in Flughafennähe mit 32 Bahnen, Café und viel Fun.

Freizeitparks – **Dam Sen Water Park (Công Viên Nước Đầm)** 3: Sen 3 Hoa Binh, Dist. 11, Tel. 08 38 58 84 18, www.damsenwaterpark.com.vn. Nördlich von Cho Lon gelegenes Badeparadies – das Richtige für Familien (Mi–Sa, Mo 9–18, So 8.30–18 Uhr, 140 000 VND). **Suoi Tien Park (Suối Tiên)** 4: Nationalstraße 1 A, Dist. 9, Tel. 08 38 96 02 60, www.suoitien.com. Der riesige Themenpark lässt die vietnamesische Mythologie lebendig werden und bietet Attraktionen für Klein und Groß inkl. Achterbahn und Riesenpool (Mo–Fr 7–17, Sa/So 7–18 Uhr, 90 000 VND, weitere Eintrittsgebühren für Shows).

Wellness – Alle großen Hotels verfügen über einen eigenen Wellnessbereich. Darüber hinaus gibt es eine Reihe sehr guter eigenständiger Spas. Empfehlenswert ist das **L'Apothicaire Artisan Beauté** 5: 100 Mac Thi Buoi, Dist. 1, Tel. 08 38 22 21 58, www.spasaigon.com, tgl. 8.30–20.30 Uhr, mit Yoga- und Taiji-Kursen. Auch **Kara Salon & Spa** im **Caravelle Hotel** 2, 19 Lam-Son-Platz, Dist. 1, Tel. 08 38 23 49 99, und **Glow Spa** 6, 129 A Nguyen Hue, Dist. 1, Tel. 08 38 23 83 68, www.glowsaigon.com, tgl. 11–20 Uhr, sind gute Adressen.

Adressen

Termine
Neujahrsfest: Es wird in Saigon ausgiebig gefeiert. Sehr schön anzusehen sind in den Tagen vor Tet die rosa Pfirsich- und leuchtendgelben Aprikosenbäumchen auf den Blumenmärkten. In der Neujahrsnacht finden an verschiedenen Orten Feuerwerke statt. Am Neujahrstag ziehen in Cho Lon jugendliche Drachentänzer durch die Tempelanlagen.

Verkehr
Flugzeug: Der **Tan Son Nhat International Airport** liegt etwa 7 km nördlich des Stadtzentrums. Taxen mit Taxameter warten vor der Ankunftshalle, darunter viele Betrüger. Am besten Taxen von Vinasun oder Mai Linh nehmen. Die gut 45-minütige Fahrt ins Zentrum kostet etwa 150 000 VND. Der klimatisierte Bus Nr. 152 verkehrt zwischen dem Flughafen und dem Ben-Thanh-Markt (6–19 Uhr, alle 15–20 Min.). Bus Nr. 109 fährt über Le Lai und Pham Ngu Lao den 23/9 Park an (5.30–1.30 Uhr, alle 15–20 Min.). **Internationale Anbindung:** s. S. 79. Die **Inlandsflüge** werden von drei Fluglinien bedient. Vietnam Airlines fliegen von Tan Son Nhat nonstop nach Buon Ma Thuot, Chu Lai, Con Dao, Da Lat, Da Nang, Dien Bien Phu, Hai Phong, Hanoi, Hue, Nha Trang-Cam Ranh, Plei Ku, Phu Quoc, Qui Nhon, Rach Gia, Tuy Hoa und Vinh. Jetstar und **Viet Jet Air** verbinden die südliche Metropole u. a. mit Da Nang, Hanoi und Vinh. **Wichtige Airlines**: **Air Asia,** Centre Point, 106 Nguyen Van Troi, Phu-Nhuan-Dist., Tel. 08 73 05 00 82; **Air France,** 130 Dong Khoi, Dist. 1, Tel. 08 338 29 09 81; **Cathay Pacific,** Sun Wah Tower, 115 Nguyen Hue, Dist. 1, Tel. 08 38 22 32 03; **Emirates,** T1409, Sun Wah Tower, 115 Nguyen Hue, Dist. 1, Tel. 08 39 11 30 99, 19 00 15 99; **Jetstar,** 177 Vo Thi Sau, Dist. 3, Tel. 08 62 90 73 49, O 1 A Me Linh, Dist. 1, Tel. 08 38 25 81 01, Call Centre Tel. 19 00 15 50; **Lufthansa,** Bitexco Building, 19–25 Nguyen Hue, Dist. 1, Tel. 08 38 29 85 29; **Qatar Airways,** Petro Vietnam Tower, 1–5 Le Duan, Dist. 1, Tel. 08 38 27 38 88; **Singapore Airlines,** 29 Le Duan, Dist. 1, Tel. 08 38 23 15 88; **Thai Airways,** Saigon Tower, 29 Le Duan, Dist. 1, Tel. 08 38 22 33 65; **Viet Jet Air,** 284 Nam Ky Khoi Nghia, Dist. 3, Tel. 08 62 66 76 67; **Vietnam Airlines,** Union Square, 171 Dong Khoi, und 116 Nguyen Hue, beide Dist. 1, Tel. 08 38 32 03 20, auch Tickets für Cambodia Angkor Air.

Bahn: Der **Hauptbahnhof** (Ga Sài Gòn), 1 Nguyen Thong, liegt etwa 3 km nordwestlich des Zentrums. Dort befindet sich auch ein Informationsschalter für Ausländer, Tel. 08 38 43 65 24, 38 43 65 28, tgl. 7.30–11.30, 13.30–16.30 Uhr. Es ist dringend anzuraten, die Fahrkarten rechtzeitig zu besorgen (auch online möglich unter www.baolau.vn oder www.dsvn.vn)! Der **Wiedervereinigungsexpress** fährt 5 x tgl. nach Hanoi (1726 km, 30–34 Std.) mit Stopps u. a. in Nha Trang (450 km, 9–10 Std.), Da Nang (960 km, 15–22 Std.) und Hue (1066 km, ab 21 Std.). An die **Züge SNT1/2 und SPT1/2** zwischen Ho-Chi-Minh-Stadt und Nha Trang werden komfortable Waggons von **Golden Express** angehängt.

Bus: In Ho-Chi-Minh-Stadt verteilen sich zwei große und mehrere kleine **Busbahnhöfe.** Je nach Entfernung zum Ziel beginnen die meisten Fernbusse morgens zwischen 5 und 10 Uhr ihre Fahrt. Es empfiehlt sich daher, sich früh zu den Stationen zu begeben. Vom **Bến Xe Bến Thành** in der Nähe des Bến-Thành-Marktes starten Stadtbusse zu allen Stationen für Fernbusse. Sie verbinden auch die großen Busbahnhöfe miteinander. Der **Bến Xe Miền Đông,** 292 Dinh Bo Linh, Tel. 08 38 98 48 93, www.benxemiendong.com.vn, 5 km nordöstlich des Zentrums, ist Ausgangspunkt für Fahrten in Richtung Norden, darunter nach Da Lat (310 km, 6 Std.), Phan Thiet (200 km, 4–5 Std.), Nha Trang (450 km, 10 Std.), Da Nang (964 km, 15 Std.) und Hanoi (1724 km, mehr als 40 Std.). Im Distrikt Binh Tan, 10 km westlich des Zentrums, liegt der **Bến Xe Miền Tây,** 395 Kinh Duong Vuong, Tel. 08 38 75 29 53, 08 37 51 05 24, www.bxmt.com.vn. Von dort fahren Busse ins Mekong-Delta, etwa nach My Tho (75 km, 1,5 Std.), Vinh Long (130 km, 3 Std.), Can Tho (170 km, 4–5 Std.) und Ca Mau (350 km, 8–9 Std.).

Ho-Chi-Minh-Stadt (Saigon)

Tipp

NACH KAMBODSCHA

Mehrere Reiseagenturen unterhalten direkte Busverbindungen zwischen Saigon und Phnom Penh (210 km). Die Fahrtdauer beträgt je nach Wartezeit an der Grenze in Moc Bai/Bavet etwa sieben Stunden. Man kann auch über die Grenze Vinh Xuong/Kaam Samnor bei Chau Doc mit dem Boot nach Phnom Penh reisen. Diese Variante bietet sich in Verbindung mit einer mehrtägigen Tour durch das Mekong-Delta an (s. auch Tipp S. 439). Informationen und Buchung bei: **Giant Ibis:** 237 Pham Ngu Lao, Dist. 1, Tel. 012 08 90 23 33, www.giantibis.com. **Sapaco Tourist:** 500 Nguyen Dinh Chieu, Dist. 3, Tel. 08 38 32 20 38, und 325 Pham Ngu Lao, Dist. 1, Tel. 08 39 20 67 06, www.sapacotourist.vn (nur Bus). **Mekong Express:** 275 F Pham Ngu Lao, Dist.1, Tel. 8 38 37 39 17, https://catmekongexpress.com (nur Bus).

Open-Tour-Bus: Saigon ist auch ein populärer Ausgangspunkt für Fahrten mit den Open-Tour-Bussen, deren Qualität schwankt (Tipp: Angebote vergleichen und nicht die billigste Option wählen). Sie verbinden die Metropole mit Da Lat, Phan Thiet-Mui Ne und Nha Trang. Empfehlenswert ist das Busunternehmen **Phuong Trang**, 80 Tran Hung Dao, Dist. 1, Tel. 08 38 38 68 52, 19 00 60 67, www.futabus.vn. Zudem bieten sie mehrtägige Kombifahrten mit Bussen und Booten ins Mekong-Delta an. Tickets und Informationen dazu gibt es in den vielen Agenturen im Travellerviertel rund um die Pham Ngu Lao.

Boot: Von der Anlegestelle am **Nha Rong Pier** (Bến Nhà Rồng), 1 Nguyen Tat Thanh, Dist. 4, fahren 2–3 x tgl. Katamarane von **Greenlines DP** nach Vung Tau (1,25 Std., 250 000 VND). Infos: Melinh Point Building Office, 2 Ngo Duc Ke, Dist. 1, Tel. 08 62 58 11 36, www.greenlines-dp.com. **Privattouren** (auch nach Phnom Penh) arrangiert zuverlässig: **Blue Cruiser,** 9/3 B Pham Viet Chanh, Dist. 1, Tel. 08 39 26 02 53, 08 39 26 02 90, www.bluecruiser.com.

Stadtbus: Diverse Unternehmen unterhalten ein dichtes Netz von klimatisierten Bussen zu Ticketpreisen ab 3000 VND. Die Linien verkehren tagsüber im 10–20-Minuten-Takt. Infos unter Tel. 08 38 54 61 10, www.saigonbus.com.vn. Ein wichtiger Knotenpunkt ist der Bến Xe Bến Thành unweit des gleichnamigen Marktes. Von dort fährt Bus Nr. 26 zur Station Bến Xe Miền Đông, Bus Nr. 39 zum Bến Xe Miền Tây, Bus Nr. 152 zum Flughafen und Bus Nr. 96 nach Cho Lon. Die Nr. 1 fährt auf der populären Strecke Ton Duc Thang – Nguyen Hue – Le Loi – Ben-Thanh-Markt – Tran Hung Dao bis zum Binh-Tay-Markt in Cho Lon.

Taxi: Die Zahl der Taxiunternehmen ist groß, weshalb man nicht lange auf ein Taxi warten muss. Vielfach stehen sie vor Hotels, bekannten Restaurants und Sehenswürdigkeiten. Leider haben viele illegale Fahrer ihre Taxameter manipuliert, bitte aufpassen! Der erste Kilometer kostet derzeit 13 500 VND, jeder weitere 10 500 VND. Zu den **etablierten Anbietern** zählen: Vinasun, Tel. 08 38 27 27 27; Sasco, Tel. 08 38 42 42 42; Mai Linh, Tel. 08 38 26 26 66; Vinataxi, Tel. 08 38 11 11 11.

Fahrradriksha und Motorradtaxi: Eine Fahrt mit dem Cyclo mag angesichts der verstopften Straßen und Abgase wenig spaßig sein. Zudem dürfen die Rikschas nur ausgewählte Straßen befahren. Sie sind daher in erster Linie für eine Besichtigungstour durch die Altstadt oder durch Cho Lon empfehlenswert. Die Fahrt auf der Xe ôm (»Umarmungsmoped«) ist die effektivste, wenn auch eine nicht ganz ungefährliche Art, vorwärts zu kommen, denn die Qualität der meisten Helme (Pflicht!) ist miserabel. **Wichtig:** Bei beiden Varianten sollte man vorher den Preis aushandeln und erst ganz am Schluss bezahlen!

Im tiefen Süden

Zu den beliebtesten Ausflugszielen zählen die Cu-Chi-Tunnel und der Cao-Dai-Tempel in Tay Ninh. Weit weniger bekannt sind das Can-Gio-Biosphärenreservat mit ausgedehnten Mangrovenwäldern und der Con-Son-Archipel mit schönen Tauchgründen und Stränden. In Vung Tau und Long Hai kann man Meeresluft schnuppern.

Can-Gio-Biosphärenreservat ▶ L 30/31

Tgl. 7.30–17.30 Uhr, 60 000 VND

Das 757,4 km² große **Can-Gio-Biosphärenreservat** (Lâm Viên Cần Giờ) erstreckt sich etwa 60 km südöstlich von Ho-Chi-Minh-Stadt in den Mündungsbereichen von Song Vam Co, Song Saigon und Song Dong Nai. Das Schutzgebiet ist ein gutes Beispiel für die erfolgreichen Wiederaufforstungsbemühungen der Regierung. Während des Vietnamkriegs nahezu komplett durch das Entlaubungsmittel Agent Orange vernichtet, wurde es seit 1978 kontinuierlich renaturiert. Heute existiert hier einer der größten zusammenhängenden Mangrovenwälder mit über 70 Pflanzen- und 440 Tierspezies.

Seitdem die UNESCO Can Gio im Jahr 2000 in ihre Liste der Biosphärenreservate aufgenommen hat, nimmt die Zahl der fast ausschließlich einheimischen Besucher rapide zu (Wochenenden meiden!). Bei Bootstouren durch die Kanäle und Spaziergängen auf angelegten Wegen kann man die reiche Wasservogelwelt entdecken. Zudem gibt es freche Makaken (Proviant gut wegpacken!) und in einem Gehege Salzwasserkrokodile zu bestaunen.

Übernachten

Komfortabel – **Can Gio Resort:** Thanh Thoi, Can-Gio-Dist., Tel. 08 38 74 33 35, www.cangioresort.com.vn. Das Resort mit 80 Bungalows liegt am Strand und ist eine exzellente Basis für die Erkundung des Schutzgebietes. Pool und Tennisplatz. Die Wochenenden sollte man meiden. DZ/F ab 30 US-$.

Aktiv

Touren – **Water Buffalo Tours:** 893/17 Nguyen Du, Ward 7, Go Vap Dist., Tel. 09 72 97 77 78, www.waterbuffalotours.com. Touren mit urigem Jeep und Privatboot.

Verkehr

Bus: Mit Bus Nr. 20 vom Cho Bến Thành zur Binh-Khanh-Fähre im Distrikt Nga Be (20 km, 45 Min.), von dort mit Bus Nr. 90 zum Parkeingang in Rung Sac (30 km, 45 Min.).

Vung Tau ▶ M 31

Die Halbinsel **Vũng Tàu** liegt 100 km südöstlich von Ho-Chi-Minh-Stadt und ist über die Nationalstraße 51 in gut zwei Stunden erreicht. Alternativ zum Bus empfiehlt sich die Anreise mit dem Tragflügelboot (nur 1,25 Std.). Die »Bucht der Schiffe«, so der Name, ist wegen ihrer Nähe zur südvietnamesischen Metropole ein Seebad ganz nach vietnamesischem Geschmack mit glitzernden Hotels und guten Seafoodrestaurants. Dass die Strände eher mittelmäßig und der nahe Industriehafen ein wichtiger Umschlagplatz für Öl und Gas sind, stört vietnamesische Gäste nicht. Dessen ungeachtet ist Vung Tau durchaus einen Besuch wert, falls man etwas Meeresluft schnuppern und die Stimmung erleben möchte.

Im tiefen Süden

Am Strand entspannen wie hier in Vung Tau – das lieben auch Vietnamesen

Geschichte

Portugiesischen Seefahrern des 16. Jh. war die Landzunge als **Navigationspunkt** bekannt. Malaiischen **Piraten** diente sie lange Zeit als Versteck, um von dort aus den lukrativen Seeweg unsicher zu machen. Erst unter dem Minh-Mang-König siedelten sich hier 1822 drei vietnamesische Offiziere mit ihren Familien an. Dies war ihre Belohnung dafür, dass sie die Piraten erfolgreich vertreiben konnten.

Unter den Franzosen entwickelte sich das Cap Saint Jacques, wie sie es nannten, ab Ende des 19. Jh. zum **mondänen Seebad.** Auch den US-Soldaten diente Vung Tau während des Krieges als **Erholungsort.**

Infolge der riesigen Gas- und Erdölvorkommen, die seit den 1970er-Jahren ausgebeutet werden, hat sich Vung Tau zu einem Zentrum der Ölindustrie entwickelt. 1979 wurde die Provinz Bia Ria-Vung Tau zur **Sonderwirtschaftszone** erhoben. Sie erzielt heute eine der höchsten Zuwachsraten in der Wirtschaft Vietnams.

Chua Thich Ca Phat Dai

Tgl. 8–17 Uhr, Eintritt frei

An der Nordseite der Halbinsel befindet sich das Industriegebiet mit Hafen und Ölverladedocks. Bereits der Geruch verrät, dass in den Orten **Ben Da** und **Sao Mai** allerlei Arten von Meeresgetier verarbeitet werden. Am Nordosthang des 245 m hohen »Großen Berges«, Đại Sơn (auch Núi Lớn), ist der 5 ha große Park der **Chùa Thích Ca Phật Đài** bei den über 200 000 Stadtbewohnern sehr beliebt. Mit zahlreichen übergroßen Skulpturen aus dem Leben des Erleuchteten, u. a. einem liegenden Buddha und einer 6 m großen, auf dem Lotosthron sitzenden Figur, wirkt die von 1961 bis 1963 errichtete Anlage wie ein Lehrbuch des Buddhismus.

Vung-Tau-Stadt

Südlich des Nui Lam mit seiner markanten Radarstation breitet sich die wenig attraktive Stadt **Vung Tau** aus. Der zugehörige Strand **Bai Truoc** ist wegen seiner schattigen Bäume zum Flanieren geeignet; das Baden sollte

Vung Tau

man der Gesundheit zuliebe eher lassen. Dafür kann man der am Nordende gelegenen **Weißen Villa** (Bạch Dinh) einen Besuch abstatten. Sie wurde ab 1898 auf Initiative von Paul Doumer, dem Generalgouverneur Indochinas von 1897 bis 1902, als Feriendomizil errichtet und nach dessen Lieblingstochter Blanche genannt. Neben Gouverneuren und den Königen der Nguyen-Dynastie erfreuten sich bis 1975 auch die südvietnamesischen Diktatoren am Blick auf das Meer und dem schönen Garten. Heute ist das mediterran anmutende Gebäude ein Museum und zeigt in den hellen Räumen vornehmlich Fundstücke aus einer gesunkenen Dschunke (tgl. 7–17 Uhr, 10 000 VND).

Im **Lăng Cá Ông** (Walgrab) an der Hoang Hoa Tham werden seit 1911 die Knochen gestrandeter Wale gesammelt. Fischer betrachten die Meeressäugetiere als Schutzgeister und widmen ihnen alljährlich am 16. Tag des achten Mondmonats ein eigenes Fest. In der gleichen Straße befindet sich in der **Chùa Linh Sơn Cổ Tự** (104 Hoang Hoa Tham) eine 1919 von Fischern gefundene Buddhastatue (ca. 7. Jh.) im Khmer-Stil.

Südspitze der Halbinsel

Die Südspitze der Halbinsel rund um den 156 m hohen **Núi Nhỏ** (Kleiner Berg) ist in erster Linie wegen des Ausblicks auf das Meer attraktiv – so etwa vom 1910 erbauten **Leuchtturm** nahe der Bergspitze. Zudem gibt es einige interessante Sehenswürdigkeiten, darunter die am Hang liegende **Chùa Niết Bàn Tịnh Xá** unweit des Strandes **Bai Dua**. Namensgeber der Pagode ist ein 12 m langer liegender Buddha im Nibbana (niết bàn), der hier seit der Tempeleinweihung im Jahr 1974 verehrt wird. Als christlicher Gegenpol thront am Südende des Nui Nho seit 1974 eine innen begehbare 32 m hohe **Christusstatue** mit weit ausgebreiteten Armen (tgl. 7.30–11.30, 13.30–16.30 Uhr, Eintritt frei). Entlang der breiten Thuy Van erstreckt sich am 8 km langen **Bãi Sau** (Hinterer Strand) der familienfreundliche **Ocean Park** mit zahlreichen Wassersportmöglichkeiten.

Infos

Vung Tau Tourist: 207 Vo Thi Sau, Tel. 064 385 64 45, 064 385 64 46, www.vungtautourist.com.vn. Stadtpläne und vielerlei Informationen. **OSC Viet Nam Travel:** 9 Le Loi, Tel. 064 385 20 08, www.oscvietnamtravel.com. Die Oil Service Company hat sich auch als Reiseagentur einen Namen gemacht. Infos zudem unter www.vungtau-city.com.

Übernachten

Am Wochenende gibt es in den meisten Unterkünften einen Preisaufschlag.

Protziger Luxus – **The Imperial Hotel:** 159 Thuy Van, Bai Sau, Tel. 064 362 88 88, www.imperialhotel.vn. Das Fünfsterneresort am Strandboulevard bietet 144 Zimmer, Suiten und einige Apartments für jene, die länger bleiben. Schöner großer Swimmingpool, Tennisplätze und Spa und ein Beach Club am Strand. DZ/F ab 125 US-$.

Strandoase – **Binh An Village:** 1 Tran Phu, Bai Truoc, Tel. 064 351 00 16, www.binhanvillage.com. Das äußerst hübsche Boutiqueresort liegt etwas nördlich des Stadtzentrums direkt am Strand. Die 20 Zimmer und Villen sind im altvietnamesischen Stil gehalten, auch das offene **Restaurant.** Schöner Pool. Eine gute Wahl, wenn auch recht teuer. DZ/F 100 US-$, Suiten/F ab 170 US-$.

Komfortabel-funktional – **The Grand Hotel:** 2 Nguyen Du, Bai Truoc, Tel. 064 385 68 88, www.grandhotel.com.vn. Das Hotel im Herzen der Stadt blickt auf eine über 100-jährige Vergangenheit zurück. Seit einer grundlegenden Renovierung erstrahlen die 80 Zimmer in altem Glanz. Das **Restaurant** hat einen guten Ruf. Der Swimmingpool tröstet über den hässlichen Strandabschnitt hinweg. DZ/F ab 100 US-$.

Mit Balkon und Meerblick – **Léman Cap Resort:** 60 Ha Long, Tel. 064 351 31 36, www.lemancap.com. Wohnliches Boutiquehotel am Berghang mit 18 gut ausgestatteten Zimmern und zwei Suiten (mit je zwei Zimmern gut für Familien). Gemeinschaftsbalkon und kleiner Infinity-Pool mit Meerblick. Empfehlenswert ist auch das **Mynt Restaurant.** DZ/F ab 70 US-$.

Im tiefen Süden

Gutes Feng-Shui – Seaside Resort: 28 Tran Phu, Tel. 064 351 38 88, www.seasideresort.com.vn. Am Berghang gelegen und gen Süden mit Meerblick, herrscht gutes Feng-Shui. Auch die Ausstattung der 71 Zimmer mit Balkon ist in Ordnung. DZ ab 70 US-$.

Familiär – Sasavuta Hotel: 10 Ly Thuong Kiet, Tel. 064 385 51 95, sasavutahotel@gmail.com. Im Herzen der Stadt gelegen und nur etwa 500 m vom Strand entfernt, ist das kleine Hotel eine beliebte Wahl. Hinter der kolonial angehauchten Fassade verbergen sich 16 gut ausgestattete Zimmer (inkl. Kühlschrank, TV) mit modernem Bad. Pluspunkte sind Bar und Terrasse. DZ/F ab 25 US-$.

Für sparsame Familien – Sakura Hotel: H 15 Hoang Hoa Tham, A Chau, Tel. 064 357 04 65, thachhoapa@yahoo.com.vn. Ragt aufgrund des guten Service unter den Minihotels heraus. Fünf gut ausgestattete Zimmer (TV und Minibar) sowie fünf kleine Apartments mit Kochzeile und Balkon. DZ/F ab 20 US-$, Apartments ab 35 US-$.

Essen & Trinken

Die kulinarische Szene in Vung Tau ist erstaunlich kosmopolitisch, was sicherlich auch mit den relativ vielen Ausländern zusammenhängt, die hier leben und arbeiten. Entlang der **Ha Long** südlich des Stadtzentrums reihen sich viele Seafoodrestaurants mit ähnlichem Angebot.

Meeresfrüchte – Cay Bang: 69 Tran Phu, Tel. 064 383 85 22, tgl. 7–22 Uhr. Ein großes Seafoodrestaurant mit einer reichen Auswahl an Meeresgetier. Sehr gut sind die in Alufolie gewickelten Grillfische. In *muối tiêu chanh*, einer Mischung aus Salz, Pfeffer und Limetten gedippt, schmecken sie hervorragend. Gerichte ab 100 000 VND.

Der Italiener – David: 92 Ha Long, gegenüber der Fähre, Tel. 064 352 10 12, tgl. 8.30–23 Uhr. Das gut besuchte Lokal mit Meerblick hat eine gute Auswahl italienischer Pizza-, Pasta- und Seafoodgerichte. Ab 100 000 VND.

Fantasievoll – Lan Rung: 2 Tran Hung Dao, Tel. 064 353 07 13, tgl. 10–23 Uhr. Das große Restaurant mit Garten ist kitschig wie Disneyland, weshalb hier gerne einheimische Familien herkommen. Große Auswahl an Meeresfrüchten. Gerichte ab 100 000 VND.

Gute Baguettes – Nine Cafe & Restaurant: 9 Truong Vinh Ky, Tel. 064 351 15 71, tgl. 8–22 Uhr. Das Lokal unter französischer Leitung ist eine gute Adresse für Pizza, Pasta und Brotwaren. Speisen ab 100 000 VND.

We Taste Fresh – WTF: 11 Hoang Hoa Tham, Tel. 09 33 59 52 45, tgl. 7–23 Uhr. Frische Zubereitung ist das Motto für die westlichen Gerichte. Gutes Frühstück. Ab 100 000 VND.

Seafood-Eldorado – Ganh Hao: 3 Tran Phu, Tel. 064 355 09 09, tgl. 10–23 Uhr. Das beliebte Restaurant liegt 1,5 km nördlich des Zentrums und bietet einen tollen Meerblick und herrliche Speisen. Am Wochenende sehr voll. Gerichte ab 85 000 VND.

Abends & Nachts

Vung Tau ist berüchtigt für ein auf alleinreisende Männer ausgerichtetes Nachtleben – mit vielen einschlägigen Bars. Die folgenden sind eher für trinkselige Abende geeignet:

Relaxte Atmosphäre – Matildas: 6 Nguyen Du, Tel. 09 33 21 64 25, www.vtmatildas.com, tgl. 8–24 Uhr. Große Bildschirme, kaltes Bier, solide Küche, kontaktfreudiger Eigner.

Partylocation – Vung Tau Beach Club: 8 Thuy Van, gegenüber Sammy Hotel, Tel. 064 352 61 01, www.vungtaubeachclub.com, tgl. 9–24 Uhr. Beliebter Treff der Ausländergemeinde, die hier gerne abfeiert.

Stammlokal – Tommy's 3 Sports Bar: 3 Le Ngoc Han, Tel. 064 370 78 45, www.tommysvietnam.com, tgl. 7–24 Uhr. Ein Pub, das auf die Bedürfnisse entspannter Aussies ausgerichtet ist. »Ice Cold Beer« gibt es den ganzen Tag und dazu mittelmäßige Speisen.

Aktiv

Freizeitpark – Bien Dong Ocean Park (Khu Du Lịch Biển Đông): 8 Thuy Ban, Bai Sau, Tel. 064 381 63 18, www.khudulichbiendong.com, tgl. 8–17 Uhr. Der Freizeitpark mit einem vielfältigen Wassersportangebot erstreckt sich über 750 m am »Hinteren Strand«, Bai Sau. Am Wochenende ziemlich überfüllt. Dolphin-Swimmingpool (80 000 VND), Seagull-Swimmingpool (50 000 VND).

Von Long Hai bis Binh Chau

Alljährlich im Mai findet in Vung Tau das größte Drachenfestival Vietnams statt

Wind- und Kitesurfen – **Vung Tau Beach Club:** Tor 2 Ocean Park, 8 Thuy Van, Bai Sau, Tel. 064 352 61 01, www.vungtausurf.com. Zubehörverleih für Wellenreiten, Wind- und Kitesurfen, Kurse, regelmäßig Beachpartys.

Verkehr

Bus: Vom Busbahnhof (192 Nam Ky Khoi Nghia) Verbindungen u. a. nach Ho-Chi-Minh-Stadt (100 km, 2 Std.), Can Tho (260 km, 4 Std.) und Phan Thiet (160 km, 3–4 Std.).

Boot: Zwischen dem **Vung Tau Ferry Terminal** (Cảng Tàu Khách Vũng Tàu), 9 Ha Long, in Vung Tau und Ho-Chi-Minh-Stadt verkehren 2–3 x tgl. Katamarane von Greenlines DP (1,25 Std., 250 000 VND). Infos unter Tel. 09 88 00 95 79, www.greenlines-dp.com.

Von Long Hai bis Binh Chau ▶ M/N 31

Östlich von Vung Tau erstrecken sich weitere Strandabschnitte, die in den letzten Jahren enorm an Popularität gewonnen haben. So ist das quirlige Hafenstädtchen **Long Hai** besonders am Wochenende und zur Ferienzeit Ziel einheimischer Touristen. Seit es einige gute Resorts gibt, locken die nordöstlich von Long Hai sich anschließenden Strände zunehmend auch ausländische Touristen an. Eine gut ausgebaute Küstenstraße führt von Long Hai bis zum **Ho Coc Beach,** 40 km nordöstlich von Long Hai. Diese 5 km lange geschwungene Bucht zählt mit dem goldgelben Sand und den Dünen im Hintergrund zu den schönsten Stränden in dieser Ecke. Allerdings ist die zuweilen starke Strömung für Nichtschwimmer weniger geeignet. Zudem ist der Strand nicht immer sauber.

Noch etwas weiter im Osten erstreckt sich das **Binh-Chau-Phuoc-Buu-Schutzgebiet** mit einer reichhaltigen Flora und Fauna, darunter fast 100 Vogelarten. An dessen Rand liegen die **Heißen Quellen von Binh Chau** (Suối Nước Nóng Bình Châu), wo an mehreren Stellen 40 bis 82 °C heißes Wasser aus dem Boden strömt. Das Binh Chau Hot Spring mit mehreren Thermal- und Schlammbädern ermöglicht einen unter-

Im tiefen Süden

WANDERN IM CON-DAO-NATIONALPARK

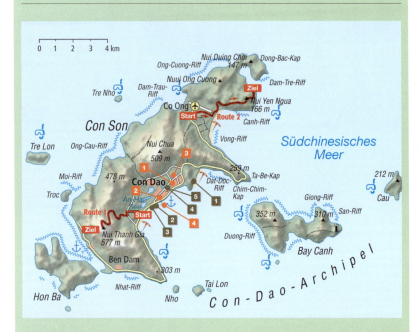

Tour-Infos
Route 1: vom An-Hai-See zum Thanh Gia
Route 2: vom Flughafen in Co Ong über den Yen-Ngua-Berg zur Dam-Tre-Bucht
Länge/Dauer: 6 km/ca. 3 Std.
Wichtige Hinweise: Für die Wanderungen im Nationalpark ist ein lokaler Guide von der Parkbehörde notwendig (Hauptbüro in der 29 Vo Thi Sau, Con Dao, Tel. 064 383 06 69, 09 75 83 06 69, www.condaopark.com.vn, etwa 200 000 VND). Gutes Schuhwerk, Sonnenschutz, Badebekleidung, genügend Trinkwasser und Schnorchelausrüstung sollten mit ins Gepäck.

Durch den 20 000 ha großen Con-Dao-Nationalpark führt eine Reihe von Wanderwegen, die immer wieder herrliche Ausblicke auf die Inselwelt erschließen und auch Einblicke in die Flora und Fauna geben. Zu den Klassikern zählt im Süden der Hauptinsel Con Son die etwa einstündige Wanderung (Route 1) vom **An-Hai-See** (Hồ An Hải) zum höchsten Punkt, dem 577 m hohen **Thanh-Gia-Berg** (Núi Thánh Giá).

Eine schöne, wenn auch etwas anspruchsvolle Tour (Route 2) führt in den Nordosten der Insel, der nahezu komplett mit Regenwald bedeckt ist. Ausgangspunkt ist der kleine Flughafen in **Co Ong**. Zunächst verläuft die Route bis zum 166 m hohen **Núi Yên Ngựa** (Pferdesattelberg). Unter den vielen Tropenbäumen finden sich auch Exemplare des *Manilkara hexandra* (*gäng néo*), erkennbar an den Früchten, die den verwandten Sapote ähneln. Von der Erhebung führt der Pfad hinunter zur bildschönen **Dam-Tre-Bucht** (Vịnh Đầm Tre). In der geschützten Bucht gibt es die Möglichkeit, ein Stück Mangroven zu erkunden oder sich zum Schnorcheln in die Fluten zu stürzen, denn entlang der Riffe tummeln sich zahlreiche Fischarten.

haltsamen Kurtag (www.saigonbinhchau ecoresort.com).

Übernachten

Die Nähe zu Ho-Chi-Minh-Stadt (ver-)führt dazu, dass am Wochenende viele Einheimische ans Meer fahren. Dann verlangen die Resorts einen saftigen Zuschlag. Wer es wesentlich billiger und ruhiger haben möchte, sollte deshalb besser unter der Woche anreisen.

... bei Long Hai:
Königlicher Komfort – **Alma Oasis Long Hai:** 44 A, Long Hai, Tel. 064 366 22 22, www.almaoasislonghai.com. Die einstige Residenz des Bao-Dai-Königs ist heute ein schönes Resort, das an einem Hang direkt am Meer liegt. Die insgesamt 58 Zimmer und Villen verteilen sich in einem 13 ha großen Tropengarten. Sehr gutes **Restaurant** mit Buffet und toller Pool. DZ/F ab 160 US-$.
Viele Sportmöglichkeiten – **Thuy Duong Resort:** Phuoc Hai, Long-Dat-Dist., Tel. 064 388 62 15, www.thuyduongresort.com.vn. Das Kasuarinen-Resort, so die Bedeutung des Namens, liegt an einem schönen Strandabschnitt. Die 115 Zimmer verteilen sich auf ein Hotelgebäude und mehrere Bungalows. Netter Pool und viele Wassersportmöglichkeiten. DZ/F 45–135 US-$.
Mit Bergblick – **Sea View Hotel:** Hai Tan, Long Hai, Tel. 064 386 83 86, www.khachsan longhai.vn. Liegt im Zentrum von Long Hai. Für Strandurlaub eher nicht geeignet, empfiehlt sich das solide Mittelklassehotel als guter Übernachtungsstopp. Die 21 sauberen Zimmer mit Kachelboden und Holzinterieur wirken modern und einladend. Englisch wird wenig gesprochen. Zum Strand sind es ca. 200 m. DZ/F ab 25 US-$.

... im Bereich Ho-Coc-Beach:
Stilvolles Hideaway – **Ho Tram Beach Resort & Spa:** Phuoc Thuan, Xuyen-Moc-Dist., Tel. 064 378 15 25, www.hotramresort.com. Das wunderschöne Resort liegt an einem ruhigen Strandabschnitt östlich des Ho Coc Beach und verfügt über zehn Bungalows und eine Villa mit 38 stilvollen Zimmern. Schöner großer Pool, gute Wellnessangebote im Aurora Spa. DZ ab 130 US-$.
Weitläufige Anlage – **Ho Coc Beach Resort:** Ho Coc Beach, Tel. 064 379 10 36, www.saigonbinhchauecoresort.com. Die annehmbare Unterkunft liegt direkt am Strand und verfügt über 165 Zimmer und Holzbungalows. Ein Pool ist vorhanden. DZ/F ab 45 US-$. Ein zweites Resort mit 118 Zimmern befindet sich bei den heißen Quellen von Binh Chau.

Verkehr

Minibusse verkehren in regelmäßigen Abständen zwischen Ho-Chi-Minh-Stadt und Dong Hai (120 km, 3 Std.). Besser ist es, mit dem **eigenen Wagen** anzureisen.

Con-Dao-Archipel
▶ K/L 35

Etwa 180 km vor der Küste von Vung Tao liegt der wilde und bergige **Con-Dao-Archipel** (Quần đảo Côn Đảo). Er besteht aus 16 Inseln mit teilweise wunderschönen Buchten und Korallenriffen. Der Archipel ist Heimat von über 60 Vogelarten und Lebensraum der seltenen Dugongs, auch Gabelschwanzseekühe genannt. Im Meer werden regelmäßig Delfine gesichtet, zudem nutzen Meeresschildkröten einige Sandstrände zur Eierablage.

Geschichte

Zwischen 1862 und 1975 war Poulo Condor, wie die Inselgruppe hieß, als Sträflingskolonie berüchtigt. Die Vietnamesen nannten das Tropenidyll angesichts der harschen Haftbedingungen Teufelsinsel. So wurden die Gefangenen in sogenannten Tigerkäfigen zusammengepfercht, Zellen, die anstelle eines Daches mit Gitterstäben versehen waren. Nach den Franzosen nutzten auch die südvietnamesischen Diktatoren die Strafkolonie. Insgesamt sollen über 10 000 Gefangene dort ihr Dasein gefristet haben, etwa 20 000 starben.

Nachdem die Inseln lange Zeit den Fischern vorbehalten waren, macht sich Con Dao nun verstärkt als attraktive Touristendestination einen Namen.

Hauptinsel Con Son
Karte: S. 400

Die weitaus größte Insel ist das etwa 20 km² große Côn Sơn. Dort leben die meisten der etwa 15 000 Bewohner und dort sind auch alle Unterkünfte zu finden.

Eine gute Einführung in die lange Siedlungsgeschichte bietet das **Con-Dao Museum** 1. Im Fokus steht natürlich die 133 Jahre währende Vergangenheit als Gefängnisinsel. Sehr bedrückend ist ein Besuch der im östlichen Anschluss des Museums liegenden Gefängnissektionen, darunter die Baracken von Trại Phú Phong und Trại Phú Thọ mit plastischen Nachbildungen der Folterkammern und Gefängniszellen sowie die berüchtigten ›Tigerkäfige‹ von Trại Phú Tường (Bảo Tàng Côn Đảo, 10 Nguyen Hue, tgl. 7.30–11.30, 13.30–16.30 Uhr, Eintritt frei).

Das 1862 etablierte erste Gefängnis auf der Insel, **Trại Phú Hải** (Bagne 1) und das benachbarte **Trại Phú Sơn** 2 mit weiteren ›Tigerkäfigen‹ befinden sich weiter westlich an der Le Van Viet (tgl. 7.30–11.30, 13.30–16.30 Uhr, jeweils 20 000 VND).

SCHAUEN, SCHNORCHELN, TAUCHEN

Landschaftliche Reize im Inneren der Inseln und in der interessanten Unterwasserwelt – der Con-Dao-Archipel bietet sich für eine Reihe von sportlichen Aktivitäten an.
Vogelbeobachtung: Die unterschiedlichen Seen und Buchten sowie einige kleinere Inseln wie etwa Tre Lon oder Bay Canh sind gute Orte für die Vogelbeobachtung.
Meeresschildkröten: Auf der Insel Bay Canh kann man von Juni bis Oktober Meeresschildkröten bei der Eiablage beobachten.

Schnorcheln und Tauchen: Vor allem die Tauchgründe mit ihrem Fischreichtum und den Korallenriffen tragen zur Attraktivität der Inselwelt bei. Die besondere Lage des Archipels dort, wo eine kalte und eine warme Strömung zusammentreffen, führt dazu, dass ganzjährig hervorragende Tauchbedingungen herrschen. Wenn von Juni bis September die Westseite der Inseln vom Südwestmonsun betroffen ist, kann man im Osten problemlos unter Wasser gehen – und umgekehrt.

Von Ho-Chi-Minh-Stadt nach Tay Ninh

Auf dem **Hang-Duong-Friedhof** (Nghĩa Trang Hàng Dương) **3** am östlichen Ortsausgang ruht die Revolutionärin Vo Thi Sau, die 1952 im zarten Alter von 18 Jahren als erste Frau zum Tode verurteilt wurde. Nach offiziellen Angaben sollen insgesamt 914 Insassen hingerichtet worden sein, weshalb der in Gefängnisnähe liegende Anleger **Pier 914** (Cầu Tàu 914) **4** heißt. Weitaus heiterer ist eine Tour durch den 1993 etablierten **Con-Dao-Nationalpark** (Vườn Quốc Gia Côn Đảo)., s. Aktiv unterwegs S. 400.

Übernachten

Ökologische Luxusoase – **Six Senses Con Dao 1** : Dat Doc Beach, Tel. 064 383 12 22, www.sixsenses.com. Das Resort besteht aus 50 klassisch modernen, mit viel Teakholz gestalteten Villen inkl. Infinity-Pool entlang dem Strand. Der Eingangsbereich des Resorts ist einem Fischerdorf nachempfunden. Umweltschutz und die Verwendung natürlicher Materialien werden groß geschrieben. Zum Angebot zählt u. a. ein Spa. Villen ab 600 US-$.

Funktionale Strandunterkunft – **Con Dao Resort 2** : 8 Nguyen Duc Thuan, Tel. 064 383 09 39, www.condaoresort.vn. Insgesamt wirkt der Hotelkomplex mit 45 Zimmern recht steril. Schöner Privatstrand, Tennisplätze und Pool. DZ/F 75–190 US-$.

Gemütliche Bungalows – **Con Dao Seatravel Resort 3** : 6 Nguyen Duc Thuan, Tel. 064 363 07 68, www.seatravelresort.condaogp.com. Mit 28 spärlich eingerichteten Holzbungalows ist die Unterkunft beschaulich. Offenes Restaurant und netter Garten, aber Sandfliegen und Müll am Strand. DZ/F ab 60 US-$.

Solides Gästehaus – **Hoang Ngoc Hotel 4** : 15 Nguyen An Ninh, Tel. 064 350 81 22. Architektonisch keine Perle, aber die 25 funktionalen Zimmer mit Fliesenboden und dunklen Möbeln sind sauber und gut ausgestattet. Wird eher von einheimischen Gästen frequentiert. DZ/F ab 25 US-$.

Unweit des Museums – **Red Hotel 5** : 17 Nguyen An Ninh, Tel. 064 363 00 79, www.condao24h.com. Familiengeführtes Minihotel mit 19 sauberen, hellen Zimmern, etwas harten Matratzen, teils kleinem Balkon und funktionalen Bädern. Auch Mopedverleih. DZ/F ab 25 US-$.

Aktiv

Tauchen – **Rainbow Divers 1** : Con Dao Dive Centre, 40 Ton Duc Thang, Tel. 09 05 57 76 71, www.divevietnam.com. Bietet von März bis September Tauchtouren an.

Verkehr

Flugzeug: Der Flughafen befindet sich im Nordosten der Hauptinsel. Im Auftrag von Vietnam Airlines fliegt die Vietnam Air Services Company (Vasco) bis zu 3 x tgl. zwischen Con Dao und Ho-Chi-Minh-Stadt sowie mehrmals wöchentlich nach Can Tho. Infos: Vasco, B 114 Bach Dang, Tan-Binh-Dist., Ho-Chi-Minh-Stadt, Tel. 08 38 44 59 99, www.vasco.com.vn. Auf Con Dao unterhält Vasco ein Büro in der 40 Ton Duc Thang, Tel. 064 383 18 31, 383 18 32. Tickets auch bei Saigon Tourist, 18–24 Ton Duc Thang, Tel. 064 383 01 55.

Boot: Aufgrund guter Verbindungen reisen die meisten per Flugzeug an. Bzgl. aktueller Infos über die Fährverbindungen nach Vung Tau (2–3 x wöchentl., ca. 12 Std.) kontaktiert man am besten die Hotels oder OSC Viet Nam Travel in Vung Tau, s. S. 397.

Von Ho-Chi-Minh-Stadt nach Tay Ninh ▶ J/K 29

Ein äußerst populärer Tagesausflug führt von der südvietnamesischen Metropole zu den Tunneln in Cu Chi und meist weiter zum spirituellen Zentrum der Cao Dai in Tay Ninh. Die Fahrt führt entlang der chronisch verstopften Nationalstraße 22 in Richtung kambodschanische Grenze. Nur sehr zögerlich weicht das immer weiter ins Umland wuchernde Saigon den endlos scheinenden Reisfeldern.

Eine schmale Straße zweigt nach etwa 30 km nach Norden ab und verläuft über mehrere Abzweigungen durch eine Kautschukplantage nach Cu Chi.

Im tiefen Süden

Drachenumschlungene Säulen tragen das Dach des Cao-Dai-Tempels in Tay Ninh

Cu Chi

Das unterirdische **Tunnelsystem von Cu Chi** (Địa Đạo Củ Chi) liegt etwa 70 km nordwestlich von Ho-Chi-Minh-Stadt und ist trotz des gewaltigen Touristenrummels ein durchaus eindrucksvolles Zeugnis des zähen Widerstandswillens des Viet Cong während des Krieges.

Besucher können zwei rekonstruierte Bereiche des einst über 200 km langen Geflechts von unterirdischen Gängen besuchen: in **Ben Dinh** und 15 km weiter in **Ben Duoc.** Fast alle Gruppentouren steuern Ben Dinh an. Dort wird zur Einführung eine äußerst schlechte Videodokumentation mit flackernden Schwarzweißbildern und schnarrendem Ton gezeigt. In Begleitung eines Guides im Viet-Cong-Look schließt sich ein Rundgang durch ein Waldstück an. An Besichtigungspunkten kann man primitive und doch grausam effektive Bambusfallen bestaunen, eine Werkstätte zur Herstellung von Bomben und Minen besichtigen, einen zerstörten US-Panzer begutachten und durch enge Tunnel kriechen. Zum Abschluss wird in einer nachgebauten Untergrundküche heißer Grüntee und gekochter Maniok (damals die übliche Viet-Cong-Diät) serviert. Eher bizarr mutet der Schießstand an, wo man seine Zielgenauigkeit messen kann. Zuweilen verblüfft es, wie

Von Ho-Chi-Minh-Stadt nach Tay Ninh

Die Geschichte der Tunnel reicht in das Jahr 1948 zurück, als die Viet Minh im Widerstand gegen die Kolonialmacht unterirdische Verstecke anlegte. Daraus entstand in den 1960er-Jahren bis zum nahe gelegenen Saigon-Fluss ein weit verzweigtes Tunnelsystem mit unterirdischen Kammern, Lazaretten, Küchen und Fallen. Vielfach verliefen die Gänge auf drei Ebenen. Als die US-Streitkräfte 1966 für ihre 25. Division in der Nähe einen Stützpunkt einrichteten, ahnten sie nicht, dass ihr Feind direkt unter ihnen war. Nachdem sie das Tunnelsystem schließlich entdeckt hatten, vermochten sie ihm nur geringen Schaden zuzufügen. Weder halfen Napalmbomben noch Entlaubungsmittel. Auch kleinwüchsige Soldaten, ›Tunnelratten‹ genannt, konnten keine großen Erfolge erzielen, viele von ihnen starben grausam in den unzähligen Fallen. Der Einsatz von Schäferhunden scheiterte am Geruch von amerikanischer Seife und Kleidungsstücken, die der Viet Cong zur Irreführung vor die Tunneleingänge legte. Nach dem Krieg wurden Cu Chi und seine Bewohner zum Symbol für die vietnamesische Widerstandskraft. Den unzähligen Opfern ist der 1995 direkt an den Saigon-Fluss gebaute **Den Ben Duoc** gewidmet. Dort sind auf Granitplatten die Namen von 44 357 Gefallenen aufgeführt.

Trang Bang

Auf der Weiterfahrt entlang der Nationalstraße 22 passiert man die Stadt **Trang Bang,** wo eines der berühmtesten Bilder während des Vietnamkrieges entstand: die am 8. Juni 1972 gemachte Aufnahme eines nackten Mädchens nach einem Napalmbombenangriff. Es machte sowohl den Fotografen Nick Ut als auch die damals neunjährige Kim Phuc weltberühmt.

Tay Ninh

In der Provinzstadt **Tay Ninh,** 60 km von Cu Chi entfernt, befindet sich das spirituelle Zentrum der Cao-Dai-Sekte. Ein großer Torbogen markiert den Eingang zum **Heiligen Stuhl,** wie das Cao-Dai-Zentrum im Ostteil der Stadt genannt wird. Auf dem 1 km^2 großen

unbeschwert, ja heiter in Cu Chi der Krieg präsentiert wird. Schließlich kamen allein hier Zehntausende ums Leben, Napalmbomben verwandelten die Gegend in eine Mondlandschaft. Der damalige Kriegsreporter Winfried Scharlau begleitete mehrfach Hubschraubereinsätze und schrieb anschließend seine Beobachtungen auf: »Die Bordschützen an den offenen Kabinentüren reagierten auf jede Bewegung im verdörrten grauen Bodensatz des Dschungels mit einer peitschenden Gewehrsalve. Wir überflogen eine ›free kill area‹, in der alles niedergeschossen wird, was sich bewegt (…) Die seltenen Lichtungen waren von Bombentrichtern vernarbt.«

Cao Dai – alles so schön bunt

Tempel so überladen wie Barockkirchen, Gottesdienste so bunt wie Karnevalssitzungen, ein Riesenauge als Altar. Keine vietnamesische Religion zeigt sich so schillernd und bizarr wie der Caodaismus. Seine Geschichte ist ebenso abenteuerlich wie seine religiösen Ideen. Wohl deshalb zieht er Menschen in seinen Bann.

»Das Auge verkörpert das Herz.
Die Quelle des reinen Lichts erstrahlt.
Licht und Geist sind eins.
Gott ist der Schein des Geistes.«
Hymnus der Cao Dai

Es war ein sonniger Tag des Jahres 1920. Der Administrator der Insel Phu Quoc, Ngo Van Chieu (auch Ngo Minh Chieu), saß in der kleinen Chua Quan Âm Tu mit Gleichgesinnten bei einer Séance. Plötzlich nahm ein Wesen Kontakt mit der Gruppe auf und offenbarte sich als Cao Ðài Tiên Ông, als »höchstes unsterbliches Sein«. Einige Monate später ernannte Cao Dai den Inselverwalter in einer Zeremonie zu seinem ersten Schüler. Irgendwann zeigte sich der Gott als gigantisches Auge, das fortan zu seinem Symbol avancierte. Als Ngo Minh Chieu an Heiligabend 1925 wieder bei einer spiritistischen Sitzung saß, erhielt er den Auftrag, eine Religion zu gründen. Am 28. September 1926 war es so weit: Die »Große Religion zur Erlösung aller in der dritten Weltphase«, Ðại Ðạo Tam Kỳ Phổ Ðộ, wurde gestiftet. Im Folgejahr etablierte sie ihr Zentrum in der Stadt Tay Ninh. Wenige Jahre später zählte die neue Religion schon über 500 000 Anhänger. Vor allem im Deltagebiet hatte sie großen Zulauf. Doch schon sehr bald begannen sich die Cao Dai in politische Machtinteressen zu verwickeln. Sie gründeten eine 30 000 Mann starke Armee und kontrollierten ein Gebiet rund um Tay Ninh. Zunächst kämpften sie gegen die Kolonialmacht, später zusammen mit den Franzosen gegen die Viet Minh. Erst 1956 gelang es Präsident Ngo Dinh Diem, die unkontrollierbar gewordenen Gläubigen zu entwaffnen. Nach der Machtübernahme durch die Kommunisten konnten die Cao Dai ihre Religion nur bedingt ausüben. Viele landeten im Gefängnis. Erst seit den 1990er-Jahren genießen die etwa 2 Mio. Anhänger weitgehende Freiheiten.

Der Cao-Dai-Weltsicht zufolge hat sich das Absolute bislang zweifach offenbart: in den Gründern aller Weltreligionen und noch einmal in den von ihnen etablierten Religionen selbst. Doch immer wieder versank die Welt in Chaos. Als dritte und letzte Manifestation des Absoluten ist Cao Dai erschienen. Ziel der Cao Dai ist es, Liebe und Gerechtigkeit in der Welt zu schaffen und die Menschheit mit dem Göttlichen zu vereinen. Dabei will die Religion das Beste von Konfuzianismus, Daoismus, Buddhismus und Christentum vereinen. In der Praxis gibt es zwei Wege zum Heil: Ein äußerer besteht darin, Gutes zu tun und Böses zu vermeiden. Ein zentrales Tötungsverbot hat zur Folge, dass viele Anhänger Vegetarier sind. Der nach innen gewandte Weg besteht aus Meditation und Selbstreinigung.

Von Ho-Chi-Minh-Stadt nach Tay Ninh

Gelände verteilen sich Verwaltungsgebäude, mehrere kleinere Tempel und Rasthäuser für die Pilger. Bauliches und spirituelles Herzstück ist der zwischen 1933 und 1937 erbaute Haupttempel. Auf den ersten Blick wirkt er mit seinen Zwillingstürmen und der großen Kuppel wie eine Kirche. Doch im Inneren gleicht er einer Mischung aus religiösem Tuttifrutti und architektonischem Schnickschnack. Die Elemente verschiedenster Religionen verwischen zu einem wunderbaren Kitsch. Die korinthischen Säulen sind mit riesigen Drachen verziert und die offenen Seitenfenster mit einem Dreieck, das ein Auge trägt. Auf einem kleinen Altar ist das indische Aum-Symbol zu sehen, auf dem Hauptaltar das gigantische Auge des Cao Dai. Letzteres symbolisiert als ›Meister des Herzens‹ das universale und individuelle Bewusstsein.

Unter der himmelblauen Decke sind an einer Rahmenverzierung die großen Weisen der Menschheit versammelt: Jesus mit offenem Herzen, Konfuzius mit schütterem Bart und rotem Gewand, der blau gewandete und weißbärtige Laozi, Quan Âm, die Göttin der Barmherzigkeit, und Buddha, der Erleuchtete.

Bemerkenswert ist das Bild am Haupteingang mit den ›drei Unterzeichnern des dritten Bündnisses zwischen Gott und den Menschen‹: der chinesische Revolutionsführer Sun Yatsen (1866–1925), Victor Hugo (1802–1885) und der vietnamesische Dichter Nguyen Binh Khiem (1492–1587).

Täglich um 6, 12, 18 und 24 Uhr finden die fast einstündigen **Zeremonien** statt. Dann ziehen die Anhänger in einer farbenprächtigen Prozession ins Mittelschiff ein. Die strenge Hierarchie ist beim Einzug in den Tempel deutlich sichtbar. Die weiß gekleideten Laien folgen den Würdenträgern. Jene tragen Gewänder in drei Farben, die für eine religiöse Tradition stehen: Rot ist die Farbe des Konfuzianismus, Gelb die Farbe des Buddhismus und Blau jene des Daoismus. Die Anhänger setzen sich auf den Boden und beginnen mit ihren von einem traditionellen Musikensemble begleiteten Gesängen. Zum Schluss heißt es »Amen« wie in der Kirche.

Nui Ba Den

Für jene, die an lebendiger Religion interessiert sind, lohnt sich ein Ausflug zum 15 km nördlich von Tay Ninh gelegenen **Núi Bà Đen** (Berg der Schwarzen Frau). Der Name des erloschenen Vulkans erinnert an eine alte Geschichte: Ein Mädchen namens Ly Thi Thien Huong suchte den 986 m hohen Berg regelmäßig zum Gebet auf. Sie liebte einen armen jungen Mann, war jedoch einem wohlhabenden Mandarin versprochen. Als ihr Geliebter in den Krieg ziehen musste, floh sie aus Verzweiflung auf den Berg und stürzte sich in die Tiefe. Später erschien sie einem buddhistischen Mönch im Traum, der ihr zu Ehren einen Gedenktempel errichten ließ.

Heute befinden sich auf etwa 300 m Höhe mehrere Tempelhallen und Schreine. Besucher können wählen: Entweder sie nehmen den mühsamen Weg oder sie nutzen die bequeme Seilbahn.

Infos

Informationszentren in Cu Chi: Sie befinden sich samt Parkplatz bei den jeweiligen Tunnelabschnitten in Ben Dinh und Ben Duoc. In mehreren Schauräumen werden Videos gezeigt (tgl. 7.30–17.30 Uhr, 110 000 VND). Infos unter Tel. 08 37 94 88 30, www.en.diadaocuchi.com.vn.

Aktiv

Touren – Fast jeder Open-Tour-Veranstalter bietet von Saigon aus eine kombinierte **Gruppentour von Cu Chi und Tay Ninh** an. Da alle mehr oder weniger zur gleichen Zeit losfahren, herrscht bei den Tunneln ständiges Gedrängel. Wer es ruhiger haben möchte, sollte daher per **Mietwagen** anreisen und entweder sehr früh oder am späten Vormittag starten. Der **Ausflug nach Tay Ninh** wird von zahlreichen Reisegruppen im Rahmen einer Tagestour angeboten. Dabei wird auch die Zeremonie um 12 Uhr besucht. Entsprechend voll ist es dann, zuweilen wie auf einem Rummelplatz. Wer die Massen vermeiden möchte, sollte auch hier entweder ganz früh oder am Nachmittag starten, um die anderen Zeremonien zu erleben.

Kapitel 5

Mekong-Delta

Das Mekong-Delta zählt zu den eindrücklichsten Landschaften Vietnams. Aus der Vogelperspektive wirkt es wie ein grünblauer Irrgarten mit gewaltigen Strömen und fadendünnen Kanälen. Von der kambodschanischen Grenze durchziehen die beiden Mekong-Arme unter den Namen Tiền Giang (Oberer Fluss) und Hậu Giang (Unterer Fluss) ein riesiges Schwemmgebiet und teilen sich in zahlreiche weitere Unterarme, um nach 220 km ins Südchinesische Meer zu münden.

Die Vietnamesen nennen das Delta Sông Cửu Long, Fluss der Neun Drachen. Über Jahrtausende hinweg entwickelte sich das mittransportierte Alluvial zu einem äußerst fruchtbaren Boden, der stellenweise mehr als 80 m pro Jahr ins Meer hinauswächst. Heute ist das Delta mit 40 000 km² etwas kleiner als die Schweiz und Heimat von fast 30 Mio. Menschen – das ist weit über ein Viertel der Gesamtbevölkerung. Und jährlich werden es mehr, denn das Delta bietet mit seinem natürlichen Reichtum vielfältige Arbeitsmöglichkeiten. Bis zu dreimal im Jahr kann hier Reis geerntet werden. Neben dem Anbau tropischer Früchte ist auch die Garnelen- und Fischzucht von Bedeutung.

Touristen zeigt sich der Landesteil bei stimmungsvollen Fluss- und Kanalfahrten, bei Fahrradtouren oder beim Besuch Schwimmender Märkte als eine faszinierende Kulturlandschaft, in der die Menschen von und mit dem Wasser leben.

Handarbeit: die Nudelverarbeitung

Auf einen Blick: Mekong-Delta

Sehenswert

Cai Mon: Das Städtchen in der südlichen Ben-Tre-Provinz ist berühmt für seine Obstgärten, die lange nicht so überlaufen sind wie jene bei My Tho oder Vinh Long (s. S. 416).

 Cai Rang: Nur wenige Kilometer von Can Tho entfernt findet allmorgendlich einer der eindrucksvollsten Schwimmenden Märkte im Delta statt (s. S. 428).

Hon Chong: Die Halbinsel südlich von Ha Tien beeindruckt mit ihrer wunderbaren Karstlandschaft und einem feinsandigen Strand (s. S. 444).

 Phu Quoc: Die Trauminsel in der Bucht von Thailand betört Sonnenanbeter ebenso wie Naturinteressierte (s. S. 446).

Schöne Routen

Von Can Tho über Soc Trang nach Ca Mau: Die wenig befahrene Strecke bis zur Südspitze des Deltas führt an Dörfern der Khmer vorbei zu außergewöhnlichen Nationalparks und Refugien seltener Vögel. Eine Reise für Naturfreunde, die auch gerne abseits ausgetretener Touristenpfade wandeln (s. S. 431).

Von Rach Gia nach Kambodscha: Die 100 km lange Küstenstraße am Golf von Thailand lockt mit landschaftlichen Reizen und wunderbaren Ausblicken auf das Meer. Zudem eröffnet sie die Möglichkeit, in eines der reizvollsten Küstengebiete Kambodschas weiterzureisen (s. S. 442).

Meine Tipps

Ang-Pagode bei Tra Vinh: Der schmucke Bau ist nicht nur architektonisch eine Zierde, sondern auch ein Zeugnis der jahrhundertealten Khmer-Kultur. In der Nähe lädt ein von Bäumen umgebener Teich zum Picknick ein (s. S. 421).

L'Escale in Can Tho: Das Restaurant auf dem Dach des Boutiquehotels Nam Bo zählt zu den ersten Adressen für ein schickes Abendessen (s. S. 427).

Vogelschutzgebiet Tra Su: Das von Kanälen durchzogene, mit Mangroven bewachsene Feuchtgebiet im Westen von Chau Doc ist der perfekte Ort, um per Boot die Vogelwelt zu erkunden (s. S. 442).

Bai Sao: Der Sternenstrand ist mit seinem klaren Wasser und schneeweißen Sand der ›Star‹ unter den Stränden von Phu Quoc – leider aber zuweilen vermüllt (s. S. 450).

Schwimmender Markt

Aktiv

Fahrradtour im Mekong-Delta: Eine abwechslungsreiche zweitägige Radtour führt von Cai Be über die Mekong-Insel An Binh und Vinh Long in die Deltametropole Can Tho (s. S. 418).

Bootstour im Tram-Chim-Nationalpark: Das 45 km nördlich von Cao Lanh gelegene Schutzgebiet ist Heimat von über 200 Vogelarten. Bei einer Bootstour kann man Saruskraniche und andere ornithologische Raritäten bestaunen (s. S. 422).

Von My Tho nach Tra Vinh

Ein Gewirr von breiten Flussarmen und schmalen Kanälen, dazwischen tropische Gärten und endlos erscheinende Reisfelder, so präsentiert sich die eindrucksvolle Kulturlandschaft des Mekong-Deltas. Zwischen My Tho und Tra Vinh laden zahlreiche Bootstouren zur Entdeckung der Region ein.

My Tho ▶ K 31

Die Stadt am Tiên Giang, dem Oberen Fluss, gilt als Eingangstor zum Mekong-Delta. Seine Nähe zu Saigon macht **Mỹ Tho** zum beliebten Ziel für Tagestouren ins Deltagebiet. Die Fahrtzeit hat sich dank des 62 km langen, 2010 eingeweihten **Trung Luong Expressways** auf eine Stunde verkürzt. Seit das »Schöne Schilf«, so die Bedeutung von Mỹ Tho, 1683 von chinesischen Flüchtlingen gegründet wurde, dreht sich hier alles um den Handel. Als wichtiger Umschlagplatz für den Delta-Reis war die Stadt von 1883 an viele Jahrzehnte durch eine Eisenbahnstrecke mit dem 70 km entfernten Saigon verbunden, doch die Trasse existiert schon lange nicht mehr. Das Verwaltungszentrum der Provinz Tien Giang mit heute etwa 200 000 Einwohnern zeigt sich mit seinen vielen gesichtslosen Bauten wenig attraktiv. My Tho ist vor allem Ausgangspunkt für Bootstouren zu den großen Inseln im oberen Mekong-Arm.

Stadtzentrum

Zwischen dem Tien Giang und der Ostseite des Bao-Dinh-Flusses breitet sich das **Viertel der Chinesen** aus, die immer noch den Handel in der Stadt dominieren. Auch wenn hier kein Chinatown-Flair mit roten Laternen und alten Holzhäusern herrscht, so lohnt sich doch der Gang durch die quirligen Gassen mit den vielen überquellenden Läden. Um Geschäfte geht es auch im und um den vierstöckigen **Stadtmarkt** (Chợ Mỹ Tho) zwischen der Trung Trac am Bao Dinh und der Nguyen Hue. Vor allem morgens ist sehr viel Betrieb. Neben dem üblichen Alltagsbedarf wird hier in zahlreichen Läden Zubehör für Fischer und Bootsfahrer offeriert (tgl. 7–19 Uhr). Wer keine Inseltour plant, kann das Treiben auf dem Fluss wunderbar vom Strandboulevard 30 Thang 4 und vom östlichen Ende des **Thu-Khoa-Huan-Parks** (Công Viên Thủ Khoa Huân) aus beobachten. Der Name des Parks bezieht sich auf einen antikolonialen Widerstandskämpfer, der 1875 von den Franzosen hingerichtet wurde.

Eine 10 m hohe **Statue** von Nguyen Huu Huan, wie er ursprünglich hieß, steht östlich des Parks an der Mündung des Bao Dinh in den Tien Giang.

Chua Vinh Trang
60 A Nguyen Trung Truc, tgl. 7.30–12, 14–17 Uhr, Eintritt frei

Äußerst lohnend ist ein Besuch der bunt schillernden **Chùa Vĩnh Tràng,** etwa 1 km östlich des Zentrums in dem Viertel My Hoa am Ufer des Bao-Dinh-Kanals. Die 1849 von einem Ehepaar gestiftete Pagode wirkt mit ihrer ausladenden Architektur wie eine Mischung aus Sultanspalast und neobarocker Villa. Ihre heutige Gestalt geht auf das Jahr 1907 zurück, als die Anlage unter dem Abt Thich Chanh Hau umgestaltet und dabei europäische mit asiatischen Stilelementen kombiniert wurden. So finden sich korinthische Säulen neben buddhistischen Statuen und portugiesische *azulejos* neben chinesischem Keramikdekor. Sehenswert sind im Inneren 18 La-Han-Figuren aus Holz. Der 2 ha große Garten beeindruckt durch eine Vielzahl von Bonsaibäumen.

My Tho

Dong-Tam-Schlangenfarm
Binh Duc, Tel. 073 385 32 04, tgl. 7–17 Uhr, 25 000 VND

Etwa 12 km westlich von My Tho liegt die **Dong-Tam-Schlangenfarm** (Trại Rắn Đồng Tâm) mit Hunderten von Reptilien in allen Größen und Längen. Die stolzen Kobras, Pythons und anderen Schlangen werden für die Gewinnung von Antiserum gezüchtet, enden als Einlage im Reisschnaps *(rượu rắn)* oder werden zum Verzehr angeboten, etwa im angeschlossenen Restaurant. Die Zuchtstation wird vom Militär betrieben.

Flussinseln

Reisende wählen My Tho in erster Linie als Ausgangspunkt für Bootsfahrten. Die unterschiedlichen Touren sind recht strikt durchorganisiert und schließen den Besuch mehrerer Obstgärten und Produktionsstätten für Leckereien aus Kokosnuss und Reis ein. Am beliebtesten ist die Fahrt zur **Einhorninsel** (Cồn Thới Sơn), die nur 20 Bootsminuten von der Anlegestelle in My Tho entfernt liegt. Die 1 km breite und bis zu 11 km lange Insel ist Heimat von etwa 6000 Menschen. Viele besitzen Gärten, in denen tropische Obstsorten gedeihen, einige können auf dem Rundgang besucht werden. Sehr schön ist die Kanufahrt durch die von Nipapalmen gesäumten Kanäle.

Die benachbarte **Phönixinsel** (Cồn Phụng) wird heute nicht mehr so oft besucht wie früher. Als langjährige Residenz des ›Kokosnuss-Mönchs‹ Ông Đạo Dừa war sie zu zweifelhaftem Ruhm gelangt. Der Sektenführer hatte 1964 auf der Insel die Gruppe Trinh Do Cu Si gegründet und predigte einen eigenwilligen Mix aus Christentum und Buddhismus. Zu seinen Glanzzeiten scharten sich über 5000 Anhänger um ihn. Ông Đạo Dừa soll sich ausschließlich von Kokosnüssen ernährt haben, daher sein Name. Seit seinem Tod 1990 verfällt das Zentrum zusehends und wirkt mit den bizarren Türmen und verrosteten Plattformen wie ein futuristischer Vergnügungspark aus den 1970er-Jahren.

Auch die **Drachen-** (Cồn Long) und die **Schildkröteninsel** (Cồn Quy) laden mit ihren üppigen Obstgärten zu einem Besuch ein.

Infos
Tien Giang Tourist: 63 Trung Trac, Tel. 073 387 31 84, www.tiengiangtourist.com, tgl. 7–17 Uhr. Das Büro der staatlichen Tourismusbehörde liegt direkt am Fluss und organisiert Bootsausflüge zu den Flussinseln.

Übernachten
Wegen der Nähe zu Saigon übernachten nur wenige Touristen in My Tho, weshalb das Angebot an Unterkünften sehr bescheiden ist.

Komfort am Fluss – **The Island Lodge:** 390 Ap Thoi Binh, Xa Thoi Son, Tel. 073 651 90 00, www.theislandlodge.com.vn. Die Lodge am Westende der Einhorninsel, Cồn Thới Sơn, liegt ca. 9 km westlich von My Tho. 12 Zimmer mit Bad, Veranda und meist Flussblick; durch die dekorativen Bodenfliesen und die Bambusmöbel wirkt alles sehr wohnlich. Pool, Spa und diverse Freizeitangebote (Boots- und Fahrradtouren) machen die Lodge zu einer guten Adresse. DZ/F um 170 US-$.

Großer Kasten – **Mekong My Tho Hotel:** 1 A Tet Mau Than, Tel. 073 388 77 77, www.mekongmythohotel.net.vn. Die geschwun-

TROPENFRÜCHTE

Das Mekong-Delta ist ein wahres Tropenparadies. Auf den Flussinseln bei My Tho etwa gedeihen über 40 Bananen- und 37 Kokosnussarten. Vor allem Acerolakirsche (Antillenkirsche), Mango, Orange, Rambutan, Pomelo, Longan, Karambole (Sternfrucht), Rosenapfel und Sapote (Breiapfel) werden auf den Plantagen angebaut. Letztere sind in privater Hand und beliefern weltweit über 75 Länder, vor allem Singapur und Russland.

gene Fassade und eine große Lobby prägen das Stadthotel mit 133 Zimmern. Alle Annehmlichkeiten inkl. Spa, Bar und Pool. DZ/F ab 70 US-$.

Ein Hauch von Boutique – **Song Tien Annex Hotel:** 33 Trung Trac, Tel. 073 397 78 83, www.tiengiangtourist.com. Dieser siebenstöckige Bau liegt direkt am Fluss und verfügt über 20 wohnliche Zimmer mit Gemeinschaftsbalkon. Vom offenen Dachrestaurant bieten sich herrliche Ausblicke. Eine gute Wahl. DZ um 20 US-$.

Schlichter Komfort – **Minh Tai:** 1 Nguyen Hue, Tel. 073 397 48 58. Das unweit des Marktes gelegene, sechsstöckige, schmale Gästehaus mit dem markanten Blau verfügt über 15 einfache, aber wohnliche Zimmer mit TV, Bad und Gemeinschaftsbalkon. Fahrradverleih. DZ ohne Frühstück 10 US-$.

Essen & Trinken

My Tho bereichert die vietnamesische Küche mit *hủ tiếu Mỹ Tho*, einem feinen Nudelgericht mit Seafood (mit oder ohne Brühe). Man bekommt es nahezu überall in der Stadt, besonders in einigen Lokalen an der Nam Ky Khoi Nghia. An der Yersin, die vom Flussboulevard Le Thi Hong Gam abzweigt und parallel zu einem Kanal verläuft, gibt es viele nette Cafés und Lokale.

Gartenrestaurant am Wasser – **Trung Luong:** Nationalstraße 1, kurz vor dem Eingangstor nach My Tho, Tel. 073 385 54 41, tgl. 7–23 Uhr. Dank seiner Lage an einem Kanal und seiner Fischgerichte ist das Restaurant vor allem bei Reisegruppen sehr beliebt. Tipp: Probieren Sie den Elefantenohrfisch *(cá tai tượng)*! Gerichte ab 60 000 VND.

Gutes Seafood – **Nuong Ngoi:** 762 Ly Thuong Kiet, Tel. 09 19 74 84 68, tgl. 8–22 Uhr. Bei Einheimischen wegen der Meeresfrüchte zu ansprechenden Preisen beliebt. Auch große Auswahl an Fleischspeisen. Gerichte ab 40 000 VND.

Vegetarisch – **Bo De Quan:** 69 A Nguyen Trung Truc, tgl. 7–21 Uhr. Das Lokal gehört zu dem vis-à-vis gelegenen buddhistischen Kloster Chua Vinh Tran. Gutes Essen bei nettem Ambiente. Der Profit kommt sozialen Zwecken zugute. Speisen ab 30 000 VND.

Nudelsuppen – **Hu Tieu Bo Vo Vien Cuc:** 2 Le Van Duyet, tgl. 6.30–21 Uhr. Das einfache Lokal liegt nördlich des Krankenhauses und ist eine angesagte Adresse für das lokale Nudelgericht *(hủ tiếu)* mit Rinderbällchen *(bò vò)*. Ab 25 000 VND.

Chillen mit Kaffee – **Thuy Vien Café:** 151 A Ly Thuong Kiet, Tel. 073 626 88 68, tgl. 7–22 Uhr. Ob drinnen oder draußen im netten Garten, das Ambiente für vietnamesischen Kaffee, Tee und Shakes ist recht einladend. Ab 25 000 VND.

Aktiv

Bootstouren – **Tien Giang Tourist** (s. S. 413) und **Ben Tre Tourist,** 4/1 Le Thi Hong Gam, Tel. 073 387 91 03, haben nahezu das Monopol inne. Eine Tour kostet abhängig von Bootsgröße und Dauer 20–50 US-$. Entlang dem Fluss werben private Bootsbesitzer mit ähnlichen Touren zu günstigeren Preisen. Dies ist offiziell nicht erlaubt und daher mit gewissen Risiken verbunden. Tipp: Mit kleineren Booten kann man bei Ebbe, die hier von Bedeutung ist, auch in schmalere Kanäle fahren.

Verkehr

Bus: Auf der Nationalstraße 1 A zwischen Ho-Chi-Minh-Stadt und dem Delta verkehren tagsüber fast ununterbrochen private Minibusse. Der **Bến Xe Khách Tiền Giang** liegt 3 km nordwestlich des Zentrums und ist Ausgangspunkt für Fahrten nach Ho-Chi-Minh-Stadt (70 km, 1,5 Std.), Vinh Long (65 km, 1,5 Std.), Ben Tre (16 km, 30 Min.) und Can Tho (104 km, 2,5 Std.).

Ben-Tre-Provinz

▶ K/L 31/32

Südlich von My Tho erstreckt sich bis zum Meer die Provinz **Ben Tre.** Durch die mächtigen Mündungsarme des Mekong zerfällt sie

Markttag in My Tho – in den Körben türmen sich Drachenfrüchte und Rosenäpfel

Von My Tho nach Tra Vinh

in mehrere riesige Inseln mit Seitenflüssen und Kanälen von insgesamt 6000 km Länge. Im Norden grenzt sie an den Tien Giang, im Süden an den Co Chien, und in der Mitte wird sie vom Ham Luong zweigeteilt.

Von den meisten Touristen wird die Provinz Ben Tre links liegen gelassen, obwohl auch sie mit üppiger Tropennatur und regem Flussleben aufwarten kann. Daher ist sie eine gute Alternative zum chronisch überlaufenen My Tho. Auf 2315 km² leben knapp 1,5 Mio. Menschen. Eines der wichtigsten Naturprodukte der Region ist die Kokosnuss, von der auf einer Fläche von insgesamt etwa 360 km² jährlich über 240 Mio. Tonnen geerntet werden. Ben Tre trägt daher auch den Namen ›Land der Kokosnuss‹.

Vielerorts in der Provinz sieht man, wie Familien den gepressten Saft der Kokosnuss zusammen mit Zucker zu einem leckeren Bonbon *(kẹo dừa)* verkochen oder mit Reismehl und schwarzen Bohnen vermischt zu einem Kokosnusskuchen *(bánh dừa)* verarbeiten. Ben Tre besitzt zudem mit insgesamt 410 km² die größte Obstanbaufläche der Mekong-Provinzen.

Ben Tre

Die geschäftige Provinzhauptstadt **Ben Tre** präsentiert sich überraschend modern und mit hervorragender Infrastruktur. Während des Vietnamkrieges wurde die damalige Hochburg des Viet Cong fast völlig dem Erdboden gleichgemacht. Das **Dong-Khoi-Monument** (Di Tích Đồng Khởi) erinnert an den ersten größeren kommunistischen Aufstand ab dem 17. Januar 1960.

Wer genügend Zeit und Lust hat, kann einen Blick in die **Chua Vien Minh** an der Nguyen Dinh Chieu werfen. Sie wurde bereits Mitte des 19. Jh. gegründet und von 1951 bis 1958 in der heutigen Gestalt komplett neu errichtet.

Cai Mon

Von Ben Tre aus bieten sich interessante Bootsfahrten durch die zahlreichen Kanäle der Umgebung an. Außerdem lohnt sich ein Ausflug in den südlichen Teil der Provinz, etwa nach **Cai Mon.** Dieses 10 km südwestlich gelegene Städtchen ist für seine ausgedehnten Obstplantagen und Bonsaigärten bekannt – eine Art Garten Eden im Mekong-Delta. Die ersten Setzlinge von Mangosteen, Rambutan und anderen Tropenfrüchten ließ einst Pater Charles Gernot, der von 1864 bis 1912 in Cai Mon als katholischer Missionar wirkte, aus Thailand und Malaysia einführen.

Vogelschutzgebiet Vam Ho

Für Naturfreunde lohnt sich ein Ausflug zum 52 km südöstlich von Ben Tre gelegenen, 67 ha großen Vogelschutzgebiet **Vam Ho** (Sân Chim Vàm Hồ). In dem Feuchtgebiet an der Ba-Lai-Mündung halten sich Zigtausende Kraniche und Störche auf (10 000 VND).

Infos

Ben Tre Tourist: 65 Dong Khoi, Tel. 075 382 96 18, www.bentretourist.vn, tgl. 7–11, 13–17 Uhr. Die staatliche Agentur kann Ausflüge und Bootstouren organisieren. Im Hotel Hung Vuong ist eine mittelprächtige Umgebungskarte erhältlich.

Übernachten

Boutiqueresort am Fluss – **Mango Home Riverside:** My Huan, My Thanh, Tel. 09 67 68 33 66, www.mangohomeriverside.com. Das Resort liegt inmitten eines schönen Tropengartens, etwas außerhalb von Ben Tre. Die neun Zimmer und Suiten mit Veranda wirken geschmackvoll. Pool und Organisation von Ausflügen. DZ/F ab 45 US-$.

Mit Flussblick – **Viet Uc:** 144 Hung Vuong, Tel. 075 351 18 88, www.hotelvietuc.com. Das ›vietnamesisch-australische‹ Hotel in dezentem Design liegt schön am Fluss und bietet mit 74 geräumigen Zimmern und Suiten in vier Kategorien eine gute Auswahl. DZ/F 30–100 US-$.

Pool und Touren – **Oasis Hotel:** 151 My Thanh An, Tel. 075 383 88 00, www.bentrehoteloasis.com. Ein sehr sympathisches Gästehaus jenseits des Flusses und trotzdem zentral mit neun ordentlichen Zimmern. Mit Pool und nettem Innenhof. Fahrrad- und Mopedverleih. DZ/F ab 30 US-$.

Essen & Trinken

Gute Meeresfrüchte – **Dong Khoi 2:** 210 B Dong Khoi,, tgl. 7.30–22 Uhr. Das beliebte Restaurant serviert üppige Portionen zu günstigen Preisen. Gerichte um 60 000 VND.

Tolle Flusslage – **Mien Tay Restaurant:** 52–53/18 Xa Tan Thạch, Chau Thanh, Tel. 075 386 08 28, tgl. 8–22 Uhr. Mit eigener Anlegestelle ein Stopp von Touristenbooten. Das vietnamesische Essen ist gut, das Ambiente ansprechend. Schön auch für den Sundowner. Gerichte ab 50 000 VND.

Jugendtreff – **3 D Coffee:** 98 C My Thạnh An, Ap My An, Tel. 075 381 61 67, 09 45 78 42 91, tgl. 6–22 Uhr. Entspannter Ort für gute Shakes, Kaffee und kleine Seafoodgerichte. Ab 20 000 VND.

Aktiv

Bootstouren – **Ben Tre Tourist** arrangiert Bootstouren. Außerdem bieten private Bootsfahrer an der Hung Vuong ihre Dienste an.

Mit dem Fahrrad – Die angenehmste Art, die Provinz kennenzulernen, ist mit dem Fahrrad, etwa im Rahmen einer Tagestour nach Cai Mon oder in Richtung Mündung. **Ben Tre Tourist** (s. links) verleiht Räder.

Verkehr

Bus: Ben Tre liegt 11 km südlich des Tien Giang, den seit 2009 die 2878 m lange Rach-Mieu-Brücke überspannt. Vom **Bến Xe Bến Tre**, 1,5 km nördlich des Stadtzentrums, starten Busse u. a. nach My Tho (16 km, 30 Min.), Can Tho (50 km, 1,5 Std.) und Ho-Chi-Minh-Stadt (85 km, 2 Std.).

Vinh Long ▶ J 31

Die Provinzstadt **Vinh Long** am Südufer des Co Chien, eines weiteren Mekong-Arms, ist wohl der beliebteste Ausgangspunkt für Bootsfahrten in die Umgebung. Von Saigon liegt sie 135 km entfernt und kann daher auch im Rahmen einer Tagestour besucht werden. Die »Stadt des Ewigen Drachen«, so die Bedeutung von Vinh Long, wurde Mitte des 18. Jh. von vietnamesischen Zuwanderern gegründet und ist heute Heimat von ca. 100 000 Menschen. An Sehenswürdigkeiten arm, verweist sie stolz auf die 1535 m lange **My-Thuan-Brücke** 7 km weiter nördlich. Die erste große Brücke im Delta wurde mit australischer Hilfe im Jahr 2000 fertiggestellt.

Im Rahmen organisierter Ausflüge nähern sich viele Touristen Vinh Long per Boot. Oft beginnen sie ihre Unternehmung in Cai Be, wo sie den Schwimmenden Markt besuchen (nach 10 Uhr herrscht dort allerdings kaum noch Betrieb). Anschließend fahren sie durch den Dong-Phu-Kanal nach Vinh Long.

Vinh-Long-Museum

1 Phan Boi Chau, Mo–Fr 8–11, 13.30–16.30, Sa/So 18–21 Uhr, Eintritt frei

Das **Museum der Provinz Vinh Long** (Bảo Tàng Tỉnh Vĩnh Long) ist in mehreren prächtigen Kolonialbauten untergebracht, die

WOHNEN IN PRIVATHÄUSERN

Rund um Vinh Long vermieten Familien Privatzimmer – ideal, wenn man das Alltagsleben in der Region kennenlernen will. Zwar sind die Zimmer alles andere als luxuriös, dafür warten Familienanschluss, gutes Essen und eine tropisch-grüne Umgebung auf Gäste. Empfehlenswerte Unterkünfte sind **Ngoc Sang Homestay,** 95/8 Binh Luong, An Binh, Tel. 070 385 86 94; **Nam Thanh Homestay,** 172/9 Binh Luong, An Binh, Tel. 070 385 88 83; **Ba Linh Homestay,** 95 An Thanh, An Binh, Tel. 070 385 86 83; oder **Phuong Thao Homestay,** An Thanh, An Binh, Tel. 070 383 68 54, www.phuongthaohomestay.com.

Von My Tho nach Tra Vinh

FAHRRADTOUR IM MEKONG-DELTA

Tour-Infos
Route: Cai Be–Vinh Long–Can Tho
Länge/Dauer: 65 km/2 Tage
Veranstalter: Cai Be Tourist, Area 2, Cai Be, Tel. 073 382 44 90, 073 382 31 84, www.caibetourist.com; Cuu Long Tourist, Cuu Long Hotel, 11 Thang 5, Vinh Long, Tel. 070 382 36 16, www.cuulongtourist.com; Grasshopper Adventures, 41/6 A Tran Nhat Duat, Dist. 1, Tel. 09 46 70 40 95, www.grasshopperaventures.com; Vietnam Back Roads, 459/1 Tran Hung Dao, Dist. 1, Ho-Chi-Minh-Stadt, Tel. 08 36 01 76 71, www.vietnambackroads.com.

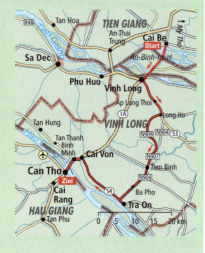

Abseits der Hauptstraßen eröffnet das Mekong-Delta seinen einzigartigen Charme vor allem entlang der vielen Kanäle und schmalen Wege. Kein Wunder, dass immer mehr Veranstalter Fahrradtouren durch diese faszinierende Kulturlandschaft anbieten. Eine interessante Tour führt von Cai Be durch die Mekong-Insel An Binh nach Vinh Long und von dort weiter nach Can Tho. **Cai Be**, 40 km südwestlich von My Tho, ist bekannt für seinen Schwimmenden Markt (Chợ Nổi Cái Bè) und einen eindrucksvollen Cao-Dai-Tempel. Von der Stadt am Tien Giang startet eine Fähre zur **An-Binh-Insel,** die, von zahllosen Kanälen durchzogen, vorwiegend von Obstplantagen und Baumschulen geprägt ist. Hier kann man auf den Wegen parallel zum Hauptkanal weiterradeln oder einfach nach Lust und Laune irgendwelche Seitenstraßen nehmen, denn das Eiland misst bis zum nächsten Mekong-Arm, dem Co Chien, nur 7 km. Interessant sind neben diversen Obstplantagen einige denkmalgeschützte Wohnhäuser aus der Kolonialzeit. Manche davon stehen Besuchern offen, darunter im Dorf **An Loi** das Ba-Duc-Haus (Nhà Cổ Ba Đức) aus dem Jahr 1938 oder in **Binh Hoa Phuoc** die 1860 bzw. 1885 erbauten Wohnstätten der Familien Cai Huy (Nhà Cổ Ông Cai Huy) und Cai Cuong (Nhà Cổ Cai Cường). Zur Übernachtung bieten sich Privathäuser auf der Insel oder Hotels in Vinh Long an (s. S. 420).
Von **Vinh Long** aus folgt man zunächst der Tran Phu und später der gegenüberliegenden Straße 8 Thang 3, die beide entlang einem Kanal gen Süden führen, bis zum Dorf **Long Ho** (10 km). Unterwegs lohnt sich der Besuch des Konfuziustempels **Văn Thánh Miếu.** Über die Nationalstraßen 909 und 904 fährt man weiter bis nach **Tam Binh** (25 km). Von dort führt die

Vinh Long

N 904 entlang einem weiteren Kanal nach **Tra On** (12 km), einem wichtigen Marktflecken am Hau Giang. Bekannt ist das Städtchen für seinen Schwimmenden Markt. Entlang dem Tra-On-Kanal geht die Reise auf der N 54 gen Nordwesten bis nach **Binh Minh** (13 km), das gegenüber von **Can Tho** (s. S. 424) liegt und mit der Delta-Metropole seit 2010 durch eine Brücke verbunden ist. Auch wenn man die Tour auf eigene Faust unternehmen kann, empfiehlt es sich, sie über einen Veranstalter zu buchen, da in den Ortschaften kaum Englisch gesprochen wird.

einst als Hôtel de Ville Sitz der Stadtverwaltung waren.

Weniger prächtig ist allerdings die Ausstellung. Während im Garten – wie bei Provinzmuseen nicht unüblich – Kriegsschrott vor sich hin rostet, darunter Panzer, Flugzeuge und Hubschrauber, werden in den Innenräumen anhand von Fotos, landwirtschaftlichem Gerät und Musikinstrumenten geschichtliche und kulturelle Themen behandelt.

Van Thanh Mieu

Tran Phu, 2,5 km südlich von Vinh Long,
tgl. 5–11, 13–19 Uhr, Eintritt frei

Kulturinteressierte, die auch im Delta auf keinen Tempel verzichten möchten, werden sicherlich am **Văn Thánh Miếu** ihre Freude haben. Das 1866 errichtete Heiligtum ist Konfuzius geweiht und besticht durch hervorragende Schnitzarbeiten und üppige Verzierungen.

In einer eigenen Halle verehren Gläubige Phan Thanh Gian. Diesem 1796 in der Provinz geborenen Mandarin fiel die unglückliche Rolle zu, in Vertretung des Tu-Duc-Herrschers am 5. Juni 1862 den Vertrag von Saigon zu unterzeichnen, mit dem die drei südlichsten Provinzen Vietnams in französische Hände übergingen. Später bereute er dies und versuchte die Vereinbarung rückgängig zu machen – vergeblich.

Nachdem die Franzosen das Delta militärisch unter Kontrolle gebracht hatten, trat Phan Thanh Gian aus Frustration über die Inaktivität Tu Ducs in einen Hungerstreik. Als er nach zwei Wochen immer noch am Leben war, vergiftete er sich schließlich am 4. August 1867.

Flussinseln

Zwischen dem Co Chien und dem Tien Giang erstreckt sich ein 60 km² großes Gebiet, das sich in vier Inseln untergliedert: **An Binh, Binh Hoa Phuoc, Hoa Ninh** und **Phu Dong**. Eigentlich handelt es sich eher um Schwemmland, das, durch zahllose Seitenarme und Kanäle abgetrennt, aus der Vogelperspektive wie ein zerbrochenes Porzellanstück anmutet. Von der Phan Boi Chau gegenüber dem Vinh-Long-Museum verkehren Fähren zur Insel An Binh. Dort, wie auch auf den anderen Eilanden, kann man mit dem Fahrrad oder dem Boot die zauberhafte Landschaft erkunden (s. Aktiv unterwegs links). Sie zeigt sich mit üppigem Grün und einem weit verzweigten Netz aus Flussarmen und Kanälen, die das Land wie silbrige und bräunliche Spinnfäden durchziehen. Der Anblick der prachtvollen Obstgärten und Baumschulen macht einem bewusst, wie gesegnet das Delta durch seinen fruchtbaren Boden ist. Einige Obstgärten sind auf Touristen eingestellt. Dort kann man leckere Longan, Orangen und Ananas probieren oder sich in die Kunst der Popreis- und Popcornherstellung einführen lassen.

Infos

Cuu Long Tourist: 1 1 Thang 5, Tel. 0703823616, www.cuulongtourist.com, tgl. 7–17 Uhr. Die staatliche Agentur im Cuu Long Hotel hat nahezu ein Monopol auf die Bootstouren durch die Kanäle.

Mekong Travel: 8 1 Thang 5, Tel. 070 383 62 52, www.mekongtravel.com.vn, tgl. 7–20.30 Uhr. Die private Agentur bietet schöne Ausflüge an und ist eine hervorragende Informationsquelle.

Von My Tho nach Tra Vinh

Übernachten

Wohnen im Kokoshain – **Coco Riverside Lodge:** Phu An, Trung Nghia, Vung Liem, 45 km südöstl. von Vinh Long, Tel. 09 13 93 11 93, www.cocoriversidelodge.com. Unter Kokospalmen verstecken sich vier Bungalows mit Palmdächern und viel Bambus. Schön am Co Chien gelegen. DZ/F ab 70 US-$.

Nüchtern – **Cuu Long Hotel B:** 1 Phan Boi Chau, Tel. 070 382 36 56, www.cuulongtourist.com. Betonlastiger Bau mit 50 gesichtslosen Zimmern. Die Lage in Flussnähe entschädigt für das wenig ansprechende Ambiente. Die **Mekong Queen Bar** ist ein guter Ort für einen Drink. DZ/F ab 30 US-$.

Mitten im Trubel – **Van Tram Guesthouse:** 41 Thang 5, Tel. 070 382 38 20. Mit nur fünf einfachen Zimmern sehr überschaubar in Flussnähe gelegen, ist rundherum immer was los. Zwischen 18 und 22 Uhr plärrt Karaoke vom Café gegenüber und frühmorgens knattern Mopeds und Boote. DZ um 16 US-$.

Essen & Trinken

Schöne Flusslage – **Phuong Thuy:** 1 Thang 5, Tel. 070 382 47 86, tgl. 10–22 Uhr. Das Restaurant hat wenig Atmosphäre, liegt aber direkt am Fluss und serviert schmackhafte vietnamesische und europäische Gerichte. Gute Auswahl an Meeresfrüchten. Ab 70 000 VND.

Seafood zum Bier – **Son Hao:** 55/2 A Pham Thai Buong, tgl. 16–22 Uhr. Mit dem Bierpegel steigt die Geräuschkulisse im hallenartigen Lokal. Hierher kommt man zum Meeresfrüchteschlemmen. Leckerer Tintenfisch (mực xào). Ab 50 000 VND.

Aktiv

Mit dem Fahrrad – Eine Radtour in der Umgebung von Vinh Long zählt zu den schönsten Erlebnissen auf einer Delta-Reise. Verleih von Rädern über Mekong Travel.

Bootsfahrten – **Cuu Long Tourist** und **Mekong Travel** bieten verschiedene Bootsfahrten an. Es empfiehlt sich, eine Tour durch die schmalen Kanäle zu wählen. Erkundigen Sie sich vorab nach den Gezeiten, die selbst hier, etwa 100 km vom Meer entfernt, noch deutlich zu spüren sind.

Verkehr

Bus: Der **Bến Xe Khách Vĩnh Long,** Tel. 070 382 34 58, liegt 2,5 km südwestlich des Zentrums an der Dien Tien Hoang und ist Ausgangspunkt für Fahrten nach Tra Vinh (65 km, 1,5 Std.) und über My Tho (65 km) nach Ho-Chi-Minh-Stadt (125 km, 2,5–3 Std.). Vom Kreisel an der Le Thai To westlich der Innenstadt verkehren Busse nach Can Tho (35 km, 45 Min.). Für Busse nach Sa Dec muss man zur My-Thuan-Brücke fahren und dort an der Nationalstraße 1 A warten.

Sa Dec ▶ J 31

Sa Đéc liegt 25 km flussaufwärts am Tien Giang und ist vor allem für Literaturfreunde von Interesse. Denn in diesem Städtchen verbrachte die französische Schriftstellerin Marguerite Duras (1914–1996) als Tochter einer Lehrerin einige Jahre ihrer Kindheit und bandelte mit dem Sohn einer reichen chinesischen Familie an (»Der Liebhaber«, s. S. 105). Die 1895 errichtete Heimstätte der Jugendliebe, das **Huynh-Thuy-Le-Haus** (Nhà Cổ Huỳnh Thủy Lê), 225 A Nguyen Hue, ist ein architektonisches Juwel und kann besichtigt werden (tgl. 8–17 Uhr, 30 000 VND). Auch einige Gärten 3 km nördlich im ›Blumendorf‹ **Làng Hoa Kiểng Sa Đéc** sind sehenswert.

Tra Vinh ▶ K 32

Wegen ihrer recht abgelegenen Lage etwa 65 km südöstlich von Vinh Long geht der Touristenstrom an der Provinzhauptstadt **Tra Vinh** vorbei. Dabei lohnt eine Reise in das Gebiet zwischen den Flussarmen Co Chien und Hau Giang durchaus, vor allem für diejenigen, die sich für die Kultur der Khmer interessieren.

Ein Drittel der insgesamt etwa 1 Mio. Bewohner der Provinz sind Khmer. Entlang der Straße N 53 sieht man immer wieder ihre markanten Theravada-buddhistischen Klöster mit Versammlungshallen in Pastelltönen und eleganten hohen Dächern. Die Fahrt führt an Kokospalmhainen und endlos erscheinenden

Tra Vinh

Theravada-Mönche in einem Khmer-Kloster in Tra Vinh

Reisfeldern vorbei. Hin und wieder kommt ein *xe loi* des Weges, eine – gelegentlich motorisierte – Rikscha mit Passagieren an Bord oder mit Schweinen beladen. Um die Mittagszeit und abends begegnen einem Trauben radelnder Schüler, die Mädchen im flatternden weißen *áo dài*, die Jungen in Pionieruniformen.

Die 70 000-Einwohner-Stadt besitzt mit ihren Alleen und einigen Kolonialbauten, etwa der cremefarbenen **Tra-Vinh-Kirche** (Nhà Thờ Trà Vinh), einen einnehmenden Charme. Zudem kann sie mit interessanten Sakralbauten aufwarten.

Chua Ang

Khmer-Museum tgl. 7–11, 14–17 Uhr, Eintritt frei

Von historischem Interesse ist die 7 km südwestlich des Stadtzentrums an der N 53 gelegene **Chua Ang** (Ang-Pagode). Das Theravada-buddhistische Kloster mit einem stilvollen Viharn (Buddha-Halle) steht an der Stelle eines hinduistischen Heiligtums aus dem 8. Jh. Zu jener Zeit war das Mekong-Delta Teil des Khmer-Reiches Shui Zhenla (Wasser-Zhenla) mit Zentrum in Angkor Borei, südlich von Phnom Penh. Auf dem Klostergelände gibt es auch ein kleines **Museum der Khmer** (Bảo Tàng Văn Hoá Khmer), in dem Buddha-Statuen, Trachten und Alltagsgegenstände gezeigt werden). Der rechteckig angelegte Teich **Ao Ba Om** in der Nähe könnte das zum ursprünglichen Heiligtum gehörende Reservoir (Khmer: *baray*) gewesen sein. Im Schatten der ufernahen, über 100 Jahre alten Thingan-Bäume *(Hopea odorata)* machen die Einheimischen sonntags gern Picknick. Dabei erzählen sie vielleicht manchmal die Geschichte über die Entstehung des Ao Ba Om, derzufolge das Gewässer von den Frauen der Gegend in einem Wettstreit mit den Männern angelegt wurde. Beide Gruppen hatten vereinbart, über Nacht jeweils einen Teich zu graben, um zu ermitteln, welches Geschlecht fortan die Hochzeitskosten tragen solle. Die schlauen Frauen ersannen eine List: Sie zündeten ein so helles Licht an, dass die Männer glaubten, der Morgen sei schon angebrochen, woraufhin sie ihre halbfertige Arbeit einstellten. Ein Fehler mit fatalen Folgen, denn von da an mussten sie die Hochzeitskosten übernehmen.

BOOTSTOUR IM TRAM-CHIM-NATIONALPARK

Tour-Infos

Lage: 45 km nordwestlich der Stadt Cao Lanh, erreichbar über die Nationalstraßen 30 und 844

Reisezeit: Jan.–Mai, zwischen Aug. und Nov. sind weite Teile überflutet.

Dauer/Kosten: 3–4 Std., frühmorgens oder spätnachmittags um 700 000 VND pro Boot

Infos und Touren: Besucherzentrum, Tram Chim, Tel. 067 382 74 36, tgl. 7–17 Uhr, organisiert Ausflüge, Bootstouren und die Übernachtung in einem einfachen Gästehaus; DongThapTourist, 178 Nguyen Hue, Cao Lanh, Tel. 067 385 21 36, www.dongthaptourist.com. Einschlägige Agenturen vermitteln kompetente Guides.

Wichtige Hinweise: Der zweigeteilte Park lässt sich nur auf einer mehrstündigen Bootsfahrt erkunden. Von einem Beobachtungsturm kann man Vögel erspähen.

Nicht nur für Vogelkundler lohnt sich ein Besuch des Tram-Chim-Nationalparks (Vườn Quốc Gia Tràm Chim) in der Dong-Thap-Provinz, westlich von Vinh Long. Das 7313 ha große Schutzgebiet ist Vietnams letztes größeres zusammenhängendes Süßwasser-Marschland, Đồng Tháp Mười genannt, und Heimat von über 200 Vogelarten. Zu den herausragenden Arten zählen die Barttrappe *(Houbaropsis bengalensis)*, der Schlangenhalsvogel *(Anhinga melanogaster)* und vor allem der Saruskranich *(Grus Antigone Sharpii)* mit seinem markanten roten Kopf. Letzterer ernährt sich bevorzugt von Teichsimsen *(cỏ năng)*, einer Riedschilfart, die weite Teile des Parks bedeckt. Zudem gibt es auf 1846 ha nach dem Vietnamkrieg rekultivierte Cajuput-Bäume *(rừng tràm)* sowie Schwemmgebiete mit Lotos und Schwimmendem Reis *(lúa ma)*. In den vergangenen Jahren ist die Kranichpopulation rapide zurückgegangen, was auf die Verbuschung durch eingeführte Niederbaumarten, regelmäßige Waldbrände in den Trockenmonaten und den zunehmenden Tourismus zurückzuführen ist.

Chua Hang

Die **Chua Hang** ca. 6 km südlich von Tra Vinh, die man über die Dien Bien Phu erreicht, ist weniger als Khmer-Kloster interessant, sondern vielmehr als Heimat von über 1000 Nachtreihern *(Nycticorax nycticorax)*. Zuweilen sind auch Schlangenhalsvögel *(Anhinga melanogaster)* zu sehen. Tagtäglich bevölkern die Tiere kurz vor der Dämmerung die Baumwipfel und veranstalten ein Spektakel.

Den Tho Bac Ho

Ein eher ungewöhnliches Heiligtum liegt 5 km nördlich der Stadt: der **Đền Thờ Bác Hồ** (Tempel von Onkel Ho). Das schlichte Gebäude ist eine Besonderheit, weil hier bereits während des Krieges 1971 Anhänger des verehrten Präsidenten einen kleinen Gedenktempel errichteten.

Ba Dong Beach

55 km südlich von Tra Vinh lockt im Distrikt Duyen Hai der wunderschöne **Ba Dong Beach,** ein kilometerlanger Sandstrand mit sanft geschwungenen Dünen und nur wenigen Touristen. Auch wenn es bislang an Unterkünften mangelt – zumindest verhungern muss dank der Seafoodstände niemand.

Infos

Tra Vinh Tourism: 64–66 Le Loi, Tel. 074 385 85 56, Mo–Fr 7.30–11, 13.30–17 Uhr. Bei den Angestellten hapert es mit dem Englisch, aber ansonsten sind sie recht bemüht.

Übernachten

Zentral – **Tra Vinh Palace:** 3 Le Thanh Ton, Tel. 074 386 49 99. Das in die Jahre gekommene pinkfarbene Hotel liegt zentral in einer Seitenstraße. Es verfügt über 22 große Zimmer in vier Kategorien, z. T. mit Balkon. Es müsste mal wieder geputzt werden. DZ/F ab 15 US-$.

Einfache Bleibe – **Gia Hoa Hotel:** 75 Nguyen Thi Minh Khai, Tel. 074 386 44 77. Unter den Minihotels der Stadt zählt es zu den besseren. Die 21 Zimmer mit Bad verteilen sich auf vier Etagen, sind groß, aber einfach und nicht immer ganz sauber. Zentrale Lage. DZ/F ab 15 US-$.

Essen & Trinken

Rind und Fisch – **ATATA:** 133 Le Loi, Tel. 074 385 47 67, tgl. 9–23 Uhr. Die Gaststätte mit Garten ist eine beliebte Adresse für Meeresfrüchte und Gegrilltes. Ab 70 000 VND.

Bier zum Reis – **Anh Thien 2:** 44 Nguyen Thi Minh Khai, tgl. 10–22 Uhr. Das einfache Lokal bietet günstige Reisgerichte. Solide Küche, daher auch bei Einheimischen recht beliebt. Gerichte ab 30 000 VND.

Aktiv

Bootstouren – Eine schöne Fahrt führt zur Flussinsel **Long Tri** mitten im Co Chien (4 Std.). Dort gibt es Obstgärten. Alternativ kann man den **Long Bien,** einen östlich des Marktes verlaufenden Strom, entlangtuckern (ca. 3 Std.).

Termine

Oc Om Bok: Am 14./15. Tag des 10. Mondmonats (Nov./Dez.) feiern die Khmer mit Bootsrennen ihr buntes, fröhliches Erntefest.

Verkehr

Bus: Vom **Bến Xe Khách Trà Vinh** an der Nguyen Dang starten regelmäßig Busse nach Vinh Long (65 km, 1,5 Std.).

Südliches Delta

Das hektische Treiben auf den Schwimmenden Märkten, entspannte Fahrten durch stille Kanäle und das Flussleben am mächtigen Hau Giang machen den Besuch des südlichen Deltas zu einem eindrücklichen Erlebnis. Kulturinteressierten wird die Lebensart der Khmer gefallen, und Naturfreunde können zahlreiche Vogelschutzgebiete besuchen.

Can Tho ▶ J 32

Cityplan: S. 427
Die Provinzhauptstadt **Cần Thơ** liegt 170 km südwestlich von Saigon am Südufer des Unteren Flusses, Hậu Giang. Sie ist nicht nur geografischer Mittelpunkt des Mekong-Deltas, sondern auch mit Abstand dessen bedeutendster Wirtschafts- und Verwaltungsstandort. Der wirtschaftliche Aufschwung mit Wachstumsraten von über 13 % pro Jahr ist der Stadt anzusehen. Am Rand sind ganze Viertel aus dem Boden gestampft worden, zudem hat man auf die Zunahme des Tourismus mit dem Bau von Hotels reagiert. Seit 2010 überspannt die 2750 m lange Can-Tho-Brücke den Hau Giang. Die 1966 gegründete Universität mit den Schwerpunkten Agrar- und Umwelttechnologie hat Can Tho zu einem wichtigen Forschungszentrum gemacht.

Die Stadt taucht urkundlich erstmals 1739 unter dem Namen Tran Giang auf. Zu jener Zeit gründete der in Ha Tien residierende Gouverneur Mac Thien Tich zur Erschließung des Deltas neue Verwaltungszentren. Unter den Franzosen avancierte die Stadt zu einem wichtigen Umschlagplatz für Reis und andere Agrarprodukte des Deltas. In der jüngeren Geschichte wurde Can Tho als letzte Bastion Südvietnams erst am 1. Mai 1975, also einen Tag nach Saigon, von nordvietnamesischen Truppen ›befreit‹. 2004 wurde sie als eigenständige Verwaltungseinheit von der Hau-Giang-Provinz abgetrennt.

Uferpromenade und Markt
Sehenswürdigkeiten sind in Can Tho eher dünn gesät, doch überrascht die Stadt mit der netten **Ninh-Kieu-Uferpromenade** 1, die zum Flanieren einlädt, sowie einem stimmungsvollen **Markt** 2 (Chợ Cần Thơ) am Fluss. Die 1915 eröffnete Markthalle wurde im alten Stil wiederhergestellt; drinnen gibt es Souvenirshops und ein Restaurant. Wer die parallel zur Hai Ba Trung verlaufende Promenade entlangschlendert, gelangt zur Ho-Chi-Minh-Statue, an der man schnell mit Einheimischen in Kontakt kommt.

Chua Ong 3
Tgl. 7–17 Uhr, Eintritt frei
Gegenüber der Statue liegt an der Hai Ba Trung die kleine, aber sehenswerte **Chua Ong**. 1896 nach zweijähriger Bauzeit eingeweiht, wird sie auch Quan Công Hội Quán genannt, da sie als Versammlungshalle der kantonesischen Gemeinde dem General Quan Công geweiht ist. Das Innere wird von der mächtigen Statue des Generals dominiert, flankiert vom Gott des Reichtums, Thần Tài, und der Himmelsgöttin Thiên Hậu.

Munirangsayaram 4
Tgl. 7–20 Uhr, Eintritt frei
An der Hoa Binh liegt das Theravada-buddhistische »Kloster der Vollkommenen Erkenntnis«, **Munirangsayaram**. Es wurde zwischen 1946 und 1948 von der kleinen Khmer-Gemeinde errichtet. Auch wenn die Anlage architektonisch wenig spektakulär ist, so lohnt sie doch wegen der beschauli-

Can Tho

chen Atmosphäre einen Besuch. Die orange gewandeten Mönche erproben an den ausländischen Besuchern gerne ihre Englischkenntnisse. Zudem wollen sie dem nahezu unaussprechlichen Tempelnamen gerecht werden und ihre Erkenntnis und Weisheit *(muni)* perfektionieren *(rangsay)*.

Dinh Binh Thuy 5
Le Hong Phong, tgl. 7.30–10.30, 13.30–17.30 Uhr, Eintritt frei

An der Straße N 91 Richtung Long Xuyen passiert man nach 6 km die sehr schöne Versammlungshalle **Đình Bình Thủy**. Ihr Ursprung geht auf das Jahr des Drachen, 1844, zurück, als die Bewohner nach einer langen Periode von Naturkatastrophen einen Schutzgeisttempel errichteten. Er wurde später mehrfach verändert, so auch 1909/10. Aus dieser Zeit stammen die heutigen Gebäude mit einer Vielzahl von Statuen und Verzierungen. U. a. werden die Widerstandskämpfer Đinh Công Tráng (1842–87) und Bùi Hữu Nghĩa (1807–72) verehrt.

Zu den Tempelfesten am 13./14. des vierten Mondmonats und am 14. des zwölften Mondmonats finden feierliche Prozessionen und traditionelle Vorführungen statt.

Altes Haus von Binh Thuy 6
26/1A Bui Huu Nghia, Binh Thuy, keine festen Öffnungszeiten, Besichtigung morgens oder am späten Nachmittag, nicht jedoch zwischen 11 und 14 Uhr, 20 000 VND

Freunde altertümlicher Häuser, vor allem aber Cineasten werden an dem **Alten Haus von Binh Thuy** (Nhà Cổ Bình Thuỷ) ihre Freude haben. Es liegt in der Ortschaft Binh Thuy, 6 km nördlich von Can Tho, und gehört der Familie Duong. Ihre zu Wohlstand gekommenen Vorfahren hatten die wunderschöne Villa mit asiatisch-europäischen Stilelementen Ende des 19. Jh. errichtet. Der Regisseur Jean-Jacques Annaud war von ihr so fasziniert, dass er sie als Kulisse für einige Szenen seines Films »Der Liebhaber« (1991) nach dem gleichnamigen Roman von Marguerite Duras wählte. Im Inneren sind noch viele altertümliche Accessoires zu sehen.

Infos
Can Tho Tourist 1: 50 Hai Ba Trung, Tel. 0710 382 18 52, www.canthotourist.vn, tgl. 7–17 Uhr. Das engagierte Reisebüro hält viele Broschüren und Tipps für Trips bereit (s. auch S. 430) und vermittelt Privatzimmer in der Umgebung der Stadt.

Übernachten
Komfort am Fluss – **Victoria Can Tho 1:** Cai Khe Ward, Tel. 0710 381 01 11, www.victoriahotels.asia. Das wunderschöne Hotel im Kolonialstil liegt direkt am Can-Tho-Fluss gegenüber der Innenstadt. Mit seiner offenen Lobby und dem lauschigen Restaurant ist es ein architektonisches Kleinod in der Region. Stil haben auch die 92 Zimmer und Suiten. Sehr gutes Spa mit Massage im Garten, wo auch ein großer Pool zu finden ist. Frühstücks- und Sunsettouren auf dem Fluss mit der »Lady Hau«, einer umgebauten Reisbarke. DZ/F ab 180 US-$.

Haus mit Stil – **Nam Bo Boutique Hotel 2:** 1 Ngo Quyen, Ecke Hai Ba Trung, Tel. 0710 381 91 39, www.nambocantho.com. Das sympathische Eckhaus liegt im Herzen der Stadt und verströmt in seinen sieben stilvollen Suiten eine heimelige Atmosphäre. Zwei nette Restaurants (Parterre und Dach) mit guten Gerichten. Suiten/F ab 130 US-$.

Wunderbarer Ausblick – **TTC Hotel – Premium Can Tho 3:** 2 Hai Ba Trung, Tel. 0710 381 22 10, www.ttccantho.com. Der leicht überdimensionierte Kasten an der Uferpromenade bietet auf seinen zehn Etagen 107 freundliche Zimmer. Von der Dachterrasse eröffnet sich ein schöner Ausblick auf den Fluss. Netter Swimmingpool, mäßiges Restaurant, etwas langsamer Service. DZ/F ab 90 US-$.

Solides Dreisternehaus – **Kim Tho Hotel 4:** 1 A Ngo Gia Tu, Tel. 0710 222 79 79, 381 75 17, www.kimtho.com. Die zentrale Lage und der Flussblick sind fraglos die größten Pluspunkte dieser funktionalen Unterkunft. Die 51 Zimmer sind teilweise recht klein, aber stilvoll eingerichtet. Nette Dachbar. DZ/F ab 44–132 US-$.

Pool mit Panoramablick – West Hotel 5: 88–92 Hai Ba Trung, Tel. 0710 368 33 68, www.canthowesthotel.com. Wie häufig in Vietnam glänzt auch dieses 80-Zimmer-Hotel mit einer etwas protzigen Lobby. Die Räume in drei Kategorien sind groß, sauber und angenehm hell, der Service bemüht. Das Essen ist Durchschnitt, sehr angenehm sind Spa und Pool im 8. Stock mit Bar und Panoramablick. DZ/F ab 45 US-$.

Gut geführt – Anh Dao Mekong Hotel 6: 85 Chau Van Liem, Tel. 0710 381 95 01, www.anhdaomekonghotel.com. Das solide Stadthotel ist mit 33 sauberen, recht hellen und gut ausgestatteten Zimmern zwischen 20 und 35 m² eine solide Dreisterneunterkunft. Das Frühstück ist eher mäßig, essen geht man auswärts. DZ/F ab 35 US-$.

Gut & günstig – Kim Long 7: 9 Chau Van Liem, Tel. 0710 389 99 09, www.kimlonghotel.com.vn. Neun saubere Zimmer mit Bad und AC, die Lage nur wenige Schritte zum Fluss und guter Service machen die Unterkunft zu einer beliebten Adresse. DZ/F ab 15 US-$.

Essen & Trinken

Entlang der Uferstraße Hai Ba Trung gibt es einige auf Touristen eingestellte Lokale. Die Re-

Can Tho

Sehenswert
1. Ninh-Kieu-Ufer-promenade
2. Markt
3. Chua Ong
4. Munirangsayaram
5. Dinh Binh Thuy
6. Altes Haus von Binh Thuy

Übernachten
1. Victoria Can Tho
2. Nam Bo Boutique Hotel
3. TTC Hotel – Premium Can Tho
4. Kim Tho Hotel
5. West Hotel
6. Anh Dao Mekong Hotel
7. Kim Long

Essen & Trinken
1. Hoa Su
2. Cay Buoi 2
3. GONY Spa & Café
4. Ngoi Do
5. Hop Pho

Einkaufen
1. Cho Cai Khe
2. Maximark
3. Sai Gon Bakery

Abends & Nachts
1. Iris Sky Bar

Aktiv
1. Can Tho Tourist
2. Trans Mekong
3. Blue Cruiser
4. Tu Trang Travel
5. Hieu's Tour

---

staurants und Cafés in der Nam Ky Khoi Nghia erfreuen sich bei Einheimischen ebenso großer Beliebtheit wie jene auf der Cai-Khe-Halbinsel nördlich des Victoria Hotels.

Beliebt – **Nam Bo** 2 : 1 Ngo Quyen, Tel. 0710 382 95 40, tgl. 7.30–23 Uhr. Im Erdgeschoss des gleichnamigen Boutiquehotels werden hervorragende vietnamesische und westliche Speisen serviert. Edles Fine Dining mit teuren Weinen und schönem Ausblick ist im **L'Escale** auf dem Dach angesagt. Gerichte ab 100 000 VND.

Kulinarisches im Markt – **Sao Hom** 2 : im Cho Can Tho, Hai Ba Trung, Tel. 0710 381 56 16, www.saohom.transmekong.com, tgl. 6–23 Uhr. Das offene Lokal inmitten des Marktes ist stilvoll möbliert und serviert exzellentes vietnamesisches und europäisches Essen; zum Teil Flussblick. Engagierter Service. Gerichte ab 60 000 VND.

Gartenlokal am Fluss – **Hoa Su** 1 : Cai Khe, Tel. 0710 382 07 17, tgl. 6–22 Uhr. Bei Einheimischen beliebtes Restaurant in der Nähe des Victoria Hotels mit hervorragenden vietnamesischen Gerichten ab 60 000 VND.

Schlangen schlemmen – **Cay Buoi 2** 2 : Song Hau, Tel. 0710 376 84 33, tgl. 9–22 Uhr. Das offene ›Pomelo-Restaurant‹ neben dem Cong Doan Hotel zählt zu den beliebtesten Adressen für Meeresfrüchte, aber Besucher kommen zudem selbst aus Saigon hierher, um die leckeren Schlangengerichte (rắn) zu probieren. Ab 50 000 VND.

Massagen zum Mahl – **GONY Spa & Café Lounge** 3 : 8–12 Nguyen An Ninh, Tel. 0710 625 24 48, tgl. 8–21 Uhr. Nach der Massage kann man dableiben und Feuertopf, Sandwiches und Süßspeisen verzehren. Leckere Smoothies. Gerichte ab 50 000 VND.

Lokale Spezialitäten – **Ngoi Do** 4 : 268 Nguyen Van Linh, Tel. 093 998 96 68, tgl. 9–23 Uhr. Eine gute Adresse etwas abseits vom touristischen Zentrum für die Vielfalt vietnamesischer Speisen – von Aal (lươn) bis Tintenfisch (mực). Gerichte ab 50 000 VND.

Schick und cool – **Hop Pho** 5 : 4–6 Ngo Gia Tu, Tel. 0710 381 52 08, tgl. 6–22.30 Uhr. Das zweistöckige Café ist so schick und cool wie das einheimische Publikum. Snacks ab 30 000 VND.

Einkaufen

Märkte – **Cho Can Tho** 2 : an der Hai Ba Trung direkt am Hau Giang, tgl. 6–20 Uhr. Schönster Markt der Stadt mit Haushaltswaren und Lebensmitteln. Alternativ bietet der große **Cho Cai Khe** 1 an der Tran Van Kheo eine Riesenauswahl an Kleidung und Haushaltswaren (tgl. 6–19 Uhr). An der 2 Hung Vuong, Ecke Cach Mang Thang Tam, befindet sich das große Einkaufszentrum **Maximark** 2 . Im **Victoria Can Tho** 1 werden

Südliches Delta

Handarbeiten der Cham-Minderheit verkauft, allerdings nicht gerade billig.
Bäckerei – **Sai Gon Bakery** 3 : 153 Mau Than, tgl. 7–19 Uhr. Gute Auswahl an Gebäck und Sandwiches.

Abends & Nachts
Panoramabar – **Iris Sky Bar** 1 : Iris Hotel, 224 30 Thang 4, tgl. 17–24 Uhr. Bar mit Dachterrasse zum Chillen.

Aktiv
Bootstouren – **Touren** durch die Kanäle der Umgebung und zu den Schwimmenden Märkten (s. Tipp S. 430) zählen in Can Tho zum Standardprogramm. Sehr schön ist die 18 km lange Tour nach **Cai Rang** (s. rechts) und anschließend durch den Rach-Nho-Kanal zurück. Arrangement über **Can Tho Tourist** 1 (s. S. 425). Sehr empfehlenswert sind die drei- oder siebenstündigen Bootstouren von **Ecotour Can Tho,** Dragonfly Shop, Kiosk, A6–A7 im Markt 2 , Tel. 09 39 76 42 16, 09 34 08 25 53, www.ecotour cantho.com. **Trans Mekong** 2 : 144 Hai Ba Trung, Tel. 0710 382 95 40, www.transme kong.com, bietet Fahrten mit den rustikalen, aber komfortablen Kabinenbooten »Bassac I bis III«. Sehr empfehlenswert ist die dreitägige Fahrt von Can Tho über Ben Tre nach Cai Be. Trans Mekong offeriert auch Halb- und Ganztagstouren mit ihren ›Mystic Sampans‹ zu den Schwimmenden Gärten. **Blue Cruiser** 3 , Cai Khe Ward, Tel. 0710 373 17 32, www.bluecruiser.com, und **Tu Trang Travel** 4 , 20, 91/23 30 Thang 4, Tel. 0710 375 24 36, 0710 248 05 14, www.tutrangspeed boatservices.wordpress.com. Beide Unternehmen bieten unregelmäßig Fahrten nach Chau Doc (2,5 Std.) und fast tgl. Fahrten von Chau Doc nach Phnom Penh an (ab 70 US-$).
Radfahren – Entlang der Kanäle, durch lauschige Dörfer und an Obstgärten vorbei – die Möglichkeiten für Tourvarianten rund um Can Tho sind nahezu unerschöpflich. **Ecotour Can Tho** 2 und **Hieu's Tour** 5 , 27 A Le Thanh Ton, Tel. 0710 381 98 58, www.hieu tour.com, bieten geführte Radtouren durchs Hinterland an.

Verkehr
Flugzeug: Vom **Can Tho International Airport** (Tel. 0710 384 43 01, www.canthoair port.com), 10 km nördlich von Can Tho, starten 1 x tgl. Flüge nach Phu Quoc, Ho-Chi-Minh-Stadt und Da Nang, 4 x tgl. nach Hanoi und 4 x wöchentl. nach Con Dao.
Vietnam Airlines: 66 Nguyen An Ninh, Tel. 0710 384 43 20; **Viet Jet Air:** 209 A–209 B 30 Thang 4, Tel. 0710 378 30 43.

Bus: Vom **Bến Xe Khách Cần Thơ** an der Nguyen Trai starten Busse nach Ho-Chi-Minh-Stadt (179 km, 4 Std.), über Vinh Long (34 km, 1,5 Std.) nach My Tho (104 km, 3–4 Std.), über Long Xuyen (62 km, 1,5 Std.) nach Chau Doc (117 km, 3 Std.), nach Soc Trang (65 km, 2 Std.), Rach Gia (116 km, 3 Std.) und Ca Mau (180 km, 5 Std.). Einige Strecken werden von gut ausgestatteten Bussen der Unternehmen Mai Linh, 48 3 Thang 2, Tel. 0710 382 82 82, und Phuong Trang, 13 Hung Vuong, Tel. 0710 376 97 68, bedient.

✪ Cai Rang ▶ J 32

Wie ein offener Schnürsenkel windet sich der Can-Tho-Fluss vom südwestlichen Delta bis zu seiner Mündung in den Hau Giang in Can Tho. In **Cai Rang,** 7 km südwestlich der Provinzhauptstadt, kreuzt er mehrere Kanäle. An diesem Verkehrsknotenpunkt findet täglich ein **Schwimmender Markt** (Chợ Nổi Cái Răng) statt. Er zählt zu den größten und schönsten des Deltas. Besonders reges Treiben herrscht morgens zwischen 6 und 8 Uhr. Eine Armada von Frachtbooten in allen Größen bildet dann ein unübersichtliches Wirrwarr. Von kleinen Sampans, die sich an die größeren Boote mit den markanten Drachenaugen am Bug gehängt haben, werden Nudelsuppen, Zigaretten und Reis verkauft oder sie werden mit Bergen von Gemüse oder Früchten beladen. An langen Bambusstangen hängt das aktuelle Angebot – von Ananas über Longan und Was-

Can Tho – Boomtown des Mekong-Deltas bei Nacht

Südliches Delta

SCHWIMMENDE MÄRKTE

Neben Cai Rang locken in der Umgebung von Can Tho weitere sehenswerte Schwimmende Märkte *(chợ nổi)*, etwa in **Phong Dien,** den Can-Tho-Fluss 15 km stromaufwärts. Mehrere Kanäle bilden einen wichtigen Verkehrsknotenpunkt, sodass auch hier viele Händler in ihren Booten zusammenkommen, um ihre Waren anzubieten. Wegen der Entfernung zu Can Tho ist dieser Markt nicht ganz so häufig Ziel von Touristengruppen wie jener in Cai Rang. Der Besuch dieser Märkte lässt sich gut miteinander kombinieren, da sie auf demselben Fluss stattfinden.

Noch weiter entfernt – 33 km südwestlich von Can Tho – wird der Schwimmende Markt von **Phung Hiep** abgehalten. Hier kreuzen sich gleich sieben Flüsse und Kanäle. Durch den Ausbau der Nationalstraße 1 A, die durch Phung Hiep führt, hat dieser Markt etwas an Größe eingebüßt. Auch spielt der einstige und oft beworbene Schlangenmarkt keine Rolle mehr. Aus Zeitgründen sollte man zunächst mit dem Wagen nach Phung Hiep fahren und erst dort auf das Boot umsteigen.

Einen weiteren Markt auf dem Wasser gibt es in **Tra On.** Die lebendige Handelsstadt, in der fünf Kanäle und Ströme zusammentreffen, liegt 22 km südöstlich von Can Tho am Hau Giang. Auch dieser Markt wird noch von relativ wenigen Touristengruppen besucht.

Für alle Märkte gilt: Am frühen Morgen sind sie am schönsten und lebendigsten.

Auf den Schwimmenden Märkten im Mekong-Delta versorgen sich die lokalen Händler mit Waren

sermelone bis zur Yambohne. Das ständige Kaufen und Verkaufen, Rufen und Rudern, Transportieren und Manövrieren macht den Besuch des Marktes zu einem unvergesslichen Erlebnis, entsprechend beliebt ist er bei Touristengruppen. Es empfiehlt sich, morgens frühzeitig aufzubrechen.

Von Can Tho nach Ca Mau ▶ G–J 32–34

Von Can Tho führt die Nationalstraße 1 A bis nach Ca Mau an der Südwestspitze des Deltas. Die 180 km lange, bislang noch kaum von Touristen frequentierte Strecke verläuft durch das Siedlungsgebiet der Khmer. Ihre Dörfer sind vor allem an den typischen Theravada-buddhistischen Klosterbauten zu erkennen. Ab Mitte des 17. Jh. besiedelten zunehmend ethnische Viets das Delta und die Khmer wurden in Khmer Krom, wie sie ihre zu Kambodscha gehörende Heimat nannten, zur Minderheit. Heute sind nur noch 29 % der 1,2 Mio. Einwohner in der Provinz Soc Trang Khmer. Wegen der Vogelschutzgebiete und Nationalparks lohnt sich die Reise in den tiefen Süden Vietnams für Naturinteressierte ganz besonders.

Soc Trang ▶ J 33

Auf dem Weg zu dem 65 km südlich von Can Tho gelegenen **Soc Trang** bietet sich ein Stopp am Schwimmenden Markt von Phung Hiep (s. Tipp links) an. Soc Trang ist für die im Delta lebenden Khmer eine Art kulturelles Zentrum. Nirgendwo sonst im Land sind sie so präsent. Besonders deutlich wird dies alljährlich Mitte des zehnten Mondmonats während des Oc Om Bok, wenn Khmer aus der gesamten Region in die Stadt kommen, um das Fest mit einem Jahrmarkt und Musik sowie dem berühmten Bootsrennen auf dem Song Soc Trang zu feiern. In der übrigen Zeit wirkt die 120 000-Einwohner-Stadt verglichen mit anderen Delta-Metropolen eher beschaulich.

Chua Khleang und Khmer-Museum

Museum Mo–Sa 7–11, 13–17 Uhr, 15 000 VND
Soc Trang kann mit einigen durchaus interessanten Sehenswürdigkeiten aufwarten, etwa der **Chùa Khléang** (53 Ton Duc Thang) im Norden der Stadt. Sie geht in ihren Ursprüngen auf das Jahr 1533 zurück, wurde jedoch später mehrfach erneuert. Am frühen Vormittag oder späten Nachmittag ist die Chance am größten, die bunte Buddha-Halle (Viharn) von 1907 offen vorzufinden. Auch wenn dies nicht der Fall ist, lohnt sich ein Blick auf ihr Äußeres in jedem Fall. Das mehrfach gestaffelte Dach wird von schlanken Säulen gestützt, deren Enden Vogelmenschen, sogenannte Kinnaras, bilden. Dem Kloster ist eine Pali-Schule für Mönche angeschlossen. Gegenüber liegt das 1938 eröffnete **Khmer-Museum.**

Chua Dat Set

163 A Luong Dinh Cua, tgl. 7–17 Uhr, Eintritt frei
Die Lehmpagode **Chùa Đất Sét** heißt eigentlich Chùa Bửu Sơn Tự (Pagode des edlen Berges) und wurde im 18. Jh. von dem wohlhabenden Ngo-Klan gestiftet. Ein Nachfahre in vierter Generation, der Künstlermönch Ngo Kim Tong (1909–1970), verwandelte das Kloster in einem Zeitraum von 42 Jahren in ein wahres Kunstwerk. Er schuf zahllose, teilweise lebensgroße Figuren aus Ton, darunter Gestalten aus der chinesischen Mythologie. Besonders eindrucksvoll sind die 2,60 m hohen Kerzen, die wie mächtige Säulen anmuten.

Chua Ma Toc

Wenn in der Abenddämmerung Tausende von Flughunden zu ihrer nächtlichen Futtersuche ausschwärmen, wirkt die **Chùa Mã Tộc,** 2 km südlich von Soc Trang, wie der Drehort für einen Hitchcock-Film. Tagsüber hängen die Tiere wie Zapfen von den Bäumen rund um das Kloster, weshalb es auch Chùa Dơi, Pagode der Flughunde, genannt wird. Das Kloster geht auf das Jahr 1569 zurück, wurde jedoch im Laufe der Zeit mehrfach verändert. Hinter den einfachen Mönchsunterkünften wird ein Langboot aufbewahrt, das beim Oc Om Bok zum Einsatz kommt.

Südliches Delta

Infos
Soc Trang Tourist: 131 Nguyen Chi Thanh, Tel. 079 382 22 92, tgl. 7.30–11, 13.30–17 Uhr. Das Büro neben dem Hotel Phong Lan 1 gibt gerne Auskunft über die Besichtigungsmöglichkeiten in und um Soc Trang.

Übernachten
Mit Glasfassade – **Khanh Hung Hotel:** 15 Tran Hung Dao, Tel. 079 382 10 26. Das große Geschäftshotel im Süden Soc Trangs birgt 53 geräumige, gut ausgestattete Zimmer in vier Kategorien. DZ/F 15–25 US-$.
Funktional und zentral – **Phu Qui:** 19–21 Phan Chau Trinh, Tel. 079 625 77 77, www.phuquihotel.com. Optische Nüchternheit trifft hier auf Zweckmäßigkeit. Der Eingang des zentral gelegenen Hotels dient als Garage, doch die 34 gefliesten Zimmer sind sauber und geräumig. DZ/F 15–20 US-$.

Essen & Trinken
Soc Trang bereichert die Küche mit *bún nước lèo*, weichen Reisnudeln mit Schweinefleisch, die von den Einheimischen auch zum Frühstück gegessen werden. Zum Grüntee verspeisen sie auch gerne *bánh piá*, mit Durian und Bohnen gefüllte Pasteten.
Schmackhaftes aus dem Meer – **Hung:** 74/76 Mau Than 68, tgl. 6–23 Uhr. Einfaches, bei Einheimischen beliebtes Lokal. Hier werden gute Seafoodgerichte serviert. Zum Angebot zählt *lấu* (Feuertopf). Gerichte ab 40 000 VND.

Termine
Oc Om Bok: Am 14./15. Tag des zehnten Mondmonats (Nov./Dez.) findet in Soc Trang das wichtigste kulturelle Fest der Khmer statt. Höhepunkt sind die Regatten mit den *ghe ngo*, 25 m langen, schön bemalten Booten mit 40 bis 50 Mann Besatzung.

Verkehr
Bus: Der **Bến Xe Sóc Trăng,** Tel. 079 362 17 77, liegt an der Phu Loi südlich des Song Soc Trang. Dort halten Busse nach Can Tho (65 km, 2 Std.) und Ca Mau (117 km, 4 Std.).

Bac Lieu ▶ J 34

Fährt man weiter in Richtung Westen, gelangt man nach 52 km zur 140 000-Einwohner-Stadt **Bac Lieu.** Mit dem nur 10 km entfernten Meer ist sie durch einen Kanal verbunden. Abgesehen von einigen Kolonialbauten, darunter das 1919 vom Großgrundbesitzer Tran Trinh Trach (1872–1942) erbaute, mondäne **Cong Tu Bac Lieu House** (Nhà Công Tử Bạc Liêu, 13 Dien Bien Phu, tgl. 7–17 Uhr, Eintritt frei), hat das Verwaltungszentrum der gleichnamigen Provinz touristisch nichts zu bieten.

Vogelschutzgebiet Bac Lieu
Tgl. 6–17 Uhr, 40 000 VND
Doch ist Bac Lieu ein Ziel von Ornithologen aus der ganzen Welt, denn 5 km südwestlich der Stadt breitet sich das 127 ha große **Vogelschutzgebiet Bac Lieu** (Vườn Chim Bạc Liêu) aus. Dort nisten in den Mangroven- und Melaleucawäldern während der Regenzeit über 50 Vogelarten, darunter der seltene Schneereiher *(Egretta eulophotes)* mit einer Spannweite von bis zu 2 m und der Indische Kormoran *(Phalacrocorax fuscicollis)*. Beste Besuchszeit sind die Monate Juli bis Dezember. Danach lohnt der Besuch nicht, da sich die Vögel an anderen Orten aufhalten. Vom Eingang zum Schutzgebiet führt ein Weg zu einem Aussichtsturm. Wegen der vielen Moskitos sollte man unbedingt ein Mückenschutzmittel mitnehmen.

Infos
Bac Lieu Tourist: 2 Hoang Van Thu, Tel. 0781 382 42 26 72, 0781 382 26 23, tgl. 7.30–11, 13.30–17 Uhr. Hier sind Basisinformationen zu den Ausflugsmöglichkeiten erhältlich.

Übernachten
Markante Fassade – **Tran Vinh Hotel:** 85–87 Hai Ba Trung, Tel. 0781 377 74 44, www.tranvinhhotelbaclieu.com. Mit den geschwungenen Fenstern fällt das siebenstöckige Stadthotel schon optisch auf. Die 51 Zimmer und Suiten sind geräumig und gut ausgestattet. DZ/F 25–71 US-$.

Staatliches Hotel – **Bac Lieu Hotel:** 4–6 Hoang Van Thu, 0781 395 96 97, www.baclieuhotel.com. Solides Stadthotel mit dem bei vielen staatlichen Hotels üblichen Beton-Glas-Ambiente, 100 saubere, aber recht nüchterne Zimmer. DZ/F 20–40 US-$.

Essen & Trinken

Zwischenmahlzeit – **Kitty:** Ecke Ba Trieu/Tran Phu, tgl. 8–23 Uhr. Nettes Café mit Snacks, Bier und Cocktails. Bei Einheimischen recht beliebt. Snacks ab 20 000 VND.

Verkehr

Bus: Alle Busse zwischen Can Tho (113 km, 3 Std.) und Ca Mau (67 km, 1,5 Std.) halten auch in Bac Lieu. Der **Bến Xe Bạc Liêu** liegt etwa 1,5 km nördlich des Zentrums an der Nationalstraße 1 A.

Ca Mau ▶ G 34

In der Provinzstadt **Cà Mau** endet die Nationalstraße 1 A. Bis nach Hanoi sind es von hier weit über 2000 km. Erst Ende des 17. Jh. rangen vietnamesische Siedler dem Sumpfgebiet landwirtschaftliche Nutzflächen ab, indem sie Kanäle anlegten, und gründeten am Ganh-Hao-Fluss Ca Mau. Heute wirkt die Stadt mit ihren gut 220 000 Einwohnern keineswegs mehr wie das Ende der Welt. In den letzten Jahren hat sie sich zu einer lebendigen Metropole entwickelt. Nach wie vor liefert Ca Mau selbst keinen Grund, den langen Weg dorthin auf sich zu nehmen. Vielmehr sind es mehrere Vogelschutzgebiete in der Umgebung, die es zum lohnenden Ziel machen.

Vogelpark des 19. Mai

Tgl. 6–18 Uhr, 15 000 VND
Nur 4 km westlich der Innenstadt liegt an der Ly Van Lam ein kleines geschütztes Feuchtgebiet, wo sich zwischen Juli und Oktober zahlreiche Stelzvogelarten zum Brüten aufhalten. Es wurde In den 1990er-Jahren zum 18 ha großen **Vogelpark des 19. Mai** (Lâm Viên 19-5) mit einem, allerdings uninteressanten, Minizoo ausgebaut.

Mui-Ca-Mau-Nationalpark

Der 41 862 ha große **Mui-Ca-Mau-Nationalpark** (Vườn Quốc Gia Mũi Cà Mau) am Südwestzipfel von Vietnam wurde 2003 eingerichtet. Rund um das Mündungsgebiet des Song Cua Lon existierte bis zum Vietnamkrieg einer der größten Mangrovenwälder des Landes. Durch die Entlaubungsaktionen der USA und spätere Abholzung wurde er jedoch extrem dezimiert. Heute versucht die Regierung das 2007 zum UNESCO-Biosphärenreservat ernannte Gebiet zu renaturieren.

Der 100 km lange Trip mit dem Schnellboot (ca. 2 Std.) lohnt wegen der großen Zahl von Zugvögeln, u. a. Schwarzhalsibisse *(Threskiornis melanocephalus)*, Sibirische Brachvögel *(Numenius madagascariensis)*, Buntstörche *(Mycteria leucocephala)* und Graupelikane *(Pelecanus philippensis)*. Natürlich lockt der Park auch damit, dass er am südlichsten Punkt Vietnams liegt. In dieser Küstenregion wächst das Land durch Ablagerungen jährlich zwischen 80 und 100 m ins Meer hinaus.

U-Minh-Ha-Nationalpark

Der 2006 aus zwei Schutzgebieten hervorgegangene **U-Minh-Ha-Nationalpark** (Vườn Quốc Gia U Minh Hạ), etwa 30 km westlich von Ca Mau, ist ein weiteres attraktives Ziel für Ökotouristen. Das 8286 ha große Schutzgebiet mit den weltweit größten Mangrovenwäldern ist ebenfalls Heimat vieler Zugvögel. Zudem wächst dort der Cajuput-Baum *(Melaleuca leucadendron)*, ein wegen seiner ätherischen Öle bedeutender Nutzbaum.

Infos

Minh Hai Tourist: 1 Ly Bon, Tel. 0780 383 18 28, minhhaitourist.dieuhanh@gmail. com; **Tourist Promotion Center:** 28 Phan Ngoc Hien, Tel. 0780 354 04 58, www.en.camautourism.vn. Beide geben Infos zu den Nationalparks und organisieren Boote und Mietwagen.

Übernachten

Sechs Zimmerstandards – **Best CM Hotel:** 463 C Nguyen Trai, Tel. 0780 382 98 28. Der außen wenig ansehnliche und innen wenig gepflegte neunstöckige Bau liegt nördlich der

Südliches Delta

Stadt unweit einer Industriezone und bietet die typischen Leistungen eines Geschäftshotels von Pool bis zu Karaoke. Sechs Zimmerkategorien mit Frühstück ab 30 US-$.
Solide Mittelklasse – **Ruby Hotel:** 20 A Hung Vuong, Tel. 0780 378 77 77, rubyhotel.camau@gmail.com. Der Glanz eines Rubins erstrahlt hier trotz goldfunkelnder Rezeption nicht, aber die 40 Zimmer sind wohnlich und sauber und das Personal ist freundlich. Das Restaurant tischt ordentliche Gerichte auf. DZ ab 25 US-$.

Essen & Trinken

Entlang der Ly Bon gibt es mehrere Garküchen. Die Restaurants sind nicht auf westliche Besucher eingestellt, weshalb eine englische Speisekarte meist fehlt.
Leckeres aus dem Meer – **Pho Xua:** 239 Phan Ngoc Hien, Tel. 0780 356 66 66, tgl. 8–22.30 Uhr. Das sehr gute Angebot an Seafoodgerichten macht das zuweilen recht bierselige Lokal zu einem beliebten Treff der Einheimischen. Gerichte ab 60 000 VND.
Lokale Spezialitäten – **Tam De:** 255 A Tran Hung Dao, Tel. 0780 354 00 90, tgl. 8–22 Uhr. Gute Auswahl an Reis- und Seafoodgerichten ab 50 000 VND.

Verkehr

Flugzeug: Der Flughafen liegt am westlichen Stadtrand, direkt an der Nationalstraße 1 A. Die Vietnam Air Services Company (Vasco) fliegt 1 x tgl. von Ho-Chi-Minh-Stadt nach Ca Mau. Infos: Vasco, 134 Nguyen Trai, Tel. 0780 359 56 78, www.vasco.com.vn.

Bus: Der **Bến Xe Cà Mau** liegt 2 km östlich der Stadt an der Nationalstraße 1 A unweit des Flughafens. Von dort starten Busse nach Can Tho (180 km, 5 Std.) und Ho-Chi-Minh-Stadt (350 km, 9–11 Std.). Empfehlenswert sind die Busse von Phuong Trang, Tel. 0780 365 16 51, und Mai Linh, Tel. 0780 388 88 88.

Boot: Von der **Anlegestelle für Schnellboote** an der 162 Phan Boi Chau, Tel. 0780 383 04 70, starten täglich Tragflügelboote nach Nam Can (2 Std., interessant für den Besuch des Nationalparks Mui Ca Mau) und nach Rach Gia (3 Std.). Am **Bến Tàu A** an der Ly Van Lam, Tel. 0780 383 12 67, legen Boote in Richtung Westen ab, einige davon haben den U-Minh-Ha-Nationalpark zum Ziel. Vom **Bến Tàu B** an der Cao Thang, Tel. 0780 383 32 91, starten Boote gen Norden und zu einem Schwimmenden Markt auf dem Ganh-Hao-Fluss.

Die Kokosnuss ist ein wichtiges Naturprodukt der Region – hier wird ihre Faser verarbeitet

Am Golf von Thailand

Die Region zwischen der kambodschanischen Grenze und dem Golf von Thailand erlebt seit einiger Zeit einen beachtlichen Aufschwung. Mehrere Grenzübergänge laden zur Weiterfahrt ins Nachbarland ein. Sonnenhungrige Urlauber zieht es aber vor allem an die verträumten Buchten entlang der Küste und an die Strände der Insel Phu Quoc.

Von Can Tho nach Long Xuyen ▶ H/J 31/32

Von Can Tho verläuft die landschaftlich interessante Nationalstraße N 91 zeitweise parallel zum Hau Giang in Richtung Norden bis nach Chau Doc. Sie führt entlang bildschöner Kanäle und fruchtbarer Reisfelder. Hier und da sieht man aufgehäufte Reisstrohreihen, unter denen Pilze gezüchtet werden.

Thot Not

Größter Ort ist nach 45 km **Thốt Nốt** (Stadt der Palmyrapalme). Sie schmiegt sich direkt an den Hau Giang und ist ein wichtiger Knotenpunkt mehrerer Wasserstraßen. Nicht weit entfernt liegt das sehenswerte **Storchenschutzgebiet Bang Lang** (Vườn Cò Bằng Lăng), benannt nach den dort wachsenden *Lagerstroemia*-Bäumen. Auf einem 2 ha großen Gebiet versammeln sich in den Wipfeln der Bäume bei Einbruch der Dunkelheit Zehntausende von Störchen, Adjutanten, Reihern und anderen Vögeln; insgesamt 20 Arten sind bekannt. Das Schutzgebiet liegt 1 km östlich der N 91 und ist über einen schmalen Kanal auch per Sampan zu erreichen.

Long Xuyen

Nach 62 km gelangt man nach **Long Xuyen,** das am breiten Hau Giang gelegene Verwaltungszentrum der 3424 km² großen Provinz An Giang. Die Stadt (180 000 Einw.) ist ein wichtiges regionales Handelszentrum, das sehr von seiner Nähe zu Kambodscha profitiert.

Seit Mitte des 20. Jh. ist Long Xuyen die Hochburg der Religionsgemeinschaft Hòa Hảo. 1939 von Huynh Phu So (1919–1947) gegründet, ist die 1,5 Mio. Anhänger starke Bewegung nach dem Geburtsort des Gründers benannt. Wie die rivalisierenden Cao Dai (s. S. 406) hatten auch die Hòa Hảo bis zu ihrer Entwaffnung unter Präsident Diem im Jahr 1956 ihre eigene Armee. Im Gegensatz zu den Cao Dai lehnen die Hòa Hảo jedoch jegliche religiöse Organisation ab – es gibt in ihrer Gemeinschaft weder Mönche noch Tempel. Lediglich in den Häusern der Anhänger findet sich ein kleiner Altar. Der schlichten Lehre zufolge sollen die Hòa Hảo Gutes tun und sich im Studium buddhistischer Texte üben. Die Männer sind angehalten, aus Respekt vor den Ahnen weder ihren Bart noch ihre Haare zu schneiden.

An-Giang-Museum
11 Ton Duc Thang, Tel. 076 395 62 48, Di–So 7.30–11, 13.30–17 Uhr, 15 000 VND

Touristen lassen Long Xuyen meist links liegen – nicht ganz ohne Grund, geizt die Stadt doch ziemlich mit Sehenswürdigkeiten. Wer hier aber dennoch Station macht und genügend Zeit hat, kann einen Blick ins **An-Giang-Museum** (Bảo Tàng An Giang) werfen. Der Besuch lohnt sich in erster Linie wegen der hier ausgestellten Ausgrabungsfunde aus dem nahen **Oc Eo.**

Am Golf von Thailand

Kathedrale

9 Nguyen Hue, tgl. 17–19 Uhr und während der Gottesdienste

Als Wahrzeichen der Stadt dient die mächtige **Kathedrale** (Nhà Thờ Chính Tòa Long Xuyên), deren 50 m hoher Glockenturm gefalteten Händen nachempfunden ist. Sie wurde 1973 nach 15-jähriger Bauzeit eingeweiht und bietet Platz für bis zu 1000 Gläubige.

Oc Eo

Tgl. 7.30–17 Uhr, 10 000 VND

Die bedeutendste archäologische Stätte des Mekong-Deltas liegt beim Dorf Vong The an der Straße nach Rach Gia, etwa 40 km südwestlich von Long Xuyen. **Oc Eo** war vom 1. bis 7. Jh. wichtigste Hafenstadt von Funan, jenem indisierten Reich, das als Vorläufer des Khmer-Reiches gilt. Bei Ausgrabungen in den 1940er-Jahren konnte man eine 3 x 1,6 km große Siedlung verifizieren. Die Chinesen nannten Oc Eo den »Hafen der 1000 Flüsse«. Zu den Funden zählen Schmuckstücke sowie Goldmünzen aus dem Jahr 152 mit dem Porträt des römischen Kaisers Antonius Pius (reg. 138–161), die Handelskontakte bis nach Europa bestätigen. Eine 1,70 m große vierarmige Bodhisattva-Figur aus Sandstein und zwei Stelen mit Sanskrit-Inschriften befinden sich in einem kleinen Museum neben der **Chua Linh Son,** einer kleinen Pagode auf dem nahe gelegenen Berg **Nui Ba The.**

Infos

An Giang Tourist: 17 Nguyen Van Cung, Long Xuyen, Tel. 076 384 10 36, tgl. 7–11, 13–17 Uhr. Informationen zur gesamten Provinz mit Chau Doc und Umgebung.

Übernachten

... in Long Xuyen:

Mächtiger Hotelbau – **Hoa Binh 1:** 130 Tran Hung Dao, Tel. 076 625 29 99, www.hoabinhhotel.vn. Das Hotel dominiert die Umgebung und verfügt über 60 geräumige Zimmer, ein nettes Panoramarestaurant, Massageangebote, Tennisplatz und einen Pool. DZ/F 32–82 US-$.

Großes Geschäftshotel – **Dong Xuyen Hotel:** 9 A Luong Van Cu, Tel. 076 394 22 60, www.dongxuyenhotel.com. Das große Hotel mit 58 sauberen Zimmern ist eine gute Wahl. Freundlicher Service und empfehlenswertes Restaurant. DZ/F 25–40 US-$.

Essen & Trinken

... in Long Xuyen:

Gebrochener Reis – **Cay Diep:** 67 Ly Thu Trong, Tel. 076 384 12 41, tgl. 6.30–22.30 Uhr. Die einfache Gaststätte ist stadtbekannt für *cơm tấm*, gebrochenen Reis mit Gemüse und Fleisch oder Fisch. Gerichte ab 50 000 VND.

Leckeres Seafood – **KTM Quan:** 40 Phạm Cu Luong, Tel. 076 394 67 89, tgl. 10–23 Uhr. Ein beliebtes Lokal mit netten Sitzgelegenheiten und guten vietnamesischen Meeresfrüchten, darunter auch Bärenkrebse *(tôm mũ ni).* Gerichte ab 45 000 VND.

Allrounder – **Panda Café:** 9/9 Tran Hung Dạo, Tel. 076 394 04 16, tgl. 6–22 Uhr. Von Seafood bis Smoothies, von Garnelen bis Kaffee gibt es hier alles. Nette Sitzgelegenheit auf der Terrasse. Gerichte ab 30 000 VND.

Verkehr

Bus: Der **Bến Xe Khách Long Xuyên,** Tran Hung Dao, liegt im Süden Long Xuyens. Er ist Startpunkt für Busse nach Chau Doc (53 km, 1,5 Std.), Can Tho (62 km, 1,5 Std.), Rach Gia (65 km, 2 Std.) und Ho-Chi-Minh-Stadt (240 km, 6–7 Std., abhängig von der Fähre).

Chau Doc ▶ G 30

Am Westufer des Hau Giang erstreckt sich in unmittelbarer Nähe der kambodschanischen Grenze die Stadt **Chau Doc.** Sie ist Heimat von über 100 000 Menschen, einem bunten Gemisch aus Chinesen, Vietnamesen, Khmer und Cham. Seit in der Nähe zwei Grenzübergänge geöffnet wurden, hat sie sich von einer Schmuggler- und Pilgerstadt zum Tor nach Kambodscha entwickelt. Nach Phnom Penh sind es über den Mekong nur 165 km. Seinen wirtschaftlichen Aufschwung verdankt Chau Doc aber auch der hier intensiv betriebenen Fischzucht. Selbst aus Europas Gastronomie ist der gräten- und fettarme Pangasius nicht mehr wegzudenken.

Die Zahl der **schwimmenden Häuser** auf dem Hau Giang – zu denen bis zu 30 x 10 m große und 5 m tiefe Bambuskäfige unter Wasser gehören – geht mittlerweile in die Tausende. In den Käfigen werden die *cá ba sa*, wie Einheimische die Fische nennen, acht bis zehn Monate lang mit einer Mischung aus Reis- und Fischmehl gemästet. Wenn sie 1,2 kg schwer sind, treten sie ihre letzte Reise an – zu einer Fischfabrik bei Long Xuyen. Von dort werden sie, zu Filet verarbeitet, in alle Welt exportiert. Die schwimmenden Häuser können bei einer Bootsfahrt besucht werden.

Uferpromenade und Zentralmarkt

Chau Doc präsentiert sich als attraktive Deltastadt mit schöner **Uferpromenade** (Công Viên Bờ Sông Châu Đốc) entlang der Le Loi zwischen Victoria Hotel und dem Sam-Berg verlaufenden Nguyen Van Thoai. In der Mitte der Promenade ist dem Pangasius ein modernes, 15 m hohes **Denkmal** gewidmet.

Auch wer schon viele Märkte gesehen hat, wird am bunten **Zentralmarkt** (Chợ Trung Tâm Châu Đốc) mit dem für das Delta typischen üppigen Angebot an Meeresfrüchten und Obst seine Freude haben. Der ganztägig geschäftige Markt mit einer langen Halle zieht sich vom Fluss zwischen den Straßen Bach Dang und Chi Lang in Richtung Westen.

Dinh Chau Phu

Tgl. 7–17 Uhr, Eintritt frei

Sehr sehenswert ist der 1926 erbaute **Dinh Chau Phu** an der Uferstraße Tran Hung Dao. In der großen Halle mit schön geschwungenen Fenstern und Türen wird Nguyen Huu Canh (1650–1700), einst Gouverneur im Süden Vietnams und Gründer Saigons, verehrt. Der hohe Mandarin und Nachfahre des berühmten Literaten Nguyen Trai hatte sich um die Erschließung und Kolonisierung des Deltas große Verdienste erworben, weshalb ihm gerade im tiefen Süden Vietnams zahlreiche Gedenktempel gewidmet sind.

Bo De Dao Trang

Der große Platz zwischen Thu Khoa Nghia und die Phan Van Vang wird vom Tempel des Bodhi-Baums, **Bồ Đề Đạo Tràng,** dominiert. Mehrere Schreine gruppieren sich um den heiligen *Ficus religiosa* (Cây Bồ Đề), der zum Vesakh-Fest am 9. Mai 1952 vom damaligen Präsidenten der Theosophischen Gesellschaft, C. Jinarajadasa, gepflanzt wurde. Am späten Nachmittag werden rund um den Tempel Garküchen aufgebaut.

Chau Giang

Mit dem Boot unternimmt man einen interessanten Ausflug nach **Chau Giang.** Das Cham-Dorf mit 3000 Einwohnern erstreckt sich von der Ostseite des Hau Giang am Kanal Kinh Sang Tan Chau entlang, der den Hau Giang mit dem Tien Giang verbindet. Am Wasser stehen zahlreiche Stelzenhäuser aus Holz. Die Gemeinde wurde 1691 von Angehörigen der Cham gegründet, die aus Zentralvietnam ins Mekong-Delta migrierten. Da die Cham Muslime sind, gibt es einige Moscheen im Dorf, darunter die grüne **Chau-Giang-Moschee** und weiter östlich die 1750 gestiftete, mehrfach erweiterte **Mubarak-Moschee.** Die Bewohner folgen in ihrer Tracht der malaiischen Tradition: Sie tragen Wickelröcke aus Baumwolle, die Frauen dazu bunte Kopftücher, die Männer weiße Gebetskappen.

Infos

Eine gute Informationsquelle ist **Thomas Guya,** c/o Con Tien Floating Restaurant, Tran Hung Dao, Tel. 076 356 27 71, www.chaudoctravel.com, tgl. 8–17 Uhr.

Ms. San Tours: Nguyen Van Thoa, Tel. 09 18 66 92 36, sanhuynhhappy@yahoo.com, www.mekongchaudoctravel.com.

Hang Chau II: 10 Nguyen Van Thoai, Tel. 076 356 27 71, www.hangchautourist.vn, tgl. 6–22 Uhr.

Übernachten

... in Chau Doc:

Haus mit Charme am Fluss – **Victoria Chau Doc:** 32 Le Loi, Tel. 076 386 50 10, www.victoriahotels.asia. Die architektonische Per-

Am Golf von Thailand

Muslimische Jungen aus Chau Giang mit ihrer Takke, der traditionellen Gebetsmütze

le mit 92 schönen Zimmern und Suiten liegt direkt am Hau Giang. Die Zimmer zur Straßenseite können etwas laut sein. Das Verwöhnangebot reicht vom Victoria Spa über einen Pool bis zum exzellenten **Bassac Restaurant**. Eigener Schnellbootservice nach Phnom Penh. DZ/F ab 150 US-$.

Komfortabel – **Chau Pho Hotel:** 88 Trung Nu Vuong, Tel. 076 356 41 39, www.chauphohotel.com. Das sympathische Stadthotel mit 53 Zimmern in drei Kategorien verbindet Komfort mit guten Preisen. Schmackhafte Küche. DZ/F ab 45 US-$.

Engagiert geführt – **Murray Guest House:** 11–15 Truong Dinh, Tel. 09 12 21 74 48, www.murrayguesthouse.com. Zehn ansprechende Zimmer, teils mit Balkon, ein gemütliches Restaurant mit Bar und hilfsbereites Personal machen das Gästehaus zu einer guten Adresse. DZ/F 32 US-$.

Populäres Minihotel – **Trung Nguyen Hotel:** 86 Bach Dang, Tel. 076 356 15 61, www.trungnguyenhotel.com.vn. Zu Recht beliebt; 15 etwas kleine Zimmer mit Balkon, teilweise mit Blick auf den quirligen Markt (nichts für Langschläfer); Fahrrad- und Mopedverleih. DZ ohne Frühstück 18–22 US-$.

… in Richtung Nui Sam:

Blick nach Kambodscha – **Victoria Nui Sam Lodge:** Vinh Dong 1, Nui Sam, Tel. 076 357 58 88, 076 357 58 87, www.victoriahotels.asia. Am Hang des Hügels gelegen, sind die 26 Zimmer und Suiten geschmackvoll eingerichtet. Vom La Giang Restaurant reicht der Blick weit in die Ebene. Schöner Pool und gutes Spa. DZ/F ab 60 US-$.

Weitläufige Anlage – **Ben Da Nui Sam:** kurz vor Nui Sam, Tel. 076 386 17 45, www.bendanuisamhotel.com. Die 2 ha große Anlage mit 72 recht nüchternen Zimmern trifft eher den einheimischen Geschmack, ist aber für den Preis in Ordnung. Das Angebot reicht von Massage bis Tennis. DZ 20–25 US-$.

Essen & Trinken

Der bei den schwimmenden Häusern gezüchtete *cá ba sa* (Pangasius bocourti) sowie der kleinere, feinere *cá bông lau* (Pangasius krempfi) werden auch vor Ort in den Restaurants angeboten. Die Küche von Chau

Doc beglückt den Gaumen außerdem mit *canh chua,* einer süßsauren Fischsuppe, sowie einer Khmer-Variante von *bún cá,* Reisnudelsuppe mit Tamarinde und Fisch. An Straßenständen sieht man häufig *thốt nốt,* die tennisballgroße dunkle Frucht der Palmyrapalme mit erfrischend schmeckendem Fruchtfleisch.

Frisch aus dem Meer – **Be Noi:** 395 Le Loi, Tel. 076 356 26 27, tgl. 10–23 Uhr. Viel Bier, herrliches Seafood – diese Mischung lässt manche lokale Männerrunde etwas lauter werden. So isst man hier zwar gut und günstig, aber nicht lauschig. Ab 60 000 VND.

Für Seafood-Schlemmer – **Phuong:** Le Loi, gegenüber der Kirche, Tel. 076 356 04 88, tgl. 9–23.30 Uhr. Das beliebte Lokal liegt neben der Fähre direkt am Fluss und bietet seinen Gästen herrliche Gerichte zu günstigen Preisen. Glücklicherweise hilft die englische Speisekarte bei der Auswahl. Gerichte ab 60 000 VND.

Solide Küche – **Bay Bong:** 22 Thuong Dang Le (zwei Blöcke nördlich des Marktes), Tel. 076 386 72 71, tgl. 7–21 Uhr. Die gefliesten Wände verbreiten zwar den Charme eines Waschsalons, dafür wird hier herrliche *canh chua,* die süßsaure Fischsuppe, gekocht. Vor allem die Fischspeisen sind sehr gut. Gerichte ab 50 000 VND.

Solide Küche – **Lien Phat:** Trung Nu Vuong, Tel. 076 356 68 68, tgl. 9–21 Uhr. Das bei Einheimischen beliebte Lokal tischt solide vietnamesische Küche auf, darunter Fisch im Tontopf *(cá kho tộ)* und verschiedene Entengerichte. Verglichen mit anderen Restaurants sitzt man an den quadratischen Holztischen zudem relativ gemütlich. Gerichte ab 50 000 VND.

Wenig gemütlich, aber gut – **Hong Phat:** 77 Chi Lang, Tel. 076 386 69 50, tgl. 7–22 Uhr. Hier tischt man ausgezeichnete Fischgerichte und mehr auf. Sehr gutes Preis-Leistungs-Verhältnis. Gerichte ab 40 000 VND.

Lokale Küche – **Lam Hung Ky:** 71 Chi Lang, Tel. 076 386 67 45, tgl. 7–21 Uhr. Von einer chinesischen Familie geführtes Lokal in der Nachbarschaft des Hong Phat mit guten und günstigen Gerichten ab 40 000 VND.

Abends & Nachts

Hotelbar – **Tan Chau Salon Bar:** Victoria Chau Doc Hotel, 32 Le Loi, tgl. 6–23 Uhr. Die Hausbar des Hotels bietet gut gemixte Drinks, coole Musik und einen Billardtisch.

Aktiv

Rikschafahrten – In Chau Doc ist eine **Stadtrundfahrt** mit dem *xe lôi* sehr zu empfehlen; anders als bei den Cyclos sitzt der Fahrer in dieser Rikscha vorne.

Fahrrad- und Mopedverleih – im **Trung Nguyen Hotel** (s. S. 438).

Verkehr

Bus: Der **Bến Xe Châu Đốc** befindet sich in der Le Loi, 2 km südöstlich des Zentrums. Von dort starten Busse nach Can Tho

PER SCHNELLBOOT NACH PHNOM PENH

Mehrere Unternehmen bieten Schnellbootverbindungen von Chau Doc in die kambodschanische Hauptstadt **Phnom Penh** (▶ G 28) an. Die Boote legen morgens an der **Bến Tàu Du Lịch Châu Đốc,** dem Pier beim Victoria Chau Doc Hotel, ab. Abhängig von der Wartezeit an den Übergängen in Vinh Xuong/Kaam Samnor ist man 4–5 Std. unterwegs. Das kambodschanische Visum erhält man direkt an der Grenze. Zu den Anbietern zählen: **Tu Trang Travel,** 20, 91/23 30 Thang 4, Can Tho, Tel. 0710 375 24 36, 350 82 77, www.tutrang speedboatservices.wordpress.com, und **Blue Cruiser Mekong,** Cai Khe Ward, Can Tho, Tel. 0710 373 17 32, www.bluecruiser.com, ab 33 US-$/Person.

Am Golf von Thailand

(117 km, 3 Std.), Ho-Chi-Minh-Stadt (245 km, 7 Std.) und Ha Tien (95 km, 3 Std.). Mai Linh, Tel. 076 356 52 22, und Phuong Trang, Tel. 076 356 58 88, unterhalten komfortable Busverbindungen nach Saigon.

Nach Kambodscha: Zwischen Chau Doc und Ha Tien gibt es drei Möglichkeiten, nach Kambodscha weiterzureisen: mit dem Auto von Chau Doc bis zur Grenze **Nha Bang-Tinh Bien/Phnom Den** und von dort entlang der Nationalstraße 2 via Takeo nach Phnom Penh; über Ha Tien nach **Xa Xia/Prek Chak** und von dort über das Seebad Kep nach Kampot (s. Tipp S. 445); von Chau Doc mit dem Schnellboot über die am Mekong liegende Grenze **Vinh Xuong/Kaam Samnor** nach Phnom Penh (s. Tipp S. 439).

Nui Sam ▶ G 30

Bedeutendste Pilgerstätte im Mekong-Delta ist der **Núi Sam** (Krabbenberg) 6 km südwestlich von Chau Doc. Rund um die 230 m hohe Erhebung liegen zahlreiche Schreine, Klöster und Tempel. Aufgrund des wachsenden Pilgerstroms hat sich am Fuß des Nui Sam eine Siedlung mit Restaurants, Hotels und Devotionalienläden entwickelt. Vor vielen Geschäften hängt eine Tafel mit dem Bild eines Spanferkels, dessen Kauf allerdings erst in zweiter Linie dem Verzehr dient. Zunächst wird das lecker zubereitete Schweinchen nämlich Ba Chua Xu geopfert, deretwegen jährlich über 2 Mio. Gläubige hierher reisen. Der Kult um die Göttin hat seinen Ursprung auf dem Nui Sam. Zu Beginn des 19. Jh. sollen siamesische Invasoren versucht haben, eine Steinstatue vom Gipfel wegzutragen. Doch ihr Plan war zum Scheitern verurteilt: Auf dem Weg nach unten wurde die Statue immer schwerer, weshalb die Siamesen sie schließlich zurückließen. Auch den männlichen Bewohnern der Umgebung gelang der Abtransport nicht. Daraufhin verkündete Ba Chua Xu in einer Erscheinung, dass einzig neun junge Frauen dazu fähig seien, die Statue wegzutragen. Und so geschah es: Die Statue wurde hinuntergebracht und in einem eigens errichteten Tempel aufgestellt.

Chua Tay An
Tgl. 6–19 Uhr, Eintritt frei

Von Chau Doc kommend trifft man zuerst auf die buddhistische **Chùa Tây An,** eine Stiftung des Mandarins Doan Uan aus dem Jahr 1847. Ihre heutige Gestalt geht auf das Jahr 1958 zurück. Architektonisch wirkt der Tempel wie eine Mischung aus indischem Moghul-Palast und Moschee. Auch im Inneren setzt sich das ästhetische Verwirrspiel fort. Unter den über 1000 Statuen gibt es buddhistische Figuren ebenso wie daoistische Gottheiten und Gestalten aus dem hinduistischen Pantheon. Im hinteren Bereich werden auf einem Altar die verstorbenen Äbte verehrt. Ihre Grabstupas sind in einem seitlich abgeschlossenen Bereich zu finden.

Mieu Ba Chua Xu
Tgl. 6.30–18.30 Uhr, Eintritt frei

An der Nordseite des Nui Sam liegt das bedeutendste Heiligtum, der **Miếu Bà Chúa Xứ** (Tempel der Frau Chua Xu). Das nicht sehr ansehnliche Gebäude aus Waschbeton stammt aus dem Jahr 1972 und ersetzte einen Bau aus den 1820er-Jahren. Im Zentrum des Tempels steht die große Statue von Ba Chua Xu (nicht fotografieren!). Die prachtvollen Gewänder und die üppige Kopfbedeckung lassen nicht erahnen, dass der Torso einer Sandsteinstatue aus dem 6. Jh. ihren Kern bildet. Möglicherweise handelt es sich um den Überrest einer Vishnu-Statue, was darauf schließen ließe, dass während der Funan-Epoche einmal ein Hindu-Tempel auf dem Nui Sam stand. In einem Seitengebäude werden auf zwei Etagen die Opfergaben der Gläubigen aufbewahrt. Schränke voller Gewänder und Vitrinen voller Votivtafeln aus Gold sind zu sehen.

Lang Thoai Ngoc Hau
Tgl. 7–18 Uhr, Eintritt frei

Gegenüber dem Chua-Xu-Tempel liegen am Fuße des Nui Sam die Grabmale von **Thoai Ngoc Hau** (1761–1829) und seinen Frauen Chau Thi Vinh Te (1766–1826) und Truong Thi Miet (1781–1821). Der auch Nguyen Van Thoai genannte Militärmandarin dien-

Südwestlich von Chau Doc

Die fliegenden Händler im Mieu Ba Chua Xu wissen genau, was die Göttin günstig stimmt

te unter dem Gia-Long-König als Gouverneur einiger Provinzen im Mekong-Delta. In dieser Funktion ließ er mehrere Wasserstraßen anlegen, so auch zwischen 1819 und 1824 – unter Einsatz von 80 000 kambodschanischen Zwangsarbeitern – den nach seiner Gattin benannten, 90 km langen **Vinh-Te-Kanal** von Chau Doc nach Ha Tien. Parallel zum Kanal verläuft heute die Grenze zu Kambodscha. In der erhöhten Halle ist eine Büste von Van Thoai aufgestellt. An einer Seite der Tempelanlage verläuft ein Weg zur Spitze des Nui Sam.

Chua Hang
Tgl. 7–18 Uhr, Eintritt frei

An der Nordwestseite des Nui Sam steht etwas erhöht die Höhlenpagode **Chùa Hang**, von der man einen exzellenten Panoramablick hat. Das auch Chua Phuoc Dien genannte buddhistische Heiligtum geht auf eine Nonne zurück, die bis zu ihrem Tod 1899 in der Grotte lebte. Die heutigen, recht ansprechend gestalteten Bauten sind erst in den vergangenen Jahren errichtet worden.

Termine
Tempelfest zu Ehren der Ba Chua Xu: 23.–27. des vierten Mondmonats. Zehntausende von Menschen pilgern zum Nui Sam, um zu beten, zu opfern und den Riten und Prozessionen zu folgen.

Südwestlich von Chau Doc ▶ G 31

Ba Chuc

Im Rahmen eines Tagesausflugs kann man in der Gegend zwischen Chau Doc und Ha Tien mehrere sehenswerte Orte besuchen, darunter **Ba Chuc,** 30 km südwestlich des Nui Sam. Dort werden in einer 1991 erbauten Pagode über 1000 Schädel von Opfern der Roten Khmer aufbewahrt. Diese hatten zwischen dem 12. und 30. April 1978 die Gegend heimgesucht und in einer Gewaltorgie 3157 Menschen gefoltert und getötet.

Am Golf von Thailand

Vogelschutzgebiet Tra Su

Tgl. 6–17 Uhr

In der Nähe der Marktstadt **Tri Ton** im Süden des 710 m hohen Berges Nui Cam erstreckt sich in einem von vielen Kanälen durchzogenen Gebiet das 854 ha große **Vogelschutzgebiet Tra Su** (Rừng Tràm Trà Sư). Dank der hier heimischen rund 80 Vogelarten hat es sich zu einer Pilgerstätte für Ornithologen entwickelt. Im Rahmen einer zweistündigen Bootsfahrt (150 000 VND) oder von einem Aussichtsturm aus kann man in den Wipfeln der Cajuput-Bäume Hunderte von Purpurreihern *(Ardea purpurea)*, Nachtreihern *(Nycticorax nycticorax)*, Schlangenhalsvögeln *(Anhinga melanogaster)* und Mohrenscharben *(Phalacrocorax niger)* beobachten. Beste Beobachtungszeiten sind die Spätnachmittage von August bis November.

Nui Tuc Dup

Museum tgl. 7–11, 13–17 Uhr, Ferienanlage tgl. 6–17 Uhr, 10 000 VND

Eine Art Pilgerstätte für Kriegsveteranen dagegen ist der 216 m hohe **Nui Tuc Dup,** 10 km südwestlich von Tri Ton. Der steile Berg war ein Stützpunkt des Viet Cong, den die US-Armee trotz Großeinsatzes nie für längere Zeit einnehmen konnte, weshalb er aufgrund der hohen Kosten den Spitznamen Zwei-Millionen-Dollar-Hügel erhielt. Heute kann man in einem kleinen **Museum** anhand eines Modells das Kampfszenario studieren und in einer Höhle eine nachgestellte Besprechungsszene des Viet Cong bestaunen. Am Fuß des Hügels liegt eine kleine **Ferienanlage** mit See und Schießstand.

Von Rach Gia nach Kambodscha ▶ F/G 31/32

Die etwa 100 km lange Küstenstraße N 80 von Rach Gia in Richtung Norden bis zur kambodschanischen Grenze eröffnet immer wieder herrliche Ausblicke auf das Meer mit bunten Fischerbooten in lauschigen Buchten, bizarren Karstinseln im Wasser und üppigen Tropenlandschaften im Hinterland. Ein Abstecher lohnt sich auf die Halbinsel Hon Chong, wo ein Bad im Meer etwas Abkühlung verspricht und interessante Grotten zu besichtigen sind.

Rach Gia ▶ G 32

Die wirtschaftlich aufstrebende Hafenstadt **Rach Gia** liegt in einer sanft geschwungenen Bucht am Golf von Thailand. Ihre fast 200 000 Einwohner leben hauptsächlich vom Fischfang und vom Handel, zum Teil auch vom Schmuggel thailändischer Waren. Besuchern dient das Verwaltungszentrum der Provinz Kien Giang in erster Linie als Sprungbrett zur Insel Phu Quoc, denn im Ort gibt es nur wenige Sehenswürdigkeiten und somit kaum Grund für einen längeren Aufenthalt.

Den Nguyen Trung Truc

Tgl. 7–18 Uhr, Eintritt frei

Falls jedoch Zeit bleibt, weil wieder einmal hoher Wellengang die Ausfahrt der Fähren verzögert, lohnt sich der Weg zu einem der zahlreichen Tempel der Stadt, allen voran zum **Den Nguyen Trung Truc** Der an der 18 Nguyen Cong Tru gelegene Gedenktempel ist dem gleichnamigen Freiheitskämpfer gewidmet. Der überzeugte Nationalist war 1861 an der Zerstörung des französischen Kriegsschiffes »L'Espérance« beteiligt. Als die Kolonialherren seine Mutter als Geisel nahmen, stellte sich der 31-jährige Truc nach sieben Jahren Flucht. Am 27. Oktober 1868 wurde er auf dem Marktplatz hingerichtet. An der Stirnseite der Haupthalle ist sein Porträt zwischen zwei markanten Kranichen auf Schildkröten zu sehen. Zu Ehren des Helden hat die Stadt auch im Zentrum eine Statue errichtet.

Chua Ong Bac De

Tgl. 7–18 Uhr, Eintritt frei

Die nicht unbedeutende chinesische Gemeinde trifft sich in der **Chua Ong Bac De** an der 14 Nguyen Du. Die Versammlungshalle ist einer Inkarnation des Jadekaisers

Von Rach Gia nach Kambodscha

geweiht, deren Statue auf dem Hauptaltar zu sehen ist. Auf den Seitenaltären verehren die Gläubigen den Glücksgott Ông Bổn und General Quan Công.

Chua Pho Minh
Tgl. 3–22 Uhr, Eintritt frei

Wer den sonoren Rezitationen buddhistischer Texte lauschen will, kann sich frühmorgens gegen 3.30 Uhr oder abends gegen 18.30 Uhr zur **Chua Pho Minh** begeben, einem Nonnenkloster an der Ecke Co Bac/ Nguyen Van Cu südlich des Zentrums. Die Haupthalle stammt aus dem Jahr 1967 und birgt eine große Buddha-Statue im thailändischen Stil.

Provinzmuseum
27 Nguyen Van Troi, Di–So 7–11, 13–17 Uhr, 15 000 VND

Schließlich empfiehlt sich ein Rundgang durchs **Provinzmuseum** (Bảo Tàng Tỉnh Kiên Giang), zu dessen Exponaten Keramik und Münzen aus Oc Eo zählen. Das schmucke Gebäude stammt von 1914.

Infos
Kien Giang Tourist: 12 Ly Tu Trong, Tel. 077 386 20 81, tgl. 7–11, 13–17 Uhr. Mietwagen, Flug- und Bootstickets.

Übernachten
Komfortables Wohnen – **Hoa Binh Rach Gia Resort:** A 9 3–7 Co Bac, Tel. 077 355 33 55, www.hoabinhrachgiaresort.com. Gut geführtes Mittelklassehotel mit 80 freundlichen, hellen Zimmern, Pool, zwei Bars und sieben Restaurants. DZ/F 40–90 US-$.

Solide Mittelklasse – **Palace Hotel:** 12 3 Thang 2, Tel. 077 386 61 46, palacehotelkg@gmail.com. Ordentliches Mittelklassehotel, 26 saubere und große Zimmer, teils mit Meerblick, ca. 15 Gehminuten vom Fähranleger entfernt. DZ/F ab 25 US-$.

Zentral und ruhig – **Kim Co 1 Hotel:** 141 Nguyen Hung Son, Tel. 077 387 96 10. Einladendes Stadthotel mit 50 sauberen Zimmern und bunten Farben. Es ist gut geführt und noch dazu eine günstige Option zum Wohnen. DZ ohne Frühstück ab 15 US-$.

200 m zum Anleger – **Kiet Hong:** 40 Nguyen Cong Tru, Tel. 077 625 46 36, 077 625 12 52, www.kiethonghotel.com. Die Nähe zum Fähranleger macht das Hotel zu einer beliebten Adresse für Durchreisende. Die 17 Zimmer mit Bad sind karg, aber relativ groß und sauber. DZ ohne Frühstück ab 13 US-$.

Essen & Trinken
Frisch vom Meer – **Ngoc Hoa Quan:** 415 Lam Quang Ky, tgl. 9–21.30 Uhr. Keine Candle-Light-Dinner-Atmosphäre, aber große Vielfalt an Meeresfrüchten von Muscheln bis zu Krebsen. Ab 70 000 VND.

Breites Angebot – **Tay Ho:** 16 Nguyen Du, tgl. 8–22.30 Uhr. Bei Einheimischen beliebtes Lokal mit chinesischen und vietnamesischen Gerichten ab 70 000 VND.

Meeresfrüchte und mehr – **Quan 68:** 57 Lac Hong, Tel. 077 387 42 67, tgl. 9–21 Uhr. Das Ambiente ist schlicht, das Essen gut, z. B. *tôm khô củ kiệu*, karamellisierte Garnelen, und *cật heo cháy tỏi*, Schweineleber mit Kräutern. Gerichte ab 60 000 VND.

Feuertopf – **Loc Thọ:** C14–1 3 Thang 2, tgl. 15–22 Uhr. Mit der klassischen Plastikstuhl-Blechtisch-Kombination kein Ort der Haute Cuisine. Aber die Stadtbewohner lieben den Feuertopf *(lẩu)* und die Meeresfrüchte. Ab 40 000 VND.

Süßigkeiten – **Nguyen Cong Tru:** Am nördlichen Arm des Cai Lon werden spätnachmittags Stände mit Süßem aufgebaut.

Kaffee und Shakes – **Bale Café:** 23–27 C 18 Ton Duc Thang; **Tropical:** 316 D Lam Quang Ky.

Verkehr
Flugzeug: Der **Flughafen** liegt 5 km südöstlich der Stadt bei Rach Soi. Jeweils 1 x tgl. starten Maschinen nach Ho-Chi-Minh-Stadt und Phu Quoc. Vietnam Airlines, 16 Nguyen Trung Truc, Tel. 077 392 43 20.

Bus: Vom **Bến Xe Khách Kiên Giang** in Rach Soi, 7 km südlich der Stadt, verkehren Busse nach Ho-Chi-Minh-Stadt (250 km, 6–7 Std.), Long Xuyen (65 km, 2 Std.), Ca Mau (120 km, 3 Std.), Chau Doc (120 km, 2,5 Std.) und Can Tho (116 km, 3 Std.). Für die Weiterreise nach

Ha Tien (92 km, 2,5 Std.) muss man zum regionalen Busbahnhof nördlich der Stadt fahren.
Boot: Von der Anlegestelle **Bến Tàu Rạch Giá** am Strandboulevard 3 Thang 2, etwa 200 m westlich des Den Nguyen Trung Truc, starten saisonabhängig 4 x tgl. Tragflügelboote von Super Dong zur 120 km entfernten Insel Phu Quoc (2,5 Std., 350 000 VND). Die Boote sind geschlossen und haben eine Kapazität von etwa 300 Passagieren. Das Ticket sollte man vorab kaufen: Super Dong, 14 Tu Do (Nähe Den Nguyen Trung Truc), Tel. 077 387 77 42, www.superdong.com.vn. Der **Bến Tàu Rạch Mẻo,** 5 km südlich der Stadt an der Ngo Quyen, ist Ausgangspunkt für Schnellboote nach Ca Mau (3 Std.).

Halbinsel Hon Chong
▶ F 31/32

Die Straße N 80 in Richtung Ha Tien gewährt immer wieder schöne Ausblicke auf das Meer. Nach etwa 80 km durchquert sie das Städtchen **Ba Hon** mit einem malerischen Fischerhafen. Die Landschaft mit ihren Kalksteinfelsen und vorgelagerten Inselchen wirkt wie eine Miniaturausgabe der Ha-Long-Bucht. Doch leider nagt die kalksteinhungrige Zementindustrie um Ba Hon an vielen Bergen und Felsen und verpestet zudem die Luft.

In Ba Hon zweigt eine Straße zur Halbinsel **Hon Chong** ab, einem wunderbaren Fleckchen Erde. Entspannen kann man sich beispielsweise am feinsandigen **Bai Duong Beach,** der sich über 2 km an einer Bilderbuchbucht entlangzieht bis zu einem steil aufragenden Felskliff, von dem sich die **Chùa Hải Sơn** (Pagode von Berg und Wasser) optisch abhebt. Hinter dem Kliff erstreckt sich auf einer Karsterhebung die **Chùa Hang** (Grottenpagode), ein bekannter regionaler Wallfahrtsort. Die Stalagmiten und Stalaktiten in ihrem Inneren erstrahlen durch die Beleuchtung in bunten Farben. Von der Chùa Hang verläuft ein Weg zu einem weiteren schönen Strand, von dem sich der Blick zur bekannten »Vater-Sohn-Insel«, **Hòn Phụ Tử,** öffnet. Das beliebte Fotomotiv mit den beiden aus dem Wasser ragenden steilen Felsen ist in der Region sehr häufig zu sehen. Allerdings ist der höhere Fels, der ›Vater‹, 2006 bei einem Sturm abgebrochen.

Übernachten
Resort mit Panorama – **Hon Trem Resort:** Binh An, Kien-Luong-Distrikt, Tel. 077 385 43 31. Die Anlage auf einem Hügel besteht aus 14 Bungalows und bietet Traumausblicke auf die Bucht. Die 87 Zimmer sind etwas überteuert. Panoramarestaurant. DZ/F ab 30 US-$.
Das Weiße Haus von Hon Chong – **Green Hill Guesthouse:** Binh An, Kien-Luong-Distrikt, Tel. 077 385 43 69, 09 13 64 88 18. Ein lauschiges Gästehaus auf einer Erhebung mit hübschen Zimmern, die alle wunderbare Aussichten auf die Bucht gewähren. Eine gute Wahl. DZ ohne Frühstück 15–25 US-$.

Ha Tien ▶ F 31

Ha Tien, 92 km nördlich von Rach Gia, ist vermutlich die schönste Stadt des Mekong-Deltas. Zumindest ihre Lage an der Đông Hồ-Bucht sucht ihresgleichen. Die von den Bergen Ngo Ho und To Chau eingerahmteHafenstadt (100 000 Einw.) liegt nur einen Steinwurf von der kambodschanischen Grenze entfernt. Ihre Geschichte beginnt im Jahr 1671, als sich eine Gruppe chinesischer Flüchtlinge aus Guangzhou (Kanton) unter Führung des Händlers Mac Cuu (1655–1735) auf Geheiß des Fürsten Nguyen Phuc Tan (reg. 1648–1687) an der Mündung des Cai-Lon-Flusses niederließ. Durch den Handel mit Seide, Gewürzen und Keramik avancierte Ha Tien in wenigen Jahrzehnten zum geschäftigen Seehafen. 1708 stellte Mac Cuu sein autonomes Territorium unter den Schutz der Nguyen-Fürsten, da die Region immer wieder Ziel siamesischer Angriffe war.

Chua Tam Bao und Chua Phu Dung
Chua Tam Bao: 75 Phuong Thanh, tgl. 7–21 Uhr, Chua Phu Dung : tgl. 6–21 Uhr, beide Eintritt frei
Bis zur Kolonialisierung hielt der Mac-Klan über sieben Generationen hinweg in Ha Tien die Fäden in der Hand, weshalb noch heute

mehrere Stätten an diese mächtige Familie erinnern, wie etwa die **Chua Tam Bao** im Norden der Stadt. Sie ist eine Schenkung von Mac Cuu aus dem Jahr 1730 und birgt eine große liegende Buddhafigur auf ihrem Gelände sowie einen schönen Blumengarten Cuus zweite Frau, Nguyen Thi Xuan (1720–61), stiftete die in derselben Straße gelegene **Chua Phu Dung.** Sie wurde auf dem Binh-Sa-Hügel hinter der Haupthalle bestattet.

Núi Lăng

Einige Kilometer nordwestlich von Ha Tien ruhen auf dem **Núi Lăng** (Hügel der Gräber) zahlreiche Angehörige des Mac-Klans. Der Gia-Long-Herrscher persönlich gab die schöne Grabstätte 1809 in Auftrag, aus Dankbarkeit für die Unterstützung der Mac während seines Kampfes gegen die Tay-Son-Rebellen. Am größten und schönsten ist die hufeisenförmige, von einem weißen Tiger und einem azurnen Drachen bewachte Grabstätte des Gründungsvaters von Ha Tien: Am Fuß des Hügels steht zum Gedenken an die Familiendynastie der **Den Tho Ho Mac.**

Infos

Ha Tien-Phu Quoc Travel: Oasis Bar, 30 Tran Hau, tgl. 9–14 Uhr. Tipps und Arrangement von Ausflügen und Weiterreise.

Übernachten

Geschwungene Fassade – **River Hotel:** Block B 3, Tran Hau Trade Center, Tel. 07 395 58 88, www.riverhotelvn.com. Der Hotelkomplex am Fluss zaubert einen Hauch Urbanität nach Ha Tien. 81 große Zimmer und Suiten, Restaurants und Pool plus Sunset Bar. DZ ab 40 US-$.

Am Flussufer – **Dong Chau Hotel:** 36–38 Truong Sa, Tel. 077 395 91 89, hotellongchau@yahoo.com. Das vierstöckige Eckhotel mit 32 geräumigen Zimmern samt dunklen Holzmöbeln und geschlossenen Duschen wirkt wohnlich und freundlich. DZ/F ab 16 US-$.

Gute Budget-Option – **Gia Phuc Guest House:** 48–50 Dang Thuy Tram, Tel. 077 385 14 69. Die Zimmer sind teilweise recht klein, aber mit guten Betten, TV, sauberen Kachelböden und Balkon ausgestattet. Tipp: die Zimmer mit Flussblick und die Mehrbettzimmer für Familien. DZ/F ab 15 US-$.

Geräumige Zimmer – **Hai Phuong Hotel:** 52 Dang Thuy Tram, Tel. 077 385 22 40, hotelhaiphuong@yahoo.com.vn. Das familiäre Minihotel mit 25 relativ geräumigen Zimmern wirkt sehr einladend. Wie üblich in Vietnam gibt es keine durch einen Vorhang abgetrennte Dusche. DZ/F ab 15 US-$.

Essen & Trinken

Entlang der parallel zum Fluss verlaufenden **Tran Hau** bieten allabendlich einfache Garküchen leckere Speisen.

Mit Meerblick – **Nha Hang Nui Den:** Nui Den, Mui Nai, 6 km westl., Tel. 077 396 56 66, tgl. 9–21 Uhr. Die Seafoodgerichte sind gut. Hierher kommt man wegen der schönen Meereslage. Reisgerichte ab 55 000 VND.

Große Menüauswahl – **Hai Van:** 4 Tran Hau, tgl. 7–21 Uhr. Das Lokal hat zwar kein besonders ansprechendes Ambiente, dafür eine große Auswahl an Reis- und Nudelgerichten zu guten Preisen. Ab 25 000 VND.

ABSTECHER NACH KAMBODSCHA

Über den 7 km nördlich von Ha Tien gelegenen Grenzübergang **Xa Xia/Prek Chak** (tgl. 6–17.30 Uhr) kann man nach Kambodscha reisen. Das Visum (20 US-$ plus 1–2 US-$ inoffizielle ›Bearbeitungsgebühr‹) ist an der Grenze erhältlich. Der Cambodia Angkor Expressbus und Minibusse fahren direkt über das populäre Seebad **Kep** (20 km, 30 Min.) nach **Kampot** (60 km, 1,5 Std.). Die Kasinos von **Prek Chak** locken vietnamesische Glücksspieler an.

Am Golf von Thailand

Traveller-Treff und Infobörse – Oasis Bar: 30 Tran Hau, Tel. 077 370 15 53, www.oasisbarhatien.com, tgl. 9–21 Uhr. Die Kneipe unweit des Meerjungfraubrunnens ist der perfekte Ort für ein kühles Feierabendbier.

Am Fluss – Thuy Tien Café: Dong Ho, tgl. 7–21 Uhr. Von dem schwimmenden Café kann man prima das Flussleben beobachten.

Verkehr

Bus: Der **Bến Xe Hà Tiên** liegt 1 km nordwestlich der Stadt und ist Ausgangspunkt für Fahrten nach Rach Gia (92 km, 2,5 Std.), Chau Doc (95 km, 3 Std.) und mehrmals täglich nach Can Tho (212 km, 6 Std.). Auch Ho-Chi-Minh-Stadt wird einige Male am Tag angesteuert (375 km, 10 Std.).

Boot: Zwischen Ha Tien und der Insel Phu Quoc (45 km, 1,5 Std., ab 230 000 VND) verkehren Tragflügelboote um 7.30, 8 und 13.15 Uhr von Superdong, 11 Tran Hau, Tel. 077 395 59 33, www.superdong.com.vn. Tgl. starten Autofähren nach Phu Quoc. Anlegestelle am Westufer des Flusses.

Weiter nach Kambodscha
▶ F 31

Wer Ha Tien gen Nordwesten in Richtung kambodschanische Grenze verlässt, gelangt nach 3,5 km zu einem Karstmassiv mit der sehenswerten Höhlenpagode **Chua Thach Dong** (auch Thanh Van), einem schlichten Tempel am Eingang einer Grotte. Ein Pfad führt durch die Grotte bis zu einer erhöht liegenden Öffnung, von der sich ein schöner Blick bietet. Vor dem Eingang zur Tempelanlage erinnert eine Gedenkstele an die 130 Opfer eines Überfalls der Roten Khmer am 14. März 1978 (tgl. 7.30–18 Uhr, 5000 VND).

Etwas weiter nördlich verläuft eine abzweigende Küstenstraße zum **Mui Nai Beach,** einem sichelförmigen, 400 m langen Strand mit Bilderbuchcharakter. Das Wasser ist sehr flach und bietet sich daher für Familien mit Kindern an, aber der Strand eignet sich auch hervorragend für einen Sundowner. Einige Kilometer weiter nördlich liegt der Grenzübergang **Xa Xia/Prek Chak**, über den man weiter zum Seebad Kep und nach Kampot reisen kann. Da diese Ecke Kambodschas enormes touristisches Potenzial hat, wird sicherlich auch Ha Tien in der Gunst der Reisenden weiter steigen.

Phu Quoc ▶ D/E 31/32

Karte: S. 449

Sie ist die Insel, wo der Pfeffer wächst, die Heimat der berühmten Fischsoße, ein Unterschlupf für verfolgte Rebellen und bedrängte Herrscher. Vor allem aber ist **Phú Quốc** ein tropisches Badeparadies, ein Refugium für Erholungsuchende – der richtige Ort, um die Seele baumeln zu lassen. Das in Nord-Süd-Richtung 48 km lange und bis zu 28 km breite Eiland liegt wie ein aus der Flasche entwichener Geist in den warmen Fluten des Golfs von Thailand. Von der Nordwestspitze kann man zur wenige Kilometer entfernten kambodschanischen Küste hinüberschielen.

Die 567 km² große Insel hat sich erst Anfang des neuen Millenniums als internationales Urlaubsziel etabliert. Die Voraussetzungen dafür sind perfekt: Jahresdurchschnittstemperaturen von 27 °C, makellose Strände mit feinem Sand, im Wind rauschende Palmenhaine, eine fischreiche Unterwasserwelt und ein üppig grüner Dschungel im Inselinneren. Doch die ruhigen Jahre sind gezählt. Vietnams größtes Eiland soll zum zweiten Phuket werden und ist dank des 2012 eröffneten Phu Quoc International Airport auf dem Weg dazu. Die Zahl der Urlauber steigt stetig und damit verbunden wird die touristische Infrastruktur kräftig ausgebaut.

Aber die 90 000 Insulaner haben sich auf die wachsenden Touristenzahlen noch nicht so richtig eingestellt. In den Resorts und Restaurants arbeiten vorwiegend Vietnamesen vom Festland, die Einheimischen gehen lieber wie eh und je dem Fischfang nach, kümmern sich um die zahlreichen Pfefferplantagen und brauen in den Fabriken die legendäre *nước mắm*. Doch gerade dieser Mix aus Touristendestination und insularem Laisser-faire macht Phu Quoc so sympathisch.

Geschichte

In der vietnamesischen Geschichte spielte die abgelegene Insel für eine kurze Zeit eine wichtige Rolle. In einer Phase der tiefen politischen Krise fand Nguyen Phuc Anh, der spätere Gia-Long-König, in seinem Kampf gegen die Tay Son zwischen 1782 und 1783 auf der Insel Unterschlupf. Unterstützt wurde er dabei vom einflussreichen französischen Bischof Pierre Joseph Pigneau de Béhaine, der von seiner Residenz in Ha Tien aus den Kämpfer mit Waffen versorgte. Einige Dekaden später versteckte sich der antifranzösische Rebell Nguyen Trung Truc sieben Jahre lang auf Phu Quoc, bevor er sich 1868 den Verfolgern stellte und in Rach Gia hingerichtet wurde.

Auch für die Cao Dai spielt das Tropenidyll eine nicht unwichtige Rolle, denn hier, so heißt es, erschien dem Gründer dieser religiösen Bewegung, Ngo Van Chieu, bei einer Séance erstmalig der Cao-Dai-Gott.

Ab 1869 hatten die Franzosen auf der Insel das Sagen. Sie ließen Teile des Dschungels von Zwangsarbeitern roden, um dort Kautschuk- und Kokosnussplantagen anzulegen. Während des Krieges unterhielt das südvietnamesische Regime bei An Thoi ein berüchtigtes Kriegsgefangenenlager. Als Ziel für Urlauber machte sich die Insel erst in den späten 1980er-Jahren einen Namen.

Duong Dong 1

Alle Wege führen nach **Dương Đông** (sprich: Suong Dong), da die größte Siedlung der Insel zentral an der Westküste liegt. Mit etwa 15 000 Einwohnern ist sie das Verwaltungszentrum von Phu Quoc. Hier gibt es diverse Einkaufsmöglichkeiten, Banken, Post und Internetcafés. An Sehenswürdigkeiten hat der Ort jedoch wenig zu bieten. Auf jeden Fall lohnt sich der Besuch des vor allem morgens sehr lebendigen **Stadtmarkts** (Chợ Dương Đông) nördlich der Nguyen-Trung-Truc-Brücke über den Song Duong Dong. Unweit des fotogenen **Cau-Felsens** mit einem **Leuchtturm**, der den Mündungsbereich des Flusses markiert, liegt der **Dinh-Câu-Tempel** zu Ehren der Himmelsgöttin und Beschützerin der Fischer, Thiên Hâu. Am reizvollsten ist jedoch der Besuch einer der Fischsoßenfabriken, etwa jener von **Hung Thanh.** In dem

Heimkehr der Fischer in Ganh Dau auf Phu Quoc

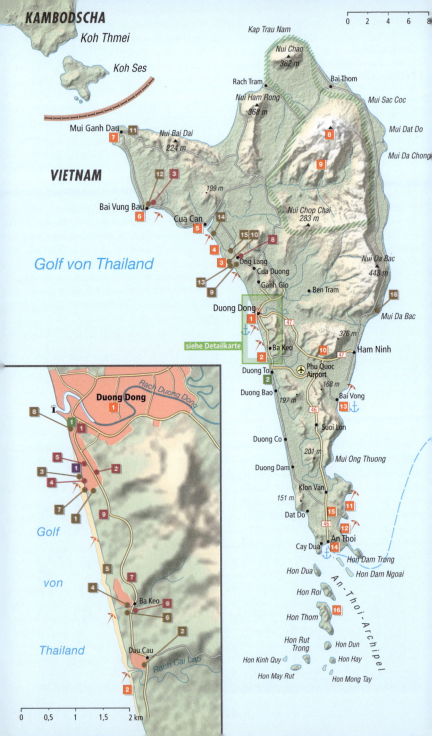

Phu Quoc

Sehenswert
1. Duong Dong
2. Bai Truong
3. Bai Ong Lang
4. Bai Cua Can
5. Cua Can
6. Bai Vung Bau
7. Mui Ganh Dau
8. Nui Chua
9. Phu-Quoc-Nationalpark
10. Suoi Tranh
11. Bai Sao
12. Bai Khem
13. Bai Vong
14. An Thoi
15. Strafgefangenenlager
16. An-Thoi-Archipel

Übernachten
1. La Veranda
2. Long Beach Resort Phu Quoc
3. Cassia Cottage
4. Mai House
5. Mai Spa Resort
6. Paris Beach
7. Hiep Thanh
8. A 74 Hotel
9. Chen Sea Resort & Spa
10. Mango Bay
11. Peppercorn Beach
12. Bamboo Cottages
13. Coco Palm Beach Resort & Spa
14. Bo Resort
15. Freedomland
16. Kiki Coconut Beach

Essen & Trinken
1. Crab House
2. Ganesh Indian Restaurant
3. Mai Phuong
4. Rory's Beach Bar
5. German B Bar
6. May Restaurant
7. Nemo
8. Sakura
9. Alanis Coffee Deli

Einkaufen
1. Nachtmarkt
2. Phu Quoc Pearl Farm

Aktiv
1. Rainbow Divers

1895 gegründeten Unternehmen produziert mittlerweile die vierte Generation das »köstlich riechende, reine und nahrhafte« Gebräu, so die Eigenwerbung. Die Fabrik liegt an der Nguyen Van Troi nordwestlich des Flusses. Einfach der Nase nach (Tel. 077 384 61 24, Mo–Sa 8–11, 13–17 Uhr, Eintritt frei).

Westküste

Ein über 20 km langes Band von Palmen und Sand verläuft von Duong Dong bis zur Südküste. Zu Recht trägt dieser Abschnitt den Namen **Bãi Trường** 2 (Langer Strand). Hier liegen an den ersten 3 km die meisten Hotels und Resorts der Insel. Und trotzdem ist noch genug Platz, um die Füße im goldgelben Sand versinken zu lassen oder kilometerweit am Wasser entlangzuspazieren. Je südlicher man kommt, desto eher ist man allein mit sich und dem Meer – noch, denn in den nächsten Jahren wird die Zahl der Unterkünfte wahrscheinlich rapide zunehmen.

Verträumt wirken die beiden Strände **Bãi Ông Lang** 3 und **Bãi Cửa Cạn** 4 nördlich von Duong Dong, an denen naturverbundene Ruhesuchende einige nette Resorts finden; die Ereignislosigkeit wird hier zum Ereignis. Vorgelagerte Riffs schützen die sanft geschwungene Bucht vor hohen Wellen, allerdings ist der Strand an einigen Stellen recht steinig. Wer sich aufs Moped schwingt, kann die Pistenstraße weiter in Richtung Norden fahren. Der Weg führt durch das Fischerdorf **Cửa Cạn** 5, an Pfefferplantagen vorbei und entlang der Küste. Immer wieder eröffnen sich wunderbare Ausblicke auf das tiefblaue Meer, etwa am **Bãi Vũng Bàu** 6. Am **Mũi Gành Dầu** 7, einem Felsvorsprung an der Nordwestspitze, scheint Kambodscha zum Greifen nah. Zur Insel Koh Ses sind es nur 4 km.

Inselinneres

Im Herzen der Insel locken zahlreiche Pfefferplantagen – insgesamt über 500 ha – mit 3 m hohen, wie Nadeln aufragenden Pfählen, an denen sich die Kletterpflanzen emporwinden. Vietnam ist weltweit führend im Export des scharfen Gewürzes. Im Nordosten erstrecken sich noch weitgehend unberührte Dschungellandschaften mit Bergzügen aus Sandstein. Dort ist auch die höchste

Am Golf von Thailand

Erhebung, der 603 m hohe **Nui Chua** 8, zu finden. Etwa 50 km² wurden 2001 zum **Phu-Quoc-Nationalpark** 9 (Vuờn Quốc Gia Phú Quốc) erklärt. Über seine Flora und Fauna ist bislang wenig bekannt. 2007 haben Biologen hier eine extrem seltene Frauenschuh-Art entdeckt, *Paphiopedilum callosum* (viet.: *lan vân hài*).

In Richtung Süden wird die Insel zunehmend schmaler. Von Duong Dong aus verläuft eine recht gute Straße bis zur 30 km entfernten Südspitze. Nach einem Drittel des Weges wird sie über den idyllisch rauschenden **Suoi Tranh** 10 geführt. Man kann ein Stück an ihm entlangspazieren, z. B. in der Nähe der Abzweigung nach Han Ninh an der Ostküste.

Ostküste

Die schönsten Strände der Insel erstrecken sich im tiefen Südosten: **Bãi Sao** 11, der Sternenstrand, und der durch einen Felsvorsprung abgetrennte südlich anschließende **Bãi Khem** 12. An Letzteren grenzt eine Militäranlage, weshalb der Zutritt zuweilen verwehrt wird. Beide Strände bestechen durch ihren schneeweißen, feinpudrigen Sand. Das Wasser schimmert türkis und die Wellen schwappen sanft ans Land. Kein Wunder, dass sich hier gerade einheimische Familien sehr gerne aufhalten. Bislang gibt es nur Übernachtungsmöglichkeiten bei einigen Restaurantbetreibern. Noch einsamer ist der über eine schlechte Straße zu erreichende **Bãi Vong** 13 weiter nördlich. Dort ist das Wasser jedoch auch recht seicht.

An Thoi

In **An Thới** 14 an der Südspitze liegt Phu Quocs wichtigster Hafen. Die im Wasser dümpelnden bunten Fischerboote geben ein wunderschönes Fotomotiv ab. Ein Stück nördlich des Städtchens erinnert rechts von der Hauptstraße ein Mahnmal an ein düsteres Kapitel der Inselgeschichte. Martialisch erhebt sich eine Faust an jenem Ort, wo von 1967 bis 1972 ein **Strafgefangenenlager** 15 (Nhà Tù Phú Quốc) lag. Hier wurden Zehntausende Viet-Cong-Kämpfer festgehalten, gefoltert und getötet.

Pittoresk ist dagegen ein Bootsausflug zum **An-Thoi-Archipel** 16. Er liegt südlich der Hafenstadt und bietet vielfältige Tauch- und Schnorchelmöglichkeiten. Im Hafen kann man nach Bootseignern Ausschau halten, die einen zu den Inseln bringen. Einige der Eilande tragen so anschauliche Namen wie Hòn Dừa (Kokosnuss-Insel), Hòn Rỏi (Fallende Insel) oder Hòn Thơm (Ananas-Insel).

Infos

Im Internet: www.phuquocislandguide.com.
Saigon-Phu Quoc Resort: Bai Truong, Tel. 077 384 65 10. Der Touristenschalter arrangiert Inseltouren und hilft bei der Weiterreise.

Übernachten

… am Bai Truong (Long Beach):
Kolonialer Touch – **La Veranda** 1: Tel. 077 398 29 88, www.laverandaresorts.com. Ein architektonisch elegantes Resort mit 70 Zimmern und sechs Suiten, allerdings auf recht engem Raum. Netter Pool und zwei gute Restaurants. Das Spa punktet mit viel Atmosphäre. DZ ohne Frühstück ab 254 US-$, Villen ab 346 US-$.

Mit Dorfcharakter – **Long Beach Resort Phu Quoc** 2: Tel. 077 398 18 18, www.longbeach-phuquoc.com. Die gewaltige Anlage mit über 72 Zimmern und Suiten sieht aus wie ein Little Hoi An. Gebäude und Interieur sind im traditionellen Stil gehalten, Brücken und Pavillons zaubern eine nostalgische Atmosphäre. Restaurant, Beach Bar, Spa, Pool. DZ/F ab 195 US-$, Suiten/F ab 350 US-$.

Refugium für Individualisten – **Cassia Cottage** 3: Tel. 077 384 83 95, www.cassiacottage.com. Drei große Villen liegen am Strand und etwas zurückversetzt 12 Bungalows, alle in attraktivem Design. Netter Pool und Garten. DZ/F ab 172 US-$, komplette Villen/F ab 450 US-$.

Hideaway am Meer – **Mai House** 4: 112/7/8 Tran Hung Dao, Tel. 077 384 70 03, 09 18 12 37 96, www.maihousephuquoc.com. Das mit viel Liebe von dem französisch-vietnamesischen Paar Mai und Gerard geführte Resort mit 30 Bungalows, sieben

Phu Quoc

Noch sind sie paradiesisch: die Strände der Insel Phu Quoc

davon direkt am Meer, ist ein wunderbares Refugium. Schöner 2 ha großer Tropengarten. Sehr beliebt, daher oft ausgebucht. DZ/F 70–225 US-$.

Schlichter Tropenkomfort – **Mai Spa Resort** 5 : 5 Tran Hung Dao, Tel. 077 398 18 88, www.maispa.com.vn. Mit 22 etwas hellhörigen Zimmern und Bungalows überschaubar groß, verbreitet das Strandresort eine entspannte Atmosphäre. Die Einrichtung ist einfach, aber komfortabel gestaltet. Essen gibt es am Strand, das Spa lockt mit Wellnessangeboten. DZ/F 65–105 US-$.

Bungalows unter Palmen – **Paris Beach** 6 : To Ha Villa, Cau Ba Phong, Cua Lap, Tel. 077 399 45 48, www.phuquocparisbeach.vn. Entlang dem von Palmen gesäumten Strand verteilen sich 17 klimatisierte Bungalows. Das im Kolonialstil errichtete Haupthaus birgt neun Zimmer, ein gutes Restaurant und eine schöne Dachterrasse sowie einen Swimmingpool. DZ/F 55–150 US-$.

Ruhig und solide – **Hiep Thanh** 7 : 100C/8 Tran Hung Dao, Tel. 077 398 11 99, www.hiepthanhresort.com. Schlicht wirkende Bungalow- und Hotelanlage mit 14 Zimmern und 18 Bungalows in einem Tropengarten. Es wird wenig Englisch gesprochen. DZ ab 50 US-$, Bungalows ab 90 US-$ ohne Frühstück.

Für Anspruchslose – **A 74 Hotel** 8 : 74 Tran Hung Dao, Tel. 077 398 27 72, www.a74hotel.com. Mit dem **Café Vespa** im Erdgeschoss und einer schönen Dachterrasse mit Meerblick, WLAN in den Räumen und vielen Traveltipps bietet das Gästehaus guten Service. Nur die Zimmerausstattung ist recht bescheiden und eher etwas für Asketen. DZ/F 30–60 US-$.

… im Norden und Osten:

Die nördlichen und östlichen Strände sind etwas abgelegen, fürs Fortkommen braucht man ein Moped. Alles wirkt tropisch-freundlich – das Richtige für Naturliebhaber.

Wellnessanlage – **Chen Sea Resort & Spa** 9 : Bai Ong Lang, Tel. 077 399 58 95, www.chensearesortandspa.com. Die große, etwas baumlose Luxusanlage mit 24 Bungalows and 12 geräumigen Villen, teilweise mit Open-Air-Jacuzzi, verfügt über einen großen Pool und ein gutes Spa. DZ/F ab 362 US-$.

Am Golf von Thailand

Mit Öko-Touch – Mango Bay 10 : Bai Ong Lang, Tel. 077 398 16 93, www.mangobay phuquoc.com. Die komfortable 20-ha-Anlage verfügt über 40 verstreut liegende Zimmer und Bungalows im traditionellen Stil und hat ein luftiges, entspanntes Flair. Umweltschutz wird großgeschrieben. DZ ohne Frühstück ab 167 US-$.

Ruhiger Flecken – Peppercorn Beach 11 : Ap Chuong Vich, Ganh Dau, Tel. 077 398 95 67, www.peppercornbeach.com. Insgesamt 18 Zimmer in Bungalowreihen – davon 12 am Strand, sechs mit Gartenblick – verstecken sich unter Palmen an einem ruhigen Strandabschnitt. Die Ausstattung ist modern-dezent gestaltet, sehr nett das offene Restaurant. Isolierte Lage. DZ/F ab 140 US-$.

Urige Bleibe – Bamboo Cottages & Restaurant 12 : Vung Bau, Cua Can, Tel. 077 281 03 45, www.bamboophuquoc.com. Das Richtige für Ruhesuchende, da die nette Unterkunft mit 19 Bungalows recht abseits liegt. Freundlicher Service, netter Garten und gute vietnamesische Gerichte machen sie zu einer guten Wahl. DZ 95–155 US-$.

Familienidyll unter Palmen – Coco Palm Beach Resort & Spa 13 : Bai Ong Lang, Tel. 077 398 79 79, www.cocopalmphuquoc. vn. Die hübsche Anlage verfügt über sechs Steinbungalows mit insgesamt 13 Zimmern inmitten eines von Palmen und Bäumen gesäumten Tropengartens. Das Essen wird in einem offenen Pavillon mit Bambusdach serviert, der Sundowner am Strand. Dank des vielen Grüns gut für Familien geeignet. DZ/F 80–110 US-$.

Für Naturfreunde – Bo Resort 14 : Bai Ong Lang, Tel. 077 398 61 42, www.boresort.com. Die Anlage an einem Hang mit 16 Bungalows wirkt gepflegt und hat Stil. Wem es langweilig wird, der kann im artenreichen Garten Botanikstudien betreiben. Das offene **Le Bistro** hat ein gutes Menü-Angebot. Sehr empfehlenswert. DZ/F 67–97 US-$.

Feuchtheißer Chill-out – Freedomland 15 : Bai Ong Lang, Tel. 01 226 586 802, www.free domlandphuquoc.com. Die urige Anlage liegt zwar 15 Minuten zu Fuß vom Strand, aber der lauschige Garten und die neun Bungalows aus Naturmaterialien zaubern eine tolle Stimmung. Der Sunset Bungalow mit zwei Zimmern eignet sich für Familien. Keine Klimaanlage, kein TV. DZ ohne Frühstück 55–90 US-$.

Mit Familienanschluss – Kiki Coconut Beach 16 : Ap Cay Sao, 7 km nördl. von Ham Ninh, Tel. 09 88 00 25 62, www.kikicoconut beach.vn. Mit drei schmalen Bungalows und einem Zimmer im Wohnhaus sehr familiär und nur wenige Schritte vom Meer entfernt, ist das kleine Resort ein Refugium unter Palmen. Die freundliche Eignerfamilie sorgt fürs leibliche Wohl und gibt Tipps für Ausflüge. DZ ohne Frühstück 15–39 US-$.

Essen & Trinken

Die Auswahl an Restaurants ist überschaubar, da die meisten Gäste in den Hotels essen. Die Restaurants im **Mango Bay Resort 10** und im **Cassia Cottage 3** haben einen guten Ruf. In Duong Dong gibt es entlang der nach Süden verlaufenden Tran Hung Dao einige Lokale mit internationaler Küche. Zu den Inselspezialitäten zählen *cá thu chiên,* mit Pfeffer eingeriebene und gebratene Makrelen mit Gemüse, und *canh chua tôm,* süßsaure Garnelensuppe.

Krebsspezialitäten – Crab House (Nha Ghe Phu Quoc) 1 : 21 Tran Hung Dao, Tel. 077 384 50 67, tgl. 11–22 Uhr. Das populäre Restaurant hat sich, wie der Name schon sagt, auf Krebs spezialisiert, der in diversen Variationen aufgetischt wird. Sehr schmackhaft sind auch die Garnelen. Der Service ist effizient, das Ambiente mit den kalten Backsteinwänden etwas steril. Ab 120 000 VND.

Tandoori und Thali – Ganesh Indian Restaurant 2 : 97 Tran Hung Dao, Tel. 077 399 49 17, www.ganeshphuquoc.com, tgl. 11–22 Uhr. Die Filiale bietet solide nord- und südindische Küche. Tipp: Lamm und die vegetarischen Speisen. Ab 80 000 VND.

Leckeres aus dem Meer – Mai Phuong 3 : Mong Tay, Bai Vung Bau, tgl. 9–21 Uhr. Das Hotelrestaurant liegt in einer wunderschönen Bucht an der Westküste. Wer einen Ausflug in Richtung Norden unternimmt, kann hier einkehren. Gerichte ab 80 000 VND.

Entspannt am Strand – **Rory's Beach Bar** 4 : 118/10 Tran Hung Dao, Tel. 012 57 49 97 49, tgl. 9–23 Uhr. Hier wird keine große Küche (Pizza & Pasta) serviert, aber Atmosphäre, Musik und Drinks machen es zu einem beliebten Ort zum Chillen. Gerichte ab 80 000 VND.

Fast wie daheim – **German B Bar** 5 : 78 Tran Hung Dao, tgl. 8–24 Uhr. Frühstück mit deutscher Wurst, leckere Kuchen, Alkoholisches in allen Variationen: eine willkommene Alternative für alle, die keinen Reis mehr sehen können. Ab 70 000 VND.

Guter Grillfisch – **May Restaurant** 6 : 1 Tran Hung Dao, Tel. 09 37 08 18 68, tgl. 7–22 Uhr. Das offene Lokal mit ein paar Tischen ist eine gute Adresse für Seafood. Die karierten Decken und die Musik zaubern etwas Gemütlichkeit. Gerichte ab 70 000 VND.

Ein paar Tische – **Nemo** 7 : 21 Tran Hung Dao, Tel. 09 39 54 45 51, tgl. 10–23. Der frische Fang wird vor dem schlichten Lokal ausgestellt und frisch zubereitet. Ob gegrillt oder als Curry, das Resultat spricht für sich. Gerichte ab 70 000 VND.

Lecker vietnamesisch – **Sakura** 8 : Bai Ong Lang, Tel. 012 28 18 34 84, tgl. 9–22 Uhr. Nicht weit vom Mango Bay Resort (dessen Schilder folgen!) gelegen, bietet das einfache Bambuslokal gute schmackhafte Seafoodvarianten. Gerichte ab 70 000 VND.

Kaffee und Kuchen – **Alanis Coffee Deli** 9 : 98 Tran Hung Dao, Tel. 077 399 49 31, tgl. 8–22 Uhr. Kleiner entspannter, etwas unterkühlt wirkender Laden mit Kaffee, (Pfann-)Kuchen, Sandwiches und diversen Shakes. Ab 65 000 VND.

Einkaufen

Nachtmarkt – **Chợ Đêm Dinh Câụ** 1 : Allabendlich breitet sich unweit des Dinh-Cau-Tempels entlang der Vo Thi Sau ein Nachtmarkt mit Essens- und Verkaufsständen aus.

Perlenzucht – **Phu Quoc Pearl Farm** 2 : Duong To, an der Küstenstraße, 10 km südlich von Duong Dong, tgl. 8–17 Uhr. Hier kann man viel über die Perlenzucht erfahren und die zu Schmuck verarbeiteten Preziosen natürlich auch erwerben.

Aktiv

Tauchen – **Rainbow Divers** 1 : 11 Tran Hung Dao (Höhe Kim Hoa Resort), Tel. 091 340 09 64, www.divevietnam.com. Während der Tauchsaison (Okt.–März) Unterwassertouren zu den vorgelagerten Inseln im Süden und zu Spots nordwestlich von Phu Quoc.

Verkehr

Flugzeug: Der internationale **Flughafen** von Phu Quoc liegt 10 km südlich von Duong Dong in der Nähe von Duong To. Derzeit fliegt Vietnam Airlines saisonabhängig bis zu 5 x tgl. zwischen Ho-Chi-Minh-Stadt und Phu Quoc und fast tgl. von Hanoi, Can Tho und Rach Gia auf die Insel. Viet Jet Air (Tel. 077 399 11 66) steuert die Insel saisonabhängig bis zu 3 x tgl. von Ho-Chi-Minh-Stadt an. In der Hochsaison sollte man frühzeitig reservieren. International wird die Insel von Chartermaschinen aus Europa und diversen ostasiatischen Airlines angesteuert. Infos unter www.phuquocairport.com.
Vietnam Airlines: 122 Nguyen Trung Truc, Tel. 077 399 66 77.

Boot: Das Unternehmen Super Dong bedient mit seinen Tragflügelbooten saisonabhängig 4 x tgl. die Strecke Phu Quoc–Rach Gia (120 km, ca. 2,5 Std., 350 000 VND) und 2 x tgl. Phu Quoc–Ha Tien (45 km, ca. 1,5 Std., 230 000 VND). Abfahrt ist vom Anleger in Bai Vong an der Ostküste. Eine Stunde vor Abfahrt startet ein Bus (30 000 VND) vom Büro in Duong Dong. Die Boote sind geschlossen und haben eine Kapazität von etwa 300 Passagieren. Tickets sollte man vorab besorgen.
Super Dong: 10 30 Thang 4, Duong Dong, Tel. 077 398 01 11, 09 19 66 46 60, www.superdong.com.vn. Bei hohem Wellengang und während der Regenzeit fallen die Fähren immer wieder aus.

Taxi: Sasco Taxi, Tel. 077 376 77 67, und Mai Linh, Tel. 077 397 97 97.

Moped: Für die Erkundung der Insel leiht man sich am besten ein Moped (ab 150 000 VND am Tag). Allerdings sollte man etwas Übung mit dem Gefährt haben, einen Helm und den internationalen Führerschein dabeihaben (Polizeikontrollen!).

Kulinarisches Lexikon

Allgemeines

Einen Tisch für zwei Personen, bitte.	Xin cho bàn hai người.
Die Speisekarte, bitte.	Xin cho tôi xem thực đơn.
Die Rechnung, bitte.	Tính tiền.
Ich bin Vegetarier.	Tôi ăn chay.
Bitte bringen Sie ...	Làm ơn cho ...
Vorspeise	món ăn chơi
Suppe	canh, xúp
Hauptgericht	món ăn
Nachspeise	món tráng miệng
Teller	đĩa
Schälchen	bát/tô
Stäbchen	đũa
Messer	dao
Gabel	nĩa/dĩa
Löffel	thìa
Glas	cốc/ly
Flasche	chai
Salz/Pfeffer	muối/hạt tiêu
Zucker	đường
Süßstoff	đương hoá học, chất ngọt gia
Glutamat	chất điều vị

Zubereitung/Spezialitäten

ăn chay	vegetarisch
chiên/rán	gebraten
luộc	gekocht
nướng	gegrillt
xào	gedünstet
cây sả	Zitronengras
đá	Eis
muối ớt	Salz-Chili-Mix
nước lèo	Erdnusssoße
nước (mắm) chấm	Fischsoße mit Zucker und Chili
nước mắm	Fischsoße
nước tương/xì dầu	Sojasoße
ớt	Chili
ớt màu	Chilipulver
rau thơm	frische Kräuter
tương ớt	Chilisoße
bánh cuốn tôm	Garnelenrolle
canh chua	scharfsaure Suppe
cháo	Reissuppe
lẩu	Feuertopf
miến	Suppe mit Glasnudeln
phở	Suppe mit Reisnudeln
canh chua tôm	süßsaure Garnelensuppe
bún thịt bò nướng	gegrilltes Rind mit Nudeln und Zitronengras
chao tom voi thit lợn xay	gegrilltes Garnelen- und Schweinefleisch am Zuckerrohrstück
cua rang xốt me	Krebs in Tamarindensoße
ếch	Frosch
gà kho gừng	gekochtes Huhn mit Ingwer
gỏi bắp chuối	Bananenblütensalat
gỏi đu đủ	grüner Papayasalat
gỏi ngó sen	Salat mit Lotos
rau thơm cơm gà	Reis mit Minze und zerkleinertem Huhn
thịt heo kho tộ	Schweinefleisch in Karamellsoße

Fisch und Meeresfrüchte

cá chiên	gebratener Fisch
cá hấp	gedünsteter Fisch
cá hơ	getrockneter Fisch
tôm	Garnelen
lươn	Aal
mực	Tintenfisch
chem chép	Muschel
cua	Krebs
tôm hùm	Hummer

Fleisch und Geflügel

bò	Rind
chó	Hund
cừu non	Lamm
gà	Huhn
heo	Schwein
vịt	Ente

Gemüse und Beilagen

bắp	Mais
cải bắp	Kohl
cà chua	Tomate
cà rốt	Karotte
cà tím	Aubergine
đậu	Bohnen
đậu xanh	Mung-Bohnen
đậu bắp	Okra (Lady's Fingers)
đậu phụ	Tofu
dưa chuột	Gurke
gừng	Ingwer
hành	Zwiebel
khoai tây	Kartoffel
lá lốt	Wilde Betelblätter
măng tây	Grüner Spargel
măng tre	Bambussprossen
nấm	Pilz
ngó sen	Lotoswurzel
rau dền	Amaranth, Chinesischer Spinat
rau diếp/rau xà lách	grüner Salat
rau muống	Wasserwinde
riềng	Galgant
su su	Chayote
súp lơ/bông cải	Blumenkohl

Obst

bưởi	Pomelo
cam	Orange
chanh	Limette
chuối	Banane
đu đủ	Papaya
dừa	Kokosnuss
dưa hấu	Wassermelone
khế ngọt	Karambola
lạc tiên	Passionsfrucht
măng cụt	Mangostane
mía	Zuckerrohr
mít	Jackfrucht
nhãn	Longan
ổi	Guave
qua dua/trai gai	Ananas
sầu riêng	Durian
thanh long	Drachenfrucht
vải	Litschi
xoài	Mango

Eier und Käse

bơ	Butter
chả trứng	Rührei
phó mát	Käse
sữa chua	Joghurt
trứng chiên	Omelette
trứng luộc	gekochtes Ei
trứng ốp la	Spiegelei

Nachspeisen und Gebäck

bánh kẹp	Pfannkuchen
bánh quế	Waffeln
bột nhồi	Gebäck
chè chuối nước cốt dừa	Bananenpudding mit Kokosmilch
chè đậu đen	Schale mit süßen schwarzen Bohnen
chuối với nước cốt dừa	Bananen in Kokosmilch
dừa chiên	Gebackene Ananas mit Honig
kem	Eiscreme
kem caramen	Karamellcreme

Getränke

bia/bia hơi	Bier/Fassbier
cà phê	Kaffee
… với/không đường	… mit/ohne Zucker
… với/không sữa	… mit/ohne Milch
cà phê đen	schwarzer Kaffee
chè xanh	grüner Tee
nước	Wasser
nước cam	Orangensaft
nước chanh	Limettensaft
nước dừa	Kokosmilch
nước sô-đa	Sodawasser
nước suối	stilles Wasser
rượu vang đỏ	Rotwein
rượu vang trắng	Weißwein
rượu đế	Reisschnaps
trà đá	Eistee
trà đen	Schwarztee

Sprachführer

Allgemeines
Guten Tag	xin chào
Auf Wiedersehen/	tạm biệt/
wir sehen uns	hẹn gặp lại
Entschuldigung	xin lỗi
bitte	xin mời
danke/	cảm ơn/
vielen Dank	cảm ơn nhiều
ja/nein	dạ bzw. vâng/không
Wann?	bao giờ?
Wie?	làm sao?

Unterwegs
Bus	xe buýt
Auto	xe ô tô
Taxi	tắc xi
Boot	ghe, thuyền
Schiff	tàu thuỷ
Zug	xe lửa
Fahrrad	xe đạp
Flugzeug	máy bay
Ausfahrt/-gang	lối ra
rechts/links	phải/trái
geradeaus	thẳng
Auskunft	tin tức
Telefon	điện thoại
Postamt	bưu điện
Bahnhof	ga
Busbahnhof	bến xe buýt
Flughafen	sân bay
Stadtplan/Karte	bản đồ
Einbahnstraße	đường một chiều
Eingang	lối vào
geöffnet	mở cửa
geschlossen	đóng cửa
Kirche	nhà thờ
Tempel	đền, đình, chùa
Museum	bảo tàng
Strand	bãi tắm/bãi biển
Brücke	cầu
Platz	quảng trường

Zeit
3 Uhr morgens	ba giờ sáng
3 Uhr nachmittags	ba giờ chiều
Minute/Stunde	phút/giờ
Tag/Woche	ngày/tuần
Monat/Jahr	tháng/năm
heute/gestern	hôm nay/hôm qua
morgen	ngày mai
morgens	sáng
mittags	trưa
nachmittags	chiều
abends/nachts	tối/đêm
früh/spät	sớm/muộn
Montag	thứ hai
Dienstag	thứ ba
Mittwoch	thứ tư
Donnerstag	thứ năm
Freitag	thứ sáu
Samstag	thứ bảy
Sonntag	chủ nhật
Feiertag	ngày lễ
Winter	mùa đông
Frühling	mùa xuân
Sommer	mùa hè
Herbst	mùa thu

Notfall
Hilfe!	cứu với!
Polizei	cảnh sát/công an
Arzt	bác sĩ
Zahnarzt	nha sĩ
Apotheke	hiệu thuốc
Krankenhaus	bệnh viện
Unfall	tai nạn
Schmerzen	dau
Fieber	sốt
Durchfall	ỉa chảy
Rettungswagen	xe cứu thương
Notfall	cấp cứu

Übernachten
Hotel	khách sạn
Gästehaus	nhà khách
Einzelzimmer	phòng đơn
Doppelzimmer	phòng đôi
Zi. mit zwei Betten	phòng hai giường
mit Bad	có phòng tắm
Toilette	nhà vệ sinh

Deutsch	Vietnamesisch
Dusche	vòi sen
Warm-/Kaltwasser	nước nóng/nước lạnh
Klimaanlage	máy điều hoà/máy lạnh
Moskitonetz	màn muỗi
Schlüssel	chìa khoá
Bade-/Handtuch	khăn tắm/khăn mặt
Seife	xà phòng
Toilettenpapier	giấy vệ sinh
mit Frühstück	bữa ăn sáng
Gepäck	hành lý
Rechnung	hoá đơn

Einkaufen

Deutsch	Vietnamesisch
Geschäft	cửa hàng
Markt	chợ
Kreditkarte	thẻ tín dụng
Geld	tiền
Geldautomat	máy rút tiền tự động
Bäckerei	lò bánh mì
Lebensmittel	lương thực
teuer	đắt
billig	rẻ
Größe	cỡ
bezahlen	trả tiền

Zahlen

1	một	21	hai mươi mốt
2	hai	30	ba mươi
3	ba	40	bốn mươi
4	bốn	100	một trăm
5	năm	101	một trăm một
6	sáu	150	một trăm năm mươi
7	bảy	500	năm trăm
8	tám	1000	một nghìn
9	chín	10 000	mươi nghìn
10	mười	100 000	một trăm nghìn
11	mười một	1 000 000	một triệu
12	mười hai		
13	mười ba		
14	mười bốn		
20	hai mươi		

Die wichtigsten Sätze

Allgemeines

Deutsch	Vietnamesisch
Sprechen Sie Deutsch/Englisch?	Biết nói tiếng Đức/tiếng Anh không?
Ich verstehe nicht.	Tôi không hiểu.
Ich spreche kein Vietnamesisch.	Tôi không nói tiếng Việt.
Ich heiße …	Tôi tên là …
Wie heißt du/heißen Sie?	Tên là gì?
Wie geht es Ihnen?	Có khỏe không?
Danke, gut.	Khoẻ, cảm ơn.
Wie viel Uhr ist es?	Mấy giờ rồi?
Wie alt sind Sie?	Bao nhiêu tuổi?

Unterwegs

Deutsch	Vietnamesisch
Ich/wir möchte(n) nach …?	Tôi/Chúng tôi muốn …
Wo ist …	… ở đâu?
Könnten Sie mir bitte … zeigen?	Có thể chỉ tôi …?

Notfall

Deutsch	Vietnamesisch
Helfen Sie mir bitte!	Xin giúp cho tôi!
Ich brauche einen Arzt.	Tôi cần đến bác sĩ.
Hier tut es weh.	Tôi bị đau ở đây.

Übernachten

Deutsch	Vietnamesisch
Haben Sie ein freies Zimmer?	Có phòng trống không?
Wie viel kostet das Zimmer pro Nacht?	Giá bao nhiêu một đêm?
Ich habe ein Zimmer bestellt.	Tôi có trước một phòng.

Einkaufen

Deutsch	Vietnamesisch
Wie viel kostet das?	Cái này giá bao nhiêu?
Ich brauche …	Toi can …
Zu teuer!	Đắt quá!
Ich möchte es nicht.	Tôi không muốn.

Register

Abholzung 30
Ahnenkult 55
Alkohol 89
An Bang Beach 300
An Binh 418, 419
Annaud, Jean-Jacques 425
Anreise 78, 79
Antiquitäten 98
Áo dài 66
Apps 105
Architektur 67
Armut 39
Augustrevolution 48
Auskunft 96
Ausrüstung 102

Ba Be 35
Ba-Be-Nationalpark 217
Ba-Be-See 217
Bac Bo 26
Bac Ha 214
Bach-Ma-Nationalpark 270, 272
Ba Chuc 441
Bac My An Beach 281
Badesaison 14
Ba Dong Beach 423
Bahnar 340
Ba-Ho-Wasserfälle 313
Bai Chay 180
Ba Na 284
Ban-Gioc-Wasserfall 220
Bang Lang 435
Banken 100
Bao Loc 355
Bat Trang 155
Ba-Vi-Nationalpark 160
Ben-Hai-Fluss 237
Ben Tre 416
Ben-Tre-Provinz 415
Bergvölker 63, 196, **212**
Bestattung 95
Bettler 96
Bevölkerung 25, 63, 368
Bier 89
Binh Chau 399
Binh Dinh 309
Binh Hoa Phuoc 418
Binh Minh 419
Boat people 50
Bodhisattvas 60

Boote 82
Bootsfahrten
– Can Tho 428
– Da Lat 352
– Ha-Long-Bucht 184
– Tram-Chim-Nationalpark 421
– Trockene Ha-Long-Bucht 190
Botschaften 96
Buddhismus 59
Buddhistenverfolgung 375
Buon Don 344
Bus 81

Cai Be 418
Cai Mon 416
Cai Rang 428
Ca Mau 433
Cam Kim 301
Cam Ranh 328
Ca Na 330
Can-Gio-Biosphärenreservat 395
Canh Duong 271
Can Tho 424
Cao Bang 219
Cao Dai **406**, 447
Cat-Ba-Archipel 35, **175**
Cat-Ba-Nationalpark 176
Cat Cat 208
Cat Tien 35
Cat-Tien-Nationalpark 355
Cham **44**, 63, 303, 309, 328, 331, 437
Cham-Inseln 300
Cham-Kunst 277
Champa 44
Cham-Türme 306
Chau Doc 436
China 79
China Beach 281
Chinesen 292, 377
Chùa 68
Chua Bai Dinh 191
Chua Bich Dong 191
Chua But Thap 155
Chua Dau 155
Chua Keo 185
Chùa Phổ Minh 186
Chua Tay Phuong 157
Chua Thay 159

Chua Tram Gian 163
Chuong 163
Cochinchine 47
Co Loa 152
Con-Dao-Archipel 401
Con Son 402
Cua Dai 281, **300**
Cua Lo 231
Cu Chi 404
Cuc Phuong 35
Cuc-Phuong-Nationalpark **193**, 194
Cyclo 82

Dai Lanh 313
Dak Lak 345
Da Lat 346
Da Nang 275
Dao 63, 209, 211, 212
Đảo Bố Hòn 180
Đầu Gỗ 180
Daoismus 57
Dao Tien Endangered Primate Species Centre 357
Demilitarized Zone 235
Demokratische Republik Vietnam 48
Đến 67
Den Chu Dong Tu 155
Den Hoang Cong Chat 205
Đến Trần 186
de Rhodes, Alexandre 65
Dien Bien Phu 48, 202
Di Linh 355
Đình 67
Dinh Bang 154
Dinh Tay Dang 157
Doc Let Beach 313
Đổi Mới 36, 50
Dong Ha 237
Dong Ho 156
Dong Hoi 232
Dong Ky 154
Dong Son 226
Dong-Son-Kultur 227
Dong Van 216, 219
Dong-Van-Karstplateau 34
Do Son 175
Drogen 98
Duong Lam 158

Der Haupteintrag ist **fett** hervorgehoben.

Duong Long 310
Duong No 264
Duong Van Minh 50
Duras, Marguerite 420, 425

École Supérieure des Beaux-Arts 72
Ede 342
Einkaufen 98
Eintrittspreise 108
Eisenbahn 81
Elefanten 344, 357
Elektrizität 99
Endangered Primate Rescue Center **193**, 236
Erster Indochinakrieg 48, 171, 202
Essen 85

Fähren 82
Fahrradtouren 90
– Cat Ba 178
– Mekong-Delta 418
– Trockene Ha-Long-Bucht 191
Familienfeiern 93
Fan Si Pan 209
Fauna 32
Feiertage 99
Feste 92
Fisch 39
Fischsoße **85**, 331
Fischzucht 436
Fleckenroller 195
Flora 30
Flüge 79, 81
Flughunde 431
Fotografieren 99
Frankreich 47
Franzosen 199, 229, 402, 419, 447
Frauen 62, 100, 246
Frühe Le-Dynastie 43
Frühlingsrollen 85
Funan 436
Fußgänger 82

Garküchen 88
Geld 100
Geldautomaten 100
General Le Van Duyet 377

General Quan Công 380
General Tran Nguyen Han 374
General Vo Nguyen Giap 205
Geografie 24
Geomantik 61
Geschichte 24, **41**
Gesellschaft 24, **55**
Gesundheit 101
Getränke 89
Gia-Long-König 46, 447
Golf **90**, 337
Golf von Thailand 435
Golf von Tongking 170
Greene, Graham 365
Grenzübergänge 79
– China: Lao Cai 214
– Kambodscha: Le Thanh 342
– Kambodscha: Xa Xia 445, 446
– Laos: Bo Y 340
– Laos: Cau Treo 230
– Laos: Tay Trang 205

Ha Giang 216
Hai Bà Trưng 42
Hai Phong 170
Ha-Long-Bucht 34, 178
Ha-Long-Stadt 180
Handwerksdörfer 152, 155, **162**
Handy 109
Hanoi 113, **116**
– Abends & Nachts 148
– Aktivitäten 149
– Altstadt 126
– B-52-Bomber 135
– Ba-Dinh-Distrikt 130
– Botanischer Garten 135
– Chi-Lang-Park 135
– Chua Ba Da 120
– Chua Kim Lien 140
– Chua Lang 141
– Chua Quan Su 142
– Chua Tran Quoc 140
– Den Bach Ma 130
– Den Hai Ba Trung 142
– Den Voi Phuc 140
– Einkaufen 146
– Einsäulenpagode 131
– Essen & Trinken 145
– Ethnologisches Museum 141
– Frauenmuseum 142

– Galerien 147
– Historisches Museum 124
– Hoa-Lo-Gefängnis 142
– Hoan-Kiem-See 117
– Ho-Chi-Minh-Haus 131
– Ho-Chi-Minh-Mausoleum 130
– Ho-Chi-Minh-Museum 135
– Jadeberg-Tempel 118
– Literaturtempel 136
– Museum der Schönen Künste 136
– Präsidentenpalast 131
– Revolutionsmuseum 124
– St.-Josephs-Kathedrale 120
– Übernachten 143
– Verkehr 150
– Ville Française 120
– Wasserpuppentheater 118
– Westsee 139
– Zitadelle 135
– Zoo 140
Hmong 63, 197, 206, 209, 211, 212
Hoa Binh 196
Hòa Hảo 435
Hoa Lai 328
Hoa Lu 190
Hoang Tru 230
Ho Chi Minh 47, 48, 130, **132**, 220, 230, 265, 331, 374
Ho-Chi-Minh-Pfad 50, 238
Ho-Chi-Minh-Stadt 359
– Ben-Thanh-Markt 373
– Binh-Tay-Markt 378
– Botanischer Garten 372
– Cha-Tam-Kirche 378
– Cho Lon 377
– Chua Giac Lam 381
– Chua Giac Vien 382
– Chua Ngoc Hoang 376
– Chua Ong Bon 380
– Chua On Lang 380
– Chua Phung Son Tu 381
– Chua Van Nam Vien 381
– Chua Vinh Nghiem 375
– Chua Xa Loi 375
– Den Le Van Duyet 377
– Den Tran Hung Dao 377
– Dong Khoi 364

Register

- Dritter Distrikt 374
- Einkaufen 387
- Essen & Trinken 385
- FITO Museum 378
- Frauenmuseum 375
- Gedenkstupa 375
- Ha Chuong Hoi Quan 380
- Hauptpost 366
- Historisches Museum 372
- Ho-Chi-Minh-Museum 374
- Hoi Quan Nghia An 380
- Konsulat der USA 369
- Majestic Hotel 364
- Mieu Thien Hau 378
- Museum der Schönen Künste 374
- Museum für Kriegsrelikte 374
- Museum von Ho-Chi-Minh-Stadt 372
- Nachtleben 390
- Notre Dame 366
- Phuoc An Hoi Quan 380
- Rex Hotel 366
- Sri-Mariamman-Tempel 373
- Stadtpark 372
- Übernachten 383
- Verkehr 393
- Wiedervereinigungspalast 369
Hochsaison 14
Ho Coc Beach 399
Höhlen 234
Hoi An 285
- Diep-Dong-Nguyen-Haus 287
- Einkaufen 299
- Essen & Trinken 297
- Japanische Brücke 286
- Keramikmuseum 291
- Markt 287
- Museum für die Geschichte und Kultur Hoi Ans 290
- Museum für die Sa-Huynh-Kultur 287
- Phung-Hung-Haus 293
- Quan-Cong-Tempel 290
- Quan-Thang-Haus 287
- Schrein der Familie Tran 293
- Schrein der Familie Truong 291

- Tan-Ky-Haus 287
- Übernachten 293
- Versammlungshalle der Chinesen aus Chaozhou 287
- Versammlungshalle der Chinesen aus Fujian 290
- Versammlungshalle der Chinesen aus Guangzhou 293
- Versammlungshalle der Chinesen aus Hainan 290
- Versammlungshalle der chinesischen Vereinigungen 290
Holzschnitt 70
Holzschnitzkunst 69
Homestays 83, 417
Hon Cau-Vinh Hao 330
Hon Chong 444
Hong Gai 180
Hon Gom 313
Hon Lao 301
Hon Mun 35
Hon Ong 313
Hon Tam 320
Hotels 83
Hồ Tuyền Lâm 353
Ho Xuan Huong 74
Hue 240
- Abends & Nachts 267
- Altar für Himmel und Erde 255
- An-Dinh-Palais 253
- Antiquitätenmuseum 251
- Chua Bao Quoc 253
- Chua Thien Mu 257
- Chua Tu Dam 254
- Chua Tu Hieu 255
- Dien Hon Chen 258
- Dong-Ba-Markt 251
- Einkaufen 267
- Essen & Trinken 266
- Europäisches Viertel 252
- Gartenhäuser 256, 257
- Kim Long 256
- Königsgräber 258
- Königsstadt 245
- Lang Tu Duc (Khiêm Lăng) 259
- Notre-Dame-Kathedrale 253

- Phan-Boi-Chau-Gedenkstätte 254
- Quoc-Hoc-Schule 253
- Tiger-Arena 255
- Übernachten 265
- Zitadelle 241
Hunde 86

Inflation 40
Instrumente 72
Internetzugang 102

Japaner 287
Jarai 339, 340

Kaffee 89, 342
Kajakfahren s. Kayaking
Kambodscha 80, 394, 439, 445
Karstlandschaften 34
Karten 102
Kayaking 91
- Cat Ba 178
- Ha-Long-Bucht 182
Ke Ga 332
Kenh Ga 192
Khe Sanh 238
Khmer 63, 420, 424, 431
Kim Boi 197
Kim Bong 301
Kim Lien 230
Kim Phuc 405
Kim Son 192
Kinder 102
Kitesurfen 333, 337, 399
Kleidung 102
Klima 103
Klöster 68
Kneipen 106
Kochkurse 88
- Ho-Chi-Minh-Stadt 392
- Hoi An 298
Kokosnuss 416
Kommunistische Partei Vietnams 47
Konfuzianismus 55
Konfuzius 56, 136
Konkubinen 246
Kon Tum 338
Korruption 40
KP Indochina 47

Der Haupteintrag ist **fett** hervorgehoben.

Kräuter 85
Kreditkarten 100
Kriminalität 109
Kunst 67
Kunsthandwerk 99

Lackkunst 70
Lai Chau 207
Lak-See 345
Lang Co 271
Làng Sen 230
Lang Son 220
Lao Cai 214
Laos 80, 205, 340
Laozi 57, 58
Le Van Duyet 377
Lien Son 345
Links 104
Literatur 73, 105
Lờm Bò 181
Long Hai 399
Long Xuyen 435
Ly-Dynastie 43

Mahayana 59
Mahayana-Buddhismus 42
Mai Chau 197
Mai-Chau-Tal 197
Malerei 70
Mangroven 433
Märkte 99
Marmorberge 282
Medien 106
Meeresschutzgebiet
 Hon Cau-Vinh Hao 330
Meeresschutzgebiet
 Hon Mun 320
Mekong 28
Mekong-Delta 27, **409**
Meo Vac 219
Mietwagen 82
Minderheiten, ethnische
 63, 196, 338
Ming-Dynastie 43
Minh-Mang-König 47
Moc Chau 199
Mongolen 43
Monsun 102
Mopedtaxi 82
Mopedtour (Ha Giang) 218

Motorradtouren 14
Mui-Ca-Mau-Nationalpark 433
Mui Nai Beach 446
Mui Ne 332
Muong 63, 195, 212
Muong Lay 206
Muong Phang 205
Musik **72**, 268
My Khe Beach 281
My-Khe-Strand 307
My Lai 307, 308
My Son 301
My Tho 412

Nachhaltig Reisen 80
Nachtclubs 107
Nachtleben 106
Nahverkehr 82
Nam Bo 27
Nam Dinh 186
Nashorn 32
Nationale Befreiungsfront 49
Nationalparks 13, **33**
– Ba Be 217
– Bach Ma 270
– Ba Vi 162
– Cat Ba 176
– Cat Tien 355
– Cuc Phuong 192, **194**
– Mui Ca Mau 433
– Phong Nha-Ke Bang 233
– Tram Chim 421
– U Minh Ha 433
– Yok Don 345
Nationalstraße 9 238
Nationalstraße 19 309
Nationalstraße 20 355
Nationalversammlung 25
Natur 26
Neujahrsfest 92
Ngang-Pass 231
Nghè 67
Ngo Dinh Diem 49, 372, 378
Ngo Quyen 42
Ngo Van Chieu 404
Nguom-Ngao-Höhle 220
Nguyen Du 74
Nguyen Huu Canh 437
Nguyen-Klan 240
Nguyen Phuc Anh 46

Nguyen Phu Trong 25
Nguyen Van Thieu 49
Nha Trang 315
Ninh Binh 186
Ninh Hoa 313
Nom-Dichtung 74
Nom-Schrift 65
Non Nuoc 282
Non Nuoc Beach 281
Nordvietnam 48, 167
Notfälle 107
Nudeln 86
Nui Sam 440
Nui Tuc Dup 442
Nui Tu Tram 163

Obst 413
Oc Eo 372, **436**
Öffnungszeiten 107
Open-Tour-Busse 81
Outdoor 90

Pac Bo 220
Pagode 68
Palmen 30
Pa So 206
Parfümpagode 164
Père Six 193
Personennamen 107
Pfeffer 449
Pflanzen 30
Phan Rang-Thap Cham 328
Phan Thanh Gian 419
Phan Thiet 331
Phat Diem 192
Phnom Penh 439
Phở 86
Phong Dien 430
Phong Nha-Ke Bang 35
Phong-Nha-Ke-Bang-Nationalpark 34, **233**
Phung Hiep 430
Phu Quoc 446
Phu Vinh 163
Politik 25
Po Nagar (Thap Ba) 315
Post 108
Prostitution 98
Pu Luong 197, 199

Register

Quan Công 380
Quang Ngai 307
Quang-Trung-Museum 309
Qui Nhon 311

Rach Gia 442
Radfahren s. Fahrradtouren
Reis 85
Reisanbau 37
Reiseinfos 96
Reisekasse 108
Reiseplanung 15
Reisezeit 103
Reisschnaps 89, 154
Religion 25
Restaurants 88
Rote Khmer 441
Roter-Fluss-Delta 26, 161, 185
Routenvorschläge 19

Sa Dec 420
Sa Huynh 309
Salangane 301
Salate 85
Sam Son 228
Sa Pa 209
Schlangen 86
Schnorcheln 91
– Con Dao 402
– Cua Lo 231
Schrift, vietnamesische 65
Schuhfabriken 38
Schwarzer Fluss 196
Schwimmende Märkte 430
Seide 163
Sicherheit **109**, 235, 363
Sin Chai 209
Sinisierung 41
Soc Trang 431
Soi Sim 181
Son La 199
Son-La-Stausee 206
Son My 307
Son Trach 233
Sozialistische Republik Vietnam 50
Späte Le-Dynastie 46
Sprache 64
Stäbchen 88
Strände 14

– Canh Duong 272
– China Beach 281
– Da Nang, Umgebung 281
– Doc Let 314
– Ho Coc 399
– Hoi An 300
– Mui Ne 333, 336
Südvietnam 49
Surfen 91
– China Beach 281
– Mui Ne 337
– Vung Tau 399

Taiji 90
Tam Binh 418
Tam Coc 191
Tam Duong 207
Tam Son 219
Ta Phin 209
Tauchen 91
– Ca Na 330
– Cham-Inseln 301
– Con Dao 402
– Doc Let 314
– Nha Trang 325
Ta Van 209
Taxis 82
Tay 63, 213, 221
Tay-Do-Zitadelle 227
Tây Nguyên 338
Tay Ninh 405
Tay-Son-Aufstand 46
Tee 89
Teilung 48
Telefonieren 109
Tempelarchitektur 67
Tết-Feste 92
Tết Nguyên Đán 92
Tet-Offensive 50, 241
Thac Dray Nur 344
Thac Dray Sap 343
Thac Trinh Nu 343
Thai 206, 213
Thai Nguyen 217
Thanh Hoa 226
Theater 74
Theravada-Buddhismus 424
Thich Nhat Dinh 255
Thich Quang Duc 375
Thiên Hậu 379

Tho Ha 154
Thot Not 435
Thuan An 264
Thuy Hoa 313
Tien Thanh 332
Tiere **32**, 236
Ti Tốp 180
Tongking-Resolution 49
Tongking-Zwischenfall 170
Tourismus 25, 39
Tram-Chim-Nationalpark 422
Tran-Dynastie 43
Trang An 191
Tran Nguyen Han 374
Tra On 419, 430
Tra Que 299
Tra Vinh 420
Trekking s. Wandern
Trekkingtouren 13
Trinken 85
Trinkgeld 88, 109
Trockene Ha-Long-Bucht 34, 187
Trung Bo 26
Tuan Chau 180
Tuan Giao 202
Tu-Duc-König 47
Tunnel von Cu Chi 405
Tunnel von Vinh Moc 237
Tuyen-Lam-See 353

Übernachten 83
U-Minh-Ha-Nationalpark 433
Umwelt 26
Umweltzerstörung 33
Union Indochinoise 47
Unterkünfte 83

Vam Ho 416
Van Ha 154
Van Long 192
Van Phuc 163
Vegetarier 88
Veranstaltungen 92
Veranstaltungshinweise 107
Verhaltenstipps 97
Verkehr 78
Verkehrsmittel 81
Viet 63

Der Haupteintrag ist **fett** hervorgehoben.

Viet Cong 49, 404, 442
Viet Minh 48, 133
Vietnamkrieg **49**, 171, 238, 369, 405
Vinh 228
Vinh Loc 227
Vinh Long **417**, 418
Visum 78
Vögel 345, 357
Vogelbeobachtung 90, 402, 422
Vogelschutzgebiet Bac Lieu 432
Vogelschutzgebiet Tra Su 442
Volksgruppen 63, 212, 338
Vo Nguyen Giap 205
Vorwahlen 109
Vung Tau 395

Wandern 13, **90**
– Bac Ha 214
– Bach-Ma-Nationalaprk 271
– Cat Ba 178
– Cat-Tien-Nationalpark 356
– Con-Dao-Nationalpark 400
– Da Lat 352
– Kon Tum 340
– Mai Chau 197
– Muong Lay 206
– Pu Luong 200
– Sa Pa 208
Wasserfälle (Buon Ma Thuot) 343
Wasserpuppentheater **75**, 118, 159
Wassersport 91
Weihnachtsoffensive 171
Wein 89

Wilderei 33, 236
Wirtschaft 25, 36
Wolkenpass 271, 273

Yen Minh 219
Yersin, Alexandre 317
Yin und Yang 61
Yok Don 35
Yok-Don-Nationalpark 345

Zeit 109
Zeittafel 52
Zensur 54
Zentrales Hochland 338
Zentralvietnam 223
Zoll 78
Zweiter Indochinakrieg s. Vietnamkrieg
Zweiter Weltkrieg 48

Zitate:
S. 22: Nguyen Tai Thu (Hrsg.), »History of Buddhism in Vietnam«, Hanoi 1992, S. 135
S. 110: Aus dem Englischen übersetzt aus Huard, Pierre & Durand, Maurice, »Viet-Nam, Civilization and Culture«, Hanoi 1954, S. 347

REISEN UND KLIMAWANDEL

Wir sehen Reisen als Bereicherung. Es verbindet Menschen und Kulturen und kann einen wichtigen Beitrag zur wirtschaftlichen Entwicklung eines Landes leisten. Reisen bringt aber auch die Verantwortung mit sich, darüber nachzudenken, was wir tun können, um die Umweltschäden auszugleichen, die wir mit unseren Reisen verursachen.

Atmosfair ist eine gemeinnützige Klimaschutzorganisation. Die Idee: Über den Emissionsrechner auf **www.atmosfair.de** berechnen Flugpassagiere, wie viel CO_2 der Flug produziert und was es kostet, eine vergleichbare Menge Klimagase einzusparen. Finanziert werden Projekte in Entwicklungsländern, die den Ausstoß von Klimagasen verringern helfen. *Atmosfair* garantiert die sorgfältige Verwendung Ihres Beitrags.

Abbildungsnachweis/Impressum

akg-images, Berlin: S. 49
Huber-Images, Garmisch-Partenkirchen:
 Titel (Banks Jordan); Umschlagrückseite
 (Gräfenhain)
Bilderberg, Hamburg: S. 236 (Jakobs);
 227 (Kunz); 23 (Letz); 281 (Peterschroeder)
DuMont Bildarchiv, Ostfildern: S. 202/203,
 242/243, 292, 329, 344, 354 (Krause);
 13, 16, 29, 45, 54, 56, 65, 68, 77 M., 77 u.,
 98, 215, 234, 254, 262, 305, 317, 333,
 441 (Sasse)
Fotolia, New York (USA): S. 314 (Lou),
 434 (xuanhuongho)
Getty Images, München: S. 411, 430
 (Lemmens); 115, 164/165 (Lonely Planet
 Images)
Glow Images, München: S. 308 (Beck); 34,
 61 (Lovegrove); 94 u., 221 (Stock Photos)
Nicole Häusler, Berlin: S. 157
Günter Heil, Berlin: S. , 128, 310
Laif, Köln: S. 77 o. (Azumendi); 206/207
 (Ballard/Aurora); 108 (Boisvieux);
 188/189 (Celentano); 399 (Cuvelier);
 8 (Eisermann); 71, 247, 269, 291, 298, 322,
 326/327 (hemis.fr); 368 (hemis.fr/Bibikow);
 404/405 (hemis.fr/Doelan); 66, Umschlagrückseite M. (hemis.fr/Gardel); 438 (he-
 mis.fr/Guiziou); 18, Umschlagrückseite u.
(hemis.fr/Mattes); 361, 382, 447 (hemis.fr/
 Torrione); 143, 148 (Hill); 408 (Hoa-Qui);
 32 (Hoa Qui+Top); 40 (Hollandse Hoeg-
 te/Schaffer); 222, 249, 373 (Jonkmanns);
 179 (RAGA); 118/119, 367 (Kemp);
 166 (Krause); 388/389, 429 (Modrow);
 162 (Raach); 232 (Redux/Leong); 38 (Re-
 dux/Santos), 277, 406
 (Sasse), 396, 451 (Selbach); 112 (Volk)
Look, München: S. 62, 138, 198 (Hoffmann);
 259, 341 (Raach)
Mauritius Images, Mittenwald: S. 87, 134,
 239 (age); 421 (alamy); 93 (Carlson);
 358 (Flüeler); 124/125, 161 (imagebroker/
 Fischer); 111 (imagebroker/Hiltmann);
 94 o. (imagebroker/Zwerger-Schoner);
 Umschlagklappe vorn (World Pictures)
Martin H. Petrich, Berlin: S. 11, 158, 213, 256
Schapowalow, Hamburg: S. 351 (4Corners/
 Trubavin)
Mario Weigt, Berlin: S. 27, 31, 37, 51, 59, 84,
 91, 107, 131, 133, 137, 174, 177, 190, 283,
 295, 336/337, 379, 414

Kartografie
DuMont Reisekartografie, Fürstenfeldbruck
© DuMont Reiseverlag, Ostfildern

Umschlagfotos: Auf dem Wasser in der Altstadt von Hoi An (Titelbild); Thieu-Mau-Pagode in Saigon (Umschlagklappe vorn); Ha-Long-Bucht (Umschlagrückseite oben)

Danksagung: Ohne die Unterstützung einer Vielzahl von Menschen wäre dieses Buch nicht zustande gekommen. Besonderer Dank gilt meiner Frau Nicole Häusler, der Lektorin Jessika Zollickhofer, Bui Viet Thuy Tien, Hoang Quoc Bao, Luong Quan Vinh, Tania Koesten, Nora Pistor, Tran Trong Kien und Tung Trinh Lam.
Lektorat: Britta Rath, Jessika Zollickhofer; **Bildredaktion:** Susanne Troll

Hinweis: Autor und Verlag haben alle Informationen mit größtmöglicher Sorgfalt geprüft. Gleichwohl sind Fehler nicht vollständig auszuschließen. Alle Angaben erfolgen ohne Gewähr. Bitte schreiben Sie uns! Über Ihre Rückmeldung zum Buch und über Verbesserungsvorschläge freuen sich Autor und Verlag:
DuMont Reiseverlag, Postfach 3151, 73751 Ostfildern, E-Mail: info@dumontreise.de

3., aktualisierte und erweiterte Auflage 2017
© DuMont Reiseverlag, Ostfildern
Alle Rechte vorbehalten
Grafisches Konzept: Groschwitz/Tempel, Hamburg
Printed in China